Michael Georg Conrad

Die Gesellschaft

Münchener Halbmonatschrift für Kunst und Kultur

Michael Georg Conrad

Die Gesellschaft
Münchener Halbmonatschrift für Kunst und Kultur

ISBN/EAN: 9783741168161

Hergestellt in Europa, USA, Kanada, Australien, Japan

Cover: Foto ©Suzi / pixelio.de

Manufactured and distributed by brebook publishing software
(www.brebook.com)

Michael Georg Conrad

Die Gesellschaft

Adolf Glaser

Litteratur und Kunst.

Begründet von Dr. M. G. Conrad.

Herausgegeben von

M. G. Conrad und **Karl Bleibtreu.**

Jahrgang 1889. Drittes Quartal.

Leipzig.
Verlag von Wilhelm Friedrich
K. R. Hofbuchhändler.

Inhaltsverzeichnis.

Ruere in servitium.

Von M. G. Conrad.

(München.)

Eins von den berühmten Worten des Tazitus: „Sie eiferten, ihre Knechtschaft zu zeigen". Das trifft, trotz aller Kaiser- und Reichs-Herrlichkeit, heute noch einen, wie es scheint unausrottbaren Charakterzug der Deutschen: Dienstbeflissenheit und Knechtschaftsbedürfnis.

Nach Innen: Servilismus, Byzantinismus.

Nach Außen: Blinde Verehrung alles Fremden.

Immer und überall: Mangel eines mannhaften Selbst- und Nationalbewußtseins.

Mannhaftes Selbstbewußtsein in erster Linie; denn ein Haufe von charakterlosen, verknechteten, sozial und wirtschaftlich unfreien Menschen giebt keine Nation und erzeugt kein Nationalbewußtsein.

Die Franzosen brauchen sich nur irgend einen kolossalen Jux zu leisten, z. B. sich einen Eiffelturm zu bauen und eine sogenannte Weltausstellung drumherum, und ganz Deutschland ist hingerissen von Bewunderung, und wem es die Zeit und das Taschengeld erlaubt, fährt hinüber, um sich das neue Wunder anzuschauen.

Was die Franzosen groß gemacht hat und trotz aller verlorener Schlachten groß erhalten wird: das Kühne, Revolutionäre ihres Geistes, das unerschütterliche Vertrauen in ihre Eigenart und Kraft, das unverwüstliche Nationalbewußtsein, ihr stolzer, vornehmer Charakter — das wird sich unter Hunderten kaum ein Einziger zu Gemüte führen von den

Inhaltsverzeichnis.

Ruere in servitium.

Von M. G. Conrad.

(München.)

Eins von den berühmten Worten des Tazitus: „Sie eiferten, ihre Knechtschaft zu zeigen". Das trifft, trotz aller Kaiser- und Reichs-Herrlichkeit, heute noch einen, wie es scheint unausrottbaren Charakterzug der Deutschen: Dienstbeflissenheit und Knechtschaftsbedürfnis.

Nach Innen: Servilismus, Byzantinismus.

Nach Außen: Blinde Verehrung alles Fremden.

Immer und überall: Mangel eines mannhaften Selbst- und Nationalbewußtseins.

Mannhaftes Selbstbewußtsein in erster Linie; denn ein Haufe von charakterlosen, verknechteten, sozial und wirtschaftlich unfreien Menschen giebt keine Nation und erzeugt kein Nationalbewußtsein.

Die Franzosen brauchen sich nur irgend einen kolossalen Jux zu leisten, z. B. sich einen Eiffelturm zu bauen und eine sogenannte Weltausstellung drumherum, und ganz Deutschland ist hingerissen von Bewunderung, und wem es die Zeit und das Taschengeld erlaubt, fährt hinüber, um sich das neue Wunder anzuschauen.

Was die Franzosen groß gemacht hat und trotz aller verlorener Schlachten groß erhalten wird: das Kühne, Revolutionäre ihres Geistes, das unerschütterliche Vertrauen in ihre Eigenart und Kraft, das unverwüstliche Nationalbewußtsein, ihr stolzer, vornehmer Charakter — das wird sich unter Hunderten kaum ein Einziger zu Gemüte führen von den

Hunderttausenden, die in diesem Sommer aus Deutschland nach Paris wallfahrten.

Wir haben uns jahrhundertelang die nationale Charakterlosigkeit und Verschwommenheit im eigenen Hause als weltbürgerlichen Idealismus aufschwatzen lassen; wir haben unserer internationalen Liebedienerei das dogmatische Mäntelchen, eine echte deutsche Bedientenjacke, von unserer „weltgeschichtlichen Kultur-Mission" umgehängt.

Auch die Franzosen haben der Welt verkündigt, daß sie an der „Spitze der Zivilisation marschieren"; allein sie waren klug und charaktervoll genug, sich diese Zivilisation niemals als eine internationale oder allgemein menschliche vorzustellen, sondern als eine französische oder wenigstens vom französischen Geist durchtränkte.

Man hat auf die Kunst verwiesen und gesagt: „die Kunst ist international".

Wenn das eine Wahrheit und nicht ein Unsinn wäre, ständen wir bald der Vernichtung aller echten Kunst gegenüber. Jede Kunst, die diesen Namen verdient, ist spezifisch national, und jeder wahrhaft große Künstler ist ein erhabener Typus seiner Nationalität.

Oder giebt es einen Italiener, italienischer als Dante, oder einen Franzosen, französischer als Viktor Hugo, oder einen Engländer, englischer als Shakespeare, oder einen Deutschen, deutscher als Albrecht Dürer oder Richard Wagner? Und sind sie nicht gerade deswegen leuchtende Zierden der Welt-Kultur und Gipfel der Kunst, eben weil sie spezifisch national, volksecht und nicht waschlappig international sind?

Neulich schrieb ein Berliner Publizist: „So lange einem Deutschen sein nationales Bewußtsein erlaubt, stärker das Bedürfnis der Dienstwilligkeit gegen fremde Nationen, als das seiner eigenen Würde zu empfinden, so lange ist dieses Nationalbewußtsein als Kraft im Kampfe ums nationale Dasein keinen Pfifferling wert."

Nur hat der Schreiber, der das Richtige getroffen, beizufügen vergessen, daß nur ein in der Luft der geistigen, künstlerischen und sozialen Freiheit atmendes und freudig schaffendes Volk sich zur Höhe eines gesunden Nationalbewußtseins aufzuschwingen vermag. Nationale Würde ist nicht denkbar, so lange nicht die persönliche Würde im höchsten Preis und Schutze steht. Die nationale Würde ist eine Maske, eine Lüge, wenn nicht der geringste Mann der Nation in Ehren sein Stück Brot verdienen und in Freiheit genießen darf. Wo die Reaktion an allen Ecken und Enden über ein Volk hereinbricht; wo jeder gesinnungstüchtige Mann verfehmt wird, wenn er sich nicht der von oben jeweils diktierten Ansicht in Fragen der Politik, des Glaubens, des Rechts kuechtisch unterwirft; wo der freie Schriftsteller, der freie Künstler, der Ritter vom Geiste in seiner Ehre und in seinem Lebensstand bedroht wird, wenn er sich nicht zum Speichellecker der Gewalthabenden erniedrigt und sich mit den Lakaien der sogenannten öffentlichen Meinung auf den Dutzfuß stellt; wo das Recht gebeugt und als grober Unfug alles gebrandmarkt wird, was sich als ehrliche Überzeugung und freie Aussprache nicht in den Rahmen des alleinseligmachenden Servilismus fügt: da ist es mit der Hebung des Nationalbewußtseins übel bestellt.

Und so lange Ihr Prämien auf knechtische Gesinnungen setzt und den Mann vergewaltigt, daß er Euch das Opfer seines Verstandes, seiner Überzeugung und seiner Würde bringe, so lange werdet Ihr kein nationalbewußtes Volk haben, das im Kampfe der Nationen furchtlos und stolz seinen Mann stellt und die höchsten Siege der Menschheit erficht, sondern nur eine Summe von Werkzeugsnaturen, die der Geist Gottes hinwegbläst, wenn er sich im Sturmwind der Zukunft sein Heldenvolk erwählt.

Mit solchen Gedanken laßt uns auf die Franzosen blicken, während sie sich anschicken, die Jubelfeier ihrer großen Revolution zu begehen.

Lassalle als philosophischer Schriftsteller.

Ein historischer Essay von Moritz Brasch.

(Leipzig.)

I.

Ist Ferdinand Lassalle ein philosophischer Denker gewesen? Ich finde diese Frage nirgends erschöpfend behandelt. Selbst in der geistvollen biographischen Skizze Lassalles von Georg Brandes ist jener Punkt doch nicht mit der wünschenswerten Gründlichkeit und so erörtert, daß wir ein vollständiges Bild von der philosophischen Stellung und Bedeutung desselben erhalten. Ich will daher im folgenden versuchen, diese Lücke auszufüllen und zwar durch eine Analyse seiner philosophischen Hauptwerke.

Lassalles Bildungsgang war von vorn herein auf ein breites encyklopädisches Wissen angelegt. Auf den Universitäten Breslau, Berlin und Bonn war die Philologie zwar sein Hauptstudium, daneben aber betrieb er die eigentlichen historischen und philosophischen Disziplinen, insbesondere politische, Kultur- und Litteraturgeschichte, sowie die historischen Systeme der Philosophie mit hingebendem Eifer. Zur Jurisprudenz und Volkswirtschaft jedoch gelangte er erst später. Aber einmal ergriffen, ließ er die Rechts-,

Staats- und Gesellschaftswissenschaften nicht mehr fahren und sie waren es auch, die seinem Leben zuletzt die entscheidende Richtung gaben.

Dieser ins Breite gehende Wissenstrieb machte jedoch keineswegs aus ihm einen sog. Vielwisser mit der solchen encyklopädischen Köpfen meist eigentümlichen Seichtigkeit und Ungründlichkeit. Hiergegen schützte ihn schon der Ernst und die Energie, mit welcher er, wie alles, so auch die wissenschaftlichen Studien erfaßte: wesentlich aber war es die Philosophie, welche seinem zerstreuten und mannigfaltigen Wissen das Gepräge kraftvoller Konzentriertheit, den Charakter innerster geistiger Einheit verlieh. Ja so sehr überwog in ihm von vorne herein die spekulative Auffassung der Dinge, daß ihm die Aneignung der verschiedensten Wissensgebiete von hier aus im Verhältnis leicht wird und weit entfernt, ihn zu verwirren und zu zerstreuen, dieses umfängliche Einzelwissen nur dazu beitrug, seine philosophische Weltanschauung zu stützen und ihr eine thatsächliche Unterlage zu geben. Sein von Natur aus scharfer Blick erhielt durch die Philosophie jene Weitsichtigkeit und jene Höhe der Anschauung, die allen seinen Schriften und Reden eigen sind. Aber nur dadurch, daß er eine Anzahl positiver Wissenschaften auch wirklich beherrschte, war er davor geschützt, sich in leere Abstraktionen zu verlieren. Vielmehr weiß er seine allgemeinen Sätze immer sehr wohl durch die lebendige Erfahrung der konkreten Wissenschaft und des gestaltenreichen Lebens zu erweisen.

Schon früh war Lassalle durch Julius Braniß in Breslau, den Freund Friedrich Schleiermachers und Heinrich Steffens in die spekulative Philosophie eingeführt worden. Aber auch frühzeitig kehrte der junge geweckte Schlesier der gelehrten Mystik dieser Halbschellingianer den Rücken und schwur Treue dem dialektischen Panlogismus Hegels. Dieser war es, welche für immer die Quelle und der Mittelpunkt seines ganzen geistigen Lebens geblieben ist. Was ihn aber hier ganz besonders anzog, war das nie Rastende dieser Dialektik, vor welcher nichts in der Welt dauernden Bestand haben durfte, da sie alles in den ununterbrochenen Prozeß der Weltentwicklung hineinzieht. Dieser dialektische Gedanke entsprach so recht seinem eigenen angeborenen, echt revolutionären Trotze, nichts gelten zu lassen, was sich nicht vor dem Richterstuhl der Vernunft rechtfertigen konnte. Die „Vernunft" war für ihn aber in dem Weltentwicklungsprozeß gegeben. Insbesondere war es Hegels Geschichtsauffassung, der Lassalle sich anschloß und deren letzte Konsequenzen er, wie es einst die äußerste Linke der Schule: Strauß, Feuerbach und Bruno Bauer auf religiösem Gebiete gethan hatten, nach dem Vorgange Arnold Ruges in den staatlichen und politischen Fragen zog.

Es mag für die konservativen und gemäßigt liberalen Anhänger der Hegelschen Philosophie, für jene Berliner Geheimen Räte und Professoren, welche zur „Philosophischen Gesellschaft" gehörten, oft recht unbequem gewesen sein, wenn Lassalle, welcher Jahre lang zu den hervorragendsten Mitgliedern dieses damals wesentlich aus Hegelianern bestehenden Vereins zählte, in den Vorträgen und Debatten nimmer ermüdete, im Geiste Hegels nachzuweisen, daß die Weltgeschichte seit hundert Jahren notwendig in das Stadium der allgemeinen Demokratie eingetreten und daß es wesentlich nur die bald zu überwindende Macht der rückschrittlichen Gewalten in Staat und Kirche sind, welche mit Aufwand aller Kraftanstrengung die wirkliche Realisierung der demokratischen Prinzipien in Europa zu verhindern bemüht sind.

Als Lassalle mit der Weltanschauung Hegels bekannt wurde, waren gerade die letzten radikalen Ausläufer der einst allmächtigen absoluten Philosophie aufgetreten und hatten durch die Konsequenzen, die sie aus den scheinbar so konservativen Voraussetzungen Hegels zogen, alle „staatserhaltenden" Elemente in Schrecken und Aufregung gebracht. Es war dies die Zeit der „souveränen Kritik" gegen alles Vorhandene im Staat, Gesellschaft und Kirche, jener Kritik, welche in den Rugeschen Zeitschriften, den Halleschen, dann den „Deutschen Jahrbüchern" am schärfsten zum Ausdruck gelangte. Hier kam nun auch der politische Radikalismus zu Tage, welcher sich mit der durch die Julirevolution in Frankreich angefachten Bewegung begegnete.

Es ist nur zu natürlich, daß der junge Lassalle sich dieser Strömung mit der ganzen Glut seiner Feuerseele hingab. Aus dem jugendlichen Denker, welcher nach dem Rezept seines Meisters darauf ausgegangen war, die Entwicklung der Welt, wie sie wahrhaft ist, zu begreifen, wurde ein Revolutionär mit der ausgesprochenen Absicht, die Welt umzugestalten oder doch ihrer Weiterentwicklung einen kräftigen Impuls zu geben. Von dem Bewußtsein dieses seinen großen politischen Berufs war Lassalle stets erfüllt. Nennt er sich doch selbst den „Schüler Robespierre", wenn er auch zu wiederholten Malen, so z. B. in der bekannten Vertheidigungsrede vor dem Berliner Kammergericht das Wort „Revolution" nicht im Sinne von physischer Gewalt, sondern einer „geistigen Umgestaltung der öffentlichen Verhältnisse" deutet. Aber zugegeben, daß ihm der Gedanke gewaltsamen Umsturzes ferne lag, so hat ihn doch seit seinem ersten Auftreten als 23jähriger junger Mann vor dem Assisenhofe zu Düsseldorf am 11. August 1848 bis zu seinem am 31. August 1864 erfolgten Tode der stolze Glaube an seinen politischen Stern nicht verlassen. Durch alle Peripetieen dieses leidenschaftlichen und vielbewegten Lebens hat er die feste Überzeugung von seiner „Mission", wie er es nannte, in sich bewahrt.

Es ist wahr: in Lassalle waren der philosophische Denker und der politische Agitator eng mit einander verknüpft, so zwar, daß der letztere als die notwendige Konsequenz des ersteren erscheint. Aber wenn wir dieses neununddreißigjährige Leben analysieren, welches vor nunmehr 25 Jahren so unwürdig — um eines schönen Weibes willen — im Gehölz von Carrouge endete: so finden wir, daß der größte Teil desselben den öffentlichen Fragen gewidmet ist, daß dagegen die gelehrte Thätigkeit nur in die Ruhepausen fällt, während deren er sich am Studium der Wissenschaften von den Anstrengungen der Politik erholen wollte. Es erklärt sich hieraus, daß der Umfang der schriftstellerischen Erzeugnisse Lassalles nicht sehr groß ist: aber was seine Bücher an Zahl wünschen lassen, ersetzen sie durch die Weite ihres wissenschaftlichen Horizonts, durch die Höhe ihrer Gesichtspunkte und durch ihren inneren Ideengehalt. Er spricht es einmal aus, daß er wohl den Wunsch habe, denjenigen Disziplinen, welche im Hegelschen Sinne die „Philosophie des Geistes" bilden, also insbesondere die ethischen, religions-, geschichts- und kunstphilosophischen Zweige zu bearbeiten. Aber sicher fühlte er wohl selbst, daß dieses Ziel bei seiner auf die praktische Politik, die Geselligkeit und den Genuß gerichteten Lebensweise ein frommer Wunsch bleiben werde. Nur nach zwei Richtungen hin hat er zwar nicht seine Absicht erreicht, wohl aber bedeutsame Beweise seiner Befähigung gegeben: in der Geschichte der Philosophie und in der philosophischen Rechtslehre. Diesen Gebieten gehören die beiden Werke an, denen Lassalle seinen wissenschaftlichen Namen verdankt und auf welche wir nunmehr einen Blick werfen wollen.

Im Jahre 1859 ließ Lassalle das zweibändige Werk erscheinen: „Die Philosophie Heracleitos des Dunkeln von Ephesos. Nach einer neuen Sammlung seiner Bruchstücke und der Zeugnisse der Alten dargestellt".*) Ein Werk von fast 15jähriger Arbeit, war dasselbe nicht hintereinander und ununterbrochen fertig gestellt, sondern nur langsam, stückweise und mit vielen Unterbrechungen vollendet worden.

Lassalle hatte sich mit dieser Sammlung, Ordnung und Erklärung der Bruchstücke des Werkes des alten Philosophen aus Ephesos keine leichte Aufgabe gestellt. War doch schon im Altertum, wo das Werk noch vollständig war, die Schwerverständlichkeit und Dunkelheit dieses Denkers — daher ὁ σκοτεινός — sprichwörtlich gewesen. „Es ist alles trefflich," soll einst Sokrates bemerkt haben, was ich aus dem Werke des Heraclit verstanden habe. Deshalb glaube ich, daß auch gleich trefflich dasjenige sein

*) 2 Bde. Berlin, Verlag von Franz Duncker.

wird, „was ich nicht verstanden habe. Aber um sich durch das Buch des Ephesiers durchzuarbeiten, müßte man ein delischer Schwimmer sein." Ob diese Anekdote wahr ist oder nicht, gleichviel — sie zeigt jedenfalls, wie man schon zu jener Zeit in Athen über das Buch des Heraclit dachte. Und auch Plato, der ja in seiner Jugend Anhänger der Heraclitischen Lehre gewesen sein soll und Aristoteles? Sie dachten nicht anders.

Und was die späteren hier inbetracht kommenden griechischen Schriftsteller betrifft, so hat man sich seit lange gewöhnt, die Schriften der Neuplatoniker als keine sehr sicheren und objektiven Quellen für die ältere Spekulation anzusehen, während die der stoischen Schule angehörenden Berichterstatter bekanntlich vielfach solche Änderungen an den Lehren der früheren Denker vornahmen, welche sie zwar ihren eigenen Philosophemen nahe brachten, die aber deshalb die Echtheit ihrer Berichte in hohem Grade zweifelhaft erscheinen lassen.

„Schon die abstrakte Terminologie," bemerkt Lassalle, „in welcher in Allem, was stoischen Quellen entflossen ist, die heraclitischen Philosopheme auftreten, mußte daran verzweifeln lassen, in ihnen einen sicheren Kompaß zu gewinnen zur Erkenntnis einer Philosophie, bei welcher infolge ihrer inneren Eigentümlichkeit mehr als bei jeder anderen auf den Ausdruck selbst und seine sprachliche Wurzel zum Verständnis ihrer Begriffe ankömmt; einer Philosophie, welche vielleicht in höherem Grade als die meisten an der Erfüllung jenes allgemeinen Gesetzes der Sprachentwicklung mitgearbeitet hat, die ursprünglich sinnliche Bedeutung der Wortwurzeln in begriffliche Bestimmungen überzuführen; einer Philosophie, welche aber eben deshalb bei ihren Begriffsbestimmungen die eigentümliche Mittelstellung einnimmt, daß ihr die ursprünglich sinnliche Bedeutung des Wortes noch ebenso wesentlich ist, als die von ihr selbst mit ihm vorgenommene und nur mit Hülfe jener Primärbedeutung wahrhaft erkennbare Verarbeitung desselben zum geistigen Begriff."

Nachdem schon früher Daniel Wyttenbach auf die Bedeutung Heraclits aufmerksam gemacht, waren es in unserem Jahrhundert Männer wie Böckh, Creuzer, Schelling, Schleiermacher, Hegel, Braniß, Bernays, Zeller, Bonitz u. A., welche auf die ungehobenen Schätze philosophischen Tiefsinnes in den Bruchstücken des Ephesiers hingewiesen. „Bei Heraclit," sagt Hegel „ist zuerst die philosophische Idee in ihrer spekulativen Form anzutreffen. Hier sehen wir Land; es ist kein Satz bei Heraclit, den ich nicht in meine Logik aufgenommen haben würde." Und Schleiermacher ruft aus: „Wer aus den Zeugnissen und Bruchstücken einen Kranz geschickt und bedeutsam zu flechten wüßte, ohne eine hineingehörige Blume liegen zu lassen, von dem würden wir glauben müssen, daß er uns Wahres lehre und alles Wahre, was wir noch wissen können von der Weisheit des Ephesiers."

Lassalle hoffte nun, diese Palme erringen zu können: das von Schleiermacher bezeichnete Ziel in der Sammlung und Erklärung der Bruchstücke des alten griechischen Philosophen will er erreichen.

Sehen wir uns den Weg, den Lassalle durchmißt, um dahin zu gelangen, etwas näher an. Wir haben hierbei zunächst zwei Punkte ins Auge zu fassen: 1. Lassalles eigene Methode, die er in seinem Werke beobachtet hat und 2. seine Beurteilung der Leistungen seiner Vorgänger in der Heraclit-Frage.

Der Standpunkt, den Lassalle bei der Ausarbeitung seines Werkes inne hielt, ist bekanntlich derselbe, welchen Hegel in seinem grandiosem Gemälde der Entwicklungsgeschichte der philosophischen Systeme hatte. Hiernach korrespondieren die Geschichte der Philosophie und die Philosophie der Weltgeschichte miteinander, so zwar, daß, indem die jedesmalige Philosophie die höchste Zusammenfassung des Geistes einer bestimmten Zeitperiode ist, die Aufeinanderfolge der philosophischen Systeme der höchste theoretische Ausdruck der Epochen des Geistes der Menschheit sein muß. Nun trat Hegel mit dem Anspruch auf, daß in seinem eigenen System, insbesondere in seiner Logik die gesamten früheren Prinzipien der Philosophie chronologisch, aber als „aufgehobene Momente", d. h. als nur mehr oder minder relativ berechtigte Standpunkte enthalten seien: folglich mußte er seinen „absoluten Idealismus" nicht nur als den Gipfelpunkt aller bisherigen Philosopheme, sondern auch als das System ansehen, welches den konzentrierten Inhalt der gesamten historischen Entwickelung des Menschengeistes in sich enthielte.

Hierdurch ergab sich für Hegel und seine Schule eine ganz neue und von der gewöhnlichen Ansicht abweichende Anschauung über das Verhältnis der Philosophie sowohl zu den Einzelwissenschaften als auch zur Geschichte der letzteren, dann aber auch zur Geschichte der philosophischen Systeme. Mit einem Worte: Wenn man Hegels anspruchsvolle Voraussetzung akzeptieren will, würde die ganze bisherige historiologische Anschauung sowie die ganze Behandlung der Geschichtswissenschaften eine andere werden müssen und zwar nicht nur inbezug auf allgemeinere historische Auffassung weltgeschichtlicher Geistesströmungen, sondern auch bei ganz bestimmten historischen Spezialfragen.

Dasselbe finden wir nun auch bei dem getreuen Schüler des Meisters, bei Ferdinand Lassalle, wieder. „Die Geschichte der Philosophie," sagt er, „hat aufgehört, für eine Sammlung von Kuriosis, für eine Zusammenstellung von wirklichen oder zufälligen Ansichten zu gelten. Auch der Gedanke ist erst ein historisches Produkt; die Geschichte der Philosophie — die Darstellung seiner in stetiger und notwendiger Kontinuität sich vollziehenden Selbstentwickelung."*)

Zu dieser Entwickelungsgeschichte des welthistorischen Gedankens einen Beitrag zu liefern — die eingreifende weltgeschichtliche Stellung, welche Heraklit in diesem gesetzmäßigen Prozesse einnimmt, seine Entstehung wie seine Fortentwickelung in demselben klar zu legen, sieht Lassalle als den Hauptzweck seines Werkes an. Aber in der Durchführung dieser einzelnen und begrenzten wissenschaftlichen Arbeit sieht er doch wiederum die Erfüllung eines allgemeinen historiographischen Prinzips, welches nach seiner innern Bedeutung über diese seine Einzelarbeit doch hinausgeht. Er citiert das Wort eines modernen Gelehrten (August Böckhs?): „Offenbar geht die deutsche Wissenschaft seit Winckelmann, Herder und Kant bewußt und unbewußt auf eine weltgeschichtliche Betrachtung und Erkenntnis der göttlichen und menschlichen Dinge hin, und sucht diese durch die Vereinigung der Philologie, Historie und Philosophie zu bewerkstelligen, deren Trennung in den letzten zweihundert Jahren die Quelle endloser Mißverständnisse und Verirrungen gewesen ist."

Diesen Gedanken, für den Lassalle das sinnige Gleichnis des „λόγος κοινός der modernen Wissenschaft" hat, ergänzt er dahin, daß er die Geschichte der philosophischen Entwickelung nicht weniger wie jeden anderen Abschnitt des historischen Geistes an dieser Vereinigung partizipieren läßt. „Und die Zeit wird kommen," ruft er mit einem Blick in die Zukunft aus, „wo die Geschichte der Philosophie ebensowenig wie diejenige der Religion, der Kunst, des Staates und der Lebensformen der bürgerlichen Gesellschaft als eine isolierte Disziplin für sich geschrieben, sondern alle in ihrer konkreten Wechselwirkung in dem Pantheon des historischen Geistes — und so erst in ihrer lebendigen Entstehung und Einheit — werden aufgefaßt und dargestellt werden. Wenn aber die Geschichte der Philosophie wie alle geschichtliche Entwickelung von inneren und notwendigen Gesetzen beherrscht wird, so wird, wenn irgendwo, so gewiß in ihr das Gesetz der Entwickelung des Erkennens mit dem Gesetze der Erkenntnis selbst zusammenfallen müssen."

Gewiß eine geistreiche Übertreibung jenes Parallelismus zwischen der objektiv-historischen Evolution der Menschheit und der subjektiv-psychologischen Entwickelung des Einzelnen, dem schon Hegel in seinem interessanten Werke „Phänomologie des Geistes" Ausdruck gegeben hat. Hieran knüpft Lassalle eine weitere Reflexion, welche für den Historiker der Philosophie

*) Bd. 1, XII. flg.

eine bestimmte methodologische Bedeutung hat, die aber doch auch zugleich sein eigenes Verfahren rechtfertigen soll, welches er beobachtet hat, indem er in der Darstellung Heraclitischer Lehren einerseits in ausgedehntem Maße die orphischen Vorstellungen und die Lehren der orientalischen Religionen (insbesondere des Parsismus) mit in die Betrachtung hineinzuziehen, andererseits überall die Fortwirkung der Philosopheme des Ephesiers auf die Spekulation Platos und der Stoiker nachweist. Zur Begründung dieses Verfahrens bemerkt Lassalle, daß „die Geschichte der Philosophie als des wissenschaftlichen, sich begreifenden Gedankens nicht nur eine Kontinuität für sich ist in dem aparten Himmel des ideologischen Bewußtseins, sondern daß diese Kontinuität selbst sich erst vermittelt durch die gedoppelte Stellung, welche die Philosophie zu dem populären, vorstellenden Bewußtsein und den von ihm ausgefüllten Kreisen der Wirklichkeit einnimmt. Die Stellung ist die gedoppelte, daß die Philosophie in diesem vorstellenden Bewußtsein die Basis hat, aus welcher sie sich ablöst und entwickelt, und daß sie ebenso ihrerseits selbst wieder zum Inhalt des gewöhnlichen vorstellenden Bewußtseins und der ihm angehörigen Wirklichkeit niederschlägt...“

Von diesem Standpunkte aus, den Lassalle bei der Bearbeitung seines Werkes eingenommen hat, beurteilt er die Leistungen aller seiner Vorgänger in der Heraclit-Frage. Er thut dieses nicht ohne große kritische Schärfe, überall jedoch zugleich mit dem Bemühen, gerecht zu sein, selbst denjenigen seiner gelehrten Vorgänger und Zeitgenossen gegenüber, die er bekämpfen zu müssen glaubt.

Lassalle zeigt hierbei eine erstaunliche Kenntnis der einschlägigen älteren wie neueren Litteratur, was selbst diejenigen (z. B. der Leipziger Professor Paul Schuster in seiner Sammlung und Erläuterung der Bruchstücke Heraclits*) anerkennen, welche in dieser Frage nicht den Wegen Lassalles folgen. Thatsächlich dürfte er inbezug auf Quellenkenntnis von keinem der früheren oder späteren Bearbeiter Heraclits erreicht worden sein. Und wenn wir auch die Beihülfe nicht unterschätzen wollen, welche ihm Ritschl und Bernays in Bonn und Boeckh in Berlin dadurch leisteten, daß sie ihm die betreffenden Werke bereitwilligst zur Verfügung stellten: so bleibt doch noch so viel eigenes Verdienst Lassalles hierbei übrig, daß wir ihm in historisch-philosophischer Beziehung den Ruhm eines der tüchtigsten und gründlichsten Gelehrten unserer Zeit nicht bestreiten können.

Von allen Vorgängern Lassalles ist Schleiermacher derjenige, welcher zuerst in umfassendster Weise die Sammlung und Ordnung der Bruchstücke

*) Leipzig, 1869.

des Ephesischen Philosophen versucht hat.*) Obgleich Lassalle das Verdienst Schleiermachers durchaus nicht unterschätzt, so waltet doch zwischen ihnen in der Auffassung eine so große Differenz, daß an vielen Stellen Lassalles Polemik gegen den berühmten Theologen hervorbricht. Die Gegnerschaft Lassalles bezieht sich auf die philosophische wie auf die philologische Auffassung Schleiermachers. In erster Beziehung gesteht er zu, daß ja letzterer so wenig wie einer seiner Vorgänger habe übersehen können, daß der Grundgedanke des Heraclitischen Philosophierens der des Werdens, der Bewegung sei. Aber ähnlich wie die Stoiker habe Schleiermacher das Werden der Vorstellung nach, als die „bloße indifferente Veränderung, und die Bewegung als bloße Fortbewegung, als die „Bewegung in gerader Linie" gefaßt.

Dem gegenüber weist Lassalle nach, daß Heraclit das Werden seinem wahrhaften Begriff nach, als die „Einheit des absoluten Gegensatzes von Sein und Nichtsein und deren Übergang in einander" sich gedacht habe. Nicht als gleichgültige Veränderung, sondern als das, was sie ihrem Begriffe nach als „reine Negativität" habe er sie gefaßt. „Ihm ist die Bewegung," sagt Lassalle, „nicht *ἀλλοίωσις*, sondern schlechterdings *ἐναντιοῤῥοή*, d. h. prozessierender Gegensatz . . . . . . Als thätige prozessierende Bewegung ist bei Heraclit die Einheit von Sein und Nichtsein Fluß und als Einheit des schlechthinnigen Gegensatzes ist sie ihm Kampf oder Gegenfluß, *ἡ ἐναντία ῥοή*, wie sie Plato nennt." Hier habe die „Vorstellung" den spekulativen Gehalt des Ephesiers schonungslos verflacht und verdorben. Aus diesem Hauptdifferenzpunkt in der Lassalleschen und Schleiermacherschen Auffassung folgen alle andern Abweichungen beider Forscher von einander.

Schleiermachers Hauptverdienst findet Lassalle in seiner scharfsinnigen philologisch-kritischen Reinigung der Textüberlieferung wie in der treffenden Zurückweisung mancher früher gebräuchlichen Auffassungen, so z. B. über die sog. *ἐκπύρωσις*, d. h. die dem Heraclit zugeschriebene Idee der Weltverbrennung. Nichtsdestoweniger vermißt Lassalle bei Schleiermacher den Zusammenhang dieses Punktes mit den übrigen Ideen des Ephesiers; ja so sehr stehe bei Schleiermacher diese an sich richtige Auslegung außer Konnex mit dem sonstigen Gedankengehalt Heraclits, daß seine historisch-kritischen Schüler, wie Heinrich Ritter und Brandis, ja sogar die von ihm mehr unabhängigen Forscher Jacob Bernays und Eduard Zeller zur frühern Auffassung der Weltverbrennung wieder zurückkehrten. Insbesondere läßt Lassalle der Darstellung Heraclits in dem geistvollen Werke Eduard Zellers volle Bewunde-

*) Im „Museum für Altertumswissenschaft", Berlin 1808.

rung zuteil werden. Allerdings konnte er dasselbe nach seinem ganzen Werte nicht benutzen, da der erste Band der Zellerschen Geschichte der griechischen Philosophie erst nach dem Drucke des Lassalleschen Werkes erschienen war.

Lassalle ist der Ansicht, daß in den Bruchstücken Heraclits bereits das ganze System der spekulativen Philosophie in nuce enthalten sei und es komme nur darauf an, diesen Kern aus den vielfach dunkeln und zweideutigen Worten des alten Weisen von Ephesos herauszuschälen. Dem entsprechend wird auch in diesem zweibändigen Werke die Untersuchung so geführt, daß zuerst die „Ontologie“, dann die „Physik,“ hierauf die „Psychologie, dann die „Ethik“ und zuletzt die „Theologie“ des Heraclit abgehandelt wird.

Wir können hier natürlich auf die Einzelheiten dieser oft schwierigen und verwickelten, überall jedoch feinen und scharfsinnigen Untersuchungen nicht näher eingehen. Aber durch das Ganze hindurch herrscht, wie schon oben bemerkt, der Geist der Hegelschen Logik, d. h. Lassalle erblickt in den einzelnen Aussprüchen und Lehren des Ephesiers den spekulativen Gehalt der absoluten Philosophie seines Meisters. Auch die Bestimmung des spekulativen Kerns in der Philosophie der vorheraclitischen Jonischen Physiker ist ganz im Sinne und nach dem bekannten logischen Schema, aber auch in der eigentümlich schwer beweglichen Begriffssprache Hegels gehalten.

Wir wählen ein Beispiel: „Anaximander war hinausgegangen über die qualitative Bestimmtheit des Urprinzips bei Thales. Er hatte anerkannt, daß das Urprinzip nach Raum und Zeit hin unbegrenzt sein müsse, denn ein Anfang wäre ja seine Grenze; *(τοῦ δὲ ἀπείρου οὐκ ἔστιν ἀρχή, εἴη γὰρ ἂν αὐτοῦ πέρας)*; auch ein in der Zeit Gewordenes dürfe es nicht sein, denn alles in der Zeit Gewordene müsse auch in der Zeit wieder untergehen *τό τε γὰρ γενόμενον ἀνάγκη τέλος λαβεῖν)*; es gäbe also vor dem Unendlichen keinen Anfang; er selber sei vielmehr der Anfang des Andern, Endlichen und umfasse Alles und lenke Alles *(ἀλλ' αὕτη τῶν ἄλλων εἶναι δοκεῖ* [x. ἀρχὴ] *καὶ περιέχειν ἅπαντα καὶ πάντα κυβερνᾶν)*.“

Oder wenn Lassalle den Nachweis führen will, daß aus der Lehre Anaximanders zwei Richtungen ausgingen, welche entgegengesetzt sind, die Philosophie der Eleaten und die des Heraclit: „Das Unendliche, die Kategorie der Positivität, ist das Ansichseiende, das auch den unendlichen Dingen allein ihre wahrhafte und wirkliche Existenz verleiht. Das Endliche dagegen ist das Nichtansichseiende und Unberechtigte, die *ἀδικία* — somit auf die Seite des Unendlichen gestellt ist: aller Inhalt, aus welchem die Negation, Schranke ganz ausgeschlossen ist. Im Gegensatz hierzu ist das Endliche als solches gar nicht Sein, sondern nur Grenze, Schranke, Negation

Nur weil die endliche Bestimmtheit andern Inhalt nicht in sich hat und ihn ausschließt, weil das Endliche somit das negative Moment, die Seite des Nichtseins ist, — darum ist es unberechtigt, ἀδικία und geht unter, wird selbst zum Nichtsein. Was somit zum Nichtsein wird, ist gar nicht der Inhalt, das positive Sein, — dieses ist vielmehr das sich in allem diesen Untergang der endlosen Existenzen erhaltende und herstellende untergangslose Unendliche, — nur die Schranke, d. h. die Seite des Nichtseins wird immer selber zum Nichtsein, geht unter. Also das Sein ist nur das Nichtsein, (Endliche) ist das Bestand- und Haltlose. Das „Sein ist nur, das Nichtsein ist nicht"! Und dies ist der Ausruf, in welchen die Eleaten ausbrechen." —

„Aber das Unendliche selbst in dieser seiner Ungetrübtheit und Unendlichkeit ist nie wirklich. Was wirklich da ist, ist nur das Endliche, das Anfang und Grenze hat. Das Unendliche existiert nur in seinem Setzen und wieder Aufheben des Endlichen (ἐξ ὧν δὲ ἡ γένεσίς ἐστι τοῖς οὖσι, καὶ τὴν φθορὰν εἰς ταῦτα γίγνεσθαι κτλ. Simpl. C. e.). Weil aber das wirklich Existierende, das bestimmte Sein, nie das Unendliche erschöpft, sondern immer nur Schranke und ἀδικία ist und deshalb immer wieder aufgehoben wird, so ist es an sich so gegeben, daß nicht das wirkliche endliche Sein, sondern nur das perennierende ununterbrochene Aufheben desselben wahrhaft ist. Aber dieses Nichtsein kann hier durchaus nicht mehr ein abstraktes, einseitiges sein. Als das Nichtsein des Endlichen, Bestimmten wegen seiner einseitigen Bestimmtheit, ist es sofort Sein eines neuen Inhalts, einer neuen Bestimmtheit, somit selbst wieder Dasein. Es ist somit ebenso sehr perennierendes ununterbrochenes Dasein und hat nur in diesem seine Realität und Existenz."

Das Unendliche ist somit nur als das gesetzt, was es bei Anaximander schon an sich ist, als Prozeß. Es ist die schaffende, aber auch negative Macht über das Seiende. Das Seiende, weil als Bestimmtheit andern Inhalt ausschließend, ist unberechtigt. Darum, weil es Schranke ist, wird es von der negativen Macht des Unendlichen ergriffen und in sich zurückgenommen (der Heraclitische Weg nach Oben: ὁδὸς ἄνω). Aber das Aufheben der Schranke ist unmittelbares Setzen eines neuen bestimmten Inhalts und somit einer neuen Schranke (Weg nach Unten: ὁδὸς κάτω). Jenes unendliche Urwesen ist also die Macht, die das Endliche entstehen und vergehen läßt. Es ist somit selbst das Entstehen und Vergehen des Endlichen, das Werden oder der Wechsel des Weges nach Oben und Unten — und das ist der Weg, den Heraclit eingeschlagen."

Das sind die Grundideen der Heraclitischen Otologie in Lassallescher Fassung, deren Sprache allerdings uns heute an jene vergessenen Zeiten gemahnt, wo die spekulative Dialektik alle Geister und Bücher beherrschte und — den deutschen Stil verdarb.

Heraclits Physik soll sich nun nicht minder als ein Vorläufer der Hegelschen Philosophie der Natur erweisen. Wie später der Philosoph des 19. Jahrhunderts hat der Denker von Ephesus die Natur ein „Umschlagen des Gedankens und seiner Bewegung" und zwar ins direkte Gegenteil *(ἀμοιβή, τροπή)* genannt. Alles wird umgewechselt gegen Feuer und Feuer gegen Alles, wie gegen Geld die Dinge und die Dinge gegen Geld. Es lebt das Feuer, der Erde Tod; und es lebt die Luft, des Feuers Tod, das Wasser lebt, der Luft Tod ꝛc. Keiner der Götter oder Menschen hat die aus allen Dingen Eine und dieselbe Welt *(τὸ αὐτὸν ἁπάντων)* hervorgebracht. Ein maßvoll sich entzündendes und maßvoll verlöschendes Feuer war die Welt, ist sie und wird es ewig sein. Kein Ding geht zugrunde und nichts entsteht, was nicht schon früher war. Das Feuer wird vom Wasser ausgelöscht, welches der Same der Welt, die Mitte hält zwischen Feuer und Erde. Das Wasser ist die Quelle alles Lebendigen: denn aus der Ausdünstung *(ἀναθυμίασις)* des Meeres entsteht Alles. Lassalle faßt echt hegelianisch diese Ausdünstung als „die reale allgemeine Vermittelung, als den Durchbruch der in den Einzelnen vorhandenen Negation in die allgemeine Bewegung." Als ein Sinnbild dieses allgemeinen Kreislaufs, den Heraclit auch die Zeit nennt, gilt ihm vor Allem die Sonne, welche täglich im Meere erlischt und neu verjüngt aus demselben wieder emporsteigt. Dagegen vollzieht sich der Kreislauf der Gestirne erst im großen Weltjahre. Dieser Prozeß der Welt ist die sich wendende Harmonie *(παλίντροπος)*.

Was Lassalle die Psychologie Heraclits nennt, ist ebenfalls eine Anzahl mehr oder minder unzusammenhängender Sätze, welche erst durch den spekulativen Gedanken, den Lassalle ihnen unterschiebt, einigermaßen verständlich werden. Das Wesen der Seele ist hiernach ein allgemeines Sein, das erst zum individuellen wird durch das Herabsteigen in den Körper *(σῶμα)* der auch das Grab oder das Denkmal *(σῆμα)* der Seele genannt wird. Zerfällt der Körper im Tode, so lebt die Seele wieder ihr allgemeines Leben. Heraclit unterscheidet eine „nasse" und „trockene Seele". Welchen Sinn hat diese Unterscheidung? Das Sterben der Seele besteht darin, daß sie zum Allgemeinen, zu Wasser wird, um so als Same der Welt den Körper zu bilden. Je mehr sie sich nun verkörpert, desto mehr wird sie als trockene Seele die weise. Der Trunkene strauchelt, weil er eine nasse Seele hat ꝛc.

Diese Sätze sind nun freilich sehr „dunkel". Etwas deutlicher ist Heraclits Lehre vom Erkennen. Daß das wahre Wesen der Welt das ewige Werden, der immerwährende Fluß ist, sind wir imstande zu erkennen; aber nicht durch die Sinne, welche Heraclit „Lügenschmiede und Lügenzeugen" nennt, sondern durch die Vernunft. Vielwisserei aber führe nicht zur Erkenntnis der Welt. Weder Pythagoras, noch Xenophanes, noch Hecatäos seien von der Vernunft im Schlafe abgewandt. Erst erwachend erlangen wir die Vernunft wieder. Im Wachen sind wir im Irrtum, wenn wir uns nicht dem Denken, sondern dem Wähnen ergeben. Auch der bewährteste könne sich nicht vor dem „Scheinbaren" hüten. Wie im Erkennen das Absondern des Einzelnen vom Allgemeinen zum „Irrtum" führe, so sei in der Natur diese Absonderung Ursache der Krankheit, und im Sittlichen des Übermuts und der Willkür.

Damit gelangt unser Interpret zur Ethik Heraclits. „Ich suchte mich selbst, sagte der Ephesier und erkennend, daß ich nichts sei, fand ich mich als das Eine Seiende wieder, dem ich mich hingab" . . . Die mit Vernunft Redenden müssen festhalten an dem Allen Gemeinsamen, wie die Stadt am Gesetz und noch viel fester. Denn dieses Eine herrscht, so weit es will und genügt Allen und überwindet Alles. Es wählen die Besten Eins vor Allem: den immerwährenden Ruhm der Sterblichen. Die Menge aber mästet sich wie Vieh, die Verächtlichsten aber hören nicht auf nach dem Magen die Glückseligkeit bemessend. Wie eine Feuersbrunst müsse man den Übermut löschen. Dieser aber sei mächtig und deshalb sei es schwer, gegen ihn anzukämpfen. Der Charakter des Menschen (ἦθος) ist sein Schicksal."

Aus diesen und ähnlichen orakelnden Sätzen schließt Lassalle, daß die ethischen Ansichten Heraclits ihre Krönung finden in der Idee der Freiheit . . . . Ein etwas gewagter Schluß, wenn man des wirklichen geschichtlichen Thatbestandes der feindseligen Stellung des tiefsinnigen Ephesischen Philosophen zur Demokratie seiner Vaterstadt sich erinnert. Bekanntlich mußte er die letzten Lebensjahre in der Verbannung verleben.

Was man die Heraclitische Theologie nennt, ist eine Art spekulativer Auslegung der Gestalten der griechischen Volksreligion. Lassalle geht jedoch wie schon bemerkt wurde, noch weiter, indem er den Zusammenhang dieser Heraclitischen Aussprüche mit den Religionsphilosophemen der Inder und der Perser untersucht. Zeus ist die verborgene Harmonie, Dionysos, der feuchte Weingott, der ihm identisch mit Hades ist, bedeutet den Weg nach Unten, den Zerfall, Apollo das Licht, ist das einende Feuer. Alle drei sind nur Momente des Zeus, d. h. sie stellen in ihren Wandlungen das Spiel des Zeus dar, welches dieser als Weltbildner (δημιουργός) mit sich selbst treibt. Heraclit tadelt die Menge, daß sie, unwissend, was die Götter und die Heroen wahrhaft sind, zu den Bildsäulen bete.

Wir gehen auf die Lassallesche Auslegung dieser Sätze hier nicht näher ein. Die ganze absolute mit der christlichen Dogmatik liebäugelnde Religionsphilosophie Hegels will er in den dunkeln Worten des Ephesiers wiederfinden.

Aber sehen wir uns das Verfahren und die Terminologie Lassalles näher an, so ist es ersichtlich, daß hier eine Probe jener echten Hegelschen Dialektik, jenes farbenschillernden Begriffsspiels vorliegt, über welche einst Schopenhauer in seinem bekannten Aufsatz „Über die Universitätsphilosophie" ein so wohlgerütteltes Maß witziger Satire und göttlicher Grobheit ausgeschüttet hat, die aber trotzdem Lassalle immer noch mit einer Ungeniertheit und Sicherheit handhabt, als wenn er noch mitten in der Blüte des Hegeltums, etwa um den Ausgang der Zwanziger Jahre, nicht aber nach der Mitte dieses Jahrhunderts sein Werk verfaßt hätte.

Weniger grob freilich, aber um so ernster und nachdrücklicher waren die Proteste, welche von den nicht zur Schule gehörigen Historikern der Philosophie, besonders aber auch von den Philologen gegen Lassalles ebenso geistvollen als gewagten Versuch gerichtet wurden, den alten Ephesier ins moderne Hegelsche zu übersetzen. Und wenn freilich einige Stockphilologen, wie Lassalle versichert, sich später „mit dem hier gewonnenen Resultat einverstanden erklärten", so stehen dem doch Männer wie Bonitz, Bernays, Susemichl u. A. gegenüber, deren Namen in philologischer Beziehung doch gar sehr ins Gewicht fallen. Wie dem nun aber auch sein mag, so glauben wir mit August Böckh, daß hier doch mehr als eine „tiefgelehrte Verirrung" vorliegt, und daß dem Lassalleschen Werke über Heraclit sogar ein gewisser genialer Zug nicht abzusprechen ist.

* * *

Drei Jahre nach dem „Heraclit" erschien Lassalles zweites Hauptwerk: „Das System der erworbenen Rechte. Eine Versöhnung des positiven Rechts und der Rechtsphilosophie" (2 Bände, Leipzig 1861).

Wir müssen einen Augenblick bei dem Titel dieses Buches verweilen, welcher entschieden zu weit umfassend ist: denn weder kann hier von einem „System" des positiven Rechts, noch auch von einer wirklichen „Versöhnung" des letzteren mit dem Vernunftrecht die Rede sein. Nach beiden Seiten hin sagt der Titel zu viel. Nicht alle Rechtsmaterien sind hier abgehandelt; aber auch die innere Vermittelung der aus der Rechtsidee fließenden Normen mit den Bestimmungen des historischen Rechts ist nicht völlig durchgeführt. Nur ein Gebiet ist nahezu erschöpft: das Erbrecht, dessen innere

Entwickelungsgeschichte bei den Römern und Germanen Lassalle in großen Zügen und mit einer erstaunlichen Kenntnis der gesammten rechtshistorischen Litteratur wie der juristischen Systeme darbietet.

Freilich, nicht eine Kritik des heutigen Erbrechts und zwar, wie man wohl voraussetzen könnte, etwa vom sozialistischen Standpunkte aus, sondern eine Beurteilung der bisherigen Auffassungen des früheren, insbesondere des römischen Erbrechts versucht Lassalle in seinem Werke, und zwar wesentlich im zweiten Bande, welcher ausschließlich — mit Ausnahme einiger rechtsphilosophischer Exkurse — diesem Gegenstande gewidmet ist. Die Betrachtung ist hier also nicht rechtsdogmatisch, sondern wesentlich rechthistorisch. Aber das Verfahren, welches er beobachtet, ist doch im hohen Grade interessant und — charakteristisch für den allgemeinen geschichtlichen Standpunkt desselben. Lassalle ist auch in diesem Werke voll und ganz Hegelianer, d. h. seine rechtshistorischen Ansichten wurzeln, so sehr sie in sich juristisch konsequent gedacht sind, doch schließlich in geschichts-philosophischem Boden. Das tiefere Verständnis früherer Rechtsbegriffe und Rechtsinstitutionen ergiebt sich ihm erst aus der philosophischen Erfassung des allgemeinen Geistesstadiums einer weltgeschichtlichen Zeitepoche, welchem jene Rechtsinstitutionen der einzelnen Volksindividualitäten historisch angehören.

Insbesondere möchte Lassalle nachweisen, daß die ganze bisherige Auffassung des römischen Erbrechts eine falsche gewesen sei. Der römische Erbe sei nicht Vermögens- sondern Willenserbe des Verstorbenen gewesen. Aus dieser falschen Grundvoraussetzung fließe auch die ganz mißbräuchliche Auffassung des römischen Erbrechts in der heutigen Zeit, dessen Kern gar nicht in der vermögensrechtlichen Sphäre beruhe: „Das Wahre des römischen Erbrechts“, sagt Lassalle, „muß bestimmter und konkreter aufgefaßt werden, als mit dem zu weiten und von der Bluteinheit der Familie entlehnten Begriff der Personen-Identität gegeben ist. Seine wahrhafte Entwickelung wird nur eine organische, aus der Substanz des römischen Volksgeistes selbst sein können. — — —“

Lassalle stellt den Begriff der Unendlichkeit des Subjekts, wie er sich im Christentum und in der germanischen Welt bisher herausgebildet hat, gegenüber jener andern Unendlichkeit des Subjekts, wie sie sich aus dem Wesen der römischen Rechtsauffassung ergiebt und gelangt zu dem Resultate, daß jener Unendlichkeit, welche in der That die des Geistes sei, die ihr vorausgehende römische als die äußerliche gegenübersteht. Sie ist die Unendlichkeit des subjektiven Willens, vor der gerade noch auf die Außenwelt bezogenen und mit ihr als ihrem Gegenstande behafteten Innerlichkeit der Person. Lassalle führt eine Stelle aus Quintillian an, in welcher ihm die innerste Charakteristik des römischen Geistes enthalten zu sein scheint: „Neque enim aliud videtur solatium mortis, quam voluntas ultra mortem. Alioquin potest gravi videri etiam ipsum patrimonium, si non integram legem habet, et cum omne jus nobis in id permittatur viventibus, auferatur morientibus.“ Hier sollen offenbar die ersten Worte des römischen Schriftstellers betont werden, daß es über den Tod keinen andern Trost giebt, als den über den Tod hinausgehenden Willen, d. h. in prägnant Lassallescher Ausdrucksweise: „Die römische Unsterblichkeit ist das Testament.“

Mit diesem Gedanken glaubt Lassalle nicht nur das Wesen des römischen Erbrechts ausgesprochen, sondern auch nachgewiesen zu haben, warum das Recht überhaupt erst eine Schöpfung des römischen Volksgeistes sein kann und anderseits mit diesem Volke einen nie wieder erreichten Grad von Virtuosität und Vollendung erlangt hat. Denn indem diese Unendlichkeit des subjektiven Willens, als sich auf die Außenwelt beziehend und diese sich unterwerfend, das Geltende derselben ist, muß sie sich diese Außenwelt und ihre Verhältnisse als ein „System der Willensgattung“ überhaupt schaffen. Oder die Unendlichkeit des subjektiven Willens läßt sich daher sofort auch aussprechen als die „Unendlichkeit der Rechtssubjektivität“ überhaupt. Diese römische Welt sei daher durch kein späteres Volk und keinen späteren Gelehrtenstand in jener Schöpfung übertroffen oder erreicht worden, weil dort das innerste Wesen des Volksgeistes auf sie als seine eigenste Substanz bezogen ist, wie der Geist der griechischen Welt auf die Plastik, der Geist der jüdischen Welt auf den Monotheismus.

Aber welche positive Folgerungen für das römische Erbrecht zieht nun unser Autor aus diesen allgemeinen Ideen? Lassalle polemisiert gegen Eduard Gans, daß er in seinem berühmten Werke über das Erbrecht diese positiven Momente im Wesen des römischen Testaments übersehen habe, ihr Kern aber besteht darin, daß die Idee des römischen Testaments in die von der Schranke der natürlichen und geschlechtlichen Unmittelbarkeit befreite reine Innerlichkeit des Willens das Wesen und die Unendlichkeit der Subjektivität verlegt hat. Dieser „Triumph der reinen Willensfreiheit“, meint Lassalle, ist es, welcher das Römertum befähigt hat, die unmittelbare dialektische Vorstufe für die noch tiefere und abstraktere Innerlichkeit des christlichen Geistes zu werden.

Nun aber zieht Lassalle die Konsequenz, welche dann als Grundidee für die ganze weitere Entwickelung seiner Auffassung des römischen Erbrechts die herrschende bleibt: „Soll der subjektive Wille sich wahrhaft als unendlich setzen, trotz der ihm in der Sterblichkeit der Person entgegenstehenden Grenze, so kann er diese Endlichkeit nur dadurch überwinden, daß er die Gewalt hat, aus seiner freien Innerlichkeit heraus eine andere Person zu seinem Fortsetzer und Träger zu ernennen, und so eine andere Willensperson zum fortdauernden Dasein seiner selbst zu machen. Es würde für die Unendlichkeit des Willens nicht ausreichen, wenn er nur eine Verfügung über die Verteilung des Vermögens nach dem Tode getroffen hat. Denn hiermit würde die Dauer des erblasserischen Willens nur einen Moment lang über seine natürliche Dauer hinaus verlängert, dann aber dennoch erloschen sein. Soll also mit dem spekulativen Begriff Ernst gemacht werden und soll der von uns entwickelte Begriff wirklich die Seele des römischen Testaments sein, so müßte die wahre Bedeutung des Testaments nicht sowohl darin liegen, daß eine Verfügung über die hinterlassenen Vermögenssachen getroffen, sondern darin, daß ein Willenssuccessor geschaffen ist und beides müßte nur zufällig mit einander zusammenfallen, ebensowohl aber auch sich trennen und auseinandertreten können und gerade bei dieser Trennung müßte dann ganz deutlich hervortreten, wie die Bedeutung des Testaments nicht in der Verfügung über das Vermögen, sondern in der Hervorbringung einer Willenskontinuität besteht."

Das ist freilich nur die formelle Seite des Gedankens, insofern Lassalle die angedeutete Trennung der Vermögensübertragung und der Willenskontinuität nur als Postulat aus der Dauer des apriorischen Begriffs der Unendlichkeit des subjektiven Willens hinstellt. Aber ganz dieselbe Konsequenz ergiebt sich ihm auch durch eine Analyse des Inhalts des Willenbegriffs: „Soll die Unendlichkeit des subjektiven Willens", sagt er, „das sein, was durch das Testament bewirkt wird, so kann die Willensinnerlichkeit des Testators ebensowenig von dem Vermögen desselben seine Grenze haben, wie die Willensinnerlichkeit irgend eines andern lebenden Menschen an seinem Vermögen ihre inhaltliche Grenze hat. Der Wille ist vielmehr eine freie Innerlichkeit, die sich auf die gesamte Außenwelt als ihren Gegenstand bezieht und das Vermögen eines Menschen bildet nur das unmittelbare Dasein und die schon vorhandenen realen Ausführungsmittel dieses Willens, aber nicht seine inhaltliche Grenze. Es müßte also, wenn der spekulative Begriff in seinem Rechte sein soll, der Wille des Testators sowohl über die Grenze seines Vermögens hinausgreifen, als sich überhaupt von demselben ganz trennen können, und es müßte sich daher auch von hier aus nicht nur die ideelle Bedeutung ergeben, daß, so paradox dieses zunächst klingt, der Testator auf den Erben nicht sein Vermögen, sondern, auch wo Beides zusammengeht, nur seinen Willen (und ersteres lediglich als Accessorium des letztern) vererbt, sondern es müßte sogar zur deutlichern Bestätigung dieser spekulativen Wahrheit auch von hier aus wieder die reale Trennung und Auseinanderhaltung beider Momente auch thatsächlich eintreten können und diese Trennung gerade das erstere und reinere das spezifische Verhältnis des Erbtumsbegriffs bilden."

Dieser Grundgedanke wird nun im Verlaufe des zweiten Bandes in 41 Kapiteln nach allen Beziehungen des altrömischen Erbrechts hin entwickelt, wobei Lassalle eine erstaunliche Kenntnis der historischen Rechtsquellen bekundet. In einem Schlußkapitel (S. 477—504) wird dann das Wesen des germanischen Erbrechts in einigen großen Zügen und mit besonderer Beziehung auf die oben entwickelten Grundgedanken des römischen Erbrechts dargelegt. Bei der großen Bedeutung der Lassalleschen Auffassung gerade des germanischen Rechts wollen wir nur kurz den philosophischen Standpunkt, von dem Lassalle bei seinen Deduktionen ausgeht, präzisieren, indem wir alles positiv-historische und juristische Material beiseite lassen.

Lassalle behauptet, daß das germanische Erbrecht nichts als Familienrecht sei. Seine Begründung dieser These besteht darin, daß er den Begriff der Familie (hier ganz an Anschluß an Hegels Definition in seiner Rechtsphilosophie § 158 fg.) auf die Materie des germanischen Erbrechts anwendet. „Der Begriff der Familie", sagt Lassalle, „ist die sittliche Identität der Personen, die zu ihrer substantiellen Grundlage nicht mehr das bloße Setzen des subjektiven Willens, die Willensaneignung, sondern die sich empfindende Einheit des Geistes oder die Liebe hat. Da die Empfindung das Unmittelbare oder Seiende im Geiste ist, so ist die Einheit hier als seiende vorhanden oder sie ist Identität des Blutes. Hier tritt also die Zeugung in ihrem spezifischen Charakter hervor. Wenn aber diese sittliche Personeneinheit der Begriff der Familie ist, so ergeben sich mit Notwendigkeit daraus folgende begriffliche Konsequenzen. Das Vermögen wird seiner Substanz nach ein an sich gemeinsames Familieneigentum sein. Das Recht des Intestaten auf das Vermögen wird daher nicht erst beim Tode des Erblassers entstehen und nicht durch dessen Willen verliehen sein. Wie es sich vielmehr auf das seiende Verhältnis als Familienglied gründet, so wird dies an sich seiende Recht daher schon mit seinem Eintreten in die Familie, mit seinem Erzeugtsein von ihm erworben sein und nur mit dem Todesfall in Wirklichkeit treten. Endlich wird demnach dieses schon bei Lebzeiten des Erblassers an sich vorhandene eigne Recht des Erben sich deshalb auch schon bei Lebzeiten des Erblassers als Dasein zeigen und durch die Beschränkung des individuellen

Eigentumsrechts jene an sich seiende Gemeinsamkeit der Vermögenssubstanz darthun müssen.

„Und schließlich", „fährt er fort, ist durch alles dieses schon gegeben, daß das Erbrecht, während es in Rom in seiner Substanz ein Recht auf die Willensfortsetzung des Individuums war und der Erbe sich nur infolgedessen durch das Eintreten in diese Willenssubjektivität alles von ihr Dezendierenden accidentell bemächtigte, bei den germanischen Völkern als das eigne und selbständige Recht des Familiengliedes nicht mehr ein Recht auf Willenskontinuität, sondern hier in der That auch seiner Substanz nach nichts anderes als ein Vermögensrecht ist, ein Recht auf seinen bei dem Eintritt in die Familie erworbenen Anteil an den an sich gemeinsamen Familien-Vermögen."

Wir verlassen nun diese ganze Betrachtung und wenden uns einem anderen wichtigen Punkte zu, der uns in dem Lassalleschen Werke hier ganz besonders interessiert: das ist seine abweichende Stellung von der Hegelschen Philosophie oder vielmehr von der Hegelschen Schule. Die Hegelianer, mit denen Lassalle in Berlin zu verkehren Gelegenheit hatte, galten ihm mit wenigen Ausnahmen kaum noch für die rechten Vertreter des Hegelschen Geistes. Eigentlich sind es nur noch zwei Disziplinen, welche im Sinne einer innern Verschmelzung der Empirie und des philosophischen Gedankens innerhalb der Hegelschen Schule bearbeitet wurden: die Religionsphilosophie und die Ästhetik. Alle andern Zweige zeigen noch ein vollständiges Auseinanderfallen beider Seiten und nirgend wird es sichtbar, daß man die Notwendigkeit begriffen hat, die Durchführung der Idee und der Erfahrung als das Ziel der wissenschaftlichen Bearbeitung der einzelnen Teile des Systems hinzustellen.

Insbesondere gilt dies von der Rechtsphilosophie, der es ja seit dem ersten Erscheinen der Hegelschen „Grundlinien" 1821 an Bearbeitern nicht gefehlt hat; diese aber lassen doch überall jene wahrhafte Verschmelzung der positiven Rechtswissenschaft und der philosophischen Rechtsideen vermissen. Schon das Hegelsche Buch selbst, meint Lassalle, könne eigentlich nur als eine logische Disposition zu einer künftigen Rechtsphilosophie angesehen werden. Der von Hegel gelegte Plan, die von ihm gegebenen Grundgliederungen bedurften aber der sachlichen Durchführung und zwar wesentlich nach der privatrechtlichen Seite hin. Es fehlte ja nicht innerhalb der Hegelschen Schule an Rechtsphilosophen,*) aber es wären meist

*) Das dreibändige Werk des geistvollen und vielseitigen Michelet: „Naturrecht als praktische Philosophie (Berlin 1866) erschien erst nach Lassalles Tode.

nur Wiederholungen der von Hegel formulierten Gedanken und die von ihm entworfene Architektonik und Gliederung derselben erschienen hier und da in unwesentlichen Punkten modifiziert, aber ohne den geringsten Versuch, in das positive Rechtsmaterial einzudringen und so die positive Rechtswissenschaft von den philosophischen Ideen aus zu entwickeln. Man begnügte sich damit, die allgemeinsten Definitionen des Meisters über Persönlichkeit, Eigentum, Vertrag u. s. w. zu wiederholen, ohne in das Spezielle der privatrechts-philosophischen Probleme einzudringen. Nur eine einzige Ausnahme macht Lassalle, nämlich mit dem umfassenden Werke Eduard Gans' über das Erbrecht in weltgeschichtlicher Entwickelung.*) Alle andern Schüler Hegels hätten die Wissenschaft des philosophischen Rechts nicht um ein Iota weiter gebracht.

Lassalle faßt seine Kritik der rechtsphilosophischen Leistungen der Schule in folgende Worte zusammen: „Hegel selbst und seine Philosophie tragen hierin keine Schuld. Auf allen Seiten seiner Werke hat er stets unermüdlich hervorgehoben, daß die Philosophie identisch mit der Totalität der Empirie sei, daß die Philosophie nichts so sehr erfordere, als die Vertiefung in die empirischen Wissenschaften. Mit hohem Recht rief in geistreicher Wendung ein Freund Hegels an dessen Grabe den Hegelianern zu: Alexander der Große sei tot, und es sei jetzt Pflicht seiner Generale, sich in sein Reich zu teilen. Allein um sich in dies Universalreich zu teilen, das von uns im Allgemeinen in Besitz genommen war, hätten die Provinzen desselben im Einzelnen von den Generalen realiter erobert werden müssen. Diese reale Eroberung unterblieb, notwendig konnte daher auch der allgemeine Besitzstand ebenso wenig auf die Dauer behauptet werden, wie von jenen Nachfolgern Alexanders, und dies erklärt den Verfall und die Mißachtung, in welche die Philosophie gegenwärtig geraten ist."

Eine harte Kritik! Wer jedoch die Geschichte der Hegelschen Schule in der ersten Hälfte unsers Jahrhunderts kennt, wird diese Beurteilung nicht ungerecht finden. Aber Lassalles Kritik richtet sich zum Teil auch gegen Hegels Rechtsphilosophie selbst und damit betreten wir den eigentlichen Boden, von welchem aus das Lassallesche Werk unser heutiges Interesse erweckt.

In der Einleitung heißt es: „Hätte die Philosophie sich nicht darauf beschränkt, bei den dünnen allgemeinen Grundlinien der Hegelschen Rechtsphilosophie, Eigentum, Familie, Vertrag u. s. w. stehen zu bleiben, wäre sie dazu übergangen, eine Philosophie des Privatrechts in dem oben angedeuteten Sinne einer philosophischen Entwickelung der konkreten

*) 4 Bände, Berl. 1824—35.

einzelner Rechtsinstitute desselben zu schreiben, so würde sich an dem bestimmten Inhalt dieser einzelnen positiven Rechtsinstitute sofort herausgestellt haben, daß mit den abstrakt allgemeinen Theorieen von Eigentum, Erbrecht, Vertrag, Familie u. s. w. überhaupt nichts gethan ist, daß der römische Eigentumsbegriff ein anderer ist als der germanische Eigentumsbegriff, der römische Familienbegriff ein anderer als der germanische Familienbegriff u. s. w. daß die Rechtsphilosophie, als in das Reich des historischen Geistes gehörend, es nicht mit logisch-ewigen Kategorieen zu thun hat, sondern daß die Rechtsinstitute nur die Realisationen historischer Geistesbegriffe, nur der Ausdruck des geistigen Inhalts der verschiedenen historischen Volksgeister und Zeitperiode und daher nur als solche zu begreifen sind."

Diese Betonung der tiefgehenden Differenz der römischen und germanischen Rechtsauffassung geht durch das ganze Werk hindurch und wir werden später auf die Einzelheiten dieses Unterschiedes, insbesondere soweit er für den in Bd. II entwickelten Eigentumsbegriff betrifft, noch besonders aufmerksam machen.

Zunächst interessiert uns hier, zu sehen, wie sich Lassalle die nach seiner Auffassung wünschenswerte Reform der Hegelschen Philosophie gedacht hat. Von allen Teilen derselben geht ihn am meisten die Philosophie des Geistes an. Die Logik und die Naturphilosophie, denen er niemals eingehendere Studien gewidmet hat, läßt er beiseite. Inbezug auf die Geistesphilosophie aber findet er das Hegelsche System, in der Form, die ihm sein Begründer gegeben hat, überall in absoluter Inkonsequenz stehend mit den eignen Prinzipien und der Methode dieser Philosophie. Lassalle verlangt, daß erst die realen Teile der Geistesphilosophie, welche dem System entflossen sind, bearbeitet und der allgemeinen philosophischen Grundlage vorausgeschickt werden. Denn ihr Beweis, d. h. ihre Begründung und die Bewährung ihrer philosophischen Wahrheit müßten sie auch in dieser Selbständigkeit in sich tragen. Dieses gilt sowohl von den Wissenschaften des subjektiven Geistes (den anthropologischen und psychologischen Disziplinen) als auch von dem des objektiven Geistes, d. h. den ethischen und geschichtlichen Zweigen, als endlich auch von denen des absoluten Geistes, worunter die Gebiete der Ästhetik und der Religionsphilosophie zu verstehen sind.

Diese Forderungen sind gegenüber der Hegelschen Schule allerdings schon früher erhoben worden. Es war jedoch zum ersten Mal, daß ein anerkanntermaßen hervorragendes Mitglied innerhalb der Schule selbst derartige Anklagen gegen die letztere wie gegen ihren Begründer erhob. Aber als wenn Laſſalle gefühlt hätte, daß er mit ſolchen Beſchuldigungen den eignen Boden unterwühlt, auf dem er ſelbſt ſtand, nimmt er hinterher die Hegelſche Philoſophie gegen Hegel ſelbſt in Schutz, indem er nachweiſt, daß es immer die Grundprinzipien und die Methode dieſer Philoſophie ſind, welche gegen Hegel ſelbſt Recht behalten, gegen die mangelhafte Ausführung, die „das zufällige Subjekt in ihm" dieſer Methode gegeben hat und bei dem erſten Verſuch, ein Univerſalſyſtem des Gedankens zu entwickeln, noch geben mußte.

Für das Gebiet der Rechtsphiloſophie ſucht Laſſalle dieſe Auffaſſung durch vielfache Beiſpiele zu belegen. Aus unzureichender Bekanntſchaft mit dem Stoffe habe er dem Recht ein vielleicht viel größeres Unrecht zugefügt, als irgend einer andern Disziplin. So z. B. wenn Hegel die römiſchen Juriſten als die Thätigkeit des abſtrakten Verſtandes auffaßt, ſo ſucht dem gegenüber Laſſalle nachzuweiſen, daß dieſe Thätigkeit der alten Juriſten nur die des ſpekulativen Begriffs geweſen ſei, freilich, eine ſich ſelbſt nicht durchſichtige und bewußte, wie dies ganz ebenſo bei der Thätigkeit des religiöſen und künſtleriſchen Geiſtes der Fall iſt. Dieſe Thätigkeit habe ſich im Altertum vielmehr in den römiſchen Juriſten „mit der ganzen Unmittelbarkeit und Inbrunſt des religiöſen Geiſtes" vollzogen. Hieraus glaubt Laſſalle den großen auch für das Verſtändnis der ganzen mittelalterlichen Rechtsgeſchichte entſcheidenden Unterſchied zwiſchen den altrömiſchen und den nachrömiſchen Juriſten herleiten zu müſſen.

Dieſe Polemik Laſſalles gegen Hegel und ſeine Schule, inſoweit ſie ihre Behandlung des Verhältniſſes des Naturrechts zum poſitiven Recht betrifft, ſetzt ſich durch das ganze Werk durch. So kommt Laſſalle gleich im erſten Abſchnitt in Bd. I („Die Theorie") auf das genannte Verhältnis zurück, welches ja allerdings den Kernpunkt aller rechtswiſſenſchaftlichen Forſchung unſerer Zeit bildet: „Wenn bisher vom Naturrecht die Rede war," ſagt er S. 58 fg., „ſo wurde dieſes ſtets als ein ewiges und allgemein gültiges, als ein vernunftgültiges gefaßt, welches zum poſitiven oder hiſtoriſchen Recht im Verhältnis eines allgemeinen Gedankenkerns zu ſeiner Ausführung oder, wie Hegel ſelbſt ſich ausdrückt, wie im Verhältnis der Inſtitutionen zu den Pandekten ſtehend gedacht wurde. Hieraus ergiebt ſich, daß das Naturrecht zwar im poſitiveren oder hiſtoriſchen Recht als in ihm waltend gewußt wurde, daß aber die Verſöhnung noch einſeitig und unerſchöpfend war, indem das Naturrecht ſeinerſeits nicht als hiſtoriſches Recht, nicht als von hiſtoriſcher Natur gefaßt wurde. Da das Naturrecht nicht als hiſtoriſche Natur gedacht wurde, ſondern als jener ſeit ewig und allgemein gültiger Gedankenkern, ergab ſich daraus zweitens, daß die Kategorieen der Rechtsphilosophie als ewige und absolute Kategorieen, d. h. als Kategorieen des logischen Begriffs gedacht und die Rechtsphilosophie von Hegel selbst in dieser Form geschrieben wurde. Es ergab sich drittens daraus, daß das historische Recht, wo es dem Naturrecht nicht entsprach oder widersprach, nicht aus dem innern Wesen des Geistes und seiner begrifflichen Tiefe, sondern aus zufälligen und besonderen Umständen und Zweckmäßigkeitsgründen oder resp. aus Willkür und Vernunft oder Gewalt herzufließen schien und als rein Positives stehen blieb. Und endlich ergab sich hieraus besonders ferner, daß wo das historische Recht in verschiedener Weise das Naturrecht zu verwirklichen schien, diese Verschiedenheit als gleichgültige oder doch neben einander bestehende Besonderheiten desselben Gedankens liegen blieben, wobei der sie zu einem qualitativ Andern machende, durch sie hindurchgehende Unterschied des historischen Geistes ganz übersehen wurde . . ."

Dem gegenüber wird nun von Lassalle der Gedanke entwickelt, daß das Naturrecht selbst historisches Recht ist, eine Kategorie von historischer Natur und Entwickelung und zwar muß es dies sein, weil der „Geist selbst nur ein Werden in der Historie ist". (Der II. Teil folgt.)

Das steinerne Kreuz.

Eine Dorfgeschichte von Adolf Glaser.

(Berlin.)

Jeder Deutsche hat ungefähr einen Begriff von dem Charakter, welcher der landschaftlichen Schönheit in der Schweiz eigen ist, und man hat daher den Namen Schweiz vielen Gegenden beigelegt, die in der lieblichen Abwechslung von Berg und Thal, Felspartieen und rauschenden Flüssen an die erhabene Eigentümlichkeit der schweizerischen Landschaften erinnern.

Einige dieser Gegenden sind fast ebenso berühmt wie die wirkliche Schweiz, andere genießen nur eines beschränkten Ruhmes in der nächsten Umgebung und werden daher wenig von den Touristen, welche die großen Heerstraßen des Naturgenusses bevölkern, aufgesucht. Zu den letztern Gegenden gehört ein reizendes Thal, welches im Taunusgebirge, nicht gar weit von dem lieblichen Badeorte Soden, zu finden ist und den Namen der nassauischen Schweiz trägt. Große Anhöhen mit mächtigen Buchen- und Eichenwaldungen fassen das Thal ein, rauschende Bäche mit kleinen Wasserfällen durchschneiden und erfrischen dasselbe und einzelne Felspartieen ragen kahl aus dem Grün der Wälder hervor. Diese Felsenhöhen bieten oft entzückende Aussichten in die Tiefe und lohnen dadurch reichlich die Mühe des Erkletterns. Wie fast in allen durch reiche Waldungen und fruchtbare Thäler ausgezeichneten Teilen unseres deutschen Vaterlandes finden sich auch hier einige zerfallene Ritterburgen, von denen namentlich die Burg Eppstein durch ihre wohlerhaltene Ruine sehenswert ist. Das Dorf gleichen Namens liegt dicht am Fuße des Gemäuers und die kleinen Häuschen sehen aus, als hätten sie sich in ihrer Gebrechlichkeit unter den Schutz des hochragenden alten Turmes gestellt.

Die Bewohner dieses Dorfes sind gewohnt, im Sommer hier und da einzelne Fremde aus den naheliegenden Bädern bei sich einkehren zu sehen, aber dies geschieht doch selten genug, um noch nicht die neugierige Beobachtung verdrängt zu haben, die ein fremdes Gesicht und städtische Kleidung hervorruft.

Eines Abends, im Hochsommer, schien das Dorf wie ausgestorben, da fast alle Bewohner desselben auf dem Felde beschäftigt waren. Einige rotwangige Buben und Mädchen spielten auf der Straße, sonst sah man außer Tauben und Hühnern kein lebendes Wesen dort.

Da erhob sich ein Streit unter den Kindern, der immer lauter wurde, und aus welchem zuletzt sich die schrille Stimme eines kleinen Mädchens vernehmen ließ, welches laut rief: „Ich sag's aber unserer Grete!“ Und: „Grete! Grete!“ rufend, lief das kleine Ding auf ein benachbartes Haus zu, während die andern Kinder sich verdutzt einander ansahen und verlegen die Zeigefinger in den Mund steckten.

Auf den Ruf des schreienden Kindes trat ein junges frisches Mädchen an die Hausthür, den Strickstrumpf in der Hand, einfach, aber sehr reinlich in die Tracht der dortigen Landleute gekleidet. „Was ist? Was habt Ihr schon wieder?“ frug sie freundlich und im Augenblick drängten sich die Kinder sämtlich um sie herum und jedes wollte seine Klage zuerst vorbringen.

„Ei, der Joseph,“ — „Ei, das Lieschen,“ — „Ei, der Fritz,“ so gings in schnatterndem Durcheinander, wobei keines zu Worte kommen konnte. „Schon gut, schon gut!“ sagte abwehrend Grete, — „vertragt Euch, sonst giebt's Schläge. Da habt Ihr etwas;“ und sie gab den Kindern eine handvoll Haselnüsse, worauf diese jauchzend und versöhnt davonliefen.

Grete blieb einen Augenblick an der Hausthür stehen und sah den Kindern nach. Sie lächelte und die frischen Wangen zeigten zwei allerliebste Grübchen. Ihre hellen Augen hatten noch etwas recht kindliches, obgleich die Gestalt kräftig entwickelt und die Hände tüchtig ausgearbeitet waren.

Als sie noch stand, kam die alte Botenfrau, welche täglich das Dorf durchschritt, die Straße herauf. Nachdem dieselbe guten Abend geboten, frug sie: „Na Grete, ist die Arbeit draußen gethan?"

„Noch nicht," entgegnete Grete. — „aber ich bleibe zu Hause, weil der Vater sehr schlecht ist. Heute ist nur der Jakob auf dem Felde und die Marie, die müssen schon einmal sehen, wie sie allein fertig werden."

„Ist der Alte so schlimm krank?" frug die gesprächige Botenfrau und setzte ihre Last ab, um ein wenig auszuruhen.

„Es geht vorüber," erwiderte das Mädchen, — „er hat nur sein altes Übel. Vorgestern hat ihn der Krampf gepackt, aber so schlimm war's noch nie, deshalb liegt er heute noch und ich darf nicht fort."

„Den hättest Du sehen sollen vor dreißig Jahren," sagte die Botenfrau. — „es kennt ihn keiner wieder! Das war ein Staatskerl, und so stolz wie ein Herr! Dem durfte keiner in die Quere kommen, den er nicht leiden konnte. Er war auch lange in der Fremde und wie er wiederkam, heiratete er Deine Mutter, die Katharine. Nachher war er still und zahm, aber die Frau war doch nicht recht zufrieden, wie ich oft von ihr gehört habe. Kein Mensch hätte denken sollen, daß er so früh schon verfallen sollt'; er war ein Staatskerl!"

Grete hatte während dieser Reden mit ihrem Strickstrumpf zu thun gehabt, da ihr einige Maschen gefallen waren. Jetzt sagte sie: „Es ist ja nicht gefährlich, es geht vorüber!"

„Ich meine nicht, weil er jetzt krank ist, ich meine, er verfällt früh, wenn man ihn sonst gekannt hat," entgegnete die Frau.

„Das weiß ich nicht," erwiderte Grete, — „so lange ich auf der Welt bin, war der Vater immer so wie jetzt. Meine selige Mutter hat auch oft gesagt, er sei früher anders gewesen, aber ich kenne ihn nur still und gut. Der liebe Gott erhalt' ihn uns noch recht lange."

„Dazu sag' ich Amen," versetzte die Frau und hob ihre Last auf, um weiter zu schreiten. Grete war ihr dabei behilflich und sagte der Alten freundlich Adieu, als diese fortging.

Darauf wollte das Mädchen in das Haus zurückkehren. Indem sie noch einmal der Alten nachblickte, sah sie, wie diese einem fremden Manne den Weg nach dem Gasthaus zum Löwen zeigte. Neugierig blieb sie stehen, als der Fremde näher kam. Dieser war ein junger Mann in schlichter Kleidung mit einem Ränzchen auf dem Rücken. Er näherte sich dem Hause, wo das hübsche Mädchen in der Thür stand und blickte lächelnd in dessen blühendes Gesicht. Wäre Grete nicht so allein im Dorfe gewesen, so würde sie wahrscheinlich kichernd ins Haus zurückgelaufen sein, so aber blieb sie eifrig strickend stehen. Jetzt war der Fremde in ihrer Nähe und trat dicht vor sie hin.

Grete wurde über und über rot.

„Bin ich hier auf dem Wege zum Löwen?" frug lächelnd der junge Mann, worauf Grete, da er nach der Anweisung der Alten gar nicht mehr fehlen konnte, in der Meinung, er wolle sie foppen, schmollend, ohne Antwort ins Haus gehen wollte.

„Grete!" rief da der junge Mann und das Mädchen wendete sich erstaunt um. „Es ist schade," sagte jener, — „daß ich keine Mutter mehr habe, ich könnte sonst einmal probieren, ob das Lied vom Mutterauge recht hat. Kennst Du mich denn nicht mehr, Grete?"

Das Mädchen war blutrot geworden und sagte stotternd: „Ja, jetzt kenn' ich Dich, — Sie, — wollt' ich sagen. Ach Gott, Sie sind ja Brauns Wilhelm!"

„Ja, der bin ich, Fräulein Gretchen Sander," erwiderte verdießlich spottend der junge Mann, „wenn Sie es denn durchaus haben wollen, daß wir nicht mehr Du zu einander sagen sollen."

Grete glaubte sich verhöhnt. Es kamen ihr Thränen ins Auge, weil Wilhelm, der sie als Kind gekannt, Fräulein zu ihr gesagt hatte, und sie wollte eben zu weinen anfangen, als die Kinder wieder herbeigeeilt kamen. Diese hatten nämlich den fremden Mann stehen sehen und nachdem sie untereinander ihre kindischen Vermutungen ausgetauscht hatten, trieb sie die Neugierde, näher zu treten. Lieschen, Gretes Schwester, drängte sich mit einem gewissen Stolz dicht an diese heran und indem das Kind mit der linken Hand den Rock der Schwester festhielt, steckte es mit ernster Miene den Zeigefinger der Rechten in den Mund und betrachtete das neue Wunder. Bald standen alle übrigen Kinder umher und glotzten den über die Gruppe lachenden Wilhelm an.

„Du, Fritz, der fremde Mensch ist Dein Bruder," sagte jetzt Grete, die sich in Gegenwart der Kinder von Beängstigung und Scheu befreit fühlte. Sofort wendeten sich die Blicke sämtlicher Kinder auf Fritz, der seinerseits in Gretes Gesicht starrte, als habe er deren Worte nicht verstanden.

„Ist das unser Fritz?" frug Wilhelm und faßte den Buben beim Arm. „Du bist ja ein großer Kerl geworden!" fuhr er fort.

Der kleine Fritz fühlte sich nicht wenig geschmeichelt. Er lachte, sah aber seine Gespielen ganz stolz an, als ihn der große Bruder bei der Hand faßte.

„Wie steht's bei Euch?" frug Wilhelm gegen Grete gewendet; „hat sich nichts verändert seit den fünf Jahren? Wo ist denn der Jakob?"

„Der Jakob ist auf dem Felde, aber meine Mutter ist tot," sagte Grete mit trauriger Stimme und niedergeschlagenen Augen.

„Das habe ich nicht gewußt," entgegnete Wilhelm in teilnehmendem Tone. — „wann ist sie denn gestorben?"

„Vor zwei Jahren im Sommer," erwiderte Grete und sah wieder auf.

„Komm nach Haus," rief jetzt der kleine Fritz und zerrte an Wilhelms Hand. Dieser sah noch einmal in Gretes Gesicht. „Grüß' den Jakob," sagte er dann und ging mit dem jubelnden kleinen Bruder, begleitet von der ganzen Kinderschar, nach einem der Nachbarhäuser.

Grete eilte in die Stube zu ihrem kranken Vater.

Der alte Zander schlief. Grete setzte sich still ans Fenster und strickte. Daß Wilhelm sie Fräulein genannt hatte, was noch nie jemand gethan, wollte ihr nicht aus dem Sinn und sie errötete vor Verlegenheit, so oft sie an das Wort dachte.

Aber es war ihr doch nicht entgangen, daß der junge Mann sie nicht ohne Wohlgefallen betrachtet hatte. Sie war in den fünf Jahren groß und stark geworden. Wilhelm hatte zwar nichts gesagt, aber sie hatte doch gesehen, daß er sie anstaunte, weil sie so groß war. Am Abend kamen Jakob und Marie nach Hause. Grete brachte das Essen und erzählte sogleich, daß Wilhelm Braun angekommen sei und nach Jakob gefragt habe.

„Wie sieht er denn aus?" frug die fünfzehnjährige Marie.

„Grade wie ein feiner Stadtherr," versetzte Grete.

„Ob er wohl hier bleiben wird?" meinte Marie, worauf Jakob erwiderte:

„Wo soll er denn hin wollen? Den Stadtrock trägt er bald auf und dann gewöhnt er sich wieder an einen schlechten."

Nach einer Weile sagte Grete:

„Er spricht auch ganz anders und viel gescheiter als sonst."

„Das lernt sich in der Stadt bei den Soldaten," entgegnete Jakob, — „und dann war er auch lange in der Fremde! Hier im Dorfe sieht und hört man ja nichts rechts. Mir ist's zwar lieb, daß ich mich frei gelost habe, denn die Schinderei beim Militär ist gar zu groß, aber fort, in die weite Welt, das möcht' ich auch. Hat er denn kein Stück Montur angehabt?"

„Die wird er wohl im Ranzen getragen haben," erwiderte Grete.

Inzwischen war der alte Sander erwacht und frug, was geschehen sei. Grete erzählte noch einmal alles; sie besprachen die Rückkunft Wilhelms noch einige Zeit und begaben sich dann sämtlich zur Ruhe.

In der Nacht hatte Grete einen schweren Traum.

Sie sah ihren Vater im Sarge, aber er konnte nicht tot sein, denn er öffnete von Zeit zu Zeit die Augen und bewegte den Mund, als ob er ihr etwas sagen wollte. Lange stand sie dabei und gab sich Mühe, ihn zu verstehen, da wurde sie plötzlich einen Mann gewahr, der hinter ihr stand, und den sie, da sie sich umblickte, als Wilhelm Braun erkannte. Dieser nahm jetzt ihre Hand und drückte damit des Vaters Augen zu, worauf dieselben geschlossen blieben. Dann drückte Wilhelm ihre Hand auch auf des Vaters Mund. Dieser flüsterte das Wort Fräulein und blieb dann auch still und stumm. Nach und nach aber wurde ihre Hand starr und kalt, auch der Arm wurde kalt, und jetzt stieg die Kälte bis zum Herzen. Da stieß Grete einen lauten Schrei aus und erwachte.

Hoch aufatmend und heftig bewegt blickte Grete in das erschrockene Gesicht ihrer Schwester, die ebenfalls aus dem Schlafe aufgefahren war. Der Tag begann bereits zu grauen und Marie ermunterte sich völlig. „Was ist Dir?“ frug sie, „Du schreist ja, als ob Dir einer ans Leben wollte.“

Grete besann sich. „Ich hatte einen ganz dummen, aber fürchterlichen Traum,“ sagte sie, — „ein Alp hat mich gedrückt, weil ich auf dem Arm lag, die Hand ist mir ganz steif.“

„Das kommt davon, weil Du den ganzen Tag zu Hause sitzest, Du kannst das nicht vertragen,“ meinte Marie. „Heute will ich einmal daheim bleiben und Du kannst aufs Feld gehen, wenn's Dir recht ist.“

Es war Grete ganz recht, daß sie hinaus sollte. Sie stand auf und vergaß in der frischen Morgenluft bald den unheimlichen Traum.

Als sie mit Jakob auf das Feld kam, waren Brauns schon draußen und arbeiteten grade auf dem Acker, der an den ihrigen grenzte. Wilhelm war auch dabei. Aber heute sah er ganz anders aus. Er hatte alte Sachen angezogen und war fast gar nicht verändert gegen früher. Er kam auf Jakob zu und begrüßte ihn herzlich. Grete hatte alle Scheu vergessen und redete fröhlich mit, wobei sie den Wilhelm Du nannte wie sonst. „Na, große Grete,“ sagte dieser lachend, — „es bleibt also doch beim Alten?“ und dann erzählte er dem Jakob, daß Grete ihn gestern Sie genannt habe.

„Ja,“ sagte Grete, — „gestern sahst Du auch ganz anders aus, da hatte ich Angst vor Dir, heute fürchte ich mich nicht.“

Nun kam auch Wilhelms Vater herbei und die alte Lisbeth, dessen

Magd, sowie Christian, ein jüngerer Bruder von Wilhelm. Man sprach einige Augenblicke vom Wetter, von der fröhlichen Zurückkunft Wilhelms, der nun ein ganzes Jahr, seitdem er als Soldat in Wiesbaden war und ausgedient hatte, in der Fremde gewesen, und dann ging's munter an die Arbeit.

Den Tag über sah man sich nur von weitem, am Abend aber wurde der Heimweg gemeinschaftlich angetreten.

Die jungen Leute hielten sich zusammen. Grete ging zwischen Jakob und Wilhelm und jedes von ihnen trug auf der rechten Schulter sein Ackergerät.

„Du wirst recht müde sein," sagte Jakob zu Wilhelm. — „bist es wohl nicht mehr so hart gewohnt?"

„Warum nicht gar," erwiderte Wilhelm, — „ich bin froh, daß ich wieder daheim bin und möchte lieber gleich die ganze Nacht durcharbeiten oder auch noch lieber durchtanzen. Juchhe!" jauchzte er, faßte mit der Linken um Gretes Hüfte und schwenkte mit ihr im Kreise herum, daß alle laut auflachten.

Grete lachte auch. Sie mußte stehen bleiben, weil ihr beim Umschwenken die am Hinterkopfe leicht aufgesteckten Haare losgegangen waren. Wilhelm mußte ihr das Arbeitsgerät halten, damit sie ihren Kamm zurechtstecken konnte. Dadurch blieben die Beiden etwas zurück.

„Du bist recht wild geworden," sagte Grete, indem sie ihr Werkzeug wiedernahm, „hast wohl viel getanzt und gesungen die lange Zeit?"

„O ja!" entgegnete er lachend.

„Kannst auch viel schöne Lieder?" fuhr Grete fort.

„Die kann ich," erwiderte Wilhelm.

„Was war das doch für ein Lied, von dem Du gestern sprachst?"

„Gestern?" frug Wilhelm.

„Wie ich an der Thür stand und Dich nicht erkannte."

„Ach so," versetzte Wilhelm; „ja, das ist ein schönes Lied vom Wanderbursch, der nach der Heimat kommt und nicht wiedererkannt wird. Zuerst begegnet ihm ein Bekannter von früher, der ihn für fremd ansieht, dann sieht ihn sein Schatz und kennt ihn auch nicht, bis ihn zuletzt das Auge der Mutter erblickt und erkennt."

„Das ist hübsch," meinte Grete, „aber —" Sie lachte hellauf.

„Nun was denn aber?" frug Wilhelm.

„Ja, aber — aber — ich bin doch nicht Dein Schatz!"

Kaum hatte Grete dies gesagt, als es ihr plötzlich siedendheiß ins Gesicht schoß. Sie blieb stehen und blickte um, als ob jemand hinter ihr käme, sie hätte gleich versinken mögen. Dann raffte sie sich auf und lief voraus zu den andern. Wilhelm folgte ihr, und sie gingen schweigend weiter mit Jakob und Christian, die lustig mit einander plauderten.

Auf dem Lande bedarf es nicht vieler Umschweife, um eine Liebschaft anzuknüpfen. Die Menschen verstehen es dort zu wenig, sich in solchen Dingen zu verstellen. Wilhelm war als ein gereister Mann und gedienter Soldat ein sehr gesuchter Gegenstand für die weibliche Einwohnerschaft von Epstein und sein ganzes Wesen machte ihn sogleich bei Alt und Jung beliebt. Die wenigen Kenntnisse, die er aus der Fremde mitgebracht hatte, gaben ihm dasselbe Ansehen, wie es in andern Kreisen ein glänzendes Studium bewirkt haben würde. Am Abend, als die jungen Leute scherzend und singend durch das Dorf gingen und die Alten mit ihren kurzen Pfeifen vor den Häusern saßen, mußte Wilhelm bald hier und bald dort hinkommen, um Fragen zu beantworten und sich betrachten zu lassen. Dabei fühlte sein alter Vater einen freudigen Stolz, und die Mädchen wußten es immer so einzurichten, daß sie so nahe wie möglich an ihm vorbeistrichen. Die Sanderschen Kinder waren des kranken Vaters wegen zu Hause geblieben. Der Alte hatte sich gar nicht gut befunden den Tag über und schob dies auf den Umstand, daß Marie nicht mit einem Kranken umzugehen verstehe. Allerdings war das kräftig aufgeschossene Mädchen von fünfzehn Jahren etwas unbeholfen, und was sie anfaßte, das fühlte den Druck der derben Hand. Grete mußte dem Alten versprechen, ihn noch ein paar Tage zu pflegen, bis er wieder aufstehen könne.

Am andern Morgen sah Grete ihrer Schwester nachdenklich zu, als diese sich ankleidete, um aufs Feld zu gehen. Es war ihr, als habe sie derselben etwas zu sagen. Der Tag wollte gar nicht vorübergehen und so still wie heute war ihr das Dorf noch nie erschienen. Ein Glück, daß die Kinder da waren. Diese hatten sich auf der Schwelle des Sanderschen Hauses versammelt und ließen sich von Fritz erzählen, was sein Bruder Wilhelm seit gestern gesprochen und gethan hatte. Grete hörte zu und lächelte über die Großsprecherei des kleinen Burschen, der durch seinen großen Bruder sich plötzlich zum Helden der Epsteiner Kinderschar erhoben sah.

Als Jakob und Marie endlich nach Hause kamen, wußte es die letztere so einzurichten, daß sie nach dem Essen mit Grete an die Hausthür zu stehen kam.

„Du," sagte sie, — „der Wilhelm hat nach Dir gefragt."

„So?" entgegnete Grete, scheinbar gleichgültig, — „was hat er denn gesagt?"

„Nun, er erzählte mir, daß ihm die Wirtschaft mit der alten Lisbeth nicht gefalle, und er daran denke, sich selbst einzurichten. Dann meinte er, Du müßtest doch am Abend ein bischen in die Luft, wenn Du heute den ganzen Tag im Hause geblieben wärest. Komm; Jakob bleibt schon ein Weilchen beim Vater."

Damit gingen die beiden Mädchen die Straße hinunter. Es währte nicht lange, so kam Wilhelm hinter ihnen drein und am Ende des Dorfes redete er sie an. Der Abend war schön. Sie gingen zusammen über den Steg des Baches und dann den schmalen Pfad am Ufer hin. Da sie nicht neben einander gehen konnten, so blieb Marie hinter den Beiden, bückte sich hier und da nach Blumen und kam dadurch immer mehr im Wege zurück.

Grete und Wilhelm gingen längere Zeit schweigend weiter. Das Mädchen fühlte die süße Beängstigung des geheimen Einverständnisses, aber endlich dauerte es ihr doch zu lange. Sie blieb stehen und sah um, indem sie sagte: „Wir wollen auf Marie warten, sie ist weit zurückgeblieben."

Eilig entgegnete Wilhelm: „Laß sie nur, mir ist's lieb, wenn sie recht weit ist, ich wollt' Dir etwas sagen."

Grete setzte schweigend ihren Weg fort. Es dauerte noch eine Weile, dann sagte Wilhelm: „Ich weiß noch gar nicht einmal, ob Du vielleicht schon einen Schatz hast."

„Nein," sagte Grete halblaut, mit zitternder Stimme.

„Nun denn," brachte Wilhelm mühsam heraus; — „willst Du mich haben?"

Grete konnte nicht gleich antworten. Wilhelm faßte sich ein Herz und legte seinen Arm um ihre Hüfte, was er gestern ohne Arg gethan hatte und heute kaum wagte. „Willst Du?" frug er noch einmal, indem er sie an sich drückte. Da konnte sie ihm deutlich sagen: „Ja."

Sie gingen noch etwas weiter, bis ihnen Marie zurief, daß sie umkehren müßten, weil es sonst zu spät würde. Zugleich wendete sich Marie, um vor ihnen her zurückzugehen. Wilhelm hielt sein Mädchen im Arm und neigte den Kopf so, daß er Grete leise berührte. Die Dämmerung kam. Aus dem Gebüsch am Rande des Baches sang eine verspätete Nachtigall. Grete begann halblaut ein Lied zu summen und Wilhelm stimmte ebenso mit ein. Als ein Frosch über den Weg hüpfte, schrie sie erschreckt auf und lehnte sich ängstlich an Wilhelm, der sie lachend so fest an sich drückte, daß sie auch lachte. Grete blickte zum Himmel, wo eben ein Stern aufging. „Guck," sagte sie, „dort sieht der liebe Gott herunter und schaut uns zu; was der wohl denken mag?"

„Daß Du ein Kindskopf bist," sagte Wilhelm.

„Nun ist bald Kerb," fing darauf Grete wieder an, „das wird dies

Jahr lustig werden!" und das Herz hüpfte ihr vor Freuden. Dann aber wurde sie auf einmal bedächtig und sagte: „So lang unser Vater so schlecht ist, dürfen wir niemand was sagen."

Sie waren unterdessen, ohne daß sie es bemerkt hatten, an das Sandersche Haus gekommen. Marie war ihnen auf Umwegen dahin vorausgegangen und die beiden Liebesleutchen hatten sich, ohne weiter umzusehen, hinter ihr gehalten. Jetzt sagten sie sich gute Nacht und die beiden Mädchen eilten ins Haus. Wilhelm ging noch einmal den ganzen Weg zurück, den sie vorher zusammen gegangen waren, und suchte erst spät überglücklich sein väterliches Haus.

Der folgende Tag war ein Sonntag, da schickte es sich, daß Wilhelm einmal zu dem kranken Nachbar Sander ging.

Er traf in der Kirche mit Jakob und Marie zusammen und ging nachher mit ihnen in ihr Haus. Heute hatte er seinen städtischen Anzug an und sah recht hübsch darin aus. Grete stand in der Hausthür als er kam; sie lächelte ihm schon von weitem entgegen und als er ihr zum Morgengruß die Hand reichte, da strahlte ein so reines Glück aus beider Augen, daß die Engel im Himmel daran ihre Freude haben mußten.

Wilhelm trat bei dem Alten ein und ward von diesem herzlich willkommen geheißen. „Du siehst, wie schwach ich geworden bin," sagte Sander, — „obgleich Dein Vater älter ist als ich, so ist er doch noch zehnmal kräftiger."

Wilhelm brachte einige tröstliche Worte hervor, vermeldete auch Grüße von seinem Vater und setzte sich auf des Alten Aufforderung nieder. Dann mußte er erzählen von seinem Aufenthalt auswärts, und Sander wurde ganz lebhaft, da er an die Zeit dachte, wo er als junger Kerl auch in der Fremde war.

Wilhelm erzählte, daß er an verschiedenen Orten gedient habe, um etwas Rechtes zu lernen; „denn," meinte er, „wenn mein Alter auch etwas vor sich gebracht hat, so ist's doch immer gut, wenn man draußen bei fremden Leuten war."

Jakob sagte, er habe Lust, auch einmal fort in die Welt zu gehen, aber sein Vater erinnerte ihn daran, daß er Grund genug habe, zu Hause zu bleiben, um ihm, dem schwächlichen Mann, zur Seite zu bleiben.

Wilhelm war weit gewesen; er war bis nach Thüringen gekommen.

„Wo denn da?" frug der alte Sander.

„In Ruhla, bei Eisenach, in Mühlhausen."

In Mühlhausen war Sander auch gewesen.

Von dort war Wilhelm nach Sondershausen gewandert.

„Ein tüchtiger Weg," sagte Sander etwas gepreßt.

„Man kommt bei einem steinernen Kreuze vorbei, wenn man unweit von Mühlhausen in den Wald tritt," erzählte Wilhelm.

„Ein Kreuz?" frug Sander. „In meiner Zeit gab es dort kein Kreuz."

„Richtig," entgegnete Wilhelm, — „das Kreuz steht vielleicht nicht so lange an der Stelle. Es ist ein unheimlicher Ort, denn es wurde einmal einer dort ermordet."

Das war etwas für die jungen Leute. Jakob frug sogleich, wie es sich mit dem Mord und dem Kreuze verhalte und die Mädchen lauschten neugierig.

„Ich weiß die Geschichte genau," berichtete Wilhelm, — „denn es kennt sie in Mühlhausen jedes Kind. Ein Handwerksbursch ist an der Stelle ermordert worden und der es gethan hat, sitzt noch heute."

Der alte Sander blickte den Sprecher mit starren Augen forschend an und war so bleich geworden, wie eine Leiche. „Er sitzt noch heute?" frug er mit bebenden Lippen, indem er sich in seinem Bette aufrichtete.

„Wie ich sage," erzählte Wilhelm. „Er wurde bald entdeckt, denn der Kerl war dumm genug, des Ermordeten Paß zu benutzen, den er demselben mit der Brieftasche geraubt hatte. Ob er den armen Menschen des Passes oder des wenigen Geldes wegen, was jener bei sich hatte, ermordete, weiß man nicht."

„Also den Kerl haben sie gepackt und gesetzt?" frug hier der alte Sander mit wilder Hast, wobei seine Stimme fast heiser klang. „Das ist recht," fuhr er fort, indem er heftig mit der Faust auf den Rand der Bettstelle schlug. — „daß sie den gekriegt haben, den Halunken!"

Die jungen Leute sahen sich erschreckt einander an.

„Hast Du den Kerl gekannt, Vater?" frug Jakob.

Der Alte überhörte die Frage. „Hat er gestanden?" sagte er dann und sah gespannt in Wilhelms Gesicht.

Dieser wußte darauf keine Auskunft zu geben, aber er hatte den Sträfling oft gesehen, wie dieser, als alter, schwacher Mann in schweren Ketten harte Strafarbeiten verrichten mußte.

„Das geschieht ihm Recht," sagte Sander vor sich hin mit dem Ausdruck befriedigten Hasses.

Wilhelm erzählte hierauf weiter von seiner Reise und seinen Erlebnissen und ging erst fort, als es Zeit zum Essen war.

Der alte Sander drückte ihm herzlich die Hand und schien freundlicher gegen den jungen Mann gesinnt, als man es je von ihm gesehen hatte. Er bat ihn, bald wiederzukommen, und als Grete mit Wilhelm noch einen

Augenblick in der Thür stehen blieb, sagte sie vergnügt: „Sobald er wieder auf ist, sag' ich's ihm."

Es kommen unter allen menschlichen Verhältnissen edle und unedle Naturen zum Vorschein, die in ihrer Art das Thema der ewigen Gefühle variieren. Wo uns im Leben Haß oder Liebe begegnen, mehr oder weniger stark und rein, verschieden oft nur durch die Verschiedenheit der äußeren Umstände, da offenbart sich der geheimnisvolle Zauber, der in den Leidenschaften wirkt, und wir fühlen, daß alle Menschen, vom Höchsten bis zum Geringsten, diesen herrschenden Erdengewalten unterworfen sind.

Wenn Wilhelm Braun auch nicht daran dachte, seinem Mädchen duftende und zärtliche Briefe zu senden, so war sie doch für ihn der Inbegriff aller irdischen Glückseligkeit. Er hatte anderwärts die weibliche Bevölkerung der untern Klassen kennen gelernt und fühlte recht gut, daß Grete ein unverdorbenes Herz besaß, wenn sie auch an manchen Dingen, vor denen ein feiner organisiertes Wesen einen tugendhaften Schauder empfunden hätte, keinen Anstand nahm.

Grete ihrerseits blickte in kindlicher Unwissenheit zu dem weitgereisten, durch einige städtische Manieren und geringe Kenntnisse in ihren Augen hochgebildeten Wilhelm mit jenem Gefühl ehrfurchtsvollen Staunens auf, welches stets der weiblichen Natur unter allen Verhältnissen so süß und beglückend erscheint. Sie war stolz auf ihn und seine Liebe zu ihr.

Mit der Besserung des alten Sander wollte es jedoch nicht recht vorwärts gehen, ja es war sogar außer allem Zweifel, daß derselbe ernsthaft erkrankt war. Grete kam fast nicht aus der Stube, nur zuweilen des Abends machte sie in Begleitung ihrer Schwester Marie einen Gang durchs Dorf, wobei Wilhelm sich jedesmal zu ihnen gesellte. Das waren glückliche Augenblicke. Die andern Mädchen des Dorfes hatten schon etwas gemerkt, sie wußten nur noch nicht, ob Wilhelms Bewerbung Grete oder ihrer Schwester galt.

Auch der alte Braun hatte den Gevatter Sander schon mehrmals besucht und es schien alles den besten Fortgang zu nehmen. Beide Familien gehörten zu den wohlhabendern und Sander war von jeher der beste Freund des alten Braun gewesen.

Eines Abends fühlte sich Sander recht leidend. Jakob nahm ein Pferd und ritt nach Soden, um den Arzt zu holen. Dieser kam und machte verschiedene Anordnungen. Er wiederholte auch seinen Besuch mehrmals, aber der alte Mann wurde immer kränker und sein Zustand flößte ernstliche Besorgnis ein. Die Kinder aus dem Dorfe standen oft stundenlang vor dem Hause, flüsterten geheimnisvoll zusammen, deuteten auf das

Haus und gaben sich Mühe, jemand zu entdecken, der ihnen Aufschluß darüber geben wolle, was der Herr Doktor drinnen gemacht habe. Sanders Lieschen war der Gegenstand ihrer sorgsamsten Aufmerksamkeit.

Grete befand sich in einem seltsamen Zwiespalt der Empfindungen. Sie schalt sich selbst, wenn sie am Krankenbette des Vaters an die Hochzeit dachte, aber ihr junges Herz kam doch immer wieder darauf zurück und ließ sich nicht unterdrücken.

So saß sie denn auch eines Nachmittags ganz allein in süße Gedanken versunken am Bette, in welchem ihr Vater sich unruhig herumwarf. Mehrmals schon hatte sie ihm die Kissen zurechtgelegt und den Schweiß, der heute ganz besonders stark hervordrang, von seiner Stirn gewischt. Er lag jetzt mit dem Gesichte nach der Wand und stöhnte einigemal leise. Dann rief er mit veränderter Stimme mehrmals „Grete!"

„Vater!" erwiderte das Mädchen.

„Grete," flüsterte der Kranke, — „hast Du schon einmal geschworen?"

Grete wußte nicht, was sie von dieser Frage denken sollte. Halb und halb kam ihr der Gedanke, ob der Alte wohl irre rede. Sie erwiderte: „Nein."

„Du sollst jetzt schwören," fuhr der Alte in demselben flüsternden Tone fort, — „hole die Bibel."

Grete war nun überzeugt, daß ihr Vater im Fieber liege, sie blieb daher auf ihrem Sitze. Der Kranke wartete eine Weile, dann sagte er in bittendem, weinerlichem Tone: „Na, wird's bald? Willst Du mir nicht einmal den Gefallen thun? Hole die Bibel." Grete stand auf, ging an den hohen, altertümlichen Schrank und holte die Bibel, die dort neben dem Gesangbuche lag.

„Schwöre mir, daß Du das thun willst, was ich Dir auftragen werde," gebot der Kranke, „lege die eine Hand auf die Bibel, halte die zwei ersten Finger der andern Hand in die Höhe und sage: ich schwöre, das zu thun, was Du mir aufträgst." — Grete war noch immer überzeugt, daß der Kranke von Sinnen sei; sie that jedoch, was er verlangte.

„Nun höre zu, aber beuge Dich herüber zu mir, damit ich leise reden kann," sagte der Kranke in demselben flüsternden Tone.

Grete beugte sich über ihn.

„Ich wollt' es eigentlich mitnehmen," fuhr jener fort, — „aber ich merk', es geht nicht, ich kann sonst nicht einschlafen, und es ist doch mit mir vorbei. Denkst Du noch an das, was der Wilhelm erzählt hat, von dem steinernen Kreuz bei Mühlhausen und von dem Kerl, der dort im Zuchthause sitzt?"

„Ich weiß," entgegnete Grete und es überlief sie ein eiskalter Schauer.

„Ich gönne es dem Kerl noch hier auf meinem Todbette, daß sie ihn gekriegt haben, denn er ist an all meinem Unglück schuld. Ich war so stolz wie einer und das mit Recht, der aber hat mich zum elenden Menschen gemacht. — Was ich Dir jetzt erzähle, Grete, das sollst Du dem Wilhelm Braun heimlich wiedersagen, denn er wird wissen, was er damit thun soll. Mitnehmen kann ich's nicht, es läßt mir keine Ruhe. Der Wilhelm ist ein braver Mensch, der soll's wissen. Du hast's mir geschworen, daß Du's ihm sagen willst, aber ihm allein, hörst Du, ganz allein."

Grete horchte in atemloser Angst. Der Kranke fuhr fort:

„Sieh, Grete, ich war damals etwas rasch und heftig. Wie ich von Mühlhausen fortging, geschah es, daß ich an einer Stelle des Waldes einen schlafenden Handwerksburschen liegen sah. Ich setzte mich, da ich müde war, nahe bei der Stelle nieder und als der Andere erwachte, plauderten wir eine Weile zusammen und da wir einerlei Weg hatten, gingen wir auch mit einander fort. Auf einmal wollte der Andere in seiner Brieftasche etwas nachsehen und suchte und suchte in allen Taschen und fand sie nicht. Da sah er mich mit einem bitterbösen, mißtrauischen Blick an und sagte, er habe die Brieftasche noch gehabt, wie er sich hingelegt habe und jetzt sei sie fort. Liegen geblieben könne sie nicht sein, denn er habe seine Sachen vom Boden aufgehoben und nichts dabei gesehen: sie könne ihm also nur im Schlafe gestohlen sein. — Ich war damals rasch und heftig und verstand die Anspielung. Ich nötigte ihn daher, mit mir den Weg noch einmal zurückzugehen, bis zu der Stelle, wo ich ihn schlafend gefunden hatte. Wir forschten genau nach, aber wir fanden nichts. —

„Die Mühe war vergeblich, sagte darauf der Handwerksbursch, und ich hätte die verlorene Brieftasche näher finden können, wenn ich nur ganz sicher wäre, daß ich nicht geträumt habe. Wenn man zweimal vierundzwanzig Stunden marschirt hat, schläft man fest, aber ich habe doch so etwas von der Sache gemerkt und hätte nur zugreifen sollen, als die Hand mir in die Brusttasche griff. — Das war mir zu viel. Ich antwortete ziemlich derb. Der Andere drohte, mich im nächsten Orte als Dieb bei der Polizei anzugeben; ich faßte ihn, wir schlugen uns und da er ein starker Kerl war, fühlte ich, daß ich unterlag. Da wurde ich ganz toll und wüthend, zog, ohne daß er's merkte, mein starkes Messer aus der Tasche und da — stach ich ihn tot."

Diese letzten Worte, die der Kranke kaum hörbar geflüstert hatte, machten auf Grete den Eindruck, als bringe das tötliche Messer ihr selbst ins Herz. Sie stieß einen dumpfen Schrei aus, einen Laut, in dem sich der ganze Jammer ihres mit einem Schlage zertrümmerten Glückes Luft machte, dann preßte sie die Hand auf das Herz und sank halb sinnlos auf den Stuhl nieder, der vor dem Bette stand.

Der Kranke war viel zu sehr mit dem beschäftigt, was ihn drückte, um die Wirkung seiner Mitteilung zu bemerken. Vielleicht waren auch seine Sinne schon schwach geworden. Nach einer Pause begann er wieder zu reden.

„Sag's dem Wilhelm," flüsterte er mit ganz heiserer Stimme, — „der soll's wissen, der allein, weil er den Ort gesehen hat und die Geschichte kennt. Ich dacht's immer, daß sie den Dieb doch erwischt haben müßten, der die Brieftasche gestohlen hatte, denn verloren konnte sie nicht sein, das war klar. Mich konnte Keiner wegen des Stiches in Verdacht haben, denn bis sie den toten Menschen damals finden konnten, war ich weit fort. Ich hatte ihn in der ersten Angst tief in den Wald geschleppt und die Blutspur sah man nicht gleich von der Landstraße aus."

Grete hörte schon lange nichts mehr. Eine dumpfe Betäubung lag auf ihr und sie fühlte nichts weiter, als daß für sie Alles aus war in der Welt. In abgebrochenen Sätzen sprach der Kranke weiter: „Ich wußte wohl, daß ich sicher war, — aber ich war doch in Angst. Bald dachte ich, wenn ich einmal krank würde und irre redete, oder im Traum, könnte ich mich verraten. Deshalb plagte ich Deine Mutter mit Argwohn, weil ich immer fürchtete, sie könne einmal etwas entdecken. Das Alles hat mir der Kerl angethan, der nun dort im Zuchthause sitzt und für seine Schandthat bestraft wird. Laßt ihn sitzen, er verdient's nicht besser."

So suchte der sterbende Mann noch in der letzten Stunde sein Gewissen zu betrügen und die Schuld des Mordes von sich abzuschieben.

In Gretes Gedanken haftete nur die einzige Gewißheit, daß ihr Vater ein Mörder war. Sie hätte ihm vielleicht in seiner Selbsttäuschung folgen können, aber das entsetzliche Bekenntnis enthielt für sie das Ende aller weiteren Überlegung. Ob sie es allein wußte, oder ob es die ganze Welt erfuhr, war gleich entsetzlich; nur das Einzige konnte die furchtbare Wirkung noch erhöhen, daß sie selbst ihrem Wilhelm das Geheimnis verkünden und das Werkzeug zu dem vernichtenden Ausbruch sein sollte.

Sie wollte sich vor dem Bette niederwerfen und den Vater anflehen, daß er sie von dem furchtbaren Auftrag entbinden, und den Schwur ihr zurückgeben solle; aber sie vernahm nur noch das dumpfe Röcheln des alten Mannes, der mit dem Tode rang.

„Sag's — ihm — ganz — allein," stammelte er noch, dann plötzlich stockte der Atem und alles war still.

Am Abend kamen die Geschwister vom Felde und Marie führte das kleine Lieschen, welches den Tag über auf der Straße und bei Nachbarsleuten herumgelaufen war, an der Hand, als sie in die Stube trat. Kaum jedoch erblickte Marie das veränderte Aussehen der älteren Schwester, als sie mit einem Aufschrei auf das Bett zustürzte, wo sie die Leiche des Vaters erblickte. Auch Jakob eilte herbei und überzeugte sich von der Gewißheit des schon länger befürchteten Falles.

Nachdem der erste Schreck vorüber war, bemerkten die beiden jüngeren Geschwister mit Verwunderung nun auch das seltsame Wesen der Schwester. Lieschen hatte sich an die sonst so liebevolle Grete herangedrängt, ohne von ihr beachtet zu werden. Starr blickte sie vor sich hin, mit gebeugter Haltung saß sie auf dem Stuhle, und alle ihre Sinne waren wie gelähmt. Ein dumpfer Schmerz beengte der Armen den Kopf und Alles, was sie ansah, erschien ihr anders als früher. Mechanisch gab sie auf die an sie gerichteten Fragen Antwort, teilnahmlos sah sie die Thränen Mariens und den kindischen Jammer des kleinen Lieschens; der Eindruck, welchen die Eröffnung ihres sterbenden Vaters in ihr hervorgerufen hatte, verdrängte alle natürlichen und folgerichtigen Gefühle. Die darauf folgende Nacht war für Grete schrecklich. Kaum versank sie auf einen Augenblick in eine Art Betäubung, die den ermüdeten Kopf statt des Schlafes einnahm, so wurde sie von Träumen gequält, die lebhafter waren als sie je erlebt. Bald vernahm sie des sterbenden Vaters flüsternde Stimme, und wenn sie entsetzt auffuhr, klang es ihr deutlich ins Ohr: Sag's ihm ganz allein; bald sah sie einen alten abgehärmten Mann in schweren Ketten, der auf sie zustürzte und sie ermorden wollte. Endlich erlöste sie der erwachende Tag von allen diesen Schrecknissen. Sie fühlte sich nun wirklich krank, aber sie verließ doch die Kammer und ging hinab. Jakob begab sich frühzeitig auf das Amt, um die gerichtlichen Formalitäten zu erfüllen, und darauf zum Pfarrer wegen der Beerdigung. Lieschen versuchte alle ihre kindischen Schmeicheleien, um Grete, die ihr sonst die Mutter ersetzte, aus dem dumpfen Trübsinn zu wecken, und Marie wußte nicht, was sie von dem seltsamen tiefen Schmerz der Schwester bei dem längsterwarteten und oft vorher besprochenen Todesfalle denken solle. Nach und nach kamen Bekannte und Nachbarn. Alle besprachen den traurigen Fall, aber sie hielten sich in scheuer Entfernung von Grete, die in ihrer Erscheinung so auffallend verändert war, daß Jeder sie für krank hielt. Manche versuchten es, sich teilnehmend um sie zu bemühen, aber sie ging auf nichts ein, so daß Jene annahmen, sie sei durch den Todesfall in eine Art Verwirrung des Verstandes geraten. „Die arme Grete," hieß es, — „sie hat zu viel von dem alten Mann gehalten!"

Gegen Mittag, nachdem der Pfarrer dagewesen war, ließen sich Schritte auf der Straße hören, die sich dem Hause näherten. Grete zuckte bei diesem Schalle empor, fuhr von ihrem Sitze auf und als sie mit einem Blicke durch das Fenster in dem Herannahenden, wie sie vermutet hatte, Wilhelm erkannte, sprang sie mit einem leisen Angstruf auf, eilte zur Stubenthür hinaus und auf ihre Kammer, wo sie sich einriegelte.

Wilhelm war erstaunt, sein Mädchen nicht zu finden, und nachdem ihm Marie von dem seltsamen Benehmen der Schwester einiges mitgeteilt hatte, ging er die Treppe hinauf, klopfte an die Kammer und bat Grete, ihn hereinzulassen. Da er jedoch keine Antwort erhielt, stieg er wieder hinab, und entschuldigte Gretes Verhalten, indem er die Meinung aussprach, das Ende des Vaters sei vielleicht recht schrecklich gewesen und Grete sei so in Verwirrung und Schmerz versetzt worden, weil sie in den letzten Augenblicken allein mit ihm gewesen. „Es wird sich geben," sagte er im Fortgehen, — „laß' sie nur gewähren, sie ist so weichherzig."

Bei dem Begräbnis des Vaters mußten die Kinder alle zugegen sein und auf dem Heimwege konnte Grete es nicht verhindern, daß Wilhelm sich zu ihr gesellte. Die gebeugte Gestalt und das veränderte Aussehen des Mädchens gingen dem jungen Manne so sehr zu Herzen, daß er nicht viel reden konnte. Er dachte noch immer, die Anwesenheit am Sterbebette des Vaters habe sie zu tief ergriffen, und sie wurde ihm dadurch nur noch lieber.

Als jedoch einige Tage vergangen waren, als Lieschen schon wieder vergnügt auf der Straße umherlief, um sich von den andern Kindern im neuen schwarzen Kleidchen bewundern zu lassen, und Marie ihre Thränen getrocknet hatte, da sah man endlich ein, daß Grete nicht vorübergehend in Betrübnis versunken sein konnte, und man begann allmählich allgemein anzunehmen, daß sie aus Schmerz über den Tod ihres Vaters den Verstand verloren habe. So unerhört dies auch erschien, so konnte man doch zuletzt dem unerklärlichen Stumpfsinn des Mädchens keine andere Auslegung geben. Grete ging fast nicht mehr aus ihrer Kammer. Tag und Nacht brütete sie über ihrem Elend und gedachte des Schwures, den sie dem sterbenden Vater geleistet hatte. Sie war ganz in der ländlichen Anschauung über moralische Begriffe aufgewachsen, und wenn sie auch selbst nicht imstande gewesen wäre, irgend jemand zu hintergehen, so war doch ein schlau durchgeführter kleiner Betrug in ihren Augen keine sehr strafbare Handlung. Aber ein Mord! Ein jahrelang verhehlter Mord, für den ein Anderer gebüßt hatte, das war das Furchtbarste, was einer begehen konnte, dafür gab es kein Erbarmen, das stürzte die ganze Familie in Schmach und Schande, das zerriß alle Hoffnungen und alle Bande der Freundschaft. Wenn sie Jakob und Marie erblickte, wenn sie das Kind lachen hörte, ging ihr jedesmal ein Stich durch das Herz, und gedachte sie an Wilhelm, dann war sie der Verzweiflung nahe.

Wilhelm hatte sich von Tag zu Tag mit der Hoffnung getröstet, Gretes Traurigkeit werde sich legen. Da er bemerkte, daß sie ihn vermied, so belästigte er sie nicht und ging nur selten hin, um den Versuch zu machen, ob sie ihn sprechen wolle. Zuletzt wurde ihm die Sache jedoch auch bedenklich und er drang in Marie, mit Grete zu reden, daß sie ihre Betrübnis mäßigen und ihm wenigstens Rede und Antwort stehen solle. Da der Herbst gekommen war, wo die Arbeiten auf dem Felde sich häuften, so hatte Wilhelm zum Nachdenken nicht viel Zeit übrig und wenn auch sein Herzeleid durch unermüdliche Thätigkeit nicht gemildert wurde, so konnte es sich doch auch nicht bis zur Unerträglichkeit steigern.

Jeden Abend plauderte er auf dem Heimwege mit Jakob und Marie von dem rätselhaften Zustande, in welchem Grete verharrte, und jeden Morgen hoffte er aufs Neue, endlich zu erfahren, daß sich Anzeichen einer Änderung eingestellt hätten und Grete nach ihm verlangt habe. Dies geschah jedoch nicht. Grete that alle ihre Arbeit im Hause, ohne einen Schritt auf die Straße zu thun. Sie war förmlich menschenscheu geworden und flüchtete in ihre Kammer, sobald sich ihr jemand näherte. Im ganzen Dorfe hieß es: Die arme Grete Sander ist verrückt geworden. Die Kerb war vorübergegangen, ohne daß eines der Sanderschen Kinder oder Wilhelm Braun den geringsten Teil daran genommen hatten. Grete, die im vorigen Jahre die lustigste von allen Mädchen war, saß nun in ihrer Kammer und sah mit Gram jedem neuen Tag entgegen, denn keiner brachte ihr Trost und Erlösung.

Eines Abends waren die beiden Schwestern in ihrer Kammer allein, als unten die Hausthür sich öffnete. Grete fuhr zusammen, während Marie ernsthaft zu ihr sagte: „Es ist Wilhelm, der da kommt. Ich kann es nicht länger mit ansehen, wie er sich vergrämt und verkümmert; da hab' ich ihm versprochen, daß ich ihn mit Dir zusammenbringen will, damit er endlich von Dir selbst erfährt, woran er ist."

Die Hausthür war wieder zugemacht und Wilhelm kam bereits die Treppe herauf. Jetzt ließ ihn Marie, ehe Grete sich besonnen hatte, in die Kammer gradezu eintreten und ging dann selbst fort.

So war Wilhelm mit Grete allein.

Das Mädchen war bei seinem Eintritt in eine Ecke geflüchtet und drückte sich zitternd an die Wand. Wilhelm mußte sich erst einen Augenblick sammeln, bevor er ruhig genug war, um mit Grete reden zu können. Er sagte dann:

„Ich kann es nicht länger ertragen, daß ich immer nur durch andere von Dir hören soll. Sag' mir, Grete, was soll aus uns werden? Was hab' ich Dir gethan? Ich glaub's nicht, daß Du den Verstand verloren hast, wie die Andern sagen; ich denk', es liegt Dir was auf dem Herzen und da ist's besser, wenn wir zusammen reden. Magst Du mich nicht mehr? oder hast Du's dem Vater auf dem Todbette versprochen, daß Du mich nicht nehmen willst?"

Ein leises Stöhnen entrang sich Gretes Brust, es war kein Schluchzen, denn seit jenem Tag saß ihr der Gram fest auf dem Herzen und keine Thräne und kein Schluchzen hatte es noch erleichtert.

Wilhelm trat ihr näher, er faßte ihre Hand. „Ich mag hin und her denken, soviel ich will," sagte er, — „ich kann nicht finden, was Du haben kannst. Aber soviel ist gewiß, wenn Du nicht reden willst, so gehe ich am Elend zu Grunde. Sprich doch nur und kläre mir die Sache auf. Wie ich in der Stadt war, da hört' ich von einem Paar, die sich auch lieb hatten und sich nicht haben sollten. Da hat der Bursch zuerst sein Mädchen erschossen und dann sich selbst, daß sie beide Ruhe hatten. Ich möcht' lieber tot sein als so fortleben."

An der Wand, dicht dabei, wo Wilhelm vor Grete stand, war eine Kiste, worin die Schwestern ihre Kleider hatten. Wilhelm setzte sich jetzt auf die Kiste und zog das Mädchen zu sich nieder, daß er sie wie ein Kind auf dem Schoß hielt. Sie ließ ihn gewähren, aber sie drehte den Kopf weg, weil sie ihn nicht ansehen konnte. „Denkst Du noch an den ersten Abend," sagte er, „wo ich Dir's zuerst sagte? Es sind sechs Wochen. War es Dir nicht recht? Es war doch eine schöne Zeit; ich muß immer daran denken, wie die Nachtigallen schlugen, die nun lange fort sind. Alles ist anders geworden und ich weiß gar nicht, wozu ich noch auf der Welt bin. Komm, Grete, sag' mir, was Dich grämt, sag's." Und er preßte sie fest an sich.

Grete konnte nun nicht länger zurückhalten. Das Eis war geschmolzen, die Flut des Kummers durchbrach die Schranken. Sie dachte, nun wollte sie ihm Alles sagen und dann werde es gewiß ganz und für immer aus sein. Da mußte sie ihn noch einmal recht von Herzen lieb haben, es sollte ja doch das letzte Mal sein. Sie wendete den Kopf und sah ihn lange an, darauf schlang sie ihre Arme um seinen Hals, legte ihre Wange an die seinige und weinte und schluchzte, daß es ihr fast das Herz abstieß.

Dann machte sie sich von ihm los, stand auf, setzte sich auf das gegenüberstehende Bett und sagte: „Ich will Dir alles sagen, Wilhelm, und ich muß es auch, denn ich hab's ihm ja geschworen in seiner letzten Stunde. Aber glaub' nicht, daß uns dann geholfen ist, wenn Du es weißt; im Gegenteil, dann ist erst recht alles vorbei. Ich dachte immer, ich könnt' es nicht übers Herz bringen und müßt' daran sterben, und das wär' noch das Beste gewesen für uns Alle. Aber nun kann ich's Dir nicht länger verbergen und so höre denn zu." Und darauf erzählte sie ihm alles, was der Vater ihr auf dem Sterbelager anvertraut hatte.

Als sie damit zu Ende war, stand Wilhelm auf und es war ein Glück, daß es schon dunkel geworden und Grete nicht sehen konnte, wie bleich er war.

Er ging mehrmals in der Kammer hin und her und rang mit aller Macht gegen den Ausbruch seines Jammers. Mehrmals wollte er etwas sagen, aber immer erstickte ein tiefer Seufzer das Wort und er blieb lange Zeit stumm.

Endlich konnte er vor Grete hintreten und sagen: „Das ist härter als alles, was ich gefürchtet habe. Aber es ist doch gut, daß ich's weiß. Was nun geschehen soll, sehe ich jetzt noch nicht, aber vielleicht schickt mir der liebe Gott einen Rat, denn der allein kann uns noch helfen, und wenn sich zwei so recht lieb haben, wie Du und ich, die läßt er nicht umsonst beten."

Darauf ging Wilhelm fort.

Grete aber fiel vor ihrem Bett auf die Kniee, bedeckte das Gesicht mit ihren Händen und dachte an den lieben Gott, den sie in ihrer tiefsten Not vergessen hatte. Sie lag lange so und als Marie kam, hörte diese, wie Grete bitterlich weinte und leise betete. Marie dachte, das müsse das Herz der armen Schwester erleichtern und sie störte dieselbe nicht. Später legte sich Grete zu Bett und in dieser Nacht konnte sie zum ersten Male wieder schlafen.

Man pflegt allerdings zu sagen, daß Gewißheit leichter zu ertragen sei, als das Schwanken zwischen Furcht und Hoffnung, aber dies ist nur dann wahr, wenn die Gewißheit einen wirklichen Abschluß giebt. Anders war es bei Wilhelm. Er sah sich jetzt erst recht vor einem unentrinnbaren Chaos und fand weder Hilfe noch Trost. Grete hatte durch die Mitteilung des Geheimnisses endlich ihr Herz erleichtert, aber Wilhelm trug nun doppelt schwer an der Last des Grams. An Ruhe war für ihn in dieser Nacht nicht zu denken. Er stürmte in den Wald hinaus, Berg auf, Berg ab, immer weiter, ohne Gefühl für Schmerzen, wenn Äste sein Haar zerrauften, seine Kleider zerrissen und ihm das Gesicht zerschlugen. In ihm tobten

Schmerzen anderer Art und seine kräftige Natur wehrte sich vergeblich gegen die finstere Macht des Schicksals, die ihn zu Boden drückte.

Weit war er so in der Irre umhergelaufen, da ermüdete sein Körper endlich und er setzte sich auf einen umgehauenen Baumstamm, der an einer gelichteten Stelle des Waldes auf einer Anhöhe lag. Er stützte die Ellbogen auf die Kniee und legte das Gesicht in beide Hände. Lange saß er dort, unempfindlich und starr, nur von dem einen Gedanken durchwühlt, wie er sich und Grete, die er nun und nimmer verlassen konnte, von Kummer und Schande befreien könne.

Wie er so saß, kam allmählich der Morgen. Als kaum ein heller Schein, wie die Ahnung des Lichtes, über die Gegend sich ergoß, erwachten einzelne Vögel und ließen schlaftrunken die ersten leisen Töne hören; je heller es im Osten wurde, um so lebhafter regte es sich auf den Bäumen und in den Büschen, und mehr und mehr stimmten die kleinen Sänger ihre Kehlen zur Begrüßung der großen Naturkönigin, der Sonne. Bald flatterten sie zwischen dem feuchtfrischen Grün der Bäume umher und schüttelten ihr Gefieder in der kühlen Morgenluft, die nun schon klarer die Gegenstände umher erkennen ließ. Und als nun endlich von Osten her die volle Flut des goldroten Lichts mächtig über die Erde drang, da schmetterten und jubelten die kleinen Geschöpfe, daß es laut weithin schallte über Berg und Thal.

Auch die Menschen waren teilweise schon erwacht und gingen an ihre Arbeit. Die Holzfäller kamen aus den Hütten, die sie zur Nachtruhe und Nachtwache im Walde stehen hatten, begannen ihr Tagewerk und brachten mit ihren Äxten jenen weithallenden, in der Einsamkeit des Waldlebens so charakteristischen, gleichmäßigen Lärm hervor. Ein junger Arbeiter sang mit heller Stimme ein frohes Lied:

Wie grünt der Wald! wie blüht das Feld!
O wunderschöne Gotteswelt!

Wilhelm erhob den Kopf und schaute in die Gegend hinaus. Ach! draußen war alles heiter und glänzend, aber in seiner Brust sah es öde und traurig aus.

Da erblickte er am Fuße der Anhöhe einen Wanderer, der rüstig ausschritt in der Morgenluft. Ob er sich täuschte? Der Wanderer konnte doch nicht Jakob Sander sein? Wo sollte der so früh und so eilig in seinen Sonntagskleidern hin wollen? Und doch war er's. Jetzt sah ihn Wilhelm ganz deutlich, und überrascht von diesem ihm unerklärlichen Begegnen, vergaß er für den Augenblick sein Leid und rief laut Jakobs Namen.

Dieser erschrak und sah ganz perplex ringsum. Eins, zwei, drei, in ein paar tüchtigen Sätzen sprang Wilhelm den Abhang hinunter und war bei ihm und frug, woher und wohin. Jakob war nicht weniger erstaunt, als er, da er jedoch das verstörte Gesicht und die Unordnung in Wilhelms Kleidern bemerkte und daran dachte, daß Greles Trübsinn den armen Burschen wohl auch könnte verwirrt gemacht haben, so verlangte er keine nähere Erklärung, woher derselbe komme. Er selbst konnte dagegen nicht umhin, auf Wilhelms Frage etwas über seine eigene Absicht zu sagen.

„Da sieht man, wie es Einem gehen kann," begann er, — „ich bin lange vor Sonnenaufgang von Epstein weggegangen, weil ich eigentlich nicht haben wollte, daß jemand sehe, welche Richtung ich einschlagen möcht', und nun mußt Du mir hier in den Weg laufen. Selbst die Schwestern wissen nur, daß ich heut', nachdem alle Arbeit gethan ist, einen Gang über Land machen wollte, aber wohin, habe ich niemand gesagt. Nun ich denke," fuhr er fort, — „Du wirst mich nicht verraten?"

Wilhelm gab ihm dies Versprechen, obgleich er kaum begierig war, Jakobs Geheimnis zu kennen.

„Es hat mir schon lange im Sinn gelegen," berichtete Jakob mit wichtigthuender Geberde, — „und ich hätte schon früher danach gehen mögen, aber ich wollte es dem Vater nicht zu leide thun, so lange der lebte. Es will mir nimmer in Epstein gefallen, ich habe andere Absichten."

„Du willst fort?" frug Wilhelm ganz erstaunt.

„Ich trage mich schon seit einem ganzen Jahre mit dem Gedanken, aber früher wollt' ich's des Vaters wegen nicht ausführen; seitdem er tot ist, hätte ich schon gern mit der Marie gesprochen, nur die Traurigkeit der Grete hielt mich davon ab. Nun aber will ich gehen, um mich wenigstens in Frankfurt einmal genau zu erkundigen. Heute abend spät bin ich wieder zurück und dann wollen wir weiter sehen. Ist die Grete erst wieder gut und Deine Frau — denn ich weiß es lange, daß Du sie gern hast — dann wird die Marie wohl keine Umstände machen, und das Kind kann auch mit. Wenn wir alles verkaufen, dann haben wir hübsches Geld und der Mann, der mich zuerst auf den Gedanken gebracht hat, sagte, mit einem kleinen Kapital könne es uns dort nicht fehlen."

„Aber was hast Du nur vor? Wohin willst Du denn?" frug Wilhelm.

„Nach Amerika will ich," entgegnete Jakob. „Vor einem Jahr war ein Mann aus Frankfurt in Epstein und brachte Grüße von Kleins Anton, der schon seit drei Jahren in Amerika ist und dort sein Glück gemacht hat. Den hättest Du erzählen hören sollen! Seitdem will mir's nicht mehr aus dem Kopf. Die Marie ist ein kräftiges rasches Ding, die kriegt dort eher einen Mann als hier. Freilich, wie es jetzt mit der Grete werden soll, das weiß ich nicht. Wenn die nicht besser wird, geht's doch wieder nicht."

Wie ein Sonnenstrahl in düstere Kerkerräume, so fielen diese Worte in Wilhelms Seele. Einen Augenblick bedurfte er zur Sammlung; dann seufzte er erleichtert auf. „Sei ruhig,“ sagte er, — „das soll Dich nicht abhalten! Grete wird bald wieder heiterer sein, und dann geht sie mit nach Amerika, und ich gehe mit, und dort wollen wir glücklich sein, so glücklich wie es nur Menschen möglich ist!“ Er konnte kaum mehr weiter reden, denn das Herz war ihm so voll, daß er dachte, es müsse zerspringen. „Ich muß jetzt zurück,“ sagte er nach einer Weile, — „daß sie mich zu Hause nicht vermissen. Geh mit Gott, Jakob, und mach' alles fest, hörst Du, damit wir gar nicht mehr lange hier sind. Wir gehen zusammen nach Amerika! O Gott! wie mich das freut! Frag' nicht, warum ich auch fort will, wenn es erst soweit ist, sollst Du alles wissen.“

Jakob wollte noch etwas reden, aber Wilhelm winkte ihm und jener ging seinen Weg weiter.

Wilhelm wendete sich nach dem Heimwege. Er mußte an sich halten, denn er hätte Flügel haben mögen, um rasch in Epstein zu sein, und laut aufschreien hätte er mögen, so jubelte das Herz in seiner Brust. Und wie er sich umschaute, da sah er erst den herrlichen blauen Himmel und den schönen grünen Wald und begriff gar nicht, daß er das vorhin nicht bemerkt hatte.

Als er in Epstein ankam, war es noch so früh, daß seine Leute ihn nicht vermißt hatten. Es ließ ihm jedoch keine Ruhe, bis er zu Sander hingegangen war und mit Grete, die gestärkt und getröstet erwacht war, allein gesprochen hatte. Sie waren bald darüber einig, was geschehen mußte. Nur noch ein Mensch im Dorfe sollte das Geheimnis erfahren, und der war Jakob; Marie und Lieschen brauchten nie zu wissen, daß ihr Vater ein Mörder war.

Wilhelm wollte sich von seinem Vater den ihm zukommenden Vermögensanteil auszahlen lassen und dann mit den Sanderschen Kindern nach Amerika auswandern. Zuvor aber sollte Grete auf dem Gericht in Wiesbaden eidliche Aussage über das machen, was ihr Vater auf dem Sterbebette ihr anvertraut hatte, damit der alte Mensch, der an seiner Statt gefangen gehalten wurde, in Freiheit und zu seinem Rechte käme.

Jakob brachte die beste Auskunft mit. Was hatten auch die vier jungen starken Menschen mit dem heranwachsenden Lieschen, das schon überall bei der Arbeit an die Hand ging, dabei zu fürchten! Sie kamen nicht ganz mit leeren Händen und Wilhelm hatte in der Fremde manche Erfahrung gesammelt, die ihn und die Andern davor sicherte, daß sie aufs Geradewohl vom ersten besten Seelenverkäufer hintergangen werden konnten.

Jakob wurde nun auch mit dem Bekenntnis seines Vaters vertraut gemacht und wenn irgend etwas ihn in seinem Entschluß noch hätte bestärken können, so war es dies. Es währte nicht lange, so war Haus und Feld verkauft, und alles zur Abreise bereit. Lieschen hatte in den letzten Tagen schon keine Zeit gehabt, mit den andern Kindern zu spielen und diese betrachteten es nun mit einer Art Scheu von der Seite, weil es zu so großen Dingen ausersehen war und ins Amerika hineinreisen sollte. Niemand im Dorfe hatte eine Ahnung von den tieferliegenden Gründen dieser Auswanderung. Grete war infolge der heftigen Aufregung in der That noch eine Zeit lang etwas kränklich, so daß die Umwandlung ihrer Stimmung nicht gar zu unvermittelt und auffallend erschien.

Eine letzte wichtige Angelegenheit war vor der gänzlichen Abreise zu erfüllen und die ganze Gesellschaft hielt sich zu diesem Zwecke einige Zeit in Wiesbaden auf. Marie und Lieschen dachten, es handle sich um notwendige Papiere zur Auswanderung und waren nicht in Unruhe darüber, wenn die beiden ältern Geschwister oft lange Zeit auf der Polizei zu thun hatten.

Die Antwort des Thüringer Gerichtes lautete dahin, daß jener Verbrecher, auch ohne den Mord des Handwerksburschen, dem er die Brieftasche gestohlen hatte, doch lebenslängliche Zuchthausstrafe erhalten haben würde, da er kurz vor jenem Vorfall dem Gefängnis, wo er eines schweren Vergehens wegen saß, entsprungen war und sich der Brieftasche grade zum Zweck seiner Flucht bemächtigt hatte. Zum Tode hatte er damals wegen ungenügender Beweise nicht verurteilt werden können; nun aber war ihm, infolge der seltsamen Enthüllung, der Rest der Strafzeit auf dem Wege der Gnade erlassen worden.

Hier endigt unsere Geschichte. Soviel wir erfahren haben, geht es dem jungen Braunschen Ehepaare in Amerika sehr gut. Marie ist ebenfalls verheiratet und zwar an den Besitzer einer Gastwirtschaft in der Nähe von New-Orleans, der in wenig Jahren steinreich werden wird. Sie hat Lieschen zu sich genommen, weil auch Jakob bereits eine junge Frau auf seine Farm gebracht und Marie die Hilfe der jugendlichen Schwester nötiger hat. Marie und Lieschen wollen in einigen Jahren die Heimat einmal besuchen und es steht zu befürchten, daß sie alsdann die Hälfte der Einwohnerschaft ihres Geburtsdorfes durch das Glück, das sie gefunden haben, zur Auswanderung verleiten werden.

Paul Heyse als Novellist.

Von Conrad Alberti.

(Berlin.)

> „Es waren ausbündige und gewichtige Streitfragen, um welche die Kämpfenden ihr Witzgeroß tummelten; als zum Exempel, was vorzuziehen sei: von der Geliebten die Erlaubnis zu erhalten ihr das Haar statt des Kammerfräuleins zu flechten und aufzustecken, oder ihr die Schuhe anzuziehen; oder wer von Beiden beglückter sei: der, dem eine Frau einen Liebesblick schenke, der, dem sie verstohlen die Hand drücke, oder der, auf dessen Fuß sie den ihren stelle? Denn je weniger der Vizgraf von dem eigentlichen Wert und Wesen der Dichtkunst begriff, desto eifriger warf er sich auf diese Scholastik des Minnegesanges, deren müßigschwärmende Witzeleien in seinem nicht allzu klaren Haupte eine angenehme wetterleuchtende Vorstellung von etwas ungemein feinem und erhabenem hervorbrachten."
>
> Paul Heyse: Die Rache der Vizgräfin.

Hat Paul Heyse mit dieser Stelle in einer seiner bekanntesten Novellen sich selbst verspotten wollen? So oft ich die Rache der Vizgräfin las, ist es mir wenigstens immer erschienen, als seien jene Worte die gelungene unfreiwillige Selbstverhöhnung der ganzen novellistischen Thätigkeit dieses von Vielen für groß gehaltenen Dichters; denn der boshafteste Kritiker könnte das Unwesen derselben nicht kürzer und erbarmungsloser aufdecken, als Heyse selbst, indem er die litterarischen Bestrebungen des alten provençalischen Vizgrafen ins Lächerliche zieht. Auch Heyses ganzes Schaffen und Wirken zielt auf den einen Punkt: uns etwas als Kunst, als Poesie aufzutischen, was in Wirklichkeit nichts ist als ein müßiges Spiel des Witzes.

Vor einiger Zeit machte ich mir die Mühe — um im Widerstreit der Parteien zu einem sicheren Ergebnis zu kommen — einmal sämtliche Novellen Heyses von vorn bis hinten in einem Zuge durchzulesen: eine Arbeit von mehreren Wochen. Nur die Novellen — und nur von diesen will ich hier sprechen. Denn wenn man die eifrigsten Verehrer Heyses ins Gedränge bringt, so sprechen sie alle: „Ja, ja — wir gestehen Ihnen zu — als Dramatiker geben wir Heyse von vornherein auf: er ist nicht für die Bühne geboren. Auch seine Romane geben wir preis: „Im Paradiese" ist breit und locker, und wer so schülerhafte, schablonenmäßige, muskellose Gestalten zeichnen konnte wie den widerlich süßen Balder, den schuftigen Lorinser in den „Kindern der Welt", der ist kein Romanschriftsteller. Seine Lyrik: Verdrechseleien, Kling und Klang — nichts weiter. Seine Sinnsprüche — mancher hübsche darunter, aber im Ganzen zu unbedeutend, um ernsthaft darüber zu reden. Aber seine Novellen? In denen beruht seine eigentliche Bedeutung. Wir haben auf diesem Gebiet keinen Grösseren. Da ist Poesie, Mannigfaltigkeit, Charakterzeichnung, Darstellung!"

Ich sah mir also, wie bemerkt, einmal den Novellisten Heyse in seinem ganzen vielbändigen Umfang an — und war entsetzt über diese geistige und gemütliche Öde, diese Fülle von Plattheit, dieses unablässige Ableiern der gleichen, falsch gearbeiteten Walze, diese müßige, hohle Spielerei, diese grobe, handwerksmäßige Ausführung, diese leeren Wortklingeleien, diesen nüchterne Schematismus, diese greisenhafte Impotenz, die sich vermittelst der raffiniertesten Stimulantien für einen Augenblick zu einer scheinbaren, in Wirklichkeit kraftlosen Lebensäußerung aufrafft, um gleich darauf in vollständige Unfähigkeit zurückzusinken.

Eine große Novellenfabrik zur Befriedigung des Lesebedürfnisses des denkfaulen Bildungspöbels, nach rein kaufmännischen Grundsätzen geleitet: das war der Haupteindruck, den ich vom Gesamtschaffen Heyses empfing. Was man von Echegaray — auch solch einer aufgebauschten Größe! — gesagt hat, er sei mehr Mathematiker als Dichter, gilt noch weit mehr von Heyse. Sein ganzes Schaffen beruht auf kühler mathematischer Kombination, auf einer Anwendung der Permutations- und Kombinationslehre auf die Erzählungskunst. Man erkennt darin so recht deutlich den nüchternen, rein verstandesmäßig arbeitenden Berliner: Heyse stammt von der Spree. Er sucht zwischen zwei, drei, vier gegebenen Größen alle möglichen Kombinationen zu erschöpfen — erst rechnet er diese aus, und setzt dann die algebraische Kombination in eine novellistische Handlung um. Welche Verwickelungen sind möglich zwischen einem Mann und einer Frau — zwei Männern und einer Frau — einem Mann und zwei Frauen — zwei Männern und zwei Frauen u. s. w.? Jeder Primaner, der ein leidlicher Mathematiker ist, kann die Antwort sofort ausrechnen, und man gewinnt auf diese Weise unendlich viele Novellenstoffe: Material auf hundert Jahre litterarischer Thätigkeit. Zum Beispiel: ich habe drei Figuren zur Verfügung. α bedeutet einen Maler, β und γ sind Frauen, natürlich die einen Gräfin, die andere eine Kammerzofe. Ich ordne nun einfach die Stellungen.

Anfang der Novelle $\beta - \alpha - \gamma$ (der Maler schwankt zwischen beiden Frauen.)

Zweite Position $\beta, \alpha - \gamma$. Die elegante Gräfin raubt den Maler dem einfachen, schlichten Mädchen.

Schlußstellung $\beta - \alpha, \gamma$. Die echte Liebe siegt über das Raffinement und die Koketterie. Je nachdem ich nun die Buchstabenzahlen bewerte und die Kombinationen veränderte, kann ich die wunderbarsten Verwickelungen zuwege bringen, z. B. α — β, γ, d. h. die Kammerzofe entpuppt sich als natürliche Tochter, Schwester oder dergl. der Gräfin. Man sieht, die Novellenstoffe lassen sich nur so aus dem Ärmel schütteln. Viel einfacher ist noch das Verfahren, das einmal die „Fliegenden Blätter“ empfahlen: auf jede Seite dreier Würfel ein novellistisches Moment zu schreiben — „Maler — Kommerzienratstochter — Entführung — Attaché — Überfall u. s. w.“, und dann die Verwickelungen auszuknobeln: und ich habe auch die Vermutung, daß Heyse in besonders begnadeten Stunden seine Novellen auf diese Weise konzipiert. Man betrachte nur die Serien seiner Novellen, in denen ein- und dasselbe Motiv in allen möglichen Veränderungen umgestaltet wird — bis zum Überdruß.

Z. B. 2 Personen (Mann und Frau): Unvergeßbare Worte, Lottka, L'Arrabiata, Kleine Mama, Mutter und Kind, Zwei Gefangene Mädchen von Treppi, Lorenz und Lore.

3 Personen (1 Mann und zwei Frauen): Frau v. F., Frau Marchese, Vetter Gabriel, Geteiltes Herz u. s. w.

Trio (1 Frau und 2 Männer) Beatrice, Auferstanden, Auf der Alm, Hexe vom Korso, Romulusenkel, Barbarossa, Schön Käthchen.

u. s. w. u. s. w.

Man lege sich also einfach folgende Tabelle an:

1	1a	2	3	4	5	6	7
Gatte Bruder Onkel Vater Stief- vater Vetter Jung- geselle	Gattin Schwester Tante Mutter Stief- mutter [illegible] Jungfrau	älter jünger gleich- altrig	Kommerzien- rat Marchese Offizier Förster Weinbauer Kellnerin Maler Bäuerin Modell	Am See Auf der Alm Rom Golf von Ne- apel Unter den Linden Konzert Feuerwerk Atelier [illegible] München	Krankheit Überfall Verbrechen Angriff durch ein wildes Tier Entführung Rohe Behand- lung Plötzliche Be- freiung Traum Häuslicher Zwist Uneheliches Kind Kinderlosigkeit Auf der Reise	Durch früheres Unglück in der Liebe scheu und abweisend ge- macht Sehr sinnlich Frivol, leicht- sinnig Fromm Verschlossen Zwischen Sinn- lichkeit und Entsagung schwankend. Gewissenhaft	Leidenschaftliches Verlangen Heirat Entsagende Liebe. Tod durch Epi- demie Versöhnung Körperlicher Verfall Plötzliche Er- innerung Schwanger- schaft

u. s. w. u. s. w.

Nun greife man aus 1 a oder 1 b soviel Personen heraus als man für die Novelle verwenden will, und alsdann aus jeder der andern Reihen 1 bis 2 Worte und verbinde dieselben mit einander, dann hat man die herrlichste Novelle; diese nackte Nebeneinanderreihung der tabellarischen Punkte nennt man ein „Problem“. Zum Beispiel:

	Gattin	Mädchen	Auf der Reise
Gatte	älter	jünger	München
Offizier	fromm	Kellnerin	Hofbräuhaus
Genußfroh	verschlossen	sehr sinnlich	
	Kinderlosigkeit		
Abneigung			
zwischen Entsagung und Genuß			
schwankend			
Rohe Behandlung		Plötzliche Sinnes-	
Schwangerschaft		änderung	
Versöhnung		Manie	
		Verführung	
		Verstoßen	
		Versöhnung.	

So haben wir eine herrliche Novelle konzipiert, und durch beliebige Erweiterung der Tabelle und Versetzung der einzelnen Punkte kann man eine Mannigfaltigkeit der Stoffe hervorbringen, welche keine Grenzen kennt. Man kann es so leicht auf hundert Novellen das Jahr bringen durch bloße tabellarische Kombination, ohne einen Schritt vor die Thür zu machen, und je drolligere und scheinbar widersprechende Punkte der Zufall zusammenbringt, desto „schöner" ist das „Problem". Z. B. den Urgroßonkel erfaßt eine plötzliche glühende Leidenschaft für die Urgroßnichte, er verfolgt sie mit Heiratsplänen, bis die Kleine eines Tages eines gesunden Knäbleins genest und es sich herausstellt, daß sie mit einem jungen Arzte schon längst heimlich verheiratet ist. Der Greis ist außer sich, fällt in ein Nervenfieber, aus dem ihn nur die Kunst des von dem Kranken zurückgewiesenen Gatten der Geliebten zu retten vermag, nachdem alle Doktoren umsonst ihr Glück versucht — er verzeiht dann und setzt seinen Retter zum Universalerben seines ganzen Vermögens ein, um dessentwillen, aus Furcht es zu verlieren, die junge Frau die ganze Heimlichkeit betrieben hatte. Ist das nicht ein Problem, des großen Heyse so würdig wie nur eins? Man sieht, es giebt nichts leichteres als die Kunst, ein großer Novellist zu sein.

In der That, wenn man die ganze Reihe der Heyseschen Novellen überblickt, so ist man entsetzt über die Dürftigkeit seiner Vorwürfe. Entweder die platteste Nüchternheit oder die ausgeklügeltste Unnatürlichkeit. — Ausschnitte aus dem Lokalteil hauptstädtischer Klatschblätter oder Ausgeburten eines sich am Schreibtisch zermarternden Gehirns. Der wahre Novellist entnimmt seine Schöpfungen entweder der beflügelten Phantasie, die ihn in das Reich der Träume trägt — E. T. A. Hoffmann, Poe — oder der scharfen, unausgesetzten Beobachtung des wirklichen, sich unablässig wandelnden Lebens um ihn: Zschokke, Kleist, Maupassant; oder er weiß, wenn er ein Genie ist, beides mit einander zu verschmelzen und zu durchdringen: Goethe, Balzac. Heyse dagegen hat weder trunkene Phantasie noch scharfe Beobachtung — er hat nichts als schematisierenden Kaufmannsgeist, nüchterne Berechnung, Schablone. Nur ein einziges Mal hat er die Darstellung eines wirklichen „Problems" versucht, das heißt die Erklärung und Darstellung eines interessanten und typischen seelischen Prozesses, der sich in einem eigenartigen Begebnis ausprägt: in der „Kaiserin von Spinetta" — die Entwickelung des Größenwahnsinns bei einem Bauernmädchen, hervorgerufen durch einen Kuß, den dem Kinde einmal Napoleon I. gegeben: aber wie hat er den schönen Vorwurf verhunzt! Er zeigt uns — echt Heyse! — nicht die allmähliche stufenweise Entwickelung des seelischen Vorganges, wie jeder wirkliche Dichter gethan hätte, sondern das plötzliche Losbrechen desselben auf seiner höchsten Stufe. Alle übrigen Novellen Heyses: welch' traurige, kleinliche oder lächerlich unnatürliche Vorwürfe! Ein junger Bursche ist toll auf ein Mädchen, mitten auf dem Meere, in seinem Kahn beträgt er sich roh gegen sie, sie beißt ihn in die Hand, schwimmt zurück, bittet ihn später um Verzeihung, und sie versöhnen sich. Das ist die hundertmal als Muster Heyse'scher Kunst, als Blüte deutscher Novellistik gepriesene „L'Arrabbiata". Was ist uns Hekuba? Was gehen uns diese persönlichen Zwistigkeiten all der Bauernburschen, Maler, Förster, Marchesen an? Welche Beziehungen haben sie zu uns? Welch Neues, welch intime Aufschlüsse geben sie uns über uns selbst und über die Welt? Das „Schau um Dich und schau in Dich" — die Erkenntnis der großen Prinzipien, welche den Makrokosmos und den Mikrokosmos regieren, vermittelst der plastischen, lebensvollen Anschauung, ist doch das einzige Ziel der Kunst. Der Landrichterssohn hat ein armes Mädchen verführt, heiratet dann ein reiches, jene stürzt sich mit dem Kinde ins Wasser, ihre alte Mutter steckt das Haus über dem eigenen Kopfe an — („Die Eselin"). — Ein Schwede liebt eine Italienerin, diese flieht mit ihm, ein verschmähter Liebhaber ersticht sie, wird dann Bandit und endet als solcher (Barbarossa). — Ein Deutscher verliebt sich in eine hübsche Italienerin, ihre Eltern zwingen das Mädchen einen Italiener zu heiraten, der sie nicht liebt; in der Brautnacht entflieht sie zu ihrem Schatz und bietet sich ihm dar; der betrogene Gatte läßt dem Gegner auflauern, statt seiner wird aber das Mädchen erstochen (Beatrice). — Ein Primaner und ein Ladenmädchen verlieben sich in einander, diese hält sich in sentimentaler Auffassung seiner für unwürdig, weil ihre Mutter Dirne und Kupplerin gewesen, schließlich geht sie doch zu ihm aufs Zimmer, giebt sich ihm hin, und am nächsten Morgen — nachdem sie einmal die Süßigkeit der Liebe genossen, des Lebens höchsten Reiz kennen gelernt, und nun, wie man denken sollte, erst recht ans Leben gefesselt sein sollte! — geht dieses psychologische Monstrum hin und vergiftet sich (die berühmte „Lottka"). Diese teils gruselig-schaurigen, teils thränenseligen, teils unglaublich kindischen und unvernünftigen Geschichten ... sind das die Gegenstände, die einer großen Kunst, die der Poesie würdig sind? Für den Gerichtsteil des „Berliner Lokalanzeigers" mögen sie trefflich geeignet sein — aber welches Interesse haben wir an diesen Banditen- und Ladenmamsellgeschichten? Wenn Othello Desdemonen erwürgt, Faust Gretchen verführt, Ferdinand das Gift in die Limonade schüttet, so zittern wir mit, denn ein ganzes, ungeheures Blatt des rätselhaften Buches der menschlichen Natur, der sozialen Ordnung, des immanenten Gesetzes der Dinge wird damit vor uns aufgeschlagen und erläutert. Heyses Lottkas, Beatricen, Barbarossas sind nur einzelne unbedeutende Persönchen, deren Schicksale für einen hungrigen Zeitungsreporter Manna sein mögen: die Menschheit, die deutsche Nation, die Leser, meine Wenigkeit gehen sie gar nichts an, in ihnen ist auch nichts zu finden von der Art des echten Dichters, der Gott ähnlich, seine Menschen macht sich selbst zum Ebenbilde. Ein und dasselbe kleine, unbedeutende Motiv wird bis zum Erbrechen wiederholt und breitgetreten, als handle es sich um das Problem der Erlösung der Menschheit — z. B. die Liebe zwischen einer älteren Frau und einem jüngeren Manne, einmal mit glücklichem Ausgange, einmal mit Entsagung, einmal mit Todesfall (Kleine Mama, Frau v. F., Zwei Gefangene, Frau Marchese u. s. w.): immer dieselbe Geschichte, nur mit anderen Umständen, anderem Ausgange — denn nur das äußere Geschehnis interessiert Heyse, nicht das innere seelische Erlebnis, und jenem zu Liebe wird die natürliche Psychologie verrenkt und gebrochen (s. o. Lottka) Über die Darstellung eines rein individuellen Vorganges von rein individuellem Interesse oder eines ausgeklügelten durchaus unwirklichen, der Natur widersprechenden Problems kommt Heyse nie heraus — was den eigentlichen Dichter macht, die Durchdringung des Individuellen und Typischen (Naturgesetzmäßigen), ist ihm für ewig verschlossen.

Er hat wohl alltägliche Menschen und Geschichten geschaffen, aber nicht eine Gestalt, eine Handlung, von der man sagen kann: sie ist ewig, weil sie alltäglich ist — es ist eine alte Geschichte und doch erscheint sie bei dem Dichter wie neu ... denn Heines: „Es ist eine alte Geschichte, doch bleibt sie ewig neu" ist das Motto der ganzen Poesie, der Prüfstein jedes Kunstwerkes.

Noch viel verwerflicher als Heyses Stoffe und Gestalten erscheint mir der Geist seiner Novellen. Denn dieser Geist ist nichts als die Lüge, die verhüllte Lüsternheit.

Sinnlichkeit ist das Wesen jeder echten Kunst, aber nicht Lüsternheit. Die Sinnlichkeit einer gesunden und großen Natur ist offen und ehrlich, sie posiert nicht, sie geht am hellen Tage auf ihr Ziel in kräftiger, schöner Nacktheit, aber steckt sich nicht in den durchsichtigen Byssusschleier, wie eine Hetäre, die bekleidet geht, um nicht mit den Vorschriften der Polizei zusammenzustoßen, und doch ihre Reize ausstellen will. Die Sinnlichkeit steht nackt da wie eine antike Göttin, die Lüsternheit trägt Pariser Korsets und Culs. Heyses Gestalten tragen immer Korsets, welche die Brüste hinauspressen und Culs, welche den Hinterbusen vergrößern. Wenn Romeo und Julia in Gesellschaft sind, fügen sie sich der Lüge der Etikette und greifen zu gedrechselten, idealistischen Phrasen, welche die natürliche Empfindung verhüllen — so wie sie im Garten allein sind, sagt das Mädchen kurz und deutlich: „ich verlange nach Dir, ich will mich Dir hingeben, vorausgesetzt natürlich, daß Du mich heiraten willst. Verlangt Dich also nach meinem Besitz, so sei um die und die Zeit beim Pater Lorenzo.“ So spricht die wirkliche Sinnlichkeit, welche immer ehrlich ist: so denken und sprechen Gretchen, Klärchen, Kleopatra, Adelheid und alle sinnlichen Gestalten eines ehrlichen Dichters. Antigone klagt, daß sie als Jungfrau in den Hades muß. Es fällt weder Goethe noch Shakespeare noch Sophokles ein, über die Sinnlichkeit ihrer Helden breite Sentimentalitäten zu gießen. Romeo und Julia wollen sich paaren, weil sie unwiderstehlich nach einander verlangen, ihre Leidenschaft ist natürlich, es fällt ihnen nicht ein, sie vor der Welt noch als besondre Schönheit darstellen zu wollen — wenn sie einander im Arme haben, so kann sie die ganze übrige Welt auf dem Monde suchen. Nichts macht ihre Leidenschaft schön, als die Größe derselben — lieber sterben als leben und ihr entsagen. Heyses Gestalten weigern und zieren sich und entsagen dreimal im Handumdrehen, um sich immer wieder nach dem springenden Punkt zu wenden — sie wollen immer, und thun zimperlich, wenn es dazu kommt, sie weinen und halten das Tuch vor die Augen, halten seitenlange Reden gegenseitiger Entsagung, treiben Ästhetik, Philosophie, und denken dabei: „Ach, wenn es doch erst so weit wäre“ — und schließlich sinken sie sich doch in die Arme und paaren sich. Mit einem Wort: sie wollen die Menschen und die Natur betrügen, sie schämen sich des höchsten und heiligsten Gefühls und verunzieren es durch allerhand sentimentalen Firlefanz — sie sind verlogen bis in den Kern der Seele. In „Lorenz und Lore“ verlieben sich zwei junge Menschen in einander während einer Epidemie. Dann schlafen sie in einem Zimmer zusammen ohne einander zu berühren (!!!), am nächsten Tage schämt sich das Mädchen ihres Geständnisses zu Tode, will nichts von Heirat wissen, obgleich sie nach dem jungen Menschen nur so glüht, und sie beruhigt sich erst, als der Onkel-Pfarrer sie ohne ihr Wissen in der Kirche ausbietet. Welche Verlogenheit! welche Erbärmlichkeit! „Ich möchte es gern thun, aber ich geniere mich so . . . ach, bitte, zwingt mich doch dazu!“ Nicht eine einzige große, den Menschen ganz ausfüllende, durch und durch erschütternde Empfindung, nicht eine mächtige Leidenschaft, die den Menschen zu den größten und schrecklichsten Thaten treibt, findet sich im ganzen Heyse: Alles ist Empfindelei, kleinlich, rührselig. Wenn einer einen Mord aus Haß oder Eifersucht begeht, so ist es immer ein heimtückischer, feiger, meuchelnder Geselle (Beatrice, Andrea Delfin, Barbarossa u. s. w.)

Und welch frivole, lüsterne, durch und durch verfaulte Lebensanschauung findet sich in Heyses Novellen verkörpert!

Ein reicher junger Mann geht auf die Brautfahrt. Unterwegs lernt er ein hübsches Mädchen kennen. In der Nacht klopft er an ihre Thür, jungfräuliche Scham hält sie zurück, ihm Einlaß zu gewähren, wütend reitet er davon, verunglückt unterwegs, und das Mädchen ist elend für ihr ganzes Leben. (Reise nach dem Glück.) Was heißt das auf gut deutsch anders, als: hätte sie dem von plötzlicher Lüsternheit Ergriffenen lieber die Thüre geöffnet, so verlor sie den Geliebten nicht, rettete dessen Leben und erhielt sich ihr Glück. Also, ihr jungen Mädchen, ihr wißt, was ihr vorkommenden Falls zu thun habt! Nicht der großen Leidenschaft gebet nach, die macht nur unglücklich, sondern der kleinen aufwallenden Lüsternheit, welche den Moment befriedigt.

Ein Graf hat seine Frau beim Ehebruch ertappt, und sie (statt wie natürlich sofort hinauszuwerfen — aber wo bliebe dann das „Problem“?) in sein Burgverließ gesperrt (hu, wie grauslich!) Ein Fremder kommt hinzu, sieht sie, will mit der Eingesperrten durchgehen. Der Plan wird vereitelt, dabei kommen die Gatten wieder zusammen und versöhnen sich. („Auferstanden“.) Ein Ehebruch? Eine Kleinigkeit! Merk' es dir, betrogener Gatte und drücke über die Lüsternheit deiner Frau ein Auge zu!

Ein junger Förster verliebt sich in ein Mädchen. Er erfährt, daß sie schon ein Kind gehabt hat, von einem Lieutenant, von dem sie sich, ohne irgend eine große Leidenschaft für ihn, in purem Leichtsinn hat verführen lassen. Aber der Förster kehrt sich nicht dran — das Kind ist so ein lieber Fratz — er wird Gatte und Vater zu gleicher Zeit („Mutter und Kind“). Was ist denn so ein kleines voreheliches Verhältnis mit Folgen? ein vernünftiger Mann spricht nicht darüber, dergleichen kommt ja in den besten Familien vor!

Das ist der Geist der Heyseschen Novellen. Man wird zugeben: etwas frivoleres, empörenderes, unsittlicheres läßt sich nicht denken. Nicht die große Leidenschaft entschuldigt bei ihm alles, jene Passion, welche sich ausleben muß und wenn sie es erreicht, willig in den Tod, die Martern geht, die die stumpfe, kleinliche, brutale Welt über sie verhängt. Diese Leidenschaft treffen wir bei Heyse nie — er kennt sie nicht. Alles bei ihm ist aufflackernde und schnell wieder verlöschende Lüsternheit, und dieser gesteht er alle jene Rechte zu, auf welche nur die große Leidenschaft Anspruch hat, weil sie jederzeit bereit ist, mit Blut und Leben dafür einzutreten: Hingabe, Ehebruch und jeden nach positivem Recht verbotenen Genuß. Eine solche Anschauung, welche dem gewöhnlichen äffisch geilen, lüsternen Bourgeoisphilister alles das zugesteht, was nach natürlichem Recht nur der natürliche, große Mensch beanspruchen darf, der Mensch der gewaltigen Leidenschaften, der Ehrlichkeit, der Mensch, welcher die gesunde Verkörperung des Naturgesetzes ist, der Mensch Shakespeares und Goethes — eine „Poesie" mit solchen Anschauungen mußte natürlich ungeheure Zustimmung in dem zahllosen Lager eben jener kleinlichen, verlogenen Philistermenschen finden, denen sie schmeichelte, bei jenen Millionen unserer heutigen Bourgeoisie, die statt der Leidenschaft nur Lüsternheit, statt der Natürlichkeit nur Verlogenheit besitzen. Man wird sich über die Erfolge Heyses daher nicht wundern: der Mann kennt eben sein Publikum, er ist ein geschäftsschlauer Fabrikant, nichts weiter, er ist in seiner Mischung von Lüsternheit und posierender Sentimentalität der Clauren unserer Zeit und besitzt dasselbe Publikum und dieselben Erfolge wie jener.

Nur in einer sittlich so ganz verfaulten Gesellschaft wie der unseren ist es möglich, daß Erzählungen wie der „lahme Engel" oder die „Rache der Vizgräfin" Beifall finden konnten, anstatt Ekels und Abscheus. Eine vierzigjährige Jungfer verliebt sich in einen ganz grünen Bengel. Da der Bursche nach Jahren zurückkommt, wird die alte Schachtel ganz mannstoll: um die Sinnlichkeit des jungen Menschen zu erringen, nimmt sie einen Liebestrank, der sie wieder jung und schön machen soll. Weil sie aber zu viel von dem Zeug säuft, vergiftet sie sich und stirbt. (Lahmer Engel.) — Eine schöne tugendhafte Gräfin hat einen Esel zum Gemahl. Ein strammer Troubadour (wir würden heut sagen, ein Operntenor) will sie genießen. Mit Keckheit gelingt es ihm, den Alten so zu fassen, daß er ohne es zu wissen seine Frau zum Ehebruch auffordert. Nun glaubt sich die keusche Gattin von jeder Pflicht befreit und will sich schon dem Sänger in die Arme stürzen, da hört sie, daß dieser die letzte Nacht bei einer andern geschlafen, und um ihn zu ärgern, läßt sie einen ihr ganz gleichgültigen Menschen, den Freund des Sängers, in ihr Schlafzimmer. (Rache der Vizgräfin.) Und dieses ekelhafte Lumpengesindel von mannstollen alten Schachteln, Hahnreis, adligen Huren, Lüderbolden erdreistet ein deutscher Dichter sich uns als schön und groß und künstlerischer Darstellung würdig auszugeben! Und tausende deutscher Jünglinge und höhere Jungfrauen verdrehen vor Entzücken die Augen darüber. Nur in einer Gesellschaft, die bis ins Innerste verfault und zerfressen ist, kann dergleichen möglich sein. Nein, wahrhaftig: Paul Heyse ist kein einzelner Mensch — er ist ein Symbol, die plastische Verkörperung der ganzen sittlichen Verkommenheit der deutschen Bourgeoisie, welcher die Gemeinheit, die Lüsternheit, die Frechheit, die Schamlosigkeit als das Ideal der Schönheit gilt. Heyse lesen, heißt ein Mensch ohne Geschmack sein — Heyse bewundern, heißt ein Lump sein.

Heyse ist nichts mehr und nichts weniger als ein Fälscher schlimmster Sorte. Ein bewußter Fälscher, der die Dinge absichtlich falsch wiedergiebt, um den schlechten und korrupten Ansichten der Masse des Lesepöbels zu schmeicheln und ihr seine Fabrikate aufzunötigen. Was für die natürliche Anschauung ein Schuft, ein Idiot, eine Dirne, eine Nymphomanin ist, stellt er als Ideale, Helden, Liebesgöttinnen hin. Für einen wirklichen Dichter ist ein Lump ein Lump, er erklärt ihn seelisch, zeigt uns wie er werden mußte, was er ist — aber es fällt ihm nicht ein, ihn uns mit der Glorie zu umgeben und die Welt zu betrügen. Shakespeare denkt nicht im geringsten daran Jago zum Helden, die verbuhlten Töchter Lears zu Heldinnen zu machen und nur eine ganz korrupte Kathederweisheit kann in dem Schwächling Hamlet, dem größenwahnsinnig kindischen Lear, der geilen Kleopatra, der gemeinen Margarethe, der leichtsinnigen Anna ideale Gestalten sehen. Goethe giebt uns nirgends die Adelheid für ein Tugendideal aus. Er schildert die Sünde interessant und die Tugend langweilig (Marie), wie es so oft der Fall ist, wir sehen, warum beide nicht anders sein können, aber Adelheid bleibt immer eine Schlange und Marie immer eine Taube. Bei Heyse haben die Schlangen aber noch Brillantkronen auf den Köpfen und Wunderwasser in den Zähnen und sind die Perlen der Schöpfung, und die Tauben sind gerade gut zum Futter für jene.

In welch unzuverlässiger Weise fälscht Heyse das Bild der Welt in seinen Novellen! Alle die — mehr als hundert Geschichten — haben — so gut wie seine Romane und Dramen, immer nur das eine, bis zum Erbrechen wiederkehrende Motiv: die Liebe. Was Heyse unter Liebe versteht, wissen wir bereits. Nicht das vollständige Aufgehen zweier Menschen in einander, ihre Ineinswerdung, ihr vollständiges Zusammenwachsen in Herz und Geist, so daß eine Trennung den Tod beider Hälften zur Folge haben muß — um diese Art der Liebe kümmert sich Heyse den Teufel — sondern einfach den sexuellen Genuß. Für die wahre und echte Leidenschaft, die Heyse nicht kennt, ist der Geschlechtsgenuß nur eine conditio sine qua non, ein unentbehrlicher, selbstverständlicher Teil, der aus der Einswerdung zweier Wesen mit Notwendigkeit entfließt, er ist der Zapfen, der den Wein im Fasse hält — für Heyse ist er das Wesen der Liebe selbst. Von einem geistigen Ineinanderaufgehen, einem gegenseitigen Emporziehen, einer gemeinsamen Arbeit, einem seelischen Austausch ist nirgends bei ihm die Rede. Wie erbärmlich klein ist diese Anschauung! Dreht sich denn wirklich die ganze Welt, das ganze Seelenleben des gereiften Menschen um das bischen sexuellen Genusses? Gewiß, die Befriedigung dieses Triebes ist für den normalen Menschen, Mann wie Weib, ein großes natürliches Bedürfnis, aber ich müßte ausspeien vor dem Menschen, dessen Leben nur dieser eine Gedanke und immer wieder dieses Verlangen erfüllte, der wie Heyse im Weibe nichts anderes sähe als ein Stück Fleisch, in dem er seine überflüssige Lebenskraft niederlegt, eine Art Slätteplatz, an dem jeder seinen Schutt abladet, der ihn im eignen Hause belästigt. Ehrgeiz, Glaubenseifer, Freiheitsdurst, Gerechtigkeitsgefühl, Vaterlandsliebe sind mindestens ebenso starke und wichtige menschliche Triebe wie der geschlechtliche, sie wirken thatsächlich ebenso viel und mehr auf den Gang der Welt ein als dieser, und sie wegläugnen, heißt das Bild der Welt verfälschen. Alle echten großen Dichter: Homer, Sophokles, Shakespeare, Calderon, Goethe, Zola, Dostojewski haben der Liebe als Leitmotiv ihren angemessenen Teil gegeben, aber sie erscheint bei ihnen nur neben anderen gleichbedeutenden Leidenschaften als gleich berechtigt, sie wiegt nicht vor. Derselbe Goethe, der eine Philine geschaffen, gab uns auch eine Iphigenie, eine Leonore von Este! Für Heyse, der so gern der Erbe Goethes sein will, ist ein Weib ohne sexuelle Bedürfnisse undenkbar. Erst der Mann, der im Weibe nicht nur ein Wesen sieht, das sein nächtliches Lager teilt, sondern seine ebenbürtige Genossin im Kampf und in der Arbeit fürs Wohl des Hauses und der Menschheit, hat die wahre Höhe geistiger Freiheit errungen. Heyse fehlt sie. Er sieht immer und überall nur den Priap, in seinen Novellen wird ihm überall gefröhnt, hinter jeder Hecke sieht er liebende Paare liegen, er bevölkert jedes Kanapee mit ihnen, seine ganze litterarische Persönlichkeit zeigt alle Symptome der Satyriasis, und sein ganzes Streben geht darauf aus, diese als den normalen Zustand hinzustellen. Wir sehen eben wieder den Berliner Fabrikanten vor uns, der auf ein bestimmtes Publikum als Absatzfeld spekuliert: diese reichen, müßigen Frauen und Mädchen unserer Bourgeoisie, denen der Begriff der Arbeit, des geistigen Ringens ein unbekanntes Ding ist, die auf der Höhe ihrer Töchterschulenbildung sich im Besitz der Weisheit der ganzen Welt glauben, und ihre freie Zeit tot zu schlagen — 24 Stunden täglich — keine anderen Orte kennen als Bett, Chaiselongue, Theater, Ballsaal — deren einziger

Beruf ist gut auszusehen und reiche Gimpel zu fangen, die in dieser stickenden Salonluft, aus welcher sie nie herauskommen, in dieser sitzenden, ungesunden Lebensweise, von ausschweifenden, frühzeitig impotenten Männern umgeben, bald hysterisch werden, nymphoman, und sich dem ersten besten albernen Zierbengel an den Hals werfen, einem affektierten, schwammigen Schauspieler, einem arroganten Maler, und ihre krankhafte, indolente Sinnlichkeit mit dem heiligen Namen der Leidenschaft bemänteln, den sie entweihen. Sie verlangen nach einer Beschönigung ihres lüsternen Treibens, die ihre Faulheit als Martyrium, ihre Unzucht als Heldentum darstellt und das Recht der Lüsternheit, des Ehebruchs, der Übertretung jeglicher Schranke aus Frivolität als schön und herrlich preist. Der eine Schriftsteller giebt es ihnen mit Witz und Humor, der andere mit Sentimentalität und Pathos Dumas und Heyse . . . beide sind die Lieblinge dieser Gesellschaftsklasse — und der eine ist so viel wert wie der andere.

Also die Liebe, das heißt die Paarung, ist das einzige physische Motiv auf der Welt, welches das Handeln der Menschen allein bestimmt — nach Heyse — meinetwegen! Sie ist der einzige Genuß, die einzige Freude des Menschen, das einzige, was des „Schweißes der Edlen" wert ist — Alles andre ist dummes Zeug — und zwar nicht etwa jene Liebe, wie der Realist sie versteht: als höchste Äußerung des Gattungsbewußtseins, als Ringen nach der Erfüllung des höchsten Zwecks der Natur, sondern als rein einzelpersönlicher viehischer Akt. Bescheiden wir uns vorläufig mit diesem Ergebnis! Wer hat nun nach Heyse ein Recht, einen Anspruch auf diese Liebe?

Nur der schöne Mensch, nur der Mann mit strammen Schenkeln und das Weib mit üppigem Busen und runden Armen. Wer nicht Apollo oder Venus ist, hat keinerlei Anspruch auf die Liebe eines anderen Wesens. Sobald der eine Teil eines Paares dem andern nicht mehr gefällt, sobald ein Fältchen um die Augen ihn stört, hat der andere Teil das Recht, ihn sitzen zu lassen, zu betrügen, wegzustoßen — und jener Unglückliche kann nichts gescheidteres thun, als sich eine Kugel in den Kopf zu schießen oder ins Wasser zu springen. (Zwei Gefangene, Frau Marchese, vergl. auch die Kinder der Welt.) Welch plebejische, äußerliche, rohe Auffassung von der Liebe! Alles ist fleischliche Beziehung. Von jenem Ineinanderaufgehen der Seelen, jenem Sichaneinanderemporrichten der Geister, jenem psychischen Zusammenwachsen, welche das innerste Mysterium des Mysteriums der Liebe ist, findet sich bei Heyse nirgends eine Spur. Ihm ist das das Wesen, was doch nur ein Teil — ein unentbehrlicher, aber doch nur ein Teil — ist. Darin gleicht er Grillparzer, dessen Auffassung der Liebe gleichfalls eine rein bestialische, materialistische ist (Sappho). Für Heyse ist Liebe ein rein physiologischer Vorgang, kein psychischer — es ist Karl Vogt'sche Philosophie in Novellenform. Hat Heyse nie etwas gehört von jener geheimnisvollen, gewaltigen seelischen Macht, welche oft selbst häßliche Menschen über die Herzen der schönsten besitzen? Haben ein Mirabeau, eine Du Deffant, eine George Elliot nie für Heyse existiert? Die häßlichsten Männer haben oft das größte Glück bei Frauen, bei denen die schönsten Männer haufenweise abfallen — und umgekehrt. Es ist nicht wahr, daß die Liebe bloß durch den Anblick strammer Schenkel und voller Brüste hervorgerufen wird, wie Heyse es darstellt — was die Liebe entzündet, und meist eine stärkere als die rein physiologische, das ist vor allem die Überlegenheit, das Temperament, die natürliche Dialektik, das Feuer, die Grazie, die Unterwürfigkeit. Was die Frau vom Manne verlangt, ist Männlichkeit; was der Mann vom Weibe verlangt, ist Weiblichkeit, und beide äußern sich in den mannigfaltigsten Formen, nicht nur in der persönlichen Erscheinung, sondern vor allem im Wesen. Die höchste geistige Überlegenheit, das fortreißendste Feuer, die glänzendste Beredsamkeit — (ah, wohl das stärkste Mittel auf die Frauen zu wirken), die vollendetste Anmut helfen Dir bei Heyse nichts, wenn Du zufällig eine Pockennarbe auf der Nasenspitze hast. Welche Roheit, welche Brutalität liegt in einer Novelle, wie der oben genannten „Zwei Gefangene!" Wie wenig kennt der große „Liebling der Frauen" in Wirklichkeit die Weiber — von den Männern gar nicht zu reden! Wie wenig Beobachtung hat er! Aber gerade diese Brutalität sichert den Heyseschen Novellen ihren Erfolg bei jener Klasse des Publikums, welche wir oben gekennzeichnet haben. Denn eben diese Brutalität ist wieder nichts als eine raffinierte Spekulation auf die Eitelkeit dieser Kreise, deren Herz und Sinn mit nichts anderem gefüllt ist als Eitelkeit. Wenn ihr Dichter den Grundsatz proklamiert: nur die fleischliche Schönheit hat Anspruch und Recht auf Liebe, so sagt sich natürlich jedes dieser höheren Töchterlein im Stillen: „ich selbst bin ja eben dieses Ideal von Schönheit (welches eitle Weib hielte sich nicht dafür), ich habe daher allein Anspruch auf die höchste Liebe, das Recht auf den größten Lebensgenuß, ich darf mir alles erlauben, jede Freiheit; was bei anderen Verbrechen wäre ist bei mir höchstes Recht, ich darf genießen, darf ehebrechen, treulos werden, denn ich bin ja schöner als die andern; ich habe keinen Geist nötig, keine Leidenschaft, kein Temperament, keine Anmut, ich brauche nur gut auszusehen." Es wäre ein Wunder, wenn ein Dichter, der eine solche Anschauung verbreitet, nicht der Liebling unserer ganzen, von Eitelkeit platzenden Bourgeoisie wäre, die nur im Äußerlichen lebt und in der Welt nichts so wütend haßt und verfolgt wie den Geist.

Wie leichtfertig, oberflächlich und gewissenlos Heyse bei seinen Arbeiten verfährt, wie er, um den Schwächen seines Publikums zu schmeicheln, lächelnd die gröbsten Fälschungen begeht, zeigt sich am besten an seinen italienischen Novellen. Heyse läßt seine lüsternen Geschichten mit Vorliebe in Italien spielen. Er hat einen guten Grund dazu. Wenn er uns fortwährend diese von Geilheit berstenden Männer und Frauen, welche den ganzen Tag über nichts zu thun haben als den Geschlechtsgenuß, als Deutsche verführen würde, so hätte er es bald verschüttet; man würde ihn auslachen und ihn fragen, in welcher Gegend Deutschlands denn diese wunderbaren Zustände herrschten? Im allgemeinen hätten die Leute bei uns doch noch was anderes zu thun, als das was die Franzosen faire l'amour nennen. Er geht also über die Alpen. Italien ist den meisten Deutschen trotz aller Reisebeschreibungen in Wirklichkeit etwa so bekannt wie Zentralafrika. Einige unklare, nebelhafte Vorstellungen spuken in den Köpfen der meisten Deutschen, Vorstellungen von etwas ungemein süßem und lieblichem, einer Art Schlaraffenlandes — daß in Italien auf allen Gebieten mindestens so viel und so ernst gearbeitet wird wie in Deutschland, ist den wenigsten bekannt. In dieses „hesperische Märchenland“ kann man nun ungestört die tollsten Ausgeburten einer satyriasischen Phantasie verlegen: der gute Deutsche glaubt das alles aufs Wort — es ist ja „italienisch“, und er stellt sich etwa vor, daß dort die liebenden Paare in intimer Verschlingung auf dem Straßenpflaster liegen. Wie bei Heyse die italienischen Mädchen und Frauen sich den liederlichen Malern und ähnlichem Gesindel nur so an den Hals werfen und sie um der Madonna willen beschwören, doch ja in ihr Kämmerlein zu kommen! Wer Italien kennt, weiß wie spröde und zurückhaltend dort die Mädchen sind, wie ängstlich dieselben ihre Jungfräulichkeit bewahren, wie vorsichtig sie im Umgang mit Männern sind, wie sorgsam und zärtlich sie von den Eltern behütet werden — viel mehr als in Deutschland. Ganz besonders aber Fremden gegenüber! In Genua z. B., also in einer Seestadt, finden sich unter den öffentlichen Mädchen nur verschwindend wenige einheimische, fast alle sind Piemontesinnen, also Gallierinnen. In Venedig existieren im ganzen 5 oder 6 weibliche Modelle, die Künstler sind in beständiger Verzweiflung, weil keine Einheimische sich dazu hergeben will. Die Italienerinnen sind im großen und ganzen viel keuscher als die Deutschen, wenigstens als Mädchen. Erst südlich von Rom fängt das Reich der Unkeuschheit an. Intimer Umgang zwischen italienischen jungen Leuten kommt keineswegs häufig vor, zwischen Fremden und italienischen Mädchen äußerst selten — sehr häufig dagegen zwischen Italienern und deutschen Damen. Kenner Italiens vermögen über eine Novelle wie „Das Mädchen von Treppi“ nur in das hellste Hohngelächter auszubrechen.

Dieses italienische Käthchen, welche sich ihrem spröden Geliebten an den Hals wirft, und da er sie von sich stößt, ihm immer wieder und wieder nachläuft, bis ins Gebirge hinein — mag in der ganzen Welt vorkommen, nur nicht in Italien: ein italienisches Mädchen wäre viel zu stolz sich so wegzuwerfen. — Und welch sentimentale Phrasen Heyse seinen Appenninbauern in den Mund legt — den Italienern, denen jede Spur von Rührseligkeit fehlt, welche die nüchternsten, positivsten Menschen der Welt sind, natürlich und einfach in jedem Wort, jeder Bewegung! Renzo und Lucia in Manzonis „Verlobten", das sind wirkliche italienische Bauern, wie sie leiben und leben!

Die ganzen italienischen Novellen Heyses sind eine plumpe und lächerliche Fälschung, über welche sich niemand mehr amüsiert, als diejenigen Italiener selbst, welche Heyse kennen. Das sind freilich nur wenige. Denn ist es nicht merkwürdig, daß dieser Schriftsteller, der die Hälfte seiner Arbeit der Darstellung und Verherrlichung italienischen Lebens geweiht hat, bei den auf ihre Nationalität so eitlen Italienern so gut wie unbekannt ist? Man hat den Versuch gemacht, sogar wiederholt, Heyses italienische Geschichten ins Italienische zu übersetzen: er ist stets kläglich mißglückt. Das italienische Publikum war empört über die Zumutung, solch lüsterne und sentimentale, schönredige Fratzen als Italiener anzusehen, es faßte diese Geschichten als eine Verhöhnung des italienischen Stammes auf, so gut wie die Franzosen Schillers verliebte „Jungfrau" mit Recht als eine Beleidigung, als eine Schmähung des Andenkens der Heldin betrachten. Ich glaube in der That, daß es nicht erlaubt ist, ein fremdes Volk unter genauer Angabe von Örtlichkeiten, Zeitumständen u. dergl. als durchaus verlodderl und verlogen darzustellen, wie Heyse thut, nur um für die Ausgeburten der eigenen lüsternen Phantasie einen scheinbar realen Boden, eine Glaubwürdigkeit zu erwecken. Verlegt ein Dichter seine Schöpfungen nach Italien, so hat er auch die Pflicht, die Italiener so zu schildern, wie sie wirklich sind — positiv, realistisch, klar, gesund, stolz, zurückhaltend u. s. w. — aber nicht wie er sie sich in seinen sinnlich überhitzten Träumen ausmalt. So wie der Dichter überhaupt realen Boden betritt, muß er auch auf demselben bleiben, sonst wird er zum Fälscher. Nichts zeigt Heyses gänzliche Unfähigkeit zu sehen und Geschautes dazustellen, so deutlich, wie seine italienischen Novellen.

Aber was wollen die Stoffe, die Anschauung, die innere Wahrheit der Heyse'schen Geschichten bedeuten gegen seine Erzählungskunst! hört man oft sagen. Diese klare, eindringende, plastische und doch so gleichmäßig ruhige Darstellung, welche das Entzücken aller Leser ist!

Gemach auch damit ist es nicht weit her. Wie Heyse in seinen Stoffen und Gestalten nie über das Reporterhafte hinauskommt und stets am einzelnen Fall, an der oder jener Mordgeschichte klebt, ohne ins Allgemeingültige hinauszustreben, so ist auch seine Erzählungskunst eine durchaus rohe und schülerhafte. Nie kommt er über den reporterhaften, thatsächlichen Bericht heraus: das, was für jeden echten Dichter die Hauptsache ist, die allmähliche psychologische Entwicklung, das stufenweise Wachsenlassen der Leidenschaften und Gestalten vor den Augen des Lesers — worin sich die höchste Kunst des Dichters zeigt — liegt ihm ganz fern, er macht nicht einmal den Versuch dazu. Das Hauptereignis, die seelische Wendung liegt in seinen Geschichten fast immer lange vor Beginn der Erzählung. Eine dritte an der Geschichte ganz unbeteiligte Person kommt dann und erzählt wie ein Reporter den Vorgang (z. B. das Seeweib, die Eselin, die Frau Marchese u. s. w.). Das ist ein sehr leichter Kunstkniff: der Schwerpunkt liegt dann eben auf dem rohen Thatsächlichen, während dem echten Dichter das thatsächliche erst in zweiter Linie kommt und die psychologische Entwicklung seiner Gestalten die Hauptsache ist. (Othello, Macbeth, Wallenstein, Faust, Raskolnikow.) Daß Hans den Kunz totschlug, kann jeder Reporter erzählen — zu schildern was dabei in der Seele des Hans und des Kunz vorging, vermag nur ein großer Künstler. Für die gänzliche Unfähigkeit Heyses nur ein Beispiel. In „Auf der Alm" wird ein oberbayrischer Wilderer eifersüchtig auf einen Baron, der seinem Liebchen den Hof macht. Er will ihn auflauern und ihn töten. Der Baron geht auf die Jagd; auf einem schmalen Grat kommt ihm plötzlich ein riesiger Hirsch entgegen, so schnell, daß der Baron nicht mehr laden kann und vermutlich im nächsten Moment in die Tiefe gestürzt werden wird. Hundert Schritte davon steht der Wilderer mit seiner Flinte. Plötzlich drückt er los, der Hirsch stürzt in die Tiefe, der Baron ist gerettet! Sehr hübsch! Nun frägt sich doch jeder Mensch: was ist in diesem Augenblick in der Seele des Wilderers vorgegangen, daß er den verhaßten Nebenbuhler rettete. Das ist das einzige, was uns bei dieser Räubergeschichte interessiert! Heyse, bei seiner künstlerischen Unfähigkeit, fällt es nicht ein darauf zu antworten. Der Wilderer schießt — und damit gut: später erklärt er, er habe selbst nicht gewußt, was mit ihm vorgegangen sei, er habe schießen müssen. Mit der Antwort müssen wir uns begnügen. Wahrhaftig, es giebt keine billigere Art Novellen zu fabrizieren. H. bleibt immer an den rohen Äußerlichkeiten haften, nie dringt er in den inneren Kern vor. Alle Poesie, die nicht Darstellung seelischer Entwickelung, Zerlegung eines großen seelischen Vorganges in seine hauptsächlichen Einzelmomente ist (natürlich an der Hand einer festen, einheitlichen

Handlung), ist nicht des Druckpapieres wert — und in Heyses Novellen ist nichts darin zu finden.

Wie roh und leichtfertig ist die Technik der Erzählung Heyses! Welche Liederlichkeit der Arbeit! Immer, wenn sich zwei wildfremde Menschen zum ersten- oder zweitenmal im Leben gesehen haben, schüttet einer dem andern sein Herz aus und teilt ihm seine tiefsten, innersten Geheimnisse mit. (Geteiltes Herz, Frau Marchese u. s. w.) Wo in aller Welt kommt denn so etwas vor? Dabei welch äußerlicher theatralischer Aufputz, hinter dem sich in der Regel die hohlste Nichtigkeit verbirgt: „Das Meerweib". Hu, wie schauerlich! Ein junger Mann kommt irgendwo zu Besuch, er geberdet sich, daß Hamlet und Macbeth mit ihren Geistersehereien wie Knaben erscheinen, alle Töne der Romantik werden losgelassen — schließlich kommt es heraus, daß der ganze Spuk nur in Bewegung gesetzt ist, weil der junge Mann seine Schwester beim Schlittschuhlaufen einbrechen und ertrinken sah, bevor er hinzuspringen und helfen konnte. Was geht das uns an? Darum Räuber und Mörder? Ganz ebenso in „Am toten See" und anderen Novellen.

Aber die Sprache, diese göttliche, formschöne, glatte, wohlklingende Sprache! . . . Ich will mich bei Einzelheiten nicht aufhalten, sonst könnte ich solch geschmackvoller Wendungen wie „das Herz schlug ihr bis in den Hals hinein" (Schön Käthchen) oder „er schaute durch die blaue Brille, die er neben sich auf den Tisch gelegt hatte, hinein in die Landschaft" (Kinder der Welt) auf jeder Seite zwei bis drei anführen — ich habe mir ein ganzes kleines Lexikon solcher Heyseanismen zusammengestellt. Aber diese gleichmäßige, schleimig glatte, verzuckerte Sprache aller Heyseschen Novellen ist für jeden Menschen von wirklichem Kunstgefühl unerträglich. Sie ist in jeder Geschichte dieselbe, gleichgültig ob sie übermütig oder tragisch ist, in München oder Rom, unter Grafen oder Holzknechten spielt. Wie die berüchtigte „deutsche Reichssauce", welche in den Berliner Gasthöfen zu jedem Fleisch in jeder Zubereitung gegeben wird, so gießt Heyse die Sauce seiner kraftlosen, glatt stilisierten Sprache über jeden Stoff, jeden Menschen, jeden Ton. Italienische Bauern, Berliner Geheimräte, Wiener Aristokraten, Jünglinge, Mädchen, Greise — alle reden dasselbe charakterlose, formglatte Heysesche deutsch, in welchem jede Eigenart des Standes, des Landes, des persönlichen Charakters untergeht. Diese Sprache ist nie plebejisch, aber nie reißt sie durch den Wirbelwind der Leidenschaft mit fort. Darin gleicht Heyse ganz Oskar Blumenthal: wie dieser Dienstmädchen, junge Frauen, Lebemänner, Künstlerinnen in gleicher Weise nur in Kalauern reden läßt, ohne jede individuelle Färbung, so Heyse immer in diesen gleichförmigen charakterlos glatten Sätzen. Auch damit zeigt Heyse wieder deutlich, daß er kein Dichter ist; denn beim echten Dichter ist die Sprache stets der charakteristische Ausdruck des Wesens der Gestalten und in jedem Augenblick der Situation angepaßt, sie ist eines der wichtigsten Hilfsmittel Stimmung hervorzurufen. Wenn Shakespeare zwei Kärrner auftreten läßt, so reden sie so gemein, wie Kärrner reden, und wenn Heinrich IV. auftritt, so redet er wie ein König spricht. Kleopatra bleibt auch in der Rede immer Kleopatra, und der Bauer, der die Natter bringt, ein Bauer. Percy spricht anders als Heinz, und Othello anders als Jago. Bei Heyse reden alle Menschen gleich, und die Sprache bleibt dieselbe, ob er erzählt, wie jemand gehänselt oder wie jemand ermordet wird. Wer das Kunst nennt, dem ist nicht zu helfen.

Heyse ist im besten Falle ein geschickter Kunstdrechsler, aber kein Künstler. Er ist ein spekulativer Fabrikant. Aber seine Erzeugnisse kommen aus der Mode. In ihnen ist keine Spur von Wahrheit, Größe, Leben, Gesundheit. Alles ist verlogen, ausgeklügelt, kleinlich, schablonenhaft, eintönig, mechanisch, lüstern. Eine Thätigkeit, auf solchen Grundlagen erbaut, kann, wie sehr sie auch den schlechten Neigungen der Masse schmeichelt, die Freunde wirklicher Kunst doch nur eine Zeit lang täuschen. Der notwendige Umschlag ist gekommen. Man durchschaut den Macher, erkennt ihn in seiner ganzen Hohlheit und wendet sich dahin, wo die Ehrlichkeit, die Gesundheit, die Beobachtung, die Erfassung der Lebensprobleme in ihren Tiefen ist. Heyses letzte Veröffentlichungen fielen ausnahmslos ins Wasser, mit Mühe wurde von allen die erste, kleine Auflage abgesetzt. Lügen haben kurze Beine. Paul Heyse hat sich abgenutzt, als litterarische Persönlichkeit ist er fertig, das Publikum will ihn nicht mehr.

Unser Dichteralbum.

Giordano Bruno.

Im Kerker sitzt ein bleicher Mann,
Von fernher Äxte hämmern.
Er hörte sie die ganze Nacht,
Die Morgenstunden dämmern.

Ein Schlüssel krächzt im Riegelschloß,
Kapuzen nahn mit Schergen.
Die Glocke schlägt, ein Riesengeist
Verfällt dem Haß von Zwergen.

Errichtet ist das Holzgerüst,
Am Pfosten harrt der Henker.
Der Mitwelt stirbt ein Ketzerhaupt,
Der Nachwelt lebt ein Denker.

München. Heinrich v. Reder.

Sturmglocken.

(Nacht vom 13.—14. Juli 1789 in Paris.)

Sturmkinder ihr, heiahoh!
Zappeldämonen! Zerrt! Reißt! Schwingt euch!
Laßt flattern, schlenkern, toll sich überkugeln,
Euren erpichten Reigen!
Brüllt sie auf, die Bürger!
Man will sie knebeln — erdrosseln!
Fremde Schergen auf dem Marsfeld!
Sind wir Pariser?
Aufs Stadthaus! Waffnet euch, Distrikte!
Befehlt das Sturmgeläut, permanente Wähler!
Nicht nur das uns're auf Notre-Dame,
Nein, jed' Elizabeth, Marguerite,
Von St. Merry bis Barnabites,
St. Germain, St. Mogloire,
Petit St. Antoine und die ganze Schar
All der paarhundert Glockenturmzeilen
Sollen heulen:
Bum — trum — tialobam —
Titram!
Keine Waffen?
So schmiedet euch welche!
Wir hämmern den Takt von oben,
Den niedertrampelnden Ambostakt:

Schloß, daß du so lang vor dem Kerkerthor hingst —
Eine Pike! Eine Pike!
Wagenschlag, der du gnädige Füßchen empfingst —
Eine Pike! Eine Pike!
In alle den Höfen sprüht es und klirrt,
Weil ein neues Jahrhundert geschmiedet wird.
Von allen den Türmen braust es und brüllt,
Weil ein neues Jahrtausend in Lüften schwillt!

Ja, wir droben, wir helfen!
Wir heulen, gleich Wölfen!
Einen Fußtritt den Glocken,
Den feistgrünen Fröschen,
Daß sie nicht länger hocken und stocken,
Die trägen Gesellen,
Daß sie niederplumpsen
Mit Bumpsen
In kochende Wellen der Nacht!

Brav gegröhlt, Asterol!
Deine drallen Brüstchen,
Wie sie sich glockig schwingen!

Mit gespreizten Megärenfingern
Greift es zerriss'ne Fasern
Der Glockenseile,
Daß das Rasen und Rasern
Heulender heule!
Wie die Fasern der Stränge durch Lüfte geschwenkt,
So des Feudaltums Fesseln zersprengt!

Drei „Zigeuner" haben nach Waffen geforscht —
Sind in einen Weinkeller geraten;
„Weil Despotismus nun doch vermorscht,
Wollen wir schlucken, gleich Potentaten!"
„Was braust da —
Puh, wie kühl ist die Nacht —
Ja, was braust da nur —" „Dir im Kopf?"
„Nein, durch die Lüfte! Halt mich!
Welch ein Zug durch die Lüfte?"
„Der Heide Bacchus ist's!
Auferstanden aus christlicher Gruft!"

Und die Glocken fahren stutzig zurück.
„Wir sind ja dieselben Glocken,
Die gewinselt, gewimmert, erschrocken
Zu den Festen der Passion!"
„Dem Heiland Hohn!"
Kreischen Bacchi Geleiter,
Vorbei das Entsagen!
Nun füllt euch den Magen!
Thut, was ihr nicht lassen könnt!
Liebt, was ihr fassen könnt!
Sauft, was ihr schlucken könnt!
Das Ducken und Drucken, nun hat's ein End'! —

„Evoë, Bacche!"
Mit dem Riesenpokal
Stößt er an den bechrigen Glockenbauch
Und verdoppelt den Schwang
Mit dem Aufruhrtrank,
Sein Kriegsminister, der Dämon Blutdurst,
Den hagern Rücken gespannt vornüber geschmissen,
Zerrt mit beiden gestrafften Armen
Wuchtig an zwei gestrafften Seilen.

Aber das ist ihm nicht genug:
Die beiden Unterschenkel
Verkneift er noch läutend
In zwei andere Taue.
„Evoë! Bacche! A la Lanterne!"

Unser Dichteralbum.

Aus den pantherbespannten Wagen
Des kreisenden Bacchuszugs
Schnellen sich korybantische Weiber,
Lustverstört, bleichüppig,
Maitressen der römischen Kaiserzeit,
Von Germanen geschlachtet —
Clunys Thermen entstiegen,
Drängen sich, hängen sich, heften sich
An der Emeutengeißer dürre Skelette,
Doppeln durch ihrer fleischigen Schenkel,
Bäuche und Ballen Gewicht
Der Seile Straffang,
Der Glocken Schwungkraft und Wut.
So stark wird der Anprall, daß Bacchi Pokal,
Mit Blut und Feuer gefüllt,
An den Randkanten überschwippt.
Blutiges Feuer flackert hernieder
Auf die empörte Stadt!
Die Barrieren in Brand!
Was flüchten will, zum Grèveplatz geschafft.
Möbelkarren, Fuhrwerk voll Proviant —
Galakutschen — all das aufgestapelt
Zu einer einzigen Wagenburg.
Und die Maitressen der Römerzeit
Meinen Alarichs Lager zu sehen.
Blutiges Feuer flackert hernieder
Auf die Wagenburg,
Bohrt Löcher in den glatten Plüsch
Der hohen, arroganten Böcke,
Das Speichenwerk und schwebende Federgestell
Flackert auf in Flammen —
Und die frechen Tatzen des Feuers
Zerren von den imposanten Böcken
Die Tressenverzierungen herab!
Auf dem Grèveplatz,
Wo der Henker Hexen geknüpft,
Werden die Tressen Laternen drapieren.
Über lackierte Wagenverschläge
Winden sich lüsterne Malereien,
Frauenleiber in Bouchers Geschmack,
Deren Modelle sich wohl
In Bosquetten des Hirschparks gewunden —
Winden sich jetzt vor dem Feueratem,
Als ob sie die zarte Nudität-Haut
Retten wollten
Vor sengender Racheglut.

Keine Rettung.

Blutiges Feuer flackert nieder
Auf die Bastille.
Da schreit das Volk, mit dem Sturmgeläut
Um die Wette rasend:
„Nach der Bastille!
Zerschlagt die Zugbrückenketten!“
Wer hockt dort im Hof auf dem Prellstein,
Ratlos bebend?
„Zum Tode der Gouverneur!“

„Das erste Blut!“
(Bacchus stößt an —)
Nun hat's der Tiger geleckt!
Bum — trum — titrum —
Nur wacker so weiter!

München. Franz Held.

Giordano Bruno.

Ein dramatisches Fragment von Edgar Steiger.

Giordano Bruno, der berühmte Philosoph aus Nola, ist, vom Heimweh erfaßt, im Jahre 1593 aus Deutschland nach Italien zurückgekehrt und flieht, von der Universität Padua verstoßen, in Begleitung seines deutschen Freundes Valens Acidalius nach Venedig in das am Lido gelegene Haus des Senators Sarpi. Dort findet er seine Jugendgeliebte Margherita, die ihm, von ihrer städtischen Umgebung beeinflußt, kühl und zurückhaltend begegnet. Als sich die Beiden im Garten das erste Mal allein gegenüberstehen, spielt sich die folgende Szene ab.)

Margherita: Was steht ihr da und beißt die Lippen blutig?
Was schaut ihr brennend Aug' in Auge mir?
Bruno: O Gott! Was haben sie mit Dir gethan!
Vergessen will ich, was sie mir geschaffen,
All' Elend, Not und Schmach, die durch die Welt
Den Ruhelosen hetzten, wie die Meute
Ein Edelwild. Doch daß sie Dir vergiftet
Die Seele, — Gott! Verzeih' es ihnen nicht!
Margherita: Du rasest — Deine Worte faff' ich nicht.
Bruno: So laß mich rasen! Rasen will ich, rasen,
Die ganze Last von meiner Seele wälzen,
Damit ich nicht ersticke! — Licht und Luft
Und eine Thräne meinem trocknen Auge! —
Was zitterst Du und staunest? Bist Du doch
Von Menschen auch geboren, auch ein Spiel
Der wilden Mächte in der eig'nen Brust,
Empfandest Liebe schon und Haß und Furcht,
Und dennoch schreckt Dich schon das ferne Brausen
Des Sturms, der meine ganze Kraft entwurzelt.
Verzweiflung hast Du nie gesehen — Blick' her!
Es ist ein kläglich Schauspiel.

Margherita: O Giordano!
Wie thut Dein Schmerz mir weh! Wie kann ich helfen?
Du dauerst mich, und doch verstummt der Mund;
Denn Trostesworte kann er keine bringen.

Bruno: O schweig'! Mich peinigt dieser scharfe Ton.
Auf *eine* Karte setzt' ich all mein Glück,
Drum nahm mir Alles diese eine Stunde!
Wohl trug ich klaglos in der Wahrheit Dienst
Der Menschen Haß, des Geistes ew'ge Qual,
Doch müde ward ich manchmal, sterbensmüde.
Dann wähnt' ich Thor, wenn schwach die Seele war,
Auch mir hätt' eine Ruhestatt bereitet
Ein guter Gott, die Erde sei so groß,
Die Welt so voller Lieb', daß auch für mich
Das Stündlein schlage, wo das höchste Glück
Die tiefgefurchte Dulderstirne küsse.
In solchen Träumen stieg Dein liebes Bild
Mit Allgewalt lebend'ger Gegenwart
Vor mein ermattet Auge, alter Zeit
Gedacht' ich unter Thränen, und ich bat
Nur Eins zum Lohn für eines Lebens Schmerz,
Dies todgeweihte Haupt an Deiner Brust
Zu kurzer Rast zu betten. — Ha! Wie schön,
Wie köstlich hat sich dieser Traum erfüllt!
„Herr, seid Ihr nicht von Nola? Heißt Ihr nicht
Giordano Bruno?" Süßer Liebesgruß!
O lacht, lacht! die Komödie hat ein Ende!

Margherita: Ich stehe ratlos. Vor den Augen schwimmt
Dein Bild und wandelt seine herben Züge
Zum Knabenantlitz sanft und farbenlos.
Nicht *fremder* Menschen böse Rede war's,
Die mir's entstellt zur gottverhaßten Fratze,
Du *selber* hast Dein eigen Selbst zerschlagen!
Des Ruhmes Trugbild und der Leidenschaften,
Entfesselt Heer galt mehr als Lieb' und Treu';
Den Glauben warfst Du von Dir, gleich als wär's
Ein Kinderrock, zu eng dem großen Mann;
Der Mönch entfloh der düstern Klosterzelle,
Und seine Lippen, deren frommen Schwur
Der Himmel hörte, strömen über jetzt
Von ird'scher Liebe, sündigen Worten! — O!
Den *Knaben* hatt' ich lieb — die Seele brennt,
Gedenk' ich jener bittern Abschiedsstunde.
Für den entlauf'nen *Mönch* kann ich nur *beten*.

Bruno: Ich bin ein Mensch, und menschlich fehlt' ich auch;
Doch reut mich nicht, was Du als Sünde zeihst.
Der Wahrheit gab ich allzeit gern die Ehre:
Sie war mein Glück im Elend, bleibt mein Leben
Im Tod. Wie leicht ist's, schön zu *lügen* — *Mir*,

Mir dünkt's unendlich schwer! Und sage selbst:
Das heuchlerische Leben in der Kutte,
Die Weltentsagung salbungsvoll im Antlitz,
Indes geheime Lust am Marke zehrt,
Ist's nicht ein Hohn auf Gottes ew'ge Weisheit,
Ein Beten, da die Hand sich ballt zur Faust?
Drum warf ich weg den engen Kinderrock;
Denn eines Mannes Schritte wollt' ich thun,
Frei sein wie Gott und nicht der Menschen Knecht!
Ich rang mich selber fort durch Zweifelsnot,
Gewissensangst und der Enttäuschung Qual;
Kein Priester stand mehr zwischen mir und Gott
Und lähmte meines Geistes Adlerflug.
Oft strauchelt' ich und fiel. Es reut mich nicht.
Im Sicherheben fühlt sich erst die Kraft
Der starken Seele, und die Wahrheit findet
Nur, wer sie irrend sucht. Ja, schöner fand ich,
Was ich verloren: Warme Lebensfreude
War mein Gewinn. O, wer wie ich gekämpft,
Der hat das Leben lieb, wie eine Mutter
Ihr neugenesen Kind, an dessen Bettchen
Sie bange Nächte betend durchgewacht!

Margherita: Wohl bist Du besser, als die Welt Dich kennt.
Der Menschheit Adel drückte Dir sein Wappen
Auf die gefurchte Stirn — Gemeines hat
Kein Teil an Dir — Dein Herz ist liebreich — Warm
Erfaßt es mich, wie Heimweh — Aber doch
Unendlich arm und kalt erscheinst Du mir!
Was soll dies flücht'ge Leben ohne Gott?
Giordano, weh! Mir graut vor Deiner Welt!

Bruno: O Margherita, schön ist diese Welt!
Das Auge faßt die Wunder alle nicht,
Die wie ein funkelnd Diadem die Stirn
Der ewig jungen Königin umzieh'n.

(Er führt sie ans Ufer des Meeres, in das eben die Sonne versinkt.)

Schau'! Übers Meer ergießt sich wonnevoll
Des Abends goldgesticktes Purpurkleid,
Auf herbem Seewind wogt Orangenduft,
Der Himmel glüht, die Erde streckt sich sehnend
Mit tausend Armen zu dem Starken auf!
Siehst Du ihn nicht im unbegränzten Äther
Und in des Lorbeerblattes schlichter Schönheit?
Hörst Du ihn nicht im leisen Wellenschlag,
Der Dir melodisch vor die Füße rollt?
Fühlst Du ihn nicht in Deinem Herzen, wenn
Die Liebe leis die starken Schwingen regt?
Und strahlt er nicht auf Deinem Angesicht
In seiner ganzen Anmut, Kraft und Milde?
Ist er nicht Alles? Leben wir und sind

Wir nicht in ihm? Und außer ihm ist Nichts.
In ew'ger Schönheit ewig sich entfaltend
Schafft er der Wunder größtes, — diese Welt!
Ist solch ein Leben arm und götterlos?
Ist's nicht ein Trost im Leid, sich Eins zu wissen
Mit ihm, der selig ruht im steten Wirken?

Margherita: Hör' ich Dich an, so braust der Worte Strom
Mit seinen Wellen über mich und reißt
In seinen Wirbeln all mein Denken fort,
Und ungeahnte hohe Seligkeit
Umfließt die willenlose Seele mir —
Erschauernd badet sie in Deinem Licht!
Ja, Du bist gut und groß. Vergieb, vergieb,
Daß ich Dich schmähte! Gottes Odem weht
Aus Deiner Stimme mir entgegen — Weh!
Hätt' ich erkannt, welch eine Fülle Glück
Und Frieden Du zu spenden hast, fürwahr,
Ich wäre Deiner wert gewesen! — So
Verlor ich Dich durch bösen Zweifel — —

Bruno: Nein!
Kann Menschenseelen man verlieren, wie
Erbärmlich Gold? Und löscht die Liebe nicht
All unsre Schuld? Unendlich mehr hast Du
Dem wilden Manne zu verzeih'n und giebst
Ihm tausendfältig, was er thöricht schon
Verloren gab. Und eines Zweifels Sandkorn
Auf meines Herzens Wage, höbe das
Die Schale voll von starker Mannesliebe?

Margherita: O Gott! Du wühlst mein Innerstes empor!
Ich kann's nicht bergen, was so schwach mich macht
Und doch so glücklich. Fahre denn dahin,
Armsel'ger Stolz! Und Du, geliebter Mann,
Nimm hin, was bleibt, — ein liebbedürftig Weib!

Bruno: Jetzt möcht' ich sterben! Erd' und Himmel ruht,
Die Seele schweigt, des Herzens Pochen nur
Klingt leise fort, ein friedlich Schlummerlied.
Mir ist, als hört' ich Gottes Atemzug,
Der stillbeseligt Deinen Busen hebt.

Barcarolen.

I.

Über der wogenden Flut
Zittert der Mondenstrahl;
Alles schläft, alles ruht,
Nur auf der wogenden Flut
Zittert der Mondenstrahl.

Ruhelos treibt mich die Glut
Sehnender Liebesqual;
Nimmer schläft, nimmer ruht,
Gleich wie die tobende Flut
Sehnende Liebesqual.

II.

Die Welle murmelt in der Nacht,
Sonst ist es still umher;
Vor Deinem Fenster halt' ich Wacht,
Nicht find' ich Ruhe mehr.
Die Sterne zieh'n am Himmelszelt,
So selig ruht die ganze Welt,
Nur ich ruf' seufzend Dir hinauf:
Ach, so schön! ach, so schön!
Und doch so liebeleer!

Mich freut nicht mehr des Meeres Pracht,
Nicht mehr der Sterne Heer,
In jeder friedlich stillen Nacht
Treibt Sehnsucht mich umher.
Bald nimmt das Meer mein Leid mir ab,
Dann find' ich Ruh' im Wellengrab,
Doch ruf' ich noch im Tod hinauf:
Ach, so schön! ach, so schön!
Und doch so liebeleer!

III.

Komm herab! bereit schon steht die Barke
Komm herab, ich harre sehnsuchtsvoll auf Dich!
Alles rings umfaßt in heißer Liebe sich:
Erde und Himmel und Meer.

So viel Küsse als da Tropfen sind im Meer,
So viel Küsse, o Geliebte, geb' ich Dir!
Glaube, glaube meinen Schwüren, glaube mir:
Treu bin ich Dir nur allein.

Komm herab, mein Mädchen! harrend steh' ich hier!
Komm herab, wo Dich mein Arm umfangen soll;
Leis', wie Wellenflüstern wird dann wonnevoll
Folgen dem Kusse der Kuß.

IV.

Was steigt aus den Lagunen auf,
Beglänzt vom Mondenstrahl?
Von Zauberhänden kühn erbaut:
Venezia bella, Meeresbraut!

Wie stolz auf weiter Flut sie prangt,
Die mächt'ge Herrscherin!
Dem Meer hat sie ihr Heil vertraut,
Venezia bella, Meeresbraut!

Wir dienen ihr, für sie allein
Mag fließen unser Blut!
Gegrüßt, gegrüßt mit frohem Laut
Venezia bella, Meeresbraut!

Adolf Glaser.

Maria.

Ich war in Deinen Kreis getreten, Weib,
Und meine Leidenschaft schrie auf zu Dir —
Und Alles bebte von mir hin zu Dir —
Und meine Glut warf mich in Deinen Staub —
Und meine Gier brach meines Stolzes Knie —
Und meine Brandung rang empört um Dich —
Und Alles schoß zusammen zu dem Schrei:
Nur einmal nimm das Opfer meiner Kraft —
Sieh, meine Arme stöhnen Dir entgegen —
Entgürte Deines Leibes Schönheitssegen
Dem Katarakte meiner Leidenschaft! — —

Gelegentlich traf ich Dich 'mal allein — das heißt:
Auf Deinen Armen, die mich trunken machten,
Sah ich des Fleisches feste, volle Wölbung,
Trugst Du Dein Kind — Dein Kind, wie einen Schild,
Mit dem Du meinem Frevel wehren wolltest —
Hm! meinem Frevel, den Du doch erlechzt —
Zusammenschauernd vor dem Fremdling hellschießt . . .

Ich haßte es, Dein Kind — ich haßte es . . .
Und doch sah's mich mit seinen großen, blauen,
Neugierigen Augen furchtlos an . . . und patschte
Mit seinen kleinen, dicken, plumpen Händchen
Zu mir herüber . . . Und Du zittertest . . .
Und schwiegst . . . halbüberlidert stahl Dein Blick
Zu Deinem Kinde sich . . . an mir vorüber . . .

Mir aber war's, als kämen Deine Augen
Weit . . . weit aus der Vergessenheiten Land —
Aus des Gewes'nen ungeheu'rer Zone —
An eine and're Mutter mußt' ich denken —
An eine and're Mutter mit dem Sohne . . .

Und so — so schont' ich Dich . . . und spielte träumend
Mit Deinem Kinde, das nun lächelte
Und mir sein süßes, helles Papa! lallte . . .
Wie lieblich Du errötetest! Indessen —
Ich hatte Dich, geliebtes Weib, vergessen —
Vergessen, wie in schwülem Wahnsinn ich
Dich heiß begehrt . . . und Deines Leibes Seele
In meine Seele hatte trinken wollen . . .

Dann bot ich Dir zum Abschied still die Hand . . .
Und schonte Dich ein and'res Mal — denn da
Ich Deine weichen, schlanken Finger spürte,
Da — allein ich ging . . . ich ging und freute mich,
Daß ich so Meister meiner Leidenschaft —
In einem dunklen Eckchen meiner Brust
Hatt' breit sich die Befriedigung aufgebläht —
Du zittertest — er hatte keine Lust
An Deinem Leibe mehr — der Fremdling — geht . . .

Und ganz gemächlich, langsam, Schritt für Schritt,
Bin ich die Straße dann hinabgeschlendert . . .
Zu Deinem Fenster blickt' ich nicht empor —
Ich wußte es: dort oben standest Du . . .
Und sahst mir nach . . . und warest auch allein . . .
Ich hörte, wie gepreßt Du atmetest —
Ich sah, wie Du die weiße, heiße Stirn
Verzweifelnd an die kalte Scheibe drücktest —
Ich fühlte Deine Hand auf meinem Arm —

Ich fühlte Deinen Blick in meinem Auge —
Ich zitterte . . . und schritt doch ruhig weiter . . .
Und dachte dabei noch an Dies und Das —
Bis ich in meine stille Stube trat,
Drin ihre seidenweichen, grauen Flocken
Voll von verschwenderischer Zärtlichkeit
Die Dämmerung balsamgütig ausgesät . . .
Ich setzte mich in meine Sofaecke . . .
Und fürchtete mich vor dem Licht — gewiß!
Es würde meine heißen Augen schmerzen . . .

Leipzig. Hermann Conradi.

Sehnsucht.

Am Himmel hat die letzte Glut
In Nebel sich verzogen,
Es kam mit leisem Flügelschlag
Die Nacht herangeflogen.

Die Eule schüttelt sich im Nest
Und rüstet sich zum Raube,
Der Irrwisch gaukelt übers Moor,
Am Kreuzweg rauscht's im Laube.

Und mich auch rief vom Schlummer wach
Die Nacht, des Leibes Amme,
Es zittert durch mein dunkel Herz
Der Sehnsucht bleiche Flamme.

Am Strom.

An der Stadt mit Wall und Türmen
Und dem altersgrauen Dom,
Fließt vorbei in breiten Wogen
Gurgelnd ein gewalt'ger Strom.

Stolze Dampfer, schnelle Segler
Ziehn hinab die Wasserbahn
Und dazwischen wohl ein bunter,
Laubgeschmückter Hochzeits-Kahn.

Heut auch wieder stand am Ufer
Sinnend ich im Abendrot
Und die Woge trug vorüber
Ein zerschelltes Fischerboot.

München. Heinz Offer.

Seegesicht.

Triefendes, sonniges Blut,
Silberne Wunden der Flut.
Scheitlige Grate und plätschernde Flossen
Krähende Pausbacks auf halsenden Rossen.
Schnaubende Augen der Wut,
Hohles Tritonengetut.
Gleitendes kräftiges Leibesumschließen,

Wildes Bedräuen mit Zacken und Spießen,
Fleischgelbe Muschel, duftig zart,
Von Amorinen flüsternd bewahrt.
Hingegossen weiche Linien,
Grüßender rauschende Palmen und Pinien,
Ungeblühete rosige Brüste,
Lächelnde sonnengestreifte Küste.

Pyrmont. Peter Hille.

Adolf Glaser.

Eine litterarische Studie

von Ernst Wechsler.
(Berlin.)

Es ist ein Bild ruhiger Beschaulichkeit, strengster Pflichterfüllung und tüchtigen, redlichen Schaffens, das sich uns in Adolf Glaser verkörpert; jene nervöse Unruhe, jenes Haschen nach Erfolg und Spielen mit dem Glück, das mehr oder weniger jede litterarische Laufbahn begleitet und oft den Streber von dem Strebenden, das Talent von dem Dilettanten, das wühlende Genie von dem tastenden Talente kaum unterscheiden läßt, hat Glasers Wirken und Schaffen niemals berührt und beeinträchtigt. Ruhig und sicher ist er in die Litteratur eingetreten und hat im Laufe der Jahre nach ehrlicher, unentwegter Arbeit jene Geltung unter seinen Kollegen, jene Stellung in der Litteratur erreicht, die ihn stolz auf sein bisheriges Leben zurückblicken lassen. Nach dreierlei Richtungen hin hat sich Glasers Talent entfaltet: als Redakteur erwarb er sich ebenso große Verdienste wie als Übersetzer und als selbstständiger Künstler. Er hat die „Westermannschen illustrierten deutschen Monatshefte" — als erstes derartiges Unternehmen vor mehr als 30 Jahren gegründet — nur mit einer kurzen Unterbrechung von Anfang an bis heute geleitet und sein Name ist mit diesem für die deutsche Litteratur hochwichtigen Blatte untrennbar verknüpft. Eine Geschichte der „Monatshefte" zu schreiben, hieße auch eine deutsche Litteraturgeschichte der letzten 30 Jahre verfassen: sämtliche Gelehrte, Schriftsteller und Dichter sind mit Beiträgen vertreten, und was das heißt, einen solchen Kreis von Mitarbeitern um sich zu versammeln, kann nur der Eingeweihte richtig schätzen und beurteilen. Durch feines Taktgefühl, zielbewußte Energie, rasches Urteil hat es Glaser verstanden, die „Monatshefte" stets auf ihrer Höhe zu halten, so daß sie trotz der zahlreich auftretenden Konkurrenten ihre Eigenart ungestört behaupten konnten. Sie sind bis zum heutigen Tage einer der vornehmsten, vielseitigsten und bedeutsamsten Repräsentanten des geistigen Lebens unserer Nation geblieben und bildete eine Zierde des hochangesehenen und opferfreudigen Verlags Westermann. Man braucht nur ein Heft dieser mit vollendetem künstlerischen Geschmack ausgestatteten und hergestellten Monatsschrift in die Hand zu nehmen, um sich zu überzeugen, welch' riesige technische Mittel nötig sind, dem Inhalt der Zeitschrift ein solch' glänzendes Gewand zu geben. Die rastlose Thätigkeit des Verlags hält mit der des Redakteurs gleichen Schritt. Glaser hat — wie ich bereits oben erwähnte — in den letzten drei Jahrzehnten nicht nur die bewährtesten Vertreter der Litteratur und Wissenschaft zu treuen Mitarbeitern gewonnen, sondern auch viele Autoren zuerst eingeführt wie Sacher-Masoch, Bacano, Junghans, Franzos, die sich hernach einen großen Namen erworben; er hat ferner eine Anzahl jüngerer Schriftsteller wie Jensen, Scheffel, Rosegger, Raabe, die bereits aufgetaucht waren und deren Bedeutung er vermöge seines Scharfblicks sofort erkannte, veranlaßt, auch in seinem Blatte mit ihren frühesten Werken aufzutreten. Und von den Autoren, die seit 1880 auf der Bildfläche des litterarischen Lebens erschienen und sich in dieser Zeit geltend gemacht haben, dürfte wohl keiner fehlen, dem nicht Glaser die Spalten der „Monatshefte" geöffnet hätte, ich nenne nur Wildenbruch, Roberts, Heiberg, Schubin,

Böhlau, Kirchbach, Zabel, Brahm, Linke, Alberti, Zobeltitz, Hans Hoffmann, Peschkau, Lindenberg, Gerstmann u. s. w. Daß auch ältere, aber noch in der Vollkraft ihres Schaffens stehende Dichter wie Frenzel, Fontane, Ebner-Eschenbach, Hamerling, Lindau, Wilbrandt, Gottschall, Leixner, Herm. Grimm, Bodenstedt, Lingg, Jordan, Wichert, Ebers, Roquette, Grosse u. s. w. sich mit zahlreichen Beiträgen eingefunden haben, brauche ich kaum zu erwähnen. Ich führte alle diese Namen an, um darzuthun, daß die „Monatshefte“ die deutsche Litteratur seit ihrem Bestehen bis auf den heutigen Tag getreulich wiederspiegeln.

Die Leitung einer solchen Zeitschrift könnte allein ein ganzes arbeitsames Leben ausfüllen, aber für Glaser war sie nur ein wenn auch ansehnlicher Teil seiner Thätigkeit. Ihm verdanken wir ferner die genauere Kenntnis der neueren holländischen Belletristik, die in ihrem Grundwesen außerordentliche Ähnlichkeit mit Glasers Eigenart als Erzähler hat. Daher mag es wohl auch kommen, daß ihn diese Litteratur so fesselte, daß er sie bei uns einzuführen beschloß. Dieser Teil seines Wirkens ist ein so wichtiger und interessanter, daß ich näher darauf eingehen muß. Als Glaser von Berlin nach Braunschweig übersiedelte, um die Redaktion der neuen Zeitschrift zu übernehmen, tauchte in ihm die Erinnerung an litterarische Eindrücke auf, die er vor einer Reihe von Jahren bei wiederholtem längeren Aufenthalte in Holland, wohin ihn damals teils verwandtschaftliche, teils geschäftliche Interessen führten, in sich aufgenommen hatte. Die belletristische Litteratur in Holland hatte damals einen ganz neuen Aufschwung genommen und wies eine Reihe anerkannter Vertreter auf, die unter dem Einfluß der gemütsvoll humoristischen englischen Romanschriftsteller, das Familienleben in den Niederlanden schilderten und zugleich mancherlei soziale Schäden energisch geißelten. Glaser übersetzte zuerst einige kleine Novellen von Hildebrandt und Cremer: „Niederländische Novellen“ (Vieweg, Braunschweig). Der Erfolg war ein bedeutender, freudig überrascht begrüßte man diese Proben niederländischer Erzählungskunst. Glasers nächste Arbeit war eine Abhandlung über Joost van der Vondel („Herrigs Archiv“), den größten holländischen Dichter, dessen 300. Geburtstag vor einigen Jahren in Holland gefeiert wurde. Seine Tragödie „Lucifer“ stellen die Holländer Goethes Faust an die Seite und sein Trauerspiel „Gysbrecht von Amstel“ wird noch heute aufgeführt. Auf diese litterarhistorische Abhandlung ließ Glaser bei Westermann die Übersetzung des zweibändigen Romans „Hänschen Siebenstern“ folgen. Der Autor Jacob von Lennep, dessen Roman-Serie „onze voorouders“ („Unsere Voreltern“) mit der Idee von Freytags Ahnen übereinstimmt, erzielte mit dem „Hänschen Siebenstern“ in Holland einen epochemachenden Erfolg, und zwar nicht allein durch die realistische Darstellung, sondern auch durch die originelle poetische Erfindung und die freisinnige Auffassung, in welcher sich der greise Lennep, der damals im Staatsdienst eine hohe Stellung einnahm, über mancherlei Einrichtungen seines Vaterlandes aussprach. Der Roman, der in der Ursprache „Klaasje Zevenster“ heißt, behandelt die Schicksale eines Waisenkindes, welches einer lustigen Schar von Studenten am St. Nikolaus-Abend in einer Schachtel ins Haus gebracht wird. Da alle Nachforschungen vergeblich sind, so entschließen sich die jungen Leute — die sämtlich reichen, angesehenen Familien angehören —, das Kind zu adoptieren. Klaasje wird zur Erziehung herangebildet und der Dichter hat Gelegenheit, mit großer Natürlichkeit und Anschaulichkeit, den Leser in die verschiedensten Lebenssphären einzuführen. Einmal gerät Klaasje durch Mißverständnis in ein öffentliches Freudenhaus. Diese Episode ist ein Glanzpunkt des

Werkes. Im Original endet der Roman tragisch, Glaser hat einen naheliegenden versöhnenden Schluß angebracht. Für eine Bearbeitung ins Deutsche lag eine große Schwierigkeit vor, da bogenlange Gespräche über Dinge geführt werden, die im Auslande weder interessieren noch verstanden werden. Glaser gab daher nur das Novellistische des Buches im Auszug und erzielte damit eine so freundliche Aufnahme, daß er rüstig auf dem betretenen Wege weiterschritt.

Neben Lennep stand noch besonders J. J. Cremer in Blüte, der allerdings nicht mit der gleichen Schärfe aber mit größerer Liebenswürdigkeit moderne holländische Typen zeichnete. Von ihm übersetzte Glaser, „Dr. Helmond und seine Frau" (Braunschweig, Westermann). Hier schildert der Verfasser in wahrhaft ergreifender Weise, wie die anfangs glückliche Ehe zweier gut beanlagter und sich aufrichtig liebender Menschen durch den gesellschaftlichen Ehrgeiz der Frau und die nachgiebige Schwäche des Mannes nach und nach zerstört und schließlich zu einem tragischen Ausgang geführt wird. Von den neuesten Nachfolgern Lenneps ist namentlich Jan ten Brink zu nennen; Glaser übersetzte von ihm: „Der Schwiegersohn der Frau von Roggeveen" (Braunschweig, Westermann). Wie in „Doktor Helmond und seine Frau", so ist auch hier der gesellschaftliche Ehrgeiz von verhängnisvoll tragischer Wirkung, aber neben den düsteren Bildern treten auch tüchtige und freundliche Gestalten in den Vordergrund. In bezug auf die Schilderung der verschiedenen Gruppen, welche in den vornehmeren Ständen in Holland zur Geltung kommen, steht ten Brink seinem Meister Lennep nicht nach. Der eigentliche Adel, die Patrizierfamilien, welche ihren Ursprung auf die regierenden Herren in der ehemaligen Republik zurückführen, die Nabobs, welche in Ost-Indien Millionen erworben, aber keine besondere Bildung erlangt haben, andere Emporkömmlinge und Industrieritter werden von ihm in sehr ergötzlicher, aber des tieferen Ernstes nicht entbehrender Weise geschildert. Noch zweier Romane möchte ich erwähnen, die uns Glaser übersetzte: „Die Arbeiterprinzessin" von Cremer (Braunschweig, Westermann), worin ungemein treffende Schlaglichter auf das Verhältnis der Arbeiter zum Brodherrn geworfen werden, und „Lideweide" von Ed. Busken Huet (Braunschweig, Westermann), die Geschichte eines Ehebruchs. Durch das ganze Buch geht der kräftige Hauch des Lebens; mit lieblichen idyllischen Szenen beginnend, endet es mit einem drastischen, aber psychologisch folgerichtig entwickelten Bilde: der Verführer wird gezwungen, sich zu erschießen, und die Ehebrecherin wird von ihrem Gemahl durchgepeitscht. Es ist bei all' diesen holländischen Romanen nicht leicht, die Handlung in kurzen Worten wiederzugeben, da der Schwerpunkt in der allmählichen Charakterentwickelung und den daraus resultierenden Situationen ruht. Mit kritischer Selbstständigkeit und poetischem Verständnis hat Glaser seine Aufgabe gelöst; namentlich in bezug auf die Milderung und Entfernung der Derbheiten und Rohheiten, die sich in den Romanen vorfanden, hat er seinen künstlerischen Geschmack bewiesen. Es liegen gegen 80 Bände Übersetzungen aus seiner Feder vor, aber ich glaube, die Hinweise auf obige Werke dürften genügen, um das Verdienst Glasers um die Einführung einer interessanten und uns verwandten Litteratur ins rechte Licht zu rücken.

Wir kommen nun zu Glasers eigenen Schriften, selbe füllen in meiner Bibliothek beinahe zwei Fächer aus, und doch ist mein Besitz ein unvollständiger, denn ein nicht unansehnlicher Teil derselben, vor vielen Jahren erschienen, ist seit langem vergriffen und nicht mehr aufzutreiben. Ich muß mich daher nur auf die Besprechung der mir zugänglichen Werke beschränken, aber aus diesen springt beredt und eindringlich genug die Eigenart und Vielseitigkeit Glasers ins Auge. Worin nach meinem Gefühl der individuelle Schwerpunkt und die litterarische Bedeutung in Glasers Schaffen ruht, werde ich weiter unten auseinandersetzen. Glaser trat als Dramatiker, Lyriker, Novellist, moderner und historischer Romanschriftsteller auf. Zu allererst als Dramatiker. Die ersten Regungen seiner poetischen Thätigkeit fielen in eine Zeit, als die Bühne eine ganz besondere Bedeutung gewonnen hatte, die gährenden Elemente, welche sich vor dem Jahre 1848 und auch später noch bis zu den Ereignissen von 1866 in allen religiösen und politischen Fragen zur Geltung brachten, fanden ganz besonders von der Bühne aus Gelegenheit, auf das Volk einzuwirken und die jugendlichen, enthusiastischen Gemüter zu entflammen. Mit der hinreißenden Gewalt, welche damals einzelne dramatische Erscheinungen, wie etwa „Uriel Acosta“, „Deborah“, „Fechter von Ravenna“, „Narziß“ ausübten, läßt sich ein Erfolg von heutzutage kaum vergleichen, denn die Wirkung beruhte nicht sowohl in dem höheren oder geringeren Grade des poetischen Wertes der Stücke, als vielmehr in ihrer Verwandtschaft mit den Stimmungen der Zeit. Helden, die sich mit den sie umgebenden Verhältnissen im Kampfe befanden, riefen eine begeisterte Sympathie wach, und es war daher ganz natürlich, daß ein strebsames junges Talent wie Glaser die Bühne als das einzige Mittel betrachtete, um auf das Volk zu wirken und sich den Stimmführern der fortschreitenden Entwickelung beizugesellen. Die ersten dramatischen Versuche erinnerten in der Wahl der Stoffe an die Studienzeit. Die Bearbeitungen der deutschen Heldensagen durch K. Simrock belebten in ungewöhnlicher Weise seine Teilnahme für dieselben und so entstand „Kriemhildens Rache“ (unter dem Pseudonym Reinald Reimar erschienen,) ganz unabhängig von der früheren Bearbeitung des Stoffes durch Raupach, die bereits in Vergessenheit geraten war, aber doch vor den späteren Umdichtungen der Nibelungensage durch Hebbel, Jordan, Geibel, Wagner u. s. w. Wenn man bedenkt, daß der Autor der Tragödie ein 23jähriger junger Mann war, dann muß man diesem Erstlingsversuch alle Achtung zollen. Selbstverständlich konnte es bei dem Versuch, den ungeheuren Stoff in fünf Akte eines Theaterabends zu zwängen, an Gewaltsamkeiten einer-, an Wiederholungen der Motive andrerseits nicht fehlen, aber der junge Poet verriet Gestaltungstalent und poetisches Empfinden. Der nächste Versuch „Penelope“ behandelt die Rückkehr des Odysseus nach Ithaka. Die Jugendlichkeit des Autors zeigt sich hier besonders in den langen, salbungsvollen, sentenzenreichen Reden, aber gerade dieses Stück hat mir von all den mir bekannt gewordenen dramatischen Arbeiten Glasers am besten gefallen; ein Abglanz der Goetheschen „Iphigenie“ ruht auf ihm. Hierauf folgte ein Drama: „Moses in Ägypten“, das ich zwar nicht kenne, wohl aber die schöne Novelle: „Clarisiph“, zu der es den Stoff hergab. Der „Moses“ wurde in Wiesbaden mehrmals aufgeführt, aber die Freude, sich gespielt zu sehen, wurde dem jungen Autor ziemlich vergällt. Das Stück wurde von hämischer und feindseliger Seite in Braunschweig angegriffen, bis Glaser durch eine ruhige, sachliche Entgegnung den Streit zu seinen Gunsten beendigte. Sein nächstes Stück, das eine noch größere Verwandtschaft mit den Ideen der Zeit aufwies als der „Moses“ war die Tragödie „Galileo Galilei“, welches zuerst in Braunschweig mit dem Schauspieler J. Jaffé als Galilei aufgeführt und bald darauf auch in Weimar durch Dingelstedt zur Darstellung gebracht wurde. Auch diesen Stoff verwertete Glaser in seinem viel später erschienenen Romane „Masaniello“, von dem noch die Rede sein wird. Seine späteren Dramen: „Der Weg zum Ruhme“ (auch novellistisch bearbeitet unter dem Titel: „Geistiger Adel“), „Johannes Parricida“ (ebenfalls novellistisch behandelt: „Graf Balduin“) gingen über verschiedene Bühnen und hatten großen Erfolg. Es hat sich aber meines Wissens von allen Dramen Glasers keines bis heute auf der Bühne erhalten und in weiser Erkenntnis seines Talentes widmete sich Glaser mehr der Belletristik. Glasers dramatische Schriften, soweit ich sie kenne, sind von keiner mächtigen brutalen Wirkung, abgetönt ist seine Diktion, die Handlung ist klar und einfach gestaltet. Die Stoffe, die er sich wählt, sind nicht neu, aber er fesselt überall durch feine Charakteristik. Aber trotz all seiner Vorzüge, die in den Prosa-Schriften sich voll äußerten, ist er kein echter Dramatiker. An dieser Stelle müssen wir seine formschönen, stimmungsvollen Festspiele und seine interessante, gründliche „Geschichte des Theaters zu Braunschweig“ (Braunschweig, H. Neuhoff & Comp.) hervorheben. Seine lyrischen Gedichte sind unbedingt über seine Dramen zu stellen. („Gedichte“ von Adolf Glaser. Braunschweig, Westermann.) Seine Muse ist kein Dämon, der in die tiefsten Abgründe der Seele hinabtaucht und die unheimlichen Rätsel des Daseins lösen will, sie ist ein stilles, ernstes Geschöpf von mädchenhaftem Liebreiz. Glaser gelingt das sangbare Lied („Im März“, „Barcarolen“) vortrefflich, Gedichte wie „König Mai“ atmen den unsäglich süßen Zauber echter lyrischer Schöpfungen; zugleich versteht er es vortrefflich, philosophische Gedanken in die Melodie des Liedes ausklingen zu lassen, den grüblerischen Ernst des Weltweisen mit der naiven Sinnlichkeit der Lebensfreude zu verschmelzen. Ausgezeichnet trifft er den Volks- und Balladenton. „König Authars Brautfahrt“, ein kleines Epos, in eisernem, schlank in die Lüfte emporstrebendem Strophengefüge errichtet, kann sich an Knappheit der Diktion und Wohllaut der Form mit Uhlandschen Gedichten vergleichen. Seine Gedankensymphonien schwerster Art („Prometheus“), seine Hymnen („Sturm und Eiche“) sind edle, wertvolle Leistungen, denen sich seine Sonette nicht unwürdig anschließen. Die Gedichte Glasers machen in ihrer Gesamtheit den Eindruck des Bleibenden und Bedeutenden, denn aus ihnen spricht nicht nur der wirkliche Künstler, sondern auch eine gereifte, philosophisch geläuterte und vertiefte Weltanschauung.

In der vierbändigen Novellensammlung: „Lese-Abende“ (Braunschweig, Westermann) finden wir die Mängel, besonders aber die Eigenarten und Vorzüge Glasers im Kleinen. Die Bände bestehen aus einer größeren Anzahl moderner und historischer Novellen. Im allgemeinen haben mich die ersteren nicht sehr angesprochen. Es zeigt sich in ihnen allzusehr eine Neigung zum Grellen, Gewaltsamen, Abenteuerlichen, eine Neigung, die in den historischen Arbeiten allerdings ebenfalls auftritt, aber in viel günstigerem Licht erscheint. Dazu mag wohl der Umstand kommen, daß eine etwas altfränkische Technik und Darstellung dieser Leistungen einen jüngeren Kritiker nicht sehr zu ihren Gunsten stimmt. Angesichts seiner hervorragenden größeren Schöpfungen, über die ich weiter unten ausführlich sprechen werde, kann es Glaser leicht verschmerzen, wenn man über einen großen Teil der „Lese-Abende“ nur wenige Worte sagt. „Eine Verschmähte“ ist die trostlose Geschichte eines häßlichen Mädchens; noch häßlicher ist „Kopf oder Schrift“, worin um ein junges Mädchen gespielt wird, allerdings trifft die Spieler das strafende Verhängnis. „Hinter dem Vorhang“ (die tragische Geschichte eines Selbstmörders, der sich auf offener Szene erschießt), „Der Ausreißer“ (eine tolle wüste Begebenheit, in der ein junger Mann bei seinem Vater einbricht und von seiner schönen Cousine gerettet und zu einem ehrlichen Menschen erzogen wird), „Die Pflegemutter“ (das

Bild einer sanften Frau, die den Sohn eines Ehrlosen, der sie überfällt und beraubt, adoptiert und glücklich macht), diese drei Skizzen sind zwar geschickt erzählt, aber unerquicklich im Inhalt, daß sie keinen wohlthuenden Eindruck machen trotz des oftmaligen guten Ausganges. Andere Kleinigkeiten in den „Lese-Abenden" sind allerdings etwas besser geraten. Sehr hübsch ist „Der Unverbesserliche", eine überaus drollige und amusante Geschichte, die Junggesellenstand und eheliches Leben einander gegenüberstellt. In bedeutsamer Weise erhebt sich über all' die genannten Piecen die Novelle: „Geistiger Adel". Mit feurigen Zungen wird hier gepredigt, daß die Gewalt des Geistes über alles gehe, über allen Glanz, allen Adel, alle Tradition, und daß er jede äußerlich hohe, aber innerlich hohle Würde niederringe. Hier entfaltet Glaser ein bedeutendes Gestaltungstalent, und daß er trotz des Maßes, das er sich überall auferlegt, uns an zwei Stellen aufs Tiefste rührt, nämlich dort, wo Wehrfeld den Selbstmord ausüben will und die langgesuchte Stelle im Walde findet, und am Schluß, wo Wehrfeld endlich sein Lieb erobert, diese zwei Stellen bezeugen, in welch' hohem Maß Glaser künstlerischer Mittel mächtig ist. Zwei interessante Naturen stellt er in den Vordergrund der Handlung: Fanny, ein adliges Fräulein, das die Not zwingt, Näherin zu werden und ihrer Abstammung zu verleugnen, und Wehrfeld, einen geistig hochbegabten Handwerker, der sich in das Mädchen glühend verliebt. Um sie bald heiraten zu können, vernachlässigt er seine Ausbildung, während Fanny durch einen Zufall bei der Baronin Kirrwald, einer guten Freundin ihrer toten Mutter, herzliche Aufnahme findet. Dort, in der neuen Umgebung, im Glanz und Überfluß, kommt das Mädchen zum Bewußtsein ihrer eigentlichen Lebensstellung, sie bildet sich rastlos aus und entfernt sich dadurch immer mehr und mehr von dem unter ihr stehenden geliebten Jugendfreunde Wehrfeld. In einer stürmischen Szene verabschiedet sie sich von ihm: sie könne unmöglich einem Handwerker ihre Hand reichen. Besinnungslos vor Schmerz und Wut verschwindet Wehrfeld. Fanny lernt aber bald erkennen, daß in den höheren Kreisen durchaus nicht jene höheren Mächte des Gemütes und Geistes walten, nach denen sie sich zeitlebens gesehnt. Prachtvoll schildert Glaser die Hohlheit, Heuchelei, Rohheit und Gemeinheit der Adeligen, Fanny gerät in einen heftigen Konflikt mit der Baronin, verachtet und mit Hohn bedeckt muß sie aus dem Hause. Nach Jahren kehrt Wehrfeld als berühmter Künstler heim und die beiden finden sich und gehören einander fürs Leben. Verschmähte Liebe machte ihn zum großen Künstler und sein strahlender Ruhm zog Fanny zu ihm empor. In die schwüle Atmosphäre bringt Glaser ein liebliches Mädchen, Clärchen, das ihren teuren Schulmeister heiratet. Nicht ohne Grund stellt Glaser dieses Liebespaar den beiden Helden gegenüber; ein schöner dichterischer Gegensatz wird bewirkt. Eine tiefe Lebensweisheit ist in der Novelle, die würdig ist, von Heyse in seine Sammlung aufgenommen zu werden, verkörpert, die für Glasers Denken und Schaffen eine charakteristische Bedeutung hat, denn in allen seinen historischen Romanen bildet sie den Hintergrund: die geistige Kraft eines Menschen adelt am höchsten und führt ihn siegreich durch alle Hindernisse des Lebens. Die historischen Novellen in den „Lese-Abenden" sind an Leuchtkraft des Kolorits, kunstvoll verschlungener Handlung und dichterischem Wert einander gleich. Paolo Cosentis ist die Geschichte eines wahnsinnigen Sängers zur Zeit des großen Lissaboner Erdbebens. Die Ränke und politischen Umtriebe der Jesuiten, die kein Mittel scheuten, um zum Ziele ihrer Wünsche zu gelangen, sind mit großer Lebendigkeit dargestellt. Cosentis will Rache an den Verführer seiner Mutter, einem Beichtvater am königlichen Hofe, nehmen, verliebt sich aber in eine schöne Aristokratin, wird wahnsinnig und geht beim Erdbeben zugrunde. Die Geschicke armer Bürgerleute und reicher Palastbewohner greifen seltsam ineinander und man blickt in die wirren Fäden irdischen Treibens. Reich an wunderbaren Begebenheiten ist der „Rubricator“: der Held wird durch seltsame Umstände zum Tode verurteilt, aber vor dem Schafott führt ihn der König selbst in die Arme seiner Geliebten und eine fröhliche Hochzeit wird gefeiert. Groß angelegt erscheint mir „Graf Balduin“, ein lebhaft bewegtes historisches Bild voll Glut und Farbe. Es handelt von der Rückkehr des totgeglaubten Grafen Balduin von Flandern, daran sich das Geschick der Liebe seiner Tochter zu einem jungen Aristokraten knüpft. Originell und feinsinnig in ihrer Art muß die kleine Geschichte: „Osarsiph“ auf jeden empfänglichen Leser einen bedeutenden Eindruck machen. Der Autor führt uns den jungen Moses vor, der den Mörder seiner jungen Verwandten tötet, aber diese Blutrache treibt ihn aus der Nähe Pharaos, seines königlichen Freundes. Es ist sehr schade, daß Glaser diesen dankbaren Stoff nur episodisch ausgestattet hat.

Von seinen zahlreichen modernen Romanen scheinen mir zwei besonders geeignet zu sein, durch deren Analysierung den Leser in Glasers Eigenart und Weltanschauung einführen zu können, und zwar: „Weibliche Dämonen“ (Berlin, 1879) und „Eine Magdalena ohne Glorienschein“ (Berlin, 1878). Was den Autor da vor allem auszeichnet, ist die gründliche und seltene Kenntnis des Lebens und Treibens an Fürstenhöfen. Hier zeigt er auch eine außergewöhnliche Welt- und Menschenkenntnis, die sich, wenn auch mit Satire und Ironie versetzt, maßvoll äußert. Allerdings schreckt Glaser vor gewagten Szenen nicht zurück, was besonders die „Weiblichen Dämonen“ darthun. Warum der Autor seinen Roman so getauft hat, weiß ich nicht. Kommt doch im ganzen Buch nur eine Frau vor, die Gräfin Geierstein, die diesen Beinamen verdient, sonst treten uns nur gesittete Frauen und Mädchen entgegen; die kleine verbildete Angelika Heizer, die Tochter des verrückten Friseurs, die absolut Maitresse des Fürsten werden will, kann doch Glaser nicht unter die Rubrik der weiblichen Dämonen setzen, Fräulein Angelika ist höchstens eine Karrikatur, aber mehr nicht. Die sehr komplizierte Handlung läßt sich nicht so ohne weiteres für den Unkundigen auseinander halten; es ist dies eine der Eigentümlichkeiten der Glaserschen Romane, daß sie unendlich viel Handlung, in mosaikartige Details aufgelöst, enthalten. Eine Fülle von Personen bewegt sich auf und ab, tausenderlei Beziehungen verknüpfen sich mit einander und erzeugen die buntesten Szenen. Das Problem der Romane des „Nebeneinander“, der Gutzkow in der Vorrede zu den „Rittern vom Geiste“ aufstellt, hat Adolf Glaser vortrefflich gelöst: bei ihm fließt und wogt das Geschick unzähliger Menschen zu gleicher Zeit neben- und ineinander, daß sich für den Leser das kaleidoskopartige Bild des Lebens in täuschender Nachahmung ergiebt. Diese Art der Technik macht seine modernen Romane zu einer überaus reizvollen und spannenden Lektüre, diese Technik ist vielleicht die einzig richtige, mit der man heutzutage einen Roman schreiben kann. Glaser bedient sich auch ihrer in seinen historischen Werken und erzielt ebenfalls den Eindruck der greifbaren, lebendigen Wirklichkeit, denn sie giebt ihm Gelegenheit, nicht nur die Schicksale der auftretenden Personen, sondern auch das ganze Zeitkolorit, die politischen, sozialen und religiösen jeweiligen Richtungen in kleinen, bunten Zügen zu schildern, miteinander zu verbinden und so ein Ganzes herzustellen, dessen hunderte Fugen man kaum erkennen kann. Er bildet da ein interessantes Gegenstück zur mächtigen cyklopenbauartigen Technik C. F. Meyers;

aber während man bei Meyer das Gefühl hat, vor herrlich gestalteten Figuren und Marmorgruppen zu stehen, bewegt und entfaltet sich rastlos die Handlung bei Glaser, ohne auch nur für einen Moment zu einem plastisch herausgearbeiteten Momentbild zu erstarren. Dieses ewige Auf- und Niederrollen der Ereignisse gestattet es indessen keiner Person, während des ganzen Verlaufs der Handlung im Vordergrund zu bleiben; es giebt viele Helden, aber keine Hauptfigur, es ist ein Gebirgszug mit zahlreichen Gipfeln von gleicher Höhe. Selbst in der „Magdalena“ beherrscht die Titelheldin durchaus nicht souverän die Handlung. Besonders zeigt sich diese, ich möchte sagen, demokratische Art, zu erzählen, in den „Weiblichen Dämonen“: hier giebt es mindestens ein halb Dutzend Mittelpunkte, um welche sich die Handlung dreht. Die Gräfin Grierstein ist eine raffinierte, extravagante Person, die in ihrer Jugend sich von einem Kutscher entehren ließ, um ihr Kind bekümmerte sie sich gar nicht; als Gemahlin eines hohen Würdenträgers feiert sie in der Garçonwohnung eines Offiziers mit einigen Freunden und Freundinnen ganz pikante orgienhafte Abende, in denen Novellen von Boccaccio vorgelesen und Photographien gezeigt werden, welche den Anspruch auf Sittlichkeit durchaus nicht erheben dürfen. Die Sache wird aber verraten, ein neuer Skandal bricht los, der mit der Entlassung des Grafen beginnt und mit seinem Selbstmord endet. Die tugendhafte Gräfin ist überall unmöglich geworden und verduftet. Erquickend hebt sich von dieser Person und ihrem Treiben das Liebesverhältnis eines dem Erblinden nahen jungen Mannes zu einem ernsten, lieblichen Mädchen ab. Des schwindelhaften Friseurs und seiner Tochter habe ich bereits Erwähnung gethan. Bilder voll idyllischen Familienglücks wechseln mit sehr drastisch geschilderten Vergnügungen am Hof des Fürsten ab. In realistischen Farben, voll Laune und Satire führt uns Glaser den Klatsch, die Intriguen, das Leben und Treiben in jener kleinen Stadt und an jenem kleinen Hof vor, der Fürst selbst ist eine Prachtgestalt, wie es überhaupt diesem Buche an scharf gezeichneten Typen nicht mangelt. Aber trotz des pikanten Inhaltes würde das Buch in seiner unerbittlichen Lebenstreue, in seiner folgerichtigen psychologischen Durchführung korrupter Menschen und Verhältnisse unerquicklich berühren, wenn nicht das warmquellende Gemüt des Autors alles versöhnend milderte. Überhaupt gehören die Zartheit und Innigkeit, mit der viele Szenen ausgeführt wurden, zu den schönsten Seiten des Autors. Auch in all' seinen übrigen Schriften finden wir diesen melodisch zitternden Gemütston, den selbst Waffengeklirr und Kettengerassel nicht zu überdröhnen vermag.

Etwas kompakter in der Handlung erweist sich die „Magdalena ohne Glorienschein“; der Stoff ist im hohen Grade dankbar und originell, und nur ein tiefer, gründlicher Kenner der Frauennatur kann einen solchen Vorwurf so lebensgetreu und poetisch glänzend behandeln, als es Glaser hier gethan hat. Therese, ein junges anständiges Mädchen, dem ein braver Arbeiter von Herzen zugethan ist, wird von einem Maler, einem talentlosen, verhätschelten Schlingel, verführt und bekommt ein Kind. Der Maler, Ottokar Willmann, wird von seinen Eltern nach Italien geschickt; in ihrer Verzweiflung setzt sie das Kind vor dem Hause des Kaufmanns Falberg, bei dem ihr Bruder beschäftigt ist, aus; man nimmt sich des armen Würmchens an und da gerade um dieselbe Zeit Frau Fallberg eines gesunden Knäbleins genesen, soll ein Kindermädchen engagiert werden. Der Bruder verschafft diese Stelle seiner Schwester, von der kein Mensch ahnt, daß sie die Mutter des ausgesetzten Kindes ist, und so wartet sie pflichteifrig, still und bescheiden der ihrer Obhut anvertrauten jungen Weltbürger. Daß all' ihre Treue, Verläßlichkeit und sonstigen Vorzüge nur ihrer Mutterliebe entsprungen, weiß nur der Leser, er nur allein weiß ferner, daß sie die Ursache war, warum Therese nach einigen Jahren widerspruchsvoll, ungeberdig wurde und schließlich in herzbrechendem Schmerz das Messer gegen ihre vermeintliche Rivalin zückte. Als nämlich die Knaben heranwuchsen, wurden sie aus der Obhut des Kindermädchens Therese in die einer Bonne gestellt und dadurch wurde das mütterliche Gefühl Theresens aufs Tödlichste verletzt, daß sie ein Attentat auf die Bonne ausübte. Schließlich stirbt der Knabe und Therese heiratet ihren getreuen Liebhaber. In diese Geschichte spielen noch mannigfache andere Vorfälle tragischer Natur hinein. Die Art und Weise, auf welche der unglückliche Seligmann zu seiner koketten Frau, deren Bruder Ottokar, der Verführer Theresens, im Duelle fiel, gekommen, ist ein spannender Roman für sich, ebenso die Familienverhältnisse der Dormus' — kurz, das Ganze ist ein gründlicher Querschnitt des modernen Lebens mit seinen unzähligen Beziehungen zum Individuum. Ich möchte diese „Magdalena ohne Glorienschein" als ein Gegenstück zur „Bozena" der Ebner-Eschenbach bezeichnen: beide Bücher bilden eine Verherrlichung der Dienstbotentreue, die übrigens in Glasers Schriften oftmals eine Behandlung erfährt. Aber auch inbezug auf den künstlerischen Wert kann sich die „Magdalena" neben der Bozena" sehen lassen.

Ich müßte übrigens noch einige Romane einer genaueren Analyse unterwerfen, wie: „Aus hohen Regionen" (Wismar, Hinstorff) „Moderne Gegensätze" (Leipzig, W. Friedrich), aber es drängt mich nun, den Leser mit denjenigen Werken Glasers bekannt zu machen, welche nach meiner Überzeugung seine eigentliche dauernde Stellung in der Litteratur bewirken. Ich meine seine historischen Romane. Glaser war zeit seines Lebens ein viel zu ernster und viel zu redlich strebender Autor, als daß er je ein Modeschriftsteller hätte werden können. Seine Bücher darf man nicht auf dem mit Prachtwerken übersäeten Tische einer reichen Dame suchen, sie gehören eigentlich in Schul- und Volksbibliotheken. Man ist noch heutzutage sich nicht immer klar, welche Werke man eigentlich der lesebedürftigen Jugend in die Hand geben soll: tolle, romantische Indianergeschichten gefallen zwar sehr den jungen Leuten, aber sie verdrehen ihnen zu stark die Köpfe, und Bücher, in denen die trockene Moral faustdick aufgetragen ist, das liest wieder, und nicht mit Unrecht, die Jugend nicht gerne; und Märchen, ich muß offen gestehen, nur ein Erwachsener kann die ihnen innewohnende keusche, wunderholde Poesie genießen, taugen durchaus nicht immer für den Teil unseres Volkes, „für den das Beste gerade gut genug ist". Die Geschichten von Christoph Schmidt und Franz Hoffmann sind äußerst schätzenswert, aber wenn ein Knabe bereits selbständig zu denken anfängt, wenn seine Studien ihm den Horizont erweitern, dann kann ich's ihm durchaus nicht übel nehmen, wenn er dieser Art von Lektüre überdrüssig wird. Meines Erachtens giebt es für die reifere Jugend keine bessere, spannendere Lektüre in jeder Beziehung als die historischen Schriften von Adolf Glaser, in ihnen erweist er sich als ein volkstümlicher Autor ersten Ranges. Wenn die Aufgabe eines volkstümlichen Autors darin besteht, in gefälliger, anmutiger Form spannend zu erzählen, zu belehren und eine einleuchtende, zu allem Guten aufmunternde Lebensweisheit auszusprechen, dann weiß ich keinen besseren Volks- und Jugendschriftsteller als Adolf Glaser, und ich scheue mich gar nicht, ihn als den Gustav Freytag der deutschen Jugend zu bezeichnen. In malerischen, phantastisch-bunten, oft das Märchenhafte streifenden, aber stets innerhalb der historischen Wahrheit bleibenden Bildern führt er uns die Geschichte der Vergangenheit unseres Volkes vor: wo die Lehre Christi mit den heidnischen Göttern kämpfte, beginnt er und beschwört dann die wirren Zeiten herauf, wo Luther mit seinen Thesen hervortrat, welche die Welt in zwei wild sich befehdende Heereslager teilten. Inzwischen entrollt er uns in farbenleuchtenden Szenen das gewaltige Zeitalter der Kreuzzüge mit ihrer Begeisterung, ihrer Habsucht und Heuchelei, ihrem Glanz und Elend, ihrem Fanatismus und Aberglauben; er führt uns in die Stadt Münster, wo Jan von Leyden jene seltsame, deutungsreiche Episode der Weltgeschichte aufführte. Bis zur französischen Revolution und dem großen Napoleon steigt er empor und schildert uns diese Epochen in ihrer Großartigkeit, Grausenhaftigkeit, aber auch in ihrer Kleinlichkeit und Lächerlichkeit. Nicht nur die Haupt- und Staatsaktionen der Weltgeschichte schildert Glaser, er macht uns auch mit dem Schalten und Walten des einzelnen vertraut. Das Leben und Treiben, die Sitten in den Städten, Burgen, Königs- und Kaiserpalästen malt er, er zaubert uns auch die stillen Landstraßen heraus, mit ihren lauten Herbergen; und vor allem die Klöster — da verweilt Glaser mit Vorliebe, scharf abgerundete Bilder prägt er uns von den Stätten der Kultur, Wissenschaft, des Friedens und Glaubens ins Gedächtnis. Von seiner mosaikartigen Darstellungstechnik habe ich bereits berichtet. Die großen Strömungen einer jeweiligen Epoche in religiöser, politischer, sozialer und künstlerischer Hinsicht zeichnet er uns durchaus nicht in essayistischer Form, wie man dies so oft in Werken ähnlichen Genres findet. Aus tausend kleinen Zügen, Wendungen, Stimmungsdetails erfährt man den Charakter der Zeit, sie durchschwirren und erfüllen die Atmosphäre der Geschichte, sie bilden einen farbenreichen Niederschlag auf dem Charakter der Helden, wie tausende und abertausende Stäubchen Farbe und Glanz den Flügeln des Schmetterlings geben, und so treten uns vollendet gezeichnete, historisch getreue und lebensdurchglühte Typen entgegen: der gecken- und streberhafte Minnesänger, der handwerksmäßige Meistersinger, der maßlos kneipende Ritter mit seinen rohen und beschränkten Vorurteilen, der fromme, aber die Brust von Zweifeln zerfleischte Mönch, der strebende, mit dem Unverstand der Zeit ringende Künstler u. s. w. u. s. w.

Bieten nun die historischen Schriften Glasers infolge ihrer geschichtlichen Treue reiche Belehrung, üben sie infolge ihrer bewegten, farbenleuchtenden, abenteuerlichen, malerischen Handlung einen großen Reiz auf die Jugend aus, so haben sie schließlich noch einen so bedeutenden Vorzug, daß sie um seinetwillen allein einen Platz in allen Bibliotheken der Jugend verdienten, und das ist der ethisch tiefe, gesunde, bedeutsame Grundgedanke, der ihnen allen ohne Ausnahme innewohnt. Die Helden Glasers sind wissensdurstige, künstlerisch veranlagte Menschen, die oft mit übernatürlicher Gewalt und Energie alle Hindernisse niederreißen, die sich ihrem Drang nach Wissen und Belehrung entgegenstellen. Sie stehen alle im Kampf mit der Welt; inmitten der wirren Zeiten ihres Lebens überfällt sie mächtig ein Drang nach Ruhm und die Hallen des Klosters öffnen sich ihnen gastfreundlich und barmherzig. In der Stille des Klosters genießen sie nun den wohlthuenden Gegensatz zwischen dem beschaulichen Leben der Mönche und dem gefährlichen unsicheren Weilen in der Außenwelt; aber in dieser Klosterstille werden sie sich ihrer eigentlichen Mission bewußt und gewinnen sich Kraft und Thatenlust, den Kampf mit der Welt siegreich zu bestehen. Dies ist die eine menschlich schöne Seite seiner Helden, die Glaser mit großer künstlerischer Befähigung ergreifend darstellte. Dazu kommt der charakteristische Umstand, daß Glaser zeigt, wie jener geistige Drang, jener künstlerische Trieb durchaus nicht anerzogen ist, sondern oft armen, schlichten, niedrig geborenen Menschen als göttliches Geschenk in die Wiege gelegt wurde. Aber diese Eigenschaft erweist sich oft den Helden als lebensgefährlich, denn gerade in jenen Zeiten hatte man nur Verständnis für rohen Genuß und [illegible] von dem Faustrecht; alles Geistige wurde verachtet, verhöhnt und mit allen Gewaltmitteln bekämpft. Um so göttlicher und wunderbarer erscheint es nun, daß alle Helden Glasers sich durch die Fährlichkeiten des Lebens schlugen, die Achtung und Bewunderung der Welt sich errungen, hohe Würden erhielten und große Männer, berühmte Künstler geworden sind. Und so wird in die Herzen der Jugend, in dem man ihre Phantasie durch Vorführung einer märchenhaften, farbenreichen Handlung nährt, ihre Kenntnisse durch Darstellung historischer Ereignisse bereichert, auch das Gefühl der Sittlichkeit und vor allem die Ehrfurcht vor der Würde und Hoheit der geistigen Arbeit eingepflanzt.

Meine Erörterungen beziehen sich namentlich auf drei Romane: „Schlitzwang“ (Berlin, Müller), „Cordula“ (Leipzig, W. Friedrich), „Wulfhilde“ (Berlin, Müller). Schlitzwang, ein junger Sachse, ist nach Glaser der Dichter des altsächsischen Liedes vom „Heliand“, der dasselbe verfaßt, um seinen Landsleuten eine ihrem Charakter angepaßte Bibel zu geben und ihnen das Verständnis für den neuen Glauben zu erschließen. Dieses Buch ist vielleicht am reichsten an bunten, phantastisch-eigentümlichen Bildern und Szenen. Es hebt wie beinahe alle Romane Glasers mit einer lieblichen Idylle an, mit der Jugendzeit Schlitzwangs in einem sächsischen, heidnischen Dorf. Sehr schön setzt Glaser das Heidentum im Gegensatz zur Christenlehre. Die Kapitel, die sich in der Krodenburg, auf dem Brocken, im Kloster zu Fulda, am Hofe Karls des Großen abspielen, sind ungemein fesselnd und lebhaft. Der „Schlitzwang“ hat einen bedeutenden kulturhistorischen Wert; die Idee, die Geschichte der Abfassung des „Heliand“ zu schreiben, ist dichterisch großartig. Das Buch kann sich meiner Meinung nach getrost mit den besten Bänden der „Ahnen“ messen. Stellenweise sehr pikant ist die Geschichte der „Cordula“, eines einfachen, schlichten Bürgerkindes, das sich allmählich zu einer Emanzipierten aus dem 16. Jahrhundert herauswächst. Ihre Gedankenkreise gehen ebenso weit über den Horizont der damaligen Frauen hinaus, als ihre seltsamen Schicksale von dem ruhigen Schablonen-Lebenslauf ihrer Geschlechtsgenossinnen abweichen. Sie verliebt sich anfangs in ihren Lebensretter, einen jungen Ritter, flieht hernach mit einem ungeberdigen Menschen, der sie glühend verehrt, wandert mit ihm nach Münster, erliegt dem Zauber Jans von Leyden, wird eine seiner Frauen; nach Vernichtung seiner Herrschaft kommt sie wieder nach Deutschland zurück, gerät zufällig in eine Art von Freudenhaus und wird dort von ihrem Bruder erschossen. Eine sogenannte Skandalaffaire beschließt also das von aufregenden Ereignissen erfüllte Buch. Es ist eine groteske, derbe, aber nie zotenhafte Schilderung trauriger alter Zeiten. Nicht minder unruhig verlaufen die Schicksale „Wulfhildens“, eines im Elend aufgewachsenen Edelfräuleins, das einen jungen künstlerisch veranlagten Ritter liebt, dessen Mutter schmählich ermordet worden ist. Die Fäden der Erzählung sind hier sehr verwickelt, denn politische Ereignisse sind untrennbar mit menschlichen Schicksalen verflochten. Die Szenen im Schlosse bei König Heinrich erheben sich zu dramatischem Leben. Noch zwei Romane, die sich in vorliegender Form allerdings für die Jugend weniger eignen, muß ich hier besonders hervorheben: „Das Fräulein von Villecour (Dresden, Pierson) und „Der Hausgeist der Frau von Estobal“

(Berlin, Janke). Fräulein von Villecour ist die Enkelin des Herzogs von Rohan, lebt verborgen in Cleve, gerät in einen Hexenprozeß, kommt ins Kloster und dann nach Paris, wo sie ihrem Geliebten, einem deutschen hochbegabten Musiker Lehmann zu Anerkennung und Ruhm verhilft und dem sie dann die Hand reicht. Man liest das Buch von Anfang bis zu Ende mit größter Spannung: von Kapitel zu Kapitel steigert sich in überraschender Weise die Handlung, der Aufbau derselben ist ein technisches Meisterstück. Geheimnisvoll, düster verschlossen und doch idyllenhaft beginnt das Buch, um mit einer realistisch flotten Schilderung des französischen Hoflebens zur Zeit Mazarins zu schließen, und was dazwischen liegt, ist überall an seltsamen, tragischen und erschütternden Ereignissen. Der „Hausgeist der Frau von Estobal" fesselt vor allem durch zwei Dinge: durch die Vorführung des jüdischen Lebens in Holland und die Entlarvung eines spiritistischen Schwindels. Wie im „Schlitzwang" Karl der Große, so tritt hier Napoleon an die Spitze der Erscheinungen. Welch scharfe Beobachter der höheren Kreise Adolf Glaser ist, das zeigt sich besonders im zweiten Bande dieses Romans. Es fällt dem Kritiker überhaupt nicht leicht, im Rahmen eines Aufsatzes alles das aufzuzählen, was in Glasers Romanen mitspielt, es sind eben vielseitige, reichhaltige, erschöpfende Spiegelbilder im größten Stile, deren besondere Feinheiten der Menschenkenner am besten zu würdigen versteht.

In welch hohem Maße Glasers historische Arbeiten — in allerdings zu diesem Zwecke besonders vorbereiteten Ausgaben, sich für die reifere Jugend eignen, hat bereits längst ein Leipziger Verleger, Spamer, erkannt. Er veranlaßte die Umarbeitung mehrererer seiner Romane für die „Jugend- und Hausbibliothek": „Schlitzwang", „Savanarola" und „Masaniello". In der vorliegenden Form muß „Masaniello" als das Muster einer Volkserzählung bezeichnet werden. Die Handlung spielt teils in Neapel, teils in Rom, teils in Florenz. Vortrefflich entwickelt Glaser den Gegensatz zwischen dem stolzen, erdrückenden Siegesbewußtsein der Spanier und dem heimlichen Groll der Neapolitaner; liebliche Frauengestalten tauchen auf in ihrer tragischen Neigung zu Männern aus feindlichen Geschlechtern. Die Szenerie gewinnt auch wildromantischen Charakter und steigert sich zu grotesker Komik. Klar und deutlich stehen dem jugendlichen Leser die damaligen Ereignisse vor Augen und mit atemloser Spannung folgt er dem Beginn und Verlauf jener Revolution, die einen Fischer für wenige Tage, wie jenen Schneider in Münster, zu den Höhen des Lebens emporträgt. Glaser verleiht all' diesen tragischen Ereignissen einen tiefen Hintergrund und läßt den Leser die Nutzanwendung aus diesen ziehen. In ähnlicher Weise ist auch der „Savanarola" geschrieben, in dem Glaser den an und für sich dankbaren Stoff aufs Schönste verteilt und ausgestaltet. Auch ein Bändchen sinniger und gemütvoller „Märchen" (Breslau, Schottlaender) hat er seinen Lesern geschenkt. Ein feiner, leiser Humor geht durch dieselben, der namentlich auf den erwachsenen Leser einen eigenartigen Reiz ausübt.

Wenn wir die zahlreichen Werke Glasers vor unserem geistigen Auge noch einmal Revue passieren lassen, so flößt uns das Wirken und Streben, das Talent und die Arbeitskraft des Autors die höchste Achtung ein und es erfüllt mich mit inniger Freude, daß der Mann rüstig in unserer Mitte wandelt und daß über ihn, trotzdem seine Stellung in der Literatur seit Jahren eine hervorragende und sichere ist, durchaus noch nicht das letzte Wort gesprochen werden kann.

Emil Augier.

Studie von M. G. Conrad.

(München.)

Vorbemerkung: Diese Arbeit entstand im zweiten Jahre meines Pariser Aufenthalts 1879 und wurde zum erstenmal in meinem Buche „Parisiana“ 1880 veröffentlicht. Genanntes Buch, 3[illegible] Seiten stark, elegant ausgestattet, mit dem Bildnisse Zolas geschmückt, ist wie eine Anzahl meiner früheren litterar- und kunstkritischen Werke so gut wie verschollen. Aus mir unbekannten Gründen hat es der Verleger S. Schottlaender in Breslau sogar aus dem Verzeichnis seiner Verlagsartikel zurückgezogen. Die damals in deutschen Zeitungen tonangebenden Kritiker haben es fast vollkommen ignoriert. Ich hatte mich also vergebens bemüht, an meinem Teile zur Verständigung über die neueste Litteratur und Kunst der Franzosen mitzuwirken. „Parisiana“ enthielt auch die erste größere Arbeit, die in Deutschland über Emil Zola veröffentlicht wurde. (Kap. V. „Der Großmeister des Naturalismus“ S. 171—218.) Mehr Glück als im deutschen Vaterland mit dem gedruckten, hatte ich in Frankreich mit dem gesprochenen Wort. Meine öffentlichen Vorträge in Paris im Institut polyglotte, in der Association littéraire und im Deutschen Turnvereín (1880—1882) über die litterarischen und künstlerischen Leistungen Deutschlands erfreuten sich des größten Beifalls.

„Le dernier des Gaulois!“

Mit diesem melancholischen Wort hat jüngst ein sonst heiterer Pariser Chronist den Mann summarisch zu charakterisieren versucht, dem ich diese Zeilen widmen will. Ich maße mir nicht an, die französische Volksseele besser zu ergründen, als der Pariser Chronist, der schon kraft seiner Geburt und Profession im Vollbesitz alles gallischen Scharfsinns — vermutet werden muß. Ich registriere sein Wort einfach an hervorragender Stelle. Tant pis für ihn, wenn seine Landsleute finden, daß er weder ein großer noch ein kleiner, sondern gar kein Prophet ist, sondern ein pessimistischer Blagueur, der sich mit seinem kategorischen Sprüchlein blamiert hat.

Qui vivra, verra. Zerbrechen wir uns also den Kopf nicht darüber, ob das dramatische Gallien aus dem letzten Loche pfeift oder nicht. Heute pfeift es noch. Aus dem wievielsten Loch? kann uns im Grunde gleichgültig sein, so lange der Pfiff ein voller und starker. Und das ist er ohne Frage.

Man hat auch gesagt, glückliche Völker hätten keine Geschichte. Da es aber höllisch viel Geschichte giebt, alte und neue, heilige und profane und wie alle die schulgelehrten Etiquetten lauten, so muß geschlossen werden, daß für glückliche Völker der Raum bedenklich zusammengeschrumpft ist. Hat das Wort jedoch einen berechtigten Sinn, so verträgt es gewiß die Erweiterung: glückliche Menschen, deren Leben ein einziger, langer Arbeitstag, ebensowenig.

Als Zeugnisse ihres Daseins bleiben ihre Werke, die lehrreicher und tröstlicher sind, als aller journalmäßig breitgetretene und auf den Schulbänken eingebläute Welt- und Privatklatsch.

Zu diesen glücklichen, gesegneten Menschen gehört unser angeblich „letzter Gallier". Sein Leben geht in seinen Werken fast ohne Rest auf.

Diese Einfachheit macht Augier zu einer der anziehendsten Erscheinungen in der modernen Künstlerwelt, wo des Wirrsals, der Widersprüche und Verirrungen kein Ende. Augier ist ein Überzeugter, der an seiner Idee festhält und schnurgerade auf sein Ziel losgeht. Physisch, moralisch und künstlerisch präsentiert er sich als reingestimmter, energisch angeschlagener Akkord.

Hier auf meinem Arbeitstische liegen seine Werke vor mir, daneben steht seine neueste Photographie. Bapereaus Lexikon giebt die wenigen unentbehrlichen biographischen Notizen, das Tagebuch der Comédie française (1852—1871) von Georges d'Heylly die wichtigsten Aufschlüsse über seine dramatische Laufbahn. Das ist das vollständige Material, das zur Zeichnung dieser sympathischen Porträtfigur notwendig ist.

Persönlich habe ich Herrn Augier erst ein einziges Mal gesehen. Es war unter den Arkaden des Schauspielhauses an der Ecke der Rue Richelieu. Wir begegneten uns bei der Lektüre des Theaterzettels. Die nächste Generation wird vielleicht an dieser Stelle sein Marmorbild erblicken, sagte ich mir und war froh, noch dem Lebendigen meinen ehrfurchtsvollen Gruß bieten zu können. Es war ein trüber, regnerischer Wintertag. Der Wind peitschte das Kotwasser auf die Steinplatten der Arkaden. Mit Mühe hielt man sich auf dem schlüpfrigen Boden. Augier hatte den Überzieher bis oben zugeknöpft und den Cylinder tief in die Stirn gedrückt. Er spähte nach einem Fuhrwerk, um trockenen Fußes weiter zu kommen. Wie er so in einem prosaischen Fiaker davonfuhr unter strömendem Regen, kalten Windstößen und hochaufspritzendem Straßenschmutz, unerkannt von seinem plebejischen Rosselenker, tarifmäßig transportiert, wie der gemeinste Sterbliche, mußte ich lächelnd des Kontrastes mit der lyrischen Schilderkunst gedenken, die uns den Dichter auf dem weißen Flügelroß zeigt, emporschwebend in die reinen Ätherhöhen, bestrahlt vom göttlichen Sonnenglanz ... Wie ich mich umwandte, war die Mietskutsche mit dem „letzten Gallier" im feuchten Dunstkreis der Rue Saint Honoré verschwunden. Emil Augier bewohnt seit vielen Jahren schon sein Landhaus in der Provinz und kommt selten nach Paris.

Ich betrachte seine Photographie. Eine kräftige, breitschultrige Gestalt, ein runder, wohlgeformter Kopf mit kahlem Scheitel, eine brave Stirn ohne paradoxale Höhe, eine lange, dominierende Nase, deren Flügelansätze etwas aufwärts gezogen, zwei kleine, wohlwollende, in komfortabel ausgebauten Höhlen wohnende Augen, ein kurz gehaltener, grauer Vollbart, feine Ohren, ein voller, runder Hals, elegant geschnittene Kleidung — das sind die Details seines Lichtbildes.

Der Mund scheint nach einem gütigen Wort zu suchen, um die Wunde zu heilen, die kurz zuvor eine scharf gespitzte satirische Bemerkung geschlagen. Die Gabe des geduldigen Hörens scheint ebenso ausgebildet, als die der gewandten Rede. Aus den dunkelgrauen Äuglein würde ein erfahrener Physiognomiker leicht die Malice Voltaires, die Heiterkeit Rabelais und die Genußfähigkeit eines edlen Epikuräers zu lesen vermögen. Über dem ganzen Antlitz liegt eine ehrliche, mit nachdenksamer Beschaulichkeit gepaarte Liebenswürdigkeit verbreitet. Die Haltung spricht vornehme Ruhe, künstlerisches Selbstbewußtsein ohne Affektation aus.

In Summa: ein interessanter, stattlicher Mann, ein moderner Olympier, wie man auf den Bänken der Akademie, der er seit 1858 angehört, nicht allzuvielen begegnet.

Augier wurde am 19. September 1820 in Valence (Drôme-Departement) geboren. Er studierte die Rechtswissenschaft und bestand die Examina mit Auszeichnung. Zur praktischen Juristerei verspürte er jedoch keine Neigung. Einmal die Schule hinter sich, ergab er sich ohne Umschweif dem dichterischen Berufe. Von der Universität schritt er direkt zum Théâtre français und legte dem Komitee sein erstes Manuskript vor. Es war die zweiaktige Komödie in Versen: „La Ciguë“.

Unser gelehrter Landsmann Ludwig Kalisch in Paris, ein litterarischer Feinschmecker ersten Ranges, schrieb damals über dieses Erstlingswerk: „Alles was von einem Lustspieldichter verlangt werden kann, ist in diesem Stücke geboten: originelle Erfindung, geistreiche Schürzung und ungezwungene Lösung der Intrigue, ein pikanter, witziger Dialog und die klassischsten Verse.“

Das Komitee des Théâtre français war anderer Meinung. Es beging die Geschmacklosigkeit, die Aufführung abzulehnen. Der junge Autor hörte sogar, daß man sein Manuskript nicht einmal der Lektüre gewürdigt habe. Das verdroß ihn zwar, entmutigte ihn jedoch keineswegs. Das Théâtre français hat schon so oft schlechte Stücke empfangen, gelesen und aufgeführt, sagte er sich, daß ihm auch einmal der Irrtum gestattet sein darf, ein gutes Stück abzuweisen ... Und ironisch lächelnd nahm er sein Werk zurück.

Der Direktor des Odéon, des zweiten Pariser Schauspielhauses, hatte eine bessere Witterung. Er führte „La Ciguë“ ohne Säumen auf. Ein immenser Erfolg lohnte Direktor und Dichter. Drei Monate lang stand das

Stück unverrückbar auf dem Programm und in mehr als zweihundert Aufführungen drängte sich ganz Paris heran, um im antiken Spiegel das Bild der modernen Jugend zu schauen, die im vornehmen Müssiggang, in egoistischer Indifferenz und frühzeitiger Abgelebtheit die verheißungsvollsten, blühendsten Jahre tötet.

Dem jungen Löwen aber, der mit so kühnem Sprunge in der Arena der Satire erschienen war und so prachtvolle Tatzen und ein so klassisches Gebiß gezeigt hatte, flogen die frischesten Lorbeerkränze zu. Bald erschien sein Werk im Druck und in einer geharnischten Vorrede fand der Verfasser Gelegenheit, nicht nur sich selbst gegen die Anfechtungen der Romantiker zu wehren, sondern auch einen Akt kindlicher Pietät zu verrichten und mit den Kritikern abzurechnen, die seinen Großvater mißhandelt hatten, der kein anderer gewesen, als der Romancier Pigault-Lebrun. Geschehen im Jahre 1844.

Nun war es an den Schauspielern des Théâtre français, sich als Bittsteller an den jungen, siegreichen Dramatiker zu wenden und ihrer Bühne sein nächstes Werk zu sichern. Augier willigte ein und gab ihnen 1846 seinen „Homme de bien“, zu deutsch: Biedermann. Lag es an der etwas parador geratenen Fabel, lag es an der Erinnerung an den lärmenden Erfolg des ersten Stückes, das vielleicht überspannte Erwartungen erregt hatte, kurz, dem Publikum behagte der Biedermann in drei versifizierten Akten nicht aufs Beste. Sein Urheber mußte sich mit einem Achtungserfolge zufrieden geben. Doch entzog ihm weder das Publikum noch die einsichtige Kritik das Vertrauen. Mit Ausnahme der verstimmten Romantiker wetteiferte man von allen Seiten, den talentvollen Dichter zu ermutigen, im Geiste Molières fortzuschaffen. Dergleichen Aufmunterung schadet niemals, obgleich Augier die Kraft und den Drang in sich verspürte, von dem beschrittenen schweren Pfade um keinen Schritt mehr abzuweichen. Er wußte sehr wohl, welche Hemmungen und Enttäuschungen selbst dem besten Talent und dem besten Willen beim künstlerischen Schaffen bevorstehen.

Zu seinen erbittertsten Gegnern gehörten die litterarischen Insurgenten von Anno dreißig, die enragierten Romantiker. Sie verfolgten den unabhängigen Dramatiker, der sich geberdete, als ob es kein romantisches Dogma in der Welt gäbe, mit ihren hitzigsten Angriffen. Sie mäkelten an seinen Versen, fanden seine Gestalten hausbacken, seinen Geist vulgär. „Le poète du bon sens!“ nannten sie ihn mit dünkelhaftem Nasenrümpfen. Aber sie ahnten seine Bedeutung, die um so gewichtiger wurde, je mehr er die Traditionen des klassischen Nationaltheaters in seinem dramatischen Schaffen wieder zu Ansehen brachte und die romantischen Rezepte mit Verachtung

breite. Seine Einfachheit und Natürlichkeit erfüllte die Hyperphantasten mit Entsetzen.

1848 erschien sein drittes Stück, vieraktig und wiederum in Versen, die er trotz aller gegenteiligen Behauptungen ebenso leicht als meisterhaft handhabte. Titel: „L'Aventurière.“

Die Abenteuerin hatte mehr Glück als der Biedermann. Ich bin geneigt, diese Thatsache nicht allein vom Standpunkte der Augierschen Kunst, sondern auch der reellen Welterfahrung ganz in der Ordnung zu finden.

Es ist nicht wahr, daß hienieden immer die Tugend siegt. Der Stärkere siegt, ob er ein Lump oder ein Biedermann, im Kampfe ums Dasein. Knöpft euch auf, ihr theatralischen Moralisten! Die Tugend siegt nur dann, wenn sie zugleich die stärkere ist. Erwiesenermaßen ist sie es aber nicht immer. Um die Unterlegene zu rehabilitieren, mußte das menschliche Gemüt über das Diesseits hinausschweifen und erst ein Jenseits erfinden, wo die schiffbrüchige Gerechtigkeit im Namen einer vielbelobten sittlichen Weltordnung ihren letzten Anker werfen und ihre verlorenen Prozesse revidieren kann.

In der Welt des schönen Scheins, auf der Schaubühne, herrscht freilich eine gewisse poetische Gerechtigkeit in uneingeschränkter Machtvollkommenheit. Sie hat auch im Augierschen Stücke das letzte Wort nach altem Herkommen und zur Satisfaktion aller Schwachmütigen.

Um die Lektion zu verstärken und die Schlichtheit und Güte der bürgerlichen Sitten noch nachdrücklicher zu verherrlichen, hat der Dichter 1860 noch einmal Hand an sein Werk gelegt und die „Aventurière“ umgearbeitet. Es gelang ihm trotzdem nicht, damit ein Repertoirstück zu schaffen. Die Abenteuerin ist heute so gut wie verschollen. Seit 1867 wurde sie nicht mehr gespielt.

Einen desto nachhaltigeren Triumph erzielte Augier 1849 mit der fünfaktigen Komödie „Gabrielle“. Die Befriedigung war so groß, sowohl im Lager der Ästhetiker, als in der Gemeinde der Moralisten, daß die ehrwürdige Akademie ein Übriges thun und den Tugendpreis Monthyon zwischen Joseph Autran, dem Verfasser einer seitdem vergessenen „Fille d'Eschyle“, und dem Dichter der „Gabrielle“ teilen mußte.

Unser oben citierter Landsmann Dr. Kalisch hat unter dem Eindrucke der ersten Aufführung, der er im Hause Molières beizuwohnen das Glück hatte, folgende von der Glut der Begeisterung angehauchten Bemerkungen niedergeschrieben:

„Emile Augier wußte in diesem Stücke ein fatales Gebrechen unserer modernen Familienzustände bloßzulegen. Er hat den Abgrund gezeigt, in welchen ein Weib sich und seine Familie stürzt, das in dem überspannten, den Boden verlierenden Romantisieren die Poesie sozusagen außerhalb der Poesie sucht. Augier hat in der „Gabrielle" dem stillen häuslichen Glücke den reinsten Glanz der Poesie vindiziert. Sein Lustspiel ist eine Verklärung der Ehe. Die Männer applaudierten daher mit wahrhafter Begeisterung, und nach der Stärke des Applauses konnte man so ziemlich auf die Tugend ihrer Frauen schließen. Mancher arme Mann applaudierte sich fast die Hände wund. Viele Frauen aber hielten die feingestickten Battistschnupftücher vor die Augen und weinten entweder Thränen der Reue oder Thränen der Freude über ihre feuerfeste Tugend. Wer kann Thränen unterscheiden? Die Darstellung der Gabrielle hat gezeigt, welche treffliche Kräfte das Théâtre français für die Komödie noch immer besitzt und daß es am Ende doch die einzige Bühne der Welt ist, wo ein wahrhaft nationales Lustspiel vorzüglich aufgeführt wird."

Das im mitzeitigen Romane so hartnäckig befehdete Institut der legitimen Ehe hat somit in dem feurigen Augier einen Apostel gefunden, der es mit Engelszungen zu verteidigen vermochte wider die listigen Teufelskrallen der sozialen Revolutionäre beiderlei Geschlechts. Der Dichter hatte den Hausfreund und Ehebruchs-Kandidaten zu Gunsten des rechtmäßigen Eheherrn abgeschlachtet und die Poesie der Familie glänzend gerettet — auf der Bühne!

Der Schlußvers giebt das Resumé des Stückes:

O père de famille, o poëte, je t'aime!

Das ging also zu:

Madame Gabrielle liebt ihren Gemahl Julian, einen ganz vorzüglichen und sympathischen Menschen, nicht mehr. Ihr capriciöses Herz fühlt sich unwiderstehlich zu Monsieur Stephan, dem Sekretär ihres Gemahls, hingezogen. Sie ist auf dem Punkte, diesem Schlingel alles zu opfern, ihre Pflicht und ihre Ehre, als der biedere Eheherr, der den traurigen Roman rechtzeitig gewittert hat, mit den sonorsten Alexandrinern dazwischen kommt und mit ebenso göttlicher Langmut als diplomatischer Geschicklichkeit die verirrte Seele auf den Pfad der Tugend zurückführt. Der Ehebruchs-Kandidat verduftet und die Eheleute sinken sich zärtlich in die Arme — eine Metamorphose, die nur den einzigen Fehler hat, in das Reich der Feen-Märchen zu gehören. Ich bedaure, den Charakter der Madame Gabrielle unglaubwürdig, weil unlogisch, finden zu müssen.

In der Philippika des Mannes gegen den Ehebruch stößt man auf den merkwürdigen Ausspruch, dieses Verbrechen sei

Grotesquement ignoble à moins d'être sublime . . .

Alle Wetter, das heißt den Advokaten der Unzucht denn doch ein gar zu bequemes Argument in die Hand spielen!

Es ist mir unerfindlich, kraft welcher Ethik den Ehebrechern die Wahl gelassen werden kann, ihre Missethat grotesk oder — sublim zu finden.

II.

Nach dem andauernden und geräuschvollen Erfolge der „Gabrielle" ging 1850 der Einakter „Le joueur de flûte" fast unbeachtet über die Bühne. Das aufgeregte Publikum schien keine Ohren mehr zu haben für den sanften Klang der Schäferpfeife. Es verlangte einen dies irae mit schmetternden Posaunen, mit Orgelschall und Glockengeläute; es verlangte passionierte Rettungsthaten, Szenen, wuchtig und zermalmend wie ein Weltgericht.

Ah! rief es aus, mit seinen Komödien hat uns der Monsieur Augier erst einen Finger gereicht; wir haben ein Anrecht auf seine ganze Hand. Er ist uns jetzt ein großes Drama à la Viktor Hugo schuldig!

Und die große, schlau kalkulierende Tragödin Rachel trat zu dem Poeten und heischte mit klassischer Geste und einem Accent, der keine Widerrede duldet: „Eine Extrarolle für mich, die leibhaftige Muse des tragischen Spiels, s'il vous plait!"

Augier fügte sich. Er verließ seine eigentliche Domäne und dichtete ein Trauerspiel in fünf Akten — auf Bestellung. 1852 hatte er die „Diane" fertig geschrieben. So groß auch der litterarische Wert des sorgfältig ausgearbeiteten Stückes war, so erzielte es doch nur einen geringen Bühnenerfolg, und selbst das Spiel der Rachel war ohnmächtig, an der etwas lahmen Handlung ein Interesse zu erwecken und lebendig zu erhalten, das durch Hugos Drama „Marion Delorme" fast vollständig erschöpft war. Fortan hütete sich der Dichter à la Viktor Hugo zu schreiben. Er war sich Mann genug, um in der Beschränkung auf die seinem ursprünglichen Talente angemessene Gattung sich Meisterleistungen versprechen zu können. Die romantische Tiraden-Tragödie war eine Verirrung.

Der „Joueur de flûte" ist ein Kabinetsstück eleganter Versifikation in klassischem Geschmacke. Die Intrigue ist höchst einfach. Die Szene spielt in Korinth. Der Sklave Chalcidias, der sich anfänglich für den reichen Ariozarbana ausgiebt, Psaumis und Bomilkar werben um die Gunst der schönen Athenerin Lais. Chalcidias wird erhört. Die Courtisane verkauft ihre Möbel, um sich etwas Kleingeld und eine neue Jungfrauschaft zu machen und reist am Ende des Aktes mit dem glücklichen Chalcidias ab. Wohin?

Natürlich nach Schlaraffien, wo die famose „kleinste Hütte“ steht, die nach der Sage Raum genug bietet

„für ein glücklich liebend Paar“.

Die Censur that sehr prüde, sodaß der hübsche Einakter seine liebe Not hatte, sich dem Publikum des Théâtre français vorzustellen. Ebenso bei der Reprise am 3. April 1860, die nur dem Umstande zu verdanken war, daß am 14. Februar vorher das Augiersche Komödchen als Festspiel zur Einweihung des Maison romaine des Prinzen Napoleon in der Avenue Montaigne vor dem kaiserlichen Hof und seinen Intimen in Szene hatte gehen dürfen. Wenn der „Joueur de flûte“ die Tugendprobe vor der frommen Kaiserin Eugenie besteht, sagten sich die hochweisen Zensoren, dann vermag er das Seelenheil der Pariser nicht mehr ernstlich zu gefährden: passons!

Das Jahr 1853 reifte zwei Werke: „La pierre de touche“, fünf Akte in Prosa, und „Philiberte“, drei Akte in Versen. Letzteres wurde im Gymnase mit Erfolg gegeben, obschon die noch romantisch gewöhnte Kritik das Gutachten publizierte, die anmutigen und geistreichen Einzelheiten seien nicht imstande, für die Dürftigkeit der Handlung ausreichenden Ersatz zu bieten. Vier Jahre später wurde „Philiberte“ auch von dem Théâtre français gegeben. Die Kritik wärmte die alten Nörgeleien auf. Daß die Geschichte einer geistreichen und tugendhaften Dame, die sich für häßlich und vernachlässigt hält, obschon ihr bald die Courmacher nicht mehr fehlen, drei Akte ohne landläufige Verwickelungen zu füllen vermöge, das wollten die gestrengen Herren nicht zugeben. Die Schürzung und Lösung des Knotens durch einen bloßen Vorgang des Gemütslebens, durch eine friedsame Evolution der seelischen Stimmung that ihrem theatralischen Sensationsbedürfnis nicht genug. Für die breite und vortrefflich beleuchtete Zeichnung der Charaktere wußten sie dem Dichter keinen Dank. Ein Stück, in dem nichts in Stücke geht! deklamierte die kritische Verwunderung.

Eine ähnliche Formel, nur viel geistreicher, fand der selige Dr. Lendner, als er Gutzkows „Uriel Acosta“ sah: Lauter Juden — und keine Handlung, unmöglich! —

„La pierre de touche“, den Probierstein, lernte ich zuerst in einer italienischen Übertragung kennen. Im Spätherbste 1877 wohnte ich der Aufführung im Valle-Theater in Rom bei, wo das übertriebene Spiel der Gesellschaft Pietroboni das von Gemütlichkeit triefende Stück — die Helden desselben sind christlich-germanische Maler, Musikanten, abgewirtschaftete Adelige und ein echter vierbeiniger Hund — schmählich zu Fall brachte. Die Römer warfen sich in die Brust und witzelten: das ist ja die reine Hundekomödie!

Der abfällige Spruch der Römer verdient aber keine ernsthafte Beachtung, falls er, statt auf die Schauspieler, auf den Dramatiker bezogen werden wollte. Die schön geschwungene Linie der Handlung erschien durch die forcierte Darstellung, der kein Licht hell, kein Schatten dunkel genug war, unruhig und vielfältig gebrochen. Der frische Humor und das innige Gemüt hatten etwas Karikiertes in der selten gelungenen Italianisierung. Trotz dieser Verunstaltung erzielten einzelne Szenen, z. B. jene der Testamentseröffnung, eine durchschlagende Wirkung und das römische Publikum konnte nicht umhin, der prächtigen vis comica des Dramatikers den gebührenden Beifall zu zollen.

In Paris wurde der Probierstein am 23. Dezember 1853 zum erstenmale gegeben. Die Fabel der Komödie ist aus dem Jules Sandeauschen Roman „L'héritage" gezogen und der Romancier selbst auf dem Theaterzettel als Augiers dramatischer Mitarbeiter genannt.

Diese Weise des gemeinsamen dramatischen Schaffens, der litterarischen Kollaboration auf dem schwierigsten Produktionsgebiete, die heute in Paris eine solche Ausdehnung genommen hat, daß sie bereits ein von niemand mehr beanstandetes Gewohnheitsrecht in der poetischen Zunft geworden, erregte in ihren Anfängen nicht geringen Anstoß.

Wir haben heute Schriftsteller-Firmen, welche die schöngeistige Produktion förmlich als Kommanditgeschäft betreiben. Wir haben Lieferanten von dramatischem Rohmaterial, das in den Roman- und Vaudeville-Fabriken litterarischer Großindustrieller zu gangbaren Modeartikeln für den in- und ausländischen Bedarf verarbeitet wird. Wir haben betriebsame Kleinhändler, welche pikante Intriguen, sensationelle Fabeln für Farcen und Operetten erfinden oder aus anderer Hand erwerben, um sie an die den internationalen Markt beherrschenden Poesie-Unternehmer zu verkaufen, welche aus diesen Phantasie-Cocons novellistische oder dramatische Seide spinnen, je nach der augenblicklichen Nachfrage. Kurz, seit man das litterarische Eigentum erfunden und in den Handelsgesetzbüchern allmählich juridisch fixiert, hat seine möglichst ergiebige Ausbeutung die mannigfaltigsten Formen der schriftstellerischen Association erzeugt.

Daher gewahren wir Vergesellschaftungen von Autoren-Namen, die getrennt gar nicht mehr vorstellbar sind. Ich erinnere im Roman — oder merkantilmäßig gesprochen: in der Romanbranche! — nur an Erckmann-Chatrian, an die Gebrüder Goncourt, an Bast-Ricouard, im Vaudeville und in der Komödie an Foucher und Regnier, an Meilhac-Halévy, in der Farce an Najac und Hennequin.

Einer der gewerbfleißigsten Litteraten unserer mit offenmäßiger Geschwindigkeit produzierenden Zeit war der jüngst verstorbene Monsieur Clairville, dessen Name, genau gezählt, in vierzehn Gesellschaftsfirmen vorkommt und der teils allein, teils mit seinen Gesellschaftsteilhabern siebenhundert Stücke verfertigt hat, von denen einige, wie „Fille de Madame Angot“, einen geradezu phänomenalen Absatz erzielten. Wenn heutzutage die meisten Geschäfte über Rückgang oder Niederlage klagen, so macht das Litteratur-Geschäft der Pariser hiervon eine erfreuliche Ausnahme . . .

Um wieder auf unseren Augier zurückzukommen, so ist zu bemerken, daß er nur einen mäßigen Gebrauch von dieser Art des Litteraturbetriebes gemacht hat. Dreimal hat er mit Jules Sandeau, zweimal mit Eduard Foussier und einmal mit Alfred de Musset zusammengearbeitet. Als ihn die Akademie unter die Zahl der „Unsterblichen“ aufnahm, versäumte sie nicht, ihn väterlich zu ermahnen, künftig die Kompagnie-Arbeit zu meiden und seine dichterische Individualität nicht durch fremdartige Anhängsel in ihrer vollen Geltung zu beeinträchtigen. Auch das Wort La Bruyères wurde zitiert: Man schafft kein Meisterwerk zu zweien.

Allein Augier konnte der Versuchung doch nicht widerstehen. Er bespricht diesen Kasus selbst in folgender Weise:

„Ich habe einen Kollegen zum intimen Freund, der sowenig als ich die Gewohnheit des Kollaborierens hat. Wir sind beide keine leidenschaftlichen Salonmenschen, sondern verbringen vielmehr mit Behagen die Abende am stillen Kaminfeuer. Man plaudert da von tausend Dingen, wie der Phantasie unseres lieben Musset, indem man all' die Käferchen einfängt, die das Licht umschwärmen. Wenn nun unter diesem flatternden Nachtvolk auch die Idee zu einer Komödie mit herbeischwirrt, wem gehört sie? Uns beiden — und keinem. Entweder müssen wir sie wieder fortfliegen lassen, oder sie ungeteilt behalten . . . So haben wir denn unser Stück in einer vollkommenen Cohabitation des Geistes gemacht.“

Aus diesen Äußerungen des biederen Olympiers geht klar hervor, daß seine Kompagnie-Arbeit nichts mit dem Mechanismus gemein hat, der heute die Kollaboration in der Pariser Litteratur beherrscht. Es wäre daher auch ein müssiges Beginnen, in den Werken Augiers nach dem Teile zu forschen, der seinen Mitarbeitern entstammt, denn er ist nicht meß- noch wägbar, weil er kaum über das Stadium einer anregenden Plauderei hinausreicht. Auf diese Mitarbeiterschaft verzichten, hieße für Augier nach seinem eigenen Ausdrucke „dem Vergnügen entsagen, am Kamine vertraulich zu plaudern, comme d'honnêtes gens.“

Der „Probierstein“ ist nicht eigentlich eine Sittenkomödie, sondern vielmehr die dramatische Entwickelung einer Idee; er zeichnet nicht im naturalistischen Sinne Gesellschafts- und Gewerbsklassen, sondern er verteidigt eine These. Das ist seine Schwäche auf der Bühne. Das ganze Stück liegt in einer einzigen Person, in dem Musiker Franz Wagner, der sich, solange er arm ist, in unaufhörlichen Invektiven gegen die Reichen und Vornehmen ergeht, und nachdem er plötzlich durch eine Erbschaft reich geworden, den Versuchungen des Goldes unterliegt, seine Vergangenheit, seine Kunst, seine Liebe verrät und das lebendige Exempel aller Erbärmlichkeiten einer haltlosen Natur wird. Die Charakterentwickelung ist von ergreifender Wahrheit.

Das Publikum hat jedoch dieses Schauspiel nicht nach seinem Geschmacke gefunden. Es hat es weidlich ausgepfiffen. Die Kritik lehnte es gleichfalls ab und machte den Verfassern einen unbilligen Tendenzprozeß. Eine spätere Zeit wird vielleicht anders urteilen. Meines Erachtens ist der „Probierstein" das interessanteste und bestgeschriebene Stück, das aus der Kollaboration Augiers mit Jules Sandeau hervorgegangen ist.

(Fortsetzung folgt.)

Münchener Kunst.

Von M. G. Conrad.

(München.)

Die neue Shakespeare-Bühne im Hoftheater.

Ein wichtiger Versuch, den Shakespeare-Dramen zu neuer, gesteigerter Wirkung zu verhelfen, ist von dem Generalintendanten Freih. v. Perfall auf der umgestalteten Bühne mit der Aufführung Lears am 1. Juni gemacht worden.

Diese Umgestaltung hat die Generalintendanz in der zu Ende März erlassenen Bekanntmachung an die Mitglieder des königlichen Hofschauspiels beschrieben: „Das Orchester wird teilweise überdeckt und bildet einen Teil des Schauplatzes, auf welchem sich die Darsteller bewegen . . . In der ersten Kulisse erhebt sich ein stabiler Bau, in welchem Fenster- und Thüröffnungen angebracht sind. In der Mitte dieses Baues ist eine größere Mittelöffnung, welche die Tiefe einer Kulisse hat und durch Vorhänge zu verschließen ist. Sie bildet, ähnlich wie bei der Shakespeareschen Bühne, eine kleine, etwas erhöhte Mittelbühne, auf der sich alle intimeren Szenen abspielen. Im Hintergrunde dieser Mittelbühne sind gemalte Prospekte, welche rasch und geräuschlos verwandelt werden können und den jedesmaligen Schauplatz der Handlung darstellen. Die ganze Bühne ist nur zwei Koulissen ließ, hat keine Soffiten und die Seitenabschlüsse werden durch Gobelins gebildet." — In jener Bekanntmachung sind zugleich die Erwägungen dargelegt, welche zu dieser Neuerung bestimmt haben. Eigene Beobachtung, unterstützt durch zwei treffliche Aufsätze von Rudolf Genée in der Allg. Zeitung 1887 und zahlreiche Aussprüche von Schriftstellern und Künstlern aus alter und neuer Zeit, aus ihren Schriften von Herrn Regisseur Savits mit Fleiß zusammengestellt, führte den Leiter der Münchener Hofbühne zu der Ansicht, daß die großen Dichter der Vergangenheit nicht zu rechter Geltung kommen, wenn man sie mit dem ganzen Aufwande der technischen Mittel des modernen Theaters aufführt. Jeder echte Dramatiker dichtet für die Bühne seiner eigenen Zeit; soll also sein Werk vor den Zuschauern so erscheinen, wie er selbst es sich auf der Bühne gedacht hat, so muß die szenische Einrichtung derjenigen ähnlich gemacht werden, welche zu des Dichters Zeit bestanden hat. Und gerade Shakespeare, wie schon Immermann mit Recht gesagt hat, „verträgt unter allen Dichtern am wenigstens die Beimischung moderner Kleinlichkeiten". Er vor allen erhebt Ansprüche an die Einbildungskraft seines Publikums, welche eben nur die Phantasie selbst, nicht aber Maschinerie und Dekorationskunst, befriedigen können und sollen. Erst wenn man die Macht seines Wortes ganz und ungestört wirken läßt, wird seine dichterische Absicht ganz erkennbar und wirksam werden. Also eine Bühne, der Shakespeareschen ähnlich, eine vollständige Aufführung, wobei keine Szene gestrichen oder umgearbeitet ist, das ist der Versuch, „dem hiesigen Publikum Shakespeare in seiner ganzen originalen Größe und Reinheit vorzuführen".

Man bedenke: Shakespeare, den größten Dramatiker der Welt, in seiner ganzen originalen Größe und Reinheit!

Ein verwegenes Wort, das auch die Kritik zwänge, wieder auf die künstlerischen Maßstäbe in ihrer „ganzen originalen Größe und Reinheit" zurückzugreifen und aus ihrem Urteile alles zu streichen, was an die kleinen Menschlichkeiten des Tages und die sable convenue der höflichen und rücksichtsvollen Berichterstattung erinnert!

Größe und Reinheit!

Wir wollen dieses Wort der Generalintendanz nicht für eine schöne, prunkende Worthülse, wir wollen es als That und Wahrheit eines mächtig ausbrechenden Geistesstrebens nehmen, wenigstens Shakespeare gegenüber das Äußerste an künstlerischer Leistungsfähigkeit zu erreichen, was sich mit idealen Grundsätzen und den verfügbaren realen Mitteln zur Zeit erreichen läßt.

Also — Größe und Reinheit in der Relativität der gegebenen Augenblicks Umstände. Damit sind wir schon wieder der Zerreibungszone des Absoluten glücklich entrückt und im Schutzgebiete jener Deckungen und Salvierungen angelangt, deren das Allgemeinmenschliche und Ewigunzulängliche auch im idealen Reiche der Kunst nicht zu entraten vermag.

In magnis voluisse sat est. Ein Ausspruch, der in künstlerischen Angelegenheiten, wo zuletzt nicht das Wollen, sondern doch nur das Können entscheidet, wenn nicht dem Dilettantismus Thür und Thor geöffnet werden soll — die einschränkende Umschreibung notwendig macht: Est nobis voluisse satis.

Der Münchener Versuch, für Shakespearesche Dramen auch das Theater der Shakespearschen Bühne anzuähnlichen und somit auf allen modischen Prunk und ermüdenden Aufwand an Maschinen, Dekorationen und Requisiten zu verzichten, ist des größten Lobes würdig.

Natürlich bleibt dieses neu eingerichtete Theater halbe Arbeit, solange sich die Umgestaltung nur auf den Bühnen- und nicht auf den Zuschauerraum erstrecken kann. Denn die rechte Nutznießung dieser Einrichtung haben nur die Zuschauer im Parquet und ersten Rang; ihnen sind die Darsteller auf der halbkreisförmig über das Orchester vorgeschobenen Szene anheimelnd näher gebracht, und das Hintergrundbild der durch den festen Einbau wesentlich verkleinerten eigentlichen Bühne übt auf die Parquetleute seine volle perspektivische Wirkung. Dagegen sind die Zuschauer im zweiten, dritten und vierten Rang kaum in der Lage, aus dieser Umgestaltung andere Vorteile zu ziehen, als die, wie sie die größere Ruhe, Einfachheit und prompte Folgerichtigkeit der szenischen Vorgänge dem lauschenden Ohr gewähren.

Für die Schauspieler erwachsen durch die neue Einrichtung bedeutend erhöhte Ansprüche an die Kraft und Richtigkeit der Darstellung in Wort und Geberde. Die bei den vornehmen, kunstgeübten Franzosen mit Begeisterung in den Familien- und Gesellschaftszirkeln gepflegte Paravent-Komödie bietet allerdings auch nur eine Szene von wahrhaft shakespearescher Einfachheit: ein Ofenschirm oder eine spanische Wand ist so ziemlich alles, was an Ausstattung aufgewendet wird. Allein die Franzosen haben vor uns Deutschen durch ältere Kulturvererbung und feinere Kulturrassenzüchtung etwas voraus, was unsere allermeisten darstellenden Künstler sich erst durch mühsame Übung anerziehen müssen: eine meisterliche Beherrschung der Sprache, ein Mienenspiel von plastischer Überzeugungskraft und jene Geberdensprache großen Stils, welche die ganze Person, jede Fuß- und Armbewegung, jedes Vibrieren einer Umrißlinie vom Scheitel bis zur Sohle zur harmonischen Verkörperung und Lebendigmachung des dichterischen Charakters bis zur Erreichung des vollen Wirklichkeitseindrucks befähigt.

Ich habe während meines langjährigen Aufenthalts in Frankreich familiäres Paravant Komödienspiel zu bewundern Gelegenheit gehabt, von einer Richtigkeit, Eindringlichkeit und natürlichen Schönheit, wie ich es nicht besser in den berühmtesten Komödienhäusern von Paris gesehen habe.

Diese überlegene Begabnis zur Menschendarstellung, oder, wie ich sagen möchte: dieser angeborne Aristokratismus lebendiger Kunst geht uns Deutschen im allgemeinen ab; er geht uns so sehr ab, daß wir es schon als einen Glücksfall preisen, wenn wir ihm hie und da unter unsern berufsmäßigen Schauspielern treffen, deren Durchschnittsleistung selbst an unsern besseren Bühnen nur ganz selten das Gepräge entschiedener Naturbedeutsamkeit, eigenartiger, selbstschöpferischer Kunstgeistigkeit und aristokratischer Ungewöhnlichkeit trägt, so daß wir in der Lust der Dichtung mitatmen und mitleben wie in einer erhöhten, idealgesteigerten Wirklichkeit.

Wie selten trifft man bei uns nur das einfach Gefühlsvolle, das schlicht Herzenswarme und feine Gegenempfindung, das lodernd Dämonische, das wirbelnd hinreißende Charakteristische im Leidenschaftssturm!

Dagegen leiden wir keinen Mangel an allem, was eine gute Schule und fleißige Übung im Bunde mit hinlänglichem Talente und glücklicher Figur zu geben vermag: an gut ausgeklügelten und sicher eingespielten Einzelzügen, an feiner, verständiger Mosaikarbeit, an routinierten Bewegungen, die allerdings oft nach konventioneller Schablone und enger persönlicher Eigenart des Gewohnheitsmäßigen schmecken.

Auch mit der Sprachbehandlung machen wir wechselnde Erfahrungen. Vor lauter Ängstlichkeit in regelrechter Artikulation und Deklamation rauscht die Sprache nicht im vollen Flusse ihrer intellektuellen und sinnlichen Schönheit, ihr natürlicher Zauber kommt nicht zur vollen, unbewußten Entfaltung. Eine charakterlich abwechselungsvolle Rede, wo jedes Wort aus dem Augenblick geboren, aus dem tiefsten Innern wie aus geheimnisvollen Gemütsquellen hervorzuströmen scheint, ist selten zu hören. Dagegen sind kraftlose Süßmeierei, leeres, akademisches Pathos, deklamatorischer Schwulst, monotone Farbengebung in der Modulation u. s. w. noch nicht vollständig von unsern Bühnen verschwunden.

Alle Dramatik ist nur Abbreviatur des Lebens, durchtränkt mit dem Blute des Dichters. Die Lebensabbreviatur eines Shakespeare Drama müßte, um die höchstmögliche Wirkung auf der Bühne zu üben, von annähernd gleich hochbegabten und in einer bestimmten künstlerischen Richtung durchgebildeten Spielern dargestellt werden. Wie die Dinge heute bei uns liegen, ist dies wohl auf keinem deutschen Theater zu erreichen. Nicht nur daß der Personalstand der einzelnen Bühnen hinsichtlich der Begabung und

Schulung ein heterogener ist, auch die Rollenverteilung ist oft von unein gestandenen Einflüssen abhängig, die nicht einmal immer vor den auffallendsten Mißgriffen zurückscheuen. Trotz aller laut proklamierten idealen Grundsätze und der offiziell anerkannten Hoheit und Heiligkeit der Kunst machen sich gerade im Theaterleben oft Elemente geltend, die recht schmerzlich an das erinnern, woraus nach jenes großen Dichter-Idealisten der Mensch gemacht ist, der die Gewohnheit seine Amme nennt, jenes Dichter-Idealisten, von dem Goethe rühmen durfte:

> Und hinter ihm, im wesenlosen Scheine,
> Lag, was uns Alle bändigt, das — Gemeine.

Es ist anzuerkennen, daß die neue Münchener Aufführung des „König Lear" im Zusammenspiel einen großen einheitlichen Zug ausgeprägt trug, der fesselnd wirkte. Es war wie ein tüchtig eingeübtes Orchester, worin jedes Instrument dynamisch und rhythmisch korrekt sich dem gewaltigen Ensemble einordnet. Dieser harmonische Eindruck war um so verführerischer für den naiven Zuschauer, als nach der großen Zahl von Proben — ich hörte von 16 oder 17 — wirklich alles wie am Schnürchen ging. Der Erfolg war daher auch ein wahrhaft glänzender.

Anders muß sich das Urteil äußern, wenn man die einzelnen Rollen aus dem dramatischen Gefüge löst und sie als selbständige, organische Gebilde der Dichterkraft an den vorgeführten Gestalten der Schauspielerkraft analysiert. Wie ist da der Dichter oft in seinen Absichten noch mißverstanden, in seinen feinsten Motivierungen vergröbert, in der Fülle und Hoheit seines Geistes zum gewöhnlichen Deklamations-Poeten herabgedrückt worden! Dies gilt namentlich von den Rollen des Edmund, des Edgar und der Kordelia. Bei allem Glück in einzelnen Momenten ließ besonders die Darstellung des Edgar und der Kordelia jene Kraft einer scharfen Charakteristik vermissen, welche in einer selbständigen und eigenartigen Auffassung den Dingen und Gefühlszuständen bis an die Wurzel geht. Die so seltene Fähigkeit der körperlichen Beredtsamkeit, die mit vollendeter Kunst jeden Laut, jede Miene, jede Geste, jeden Schritt in den Dienst höchster Natürlichkeit und überzeugender Geschlossenheit des dichterischen Charakterbildes zu bannen weiß, — dieser eigentlichste Gipfel und Reiz aller Menschendarstellungskunst — kam bei der Regan am wenigsten, bei Kent am reichsten zum Ausdruck. Lob verdient der Narr in seinem oft erfolgreichen Streben nach rücksichtsloser Wahrheit und Natur; nur wo er weinerlich wurde, bekam er einen widerlichen Stich ins Hysterische, weibische. Über alles Lob erhaben war die Leistung des Trägers der Heldenrolle. Dieser Lear war echt, groß, gewaltig, eine überwältigend einheitliche Schöpfung. Dieser Meisterthat am nächsten kam die Darstellerin der Goneril.

Dies unser unbestochenes Urteil, so streng, wie es der Rang der Dichtung, der Rang der Bühne als einer der ersten, soweit die deutsche Zunge klingt, und der Ernst des Versuches, dem größten Dramatiker in neuer Weise gerecht zu werden, von selbst gebietet.

Möchten diesem Versuche, das Geleise des Gewöhnlichen zu verlassen und frische Pfade ins Reich des Höchstbedeutsamen und Außerordentlichen zu finden, recht viele weitere folgen, alle vom Glücke begünstigt, wie dieser herrliche Lear-Abend, der zu einem epochmachenden sich erhebt, sobald seine Ergebnisse gesteigert und nach allen Seiten vermehrt werden. Audentes fortuna iuvat.

Adolf Glaser

oder: Die Kunst zu redigieren.

Von Conrad Alberti.

(Berlin.)

Die Leitung dieser Zeitschrift hat den anerkennenswerten Entschluß gefaßt, den Bilderschmuck dieses Jahrgangs zum größten Teil solchen hervorragenden älteren Schriftstellern zu widmen, welche für die Entwickelung des modernen Realismus in Deutschland von großer Bedeutung sind, auf deren Lehren und Schöpfungen sich die unseren aufbauen, oder die in Erkenntnis der Wichtigkeit unserer Bewegung, vorurteilslos und gerecht, sich bestrebten unseren Genossen die litterarische Bahn zu eröffnen und dem Andrängen des anderen corrumpierten, verlogenen, neidischen Preßgesindels gegenüber frei zu halten. Es ist ein Jahrgang der Dankbarkeit, den wir unsern Lesern vorführen.

Das erste Halbjahr brachte das Bild Karl Frenzels, jener einzigen und großartigen Erscheinung im heutigen litterarischen Leben Deutschlands, welche sich durch vornehme Unbestechlichkeit des Urteils und Wohlwollen gegen alle jüngeren, emporstrebenden Kräfte von wirklicher Begabung riesenhaft über den Troß all der modernen Litteraturbonzen der älteren Generation hervorhebt, die aus Furcht, ihre Honorare zu verlieren, nach allem speien und mit Füßen schlagen, was größere Begabung besitzt als sie und ablehnt an ihrem Strange zu ziehen: die Heyse, Spielhagen, Rodenberg, Baumbach, Ebers, Lindau, Franzos e tutti quanti.

Es ist daher billig, das zweite Halbjahr mit dem Bilde Adolf Glasers einzuleiten, eine litterarische Erscheinung, welche sich fast wie der geistige Zwillingsbruder Frenzels ausnimmt: ein Mann, ebenso vornehm wie gerecht, so ernst wie wohlwollend, so frei von Selbstlosigkeit wie von Vorurteilen, minder scharf, polemisch, zersetzend, ironisch als Frenzel, und nachgiebiger, vermittelnder, mehr nach innen wirkend: ein Unterschied, der wohl in der Abstammung beider Männer seinen Grund hat — Frenzel ist Berliner, Glaser Rheinländer.

Die Verdienste Glasers als Schriftsteller hat mein verehrter Freund Ernst Wechsler in seiner eindringenden und gewissenhaften Weise gewürdigt — ich will daher nur wenige Worte über den Redakteur Glaser hinzufügen.

Wenn Frenzel als das Vorbild der Leiter einer großen Tageszeitung erscheint, mit seiner Kampflust, seiner Bereitwilligkeit auf jede Einzelfrage, jeden Einzelvorgang einzugehen und sie von allgemeinen Standpunkten aus zu untersuchen (sein enormes Wissen auf allen Gebieten ermöglicht ihm das), so erblicke ich in Glaser das Muster des Leiters einer großen Revue.

Eine Revue großen Stils greift nicht unmittelbar hinein in den Einzelkampf des Tages, sie beeinflußt nicht Streitigkeiten, die noch unabgeschlossen sind — sie folgt den Kämpfen aus einer Entfernung, die ihr doch jeden wichtigeren Vorgang zu bemessen erlaubt, und verzeichnet jede bedeutende neue Erscheinung, jeden interessanten Entwicklungspunkt, erklärt ihn, schildert ihn und betrachtet zugleich die ganze Entwicklungslaufbahn einer großen Sache, Bewegung, Persönlichkeit geschichtlich in ihren interessantesten Punkten.

Adolf Glasers Name ist untrennbar verknüpft mit den Westermannschen „Illustrierten Monatsheften", deren geistiger Leiter er seit dem Entstehen derselben bis auf den heutigen Tag geblieben ist — (eine ganz kurze Zwischenherrschaft meines Freundes G. Karpeles ausgenommen) — mehr als ein Vierteljahrhundert. Und „Westermanns Monatshefte" sind die einzige Revue großen Stils in deutscher Sprache, die wir den großen Monatsschriften der Engländer, Franzosen und Italiener entgegenzusetzen haben, und die einzige deutsche Monatsschrift, welche im ganzen Ausland als der lebendige fortlaufende Ausdruck der deutschen litterarischen Bestrebungen anerkannt und gewürdigt wird, die einzige deutsche Monatsschrift, außer der „Gesellschaft", welche der Franzose, Engländer, Amerikaner, Holländer, Skandinavier, Italiener mit Achtung nennt. Es ist merkwürdig und freilich sehr natürlich, wie wenig dem Auslande die deutsche Journalistik imponiert. Ein großes deutsches Weltblatt, das in allen Ländern anerkannt wäre, giebt es nicht. In Österreich-Ungarn und im Orient liest man die „Nationalzeitung", in Polen und Rußland die „Schlesische Ztg.", in Frankreich und Italien die „Kölnische Ztg." und zum teil die „Allgemeine Ztg.", im Norden den „Hamburger Correspondenten" — diese Blätter stellen im Auslande die deutsche Tagesschriftstellerei dar. Nur zwei Monatsschriften*) sind gleichmäßig über das ganze Ausland als Repräsentanten des deutschen Geistes verbreitet (allerdings wie bei Monatsschriften selbstverständlich nur in gebildeten Kreisen), die „Gesellschaft", deren Auflage nachweislich zur Hälfte ins Ausland geht,**) und „Westermanns Monatshefte". Kein Umstand kann charakteristischer sein. Diese beiden Zeitschriften sind eben die einzigen, welche — jede nach ihrer Art — mit der Zeit gehen, in modernem Geist geleitet und frei sind von dem Erbübel des ganzen deutschen Schrifttums der älteren Schule, der schulmeisterlichen Schwerfälligkeit und der philiströsen Langweile.

Das Geheimnis der Glaserschen Erfolge ist ein sehr einfaches. Es ist das Geheimnis aller journalistischen Erfolge, ja überhaupt aller dauernden Erfolge in der Welt. Es lautet: Fleiß, Umsicht, Geschicklichkeit, Gerechtigkeit. Ein Blatt muß stets interessant sein ohne Sensation, leicht und elegant ohne Flitterkram, ernst ohne Langweile, eindringend ohne Einseitigkeit, umfassend ohne Flachheit, modern ohne jeder Schaumblase des Augenblicks nachzujagen. Dies alles sind die „Monatshefte". Man blättere sämtliche Jahrgänge nach: nicht einer jener Gegenstände, welche das Interesse der großen Welt erregten, der hier nicht eingehend, gründlich, unterhaltend dargestellt wäre. Alle Ausstrahlungen der menschlichen Kultur erscheinen berücksichtigt, in Form von biographischen Aufsätzen, Beschreibungen, Erzählungen, Studien, Kritiken. Der Standpunkt, den Glaser von seinen Mitarbeitern verlangt, ist stets ein umfassender, allgemeiner, jeder Gegenstand muß aus sich selbst, seinen eignen innewohnenden Gesetzen beurteilt werden, jedes einseitige, persönliche oder Parteiurteil ist streng verpönt. Daher kommt es, daß der strenggläubige Katholik die „Monatshefte" mit derselben Freude lesen kann, wie der liberale Protestant, der orthodoxe Jude, der Feudale wie der Sozialist. Man frägt jeden Menschen, jede Bestrebung nur: „was willst du sein? — was bist du, verglichen mit deiner eigenen Idee?" Besonderen Ruhms erfreuen sich die biographischen Studien der Monatshefte, zumal die über Schriftsteller — für einen Toten die schönste Würdigung, für einen Lebenden die höchste Ehre. Hier spiegelt sich die

*) Von der Gartenlaube spreche ich natürlich nicht. Sie geht allerdings massenweise ins Ausland — aber nur an Deutsche.

**) Ebenso wie die Erzeugnisse der deutschen Realisten. Der deutsche Realist müsste verhungern, wenn er nur sein schlafmütziges Vaterland hätte und nicht in Frankreich, Rußland, Skandinavien, Amerika gebührendes Verständnis fände.

Freiheit und Sachlichkeit des Urteils, wie die Monatshefte sie zur Bedingung machen, am deutlichsten wieder.

Eine große Zeitschrift ist nicht das Werk eines einzelnen Menschen, sondern des dauernden, selbstlosen Zusammenarbeitens Vieler, eines zahlreichen Stabes von Mitarbeitern. Viele Köpfe — viele Sinne! Eine Zeitschrift aber soll in der Mannichfaltigkeit doch die Einheitlichkeit darstellen, bei eifersüchtiger Wahrung jeder Individualität soll doch ein einheitlicher Geist das Blatt durchwehen, eine Zeitschrift soll ein Ganzes sein, kein Flickwerk, sie soll einem Gobelin gleichen, der aus tausend Fäden gewebt, doch den Eindruck eines ganzen, ungeteilten Stücks macht. Wie schwer sind aber die Schriftsteller unter einen Hut zu bringen! wie empfindlich sind sie! wie leicht verletzbar! Nur eine Person von der vermittelndsten Gerechtigkeit, wie der liebenswürdigsten Entschiedenheit ist dazu im Stande und eine solche Persönlichkeit ist Glaser.

Wie macht es Glaser um seinem Blatte jenen Reiz der ewigen Jugend zu bewahren, es immer interessant, immer auf der Höhe des Stromes zu erhalten? Er erreicht es durch die genaue Befolgung jenes Grundsatzes, welcher das Prinzip jedes Redakteurs sein sollte: „Die Bahn frei dem Talent!“ In den Monatsheften, vor Glasers Augen gilt nur eines: das litterarische Talent — und nur eines schließt von denselben aus: die Talentlosigkeit. Es fällt Glaser nicht ein zu fragen, wie die meisten Redakteure: „Bist du Jude oder Katholik? Berühmt oder unberühmt? Norddeutscher oder Österreicher? Liberal oder Antisemit? Anarchist oder Republikaner? Empfohlen oder nicht empfohlen? Idealist oder Naturalist?“ — er fragt einfach: „Kannst du was, oder kannst du nichts?“ Hic Rhodus, hic salta! Wähle dir einen Stoff und sende mir die Arbeit! Hast du Kenntnisse auf irgend einem Gebiete und verstehst du sie in passender, anregender Form darzustellen: sei willkommen als Mitarbeiter der Monatshefte. Wenn auch noch kein Litteraturhistoriker deinen Namen kennt, so wird er ihn durch die Monatshefte erfahren. Hast du nichts gelernt, schreibst du schwerfällig, pedantisch, ausschweifend — dann trolle dich, und wenn du zehn Empfehlungskarten von Professoren oder Bankiers mitbringst, denen du die Stiefelspitzen abgeleckt hast. Das ist nicht wie bei Herrn Julius Rodenberg, der erklärt: „Ich nehme nur Arbeiten von Leuten, die mir durch einen Professor empfohlen sind“ und dessen Deutsche Rundschau daher von pedantischer Langweile trieft: ich prüfe selbst und mit Gewissenhaftigkeit, bei mir gilt nicht Clique, nicht Protektion, nicht persönliches Vorurteil, nicht Einschmeichlungsversuche, nicht ein großer durch Schwindel errungener Name, nicht Reklame, nicht die Verdienste einer weit entlegenen Zeit — bei mir gilt nichts als das Talent. Du hast Begabung? wohlan, ich eröffne dir die Bahn, ich stelle dir ein, zwei, drei Bogen zur Verfügung, nimm dich zusammen, erobre dir ein Publikum, und dann komm recht oft wieder — ich werde mich freuen, wenn du Erfolg hast."

Blättert darum nach in den mehr als fünfundzwanzig Jahrgängen der Monatshefte — ihr werdet nicht einen Beitrag ohne Wert finden, nicht einen, der heut veraltet, lächerlich erschiene. Viele Namen werden euch begegnen, deren Träger zur Zeit jenes Beitrages unbekannt, neu waren und die heut zu den berühmtesten gehören; ihr erfolgreicher Flug begann mit diesem Beitrag. Glaser hat ihnen die Bahn eröffnet, sein scharfes Auge hat in dem Anfänger sofort das Talent erkannt. Hier erschien der noch ziemlich unbekannte Scheffel, Wilhelm Raabes großes und eigenartiges Genie kam hier zur ersten und immerwährenden Entfaltung. Sacher-Masochs wunderbares Talent, wie es sich im „Don Juan von Kolomea" entfaltet, kam, von 25 Redaktionen zurückgewiesen, hier zur ersten Anerkennung. Von den Schriftstellern, deren Ruhm auf wirklichem Verdienst beruht, nicht auf falscher Reklame, werdet ihr nicht einen vermissen — fehlt euch ein bekannter Name, so seid gewiß, daß sein Träger bei näherer Forschung sich als eine Null entpuppt, die nur durch freche Reklame, gefällige Freunde und dergleichen zu einer Scheinberühmtheit aufgeblasen wurde. O wenn der Schreibtisch Glasers erzählen könnte — von jenen zahllosen Einsendungen der „berühmtesten" Autoren, die erbarmungslos zurückwanderten, weil sie ungenießbar erschienen, weil jene „Kapazitäten" auf ihren oft erschlichenen und erschwindelten Ruhm hin leichtfertig sündigten und darauf losschmierten. Die Mitarbeiterschaft an den „Monatsheften" ist gewissermaßen die Talentprobe des deutschen Schriftstellers.

Nur bei einer so einheitlichen, ernsten und gewissenhaften Leitung konnte dieses Blatt erreichen, was — außer der „Gesellschaft" — noch keinem andern in Deutschland gelungen ist, sich ein Publikum zu erziehen, in dem Lande der Litteraturbarbaren, im Volke der Bierhäuser und Skatspieler — ein litterarisches Publikum zu schaffen, ein Publikum von Verständnis für echte Kunst und Poesie! In welchem unserer verslmpelten, verdammten und verdummenden Familienblätter wären Erzählungen möglich gewesen, wie so manche Wilhelm Raabes, wie Wildenbruchs „Astronom" — dichterische Meisterwerke, aber eine hohe Reife des Verständnisses, ernste Gedankenarbeit und Vorurteilslosigkeit vom Leser verlangend. Und wie schwindet vor diesem wunderbar erzogenen Publikum der „Monatshefte" jeder falsche, erschwindelte Cliquenruhm in Nichts . . . wie empörte sich dieses Publikum in gerechter Entrüstung, als man einmal auf fortwährendes, unablässiges

Andrängen einer gewissen Clique, um den Vorwurf grundsätzlicher Abwendung zu entkräften, mit Heinrich Seidels emporgeschraubter Nichtigkeit einen liebenswürdigen Versuch machte!

Ein solches weitverzweigtes Unternehmen wie die „Monatshefte“ — von deren glänzendem illustrativen Schmuck ganz zu schweigen — so einheitlich, mit solcher Energie durchzuführen, genügt natürlich nicht die Kraft eines einzelnen Menschen. Schon allein die ungeheuern Kosten würden es verbieten, die geschäftlichen Schwierigkeiten, welche einen ebenso einsichtsvollen wie opferwilligen Verleger verlangen. Nur Hand in Hand mit einem Westermann, einem Verleger von solch umfassenden Kenntnissen, solch feinem Verständnis, so schrankenloser Noblesse, und fest gestützt durch das Vertrauen und die thätige Mitarbeiterschaft derselben, konnte Glaser seine Ideen einer Musterredaktionsführung verwirklichen — gerade so gut wie wir Realisten ohne unsern Verleger nie solche Erfolge erzielt hätten, wie Schiller und Goethe einen Cotta, Heine einen Kampe bedurften. Ein schöneres Bild in der deutschen Journalistik läßt sich kaum denken, als dieses einheitliche Zusammenarbeiten zwischen Glaser und den beiden Westermännern, dem Vater und dem ebenso klaren, freien und noblen Sohne, der jenem vor einigen Jahren in der Leitung des Braunschweiger Riesenhauses würdig folgte. Des letztern Verdienst ist es namentlich, in richtiger Fühlung mit den Ideen der Zeit der Erd- und Völkerkunde einen breitern Platz in den „Monatsheften“ eingeräumt zu haben.

Mögen beide Männer, der Redakteur und der Verleger, gleich wie es an dieser Zeitschrift der Fall ist, noch lange in Eintracht und Noblesse fortwirken zu Nutzen und Ruhm des deutschen Schrifttums!

„Die junge Schule“ in der Beleuchtung der „Grenzboten“.

Von O. J. Bierbaum.

(Berlin.)

Das Wort von dem geringen Verstandsmaße, mit dem auf dieser Welt regiert wird, läßt sich auf kein Gebiet so treffend übertragen, wie auf das der Kritik. Wenn Herder einmal den Titel wählte „Kritische Wälder“, so könnte man Wert und Art der meisten modernen Kritiken nicht besser kennzeichnen als mit dem Worte „Kritische Sümpfe“. Es ist vielleicht un-

lung, die Besprechung der ersten Kritik, welche das „Jüngste Deutschland“ (wie in aller Welt ist dieser komische Name entstanden?) in dem Blatte des angejahrten Deutschland, den hoffnungsvoll grün brochierten „Grenzboten“ erfahren hat, mit so schnöden Bemerkungen einzuleiten, — aber es ist schlechterdings unmöglich, stille zu schweigen oder freundlichst dankend zu quittieren, wenn mit einem solchen Maße von Unkenntnis und dabei im Tone derartiger Schulmeisterei über das Streben einer großen Anzahl vaterländischer Schriftsteller geurteilt wird, — anonym natürlich. Der höhere Kalenderstil, in welchem jener Artikel geschrieben ist, deutet darauf hin, daß irgend ein emeritierter Pastor sein Verfasser ist, oder ein älterer Gymnasialprofessor mit geistigem Stockschnupfen, oder ein unbeschäftigter Geheimrat a. D. Jedenfalls ist sein Verfasser kein Schriftsteller, der sich der Pflichten des kritischen Amtes bewußt ist. Die erste dieser Pflichten besteht doch wohl darin, daß man sich die Mühe giebt, dasjenige kennen zu lernen, über was man sein Urteil zu fällen willens ist. Der Kritiker der „Grenzboten“ überschreibt seinen Artikel: „Die junge Schule“. Jeder Mensch weiß, was darunter zu verstehen ist: eine große Anzahl neuer deutscher Schriftsteller, die dem Prinzip des modernen Realismus auf nationaler Grundlage Anerkennung schaffen wollen. Diese Schriftsteller haben erstens bereits Werke in die Öffentlichkeit gebracht, die bei jedem Buchhändler zu kaufen sind, zweitens haben sie ein großes Organ, in welchem derjenige, dem das Studium der einzelnen Schriftsteller in ihren Werken zu schwierig, oder zu langwierig, oder zu kostspielig ist, allmonatlich aufs neue aus Hervorbringungen aller Art sehen kann, was sie wollen und was sie können. Mindestens dieses Organ mußte der namenlose Herr in den „Grenzboten“ kennen, wollte er über „die junge Schule“ schreiben. Er konnte es miserabel finden, herunterreißen, lächerlich machen, verdammen, verfluchen — was er wollte, aber er mußte zeigen, daß er nicht ohne jede Unterlage schrieb. Statt dessen giebt dieser kritische Kalendermann in dem kindlichen Stile des Lahrer hinkenden Boten unter dem Titel „Die junge Schule“ nichts weiter, als eine Besprechung des Wolffschen Buches: „Das Prinzip des Realismus und die Moderne“. Das ist einfach unverfroren. Sind die Leser der „Grenzboten“ wirklich so kritiklos, um nicht aus dem ganzen Charakter dieses aus der Luft gegriffenen Aufsatzes zu merken, er bestehe aus Flunkerei? Und ist sich der ungenannte Verfasser wirklich nicht dessen bewußt, was er mit solcher Art von „Kritik“ verübt? — In der That, Moral ist ein recht relativer Begriff.

Kritik.

Romane und Novellen.

Justiz der Seele. Roman von Anton von Perfall. Stuttgart, Deutsche Verlagsanstalt.

Das psychologische Problem, welches der Verfasser sich hier zum Vorwurf genommen, ist ein altbekanntes, oft verarbeitetes: Die Macht des Gewissens. Doch bleibt es ewig neu und interessant. Kommt eben, wie bei jedem Vorwurf in der Kunst, nur darauf an, in welchem Grad der Autor imstande ist, es unentrinnlich-gewaltig, überwältigend-überzeugend vor den Geist zu stellen. Wir fassen in der Behandlungsweise besonders zwei Arten auf. Diejenige, bei welcher wir von der Macht und Wucht der Schicksale so mitgerissen werden, daß wir den Autor nicht mehr sehen und empfinden oder es uns vorkommt, als könnte er gar nichts am Gang der Dinge ändern, selbst wenn er wollte, sie müssen so naturgewaltig ihren Lauf haben bis zum tragischen Ende. Wie in „Therese Macquin“ von Zola. Dann die zweite Art, bei der wir den Autor stets neben uns sehen, uns über die Schulter blickend und mit triumphierendem Lächeln fragend: gelt, ich mach' die Sache gut, ich lasse sie hübsch zappeln? Wie in „Justiz der Seele“ von Perfall.

Fabel: Ein junger polnischer Graf ist verlobt mit einer jungen Gräfin, Tochter seines väterlichen Freundes. Er glaubt sie zu lieben, dieweil er die Leidenschaft der Liebe noch gar nicht kennt. Da fällt's dem alten Grafen ein, vor der Hochzeit des jungen Paares selbst noch eine junge, berückend schöne Frau heimzuführen. Der junge Mann entbrennt zu seiner schönen Schwiegermutter und vergißt Braut und eigene Hochzeit. Mitten im Wald, während eines fürchterlichen Schneesturmes, Weg und Steg verweht — sinkt sie vom Pferd willig in seine Arme. — „Sturm und Schnee umtosten sie vergebens, für sie wehten Indiens balsamische Glutwinde, leuchteten tausend Sonnen. — Ein jammervoller Ton klang durch den Forst. Marla stutzte und schlug die Flanken — die beiden hörten nichts in sündhaftem Vergessen!“ — Kurz darauf Jagd, wobei der junge den alten Grafen erschießt. Aus Versehen. Vielleicht auch mit ein bischen Willen, wie er sich selbst einbildet. Darüber kommt er nicht zur Ruhe, bis er sich selbst an der gleichen Stelle im Wald erschießt, am Morgen des Tages, an dem er die heißbegehrte Witwe heimführen will. Die schöne Gräfin, nun zwiefach Witwe, sucht und findet den Tod bei einem Polenaufstand, und übrig bleibt nur die Gräfin-Braut, um für aller Seelenheil bis an ihr eigenes Ende zu beten.

Gefällige, angenehme, trotz aller Tragik nicht allzu aufregende Unterhaltungs-Lektüre.

Fritz v. Bruck.

Adam Mensch. Roman von Hermann Conradi, Leipzig, Wilhelm Friedrich. Wenn eine abgeklärte, harmonisch-fertige Natur solch' einen Haufen von Stimmung, Reflexion, Qual, Cynismus, Philosophie, Brutalität und Empfindsamkeit erblickt, wie dieser Doktor Mensch ist, dann fühlt sie sich etwas verblüfft. Also solche Männer giebt es heutzutage? fragt sie sich. Ja, solche Männer giebt es und wenn sie auch nicht alle ganz so „modern“ sind wie dieser Adam, etwas von diesem Adam steckt in den modernen Männern, wenn auch gottlob nicht in allen.

Dieser Adam Mensch ist das, wovon der verstorbene, herzensstarke Paul Fritsche zu sagen pflegte: „Er hat vom Manne nur das Geschlecht“. Lebhaft erinnert Adam auch an den Titel von Max Voglers gutem Buche: Die Verwahrlosung des modernen Charakters. Adam ist die Potenz der Charakterschwäche und uns ekelt derart vor diesem unangenehmen Herrn, daß wir beinahe mit Unwillen an den Verfasser denken, der solch' ein Sauleder, wie man bei uns sagt, geschaffen hat. Aber wie ungerecht wäre es, diesem Unwillen lange in uns Herrschaft zu gönnen! Wir verfielen da in den Fehler jener Spießbürger, die in einer Dorfbude das Drama Agnes Bernauer spielen sahen und den Mördern der Agnes nach dem Theaterschluß auflauerten und sie durchprügelten. Conradi hat uns in die Seele des modernen Mannes blicken lassen, er hat ihn vivisecirt und das Pfui Teufel! welches uns der Anblick dieses lebendigen Leichnams entringt, halle durch die Welt als sittlichendes, der Lektüre dieses Romans entsprungenes Moment, welcher uns die Wahrheit offenbarte. Hätten wir denn eine Frauenemancipation, wenn der moderne Mann nicht stellenweise ein Froben à la Adam wäre? Ja, ja, Frauen, leset nur den Roman Conradis und veramazont euch mit verstärkter Kraft, denn wäre es schon Schmach für ein Weib, einen diesem Adam ähnlichen Mann zu lieben, so wär's geradezu Verbrechen, solch einen verkommenen Samen zur Brut werden zu lassen.

Daß Conradi seinen „Helden“ die Zukunft „ahnen“ läßt, ihn ob der Welträtselfrage, welche sich uns heute mit erschreckender Gewalt aufdrängt, so zersplittert und zerfahren sein läßt, wie er ist, verstärkt nur dessen Erbärmlichkeit; auch der halbe Wahnsinn, in welchem dieser Mensch immerfort lebt, ist kein mildernder Umstand, sondern Folge jenes Größenmangels, welcher das Brutale in ihm über das Ideale siegen ließ, von Anfang an. Adam Mensch ist das Produkt des praktischen Materialismus, wie es an geistiger, physischer und moralischer Blutvergiftung krankt, unfähig, sich von der Ahnung einer neuen Zeit emporheben und adeln zu lassen.

Das Buch Conradis ist sehr moralisch. Hätten Hedwig, Emmy und Lydia, die weiblichen Köpfe Adams, ein solches Buch gelesen, ehe sie Adam kennen lernten, sie hätten diesem Mensch nicht eine Sekunde gehören wollen. Aber die Brunst macht das ungewarnte Weib blind und zu beklagen ist nur die edlere Frauennatur, die, statt einen Mann zu finden, solch' einem verstudierten Chimpanserich anheimfällt. Alles was Adam von „Ideal“, „ästhetisch“, „vorahnend“, „feinfühlig“, „mystisch-metaphysisch“ spricht — er spricht überhaupt bedenklich viel — ist leerer Schall, es sind Worte, die mit der Hülle Adam nichts zu thun haben, dessen Kern wohl in der vierten Dimension lebt und „diesseits“ keine Spur von demselben zeigt. Im Anfange des Buches möchten wir noch Teilnahme für diesen „differenzierten“ Fühler zwischen der alten und künftigen Zeit äußern; aber je näher wir ihm kommen, desto „grauslicher“ wird uns der halbtolle Schwächling.

Was die Darstellung Conradis anlangt, so ist seine Art wie Tapetenmalerei. Im Ganzen genommen sieht das vielfach in gebrochenen stumpfen Farben patronierte Muster fast eintönig aus, aber näher betrachtet erkennt man doch, daß jedes Schablonenfigürchen, vom anderen verschieden, und doch eigentlich Handmalerei ist. Ein einziges Bild tritt aus diesem Gewirre von Schnörkeln und Arabesken, gleichsam aus diesem, aber kunstvoll geformt hervor, übermenschlich und hehr und das ist die Gestalt des alten Doktor Irmer, als dieser so schwer am Leben tragende Greis zu dem „Herrn Doktor Mensch“, der ihn fragt, warum er ein „Hundeleben" nicht auslösche, wie zu einem Menschen spricht. Ist's ein Produkt des Unbewußten, das hier den Märtyrer Jermer so wunderbar erhaben neben dieser Dreckseele erscheinen läßt, ist's ein vorsätzliches Kraftexperiment des Autors, der mit bewußtem Willen und Ahnen seinen „Helden" zermalmend ironisieren wollte? Genug davon, ich konnte nicht weiter lesen als ich zu der echt poetischen Stelle kam, weil mir das Wasser die Augen überlief. Triumph des Genies!

Conradi muß als ein Original ausgerufen werden, aber er ist ein Poet, der an einem embarras de richesse in seinem Kopfe — krankt. Krankt, denn von Jesus sagen, daß er am Kreuze „verreckte", ist Geisteskrankheit. Ebenso könnte man gern eine raphaelische Madonna oder den [illegible] von Centorelle die Zunge herausstrecken.

Wir wünschen dem sehr sensitiv veranlagten Medium Conradi einen gediegenen weiblichen Adepten, unter dessen schöner Hand er eine heilsame Schlafkur durchmacht. Dann wird er zu dem erkennend Wahren auch das versöhnend Schöne hinzuzufügen treffen.

Margarethe Halm.

Zwei Geschichten aus dem vollen Leben. Von * * *. — Neue Geschichten aus dem vollen Leben. Verlags-Magazin (J. Schabelitz) Zürich. Die Verfasserin beider obengenannter Bücher — denn eine solche birgt sich hinter den * * *, zeichnet sich vor allem durch einen scharfen Blick für die sozialen Schäden aus und nimmt Verkehrtheiten der Gesellschaft und deren bodenlos unmoralische Moral hier zum Vorwurf. Sie versteht es, diese Schäden so zu beleuchten, daß sie in ihrer ganzen inneren Hohlheit dastehen und, was des Rühmens wertester, sie zeigt den Weg zur Besserung. So bietet gleich ihr erstes Buch im „Morgenrot" eine treffliche soziale Studie, denn Studien sind ihre Erzählungen, sie drängt auf kurzem Raum eine ganze Familiengeschichte zusammen, ohne unklar zu werden, ohne die richtige Motivierung zu versäumen. Sie ist, das beweist namentlich „Morgenrot" begeistert für die uns so nötige Freiheit — ohne in die Verzerrungen gewisser blutdürstiger Freiheitsletzen zu verfallen — Frauenfreiheit ist es, für die hier geistvoll plaidiert, man spürt es, daß sie Bebel und das Werk der Troll-Borostyani unstreitig einem der bedeutendsten Bücher, was auf dem Gebiete geschaffen, fleißig studiert. Der alte Burckhardt ist es, dem sie ihre Ideen hauptsächlich in den Mund legt — Marie überträgt das Theoretische Burckhardts ins Praktische. Interessant ist der Umstand, daß das Buch verboten wurde, weil Burckhardt darin an Marie Bebels „Die Frau" empfiehlt! Auch ein Zeichen der Zeit — unserer herrlichen, fortgeschrittenen Zeit. „Der Mann fällt nicht, aber er läßt die Frau fallen in der und mit der er gesündigt." Damit hat die Verfasserin nur zu Recht. Das ist das Brandmal, was wir uns selbst aufdrücken -- das ist unsere Moral, die Moral des Herrn der Schöpfung! Das „Akt-Modell" die andere Erzählung des ersten Buches, bietet die einfache, aus dem Leben gegriffene Lebensbeschreibung eines Akt-Modelles — wie die Verfasserin in der Vorrede sagt — Vorreden setzt sie, nebenbei bemerkt, unnötiger Weise fast jeder ihrer Erzählungen voran — ist diese Studie infolge des Prozesses Gräf entstanden. Ihr Unternehmen ist nur zu billigen, nur steht sie, was Gräf betrifft, auf völlig falschem, parteilichem Standpunkt. Daß sie mit dem, was sie in ihrer Studie sagt, völlig recht hat, ist unzweifelhaft — es ist aber im großen und ganzen fast das Gegenteil Gräfs. Daß sie sich des vielfach verkannten Modelles angenommen, das ist gewiß nur zu billigen, daß sie aus vollem

Herzen ihren Helden verdammen, ihre Heldin veredeln kann — damit stimme ich mit ihr überein — das hat aber mit der Gräf-Rother-Affaire gar wenig zu thun. — „Der Spaß der Welt" — so betitelt sich die erste Skizze des zweiten Bändchens, behandelt die alte Geschichte — von der Verführten, Verlassenen — von der „allen vertrauenerweckenden Pilgerin". Die Verfasserin geht der Sache auf den Grund — hier ist ihr parteilicher — weiblicher Standpunkt nicht Fehler, sondern Vorteil — sie sieht dieses, was der Mann nicht sehen will! Die zweite Skizze „Eine heilige Geschichte in Briefen" ist der Wahrheit nach erzählt, in der Thal giebt es in Württemberg noch so eine „Krankheits-Wegbetungs-Anstalt", eine Episode, aus dieser ist hier sehr geschickt behandelt, der Pfarrer, eine bekannte württembergische Persönlichkeit, köstlich charakterisiert! — O, unser fortgeschrittenes Jahrhundert, in dem so etwas passieren kann! Die Verfasserin schwingt sich in ihren sozialen Ansichten zu so hoher, klarer, männlicher Stufe empor — ihre Feder ist hier gerade so recht kernhaft, kein Spielzeug, sondern ein Schwert, daß man seine Freude daran haben kann. „Fanny die Philosophin" ist verfehlt, zwar ist die Grundidee, das Frauenstudium, was ja nun nachgerade zum dringenden Bedürfnis geworden, trefflich, aber das Resultat ist ein negatives! Wahre Wissenschaft verknöchert und versimpelt nicht — sie eröffnet uns erst den Born des Lebens. „Hexen-Lenchen" ist eine einfache Geschichte, die das „Sterben aus Furcht beweisen soll". Hier ist die Verfasserin etwas im Irrtum. Der Schlag mit dem nassen Handtuch, dessen sie in der Vorrede erwähnt, hat als solcher getötet, denn er ist, wenn er das Genick trifft, tötlich — nicht die Furcht des betreffenden ist es gewesen. Ihre Geschichte selbst beweist nichts — wenigstens nicht das, was sie will. Das Hinsterben Konrads wäre viel eher auf Suggestion zurückzuführen. Aus Furcht mag plötzlicher Tod eintreten, aber kein Schwund, während Suggestion bei empfänglichen Individuen derartige Krankheitserscheinungen wohl herbeizuführen vermag. Der Ruf des „Hexen-Lenchens" trägt nebenbei bemerkt wesentlich dazu bei, die Annahme der Suggestion hervorzurufen. — Die beiden Bücher seien wärmstens empfohlen — sie sind durchweht von modernem, freiheitlichen Geist, von kerngesunden sozialen Ansichten. Auch sind sie trefflich geschrieben, zwar keine abgerundeten Novellen, aber leicht, überzeugend, aus vollem Herzen hingeworfene Studien und Skizzen. Die Verfasserin hat viel beobachtet und studiert, sie empfindet frisch und natürlich und hat sich noch nicht von den Übertreibungen, in die ja die modernen Bestrebungen leider oftmals ausarten, anstecken lassen. Ich sage noch nicht, denn sie ist ab und zu auf dem Wege, etwas über die Schnur zu hauen. Wir hoffen, daß die Verfasserin uns bald wieder mit solch' trefflichen Gaben beschenkt. Nochmals — die Bücher verdienen es, gelesen zu werden.

H. von Basedow.

Das Haus Trotzenstein! Erzählung von **Andreas Feiertag**. Wien, Konegen. Als unser Blick, während wir das Buch aufschnitten, flüchtig über einige Zeilen glitt, hofften wir ein interessantes, spannendes Werk zu finden; aber unserer traurigen Pflicht, das ganze Buch zu lesen, genügend, sahen wir uns bitter enttäuscht. Die Charaktere sind abgebraucht, unmöglich, sich selbst widersprechend, die Handlung dürr und dennoch gefühlsduselig, ohne Leidenschaft, ohne Leben. Die Ideenkonstruktion, d. h. der Inhalt, ist folgender: Zwei Frauen verlassen ihre Männer, Herr A gut, Frau A leicht und schlecht, Herr B schlecht und leicht, Frau B gut und edel. Frau B wegen Roheit Herrn B's, Frau A aus Liebe zu Herrn B; dennoch erklärt Frau A dem Herrn A, als er ihr eine Liebeserklärung macht, ihre „Verachtung", wie es Frau B ihrem Herrn und Gebieter gemacht. Frau B versöhnt baldigst das Ehepaar A, und sich selbst — nach sieben Jahren — mit Herrn B, worauf dieser aus Rührung stirbt. — Am ungeschicktesten ist der Aufbau der Erzählung, es wird unendlich viel gesprochen, aber nichts erzählt, dabei eine Unmasse von Figuren und Szenen vorgeführt, welche nicht nur nichts mit der Handlung zu thun haben, sondern von denen nicht einmal ein Begebnis, eine That berichtet wird. Angedeutet sind eine Unzahl von Problemen, aber augenblicklich fallen gelassen, dabei nehmen solche verschwommene Staffagebilder mehr Raum ein als die Heldengeschichte selbst. Vielleicht hätte uns die Erzählung besser gefallen, wenn sie statt 200, 20 oder 10 Seiten gehabt.

„Meine Arria" benennt sich eine „antik römische Erzählung" von Dr. Fritz Pichler. Den Herren Paläographen und Paläologen gewiß interessant. Petronius und Walloth sind die geistigen Firmpaten dieses antiken realisierenden Novellettchens. Der Verfasser ist ohne Zweifel ein ausgezeichneter Lateiner; als Deutscher ist er uns jedoch lieber. In einer müßigen Stunde darf ein deutscher Lateiner übrigens auch so etwas machen, ohne daß wir ihn gleich eines poetischen Verbrechens zeihen.

Dr. Robert Plöhn.

Lucians Hetären-Gespräche. Nach C. M. Wielands Übersetzung mit Einleitung und Erläuterung herausgegeben von Dr. Max Oberbreyer. Leipzig, Karl Minde. — Also Herr Dr. Max Oberbreyer hat sich wiedergefunden. Wir atmeten wirklich erleichtert auf, als wir Gelegenheit erhielten, diese Thatsache konstatieren zu können. Vor einiger Zeit überraschte der geschätzte Autor seine Freunde und Bewunderer engeren und weiteren Zirkels mit einem Büchlein, so da von Orden, Sternen und anderen ansteckenden Krankheiten handelte. Natürlich! man muß ein mehr oder weniger „ordentlicher" Mensch sein, muß es a priori sein, wenn man die Knopflöcher seiner diversen „Überzeugungen" jeden Augenblick bereit halten will ... Es ist anzunehmen, daß sich Herr Oberbreyer durch die genannte Manipulation mit dem erlechzten Gifte infiziert hat. Nun aber — nun konnte er wieder zu sich zurückkehren: er durfte wieder der un-„ordentliche Mensch sein, der er eben — nicht immer gewesen war. Er, dessen „ganze Welt" bisher so ziemlich in „Halb"-Leipzig gegipfelt, erinnerte sich an jene seligen Zeiten, da er beständig auf der Lauer lag, seinen Ruhm als übersetzender „Schwarten-Breyer" zu — reklamieren ... Selbstverständlich! Luzian und Petron lagen dicht am Wege. Großvater Wieland und weiland Papa Heinse hatten vor hundert Jahren Herrn Oberbreyers Gelüsten bereitwillig und entgegenkommend „vorgearbeitet" ... Was wollte Schwarten-Breyer mehr! Er ging hin, hängte sein „ordentliches" Leben am Baum der besseren Erkenntnis auf — und warf dem deutschen Publikum seinen neu herausgegebenen und „erläuterten" Luzian ins Gesicht ... Das heißt: nur Luzians „Hetären-Gespräche"! Seht mir den Schelm! Vielleicht spekulierte der findige und spionöse Herr Doktor im Geheimen, dort, wo sich sein Herz scheu und verschämt vor dem mit fatalistischer Los- und Ausgelassenheit sich nähernden Hofrats-Patent verbirgt — vielleicht spekulierte er also an dieser Stelle auch auf den „modernen" Ruhm, hinfüro ein Bissel mit als „Realist" zu gelten ... Es ist nicht gut, daß der Mensch nur mit einem „Ideale" verheiratet sei ... Jedwedes Ding hat seine zwei Seiten, manchmal auch noch mehr . . . Also! Auch wir „Realisten“ bedürfen unserer Dienerschaft und unseres Burschentrains. Wir gestatten mit Vergnügen, daß Herr Oberbreyer als Wichsier oder Hausknecht bei uns eintritt . . . Als Wichsier speziell hätte er den Vorteil, in beschaulicher Nachbarschaft unserer — Fußtritte zu leben . . . Ja! „Fußtritt“: das ist das echte und rechte Wort, das Ruf- und Schlagwort diesem neuesten schamlosen Oberbreyerschen Machwerke gegenüber! Woher in aller Welt nimmt diese erste beste Herdenbeiläufigkeitsfigur, dieser erste beste überflüssige Lebensstatist das Recht, seine flinken, stümpernden Skribentenfinger nach einem Schriftsteller wie Luzian auszustrecken!? Nach Luzian, mit dem sich wohl ein virtuoser Feingeist wie Wieland befassen durfte — allein dessen Nabel selbst für einen Oberbreyer noch in Gaurisankargipfelhöhe erhaben und erhoben bleibt! Indessen, dieser Schwarten-Breyer gehört jenem modernen Herostratenclub an, dem Nichts mehr heilig ist . . . So bringt er es denn wirklich fertig, sich an Luzian zu vergreifen, d. h. er erläutert ihn, d. h. er hat die beispiellose Frechheit, eine Art von Apologie Luzians zu versuchen! In der „Einleitung“ heißt es u. a.: „Die Griechen dagegen sind sehr früh dazu gekommen, nachsichtig die Ausschweifungen der sinnlichen Liebe zu beurteilen und (!!) hängt das von der Culturstufe (!!) überhaupt ab, auf der sie sich befanden.“ (!!!) In Parenthese: so schreibt ein mit der Stilpomade des Schacherjargons frisierter und dressierter Kaufmannsschulexvel — jeder Quartaner erntete eine Tracht Ohrfeigen für diese stilistische Lotterei! Als Hauptsatz: Oberbreyer wagt es, die niedrige Kulturstufe der Griechen in moralischer Hinsicht, jedenfalls unserer moralischen „Fortgeschrittenheit“ gegenüber, als Entschuldigungsgrund jener hellenischen Toleranz zu bezeichnen! Ja! Entweder — tartüffelt der famose Herr Doktor hier 'mal wieder, um sich die Gunst seiner Leser von heute zu erschwindeln — oder er hat eine Auffassung vom Griechentum, wie sie allerdings eines deutschen Ex-Gymnasiallehrers hermetischwürdig wäre! Es ist immer die alte Geschichte — man hat bei diesen Leuten nur die eine Wahl: man entscheidet sich entweder für die absolute Impotenz ihrer Borniertheit — oder für die Schlauheit ihrer Borniertheit, denn alle Borniertheit, die auf bestimmten äußern Lebensgarantie'n fußt, setzt sich immer in Schlauheit, List, Vorderlist, Hinterlist, Denunziantenwut, Sykophantenfexerei um . . . Noch ein paar, Herrn Oberbreyers „Geist“ trefflich kennzeichnende Sätze aus der „Einleitung“: „Zur Ehre der Griechen darf nun diesen Thatsachen gegenüber nicht verhehlt werden, daß, wie die Litteratur zeigt, es an Männern nicht gefehlt hat, welche auf das Verderbliche, Unsittliche dieses Treibens (!!) und zwar selbst während der Zeit seiner rechten Blüte nachdrücklich aufmerksam gemacht haben.“ Und: „Wenn Luzian nun bei seinen Hetärengesprächen auch keine andere Absicht gehabt hätte, als einen neuen und noch von keinem Schriftsteller seiner Art betretenen Weg, seine Leser angenehm zu unterhalten, einzuschlagen, so sehe ich nicht, was gegen diesen Einfall einzuwenden wäre, und warum er in der neuen Art von satyrischen Dialogen, als deren Erfinder er angesehen werden kann, nicht eben so gut Hetären, als Götter, Göttinnen und lächerliche Philosophen hätte auftreten lassen dürfen, vorausgesetzt, daß er in diesen kleinen dramatischen Szenen die Gesetze (!!) des Anstandes (!!!) so genau beobachtete (!!!), wie er es wirklich gethan hat.“ Nun, Luzian mag noch so „frivol“, noch so „unanständig“, noch so „frei“ gewesen sein — jedenfalls war er das alles als Künstler, als graziöser, geistvoller, Stoff und

Zeit mit souveräner Sicherheit beherrschender Schriftsteller, und jedenfalls war Wieland als Künstler und Schriftsteller dem Griechen vollkommen congenial — Herr Oberbreyer aber bindet sich eine Maske um, die ihn der Welt als ganz und gar objektiven, exakten Philologen, als durch und durch sachlich-wissenschaftlichen Kulturgeschichtler und Völkerpsychologen vorschwindeln soll, wogegen er nur ein Tartuffe und — vom ästhetischem Standpunkte jedenfalls das Schlimmste! — ein absolut unkünstlerisches Individuum ist, was aus seiner gesamten Erläuterungs-Schmierfinkenwirtschaft, die von offener Augenverdreherei und geheimer Wollustzungenschnalzerei trieft, klipp und klar hervorgeht. Und zu allem diesen bodenlos Ekelhaften und Gemeinen noch eine Sprache, die zeigt, wie für Herrn Oberbreyer die Schriftstellerei allerdings nur ein Aushängeschild für Polizei und [illegible]buch ist — denn einen solchen epidemisch-idiotisch stolpernden Stotter- und Stelzenstil schreibt ungefähr ein Kellner, aber kein Schriftsteller ... Das Heft ist äußerlich als Colportage-Litteratur ausgestattet — der Geist, der in diesen Anmerkungen lebt, mit denen Herr Oberbreyer die Schönheit Luzians und die Heiterkeit Wielands besudelt: er wirft auch aus inneren Gründen dieses miserable Machwerk in die Litteraturrubrik der Closetlitteratur. —

Hermann Conradi.

„Briefe eines Junggesellen". Erinnerungsbilder von E. Fritz. Leipzig, Wigand.

Allerliebste, witzige, poetisch angehauchte Feuilletons, verbunden durch eine sehr zarte, feine Idee. In E. Fritz begrüßen wir eines der hoffnungsvollsten Talente der Wiener Feuilletonistik. Übrigens ist E. Fritz ein echter Lyriker: ich habe vor Jahren ein Bändchen Gedichte: „Aus ungleichen Tagen" von ihm gelesen, das mir überaus gefallen hat und mir noch lebhaft in Erinnerung geblieben ist.

W.

Blätter im Winde. Neue Skizzen von Ferdinand Groß. Zweite veränderte Auflage. Leipzig, Ed. Wartigs Verlag. 1888. 198 Seiten. 3 M.

Es ist Mode geworden, vom Feuilleton gering zu denken. Besonders jene Leute, die all' ihrer Lebtage nicht imstande wären, eins zu schreiben, rümpfen die Nase, wenn sie hören: ein Feuilletonist. Nur ein Feuilletonist! Wer Respekt vor dem Feuilleton bekommen will, der muß sich die Wiener Zeitungen unter dem Strich ansehen. Das deutsche Feuilleton ist eine Wiener Spezialität. Und unter diesen litterarischen Spezialisten nimmt Ferdinand Groß seit mehr als einem Jahrzehnt wohl einen der allerersten Plätze ein, hinsichtlich der Vielseitigkeit seiner Stoffe unbestreitbar den allerersten. Er ist unter seinen Mitbewerbern der tiefsinnigste und umfassendste Kopf, das weiteste Herz, das edelste Gemüt. Ein feiner poetischer Duft weht aus seinen schlichten Blättern und die stimmungsvollen Lichter eines reinen Humors spielen darüber hin. Wer sich eine rechte künstlerische Freude machen will — ich setze natürlich nur einen Feinschmecker voraus — der nehme die vorliegende Sammlung mit dem melancholisch angehauchten Titel „Blätter im Winde" zur Hand. Er wird sich in seinen feuilletonistischen Erwartungen auf keiner Seite enttäuscht, wohl aber auf vielen übertroffen finden.

Conrad.

„Buch der Laune". Neue Geschichten von Ludwig Hevesi. Stuttgart. Lenz & Comp.

Daß Hevesi einer der glänzendsten Erscheinungen der österreichischen Litteratur ist und überhaupt zu den hervorragendsten Humoristen der Gegenwart zählt, habe ich zu wiederholtenmalen an dieser Stelle geschrieben. Sein neuestes Buch ist wieder ein auserlesener Leckerbissen für litterarische Gourmands. Allerdings, einige Geschichten haben mich kühl gelassen, aber ein Autor, der Novelletten wie „Der Schlagschatten“, „Moselfahrt“, „Jutta“ geschaffen, kann sich schon den Luxus erlauben, manches Minderwertige zu schreiben. Ludwig Hevesi ist ein Stilkünstler ersten Ranges, der in Wien seinesgleichen sucht. Warum schreibt dieser originelle, köstliche Schriftsteller nicht den lange erwarteten Wiener Roman? Ich gestatte mir diese Frage öffentlich an ihn zu richten. Vielleicht erhalte ich im nächsten Herbst eine Antwort in Gestalt eines neuen Buches: „Ein Wiener Roman von Ludwig Hevesi“. W.

In Fesseln. Ein Seelengemälde von Julius W. Braun. 2 Teile. (Berlin. Verlag von F. Fontane.) Julius W. Braun, der Verfasser der großen Kritikenwerke „Lessing, Schiller und Goethe im Urteile ihrer Zeitgenossen“ rc., betritt mit vorliegendem Werke zum erstenmal das Gebiet des Romans. In spannender Weise schildert er das Leben eines hochbeanlagten Mannes, der in den Fesseln ungünstiger äußerer Verhältnisse, schließlich mit sich selbst zerfallen, der Macht des Wahnsinns anheimfällt. Wir glauben, daß diese „Fesseln“ überall berechtigtes Aufsehen erregen und sobald nicht von der Bildfläche der Unterhaltung verschwinden werden.

L. Haidheim, die sich durch eine Reihe gutgeschriebener Erzählungen bestens bekannt gemacht hat, ließ bei Ad. Kievert in Freiburg i. B. einen dreibändigen Roman „Im tiefen Forst“ erscheinen, der, wie die bereits vorliegende zweite Auflage beweist, einen zahlreichen Leserkreis gefunden hat.

Baron Peters Brautfahrt. Eine ungarische Novelle von Oskar Meck. (Berlin, Verlag von A. Jacobsthal.)

Dichtungen.

Aus dem Süden. Neue Gedichte von Stephan Milow (Stuttgart, Bonz & Ci.). Milow gehört zu den gedankentiefsten und sprachgewandtesten Lyrikern Österreichs. Seine oft tiefgründige Reflexion und vollendete Formenschönheit sind es, welche auch diesen jüngsten poetischen Erzeugnissen des Sängers von Görz ihr Gepräge und ihren Reiz verleihen. Das sangbare Lied steht ihm, dem Gedankendichter, nicht sonderlich zu Gesicht. Der graziöse Gang, der leichte Schritt, die Fülle der Töne und die Akustik der Bewegung — all das ist nicht seine Sache. Seine Muse hat etwas Gemessenes, Ernstes, Tiefes. So ist es namentlich die Rubrik „Vermischte Gedichte“, welche uns den Dichter des „Liedes von der Menschheit“ (1869) und der „Deutschen Elegien“ (1885) in dieser Sammlung auf der Höhe seines Könnens und Leistens zeigt. Hier leistet er wahrhaft Schönes und in jedem Sinne Erfreuliches. Die Terzinen-Gedichte „Columbus“ und „Jesus Christus“, die Idylle „Die alte Uhr“ und die stimmungsvollen Reflexionen „Der Weg zur Erlösung“, „An die Lebenden“, „Götterdämmerung“ u. a. gehören zu dem Besten, was die jüngste deutsche Lyrik aufzuweisen hat, und unter der Schlußrubrik der Sammlung, unter den „Sprüchen“ findet sich manches Goldkorn. — Gegenüber einer so großen Fülle des Schönen kann man dem reichen Talente Milows nur dauernde Frische und beharrliche Schaffenskraft wünschen. Mit Platen möchte der Kritiker dem Dichter zurufen:

„Deinem Gesang wünsch' ich den kräft'gen
Hochwolkigen Schwung des Adlers
Und den flüssigern Weg des Schwans!“

Lyrische Dichtungen von Fritz Hoelder (Heidelberg, Burow). Es sind Heinerismen, um damit kurz den Charakter des kleinen Heftes zu bezeichnen: Lieder voll weichen Gefühls und lodernder Leidenschaft, voll Liebessehnsucht und Weltschmerzes, trunken und nüchtern zugleich, unendlich durstig nach Genuß und Sinnenliebe und doch unendlich satt und müde: ganz nach dem Rezept des Pariser Aristophanes. Im übrigen sind diese leichtgeschürzten und melodischen Lieder entschiedene Talentproben — im übrigen! Denn die gar zu starke Anlehnung an Heine, dieses Kokettieren mit dem Schmerze und mit der Lüderlichkeit, ist das einzig Tadelnswerte an Hoelders „Lyrischen Dichtungen“: sie haben Kraft der Empfindung, Feuer des Ausdrucks, Fülle der Phantasie, Schmelz der Form, und wenn der zweifellos noch sehr jugendliche Dichter dazu noch die Kunst erlernt, sein Eigenstes auch eigenartig auszuprägen, wenn er uns eines Tages sein Innerstes in seinem Tone und nicht im Tone seines großen Vorbildes vortragen wird — nun, dann wird die Welt reicher sein um einen wirklichen Lyriker. Fritz Hoelder hat das Zeug, wahrhaft Schönes und Bedeutendes in der lyrischen Kunst zu leisten. Möge er erfüllen, was er verspricht!

Aus dem Schwarzwald. Gedichte von Ludwig Auerbach. Herausgegeben von Friedrich Geßler und Ernst Scherenberg. (Lahr, Moritz Schauenburg.) Über Ludwig Auerbach, den empfindungsvollen Sänger des Schwarzwaldes, hat sich im Juli 1882, viel zu früh für den noch in der Kraft seines Schaffens stehenden Dichter, das Grab geschlossen. Zwei Freunde des Verstorbenen, Geßler in Lahr und Scherenberg in Elberfeld, senden nun die in alle Winde verweheten Gedichte des Todten gesammelt in die Welt hinaus. Einen ergreifenden Prolog (von Scherenberg), ein kurzgefaßtes Lebensbild und ein warm empfundenes Schlußgedicht (beides von Geßler), dazu das Portrait des Dichters — das geben sie dem schmächtigen Hefte mit auf dem Weg in die Welt. Und dieses Heft, wer es sich genauer ansieht, der muß es lieben. Auerbach — das bezeugen die hier zusammengefaßten Lieder — war eine reiche Natur, reich nicht nach der Breite seines Schaffensgebietes; denn nur das sangbare Lied war seine Domäne, aber reich in der Tiefe, die er auf diesem Gebiete bewährte, reich in der Kraft, mit welcher er den ganzen Umfang desselben zu umfassen verstand, reich in der Fülle der Töne und Stimmungen, die er demselben abzugewinnen wußte. Auerbachs Welt war die Welt seines heimatlichen Schwarzwaldes, und in ihr wurzeln auch seine Lieder: die ganze Schönheit des schwäbischen Gebirges, seine lauschigen Wälder, seine lichten Höhen, seine perlenden Quellen, seine stillen Dörfer, seine Menschen, Pflanzen und Tiere reden zu uns aus den Liedern Auerbachs. Und sie sind zu einem großen Teil in das Volk des Schwarzwaldes übergegangen, diese Lieder; Komponisten haben sie in die Sprache der Töne umgesetzt. Der Bauer und die Bäuerin singen sie in Baden wie in Württemberg. Poetisch wertvoll, nicht bloß volkstümlich, sind eine ganze Reihe dieser meistens in einfachem Strophengewande einherschreitenden Lieder, und die patriotischen unter ihnen stellen dem Verfasser neben dem Zeugnisse dichterischer Begabung auch noch das vaterländischer Begeisterung aus. Das „Schwarzwälder Heimatlied“, die „Wildschützenlanne“, „Komm', stille Nacht!“ u. a. werden dem Namen des Dichters Dauer und Ruhm verleihen. Den Herausgebern aber gebührt der Dank aller Freunde deutscher Dichtung; sie haben durch die Sammlung dieser

Auerbachschen Lieder des Schönen und Anmutigen, des Ächten und Erfreulichen viel vor dem Untergange gerettet. Möge das deutsche Volk es ihnen lohnen, indem es sich diese Lieder eines reichbegabten und durchaus volkstümlichen Poeten zu eigen macht!

Unsere Toten. Deutsche Lieder und Romanzen von Gustav Weck (Paderborn, Schöningh). Der Sänger der „Königin Luise“ (1885), Gustav Weck, gehört zu den berufensten lyrischen Propagandisten des deutsch-nationalen Gedankens. Feierte er in jenem Romanzencyklus die edle und vielgeprüfte königliche Frau, in deren Person das ganze Wehgeschick der napoleonischen Knechtung Deutschlands einen typischen Ausdruck findet, so erhebt er in den vaterländischen Liedern, die er soeben unter dem Titel „Unsere Toten“ in die Welt hinaus sendet, die großen und starken Männer, welche in den gewaltigen Jahren 1870 und 1871 uns das neue Deutsche Reich aufrichteten. Kaiser Wilhelm I., Kaiser Friedrich und alle die „Namenlosen“, die Söhne des Volkes, welche mit ihrem Blute unsere Größe und Stärke erkauften — sie sind die Helden, die der Dichter feiert. Gegenüber der einseitigen Verherrlichung, welche in Deutschland seit Jahren und zumal in der allerjüngsten Epoche bestimmte hohe und höchste Ehrenträger erfuhren, wenn es sich um die Revision der historischen Akten des großen Jahres handelte, thut es besonders wohl, hier die Stimme eines Dichters zu vernehmen, der neben jenen viel Bekränzten auch einmal die „Namenlosen“ bekränzt, und wohl thut es auch, hier ein volles und großes Lob einem in jüngster Zeit viel Geschmähten gespendet zu sehen, der, allen Anderen voran, unserer Verehrung würdig ist: Kaiser Friedrich! Die Rubrik besonders, welche dem edlen Dulder von Schloß Friedrichskron gewidmet ist, enthält des Schönen und warm Empfundenen viel, und allein um dieser Rubrik willen verdient das Wecksche Liederbuch die Beachtung aller Derer, welche von der Überzeugung durchdrungen sind, daß uns in Kaiser Friedrich Unersetzliches zu Grabe gegangen ist. — Weck bewährt in „Unsere Todten“ die Vorzüge seiner früheren Dichtungen aufs Neue: ein stolzes und edles Pathos der Überzeugung vereint sich hier mit schlichter, reiner Innigkeit des Herzens; jenes Erste leiht diesem Andern Kraft und Würde, und dieses wiederum umglänzt jenes mit dem warmen Strahle des Gefühls. Die Form, in welche dieser in jedem Sinne ausgeglichene Inhalt sich kleidet, ist zugleich eine schwungvolle und klare, eine ebenso einfache wie melodiöse. So ist das Wecksche Buch das, was jedes litterarische Erzeugnis patriotischen Inhalts sein sollte: ein Volksbuch im besten Sinne des Wortes. Ein besonders feiner Zug aber muß in dem Grundgedanken des einleitenden Gedichtes gefunden werden, welcher kein anderer ist, als dem Lebenden d. h. also dem jetzigen Kaiser, zuzurufen: Alles, was Du bist, verdankst Du den „Toten“. Wie wohlthuend ist doch der Kontrast dieses ungeschmückten, freien Dichterworts gegenüber all dem Süßen und Hohlen, das ein serviles Schrifttum heute nicht müde wird dem Hohenzollernjünglinge auf dem deutschen Kaiserthrone wieder und immer wieder zu Gehör zu bringen!

Ernst Ziel.

Dramen.

„Die Quitzows.“ Von Ernst v. Wildenbruch. Wildenbruchs neueste Schöpfung ist im Königlichen Opernhause zu Berlin am 9. November 1888 glücklich aus der Taufe gehoben und hat den fast unbestrittenen Beifall der Berliner Kritik gefunden. Und während von der gedruckten Ausgabe der „Quitzows“ nun-

nun schon die achte Auflage vorliegt, finden auch die noch immer fortgesetzten Aufführungen einen Beifall, wie ihn an den königlichen Bühnen lange keine Dichtung gefunden.

Zweifellos! Wildenbruchs Quitzows sind das Ereignis des Tages geworden; der Wildenbruchkultus ist in eine neue Phase getreten.

Unter solchen Umständen ist es wohl angebracht, dem fraglichen Löwen des Tages einmal näher zu treten, um zu ergründen, ob dieser beispiellose Erfolg der Quitzows als eine Folge der Vortrefflichkeit des Stückes berechtigt — und die Berliner Kritik läßt dies fast glauben — oder lediglich ein Zeichen der Zeit ist.

In ersterem Falle hätten wir uns zu der fast unglaublichen Entwickelung des Dichters, dessen Werk alsdann in der That eine Bereicherung unserer Litteratur wäre, Glück zu wünschen. In letzterem aber müßten wir der Vergötzung des Stückes, deren höchst verderbliche Ursachen wir alsdann aufzudecken hätten, energisch entgegentreten.

Prüfen wir also Wildenbruchs Quitzows zunächst auf ihren ethischen und formalen Gehalt.

Gleich beim Beginn unserer Aufgabe stoßen wir auf einen Widerspruch. Wildenbruch nennt sein Werk ein Schauspiel, und bezeichnet es damit als ein Drama (Handlung) mit großen ernsten Motiven und versöhnendem Ausgange. „Die Quitzows“ enden aber nichts weniger als versöhnend, denn beide, sowohl Dietrich Quitzow, der eigentliche Held des Dramas, als auch sein Bruder Conrad, gehen zugrunde, sterben.

Ein Zeichen der Zeit! Der Dichter täuscht uns bereits auf dem Titelblatte — aus Gefälligkeit gegen sein wohllöbliches Publikum, das wegen seiner chronischen Nervenschwäche aus seiner üblichen Gedankenfaulheit nicht aufgerüttelt werden darf, „da es ja grundsätzlich Trauerspiele meidet“.

Doch dem sei, wie ihm wolle. Wildenbruch ist ein Dichter der Gegenwart, der Erfolg haben will. Müssen wir ihn, den Dichter, der als solcher ein Erzieher seines Volkes zur Wahrheit und Natur sein sollte, darob auch tadeln — er habe unsere Verzeihung, maßen sein Werk in dem Grade wertvoller und bedeutender, als es durch sein falsches Etikett tadelnswert; ja, wir hätten kaum davon gesprochen, so Wildenbruch nicht gerade selbst in den Quitzows alle „Heuchelei verflucht“ hätte . . .

Zeit und Thatsachen des Dramas dürften schon aus Theodor Fontanes „Quitzöwel und die Quitzows“ (in „Zur guten Stunde“, Erster Jahrgang, wieder abgedruckt in „Fünf Schlösser“) der Hauptsache nach bekannt sein. Wir bemerken daher nur, daß es sich in den „Quitzows“ wesentlich um die Besitzergreifung der Mark Brandenburg durch den Burggrafen Friedrich von Nürnberg handelt, die Ereignisse, die dem unmittelbar vorausgehen, und den Widerstand, welchen dieser erste Zoller, der märkischen Sand betrat, durch den Adel findet, und dessen Niederwerfung.

An der Spitze des märkischen Adels steht der ältere Quitzow, der kampfgewaltige Dietrich, und dieser ist der Held unseres Stückes.

Wir vernehmen von Dietrich Quitzow zuerst gegen das Ende des ersten in Berlin spielenden Aktes. Bürger der Uckermärkischen Stadt Straußberg berichten, noch zitternd vor seinem Schwerte, wie er mit Hilfe der pommerschen Herzöge Otto und Kasimir ihre friedliche Stadt jählings überfallen und in einen Schutthaufen verwandelt hat. — Ein eigentümlicher Held das! Mit Hilfe der alten Erbfeinde der Mark, der Pommern, erobert er eine der freien Städte seines eigenen Vaterlandes und äschert sie ein.

— Kaum haben wir dies vernommen, so wird uns auch schon ein Brief Dietrichs verlesen, darinnen er den Berlinern gegen Freigabe seines jüngeren Bruders Conrad, der in dem Berliner Kloster erzogen wurde und so gewissermaßen in der Gewalt der Berliner war, Bündnis und Hilfe gegen die Pommern, seine eigenen Verbündeten, anbietet.

Im zweiten Akt erblicken wir ihn selbst.

Wir sind im Rathaus zu Straußberg. Die Pommernherzöge wollen Kriegsrat halten, aber Dietrich Quitzow bleibt aus purem Eigensinne aus, und als er endlich kommt, benimmt er sich so roh und gewaltthätig gegen seine Bundesgenossen, daß eben nur so vollendete Lumpen, wie diese Wildenbruchschen Otto und Kasimir mit ihren Pommern, imstande sein können, dies und jene Felonie ohne Gleichen, welche Dietrich darauf begeht, indem er die Pommern von seinen eigenen Leuten aus der Stadt hinauswerfen läßt, zu ertragen, ohne sich zu rächen, obwohl mindestens zehn Pommern gegen den einen Quitzow stehen!! Vor dem entblößten Schwerte dieses Helden prallen sie — wie das bei Wildenbruchschen Helden gegenüber üblich — zurück und verlassen in vollendeter Erbärmlichkeit das Gemach, und Wildenbruch — pardon! Dietrich deklamiert mit höchstem Pathos à la Bernhard in „Karolingern" (Akt I, zweiter Auftritt):

„Hier steh' ich, meine Freiheit ist mein Reich,
„Mein Haupt mein Unterthan, und meine Hände;
„Und meine Mannheit setzte die Natur
„Als Krone mir aufs Haupt — wo ist ein Mensch,
„Der sagen kann, er sei mehr Fürst als ich?"

worauf der Dichter noch antwortet:

„Der wandelt nicht auf Erden, der es dürfte,
„Du König ohne Krone, mächtiger Mann."

Ich will von den Versündigungen gegen die deutsche Sprache in obigem Citate — der letztzitierte Vers ist geradezu ein Nonsens ohnegleichen; der Dichter wollte offenbar sagen: „Du mächtiger Mann, auch ohne Krone König" — vollständig absehen, wie ich mich überhaupt mit Wildenbruchs Dramensprache, die freilich an Verwilderung ihres Gleichen nicht finden dürfte, jetzt nicht befassen will; aber nicht bemänteln wollen wir den Widerspruch, der zwischen Wildenbruchs Charakteristik und Schilderung liegt. Dietrich Quitzow wird in den ersten beiden Akten als ein „Mann, der ragend steht, als hätte die Natur dem Heldentum ein Denkmal aufgerichtet", als „die Sonne des bedrängten Volkes", kurzum, als ein rechter Held geschildert, während er sich nach der Charakteristik, die er sich selber durch seine Thaten und Worte leiht, als der vollendete Typus des brutalen Raubrittertums darstellt. Man denke nur an Äußerungen wie: „Wir sind von dem Geschlecht, an dem die Ketten menschlichen Gesetzes nicht haften; unser Wille, unser Recht!" „Mein Vaterland bin ich." „Bündnis mit Quitzow? Krämerseelen, wißt, Bündnis mach' ich mit Euch — nicht Ihr mit mir!" und ähnliche, und sage, ob sich in solchen Worten, denen die Thaten vollkommen entsprechen, nicht der vollendete Typus des Straßenräubers im Großen darstellt, der überall und stets nur seinen Vorteil sucht, und um dieses willen selbst Verrat, Heimtücke und Hinterlist nicht scheut.

Aber er ist ein Wildenbruch'scher Held, und als solchem gehört ihm die Welt, d. h. seine Verbündeten und Gegner sind mit Ausnahme seines schließlichen Überwinders noch erbärmlicher als er. So kommt's, daß Berlin ohne Überlegung, so zu sagen Hals über Kopf, zur Wahrung gegenseitiger Freiheit (!) Bündnis auf Leben und Tod mit ihm schließt (II, I, 9). Als dann aber die Berliner durch seine eigenen Thaten und Worte so recht handgreiflich inne geworden, mit wenn sie Bündnis geschlossen und ihnen durch die Ankunft des Hohenzollern der Rücken gedeckt, da — nehmen sie zu einer erbärmlichen Sophistik ihre Zuflucht („Wir schwuren darauf nicht!") und sagen sich von ihm los, so daß Dietrich Quitzow am Ende in der That vollständig, obwohl verdientermaßen, entblößt dem Burggrafen Friedrich gegenübersteht.

Im dritten Akte (zweite Scene, 13. Auftritt) giebt Wildenbruch noch einmal eine zusammenfassende Charakteristik seines Helden, der hier noch einmal ebenso anmaßend wie prahlerisch und thöricht erscheint angesichts der Thatsache, daß er der wahre und wahrhaftige Streiter der Anarchie, sich als Held der Freiheit, die von niemandem als ihm selbst bedroht ist, aufspielt.

Man sieht, die Quitzows sind vom ethischen Standpunkte aus unhaltbar. Aber vielleicht liegt ihr so oft und immer wieder betonter Wert nach der formalen Seite hin.

In seinem „Macbeth" giebt uns Shakespeare das Muster einer Tragödie. Wir sehen, wie der Held, eine große, edle, wahrhaft ritterliche Gestalt, durch den ihm innewohnenden Stachel des Ehrgeizes getrieben mählich in Schuld verstrickt wird, die zuerst nur eine Gedankenschuld ist, bis sie in jener furchtbaren Nachtscene des zweiten Aktes zu einer solchen der That wird. Macbeth ladet eine Blutschuld auf sein Haupt; diese ist unsühnbar, sein Untergang daher unausweichlich. Und in der That ist es diese erste Schuld, die aus dem edlen, hochherzigen Helden jenen finsteren, argwöhnischen, grausamen, grüblerischen Tyrannen macht, als der er in den folgenden Akten ebenso unseren Abscheu, wie, in Erinnerung dessen, was er war, unser innigstes Mitleid erregt, so daß sein schließlicher Untergang, der wohl verdient ist und weniger rühmlich verdient wäre, uns sogar aufs tiefste erschüttert. Ist es doch die menschliche Schwäche, der wir uns nur zu vollkommen, wenn auch nicht immer klar, bewußt sind, die diesen Untergang des Helden herbeiführte und die wir in seinem Schicksale beweinen.

Aber Wildenbruch nennt sein Werk selbst ein Schauspiel. Es ist daher, trotz unserer obigen Auseinandersetzung, doch vielleicht ungerecht, legen wir einen solchen Maßstab an. Nun wohl! Unsere Litteratur bietet für diese Art ein Meisterwerk, das sich in seiner Art dem des großen Briten ebenbürtig zur Seite stellt. —

In der Tragödie sehen wir den Helden sündigen gegen das ewige Moralgesetz, seine Schuld kann daher nur der Tod sühnen. Im Schauspiel sündigt der Held gegen die menschliche Satzung, die nur von heute ist und morgen nicht mehr gilt, und seine Schuld ist gesühnt, sobald sein Fehl durch Strafe gebüßt oder verziehen ist.

So sehen wir in Kleists Schauspiel: „Der Prinz von Homburg" diesen sich gegen die Subordination vergehen und von seinem Herrn in Strafe genommen werden. Da aber seine Schuld nur eigener Unachtsamkeit, heißblütigem Temperament und Übereifer entsprang, und nur gegen die Satzung seines Herrn, und sonst nichts, verstieß, kann und muß sie gesühnt werden können, und wird es auch in der That mit der Verzeihung des Fehls. Ein tragischer Ausgang — Untergang des Helden — ist vollständig ausgeschlossen, da seine Schuld nur ein Fehl gegen menschliche Satzung und kein Vergehen gegen das ewige Moralgesetz.

Welches ist nun aber die tragische Schuld in Wildenbruchs Quitzows, von der Aristoteles im dreizehnten Kapitel seiner Poetik handelt, und die des Helden Untergang herbeiführt, der, wenn auch ἁμαρτία, d. h. von dem Helden als

Menschen, wie er uns vor Begehung oder Bekanntwerdung seiner Schuld erscheint, nicht verdient erlitten wird („er hätte solches Schicksal nicht verdient,“ pflegt man hierauf bezüglich zu sagen), so doch in Beziehung auf diese Schuld, abstrakt betrachtet, keineswegs als zu hart erscheint?

Ich glaube, wir werden uns vergeblich bemühen, danach in Wildenbruchs Quitzows zu suchen. Dietrich Quitzows schließlicher Untergang im vierten Akte läßt daher auch völlig kalt, da er nicht, wie Macbeth, im Kampfe zwischen Leidenschaft und Charakter, oder, wie Don Carlos, für eine höhere Idee, im Untergange noch siegend, sondern vielmehr an seiner eigenen Thorheit und Anmaßung zugrunde geht, nicht von seinem unverdienten, wenn auch selbstverschuldeten, Schicksale überwältigt, sondern von einem Stärkeren als er erdrückt.

Man sieht, „Die Quitzows“ gehören, wie fast alle Wildenbruchschen Dramen, zu denen, die der weise Denker als solche bezeichnet, in denen der durchaus (sittlich) schlechte Mann (σφόδρα πονηρός) aus Glück in Unglück gerät. Wie aber Aristoteles über solche Dramen dachte, mag man selber in seiner Poetik nachlesen (Kap. 13).

Sind nun auch Wildenbruchs Quitzows sowohl ethisch wie formal nicht zu halten, so könnte aber doch vielleicht ihr poetischer Gehalt ein derartig hoher sein, daß sie gleichwohl, wenn auch nur um dieses willen, als eine Bereicherung unserer Litteratur anzusehen wären.

Poetischer Gehalt eines Dramas kann enthalten sein entweder in den Situationen der einzelnen Szenen, oder in der Sprache desselben, oder in beidem. Ersteres ist ausschließlich bei Heinrich von Kleist der Fall, dessen Sprache, wenn auch des poetischen Zaubers keineswegs entbehrend, sich doch in einer der Alltagssprache sich nähernden gewissen Einfachheit und Bilderarmut gefällt, während seine Situationen — man denke nur an den herrlichen Eingang und Schluß des Prinzen von Homburg — der echte Zauberhauch der Poesie umweht. — Ihm entgegen steht der österreichische Dramatiker Franz Grillparzer, bei dem unstreitig, z. B. in dem herrlichen dritten Akte von „des Meeres und der Liebe Wellen“, die Poesie der Sprache die der Situationen überwiegt.

Poesie der Situationen und der Sprache vereint finden wir bei unsern Klassikern Schiller und Goethe, und zwar bei ersterem die der Situationen, bei letzterem die der Sprache vorherrschend. Ich verweise zum Beweise dessen nur auf „Tell“ und „Egmont“. In ersterem die großartige Poesie der Alpennatur, die ihren Gipfelpunkt in der Rütliscene findet; in letzterem der wunderbar melodische Zauberklang einer Sprache, die sich in den Kerkerszenen fast in Musik aufzulösen scheint.

Es ist zweifellos, weil durch den Erfolg verbürgt, daß die Poesie der Situationen allemal und immer mächtiger wirkt, als die der Sprache. Daher auch der größere Bühnenerfolg der Dramen Schillers und Kleists vor denen Goethes und Grillparzers. — Andererseits ist es unleugbar, daß die Beherrschung der Sprache und ihr melodischer Ausbau eine größere Kunst und einen umfassenderen Geist verlangt, als die Erfindung poetischer Situationen. Denn jenes verlangt tiefen Einblick in die Gesetze der Sprache, eine genaue Kenntnis des menschlichen Gemütes, während es zur Erfindung poetischer Situationen kaum mehr als eines Gefühles dessen bedarf, was poetisch ist, da es der Situationen ja in der Welt eine solche Hülle und Fülle giebt, daß man kaum nötig hat, solche auszusinnen, falls man nur Augen hat, sie zu sehen.

Es läßt sich nicht abstreiten, daß Wildenbruch von allen modernen Dramatikern die besten Augen hat für derartige poetische Situationen.

Man denke, um auf „Die Quitzows" zurückzukommen, nur an die vorzüglich gemachten Eingangsszenen des ersten Aktes. — Wirklich! es steckt Poesie in diesen Szenen zwischen dem Wachtmeister und den Stadtsoldaten am Thorturme; in der Szene, wo die Stadthäupter von Berlin vor dem Rathause pokulieren und ihre Witze machen, und Köhne Finke sein schnoddriges Maulwerk in Gang setzt. Nicht minder in den Szenen zwischen Köhne Finke und Conrad Quitzow und den Mädchen; und dem Ballspiel der Berlinerinnen und der jungen Edelleute. Im Hinblick auf solche Szenen hatte man allerdings recht mit seinem Lobe.

Aber damit haben wir auch die Poesie der Situationen in den Quitzows, die ja bei Wildenbruch leider selten den ersten Akt überdauert, erschöpft. Wo sich Wildenbruch in den folgenden Akten noch bemüht, durch solche Poesie zu wirken, wird, wie in der zweiten Szene des zweiten Aktes, stets sehr bald sein poetisches Unvermögen offenbar: überall schöne Anfänge, die sich aber alsbald in die übliche Karfunkelei — man denke an das Erscheinen der Prunktafel beim Auftreten Dietrichs ebenda — und die unvermeidliche Roheit verlieren.

Überhaupt, je mehr Wildenbruch dem Ende seines Dramas zustrebt, je ärmer wird die Poesie seiner Situationen, und die letzten Akte weisen selten noch etwas von dem auf, was die ersten versprachen. Wie roh, hausbacken und brutal sind auch die letzten Akte der Quitzows! Wie mehr und mehr widerwärtig, ekelhaft erscheint nicht dieser Dietrich Quitzow, je mehr und mehr wir uns mit ihm beschäftigen! Und welche kahlen, öden Situationen überall! Das Feld bei Brandenburg mit seinem unfruchtbaren Sande und Witze, und Quitzows öde und leere Burg mit ihren geistesöderen und leereren Bewohnern! Wahrhaftig, man bekommt das Frieren, denkt man dran!

Wie machtvoll türmt sich dagegen nicht der gewaltige Zauber der Situationen in Schillers Tell! Die Tellswiese bei Altdorf, vom Bannberg begrenzt, mit ihrem Ausblick auf das Schneegebirge und der ergreifenden Apfelschußszene; das wilde Felsenthal bei Küßnacht mit seinen um Erbarmung flehenden Gestalten, dem hoch oben hinter dem Felsenvorsprunge lauernden Rächer, dem finsteren Landvogte mit seinem Rittergefolge, dem jubelnden Hochzeitszuge und dem wie Grabgeläute erklingenden Sange der frommen Brüder! Und endlich das zerstörte Zwinguri und die von Freudenfeuer und dem Glanze der aufgehenden Sonne widerstrahlenden, von Glockengeläute hallenden Berge — — ja, das ist Poesie!

Aber die Quitzows? —

Doch die Poesie der Situationen ist es nicht allein, was den poetischen Wert eines Dramas bedingt. Wir haben schon darauf hingewiesen, daß Goethe es im Gegensatze zu Schiller liebte, seine Situationen so einfach wie möglich zu gestalten, wodurch er der Wirklichkeit näher kommt, realistischer wirkt. Denn die Wirklichkeit liebt in der That einfachere Situationen, als Schiller sie gemeiniglich in seinen Dramen anzuwenden pflegte.

Steht aber auch Goethe hierin Schiller nach, so liegt dafür ein ungleich größerer Zauber in seiner Sprache. Denn tönt auch das erhabene Pathos Schillers gleich dem Rauschen eines vom Gewitterregen geschwollenen Gießbaches, so ist es doch nicht zu leugnen, daß gerade dieses Pathos mit seiner stets auf die stärksten Töne gestimmten Tonleiter auf die Dauer unendlich ermüdet.

Wie anders wirkt Goethes Sprache,

die dahinfließt, wie ein felsentsprossener Springquell über Kieselgeröll, vorbei an herrlichen Ufergeländen, so frisch, klar und hell wie Kristall! — Ich glaube, daß es nicht möglich ist, das Schillersche Pathos länger als drei, höchstens vier Stunden zu ertragen, ohne zu ermüden, während ich überzeugt bin, daß man Goethes Sprache in seinen Dramen ganz gut die doppelte Zeit erträgt, und dann noch leidlich frisch davongeht. — Das liegt an der schlichten Natürlichkeit Goethes, dessen Hauptzauber nicht wie bei Schiller in gewaltigen Bildern und dröhnendem Flusse seiner Verse, sondern in einer gewissen Sprachmusik beruht, die direkt dem schlichten deutschen, aber zu Herzen sprechenden, weil von Herzen kommenden Volksliede entlehnt zu sein scheint.

Wie verhält es sich nun mit der Sprache Wildenbruchs?

Wildenbruch verwendet in seinen Quitzows den Berliner Dialekt. Es ist daher nötig, einiges über die Verwendung des Dialektes in der Dichtung zu sagen.

Zunächst die Frage, wann darf ein Dialekt verwandt werden?

Ich meine, überall da, wo er zur Erhöhung des poetischen Zaubers beiträgt, wo er imstande ist, zu idealisieren. Was er aber in solchem Falle zu leisten vermag, das zeigen uns die oberbayrischen Volksstücke, die, entkleidet des Dialekts, vielleicht ihren Hauptzauber einbüßen dürften. Beruht doch gerade hierauf ihre eigenartige Ursprünglichkeit! Ich wenigstens könnte mir diese oberbayrischen Gestalten nicht unser Salon-Hochdeutsch sprechend vorstellen.

Ist es nun Thatsache, daß aller poetische Zauber des Dialekts lediglich auf seiner Ursprünglichkeit beruht, so folgt daraus, daß er diesen auch nur dann besitzen kann, wenn er selbst ursprünglich ist.

Der Berliner Dialekt ist aber nichts weniger als ursprünglich, maßen er nichts mehr, als ein entartetes Hochdeutsch. Und als solcher hat er alle Untugenden einer entarteten Sprache: Nüchternheit, Hausbackenheit, Afterweisheit (berlinisch: Schnoddrigkeit), und entbehrt vollständig jedes poetischen Zaubers, der in der ihm fehlenden Anmut, Naivität und anspruchslosen Moral des echten Dialekts zu liegen pflegt.

Es ist demgemäß die Anwendung des Berliner Dialekts in den Quitzows nur zu tadeln, um so mehr, als nicht einige Nebenpersonen, sondern die meisten Handelnden sich seiner bedienen.

Damit ist auch schon das Urteil über Wildenbruchs Sprache in den Quitzows im Allgemeinen gesprochen. Über die nicht dem Berliner Dialekt angehörenden Strecken äußerte ich mich schon oben dahingehend, daß ich sie für zum größtem Teile verwildert halte.

Es erübrigt, ein paar Beispiele anzuführen.

Im zweiten Akte (erste Szene, zweiter Auftritt) steht:

„Gott zum Gruß, die Herr'n!"

So hört man wohl ungebildete Leute auf der Straße sprechen, aber gebildete sagen: Gott grüße die Herren, d. h. neige ihnen seine Huld zu. —

Ebenda, vierter Auftritt:

„Otto: Wir hätten Straußberg auch ohne dem bekommen!

Barbara: Warum habt ihr nicht?"' muß heißen: Warum habt ihr es nicht? die Auslassung des Pronomens ist englisch („because have you not?"), aber nicht deutsch.

Ebenda:

„Otto: Prenzlau haben wir nun, fehlt bloß noch Angermünde. Das holen wir uns wie die Butter aufs Brot!"

Unsinn! Der Dichter wollte sagen: „das muß uns werden wie dem Fisch der Rogen!" Den Fisch, Prenzlau, das Wichtigere, haben sie, also könne es ihnen an dem Rogen, dem kleinen Angermünde, nicht mangeln.

Ebenda, sechster Auftritt:

„Dietrich: Wie mir das Herz im Leibe lacht, daß ich „es" (statt „ihn") ihnen habe ins Gesicht schleudern können, all den Ingrimm und Ekel, der mich ꝛc." Der Dichter wollte offenbar sagen: „— — —, daß ich es ihnen habe ins Gesicht schleudern können, was mir schon längst am Herzen fraß; all den ꝛc." So wie er aber schrieb, durfte er nicht anders konstruieren, als oben angegeben. Es folgt das schon bekannte:

„Hier steh' ich, meine Freiheit ist mein Reich,
Mein Haupt mein Unterthan, und meine Hände."

Das Nachklappen von „und meine Hände" ist im höchsten Grade undeutsch; das Ganze macht übrigens fast den Eindruck einer schlechten Übersetzung aus dem Englischen („that subjects are my head and mighty hands"). Von dem dann folgenden: „Du König ohne Krone, mächtiger Mann", wo das erstere, so nur ironisch Verwendbare, durch das letztere aufgehoben wird, ist schon oben gesprochen.

Das Äußerste einer sinnlosen Auslassung einer notwendigen Copula dürfte jedoch Wildenbruch wohl in folgendem geleistet haben (Akt II, erste Szene, sechster Auftritt):

„Dietrich: — — — —

— Wir sind von dem Geschlecht
An dem ersten menschlichen Gesetze
Recht halten; unser Wille unser Recht!
Und jene Luft, die Quitzows-Seelen [illegible],
Freiheit, der Lebens Odem, der uns füllt!"

Es ist unmöglich, zu sagen, was der Dichter hier meint. Man kann es allenfalls dunkel fühlen, aber damit hat es auch sein Bewenden.

Diese kleine Mustersammlung Wildenbruchscher Versündigungen gegen die deutsche Sprache ließe sich leicht um ein Beträchtliches vermehren, doch mag Obiges genügen, zumal nun wohl niemand mehr wird leugnen können, daß unser Urteil begründet, und daß es nicht zuviel gesagt war, so wir Wildenbruchs Sprache eine verwilderte geheißen.

In seinem Essai über die Shakespearomanie schreibt Grabbe: „Vom Poeten verlange ich, sobald er Historie dramatisch darstellt, auch eine dramatische, konzentrische und dabei die Idee der Geschichte wiedergebende Behandlung."

Ich will mich nun gar nicht damit aufhalten, zu untersuchen, inwieweit Wildenbruch in seinen Quitzows diesen Anforderungen entspricht. Ist es doch eine anerkannte Thatsache, daß er nicht imstande, solchen auch nur im entferntesten zu genügen, und von anderen, z. B. Arnold Folke, schon hinreichend nachgewiesen, daß er sich stets in die Details verliert und infolgedessen die Handlung zersplittert; ja, daß gerade seine größte Stärke in den Details liegt, und er unfähig ist, einen die Handlung tragenden „Charakter" zu schaffen, resp. vor uns zu entwickeln. Daher auch das Marionettenhafte seiner Gestalten, die stets wie auf den Wink des Theatermeisters zu reden scheinen.

Eines möchte ich noch erwähnen.

Die Größe eines Dichters kann man gemeiniglich schon an der Größe und Gewalt seiner Naturlaute bemessen, d. h. jener aus dem innersten Herzen aufquillenden Angstschreie, die, wie Macduffs: „Er hat keine Kinder!" oder Wallensteins: „Bleib bei mir, Max! ꝛc.", eine unendliche Summe von Empfindungen in ein einziges Wort bannen.

Wildenbruch hatte an zwei Stellen seiner Quitzows Gelegenheit, uns durch solche Naturlaute seine Berufung als Dichter zu erweisen.

Die erste dieser Stellen befindet sich am Schlusse des dritten Aktes. Dietrich Quitzow wird in die Acht erklärt und sein Bruder Conrad bricht sich zu ihm

Bahn mit dem Rufe: „Mein Bruder“, und „klammert sich an ihn“. Und nun sollte man meinen, die Natur werde sich mächtig Bahn brechen und Conrad, der in seinem Bruder sein eignes Ich bedroht sieht, sich mannhaft für ihn in die Schanze schlagen, um ihn entweder zu retten oder mit ihm unterzugehen. — Aber nichts von alledem geschieht! Wie immer, wenn einem Wildenbruchschen Helden ein Kampf der Seele bevorsteht, so geht es auch hier. — Conrad hatte, wie er sagt, den Hohenzollern als Erbner seines geliebten Landes herbeigesehnt. Nun ist er da und ächtet seinen Bruder. Und als ihn der Hohenzoller fragt: „Conrad von Quitzow, willst auch Du mein Feind sein?“ was thut da der starke Mann? -- — Erst starrt er ihn wortlos an, dann aber brabbelt er ein paar sinnlose Worte von: „Er ist der Retter!“ „Er kommt als Feind!“ „Es ist wider die Natur! rc. „und sinkt in die schon genügend aus dem neuen Gebote bekannte Wildenbruch'sche Ohnmacht — „bricht zur Erde“, wie der Dichter schreibt.

Die zweite Stelle, wo Wildenbruch durch Naturlaute hätte erschüttern sollen, befindet sich in der Schlußscene des Stückes, und zwar gegen das Ende.

Dietrich Quitzow ist im Begriff, einen ungeheuren Frevel an seinem eigenen Vaterlande zu begehen, es mit Hilfe der fremden Pommern und Polen niederzuwerfen und zu knechten. Er giebt seinem Bruder, der diesem zwischen Barbara, der natürlichen Tochter des Polenkönigs Jagello, und ihm vereinbarten Plan zugehört, Befehl, sich bereit zu halten zum Durchbruch durch das sie belagernde Heer. -- Nun sollte man meinen, daß Conrad, vor dem Ungeheuern einer solchen That sich empörend, zunächst seinem Bruder sich widersetzen, dann ihn beschwören wird, abzulassen von solchem Vorhaben, und endlich, als nichts mehr fruchtet, sich verzweifelnd, doch zum Äußersten entschlossen, ihm in den Weg stellt, um eine solche Schmach von Quitzow abzuwenden. Dietrich aber beharrt; er gerät in Wut; die zwischentretende Barbara wird zurückgestoßen, es kommt zum Schwertkampf. Aber die wilde Verzweiflung Conrads vermag mehr als die Hünenkraft Dietrichs; er sinkt nieder zu Tode getroffen, sterbend. Aber auch Conrads Kraft ist gebrochen, sein Leben zu Ende. Der Schmerz übermannt ihn, und während noch alle, entsetzt über das Schreckliche, das sich soeben vor ihren Augen zugetragen, starren, sich nicht zu rühren wagen — da sinkt er kraftlos nieder und haucht langsam in den Armen seines Getreuen Dietrich Schwalbe, der ihn aufgefangen, seine Seele aus. — Ein letzter Schuß dröhnt herüber, und wie er verhallt, springt die Thüre auf und herein tritt Hohenzollern rc.

So ungefähr hätte ein echter Dichter den Schluß der Quitzows gestaltet und durch die kurze, tragische Wucht seiner Szenenführung uns erschüttert zugleich und erhoben. — Und nun sehe man, wie hausbacken gemütlich alles bei Wildenbruch zugeht, und ich glaube, man wird mir beipflichten, daß Wildenbruch durch den verfehlten Schluß seiner Quitzows wieder einmal bewiesen hat, daß er zu wenig Dichter ist, um ein mustergültiges Drama, wie es seine Freunde tagtäglich von ihm erwarten, schaffen zu können.

Wir haben gesehen, wie wenig Wert thatsächlich in jeder Hinsicht Wildenbruchs Quitzows haben. Trotzdem sehen wir aber noch alle Tage, welchen rätselhaften Erfolg sie auf der Bühne sowohl wie im Buchhandel davontragen.

Worin besteht nun das Geheimnis, das ihnen solches Leben leiht?

Die Antwort gab schon Arnold Fokke in seiner Besprechung der Karolinger (Grenzboten 34, 1883). Es ist die Fülle der thatsächlichen Vorgänge, der brausenden, lüsternen Szenen, die die Sinne animalisieren und der Schaulust der Menge Genüge thun, mit einem Worte: ihre gleißende Gestalt! Man geht zu einem Wildenbruchschen Drama wie zu einem Pferderennen oder einer Schaustellung im zoologischen Garten; man will unterhalten sein, ohne gedanklich aufgeregt zu werden; sich amüsieren und doch den Schein wahren, als nähme man teil an dem geistigen Leben der Besten der Nation; man wünscht Anregungen, aber nicht zum Denken, sondern für — sein tägliches Gespräch. Und dazu ist Wildenbruch mit seiner ausgesprochenen Abneigung gegen alles Gedankliche der rechte Mann, Berlin mit seinem latenten gedankenlosen Vergnügungsfieber der rechte Ort und „Die Quitzows“ mit ihrer raffinierten Berechnung auf den Lokalpatriotismus das rechte Stück.

Theodor Abeling.

Kulturgeschichte.

Den feineren Kennern unseres vaterländischen Schrifttums ist es nicht unbekannt, daß wir dem Dichter Graf von Schack das beste geschichtliche Buch über die Poesie und Kunst der Araber in Spanien verdanken. Wer die Geistesart, die Forschungslust und den unermüdlichen, alles zur Reife des vollendeten Kunstwerkes treibenden Fleiß dieses Dichters betrachtet, wird sich nicht wundern, ihn als einen der ersten Geschichtschreiber auf dem Plan zu finden und zwar als den glänzenden Schilderer einer der glänzendsten Epochen europäisch-orientalischer Kultur- und Kunstblüte in Spanien.

Dieses berühmte Schacksche Araber-Buch hat nun sein Seitenstück in einem zu nicht geringerer Berühmtheit berufenen Normannen-Buch erhalten. Wie das erste bildet auch das zweite Buch das Ergebnis einer langen Reihe von Studien, Eindrücken und Kunstaufspeicherungen und ist nichts weniger als das Produkt eines Schnellschreibers, der heute schon lehrt, was er gestern erst gelernt, oder heute schon verwirft, was er gestern — noch nicht begriffen. Die „Geschichte der Normannen in Sizilien“, welche soeben in zwei stattlichen, eleganten Bänden in der Deutschen Verlagsanstalt in Stuttgart erschienen, ist eine der jugendfrischesten und zugleich reifsten Arbeiten des hochbetagten Schriftstellers. Denn seit seiner Jugend hat ihn diese Episode des Mittelalters auf das lebhafteste beschäftigt; bereits in seinem vierundzwanzigsten Jahre, als er zum erstenmale die Insel Sizilien durchreiste und die Denkmale der normannischen Architektur, besonders in Palermo, betrachtete, stieg in ihm der Gedanke auf, die Geschichte der Eroberung derselben durch die Söhne des Grafen Tankred von Hauteville und der glänzenden Herrschaft der Nachfolger Rogers bis zu der furchtbaren Zertrümmerung des Königreichs Sizilien durch Heinrich VI. in einem selbständigen Werke darzustellen.

Wiederholt hat er die Insel besucht, sie in kühnen Ritten zu den verschiedensten Zeiten nach allen Richtungen durchstreift, die entlegensten Orte, an welche sich normannische Erinnerungen knüpften, aufgesucht, zugleich alles in seinen Besitz gebracht, was an alten Chroniken, quellenmäßigen Darstellungen der einzelnen Perioden der Normannenzeit und sonst tauglichem geschichtlichen Material aufzutreiben war. Die Entwürfe zu dem vorliegenden Werke gehen also auf fast ein halbes Jahrhundert zurück. Bereits vor zwanzig Jahren, als das Buch über die Poesie und Kunst der Araber in Spanien die Presse verlassen hatte, gedachte er daran, das Buch über die Normannen auf Sizilien folgen zu lassen.

Schon aus diesen äußerlichen Umständen läßt sich erkennen, ein wie reiches

Stück wirklichen Lebens der Dichter und Forscher Graf Schack in dieses Geschichtswerk hineingearbeitet hat und wie es daher auch etwas unendlich Reicheres und Edleres werden mußte, als jene Monographien und Geschichten, die in der lampendunstigen Luft der Studierstube von nüchternen Zettelgelehrten und „berufenen" Fachwissenschaftlern hauptsächlich durch die Kraft ihres Sitzfleisches erzeugt und nach berühmten Schulmustern ausgearbeitet werden. Darum können diese gelehrten Sachen, man mag sie auslüften wie man will, niemals jenen widerlichen Beigeruch von Schweiß und Dunst verlieren, der ihnen von der Art und dem Ort ihrer Entstehung her anhaftet.

Ich erinnere mich, wie mir's damals mit diesen gelehrten Fachkameraden ergangen, als ich vor elf Jahren meine erste sizilische Reise absolvierte. Ich hatte mir in Neapel einen Arm voll italienischer, französischer und deutscher Schmöker über die Zyklopeninsel angeschafft und in meinem Koffer verpackt, aber die ernstesten Versuche, die ich in Palermo, dann in Messina, Catania und Syrakus machte, mich mit diesen gelehrten Häusern in nützlicher Weise ins Einvernehmen zu setzen, schlugen fehl — es war mir einfach unmöglich, an Ort und Stelle dieses nüchterne, trübe, stumpfe Zeug, diese luftleeren, toten Studierstuben-Produkte zu lesen. Meinem Reisebegleiter, dem jungen, munteren Naturforscher Dr. Otto Taschenberg — mögen ihm diese Zeilen ein heller, jauchzender Erinnerungsgruß sein! — ging es ebenso. Und wir wanderten selbander drauf los, zu Wasser und zu Land, auf Schustersrappen und auf Eselsrücken und schwelgten in Wonne und Entzücken in der leuchtenden, brausenden Welt, derweil unsere gelehrten Schmöker in der Nacht unserer Koffer hocken und ihren matten Leuchtwürmchen-Schein verbreiten konnten . . .

Leben, Wirklichkeit, Geist, Poesie, alles umweht von der großen, freien Gottesluft, durchpulst vom heißen, reichen Blut ureigenen, ewigen Kraftgefühls — und daneben das dummgescheidte, albernkluge Geträtsch lebensarmer, augenkranker Gelehrtheits-Monopolisten. Da ist im Voraus die Wahl entschieden.

Ja, wenn wir damals ein Buch, wie das Schacksche, ein von lebendigem Geiste, lebendiger Poesie sprühendes Buch wie diese „Geschichte der Normannen in Sizilien" zur Hand gehabt hätten!

Ja, das ist ein Buch — und kein Schmöker! Da spürt man an jedem Wort, daß es durch die Seele eines großen Dichters und Sprachgewaltigen gegangen, an jeder Schilderung, daß ein geniales Seherauge auf der Sache geruht, an jedem Nachweis, daß ihn der tiefgründige Spürsinn eines freien, unabhängigen, von keiner Fessel der Zunft und der Schule beschwerten Geistes gefunden. Die gewaltige Sonnenglut des Südens, die alle Triebe, Leidenschaften und Unternehmungen höher wachsen läßt, oft bis ins überwältigend Maßlose, grausig Tragische, schlägt uns aus diesen Geschichtsblättern entgegen, die Flammen des Hekla und des Aetna beleuchten die düsteren Charakter-Gemälde und die Meerflut rauscht bald in wildem Sturm, bald in sanftem Kosen der plätschernden Wellen am stillen Gestade ihr ewiges Lied zu dem Schauspiel der palermitanischen Zaubergärten, wo die letzten Normannenhelden, mit dem Blut der alten Wikinger im Herzen, sich in den Armen sarazenischer Schönen wiegen und den zärtlichen Strophen arabischer Hofdichter lauschen . . .

Das Schacksche Werk hebt mit der Schilderung der alten Wikinger im Norden und ihren Eroberungszügen an, Schritt für Schritt mit der Gewissenhaftigkeit des Geschichtsschreibers dem Gange der Ereignisse, auch den minder erfreulichen und minder fesselnden, folgend, und schließt mit dem erschütternden Untergang des normannischen Reiches in Sizilien. „Es mag thöricht erscheinen,“ ruft der Dichter-Historiograph an einer Stelle aus, „der Weltgeschichte einen anderen Lauf wünschen zu wollen, als den, welchen sie in der That genommen, indessen vermag man kaum den Ausdruck der Trauer darüber zu unterdrücken, daß das normannische Reich, welches unter einer Reihe hochsinniger Fürsten während der dunkelsten Periode des Mittelalters eine seltene Geistesfreiheit und dabei schöne Anfänge einer höheren Kultur auf dem Gebiete des Wissens, der Kunst und der Poesie entfaltete, durch die brutale Gewalt eines entarteten Hohenstaufen auf so grauenvolle Weise zugrunde gehen mußte.“

Summa: alle Fähigkeiten des Geistes und Gemütes einer hochbegnadeten Natur haben sich vereint, um aus diesem neuesten Buch des Dichters und Gelehrten Graf v. Schack ein Werk zu gestalten, das unserer vaterländischen Litteratur zu meisterlicher Zier gereicht, nicht zu reden von dem Nutzen, den sein liebevolles Studium dem heranwachsenden Geschlecht der Deutschen bringen kann.

M. G. Conrad.

Abhandlungen aus der neueren Geschichte. Von Max Duncker. Leipzig, Duncker & Humblot. 339 S. Obwohl schon vor zwei Jahren erschienen, halten wir es doch für ein Gebot sorgsamer Kritik, diese Sammlung interessanter Nachlaß-Arbeiten des verdienstvollen Gelehrten und Schriftstellers aufs wärmste in Erinnerung zu bringen. Den politischen Fanatikern und liberalen Splitterrichtern müssen wir dabei zu unserer eigenen Salvierung die eidliche Versicherung geben, daß uns die freiwillig gouvernementalen Helfersdienste, zu welchen sich der „Altliberale“ Duncker in seinen letzten Lebensjahren hergegeben, sehr wohl bekannt sind, daß wir aber von unsern Lesern erwarten, daß auch sie in der Politik das Echte vom Unechten zu scheiden wissen. Die Auswahl, von der Witwe des Verstorbenen veranstaltet und von Heinrich v. Treitschke gut geheißen, besteht aus zehn Stücken, die zum Teil dem handschriftlichen Nachlaß, zum Teil den in Zeitschriften zerstreuten Aufsätzen und Vorträgen entnommen sind. Am bedeutendsten und fesselndsten dürften für die heutigen Leser die meisterhaften Lebensschilderungen Karl Mathys und Droysens sein.

M. G. C.

Sowohl zum Gebrauch an höheren Unterrichtsanstalten wie zur Selbstbelehrung eignet sich in ganz vorzüglicher Weise die „Geschichte des Mittelalters und der Neuzeit vom ersten Auftreten der Germanen bis zur Errichtung des Deutschen Reiches“ von Dr. Hermann Stöckel. (München, G. Franzscher Verlag, J. Roth. 1889. 520 S. Gr.-Okt. 4 M.) Der Verfasser ist nicht nur ein erprobter Schulmann (Lehrer an der kgl. Kreisrealschule in München), der seinen Stoff methodisch und pädagogisch zu meistern versteht, sondern auch ein feiner Kopf und starker Charakter, der seine Meisterschaft nicht zur jesuitischen Vergewaltigung der Geschichte in usum delphini, wohl aber zur redlichen, eindrucksvollen Belehrung und Erziehung der Jungen und Alten auszuüben versteht. In lebendiger, lichtvoller Sprache entrollen sich die großen Perioden der vaterländischen Geschichte, in leichtfaßlicher Anordnung überall das kulturhistorisch Bedeutsame scharf hervorkehrend und im Einzelnen nicht mehr Namen, Zahlen und Thatsachen häufend, als der sogenannte „Gedächtnisstoff“ (grauenhaftes Wort!) unserer staatlichen Schulen für das „Abgangs“-Examen erfordert. Stöckel hat mit dieser Arbeit nicht nur ein höchst brauchbares, sondern auch ein leicht und angenehm zu lesendes Geschichtsbuch geliefert. Sein schriftstellerisches Geschick verdient unsere lebhafte Anerkennung. M. G. C.

Ein ganz eigentümliches Unternehmen ist die „Illustrierte Geschichte von Bayern", welche vom Süddeutschen Verlagsinstitut (E. Hänselmann) in Stuttgart lieferungsweise herausgegeben wird. Die uns bis jetzt zugegangenen 13 Lieferungen (384 Seiten Großoktav) reichen bis zu den ersten Karolingern. Das Werk steckt also noch recht eigentlich in den Anfängen und läßt noch kein anderes als rein technisches Urteil zu; denn die geistig entscheidenden Partieen einer spezifisch bayrischen Geschichte liegen erst im Reformationszeitalter, in der Jahrhundertwende unter Napoleon und in der politisch und kulturgeschichtlich merkwürdigen Experimentenepoche des ersten Ludwig und des zweiten Max. Nach der technischen Seite hin ist also festzustellen, daß der schriftstellerische Wert des Buches den illustrativen um ein Bedeutendes übersteigt, d. h. daß der Text durchweg ganz vorzüglich, eine Anzahl Bilder aber von fragwürdiger Güte ist, obschon von „berühmten" und „berühmtesten Künstlern" herrührend. Der Verfasser des Textes wird trotz seiner eminenten Befähigung seine liebe Not haben, mit dieser geschichtschreiberischen Leistung nur annähernd so berühmt zu werden, als es die „Künstler" mit den Bildern geworden sind, die wir hier im Holzschnitt wiedergegeben sehen. Dr. M. Schwann ist ein junger, fast ganz unbekannter Schriftsteller von ausgebreitetem Wissen und großer schriftstellerischer Begabung, aber er ist offenbar ein Naiver, d. h. kein Streber, kein geriebener Theboner, kein diplomatischer Allerweltsmann, der ebenso geschickt mit den Füßen und mit dem Rücken wie mit der Hand zu arbeiten versteht. Ich wette, daß er sich noch bei keinem einzigen königlich bayrischen Lakaien oder deren Affilierten vorgestellt und angefreundet hat. Ich schöpfe diese Sicherheit aus dem Verhalten der gegenwärtig in Bayerns wohlgesinnten und einflußreichen Kreisen tonangebenden Presse: nirgends auch nur das geringste Posaunenstößchen der Reklame für dieses große bayerische Geschichtswerk! Dieses Schweigen ist ein Todesurteil. Ja, wenn sich das bayerische Volk als Volk um seine Geschichte kümmerte! Aber das kümmert sich halt nicht drum . . . „A, so san mer." Immerhin, die Zeit mit ihrem Unrat verrauscht — Alles fließt — und die guten Geisteswerke bleiben. So wird auch dieses Schwannsche Buch eine Zukunft haben und an seinem Teile zur Förderung eines edelnationalen Volksbewußtseins beitragen. M. G. Conrad.

Der Realismus in der Theologie.

Von allen Wundern, über welche das Neue Testament berichtet (nur der freundliche Johannes teilt es mit), hat das der Weinverwandlung zu Kana wohl am wenigsten einen spezifisch religiösen Charakter. Es liegt wie ein Hauch weltlicher Heiterkeit darüber ausgebreitet, den auch das Prachtgemälde Paolos Veronese im Louvre zu Paris atmet. Abgesehen von den unehrerbietigen Glossen freigeistiger Witzbolde, deren Mitteilung wir uns hier nicht gestatten, hat auch die Erklärung dieses Wunders den verständigen Theologen, die auch der profanen Menge Achtung davor einflößen wollten, viel Kopfzerbrechens gemacht, um es nicht in Eine Linie mit der „Engelsküche" Murillo's gestellt zu sehen, an der man sich ebenfalls im Louvre ergötzen kann. Heißt es bei Letzterem: „Tischlein, Tischlein, decke dich!", so liefert jenes den Wein zum fröhlichen Mahl. Freilich, schon die Gesellschaft, in welcher sich das Wunder zu Kana vollzieht, giebt demselben eine höhere festliche Weihe; während bei Murillo den in unfruchtbarer träger Andächtelei hindämmernden Mönchen die Engel in der Klosterküche ein leckeres Mahl zubereiten, an welchem aber die ehelosen Herren Paters keine naschigen Evastöchter Teil nehmen lassen, sendet Jesus zu Kana — es ist — höchst symbolisch! — seine erste That bei seinem Eintritt in die öffentliche Wirksamkeit — lebensfrohen Menschen zu einer Hochzeit, also dem direkten Gegensatz zu dem von seinen spätern „Stellvertretern" gebotenen Cölibat, den mangelnden herzerfreuenden Wein. Und so ist Jesu erste That die Verherrlichung der Lebensfreude. Wie weit sind wir doch da von den griesgrämigen Predigten mürrischer Moralisten entfernt, die die Welt ein Jammerthal nennen und sich dabei als Verkünder des Evangeliums geberden! Wie viel näher stand dagegen dem Wunderthäter zu Kana der echt menschlich fühlende Luther mit seinem lebensfreudigen Spruch auf Wein, Weib und Gesang, die alle drei das Fest zu Kana verschönten! Die Realität des Lebens kommt hier zu ihrem Rechte.

Darf es uns da wundern, daß selbst der Realismus gelegentlich dieses Wunders sich in die Theologie eingeschlichen hat? Denn anders als realistisch können wir die Deutung nicht nennen, welche Dr. Beyschlag, Professor der Theologie zu Halle, von diesem Wunder gegeben hat. Sie steht in seinem „Leben Jesu" (Halle, 1886) im siebenten Kapitel. Wir wollen sie mit einiger Abkürzung wiedergeben.

Der gewaltige Eindruck, den die Predigt des Einsiedlers Johannes des Täufers auf die jüdische Welt machte, hatte Jesum bestimmt, aus seinem Stillleben endlich in die Öffentlichkeit zu treten. Auch er ließ sich taufen, ging dann noch, um sich zu sammeln, auf einige Zeit in die Wüste und begann dann seine Apostel auszuwählen. Der sechste derselben war Nathanael aus Kana. Vielleicht führte Jesum dieser Umstand in den Heimatsort des neuen Apostels. Hier war eben eine Hochzeit im Gange, an der auch Maria, Jesu Mutter, teilnahm (Nazareth, die Heimat der Familie Jesu, ist nur anderthalb Stunden von Cana entfernt), Jesus wurde samt seinen Begleitern dazu eingeladen und nahm gern an; denn „wenn er später vorzugsweise und hundertfältig in den Bereich des menschlichen Elends hineingetreten ist, jetzt in den Frühlingstagen seines Berufslebens, war ihm die Festfreude, war ihm der schönste Freudentag des menschlichen Lebens besonders wahlverwandt. Wie oft hat er hernach gerade Hochzeitsfest und Hochzeitsmahl zum Sinnbild des Himmelreichs gemacht! ... Es kann auch keine Frage sein, daß in der naivsten, kindlichsten Weise die natürliche und die geistliche Hochzeitsfreude sich in einander verschlang. In diese gemeinsame Stimmung, in diese von Jesu ausgehende Entzückung muß man sich versetzen, um es zu verstehen, wie hier sein erstes Wunder, fast wider seinen Willen und doch mit innerer Notwendigkeit, auf gegebnen Anlaß hervorspringt."

„Ein leidiger Zufall droht die hochgehobene Festfreude zu stören. Der Wein, das natürliche Element der geselligen Fröhlichkeit, geht den Hochzeitsgebern aus und sie wissen sich für den Augenblick keinen Rat". Maria macht ihren Sohn darauf aufmerksam, dieser meint jedoch, daß seine Stunde noch nicht gekommen sei. Plötzlich durchleuchtet ihn die Eingebung, daß Gott „dem jungen kindlichen Glauben seiner Mutter und Jünger ein Pfand und Siegel geben wolle, wie es derselbe bedarf, und auch das Mittel, ihnen den großen geistlichen Gedanken seiner Sendung ins Sinnlich-Sinnbildliche zu übersetzen, blitzt in ihm auf.

Er fühlt in sich die augenblickliche Macht, die Entzückung der Geister, die zur Stunde von ihm ausströmt, auch auf die Sinnesempfindung der Festgenossen zu erstrecken und ihnen aus dem einfachsten Elemente neuen und herrlicheren Hochzeitswein zu schaffen; er wird ihnen schlichtes klares Wasser vorsetzen, und kraft seines Willens, der sie seelisch beherrscht, wird es ihnen schmecken wie der köstlichste Wein".

„So, aus einem wunderbaren Gesetze, das unsre neueste Naturforschung herausgestellt hat, und nicht aus einer aller Naturgesetze spottenden Stoffverwandlung werden wir uns das Wunder zu Kana erklären dürfen, ohne seinem ächten Wundercharakter, seiner Abkunft aus der natur-beherrschenden heiligen Willensmacht Jesu etwas abzubrechen, und vielleicht erklärt sich so auch am besten der schwierige Umstand, daß die synoptische d. h. doch wesentlich galiläische Überlieferung von demselben nichts weiß. Der merkwürdige, den nicht wiederkehrenden entzückten Stimmungen jener Erstlingstage eigentümlich angehörige Vorgang mag den meisten Mit-Erlebenden verflogen sein wie ein Traum, ja von ihnen vielleicht gar nicht als Wunderzeichen erfaßt worden sein, während die tiefer aufmerkenden Jünger, welche denselben freilich nur als wunderbare Stoffverwandlung zu nehmen vermochten, in ihm die „Herrlichkeitsoffenbarung ihres Meisters erkannten". In einer Fußnote bemerkt Beyschlag ferner: „Gewöhnlich wird gegen diese „Subjektivierung" des Wunders die weltlich-scherzende Rede des Speisemeisters angeführt. Daß dieselbe für die vorgetragene Deutung kein Hindernis ist, indem diese keineswegs ein klar bewußtes, willenhaftes Beherrschtsein aller Festgenossen durch Jesu Geist und Willen voraussetzt, sondern vielmehr ein unbewußtes und unwillkürliches, bedarf keiner nähern Ausführung."

So unumwunden drückt sich Professor Beyschlag nicht immer in seinem Werke aus. Oft, wenn man mit ihm auf den Grund eines religiösen Geheimnisses durchzudringen vermeint, entschlüpft einem der Führer aalglatt aus den Händen; nichtsdestoweniger ist sein „Leben Jesu" nach dem epochemachenden von Strauß eins der bedeutendsten, wenn nicht das bedeutendste Werk über den Gegenstand. Beyschlag ist übrigens eins der eifrigsten Mitglieder, wohl auch ein Gründer des „Evangelischen Bundes", also ein Kämpfer. In dem vorliegenden Falle müssen wir ihn aber zu den litterarischen oder historischen Realisten zählen.

Diese Bezeichnung erscheint uns um so gerechtfertigter, wenn wir die Darstellung des Theologen mit der Deutung des Wunders durch einen Dichter vergleichen. Im Jahre 1850 schrieb Herman Semmig, der allerdings auch Theologie studiert hat, in Nancy folgende Distichen:

> Sonst wohl war mir ein Rätsel die Weinverwandlung zu Kana,
> Aber in fröhlicher Zeit ward es mir fröhlich gelöst.
> Was uns die Freundschaft reicht, die gleichmäßiger Freude uns würzet,
> Was uns die Liebe kredenzt, wär' es auch Wasser, wird Wein.

d. h. wenn man sich in beglückender Gesellschaft glücklich fühlt, glaubt man, wenn auch nur Wasser den Becher füllt, Wein zu trinken; es ist eine Wirkung unserer Einbildungskraft, ein realistisches Wunder. Dies zufällige Zusammentreffen zweier sich räumlich und zeitlich fern stehender Interpreten entbehrt gewiß nicht einer gewissen Beweiskraft. Auch andere, neuere und neueste gelehrte Theologen neigen dieser realistischen Auffassung zu, wenn sie sich auch noch scheuen, den Grundgedanken unverhüllt auszusprechen. Denn anders können wie die Worte des Stadtpfarrers in Karlsruhe, Wilhelm Brückner, nicht deuten, wenn er von den im Evangelium Johannes erzählten Wundern sagt: „Sie sind alle großartig angelegte Allegorieen, die zu bestimmten Zwecken kunstvoll gebildet sind," eine Erklärung, auf welche auch Beyschlag hindeutet. Gewiß realistisch klingt es, wenn Brückner sagt: „Wie oft ist in früheren und späteren Zeiten die Ehelosigkeit als Höhepunkt religiösen Lebens gepriesen, gefordert worden, wie oft hat asketische Strenge alle gesellige Fröhlichkeit als unvereinbar mit einem heiligen gottgeweihten Leben gemieden! Es ist für die Zeit des Urchristentums nach dieser Seite hin an die Essäer zu erinnern, welche sich absonderten von dem Leben der Menschen und sich in ihre Wüsten zurückzogen, um eine höhere Vollkommenheit heiligen Lebens zu erreichen. Das alles soll als abgethan gelten, dadurch daß Jesus selbst zu dieser Hochzeit kommt und an dem fröhlichen Hochzeitsmahl teilnimmt und selber mit seiner Wundermacht eingreift, damit es an dem Wein nicht fehle."

Wir wollen uns nicht in Grübeleien verlieren, das Angeführte scheint uns unwiderlegbar darzuthun, daß selbst die theologische Wissenschaft, von der es am wenigsten zu erwarten war, dem Realismus Zugeständnisse gemacht hat. Ohne es zu wissen und zu wollen? Nun, so möge sie bei dem Spiegelbilde, das wir ihr hier vorhalten, überlegen, ob wir Recht haben oder nicht.

Theologus.

Vermischtes.

Frau von Staël, ihre Freunde und ihre Bedeutung in Politik und Litteratur. Von Lady Blennerhasset, geb. Gräfin Leyden. Dritter Band. Mit Namenregister. Berlin, Verlag von Gebrüder Paetel. 1889. 589 Seiten. Preis 9 Mark.

Wie sich unsere Leser erinnern werden, haben wir die ersten Teile dieses Werkes mit begeisterten Worten besprochen. Wir haben die große Kenntnis und Bemeisterung des Stoffgebietes, die reizvolle, klare Darstellungskunst, den hohen Standpunkt, den die Verfasserin Menschen und Verhältnissen gegenüber festhält, gebührend betont. Wir haben versprochen, auf das Werk zurückzukommen und ein abschließendes Urteil, in welches auch einige kritische Bemerkungen über anfechtbare Einzelheiten verflochten werden sollten, zu geben, sobald der letzte Band erschienen. Jetzt liegt die monumentale Monographie, die wir der Feder einer Dame verdanken, vollständig vor, der dritte und letzte Band mit einem sehr sorgfältig gearbeiteten, sechsundsechzig Großoktavseiten umfassenden Namenregister ist im Buchhandel erschienen. Wir haben den Verlag um ein Rezensionsexemplar dieses Schlußbandes ersucht (der erste Band ging uns seinerzeit unaufgefordert zu), der Verlag hat unserem Wunsche umgehend entsprochen. Den ersten Band hatten wir in einem tadellosen Exemplare erhalten, wir konnten uns an der prächtigen Ausstattung, welche dem kostbaren Inhalte so würdig war, uneingeschränkt erfreuen. Zur größeren Bequemlichkeit beim Studieren und zur Schonung des schönen Buches ließen wir's von unserem Buchbinder mit einem starken, geschmackvollen Einbande ausrüsten. Später erhielten wir den zweiten Band zur Rezension zugeschickt; er war gleichfalls in tadellosem Zustande — bis auf das Titelblatt, welches der Absender mit einem schief in blauer Tinte aufgedruckten „Zur gefl. Besprechung" extra verunzieren zu müssen geglaubt hatte. Wie geschmacklos, wie barbarisch, diese Beschmierung des Titelblattes. Und wie überflüssig und unsinnig dieses „Zur gefl. Besprechung“! Ein anständiger Rezensent tut einem Verlagswerke eines mehr oder weniger anständigen Verlagsinhabers gegenüber einfach seine Schuldigkeit, Punktum; der eigentliche geistige Rapport, die innere, feinere Beziehung besteht nicht vom Rezensenten, d. h. vom Kunstrichter zum Verleger, sondern vom Kunstrichter zum Autor, hier also zur Frau Gräfin Leyden. In unserem Falle ist der Kunstrichter zugleich ein leidenschaftlicher Bücherfreund: welches Recht haben die Gebrüder Paetel, ihm den geistigen Rapport mit der Gräfin Leyden durch ein beschmutztes Rezensionsexemplar, also durch ein äußerlich mißhandeltes Kunstwerk zu verleiden und seine Stimmung als Bücherfreund zu verderben? Wenn mir ein Kunsthändler irgend ein Kunstblatt, eine Gravüre u. s. w. zur kritischen Besprechung einsendet, macht er wohl auch erst einen Klecks darauf, um meine künstlerische Stimmung zu erhöhen?

Je höher ein Werk und sein Verfasser steht, desto unverantwortlicher ist diese buchhändlerische Verstümmelung des Werkes, ganz abgesehen von der Ungezogenheit, welche dadurch zugleich gegen den gebildeten Kritiker geübt wird.

Aber ich drückte diesmal ein Auge zu und studierte mich mit Eifer in die Fortsetzung des herrlichen Werkes hinein. Wie ist die Verfasserin in dem ausgebreiteten, vielverschlungenen Lebens- und Wirkenskreise dieser phänomenalen Frau v. Staël zu Hause und mit welcher Feinheit und Kraft weiß sie den Leser darin heimisch zu machen! Wie wachten all' die Erinnerungen meiner Studienjahre in Genf und Paris wieder auf, wie sah ich alles leibhaftig vor mir sich wieder abspielen, was ich einst mit ungetrübter Jugendbegeisterung an den Orten selbst in zahlreichen alten Büchern und Schriften mir an Kenntnissen und Einsichten in jene wunderbar regsame und kühne Zeit angeeignet hatte! Ich vergaß, daß ich richten sollte; ich konnte nur genießen und bewundern, so lange ich das Buch der Lady Blennerhassett, geb. Gräfin Leyden, vor Augen hatte. Mit ungeheurer Befriedigung legte ich den zweiten Band aus der Hand und erwartete voll Spannung den dritten und letzten.

Jetzt liegt er endlich vor mir. Das Titelblatt trägt wieder einen Stempeldruck vom Absender „Recensions-Exemplar“, eine fingerslange Zeile in dunkelvioletter Tinte, aber wenigstens symmetrisch angebracht, ganz am Fußende, so daß das Auge nicht gar so frech beleidigt wird. Ich blättere in dem schönen Buche mit schmeichelnder Hand, wie in dankbarem Vorgefühle der außerordentlichen Geistesfreuden, die es für mich enthalten wird. Aber was ist das hier? Mitten im Text auf Seite 24 ein großer blauer Ring vom Umfange eines Zwanzigpfennig-Nickelstücks, mit einem fetten lateinischen R. Alle Wetter! Und da wieder, ein zweiter, dritter, vierter, fünfter, sechster, siebenter Ring, immer mitten in der Textseite, das dicke R bald gerade, bald krumm, bald verkehrt — S. 73, 121, 200, 345, 392, 457! Ich wünsche den unqualifizierbaren Bücherschänder mit seinem Stempelfolterwerkzeug zu allen Teufeln und schleudere den Band in die Ecke. Ein solchermaßen zugerichtetes Buch lese und kritisiere ich nicht — und wenn sein Inhalt vom lieben Gott selber herrührte. Die Übersendung eines so verschandelten Exemplares ist eine Beleidigung des Kritikers, eine Herabwürdigung des Autors! Ich klage hiermit öffentlich den Abstempler und Absender dieses Rezensionsexemplars eines Unfuges an und fordere die Firma Gebrüder Paetel in Berlin auf, den Schuldigen zur Verantwortung zu ziehen.

Die Leser unserer Zeitschrift bitte ich um Verzeihung, daß ich unter diesen Umständen nicht in der Lage bin, ihnen die versprochene Kritik des fraglichen Werkes liefern zu können.

M. G. Conrad.

Nachdem die verdienstlichen litterarischen Volkshefte mit dem 10. Hefte einer ziemlich wertlosen Studie von G. Brandes über E. Zola eingegangen waren, weil die Herausgeber Eugen Wolff und Leo Berg „auf dem neu vorbereiteten Boden allein, jeder im Sinne seiner individuellen Anlage sich bethätigen" wollten, sind rasch zwei Fortsetzungen und Konkurrenzunternehmungen entstanden, die beide für echte Kritik und moderne Poesie eintreten wollen. Die eine Fortsetzung giebt Leo Berg heraus (Berlin, Brachvogel & Ranft) und hebt an mit einem Essay von Paul Ernst über Leo Tolstoi und den slavischen Roman, geistreich und energisch geschrieben, aus der ich mancherlei Belehrung schöpfte. Nach einer gerechten Besprechung der Einzelleistungen Tolstois, bei welcher Ernst mit Recht das spezifisch slavische Element in den Vordergrund rückt, giebt er eine gründliche Würdigung seines ethischen und sozialen Glaubensbekenntnisses. Für unsere moderne deutsche Poesie verlangt Ernst, was jeder willig unterschreiben möchte, „Fähigkeit zur Begeisterung, Ernst und Würde der Überzeugung, Mut die Wahrheit zu sagen, auch wo sie gefährlich ist."

Auffallend ist der an Rousseau anklingende elegische Zug in Tolstoi, der freilich durch soziale Tendenzen und durch die mondscheinbleiche russische Melancholie sein eigenartiges Gepräge hat. Überhaupt wird der Litterarhistoriker, der die Bewegung in der Poesie unserer Tage darstellen will, nicht diesen Rousseauschen Zug übersehen dürfen. Nur ein Beispiel beiße, und zwar das jüngste. Der begeistertste deutsche Rousseauschwärmer, der Stürmer F. M. Klinger, möchte in unbestimmtem Thatendrang und aus Sehnsucht nach Natur und Naturmenschen, nach Amerika, um dort sein Brot zu verdienen, und auch sein Held Wild in dem Schauspiele „Sturm und Drang" lebt auf amerikanischem Boden; ebenso will der Held in Bleibtreus „Der Erbe" nach Amerika und dort sein Brot verdienen. Man sieht, der Einfluß des Genfer Träumers ist noch heute lebendig und sein sehnsüchtiger Schrei nach Natur hallt in schmerzlichen Akkorden auch noch durch die moderne Poesie.

Die zweite Fortsetzung der litterarischen Volkshefte tritt etwas prätentiös auf. Die „Neuen litt. Volkshefte" kündigen sich (Berlin, Eckstein Nachf.) in ihrem Titel als „Litteraturbriefe an einen deutschen Marineoffizier in Ost-Afrika" an und wollen durch diesen Titel als Parallelerscheinung aufgefaßt werden zu Lessings Litteraturbriefen, die an einen bei Zorndorf verwundeten Offizier gerichtet waren. Der Herausgeber hat sich nicht genannt, wie sein großes Vorbild. Der Titel der ersten Nummer kündigt einen hochbedeutsamen Stoff an: Der Offizier in der Dichtung. Wenn man von der Erwähnung des „Glorieux" von Destouches und des „Bramarbas" von Holberg absieht, wird nur der Offizier in der deutschen Dichtung behandelt. Aber der Verfasser giebt keine eigentliche Monographie, nur eine dürftige lose Aneinanderreihung von Epen und Dramen, in denen „Offiziere" auftreten. Der Vorwurf des Verfassers, es fehle dem Publikum die Kenntnis der geschichtlichen Entwickelung seines Schrifttums, muß auch auf den Verfasser ausgedehnt werden. Er erwähnt folgende Werke: das Hildebrandslied, die Nibelungen, den Parzival und Tristan, Ulrich v. Lichtensteins Frauendienst, den Winsbeke, Gryphius' Horribilicribrifax,

Lessings Minna v. Barnhelm, Lenz's Soldaten, Kleists Prinz von Homburg, Freytags Journalisten, Wildenbruchs Väter und Söhne und zwei seiner Novellen, und zum Schluß G. v. Moser. Ist schon diese Aufzählung ungemein lückenhaft, so ist sich auch der Verfasser durchaus unklar über die historische Entwickelung des Offizierstandes. Vor der Einrichtung stehender Heere giebt es einen solchen überhaupt nicht, mithin gehört die ganze Reihe vom Hildebrandslied bis zum Windbeke gar nicht hierher. Es ist ein schwerer Anachronismus, den modernen Offiziersstand mit dem Rittertum zu verknüpfen durch das Band zeitlicher Aufeinanderfolge, wenn auch der Verfasser sich durch das ethische Motiv der Treue zum Herrn dazu berechtigt glaubte. Ein Recke wie Hildebrand ist kein Ritter wie Parzival, und beide sind keine Offiziere wie Tellheim. Auch verwischt der Verfasser den Unterschied zwischen einem deutschen Offizier und einem spezifisch preußischen. Gewiß muß zugestanden werden, daß dieser Unterschied seit 1870 nach und nach etwas verblaßt, aber die historische Thatsache seiner Existenz muß unbestritten bleiben. Es wäre eine Aufgabe für einen feinspürigen Analytiker, das eigentlich Preußische in der Litteratur ausfindig zu machen, was Leo Berg nicht tief genug versucht hat in seiner Schrift über E. v. Wildenbruch. Mit dem Major von Tellheim betritt der preußische Offizier die Bühne, und scharf betont ist von Lessing der Unterschied zwischen diesem preußischen und den sächsischen Offizieren! Auch verfährt der Verfasser sehr willkürlich mit seinem so guten Stoff. Bis zum Horribilicribrifax von Gryphius berücksichtigt er nur die epische Dichtung, von diesem Lustspiel an nur die dramatische, und unterschlägt so die ganze epische und lyrische Poesie mehrerer Jahrhunderte. Gewiß ist der Einwurf berechtigt, der Verfasser habe nur eine kleine Brochüre schreiben wollen, aber dann hätte der Titel anders lauten müssen! — Nichts von den tiefgründigen Fragen, die der dankbare Stoff bot, ist erwähnt, nichts von den schweren ethischen Konflikten, die die exklusive Partikularethik des Offizierstandes dem Poeten darbietet. Einmal mahnt der Verfasser (S. 19) in hübschen Worten die modernen Poeten, den Konflikten des Offizierstandes nicht aus dem Wege zu gehen, und erwähnt — vielleicht als Stoff — einen Offizier, der sich eben verheiratet und nun auf zwei Jahre Ordre nach Kamerun erhalten hat!!!

In der Antwort, welche der Offizier in Ost-Afrika seinem Berliner Freunde zusendet (S. 21—27) heißt es: „Wie weit unsere Dichtung gekommen und was ihr not thut, bedenken kaum 10 unter den 12000 von Kürschner patentierten und geaichten Schriftstellern“. Man merkt, daß der Herr in der That in Afrika wohnen muß. Das hindert mich aber nicht, ihm für die afrikanisch heiße Begeisterung für eine große nationale Poesie, die er in so schönen Worten ausspricht, über den Ozean hinweg die Hand zu drücken.

Für „Wahrheit und Schönheit“ will der Verfasser schreiben. Hoffentlich gelingt es ihm in den nächsten Heften besser.

Ludwig Jacobowski.

„Das heimische Naturleben im Kreislauf des Jahres“. Ein Jahrbuch der Natur. Unter Mitwirkung hervorragender Fachgelehrten und Kenner von Dr. Karl Ruß, Berlin. Robert Oppenheim. 1. Lieferung.

Ein zeitgemäßes, eigentümliches, interessantes Unternehmen, wie es nur eine so anerkannte wissenschaftliche Spezialität und Autorität, die wir in Dr. Karl Ruß, dem Ornithologen, besitzen, unternehmen kann. Zur Anregung und praktischen Belehrung für jeden Naturfreund, nicht bloß für die reifere Jugend, für Anfänger und Liebhaber auf den verschiedenen Gebieten des Naturwissens, sondern auch für jeden, der mit der Natur und dem Naturleben überhaupt in Berührung kommt, soll dies Jahrbuch ein wenn möglich unentbehrlicher Führer und Berater werden. Als Mitarbeiter stehen dem Verfasser bewährte Gelehrte und Fachmänner zur Seite: (v. Homeyer, A. Bau, B. Hase, Paul Lehmann, Max Neudörfer, B. Marting.) Das Jahrbuch bringt auch monatlich Berichte über Lebensäußerungen der Säugetiere, Vögel, Reptilien, Amphibien, Fische, Insekten u. a. und gleicherweise inbetreff der gesamten Pflanzenwelt. Ferner allerlei Kalender u. s. w. Es ist uns an dieser Stelle nicht möglich, alles aufzuzählen, was dieses Unternehmen noch enthalten wird. Es ist auf alle Fälle originell, erschöpfend, praktisch, lehrreich und interessant. Der Name des Herausgebers bürgt dafür, daß nur Gediegenes und Richtiges in sein Buch aufgenommen wird, so daß demselben auch der Charakter des absolut Verläßlichen zuzusprechen ist. Indem wir die 1. Lieferung aufs wärmste empfehlen, versprechen wir unseren Lesern, sie auf das Fortschreiten des Werkes stets aufmerksam zu machen und dasselbe nach seiner Vollendung einer ausführlichen Kritik zu unterziehen. Noch wollen wir erwähnen, daß Karl Ruß in jüngster Zeit auch in belletristischer Beziehung von sich reden machte: er gab allerdings pseudonym, einen Roman heraus, über dessen Vorzüge und Schwächen wir später einmal reden werden. W.

In der bekannten Serie der „Geschichte der Weltlitteratur in Einzeldarstellungen“ (Leipzig, Verlag von Wilhelm Friedrich) ist soeben die „Geschichte der scandinavischen Litteratur“ von Ph. Schweitzer durch das Erscheinen des dritten Bandes komplett geworden. Dieser Schlußband reiht sich seinen beiden Vorgängern würdig an: er bringt wiederum auf engem Raum eine überaus reiche Fülle von Material, durchweg gut gesichtet und in sehr anziehender Form. Der Verfasser hat seinem Werke eine breite, kulturhistorische Basis gegeben, welche es ihm ermöglicht, das litterarische Wirken im steten Zusammenhange mit der Zeitgeschichte zu beleuchten. Weitere Vorzüge des Buches sind auch die ausführliche Behandlung der wissenschaftlichen Litteratur und der Litteratur Finnlands, Islands und der Faeröes, die eingestreuten Litteraturproben, welche geschickt gewählt wurden, um zur Charakteristik ihrer Verfasser beizutragen, und die eingehende und zusammenhängende Besprechung der neuesten realistischen Litteratur des Nordens; diese detaillierte Schilderung des modernen skandinavischen Litteraturlebens, die Ausführlichkeit, mit der die zeitgenössischen Schriftsteller wie Ibsen, Björnson rc. behandelt sind, machen diesen Schlußband, der übrigens auch für sich allein ein abgeschlossenes Ganze bildet, zu einer hochinteressanten Lektüre und zu einem wertvollen Beitrag zur Geschichte des Realismus, der, wie bekannt, in der skandinavischen Litteratur sich zu hoher Blüte entfaltet hat. G.

Ästhetische Streifereien. Neun Aphorismen von Josef Kohler. Mannheim 1889. J. Bensheimers Verlag. Wer es liebt, nach des Tages Last und Hitze abends einen Ausflug in das Reich des Schönen zu machen, der findet im Verfasser dieses Büchleins, dem bekannten Rechtslehrer Professor Dr. Kohler an der Universität Berlin, einen ebenso geistvollen als kenntnisreichen Führer.

Anhaltisches Geschichtenbuch für Jung und Alt von J. B. Muschi. (Bernburg, Ad. Rehrhardt.) Der Verfasser, welcher sich durch seine „Anhaltischen Sagen und Märchen“ so viele Freunde und Verehrer erworben hat, bietet mit dem eben genannten Werke ein Volksbuch im besten Sinne des Wortes, das nicht bloß anhaltische Leser, sondern auch weitere Kreise interessieren wird.

Auf der Feldwacht. Prolog in psychodramatischer Form zur Erinnerungsfeier an die Wiederaufrichtung des Deutschen Reiches am 18. Jan. 1889 von **Richard von Meerheimb.**

Verdient nicht allein seines patriotischen Hochgefühls und poetischen Schwunges, sondern auch seines edlen Zweckes wegen — der Ertrag ist zur Unterstützung würdiger und hilfsbedürftiger Kampfgenossen, sowie zur Begründung eines Kampfgenossen-Albums bestimmt — die weiteste Verbreitung.

Conrad.

Die Judenherrschaft in den Karpathenländern. Von **Rudolf Bergner** (Marburg, Verlag des „Reichs-Herold").

Giordano Bruno, sein Leben und seine Weltanschauung. Vorträge, gehalten in der Psychologischen Gesellschaft in München von Dr. **Ludw. Kuhlenbeck.** Mit Giordano Brunos Brustbild, sowie einem Faksimile seiner Handschrift und der Abbildung seines Denkmals in Rom. (München, Theod. Ackermann.)

Eine Mainzer Presse der Reformationszeit im Dienste der katholischen Litteratur. Von Dr. **Simon Widmann.** Mit 2 Holzschnitten. (Paderborn, Ferd. Schöningh.)

Die persönliche Kraft und ihre Bedeutung für die geistige und physische Lebensthätigkeit des Menschen. Von **Georg Friedrich** (München, Verlag der Georg Friedrichschen Buchhandlung).

Leben des Michelangelo Buonarroti von **Ascanio Condivi.** Aus dem Italienischen. (Stuttgart, Verlag von W. Kohlhammer.)

Die Künstler von **Friedrich Schiller,** an der Hand des Textes gemeinverständlich erläutert von **Alfred Cleß.** (Stuttgart, Bonz & Comp.

Von **Friedrich Tufmeyer** erschienen: **Joseph und Arvid.** Gedicht. — **Pietro Aretino.** Drama in fünf Akten und **Spurius Carvilius Ruga.** Drama in fünf Akten. (Selbstverlag des Verfassers, in Kommission bei Paul Schettlers Erben in Cöthen.)

Das Kriegsheilwesen im Einklange mit der kulturellen Entwickelung der Zivilisation und Humanität von Dr. **Alexander Schwabl,** Generalarzt a. D. (Berlin. Verlag von Funcke und Naeter.) Verfasser verfolgt durch seine Schrift, nachdem auf Grund von feststehenden Thatsachen in den letzten Kriegen der Beweis von der Richtigkeit der Unzulänglichkeit der Kriegsheilpflege bei den kontinentalen Armeen erbracht worden ist, behufs Lösung der großen Aufgabe der Humanität nur das eine Ziel „Stärkung der Leistungsfähigkeit auf kriegsärztlichem Gebiete", er hält dies in Militärstaaten, welche in richtiger Würdigung des Humanitätsbegriffes „Kriegerheil" die Pflege der Kranken und Verwundeten als eine ernste und heilige Pflicht, eine nicht zu umgehende Notwendigkeit. Die Feldkrankenpflege muß nach seiner Auffassung mit der unaufhaltsam voranstrebenden Kriegskunst gleichen Schritt halten, damit eine kräftige, planmäßige und wirkungsvolle Aktion auf dem feldärztlichen Thätigkeitsfelde ermöglicht werden kann.

Das Kaiserliche Deutschland. Eine kritische Studie von Thatsachen und Charakteren von **Sidney Whitman.** Autorisierte Übersetzung von **O. Th. Alexander.** (Verlag von Karl Ulrich u. Co., Berlin.)

Sidney Whitman, der durch sein Werk „Conventional Cant" auch über die

Grenzen des Vaterlandes hinaus bekannt geworden ist, giebt hier eine ungemein anregende Schilderung des „kaiserlichen", d. h. des heutigen geeinigten Deutschland. Whitman hat dasselbe lange und aufmerksam studiert. Seine stets eingehende Kritik zeugt von einer scharfen Beobachtungsgabe und von der Fähigkeit, seine Eindrücke in fesselnder Weise wiederzugeben.

Im Manöver. Adjutanten-Erinnerungen von Alexander von Degen. — Aus der Mappe eines Kriminalkommissars. (Ecksteins Reisebibliothek Nr. 37 u. 38.) (Berlin, Richard Ecksteins Nachfolger, Hammer & Runge.)

Deutschlands Beruf in Ostafrika von Karl Hager. (Hannover, Karl Meyer (Gustav Prior).

Der Kirnberg bei Linz und der Kürenberg-Mythus. Vortrag gehalten am 14. April 1889 von Julius Strnadt (Linz, Ebenhöchsche Buchhandlung).

Greens „Geschichte des englischen Volkes" in deutscher autorisierter Übersetzung von E. Kirchner ist durch das Erscheinen des II. Bandes nunmehr komplett geworden. Das prächtige Werk, das in seiner Art geradezu klassisch genannt zu werden verdient, hat Anspruch auf weiteste Verbreitung und sei der Beachtung bestens empfohlen. (Berlin, Siegfried Cronbach.)

Aphorismen über Tod und Unsterblichkeit. Zu Schellings hundertvierzehnjährigem Geburtstag von Hubert Beckers. (München, Jos. Ant. Finsterlin.) Der Verfasser, einer der Wenigen, die noch zu Schellings Füßen gesessen, bietet hier gewissermaßen das philosophische Testament eines dreiundachtzigjährigen Greises, der eine mehr als fünfzigjährige akademische Lehrthätigkeit hinter sich hat.

Die von Fr. von Holtzendorff und Rud. Virchow herausgegebene „Sammlung gemeinverständlicher wissenschaftlicher Vorträge" bringt in den letzterschienenen Heften: Richard Wagner und die deutsche Sage von Dr. J. Nover (68), — Die Auflösung des karolingischen Reiches und die Gründung dreier selbständiger Staaten. Von Dr. W. Richter (70), — Das hellenische Land als Schauplatz der althellenischen Geschichte. Von Dr. Dondorff (72). — (Hamburg, Verlagsanstalt und Druckerei vorm. J. F. Richter.)

Wie wir hören, beabsichtigt ein Japaner Ed. v. Hartmann's „Religionsphilosophie" im Auszug mit Ergänzung aus anderen Werken des berühmten Philosophen ins Japanische zu übersetzen und darüber an der freien buddhistischen Universität daselbst als Professor zu lesen.

Das Preußische Unterrichtsministerium ernannte soeben den bekannten Berliner Linguisten (Ägyptologen) Dr. Carl Abel zum Professor. Abel hat sich besonders durch seine große „Einleitung in ein ägyptisch-semitisch-indoeuropäisches Wurzelwörterbuch" (Verlag von Wilhelm Friedrich in Leipzig) um die Sprachwissenschaft verdient gemacht.

Die lieferungsweise erscheinende Volksausgabe von Moritz Buschs „Graf Bismarck und seine Leute" (Leipzig, Verlag von Fr. W. Grunow), ist mit dem Erscheinen der zehnten Lieferung soeben komplett geworden. Der billige Preis, zu dem das schöne Buch heute käuflich ist, wird dazu beitragen, daß das Werk, das uns die Gestalt unseres eisernen Kanzlers in den denkwürdigen Tagen des Krieges mit Frankreich historisch treu vor Augen führt, sich immer mehr als Volksbuch einbürgert.

Geschichte der französchen Revolution von Dr. J. B. Weiß. In vier Bänden. Zweite verbesserte und vermehrte Auflage. (Graz, Verlagsbuchhandlung „Styria".) Die vorliegende Darstellung der französischen Revolution bildet eine Separat-Ausgabe des großen „Lehrbuchs der Weltgeschichte" desselben Verfassers. Der bekannte Historiker bietet in dem umfangreichen, auf ernsten Quellenstudien beruhenden Werk ein breit ausgeführtes Bild der „Großen Revolution", deren Ereignisse und Helden er unparteiisch zu schildern sucht. Die hochbedeutende Darstellung darf auf um so größeres Interesse rechnen, als die diesjährige Centenarfeier die Erinnerung an die welterschütternde Umwälzung in weitesten Kreisen von neuem auffrischen wird.

Eine hübsche handliche Ausgabe der **ausgewählten Werke** von Frh. Jos. v. **Eichendorff** ist im Verlage der Aschendorffschen Buchhandlung in München erschienen. Der einzige Band enthält die „Gedichte", ferner „Aus dem Leben eines Taugenichts", „Das Marmorbild" und „Das Schloß Dürande". Herausgeber dieser sehr empfehlenswerten Eichendorff-Ausgabe ist Dr. O. Hellinghaus, der die einzelnen Abschnitte des Buches auch mit Einleitungen und zahlreichen erläuternden Bemerkungen versehen hat.

John Richard Greens, Geschichte des englischen Volkes. Nach der verbesserten Auflage des Englischen von 1888 übersetzt von E. Kirchner. Mit einem Vorwort von Prof. Alfred Stern. (Berlin, Siegfried Cronbach.) Wir schulden dem Übersetzer Dank dafür, daß er dieses gediegene, in seiner Art einzig dastehende Werk durch seine Übertragung weiteren Kreisen zugänglich gemacht hat; bis jetzt liegt nur der erste Band des auf zwei Bände berechneten Werkes vor, doch soll der zweite und letzte in kürzester Frist folgen. Wir begnügen uns für heute unsere Leser auf das Erscheinen dieses bedeutenden Geschichtswerkes aufmerksam zu machen.

Der Mörder. Von * * *. (Verlag von Baumert & Ronge, Großenhain und Leipzig.)

Donna Elvira (Don Juan) als Kunstideal und in ihrer Verkörperung auf der Münchener Hofbühne von Carl Adelmann. (München, Theodor Ackermann.)

Reclams Universalbibliothek publizierte in ihrem letzterschienenen Bändchen (2511—20): Martin Luthers Leben in 17 Predigten von M. Johann Mathesius. Herausgegeben von Lic. Dr. Georg Buchwald (2511—14). — Eßbouquet. Lustspiel in 1 Aufzug. Alte Briefe. Lustspiel in 1 Aufzug von Hans v. Reinfels (2515). — Humoristische Vorlesungen von M. G. Saphir (2516). — Die Grille oder die kleine Fadette. Von George Sand. Aus dem Französischen übertragen von J. Möllenhoff (2517, 18). — Odette. Pariser Sittenbild in 4 Aufzügen von Victor Sardou. Deutsch von R. Schelcher (2519). — Der Bramarbas (Miles gloriosus). Lustspiel von Titus Marcius Plautus. Übersetzt von Heinrich Schlager (2520).

Ums Nordkap. Eine Sommerfahrt von O. v. Stockhorner. Mit drei Ansichten in Lichtdruck. Heidelberg, Universitätsbuchhandlung von Karl Winter. 1885. 112 S. 2 Mark.

Ein frisches, flottes Reisebuch von Einem, der das Herz auf dem rechten Fleck hat und den Mund, um nicht hinter dem Berge zu halten, wo ihm Erhabenes oder Lächerliches, Erfreuliches oder Ärgerliches auf seinen Wegen begegnet. Auch für solche, welche das Nordkap in ihren vier Wänden umschiffen wollen, ein vorzüglicher Reisebegleiter. Conrad.

Unter dem Titel „Altes und Neues" hat Robert Vischer bei Ad. Bonz & Comp. in Stuttgart eine Sammlung von Aufsätzen aus dem Nachlaß seines Vaters Friedrich Theodor Vischer herausgegeben. Die in dem Bande enthaltenen Arbeiten sind zum großen Teil schon früher in Zeitungen und Zeitschriften bereits zum Abdruck gelangt; sie zeigen in ihrem Wesen manche Ähnlichkeit mit der unter dem gleichen Titel 1882 erschienenen Sammlung, als deren Neue Folge sie auch erschienen sind.

R.

Märchen von Adolf Glaser. Breslau, Schottlaender.

Der Verfasser bietet der Jugend eine von echter Poesie durchleuchtete, anmutige Spende dar, an der auch die großen Leser Gefallen finden werden. Das Buch umfaßt nur wenige Piecen, aber eine jede ist ein kleines Meisterstück in ihrer farbenhellen Darstellung, in ihrem tiefen Grundgedanken und feinem Humor. „Springinsfeld", „Die Rückkehr zur Erde", „Der eiserne Ring" sind entschieden die hervorragendsten Leistungen des Buches: bald in Andersenscher Manier, phantastisch, exotisch, bald traulich anmutend wie die Grimmschen Volksmärchen, aber durchaus selbständig im Ton, Stimmung und Inhalt. „Kornblumen", „Die Vermählung der Elemente" sind nicht minder gelungene, sinn- und deutungsreiche Geschichten. Adolf Glaser gehört zu den wenigen deutschen Autoren, die sich Tiefe und Naivetät des Gemüts unverfälscht bewahrt haben und daher auf den Leser einen nachhaltigen, ungetrübten Eindruck machen. Das Buch ist mit großer Aufmerksamkeit ausgestattet worden, Paul Wendling schmückte es mit 17 Illustrationen, und in solch' schönem Gewande wird es um so rascher den Weg zum Herzen der Jugend machen und dort einen Ehrenplatz behaupten.

W.

Die Sklaverei von den ältesten Zeiten bis auf die Gegenwart von Adolf Ebeling. (Paderborn, Verlag von Ferd. Schöningh.)

Was nun? Zur Geschichte der sozialistischen Arbeiterpartei in Deutschland von Otto Hammann. (Berlin, Richard Wilhelmi.)

Die reaktionäre Tendenz der weltsprachlichen Bewegung. Nebst Untersuchungen über Wesen und Entwickelung der Sprache von Richard Hamel. (Halle, Tausch & Grosse.)

Hundert Jahre Zeitgeist in Deutschland. Geschichte und Kritik von Dr. Julius Duboc. (Leipzig, Verlag von Otto Wigand.) — Duboc hat sich in der vorliegenden Arbeit die Aufgabe gestellt, den „Zeitgeist über eine größere Strecke Wegs zu begleiten, seine Wandlungen zu beobachten und über die Ursachen und Bedingungen derselben Rechenschaft zu geben." Bei der großen Aktualität des Gegenstandes, der die Beleuchtung einer Reihe von im Vordergrund des Interesses stehender Fragen geradezu bedingt, werden die geistvollen Ausführungen des Autors ein großes Publikum finden. Man nimmt eine Fülle von Eindrücken von der Lektüre des Buches mit hinweg, und wenn man auch nicht stets den hier entwickelten Gedanken bedingungslos beizupflichten vermag, so wird man doch lebhaft gefesselt und zum Weiterdenken angeregt.

G.

Moderne Dichter und Schriftsteller. Von J. B. Adler. (Frankfurt a. M. u. Luzern, A. Foesser Nachfolger.) — Das zwei Bogen starke Broschürchen, das schon in seinem fadenscheinigen äußeren Gewande einen geradezu erbarmungswürdigen Eindruck macht, bildet ein Heft der „Frankfurter zeitgemäßen Broschüren", eine orthodoxe Schriftensammlung, die sich mit ihren

Offenbarungen an ein geistig noch im Stande der Unschuld stehendes Publikum wendet. Im vorliegenden Heftchen eifert ein Herr Adler in bekannter Manier gegen den modernen Realismus, der den lichtscheuen Dunkelmännern begreiflicherweise recht unbequem zu werden beginnt. Im übrigen ist das Büchlein von einer geradezu trostlosen Öde und von einer anspruchslosen Harmlosigkeit, die etwas Rührendes an sich hat. Beneidenswerte Leser, denen diese Kost noch zu munden vermag! G.

Ein Spaziergang um die Welt (Amerika, Japan, China) von Graf **Alexander von Hübner** (ehemal. K. k. österreich. Botschafter in Paris und am päpstlichen Hofe). Mit 321 prachtvollen Illustrationen. 2. unveränderte Auflage. 22.—21. Lieferung. 50 Pfennige. — Verlag von Schmidt & Günther in Leipzig. Graf von Hübner schildert uns hier sehr anschaulich seinen Besuch im Hause des Sohnes der Götter, dem Palaste des Mikado in Kiyoto, den bis jetzt wenige Europäer gesehen haben. Ferner werden verschiedenen Buddhatempeln Besuche abgestattet, und Ausflüge in die Umgegend von Kiyoto unternommen, u. A. dem schönen Biwasee ein Besuch abgestattet. Wiederum sind diese Hefte reich illustriert, und erwähnen wir nur einige der interessantesten Bilder: Vor meinem Fenster, der Kamagava in Kiyoto, nach einer Skizze des Verfassers, Offiziere des Mikado in Staatstracht, Der Mikado, Das Sonnenthor, Palast des Mikado, nach einer Skizze des Verfassers, Das Küchenthor, Palast des Mikado, Ehrenhof im Palast, der Garten und das Frauengemach des Mikado, sämtlich nach Skizzen des Verfassers, Der Hara-Kiri, Verurteilung eines Adligen zum Selbstmorde, Buddhistische Bonzen, ihr Abendgebet verrichtend, Ein Untersuchungsrichter, Die Kalten als Reisverkäufer (Facsimile einer japanischen Zeichnung), Der Donnergott, Der Kriegsgott, Innere Ansicht des großen Tempels in Yedo, Japanische Fächerfabrikantinnen 2c.

Die persönliche Kraft und ihre Bedeutung für die geistige und physische Lebensthätigkeit des Menschen. Von **Georg Friedrich**. (München, Verlag der Gg. Friedrichschen Buchhandlung.)

Geschichte der deutschen Post von ihrem Anfange bis zur Gegenwart. Dem deutschen Volke erzählt und seinen Postbeamten gewidmet von **B. E. Crole**. (Verlag von J. Bacmeister, Eisenach.)

Zeitschriften.

Die letzten Nummern des „**Kunstwarts**“, dieser Halbmonatsschrift, die sich so rasch Bürgerrecht in unserer Zeitschriftenlitteratur erworben, enthielten wieder viel anregendes und ursprüngliches. Ganz besonders gefallen hat uns ein Artikel von **Bruno Wille** über das „Zeichnen in der Volksschule“, in welchem statt fortwährenden öden, geisttötenden Linearornamentzeichnens die Wiedergabe natürlicher Gegenstände, Gebäuden, Personen u. s. w. gefordert und freier Anschluß an die persönliche Eigenart des Schülers zur Bedingung gemacht wird. Recht interessant ist eine sprachliche Beurteilung der Adresse der Kgl. Akademie der Wissenschaften zu Berlin an den Grafen Moltke. Es ergiebt sich, daß diese Adresse in dem jämmerlichsten Quintanerdeutsch abgefaßt ist und von groben Schnitzern wimmelt. Der kleine Artikel ist eine pikante und dankenswerte Ergänzung meiner Kritik dieses veralteten, wertlosen und erbärmlichen Instituts in „Was erwartet die deutsche Kunst von Kaiser Wilhelm II.?“ Neben dem guten macht sich freilich auch einiges schlechte im „Kunstwart“ breit. Wie konnte man ein so albernes Geschwä aufnehmen wie das des Herrn Wolfgang Kirchbach über „Hellmalerei"? Herr Kirchbach, der durch seinen Bruder eigentlich über Malerei ein wenig unterrichtet sein könnte, hat nämlich die kunstgeschichtserschütternde Entdeckung gemacht, daß der ganze Fortschritt der Hellmalerei gegen die frühere Malweise nur im Weglassen der Lasuren beruht! Und wir bildeten uns immer ein, das Wesen dieses Unterschieds, der Fortschritt gegen Tizian und Raphael beruhe nicht in der äußerlichen Technik, sondern in der Auffassung, in der Erkenntnis, daß die Farben-Gruppierungen, wie sie die Natur bietet, allein wahr und darum allein schön sind und keiner menschlichen Veränderungen, Verstärkungen, Weglassungen, Kombinationen bedürfen, die nur Fälschungen, nicht Verbesserungen der Natur sein würden! Daß das innere Wesen der Natur, dessen Wiedergabe die Aufgabe der Kunst ist, sich nur durch gewissenhafte geschickte Auswahl und treue Darstellung bedeutender Einzelerscheinungen richtig verkörpern lasse nicht durch Fälschung oder Anthropomorphisierung der Natur. Wir glaubten, daß die neue Technik lediglich die natürliche äußere Folge dieser veränderten Grundanschauung vom Wesen der Malerei sei. Aber Herr Kirchbach belehrt uns, das sei Unsinn — mit oder ohne Lasuren: nur darum handle es sich. Und deswegen Räuber und Mörder!

Nicht minder muß als thörichtes Gerede ein Aufsatz Julius Rifferts bezeichnet werden, „Deutsche oder Berliner Litteratur"? in welchem — das ist der langen Rede kurzer Sinn — der modernen Schule vorgeworfen wurde, sie sei ausschließlich eine Berliner Schule. Nun, eine örtliche Schule kann äußerlich charakterisiert werden durch die Geburtsstätte ihrer Anhänger, den Wohnsitz derselben, die Stoffe, die sie behandeln. Von allen Mitgliedern der neuen „Schule" sind aber nur zwei geborene Berliner: Karl Bleibtreu *) und Oskar Linke. Was die übrigen betrifft, so sind Conrad Franke, Walloth Rheinhesse, Kretzer Posener, Conradi Anhaltiner, Wechsler Steiermärker, Liliencron Holsteiner, Heiberg Schleswiger, Mackey Rheinländer (aus Saarbrücken), Henckell, Steiger, Merian Schweizer, ich bin Schlesier.

Was den Wohnsitz betrifft, so leben dauernd in Berlin Heiberg, Kretzer und Linke. Wechsler wohnt erst seit wenigen Jahren dort. Bleibtreu und mich kann man nicht eigentlich in Berlin wohnend nennen, jeder von uns hält sich die gute Hälfte des Jahres anderwärts auf — ich habe überhaupt keine feste Wohnung, sondern lebe ganz als „Bohémien". Conradi, Steiger, Merian wohnen in Leipzig, Conrad in München, Walloth in Darmstadt, Liliencron in Kellinghusen, Mackey und Henckell in Zürich. Die meisten der auswärts wohnenden wie Conrad, Walloth, Liliencron kommen nie oder höchstens alle Jubeljahre einmal nach Berlin.

Ebensowenig kann man behaupten, daß die Mitglieder der neuen Schule ausschließlich Berliner Stoffe behandelten. Conrads Erzählungen behandeln ausschließlich München oder Paris, Walloths Arbeiten das Rom der Cäsaren oder eine andere neue Stadt, die allem Anschein nach Darmstadt ist, Conradi schrieb Leipziger Romane, Liliencrons Geschichten erwachsen ganz auf Holsteinischem Boden, Merians Satiren haben (wie Elfen bis Zwölfen) meist Leipziger Charakter. Bei Lyrikern wie Henckel, Mackey, Steiger kann man selbstverständlich überhaupt von keinem Lokalcharakter sprechen. Wechslers und Linkes Stoffe sind meist dem grauen Alter-

*) Karl Bleibtreu ist übrigens nur zufällig in Berlin geboren. Seine Eltern stammen vom Niederrhein, von der sächsisch-fränkischen Grenze — sein schweres heißblütiges Geblüt, sein cholerisches Temperament charakterisieren ihn als Sachsen.

tum oder der Renaissance entnommen. Helberg teilt seine Stoffe gleichmäßig zwischen Berlin und seiner ländlichen Heimat (z. B. Apotheker Heinrich, Ulrike Behrens). Bleibtreu behandelt in den norwegischen Novellen Skandinavien, den Krastinuren, die See, in Größenwahn hervorragend London und Norwegen, in seinen Schlachtenbildern die napoleonischen Kriege, den siebenjährigen und den deutschen Einheitskrieg, in seinen Dramen die italienische Renaissance, die Eroberung Englands durch die Normannen, die französische Revolution, die Zeit Napoleons, in der „Schlechten Gesellschaft" zum guten Teil Wien und Budapest.

Mein Schauspiel „Brot" behandelt die Bauernkriege, ein Teil meiner Novellen spielt in Oberschlesien. Ausschließlich Berliner Stoffe behandelt von allen „Modernen" nur Kretzer.

Wenn aber Kretzer und ich Berliner Stoffe wählen, so geschieht es wahrhaftig nicht, um — wie Herr Riffert wähnt — Berlin zu huldigen, oder in der Anschauung, daß die ganze übrige Welt der dichterischen Darstellung unwürdig sei. Sondern wir wählen Berlin zum Schauplatz unserer Geschichten, weil Berlin gewissermaßen das Schaufenster Deutschlands ist, weil alle Bestrebungen und Kämpfe, die sich über ganz Deutschland verbreiten, in Berlin sich auf dem kleinsten Raume in schärfster Ausprägung am plastischesten darstellen, und der Schriftsteller die Möglichkeit hat, in einem Berliner Roman in den engsten Grenzen das umfassendste Bild der geistigen Kämpfe und Bewegungen der Gegenwart wiederzugeben, weil man in einem Berliner Roman soviel sagen und zusammendrängen kann wie in zehn Provinzromanen, da sich im Provinzleben die einzelnen Strömungen des modernen Lebens viel mehr verteilen. Im übrigen ist das Hauptthema der Kretzerschen Romane der Kampf zwischen Hunger und Liebe, die Besiegung des individuellen Leids, der persönlichen Gemeinheit durch die allgemeine, große, christliche Liebe — das Leitmotiv meiner Arbeiten ist der Kampf der geistig und gemütlich hervorragenden einzelnen Persönlichkeit des Genies, gegen die kompakte, gemeine, inferiore Masse, die nur ihrem niedrigen Triebe folgt; die Frage: Individualität oder Majorität? Man wird mir zugeben, daß diese Leitmotive durchaus nicht ausschließlich berlinischen Charakter haben, daß sie Fragen behandeln, welche in allen Zonen, zu allen Zeitaltern „brennend" waren und sein werden, daß die Vorwürfe der modern-realistischen Dichtung allgemein menschliche, ewige sind.

Die Ausführungen des Herrn Riffert erweisen sich somit als das alberne Gewäsch eines ungewissenhaften oder böswilligen Ignoranten, der über Dinge urteilt, die er entweder nicht geprüft hat, oder nicht versteht. Sie sind lediglich der blinden Wut darüber entsprossen, daß der hervorragendste Kritiker der Gegenwart, Karl Frenzel, die natürliche und positive Berechtigung der modern-realistischen Bestrebungen vom Standpunkte der Zeitverhältnisse wie der Ästhetik zugestanden hat.

Der Schwerpunkt des „Kunstwarts" liegt jedoch nicht in seinem kritischen Teil, sondern in der Zeitungsschau. Diese Einrichtung allein würde dem Blatte seine Existenzberechtigung sichern. Jede Nummer enthält eine Übersicht aller in den bedeutendsten deutschen Zeitungen erschienenen Aufsätze über allgemeine und besondere Gegenstände und Fragen der Ästhetik und der einzelnen Künste. Alle Parteirichtungen ohne Unterschied werden in der gewissenhaftesten Weise vom Herausgeber berücksichtigt, von der „Gesellschaft" bis zur „Kreuzzeitung". Eine solche Einrichtung kann nicht genug anerkannt werden. Man ist jederzeit in der Lage zu wissen, in welchem Blatte und in welcher

Nummer desselben ein Aufsatz über einen uns interessierenden Gegenstand aus dem Gebiet der Kunst erschienen ist, und wer sich die Nummern aufbewahrt, kann dies auf Jahre zurückverfolgen. Der ungeheure Wert einer solchen Einrichtung für den Künstler, Kunstschriftsteller, Kunstfreund liegt auf der Hand; Herr Avenarius hat sich durch diese Einrichtung Anspruch auf den Dank aller jener Klassen erworben. Zu wünschen wäre noch, daß auch die bedeutendere Presse des Auslandes berücksichtigt würde (z. B. Supplement du Figaro, Le Livre, Saturday Review, Revue internationale, Nationalzeitung u. s. w.), daß wenigstens alle wichtigeren Auslassungen derselben über deutsche Kunst und Litteratur mit verzeichnet würden. Der kritische Teil des „Kunstwarts" könnte, um Raum dafür zu gewinnen, ohne Verlust für die Leser eingeschränkt werden. C. A—i.

Sehr geehrte Redaktion der „Gesellschaft".

Da Sie schon ein paar Muster deutscher Gründlichkeit im Rezensieren gebührend gewürdigt haben, erlauben Sie mir auch einen kleinen Beitrag beizusteuern. Ich war nämlich bisher der ...en Meinung, ein Kritiker solle, wenn er auch nicht fähig ist, in den Grundgedanken und die Idee eines Werkes (das Wort im platonisch-schopenhauerschen Sinne gebraucht) einzudringen, doch wenigstens das können, was man vom letzten Schreiber verlangen kann, richtig abschreiben.

Ich habe mich schmählich getäuscht — ich widerrufe reumütig. Was der letzte Kanzlist können muß, wenn er nicht und zwar mit vollem Recht am ersten Tage zum Teufel gejagt werden will, der Rezensent eines angesehenen Litteraturblattes braucht es nicht zu können. Erlauben Sie, daß ich kurz den Beweis antrete. Im „Deutschen Litteraturblatt", Redaktion ... Pfleiderer in Ulm, Verlag von Friedr. Andr. Perthes in Gotha, bespricht ein gewisser Herr Rocholl meinen Thomas Münzer, indem er ein paar Sätze aus dem Vorwort reproduziert. Darüber wäre kein Wort zu verlieren. Warum ist der Autor so dumm ein Vorwort zu schreiben? Nur schade, daß Herr Rocholl falsch reproduziert. Erstens schiebt er mir fälschlich unter, ich hätte dieses Drama geschrieben, um der sozialen Frage den ihr gebührenden Respekt im lesenden Publikum hervorzurufen (eine Absurdität, von der in meinem Vorwort keine Silbe steht), zweitens, ich sei der Meinung, die soziale Frage werde, ehe unser Jahrhundert zur Neige gegangen, das letzte Wort gesprochen haben. Dagegen lautet der Passus in meinem Vorwort: „Ehe unser Jahrhundert zur Neige gegangen ist, werden selbst den blödesten Optimisten die Augen furchtbar aufgehen." Das ist etwas ganz anderes, Herr Rocholl! Der von mir ausgesprochene Gedanke kann bestritten werden, obwohl er von sehr konservativen Politikern geteilt wird, der von Ihnen reproduzierte Gedanke ist geeignet, mich einfach lächerlich zu machen, weil er die absurde Schlußfolgerung zuläßt, die soziale Frage werde noch in diesem Jahrhundert gelöst werden. Damit nicht genug. Ich sehe von einem andern unvollständig wiedergegebenen Citat ab und stelle nur folgendes Citat hin. Das Stück schließt mit Philipps Ausruf: „Münzers Kopf auf der Pike, sein Weib geschändet, sein Wort vernichtet, — das ist Gottes Gericht vollzogen durch Fürstenhand."

In dem mir vorliegenden Text lautet der Passus:

Sein Kopf auf der Pike, sein Weib geschändet, sein Werk vernichtet — das ist Gottes Gericht vollzogen durch Fürstenhand.

Also, Herr Rocholl! Zuerst lesen lernen — dann rezensieren!

München, Mai 89. J. Brand.

Französische Litteratur.

„La Main gauche“ und „Le Rosier de Madame Husson“ sind zwei neue Novellen-Sammlungen, von Guy de Maupassant, die bei Ollendorff erschienen sind. Daneben tritt für mich jede andere litterarische Neugeburt in den Hintergrund. Es liegt in der Art und Weise Maupassants ein so eigener, so origineller, ein so gesunder, mannigfaltiger Realismus, daß er Novellisten wie Ludovic Halévy, Gyp (Gräfin Martel), Richard O'Monroy, Coppée, Theuriet, Théodore de Banville, Armand Silvestre, Catulle Mendès alle an Individualität überragt. Seine Stoffe sind Thatsachen, kleine, von anderen unbemerkte Dinge, die alle im Dienste der Psychologie stehen, Beweise von menschlicher Dummheit und Unwissenheit, von Güte und Egoismus, von einem Gesetz des Unbewußten, das unentwickelte Menschen zum Handeln treibt, ohne daß sie selbst ihrem Gedankengang zu folgen oder ihren Gründen nachzuforschen vermögen. Manchmal wird man auch durch unerwartete Kontraste überrascht, durch die Ironie der Dinge, immer aber durch das was geschehen. Dieses Geschehene, das oft nur eine Bemerkung, eine Empfindung heraufbeschworen, ist stets wahr, stets erlebt, die Persönlichkeiten, die das Begebnis zu verkörpern haben, keine La Fontaineschen Gärtner, Mönche oder Hirten, sondern legendenhafte Bauern, wie Meister Omont, Meister Balin oder Hauchecorne, Spießbürger wie Caravan, Morin, Dufour, Frauen wie Francesca Rondoli, Marocca, Rachelet ꝛc.

Die neuesten Novelletten Maupassants zu klassifizieren, ist ihrer großen Mannigfaltigkeit, ihres ungemeinen Stoffreichtums wegen nicht leicht. In „La Main gauche“ greift der Autor zu Stoffen, die mehr oder weniger alle von jener Liebe „zur linken Hand“ Zeugnis ablegen, von freier, ungebundener, instinktiver Liebe, die kommt und geht, lebt un stirbt, ohne sich um Form und Zw zu kümmern. Und das oft in ein Weise, die uns mit dem Vie Parisien ausrufen läßt: „Il est étonnant ce Ma passant.“

Da haben wir zuerst die fein h nische Weise der Gegensätze in ein Zusammenstoß heterogenster Gefühle, Ge danken und Begebenheiten, denen w bereits früher, besonders in Boule Suif, Mademoiselle Fifi, Un Bapt La pension Tellier und anderen Erz lungen begegnet. Die erste Nov „Allouma“, zeichnet eine junge Arabe die, in ihrer Liebe zu einem französisch Kolonisten ebenso viel Anmut als instin tive Koketterie entwickelt, um dann plöt lich des bequemen, ruhigen Lebens, de „zivilisierten“ Liebe überdrüssig, mit ein abstoßenden, eingeborenen Hirten zu en fliehen. „Und ich dachte,“ schließt de Erzähler, „mein Gott, es ist eine . . . Frau, wie so viele andere. Weiß ma weiß man nur, was sie handeln läß was sie einen Mann lieben, ihm fol[illegible] oder ihn verlassen heißt? Warum [illegible] sie mit diesem abstoßenden Tier ver schwunden. Warum? Vielleicht, weil se Monaten der Wind von Süden weht. . . . Und weiter. „Käme sie wieder?“ fragt der Freund. „Schmutziges Ge schöpf . . . . doch . . . es würde mi Vergnügen machen.“ —

In „Hautot père et fils“ finde wir diese fast triumphierende Brutalit der Dinge, diese breite Verachtung de Menschheit, die fast zur Nachsicht wir eine Art, die Menschen als komische ode traurige Vierfüßler zu betrachten, — noch schärfer ausgedrückt. Hautot pèr vertraut auf seinem Sterbebett dem Soh eine Geliebte und ihr Kind an. Er wa Witwer, er konnte nicht ohne ein Wei leben, doch er wollte der Verstorbenen keine Nachfolgerin geben und auch kei Testament zu Gunsten der „Anderen“

weil sich „diese Dinge" schrift-
nicht sagen lassen. Deshalb giebt
Schicksal der Verlassenen dem
anheim. Er soll für sie und das
sorgen. Die Unterhaltung ist ein
die ganz natürliche Folge
Bekanntschaft ein allmählich sich
Besuch des Sohnes bei
Douet. „Wann wollen Sie,
ich wiederkomme," fragte der junge
„Donnerstag — wie Ihr Vater.
bin ich immer frei… arbeite
Und Hautot fils kommt jeden
wie Hautot père es gethan
Hautot fils findet, wie Hautot père
Kouvert jeden Donnerstag bereit.

„Un soir" behandelt die Untreue
Frau, Gattin eines Buchhändlers
Provinzstadt, eine jener Man-
feinen, durchtriebenen, ehr-
drollischen, weiblichen Wesen,
den Keim der Verderbnis unter
Hülle zu verbergen wissen.
ganz kleine Frau, fein in Zügen,
Ton und Farbe gleich einer zar-
Diese Frau nun
dem Gatten Veranlassung zu Eifer-
zu Verdacht. Sollte sie den schö-
Romino lieben? O, er wollte sie
die beiden, wo er sie fände, töten
Sündenmahl im Restaurant.
hatte erforscht, erspäht, wo sie sich
und, geleitet vom bestochenen
reißt er die Thür des cabinet
auf und findet — nicht Ro-
sondern den sechzigjährigen, dicken
La Fiche und sein zartes, jun-
Weib auf dessen Knieen.

„Dann," erzählt der betrogene Ehe-
der nach Zusammenbruch seines
Frankreich verlassen und Ansiedler
geworden, „dann — dann
ich noch nicht, was in mir vorging.
‚Andern' gegenüber hätte ich mich
Wut gekrümmt, vor ‚Diesem', vor
alten, schmerbäuchigen, mit Hänge-
versehenen Mann, wurde ich von tiefem Widerwillen erfaßt. Sie, die Kleine, die nur fünfzehnjährig schien, hatte sich diesem dicken, verdorbenen Mann hingegeben, nur weil er Marquis und General war, Freund und Repräsentant entthronter Könige. Nein — ich weiß nicht, was ich fühlte, noch was ich dachte, — doch meine Hand hätte jenen alten Mann nicht treffen können, — nein! Welche Schande! Nein, ich fühlte kein Bedürfnis mehr, mein Weib zu töten, doch alle Frauen, die ähnliche Dinge begehen können. Ich war nicht mehr eifersüchtig, ich war wie verloren, als hätte ich das scheußlichste aller Scheußlichkeiten gesehen. Man sage von den Männern was man wolle — sie sind nicht so niedrig. Wir sind reinlicher, mein Lieber." . . . „Und was thatest Du?" fragte der Freund weiter. „Ich bin fortgefahren und — da bin ich!"

„Le Port" trägt den Keim einer ebenso dramatischen als entwürdigenden Fatalität in sich. Ein nach langen Reisen heimkehrender Matrose, dessen Schiff endlich in den heimatlichen Hafen einfährt, findet in einem öffentlichen Hause ein Mädchen, das er — zu spät als seine Schwester erkennt. „Er hielt sie noch immer in seinen Armen rücklings auf seinen Knieen, die offenen Fäuste im Rücken des Mädchens und, sie unablässig und forschend ansehend, erkannte er endlich in ihr jene Kleine, in der Heimat mit all' denen, die sie hatte sterben sehen, zurückgelassene Schwester. Und mit seinen großen Matrosen-Fäusten dieses wiedergefundene Haupt erfassend, küßte er dasselbe wie Fleisch von seinem Fleisch. Dann stieg ein Schluchzen in seine Kehle. Das tiefe Schluchzen eines Mannes, grollend wie die Welle, ähnlich trunkenem Schluchzer. Dann aber fiel er zu Boden und, von seinen Kameraden aufgehoben, wurde er in das Zimmer des Mädchens getragen, das ihn vorher aufgenommen und das zu

Füßen des geschändeten Lagers auf einem Stuhl die ganze Nacht bis zum Morgen hindurch weinte."

In „Les epingles" finden wir den Autor von „Les bijoux" wieder, der eine Art Koketterie im „Stecknadelfinden" entfaltet und mit fast weiblicher Zartheit seine Konklusion zieht. Irgend ein Lebemann, der jedoch das Geheimnis, Verhältnisse rechtzeitig zu lösen, noch nicht erfaßt, findet sich plötzlich im Besitz zweier Geliebten. Diese verraten sich gegenwärtig ihre Anwesenheit durch Stecknadeln, die beide die Gewohnheit haben in die Tapeten am Toilettentisch zu stecken. Endlich findet eine von ihnen ein winziges Blättchen an einem Stecknadelkopf: „morgen 5 Uhr, Boul. Malesherbes, Bureau der Post." Das Rendez-vous führt — zu Freundschaft beider Frauen und zum Bruch derselben mit dem Manne.

Auf ähnliche „Stecknadelnfunde" und graziös-ironische Erklärungen stößt man im „Rendez-Vous" und „Duchoux." Dort ist es eine junge Frau, der ihr Geliebter überdrüssig wird, weil er es in seiner Banalität nicht einmal verstanden, während der 120 mal ihrer Zusammenkünfte — bei ihrer Toilette zu helfen, hier ist es ein Aristokrat, der von einem plötzlichen Liebesbedürfnis befallen, sich eines natürlichen Sohnes, der Architekt in Marseille ist, — erinnert. Er fährt hin, doch schon im Garten desselben wird er durch ein schlecht erzogenes Kind zurückgestoßen, im Innern des Hauses aber durch so vielen provinziellen Schlendrian, durch so viel Unfeinheit, daß der Edelmann tief entmutigt, die Heimreise antritt. Ein schlecht ausgesprochenes „Paire" (père) verfolgt ihn bis in seine Träume und Räume.

„La Morte" ist eine Vision voll bitterer Wahrheit. Auf einem Kirchhof thun sich die Gräber auf und, von unsichtbarer Hand verwechselt, geänder[illegible] zeigen die Gedenktafeln keine Lügen mehr sondern Wahrheiten. Und so liest [illegible] er, der einsame, verzweifelte Wanderer auf dem Grabe seiner Geliebten die trau[illegible] rige Erklärung ihres Todes, die er u[illegible] sonst gesucht. Bei einem Ausgang, d[illegible] sie unternommen, um ihren Geliebten [illegible] betrügen, erkältete sie sich und starb.

In der zweiten Novellensammlung „Le Rosier de Madame Husson" fi[illegible] den wir mehr die heitere (doch immer ir[illegible] nisch-satyrische) Note Maupassants wi[illegible] der. Madame Husson sieht in dem V[illegible] zug einer Tugendkrönung, wie sie [illegible] für junge Mädchen in Frankreich übl[illegible] ist, eine Ungerechtigkeit dem männlic[illegible] Tugendhelden gegenüber. Diese fe[illegible] allerdings selten, ihr Städtchen we[illegible] jedoch ein solches Unikum auf und ihre[illegible] Einfluß gelingt es, dasselbe mit a[illegible] Feierlichkeit zu krönen. Weiß gekleidet kehrt Isidor zu seiner Mutter heim, d[illegible] 600 Fr., sein Tugendpreis, in der Ta[illegible] Abends jedoch, nachdem alle nur erde[illegible] baren Gefühle das Herz des Jünglings bestürmt, schleicht er plötzlich rechts [illegible] die Ecke des Hauses und — verschwindet im Dunkel der Nacht. „Le Rosier d[illegible] Madame Husson" kehrt zum ersten m[illegible] nicht heim; erst am fünften Tage find[illegible] man ihn trunken, — dann verfällt [illegible] allmählich der Trägheit, dem Laster.

„Un échec" handelt von dem Miß griff eines jungen Mannes, dem ei[illegible] Reisegefährtin auf einer Fahrt na[illegible] Ajaccio allerdings allerlei kleine „Avance[illegible] gemacht, ihm im entscheidenden Augen blick jedoch, empört durch seine Zudring lichkeit, eine Tracht Schläge zuteilt, d[illegible] ihm zu denken geben.

„La baronne" macht uns bekann[illegible] mit einer jener problematischen Existen zen, die, unter dem Deckmantel des An standes, ein zweifelhaft reines Dasei[illegible] — angenehm zu fristen wissen. E[illegible]

ſters eines ſehr reichen Geliebten,
der ungetrübten Ausſicht, ihre
r einmal anſtändig verheiraten zu
n. Deshalb muß ſie in der Wahl
Geliebten ſehr vorſichtig ſein. Da-
et ihr ein ariſtokratiſcher Raritäten-
er die Hand und zwar indem er
ann und wann von ſeinen ſelten-
Stücken, und ſeinen reichſten Be-
n welche zuſendet. „Ah — das
iſt — die Baronin hat es ange-
Vielleicht arrangieren ſie ſich mit
Und Käufer und Verkäufer „arran-
ſich dann.

„Une vente“ verkauft ein Bauer
ten Mutes ſeine Frau einem an-
„au mètre cube.“ In eine Waſſer-
geſteckt, deren Inhalt vorher aus-
en, ertrinkt die glückliche Gattin
d macht ihren Spaßmachern einen
h, der ihnen nur um ein Haar
ohl koſtet.

„Martine“ iſt ein ſchönes Bauer-
n, das, einen reichen Bauern
ernen doch einſt geliebten vor-
d, erſteren heiratet, im Augenblick
da ſie ihr erſtes Kind zur Welt
, von letzterem beigeſtanden wird.
heißt's: „Er liebte ſie nicht mehr,
icht mehr. Was ſoeben vorgefallen,
ihn beſſer geheilt, als zehnjährige
ehrheit.“

„Une soirée“ behandelt das un-
che Abenteuer eines, in der Pro-
eine Schweſter beſuchenden Unter-
ts, der ſich „einen frohen Abend
Lemen“ machen will, des Ortes
unkundig, in das Haus eines
n Beamten fällt und dort auf
Schwager ſtößt.

ſtetes Malheur widerfährt dem
r Beamten in „Le Divorce.“ Mit
erwindlicher Armut kämpfend, ent-
t er ſich eine, in der Zeitung nach
Gatten ſuchende junge Dame mit
m Vermögen zu heiraten. Wahr-
ſcheinlich eine außereheliche, vornehme — Waiſe, zaubert ihm ſeine Phantaſie vor. Er heiratet ſie, die Überraſchung aber beſteht für ihn in einem Kleeblatt von Kindern, die der großmütige Stifter des großen Vermögens ihm gleichfalls hinterlaſſen. Was thun? Scheiden? „Nein,“ antwortet ihm ſein Advokat, „die Kinder anerkennen.“ Und er thut es.

„La Revanche“ iſt eine pikante Schlußfolgerung, die ein geſchiedenes Ehepaar aus ihrer Lage zu ziehen weiß und ein geiſtreicher Dialog, der ſich zwiſchen den beiden entſpinnt. Herr v. Carelle findet ſich im Recht, Herrn v. Chantever, den zweiten Gatten ſeiner reizenden Frau, die ihn ſeinetwegen betrogen, — nun ſeinerſeits zu betrügen. Das ſoll ſeine Revanche ſein, eine Revanche, die er, jetzt, da „ſie nicht mehr gebunden ſind“, ſeiner Gattin zuckerſüß vorzuſtellen weiß.

„La fenêtre“ iſt eine Novelette à la Paul de Kock. Madame de Jadelle will Herrn v. Brives wohl heiraten, ihn jedoch vorher gründlich kennen. Deshalb weilt er ſchon längere Zeit in ihrem Schloß, ohne daß die Friſt beendet ſcheint. In ſeiner Ungeduld macht er dem hübſchen Stubenmädchen den Hof und, ſie eines Morgens aus ſeinem Fenſter im Garten erſpähend, ſchleicht er zu ihr und küßt ſie auf eine Stelle, auf die man gewöhnlich anſtändige Frauen nicht küßt. Da wendet ſich die nur leicht bekleidete Geſtalt um und Brives erkennt Madame de Jadelle. Definitiver Abſchied iſt ſein Lohn.

„Enragée“ macht uns mit einer jungen Frau bekannt, die in übergroßer Unſchuld und Naivität ihren Gatten in der Brautnacht für verrückt hält, dann aber durch einen kleinen Hund gebiſſen, ſich ſelbſt vom Wahnſinn befallen glaubt.

„La Confession“ belehrt ſchuldige Frauen, daß ſie beim reuigen Bekenntnis eines schuldigen, doch nicht „wiederholen wollenden" Gatten, nicht — lachen dürfen. Laurine, von der Naivität ihres Gemahls getroffen, bricht in ein derartiges Lachen aus, daß der biedere Kapitän in demselben plötzlich ihre ganze Verdorbenheit erblickt.

In „Le Modèle" und „l'Odyssée d'une fille" begegnen wir dem Misantropen, dem Fatalisten Maupassant. Die erste der Novellen behandelt eine Gewissensheirat zwischen einem jungen Maler und seiner Geliebten, die, in einer sich zwischen ihnen entspinnenden Szenen, aus dem Fenster springend, sich auf dem Pflaster beide Beine bricht. Vom reuigen Mann zur Gattin gewählt, verbringt sie stumm ihr elendes Leben in einem Rollstuhl, während er, ebenso wortlos und finster, neben ihr herschreitet.

„L'odyssée d'une Fille" enthüllt das ganze Elend eines gefallenen Mädchens, das einst als Magd von ihrem Brotherrn bezwungen, von Stufe zu Stufe gefallen, von Stadt zu Stadt geeilt, und nun endlich in diesem großen Paris, von dem „Alten" ernährt, dem Verhungern zu entfliehen sucht. „Doch," erzählt sie dem Mitleidigen, der sie auf den Boulevards vor den „k . Trottoir reinigenden" Sergeanten gerettet, — man ist nie ruhig. Das Unglück wollte, daß ich die Bekanntschaft eines sehr reichen, gewesenen Präsidenten, der wohl seine sechzig Jahre zählte, — machte. Eines Abends soupierten wir in einem Restaurant, als er beim Dessert — starb. ! — ich hatte drei Monate Gefängnis… Oh, es ist hart zu leben, hart. … ißt nicht alle Tage. Doch — … schlimmer; jeder hat sein Päckchen … tragen, — nicht wahr?" Und sie … eilte unter dem feinen Regen, dicht … ein Schleier. Ich sah sie unter einer … laterne, dann im Schatten verschwin… Armes Mädchen!" . . . . .

M. Reuber…

Ungarische Litteratur.

Abonyi L.: A pénzes molı románcza. (Roman. Singer, Bu… Der Verfasser, der sich durch seine … kannten volkstümlichen Werke schon manche Lorbeeren erworben, tritt nu… mit einem neuen Werke vor die gebil… Welt Ungarns. Die Geschichte de… Romans spielt in der Gegenwart … behandelt die Leiden und Freuden … Müllers vom Dorfe. Abonyi besitzt … ihm eigengewordene Darstellungsk… die ihn bei seinen Lesern so beliebt ma… Zwanglos und leicht ist der Ton … Erzählung, durch welche sich ein Arbe… von Frische und Leben zieht. Seine … stalten sind Typen, wie wir sie in … ungarischen Welt leben und wirken … Nichts ist übertrieben, alles ist so nat… lich geschildert, der Gang der Erzähl… ist ein leichter, so daß wir in die… Werke jenen Fortschritt erkennen mü… welchen die Erzählungskunst Abonyi… verdanken hat. Ein Werk, welches … den besten des Verfassers gerechnet … den kann.

A. J…

☛ Wegen Raummangel mußten die kritischen Berichte aus der englisch… italienischen, spanischen, portugiesischen, und neuhellenischen … teratur für das nächste Heft zurückgestellt werden.

Verantwortliche Leitung: Dr. M. G. Conrad in München.
Verlag von Wilhelm Friedrich. Druck von C. G. Röder in Leipzig.

Joh. Fastenrath

Von deutscher Bedientenhaftigkeit.

Von M. G. Conrad.

(München.)

Die deutsche Bedientenhaftigkeit hat unseren Leuten nicht bloß das Rückgrat, sie hat ihnen auch das Herz und den Kopf verdorben. Was da unter dem Brustfleck für ein ekelhafter Empfindungs-Mißwachs zusammenwuchert und sich für echtes deutsches Gefühl ausgeben und als solches von allen regierenden Häuptern der Welt mit Orden verzieren lassen möchte, ist gar nicht auszumessen. Und im Kopfe, was wohnen da für buckelige, schielende, hinkende und stinkende Gedanken bei einander — frisch, fromm, fröhlich, frei!

Zumal an uns deutschen Realisten in Litteratur und Kunst, die wir jetzt als verfluchte Steine des Anstoßes bald auf allen deutschen Wegen liegen, findet diese herzliche und hirnliche Verkommenheit nationalen Krüppelwuchses immer erwünschteste Gelegenheit, sich in täglich neuen Offenbarungen auszuschwelgen. Wir scheinen vor allen anderen die Gabe zu besitzen, zungenlösend auf die deutsche Bedientenseeligkeit zu wirken. Ein Blatt, eine Zeitschrift, ein Buch, ein Werk von uns — und aus allen Ecken und Enden kriecht das Laster gegen uns heran, stellt sich gegen uns, verleumdet und verfehmt uns mit seinem schmutzigen Maul, knöpft sich auf, öffnet Brust- und Hirnkasten und läßt allen Unrat gegen uns los.

Ein Beispiel, das nächstliegende. Unsere „Gesellschaft" ist ein öffentlicher Werkplatz des aus ungeheuren Wehen und Nöten wiedergeborenen deutschen Geistes in Dichtung und Kritik, in Kunst und Leben, in Politik und Volkswirtschaft. Wir wollen auf diesem Werkplatz, so weit unsere Kräfte reichen, deutsches Wesen und deutsche Art zu Ehren und Ansehen bringen, sie schützen und schirmen helfen im In- und Auslande, sie als ein Herrliches und Selbständiges und Notwendiges im Kulturhaushalt der Gegenwart nachweisen. Es handelt sich hier also um die reinsten und höchsten Geistesbethätigungen, um die Kunst im weitesten Sinne, eines freien oder freizumachenden Volkes von nationalem Selbstgefühl, jenem Gefühle, das in seiner vollen Stärke und Unverfälschtheit der heilige Urquell ist, aus dem die sieghaften, bleibenden Werke der Menschheit fließen. Denn, dies nebenbei für jene, die vor lauter Humanitäts-Wald die einzelnen Volks-Bäume nicht mehr sehen — nicht die Menschheit ist das Zeugende, sondern das artbestimmte, eigensamige Volk; die Menschheit ist der Äther, in welchem sich die blühenden Kronen des Baumes wiegen und zusammenschließen, das Volk aber ist der Wurzelboden mit der kraftgeschwängerten Erde.

In Gedanken, Worten und Werken den Charakter des eigenen Landes und eigenen Volkes deutlich und in seiner ursprünglichen göttlichen Schönheit wiederzuspiegeln, heißt der Entwickelung einer vollkommenen Menschheit dienen; in seiner eigenen Sprache seine eigene Welt auszubauen, auf allen Gebieten der Kunst und des Lebens, heißt das Geheimnis alles Daseins enthüllen und alles Daseins letzten Sinn und Zweck erfüllen.

Um ehrlich, unbefangen und gründlich unser Werk auszurichten, haben wir alle Ketten einer verlogenen Bildung zu sprengen, alle Fesseln der Konvention abzustreifen, alle Verbindung mit einer falschen Schulung zu lösen, dafür mit Emsigkeit alles zu erforschen, was freiere, entwickeltere, resolutere Völker in kühnem, kunstgeübtem Wirklichkeitsdrange und feinerem Natursinn an stark- und hochwüchsigen Werken zur Ausprägung ihrer Eigenart hervorgebracht. Jede selbständige Kunstblüte setzt überdies die bewußte Meisterung aller bis jetzt erreichten Technik in ihrer relativen Augenblicks-Vollendung voraus.

Wir studieren daher auf unserem Werkplatze, in der „Gesellschaft“, auch die Kunst und Dichtung der Nachbarvölker in ihren charaktervollsten Typen, wir verfolgen in einer kritischen Rundschau alle typischen Arbeiten und Anstrengungen der fremden Litteraturen. Mit Beharrlichkeit widmen wir unsere Analyse den Schöpfungen eines Ibsen im Drama, eines Augier im Gesellschaftsstück, eines Zola und seiner Genossen im Gesellschaftsroman, eines Tolstoi in der Volksstudie u. s. w. u. s. w. Dabei arbeiten wir unablässig an der Losbindung und Heraustreibung unserer selbständigen, volkstümlichen Schöpferkraft und schlagen mit den Waffen furchtloser Kritik allem aufs Haupt, was unter irgend einer Form, irgend einem Vorwand dem Verderb unseres Volksgeistes dient, der Charakterlosigkeit und Bedientenhaftigkeit dem Vorschub leistet.

Und nun kommt dieselbe Charakterlosigkeit und Bedientenhaftigkeit, die wir bis aufs Blut als die Ur- und Erbfeinde unseres Volkes befehden und gegen die wir nicht Ruh und Rast geben werden bis zu unserem letzten Atemzug, und pflanzt sich in der Öffentlichkeit auf und wirft uns Epigonentum und Auslands-Nachahmerei vor, sucht uns den Schimpf der Ibsen- und Zola- und tutti-quanti-Verhimmelei und -Nachahmerei ins Gesicht zu schleudern, uns, den Unabhängigsten unter den Unabhängigen, den Freiesten unter den Freien. Dieselbe Charakterlosigkeit und Bedientenhaftigkeit, die in ihres Nichts durchbohrendem Gefühl, ihrer erwerbstollen Streberei und Speichelleckerei fortwährend vor allem Fremden, ob gut oder nichtsnutzig, auf dem Bauche liegt und alles Nationale schändet, besudelt und verleugnet um elenden Gewinnes willen, wagt es in der Verrottung ihres Denkens und Fühlens, uns der Gesinnungslosigkeit und Undeutschheit zu zeihen, weil wir mit unerschütterlicher Gerechtigkeit jeden nach seinem Verdienste wägen und mit mannhaftem Stolze das Bedeutende, Bahnbrechende, Emporführende anerkennen, wo wir es finden, sei es in Norwegen oder Spanien, in Rußland oder Frankreich. Dieselbe Charakterlosigkeit und Bedientenhaftigkeit treibt die Hirnrissigkeit so weit, in der öffentlichen Schätzung den Unterschied zwischen selbständig-kritischer Anerkennung und knechtischer Nachahmung des Fremden verwischen und uns nationale Realisten als eine würdelose Sippe von Kopisten in Verruf bringen zu wollen.

Diesem schmachvollen Treiben gegenüber, dem eine Anzahl in Deutschland erscheinender Zeitungen mit hündischem Vergnügen die Stange hält, müssen wir zum tausendstenmal erklären, daß wir ganz selbständig und unbeeinflußt unsere Werke schaffen, auf grund eigener Anschauung, Beobachtung und Befähigung, daß der deutsche Realismus in seinen richtigen Vertretern zwar der Bruder des norwegischen, französischen, russischen u. s. w. ist, niemals aber eine Bastardzeugung aus dem verirrten Samen der Norweger, Franzosen, Russen u. s. w. Wir fühlen uns lendenstark genug, aus germanischem Mutterschoß Werke in die Welt zu setzen, die den kommenden Geschlechtern ein hellleuchtendes, durch keine wie immer entartete Philologie und Geschichtsfälscherei hinwegzudisputierendes Zeugnis sein sollen für die rastlos treibende, unerschöpfliche Lebenskraft deutscher, rasseechter Litteratur und Kunst.

Dank der obengezeichneten Charakterlosigkeit und Bedientenhaftigkeit im Publikum und in der Presse mag es noch eine Zeitlang gelingen, unsere unverfälschte deutsche realistische Richtung in den Hintergrund zu drängen, aber den endlichen Sieg wird man uns nicht streitig zu machen vermögen.

Unsere Buchhändler, Übersetzer, Zeitungsverleger, Theaterleiter und ähnliche auf Kosten des vaterländischen Geistes, der vaterländischen Macht und der vaterländischen Ehre frisch, fromm, fröhlich, frei drauflos sündigenden und gewinnergatternden Industriellen werden noch eine Zeitlang fortfahren, unser Volk nicht mit den wenigen großen typischen Werken der Ausländer in würdiger Weise bekannt zu machen, sondern mit den fremden Schund- und Schandsachen internationaler Spaßfabrikanten zu überschwemmen, aber eines Tages wird die schlummernde Gerechtigkeit doch erwachen und diese Volksverderber und Kunstschänder bei'm Kragen nehmen und sie würgen, bis ihnen ihr Schurkenwitz vergeht.

Infolge dieser vaterlandsverräterischen Kunstwirtschaft wird auch das wirtschaftliche Mißverhältnis noch eine Zeitlang fortbestehen, daß diejenigen Schriftsteller und Künstler die gesuchtesten, angesehensten und reichstbezahlten sind, deren Werke den geringsten litterarischen und künstlerischen Wert besitzen, während die Urheber und Mehrer der wahrhaften vaterländischen Geistesschätze hungern und in Lumpen gehen und unbegehrt und ungeehrt auf der dunkeln Schattenseite des Lebens ihr Dasein abarbeiten müssen.

Es tröstet uns, daß unsere regierenden Häupter und Fürsten wenigstens seit 1870 angefangen haben, nach deutschen Speisezetteln zu essen und sich den Leib zu sättigen; wenn wir noch einige große Kriege geführt, einige Schlachten geschlagen und Siege erfochten haben, werden sie so stark und stolz in vaterländischem Wesen und konsequent vaterländischer Art geworden sein, daß sie auch ihren Geist mit rassechten nationalen Schöpfungen sättigen werden und das Gewicht ihrer Stellung und ihres Vorbildes in die Wagschale werfen, damit auf vaterländischem Boden kein fremder Produzent prasse, so lange der einheimische Dichter und Künstler nach Brot geht und verhungert, damit auf den deutschen Hofbühnen kein fremder Autor gespielt und mit Tantièmen gefüttert werde, so lange ein ebenbürtiger einheimischer Autor mit seinem Werke nicht an die Reihe gekommen.

Den Deutschen die Charakterlosigkeit und Bedientenhaftigkeit aus Kopf, Herz und Gliedern zu treiben und sie insgesamt vom Ersten bis zum Letzten, vom Höchsten bis zum Geringsten in allen Stücken, namentlich aber in geistigen Dingen, zu charaktervollen, stolzen, freudigen Vertretern und kühnen Zeugen unseres ursprünglichen, lauteren deutschen Volkstums zu machen, Gott und den Menschen und allen Realisten ein Wohlgefallen: dazu bedarf es noch der Arbeit und des Kampfes von Menschenaltern.

Gott läßt sich in seiner Kreatur nicht spotten: er hat jedem Wesen die treue Bewahrung seiner Eigenart als Gebot und Grundbedingung der Selbsterhaltung ins Herz geschrieben. Die Geschichte lehrt, wie er die Stärksten und Gewaltigsten geknickt hat wie Strohhalme und die mächtigsten Reiche vom Erdboden hinweggefegt wie Spreu. Er hat die Tyrannen in ihrem eigenen Blute erstickt und die Gedankenlosen an ihrer eigenen Blindheit und Dummheit zu grunde gehen lassen. An dem herrlichen Volke von Althellas hat er uns dies gelehrt: was die Griechen ewig wähnten, ihre Staatsverfassung, ihre Politik, ihre dogmatische Religion und ihre Priesterschaft, ist im Staube versunken, während ihre rasseechten nationalen Schriftsteller, Dichter und Künstler selbst in ihren Trümmern noch den Jahrtausenden trotzen und gleich ewigen Sternen fortstrahlen am Himmel der Menschheit.

Und was den Völkern gilt, sollen sich auch ihre Lenker gesagt sein lassen:

Nicht Roß, nicht Reisige
Sichern die stolze Höh' — —

Amen!

Im Lampenschein.

Bekenntnisse eines braven Unterthanen.

Von Leopold Caro.

(Lemberg.)

Es ist doch merkwürdig um das Romanschreiben! Auch der nüchternste Alltagsmensch hat manchmal begeisterte Augenblicke, in denen er sich berufen vorkömmt, den Schriftstellern ins Handwerk zu pfuschen. Was Wunder also, daß auch ich als unbesoldeter Praktikant viel freie Zeit und Phantasie übrig hatte, mich mit der Litteratur zu beschäftigen. Vorzüglich zog mich das Romanfach an. Da, dachte ich bei mir, brauchst du kein mitunter beschwerliches Reimesuchen, keinen Takt noch Rhythmus, sondern steuerst gerade drauf los, je nachdem dir der Schnabel gewachsen ist. Jetzt freilich, seit ich k. k. Steueramtskommissär bin, habe ich dem Romanfach für immer Valet gesagt und gebe mich nur mehr mit praktischen Dingen ab. Aber damals war es noch anders. Da schnüffelte ich den ganzen Tag nach interessanten Ereignissen und besonderen Charakteren herum, machte mir kurze Notizen zu späterer Verwertung, kurzum, übte die Obliegenheiten eines Lokalreporters zu eigenem Gebrauch in ausgedehntestem Maße. Nichts entging damals meinem überall Romanhelden aufspürenden Geruchssinn. So traf es sich denn, daß ich einmal ganz überwältigt von der imposanten Dicke meines vollgeschriebenen Notizbuches an die mühevolle Arbeit ging, aus diesen losen Vormerkblättern einen regelrechten, mindestens dreibändigen Roman zu schmieden.

Es war eine klare, stille Mondesnacht. Das würdevolle Schweigen der Natur schien mit der Unruhe der mich umgaukelnden Gestalten meiner Phantasie einen eigentümlichen Kontrast zu bilden, der mich nur desto eifriger zur Arbeit anspornte. Meine kleine Studierlampe, die ich noch von meinen Universitätsjahren her besaß, schien mit ihrem angenehmen heimlichen Lichte mein Vorhaben zu unterstützen. Und so erschienen sie denn, die Gestalten meines Romans, eine nach der andern: die nervöse Gräfin mit ihrer unvermeidlichen Zofe, die die Kleider ihrer Frau trägt und dabei ertappt wird: der kurzsichtige Botschaftsattaché, dessen letztes Verhältnis zur kleinen Betty ihn in der ganzen Stadt bekannt gemacht; die unlängst getaufte Baronin, Vorstand eines Missionsvereins zur Belehrung der Zulukaffern; der Fürst Zizi, bekannt in den weitesten Kreisen als Beschützer des Kleingewerbes; Professor Gründlich, ewiger Reichsratskandidat, der immer durchfällt und immer von neuem kandidiert; der kleine Beamte mit seinem permanenten Kindersegen; der Fabrikant mit seinen ewigen Bankerotten und seinem Mitleid mit den armen schändlich ausgebeuteten kleinen Grundbesitzern und Bauersleuten; ein naives Mädchen, das ganz im Geheimen die „Nana" verschlingt; der Staatsanwalt mit seiner strafenden Gerechtigkeit für kleine und seiner Nachsicht für große Diebe; der junge Arzt mit seiner rastlosen Thätigkeit, die ihn immer die belebtesten Straßen en carrière zu passieren zwingt; vielleicht auch noch der Student, der hinter seinen Jünglingsidealen die Sucht nach Protektion und einer einträglichen Stelle verbirgt. Aus den unteren Sphären wollte ich aus Dankbarkeit eine arme jüdische Greislerin hineinpraktizieren, deren Kredit mir während meiner Studentenzeit oft über hungrige Stunden hinweggeholfen, versteht sich gegen mäßige Prozente; desgleichen meinen braven Hausmeister, der mir täglich zur selben Zeit die Kleider klopfte und der desto eifriger und gewissenhafter sein Stück Gasse bespritzte und den Staub davonkehrte, je mehr Passanten vorüberkamen um ihn, wie er raisonnierte, in der Ausübung seiner gemeinnützigen Thätigkeit zu stören. Um der Zeitströmung Rechnung zu tragen, durfte ich allenfalls noch einige Nihilisten und Antisemiten riskieren; das gäbe dem Roman etwas Packendes, Neuartiges und dann könnte man am Titelblatt hinzusetzen: aus der jüngsten Gegenwart. Dazu eine spannende Intrigue und das Ding schien fertig. Nun brauchte man nur das Chaos zu gruppieren und in Kapitel und Bücher zu fügen, einen passenden Titel zu erfinden, vor Allem aber, und dies schien mir das Wesentlichste, alle im Romane auftretenden Personen am Schluß des dritten Bandes offiziell glücklich zu machen. Nur so konnte ich hoffen, dem Geschmack des großen Publikums gerecht zu werden. Das Auftreten einiger Liebespaare, die anfangs getrennt, endlich aber glücklich zusammengekoppelt werden sollten, erschien mir selbstverständlich. Und warum Leute nicht glücklich machen, wenn es so gar nichts kostet?

Als ich noch so monologisierte, wie es schon meine Art ist, weckte mich ein böses Lachen aus meinen Träumen. Ich blickte um mich, kein Mensch; wer mag das gewesen sein? Oder hat mir meine Phantasie einen Streich gespielt? Aber nein, das war nicht möglich, denn da hörte ich es ja schon wieder, das böse, boshafte Lachen, und vor mir stand auf meinem Studiertische — ich zögere es zu gestehen — meine Lampe, nein, nicht meine Lampe mehr, ein kleiner, dicker Homunculus, der mir seine ironische Verbeugung machte. Sein feistes Bäuchlein hatte ich bislang für den Lampenschirm gehalten und seinen Hals hielt ich vorher für einfaches Zylinderglas. Ich traute meinen Augen nicht, wohl wissend, daß es keine Geister mehr gebe, aber was half's, das Männlein stand wie zuvor noch immer in gebeugter Haltung und da konnte ich denn nicht anders, als ihm höflich einen Stuhl anbieten und ihn nach seinem Namen und Anliegen befragen. Im übrigen schien mir seine Dicke vertrauenerweckend, hauptsächlich deshalb, weil ich mir Cäsars berühmten Ausspruch über die Dicken vergegenwärtigte.

„Ich heiße General Utopius della Esperanza und komme soeben aus den Vereinigten Staaten," stellte sich der Kleine vor, „bin sonst kein Freund der schönen Künste, beschäftige mich aber in der letzten Zeit viel mit Roman und Drama und weil Sie denn Romanschriftsteller zu werden versprechen, so habe ich mir erlaubt, Ihnen meine Aufwartung zu machen."

„Sehr verbunden — aber — entschuldigen Sie, ich war gar nicht vorbereitet auf Ihren Besuch," gab ich verlegen zur Antwort.

„Wir kommen in der Regel unangemeldet", erklärte der Kleine, „auch ist ja die Nachtzeit uns Geistern die gelegenste."

„Ja so," stammelte ich, ohne mich auf eine gescheitere Entgegnung besinnen zu können; „aber warum haben Sie denn vorher gelacht, Herr General?"

„Das will ich Ihnen sagen, junger Mann," antwortete der Kleine. „Ihr Menschen seid eben in Allem kurzsichtig und inkonsequent. Sie zum Beispiel, Sie schreiben einen Roman, in dem Sie die ganze Welt glücklich machen wollen, vom Fürsten bis zum Lohnkutscher herunter. Und ist das Ihr völliger Ernst?"

„Gewiß," gab ich zur Antwort, entrüstet darüber, daß er mich belauscht hatte.

„Und warum versuchen Sie es denn nicht einmal mit der nackten Wirklichkeit?"

„Wieso denn?" Das Männchen begann mich zu interessieren. Mir fiel ein, daß er eine prachtvolle Acquisition für meinen Roman abgeben könnte!

„Ja, warum nehmen Sie sich nicht beispielsweise Ihren braven Hausknecht oder Ihre arme Greislerin, der Sie so viel verdanken und machen sie nicht glücklich?"

„Wie," erwiderte ich beleidigt, „wofür halten Sie mich? Glauben Sie etwa, daß es meine Sache sein kann, sich mit derlei Individuen zu beschäftigen? Eine solche Zumutung habe ich nicht verdient."

Ich erhob mich, mein Männlein aber blieb ganz gemütlich sitzen. „Nehmen Sie doch Platz," sagte er, als ob ich sein Gast wäre, „was finden Sie denn so Ungeheuerliches in meinem Vorschlag?"

„Wissen Sie nichts," gab ich erhitzt zur Antwort, „von dem ewigen Kontrast zwischen Ideal und Wirklichkeit, Theorie und Praxis, Gedanken und Handlungen der Menschen? Wie können Sie es also verlangen, daß ich diejenigen Grundsätze im gewöhnlichen Leben beobachte, die im Buche den Erfordernissen der Moral zu Liebe an dem rechten Platze sind. Der Moral ist ihr Recht geschehen, wenn man die Existenz einer die Guten lohnenden Gerechtigkeit im Romane darthut!"

„Und dem Hungrigen geschieht wohl sein Recht, indem man die Existenz seines Hungers coram publico zugiebt und ihn platonisch bedauert?"

Ich begriff nicht.

„Essen sollt Ihr ihm geben, Ihr Heuchler! Der Arme, an dessen Wiege die hohläugige Mutter, die zerlumpten Geschwister, der traurige Vater gestanden, der sein ganzes Leben hindurch getreten, gestoßen, verkannt und verachtet wird, der mit gekrümmtem Rücken vor Euch dasteht, um wie ein Spielball von Hand zu Hand zu fliegen, je nach Eurer Willkür oder Wollust, den wollt Ihr bedauern? Und glaubt, ihn damit vor Hungertod und Ausbeutung geschützt, vor bösem Beispiel gewarnt, vor Verbrechen zurückgehalten zu haben? Und glaubt, dann ihn verunglimpfen zu dürfen, wenn er, der Paria, gegen die Sitte verstößt, den bon ton nicht studiert hat, wohl gar einen Fehltritt oder ein Verbrechen begangen? Nicht wahr? Diese häßlichen, verdorbenen Menschen! Habt Ihr es doch längst gesagt, daß sie keinen Gottglauben, keine geistigen Bedürfnisse hätten! Was Wunder aber, da sie so unglücklich sind! Ja, Ihr, die es nicht hungert, habt Recht Eurem Gotte zu danken, aber was kann der Arme anderes, als gottlos und lästerisch sein!

Der Knirps hatte mir ordentlich warm gemacht. Wenn er etwas größer gewesen, hätte ich ihn für den Geist des Karl Moor gehalten mit seiner Wut gegen das „tintenkleckſende Säkulum". Er war auch gar zu possierlich, der kleine Gernegroß, der schmierige Rabagas! Denn das sah man ihm doch auf den ersten Blick an, daß er sich bei den nächsten Reichsratswahlen um einen Sitz im Abgeordnetenhause bewerben wolle. So sich ereifern und mit den Händen in der Luft und in den Haaren herumfuchteln, kann eben nur ein Kandidat! — Er wartete augenscheinlich auf eine Antwort.

„Sie wollen doch nicht behaupten," rief ich also, „daß wir verpflichtet wären, für alle Bettler der Erde zu sorgen?"

„Ja wohl, verpflichtet, das ist der richtige Ausdruck. Ist doch die menschliche Gesellschaft nichts anderes, als eine Kompagnie, in der jeder Teilnehmer das gleiche Recht auf Gewinn hat! Warum nehmt Ihr also die Dividenden für Euch, und überlaßt den Armen die Bestreitung der Kosten des Unternehmens? Was Ihr im Privatrecht unter dem Namen: leoninischer Vertrag als schreiendstes Unrecht bezeichnet, findet solchergestalt in Eurem öffentlichen Rechte die Sanktion der würdigsten Körperschaften. Menschliche Konsequenz!"

„Sie mögen recht haben," sagte ich ausweichend, wiewohl ich seine letzten Bemerkungen nicht verstanden hatte, „es ergeht vielen nicht so, wie es sollte, da müssen Sie aber die freie Konkurrenz und den dadurch entfesselten Kampf ums Dasein in Betracht ziehen, aus dem immer der Stärkere als Sieger hervorgeht. Zur Vergütung des dadurch entstandenen Unrechts wirken wohlthätige Vereine, edle Menschenfreunde nach besten Kräften. Auch die Wissenschaft ist frei!"

„Und was ist das Resultat dieser Freiheit? Indem Ihr das Volk bildet, öffnet Ihr ihm die Augen über sein Elend, und indem Ihr es dann im weiteren Leben zurückstoßt, macht Ihr es Euch erst recht zum erbitterten Feinde. Halbe Hilfe wirkt so schlechter, als keine! Sie führen die freie Konkurrenz als Ursache des Übels an. Aber das ist es eben, wogegen ich ankämpfe. Eindämmen soll man sie, in Ketten schlagen, die Sünderin. Blut und Mark klebt an ihr, Blut und Mark von Milliarden. Da hilft kein Schutz, keine großmütige Laune eines gelangweilten Finanzbarons, nur der Staat, die Gemeinschaft, kann Abhilfe thun. Eure Vereine, Eure Anstalten? Für wen sind sie denn gegründet? Vielleicht zur Aufnahme von freigelassenen Sträflingen, von Siechen, geistig Zurückgebliebenen oder Taubstummen? Um Gesunde, die nie Sträflinge und auch nie schwachsinnig oder taubstumm gewesen, kümmert Ihr Euch nicht; gerade die nützlichsten Glieder der Gesellschaft haben danach das Recht, zu Grunde zu gehen, und Ihr habt nicht das Recht, sie daran zu hindern. Das heißt aber den Grundsatz der Freiheit gründlich auf die Spitze getrieben! Was hat dieser begangen? Nichts, als daß er arm ist. Er war nicht genug vorsichtig in der Wahl seines Vaters. Nun, das ist ein Verbrechen, das kein Mitleid verdient. Fort mit ihm! In die Bergwerke, in die Fabriken, in die Kolonien! Was hat jener Großes geleistet, daß ihr ihm huldigt? Er ist reich. Alle Herzen fliegen ihm entgegen, alle Thüren öffnen sich ihm. Er ist der Held des Tages, natürlich so lange er Geld hat. Er lebe hoch!"

„Gewiß sind das Übelstände," unterbrach ich seinen oratorischen Redefluß, „aber mein Einfluß ist so gering, daß ich mir nicht schmeichle, ihnen abhelfen zu können. Übrigens ist Ihre Ansicht über die Wirkung der freien Konkurrenz eine durchaus irrige. Sie scheinen, mit Erlaubnis, weder von Smiths Wealth of Nations, noch über den Cobden-Club, noch vom großen Universalgenie Treitschke je etwas gehört zu haben und urteilen daher wie der Blinde über die Farben. Die freie Konkurrenz ist eine der segensreichsten Erfindungen des rastlos dahinschnaubenden Menschengeistes. Wenn Sie jedoch einen kleinen Beitrag zur Linderung des sozialen Elends von mir wünschen, so stehe ich gern zur Verfügung."

Jetzt erklärte sich mir auf einmal das ganze Rätsel: der kleine Mann war wahrscheinlich selbst ein armer Teufel, dem es mit seinem Lamento über die leeren Taschen seiner Mitmenschen hauptsächlich darum zu thun war, seine eigenen zu füllen. Inde irae! Daher also seine Beredsamkeit in der Besprechung des Loses der „Enterbten". Am liebsten hätte ich ihn fortgeschickt, aber dies war doch nicht mehr gut möglich. Im Übrigen, vielleicht trug er eine Waffe bei sich und was thäte ich dann? Ich zog deshalb mit einem leichten Seufzer meine Brieftasche, entnahm derselben einen Guldenzettel — weniger konnte ich anstandshalber nicht geben — und reichte ihm denselben mit der Miene eines Menschen, der sich seiner Opferwilligkeit fürs allgemeine Wohl zur Genüge bewußt ist.

„Hier, mein Herr", sagte ich, „mein Beitrag zur Linderung des sozialen Elends. Sie entschuldigen, daß ich augenblicklich nicht im Stande bin, Ihnen mit mehr zu dienen. Ich hoffe aber, daß Sie gute Menschen finden werden, die eher in der Lage sind, Ihr edles Werk zu fördern".

Ich stand auf in der angenehmen Erwartung, der Besuch wäre nunmehr zu Ende und ich könnte jetzt ungestört zu den Personen meines Romans zurückkehren. Aber weit gefehlt! Der lästige Mensch schien eigentlich nur gekommen, um sich mit mir zu unterhalten und schenkte meinem etwas zerknitterten Gulden nicht die geringste Aufmerksamkeit.

„Was, gute Menschen? hahaha! Sie teilen wohl noch die Menschen in gute und schlechte; haha! das sind aber scholastische Begriffe! längst über-

hält, so diesseits, wie jenseits des Ozeans! Erfahren Sie es, mein Jüngling, es giebt jetzt weder Gute noch Schlechte, nur Reiche und Arme giebt es. Die Armen haben meistens die besten Herzen, aber sie können nicht helfen, die Reichen könnten's, aber sie wollen nicht und so hilft keiner."

„Sie beurteilen Alles von der schlechten Seite, wie ich merke", gab ich zur Antwort, „aber die pessimistische Schule hat sich schon überlebt. Heute ist Spencer in Mode und dieser glaubt doch an den ewigen Fortschritt des Menschengeschlechtes und damit notwendig an die stetige Hebung des Nationalwohlstandes. Auch das Malthusische Populationsgesetz, das bei der ärmeren Bevölkerung so viel böses Blut gemacht hat, ist längst zu den Vätern versammelt. Wir gehen also unzweifelhaft einer besseren Zukunft entgegen."

„Euer ist vor Allem die Gegenwart. Für diese sorgen, heißt jene Zukunft vorbereiten, von der Eure Denker träumen. Aber Ihr wälzt Euch sorgenlos auf dem Lotterbette der Zeit herum, Ihr braust mit Dampfeseile durch den Ozean des Lebens dahin, um nur schneller an das Ziel zu gelangen, das doch ohnehin für Jeden erreichbar. Eine solche Gegenwart giebt eine schlimme Zukunft. Der Erdboden brennt schon unter Euren Füßen und Ihr wollt noch tanzen? Während Ihr im wilden Cancan dahinrauscht, könnte Euch leicht eine trefflich gezielte Bombe in die Luft sprengen. Sie könnte ihre Visitkarten vergessen haben und so indiscret sein, unangemeldet zu erscheinen. Demokraten hassen überhaupt die steifen Formen. Ihr vertröstet Euch zwar mit dem Ausspruch der Frau Pompadour: ‚Nach uns die Sintflut', aber möglicher ist es, daß Ihr sie selbst noch erlebt."

Er hatte sich müde gesprochen. Erschöpft sank er in seinen Sessel zurück. Die Ausdrücke: indiscrete Bombe, in die Luft sprengen, Cancan, Sintflut gellten mir noch in den Ohren und erschienen in schaudererregenden Gestalten vor meiner Phantasie. Trotzdem bemerkte ich mit Genugthuung, daß mein Gast für schnöden Mammon keine Empfänglichkeit besaß, denn der Gulden lag nach wie vor unberührt auf dem Tische. Schnell steckte ich ihn also in die Tasche zurück, bevor er es gewahr werden konnte. Mehr neugierig als teilnahmsvoll betrachtete ich hierauf das müde, blasse Haupt des Wanderapostels — denn das war er ohne allen Zweifel — und lauschte der schwer arbeitenden Brust, denn ich verstand noch immer nicht, warum er sich unser Los in dem Grade zu Herzen nahm. Das Elend besteht doch seit Menschengedenken, überlegte ich, und unsere Voreltern hatten darüber nie Klage geführt; wieso kommen wir denn dazu, neuartige Forderungen zu formulieren?

In diesem Sinne gab ich meinem Gaste zu verstehen, daß mir seine

Aufregung durchaus befremdlich sei. Es wäre würdevoller, sein Los in Ergebung zu tragen, als in fremden Häusern, zur Stunde, wo selbst der pflichttreuste Nachtwächter einzunicken pflege, wühlerische Reden zu halten. Auch fragte ich ihn, wie er sich die Realisierung seiner sozialistischen Ideen denke, da doch z. B. die Güterteilung ein undurchführbares Petitum sei. Und als er mir merkwürdigerweise darauf keine Antwort gab, warf ich ihm triumphierend den Vorwurf an den Kopf, daß er nicht die geringste Qualification zum Staatsdienst besitze und mit seinen unpraktischen, staatsgefährlichen Ideen nicht einmal unbesoldeter Praktikant in Österreich werden könne.

Keine Antwort.

Als ich mich nach ihm umsah, war mein Besucher spurlos verschwunden. Ob er wegen Ablauf der Geisterstunde oder vor meinen treffenden Argumenten Reißaus genommen, namentlich, als ich ihn nach der Realisierung seiner schönen Projekte fragte und damit wahrscheinlich seine Achillesferse berührte, weiß ich nicht anzugeben. Genug, er war verschwunden, und niemals sah ich ihn wieder. Noch einige Zeit nachher hütete ich mich wohlweislich meinen Bekannten etwas von seinem Erscheinen zu erzählen und erwartete von der Zukunft die Aufklärung. Mit Herzklopfen sah ich schon tagtäglich irgend einem Lebenszeichen des Geheimen Executivcomités entgegen: einer Bombe, einer seidenen Schnur, einem Todesurteil, zum mindesten aber dem jetzt üblichen Befehl, mein bischen Habe an irgend einem Orte für die Sozialisten zu deponieren. Aber nichts von alledem kam. Man ließ mich ungeschoren. Wie sollte ich das verstehen?

Ein undurchdringlicher Schleier bedeckte mein nächtliches Erlebnis. Mir konnte es Recht sein, schon mit Rücksicht auf meine Karrière als k. k. Beamter. Aber da doch nunmehr auf der Geschichte schon Gras gewachsen ist und ich wegen meiner tadellosen Aufführung bereits außertourlich zum Zollamtsvorstand in Salzburg vorgeschlagen wurde, giebt es für mich keine Ursache mehr, reinen Mund zu halten. Wenn mir also den ganzen Spuk nicht etwa ein sozialistischer Hypnotiseur eingegeben hat — und meines Wissens bin ich mit einem solchen noch nie zusammengekommen — so bin ich bereit den kleinen General für einen Geist aus der vierten Dimension anzuerkennen, der mir von irgend einem spiritistisch angehauchten Professor ins Haus geschickt wurde.

Sie meinen etwa, daß ich bloß lebhaft geträumt habe und daß mir der Traum mit allen Einzelheiten im Gedächtnis geblieben sei? Diese Vermutung muß ich schon deshalb mit Entrüstung zurückweisen, weil dieselbe meine Vorgesetzten auf die ganz folgerichtige Idee brächte, daß ich selbst ein verdächtiges Individuum sei, denn böse Träume rühren von bösen Gedanken her, böse Gedanken erzeugen aber böse Thaten — und wenn die letzteren staatsgefährlich sind, so sind die ersteren nicht minder strafbar und trotz Sprichwort und Staatsgrundgesetz keineswegs zollfrei. Man träumt meistens davon, worüber man bei wachem Zustand je nachgedacht hat. Bei mir war aber, Gott sei Dank — und dafür bin ich bei meinen Vorgesetzten zur Genüge bekannt — das Interesse für Bettler und Vagabunden nie rege geworden. Ich interessiere mich weit mehr für die Herrlichkeiten der Besitzenden, sowie für das letzte Verordnungsblatt des Finanzministeriums und spreche im Gasthaus zwar häufig über Politik, aber ganz im Sinne der Regierung, die mit der Sonne ihrer Weisheit den Staat erleuchtet und die Herzen ihrer Unterthanen für alles Schöne, Gute und Wahre erwärmt.

Ein Weib.

Von Friedrich Roscius.

(Leipzig.)

Um sechse des Morgens ward er gehenkt,
Um sieben ward er ins Grab gesenkt;
Sie aber schon um achte
Trank roten Wein und lachte.

Heine.

Friederike, so heißt sie und wird abgekürzt Rieke oder Riekchen gerufen, Sie ist ein gewöhnliches Landmädchen und in den Umgebungen und Anschauungen eines solchen aufgewachsen und groß geworden. Sie hat einnehmende Gesichtszüge, volles dunkles Haar und mit sechzehn Jahren ist ihr Wuchs so kräftig und abgerundet, daß sie für zwanzig gelten kann.

Ihre Eltern besitzen ein kleines Anwesen: Haus, Garten und Ackerland, bei dessen Bewirtschaftung die Kinder, drei Knaben und ebensoviele Mädchen, von klein an mit helfen müssen. Das schadet den Kindern durchaus nichts; sie gedeihen dabei vortrefflich und wenn zum Brote bei der Arbeit mal die Butter fehlt, so wird dies nicht als Unglück betrachtet: der rege Appetit würzt auch das trockene Stück Brot.

Aus der Schule machen sich die Kinder insgesamt nicht viel, am wenigsten Riekchen. Sie schwänzen sie, wenn es irgend angeht und die Eltern bekümmern sich nicht darum: hat ihnen doch das Schreiben und Lesen selber Kopfzerbrechens genug gemacht und sie haben's im Laufe der Jahre ganz und gar wieder verlernt. Sie gebrauchen's ja auch gar nicht und der Vater ist mit seinen drei Kreuzen, die er beim Gericht oder Advokaten unter einen Kauf oder eine Schuldverschreibung setzt, ganz gut durch die Welt gekommen; die Mutter ohnehin, da sie nach ihrer Schulzeit überhaupt keine Feder mehr in die Hand genommen hat.

So wird Rieckchen vierzehn Jahre alt und eingesegnet. Sie ist von allen Konfirmandinnen die körperlich am weitesten entwickelte und ihre Formen heben sich in dem neuen dunklen Kleide schon merklich ab. Im Wissen ist sie freilich die dümmste von allen; mit genauer Not weiß sie die zehn Gebote aufzusagen und im Glaubensbekenntnis bleibt sie gar stecken und muß von ihrer um eine Kopfeslänge kleineren Nachbarin, der alles wie am Schnürchen geht, abgelöst werden. Das geniert aber Rieckchen gar nicht und sie lacht darüber, als zuhause das Gerede darauf kommt.

Nach dem gewöhnlichen Lauf der Dinge muß sich ein Mädchen aus niederem Stande, wenn es die Schule verlassen hat, bei einer Herrschaft verdingen, um sein Brot selber zu erwerben: so auch Friederike. Sie fand einen Dienst in der nächsten Stadt bei einem Ökonomen und verrichtete fleißig die ihr übertragenen Arbeiten. Dabei wurde sie zusehends größer und stärker: ihre Backen blühten wie die Rosen und alles strotzte an ihr von Gesundheit.

Kein Wunder, daß sich die Blicke der Burschen und Männer auf sie richteten, und da in dem feurigen Mädchen sich frühe die Neigung zum andern Geschlecht zu regen begann: so hatte sie bald ihren „Bräutigam", einen derben Burschen, der sie auf dem Hofe abends besuchte und Sonntags, wenn sie frei war, zum Tanz führte. Und tanzen konnte sie bald so gut und so leicht, daß sie die begehrteste Tänzerin wurde.

Der Tanzboden ist ein gefährlicher Aufenthaltsort für ein junges, üppiges Mädchen. Weniger, so lange sie sich nach dem Takte der Walzer und Polka dreht, als nachher auf dem Heimwege in der Sommernacht, wo der heiße Körper noch so erregt ist und die begehrlichen Sinne sich so leicht entflammen. Da winkt hinter dichten Gebüschen so heimlich und einladend die Moosbank, und die Füße sind so schwer; da brennen die Küsse viel feuriger und zärtlicher, wie sonst; da sehnt sich Seel' in Seele zu drängen . . .

Rieckchen war bald dafür bekannt, daß sie keinen Liebhaber auf lange Zeit behielt. Nach Ablauf von sechs, acht Wochen nahm immer ein anderer Bursche die bevorzugte Stelle bei ihr ein und sie wollte sich fast zu Tode lachen, wenn sie hörte, wie zwei Nebenbuhler sich um sie gerauft hatten, daß das Blut in Strömen geflossen war. Auch wenn auf dem Tanzsaale sich ihretwegen eine Schlägerei entspann, so blickte sie mit wahrer Seelenruhe dem Schauspiel zu; und wenn der Bursche, der sie zum Tanz geführt hatte, blutend abgeführt wurde, so tanzte sie, als wäre nichts passiert, ruhig weiter und ließ sich vielleicht von dem, der ihrem „Liebsten" eins ausgewischt hatte, auf dem Nachhausewege begleiten.

Mitunter kehrte sie erst am späten Morgen heim; die verschiedenen Herrschaften, denen sie bedienstet war, nahmen das nicht so genau mit ihr, da sie ihre Arbeit wie kein zweites Mädchen verrichtete.

So war sie neunzehn Jahre alt geworden. Es lag lediglich an ihr, daß sie noch ledig war: denn sie hätte nur zugreifen oder vielmehr nur festhalten dürfen, um einen Mann zu bekommen, aber das fiel ihr nicht ein. Das ungebundene Leben dünkte sie tausendmal schöner, und unter die Haube, meinte sie, käme sie noch frühe genug.

Da lernte sie, natürlich wieder auf dem Tanzboden, wo die meisten Liebesverhältnisse geknüpft werden, einen jungen Mann kennen, den das Verhängnis in ihre gefährliche Nähe gebracht hatte. Er war fremd in dem Städtchen und vor wenig Tagen bei einem Bierbrauer als Braugehülfe eingetreten. Außerordentlich kräftig und dabei schlank gebaut, von hoher Gestalt und feinen Zügen, mit blondem Schnurrbart und blauen, treuherzig blickenden Augen, verfehlte sein Erscheinen im Saal nicht, die allgemeine Aufmerksamkeit der Männer und noch mehr der Mädchen auf sich zu lenken.

Der junge Mann schien aber weniger des Tanzes wegen gekommen zu sein. Er saß oder stand meistens in der Nähe des Schenktisches und ließ den Maßkrug öfter füllen, als irgend einer der übrigen Anwesenden; als Brauer war er an das Biertrinken gewöhnt und als die Musik verstummte und Feierabend geboten wurde, war er trotz der genossenen Quantitäten des selbst gebrauten Stoffes so nüchtern, wie bei seiner Ankunft. Das ist die Macht der Gewohnheit.

Er hatte eben die Zeche bezahlt und wandte sich zum Gehen, als er sich am Arme gefaßt fühlte und „hoho!" klang es aus einem weiblichen Munde mit heller Stimme, „hier ist es Sitte, daß man die Mädchen nicht allein gehen läßt, sondern sie nachhause geleitet."

Es war Friederike, die sich den schönen, stattlichen Mann zum Begleiter erwählt hatte und dieser sagte natürlich nicht nein, sondern führte sie, wie sich's gebührt und wie er's bisher gehalten, in ehrbarer Weise heim.

Vielleicht gefiel diese Abwechslung dem flatterhaften Mädchen; vielleicht auch hatte er ihr von vorn herein ein tieferes Interesse eingeflößt, — genug: sie wußte ihn durch Entfaltung der weiblichen Künste, die auch den dümmsten Frauenzimmern angeboren sind, dermaßen einzunehmen und an sich zu fesseln, daß er ihr williger Sklave ward und nicht die Macht besaß, sie von sich abzuschütteln oder selber davon zu gehen.

Oft schalt er sich, zumal als er sie erst näher kennen gelernt und von Bekannten ungünstige Urteile über sie gehört hatte, daß er das Verhältnis mit ihr nicht aufgebe und seinen Fuß in eine andere Stadt setze; oft nahm er sich vor, es zu thun und kündigte auch dem Meister die Arbeit: allein wenn dann der Tag des Abschiedes herangekommen war, so war es ihm unmöglich, den Wanderstab zu ergreifen und er blieb; blieb auch dann, als Friederike inne geworden, daß sie ihm unentbehrlich war und in diesem Bewußtsein frevelhaftes Spiel mit ihm trieb.

Denn eigentlich war ihre Liebe schon verraucht und sie behielt ihn nur, weil er der schmuckste Mann im Städtchen war und es sie schmeichelte, daß sie ihn, um den alle anderen Mädchen sie beneideten, durch ein Wort oder einen Blick hinlenken konnte, wo es ihr beliebte.

Bruno war Soldat gewesen, hatte zwei Feldzüge mitgemacht und sich wegen besonderer Tapferkeit vor dem Feinde das Eiserne Kreuz verdient; er fürchtete sich vor dem Tod und Teufel nicht; aber, wie das so oft der Fall ist: dem Willen des Weibes, das er liebte, gegenüber war er schwach... so schwach, daß er sie — heiratete.

Friederike war ihm während des Brautstandes nicht treu gewesen, der wenig Monate gedauert hatte: wie sollte sie ihm in der Ehe treu bleiben können, die für das ganze Leben Dauer haben sollte. Sie hatte die eheliche Treue beschworen vor dem Altar: sie wußte kaum, was darunter verstanden wurde.

Und als Bruno merkte, daß er betrogen wurde, da vermochte er wieder nicht, sich aufzuraffen und das Weib von sich zu stoßen; er bat, er beschwor sie, ihn nicht zu hintergehen und ihn nicht unglücklich zu machen und — verzieh ihr. Und geschah es wirklich einmal, daß er aufgebracht wurde und seiner Erregung drohende Worte verlieh: ein Wort, ein Kuß von ihr machten ihn willenlos; und wenn sie sich gar trotz ihrer Schuld aufs Trotzen verlegte und ihm den Rücken kehrte und davon lief: so bettelte er unter Thränen um ihre Liebe und suchte ihre Verzeihung nach . . . .

So verflossen fünf, sechs Jahre. Die geringe Widerstandskraft, die Bruno besessen, war vollends in dem fortwährenden ohnmächtigen Kampfe verschwunden; um Vergessen zu suchen, hatte der Mann sich dem Schnapstrinken ergeben; nicht auf der Arbeit, der er gewissenhaft oblag, sondern abends, wenn er heimging. Und das Weib unterstützte ihn, statt ihm Vorwürfe zu machen. Bot ihr doch der Schnaps ein willkommenes Mittel, um den unbequemen Ehemann einzuschläfern und alsdann ihre Liebhaber in dem eigenen Zimmer zu empfangen und sich mit ihnen zu ergötzen, wenn der Hahnrei nebenan in der Kammer seinen Rausch ausschlief.

Immer unglücklicher fühlte sich der einst so stolze Mann. Sein Weib verstand mit dem reichlichen Lohne, den er für ihre Verhältnisse verdiente, nicht zu wirtschaften und machte Schulden: der Exekutor war ein oft gesehener Mensch bei ihnen. Bruno schämte sich für seine Frau mit; denn diese lachte, wenn wieder ein Stück aus der Wirtschaft abgepfändet und verkauft wurde. Der Unglückliche verfiel dem Trunk mehr und mehr; er begann, auch die Schnapsflasche während der Arbeitszeit bei sich zu führen. Als alle Warnungen des Meisters nichts fruchteten, wurde er eines Tages, als er infolge seiner Trunkenheit wieder zu jeder Arbeit unfähig war und in eine Braupfanne gestürzt wär', wenn ihn ein anderer Geselle nicht im letzten Augenblick erwischt hätte, — entlassen und war nun ohne Existenzmittel.

Mitten im Winter, wo die Handarbeit meistens ruht, glückte es ihm nicht, andere Arbeit zu erlangen. Gedrückt, scheu schlich er umher, um durch irgend welche Beschäftigung Geld zu verdienen, überall wurde er abgespeist und auf das nahe Frühjahr verwiesen.

Zuhause in der Wohnung war es kalt und der Hunger grinste ihn aus allen Ecken an. Seine Frau fand er selten daheim; die saß irgendwo in einer warmen Stube und aß sich satt und war guter Dinge; traf sie den Mann zuhaus, so schalt sie ihn einen Tagedieb und Säufer, dem es nicht schlecht genug ergehen könne.

Bruno schwieg dazu; was sollte er erwidern? Sein Charakter war zu edel veranlagt, als daß er einer Rohheit oder Gemeinheit mit gleichen Waffen hätte entgegentreten können. Er vermochte es auch nicht, der Frau Vorwürfe zu machen, etwa der Art, daß sie alles Unglück über ihn gebracht habe. Er seufzte und schwieg also und sah die Unwürdige mit so bittendem, seiner tiefen Liebe entsprungenen Blicke an, daß ein Stein dadurch wäre gerührt worden; bei Leibe aber nicht die, welcher die Blicke galten: Rieke trällerte wohlgemut den Text des neuesten Walzers vor sich hin und schlug den Mann im Vorbeigehen auf die Arme, die er nach ihr ausstreckte: „Ich glaube, Du willst gar noch zärtlich sein — weiter fehlt nichts, als daß ich solch versoffenem Kerle noch einen Kuß gäbe!“

Sprach's und ging davon, den Armen mit einem Herzen voll Gram und Weh zurücklassend.

Es wäre noch überflüssiges Haus- und Küchengerät in der Wohnung vorhanden gewesen, welches, wenn es zur Not verkauft oder versetzt würde, Existenzmittel auf Wochen hinaus geboten hätte. Allein wegen Schulden, die das leichtsinnige Geschöpf von Frau gemacht hatte, beim Bäcker, Conditor

Kaufmann u. s. w., hatte der Gerichts-Exekutor den größten Teil mit seinem Siegel beplackt und gepfändet, um ihn nach Ablauf der letzten Zahlungsfrist öffentlich zu versteigern.

Diese Sachen standen noch in der Wohnung. Aber die Frau gönnte sie den Gläubigern nicht. „Du bist ein rechter Esel," sagte sie zu ihrem Manne, „siehst ruhig mit an, wie uns das ganze Gerümpel verkauft werden soll. Dir ist's freilich ganz gleich, was nachher aus uns wird, an mich denkst Du ja überhaupt nicht! Wärest Du ein Mann, und keine Memme, so schafftest Du einen Teil von den Sachen fort, zum Trödler, der giebt ein gut Stück Geld dafür!"

Leicht war Bruno nicht dazu zu bewegen. Er sträubte sich zuerst mit allen Kräften gegen eine That, die, wie er wußte, vom Gericht mit Gefängnisstrafe geahndet werden würde. Aber vor den dämonischen Überredungskünsten der Frau hielt seine Kraft nicht stand, und als sein böser Dämon ihm gar einige Zärtlichkeiten erwies und für eine Flasche voll Schnaps sorgte: da lud er abends im halbtrunkenen Zustande einige der wertvollsten Geräte auf einen Karren und brachte der draußen vor dem Trödlerladen wartenden Frau den Erlös von fünfzehn Thalern dafür.

Der Executor, welcher am folgenden Tage die Sachen unter den Hammer bringen wollte, als er sah, daß ihm seine Arbeit schon wesentlich erleichtert war, machte statt allen Dankes Anzeige beim Gericht und dieses versetzte Bruno in Anklagezustand, dem Ärmsten dadurch gleichsam den Dolch in das ohnehin schon genugsam gemarterte Herz stoßend.

Die gewisse Aussicht auf seine Verurteilung zur entehrenden Gefängnisstrafe machte den Mann völlig fassungslos. Von Reue und Scham zerknirscht, saß er vor sich hinstarrend in der kalten Stube und bot in seinem Äußern ein wahres Jammerbildnis.

„Ich überlebe die Schande nicht, ins Gefängnis wandern zu müssen, — nein, eher mache ich meinem Leben freiwillig ein Ende."

Die Frau horchte auf. Ein fürchterlicher Gedanke durchzuckte sie: wie? wenn der ihr im hohen Grade gleichgültige Mensch zu bewegen wäre, sich wirklich umzubringen? Dann wäre sie ja von ihm befreit und sie könnte das Leben noch einmal recht nach ihrer Art genießen . . .

„Was sprichst Du da?" fragte sie in erkünstelt-gleichgültigem Tone. „Du Dir das Leben nehmen? Du wärst mir gerade der Rechte dazu, Du Memme! Andere Männer haben freilich mehr Ehrgefühl und auch mehr Courage!"

Bruno hatte bei diesen lieblosen Worten das Gefühl, als stieße ihm

Jemand einen blanken Säbel mitten durch die Brust. Er stöhnte auf und erwiderte:

„Du wirst sehen, Rieke, daß ich den heutigen Abend nicht mehr erlebe... o Gott, wenn ich mich nur von Dir trennen könnte!"

„Von mir? Das ist lächerlich! Durch diese Ausrede willst Du nur Deine Feigheit bemänteln! Ich wäre wirklich neugierig, zu sehen, ob Du den Mut besitzt. Und wie wolltest Du es denn anfangen?"

„O, ich wünschte, ich hätte meinen Revolver noch, um einen gerechten Soldatentod sterben zu können... nun muß es das Hängen thun!"

Also er schien wirklich fest entschlossen zu sein. In freudiger Aufwallung trat Rieke auf ihn zu, umarmte ihn und drückte einen Kuß auf seine Lippen: „Und wann wolltest Du es denn thun?"

„Es ist mir gleichgültig," erwiderte er tonlos, „am liebsten sofort, dann wäre Alles vorbei!"

„Nein, ich mag's nicht sehen, Bruno! Wofür hältst Du mich denn? Da, hast Du noch einen Abschiedskuß und nun gehe ich; werden uns wohl abends beide gesund wiedersehen, denn ich traue Dir ja doch nichts Rechtes zu!"

Damit hatte sie ein Tuch umgenommen und ging fort. Auf der Treppe kehrte sie jedoch wieder um; sie schien etwas vergessen zu haben. Bruno saß noch, vor sich hinstierend und den Kopf in beide Hände gestützt, vor dem Tische.

„Höre, mein guter Mann, was ich noch sagen wollte: wenn Du es wirklich thust, so schreibe mir doch noch einen recht schönen Gruß zum Abschied an die Thür; Du weißt ja so hübsche Verse und verstehst so hübsch zu schreiben!"

Er nickte und sie eilte die Treppe hinunter. Der Wind pfiff eisig über die verschneiten Straßen, aber das Weib schien es nicht zu spüren. Sie wanderte gemächlich durch die Stadt, zum Thore hinaus und rings um die Stadt. Nach einer Stunde war sie wieder in der letztern angelangt. Es begann zu dunkeln — aber war es nicht noch zu früh zur Heimkehr? Sie wollte den Mann durchaus in seinem Vorhaben nicht stören und trat deshalb bei einer bekannten Familie ein, wo sie sich unter allerlei gleichgültigen Gesprächen und ausgelassenen Scherzen aufhielt, bis es draußen völlig dunkel war.

Langsam stieg sie die Treppe zur Wohnung hinan. Ob er wirklich Ernst gemacht hatte? Zeit genug hatte sie ihm jedenfalls gelassen und wenn er gewollt, konnte er seinen Vorsatz längst ausgeführt haben... Die Thüre war verschlossen oder verriegelt. Sie rüttelte, pochte und rief — Alles blieb ruhig . . . also war er tot? . . .

Mit der Verstellung, die ihr eigen war, schrie sie wild auf, daß es durch das Haus gellte und der Flickschuster, der auf demselben Flur gegenüber wohnte, erschrocken, mit Pechdraht und Knieriemen in der Hand, heraus eilte.

„O mein armer Bruno!“ heulte sie, „er hat sich gewiß ein Leids angethan; er war schon in den letzten Tagen ganz von Sinnen! o mein lieber Mann, mein armer Bruno!“

Der Schuster zitterte am ganzen Leibe und bebberte mühsam die Worte hervor: „Wie — Sie meinen — Ihr Mann hätte sich —.“

„Ja ja, Meister, er ist tot, ich ahne es! O Bruno, Bruno, warum thust Du mir so etwas an!“

Sie hatte sich mit aller Kraft gegen die Thür gestemmt; der Riegel, leicht gearbeitet, gab nach und sprang aus der Haspe, freien Einlaß gewährend.

Der furchtsame Schuster trippelte schnell in seine Werkstatt, die zugleich Wohn- und Schlafzimmer war, und holte die hinter der Glaskugel in einem Gestell hängende Lampe herbei und leuchtete: da lag Bruno mitten in der Stube ausgestreckt, das Gesicht bläulich gefärbt und um seinen Hals hing lose der lederne Gürtel, den er gewöhnlich als Leibriemen trug.

„O sehen Sie, Meister, meine Ahnung!“ kreischte Rieke von neuem auf und beugte sich zu ihrem Manne herab, Krokodilsthränen auf sein Gesicht fallen lassend.

Aber — was war das? Das Gesicht und die Hände waren ja gar nicht kalt, wie man es bei einem Toten findet . . . Und er atmete noch und jetzt schlug er auch die Augen auf — — das Weib mußte an sich halten, um über ihre vereitelte Hoffnung nicht in lautes Schimpfen auszubrechen.

Jetzt ward ihr Alles klar: der Tölpel hatte sich an einen schlecht befestigten Nagel gehängt und die Last hatte den Nagel aus der Wand gerissen. Diese Borniertheit! nicht vorher zu prüfen, ob Alles zum Tode vorbereitet sei . . . Sie warf dem am Boden liegenden Manne einen giftigen Blick zu, drehte ihm den Rücken und ging nach der Küche, um die Lampe anzuzünden.

Bruno richtete sich mit Hülfe des Schusters mühsam empor und der letztere sprach mitleidig: „Aber was haben Sie nur gemacht? Gott, Gott, mir ist der Schrecken in beide Beine gefahren!“ Und als er sah, daß Rieke mit dem Licht ins Zimmer trat, entfernte er sich schnell, denn es war ihm nicht geheuer bei dem Selbstmörder.

Rieke goß nun die ganze Schale ihres Zornes und Spottes über den dem Tode Entgangenen aus:

„Sagte ich's nicht, daß wir uns gesund wiedersehen würden? Du Memme! spielst Komödie, damit fremde Leute was zu hören und zu lachen bekommen — na, meinetwegen! Ein halbes Jahr müßten sie Dich einsperren, das wäre Dir ganz recht!“

„Ach Rieke,“ entgegnete er schwach, „es sollte nicht sein; mir war schon das Bewußtsein geschwunden, da rutschte ich herab und lag auf den Dielen. Aber ich will Gott nicht wieder versuchen, sondern ruhig meine Strafe abwarten, es ist schon am besten so!“

„Haha! sagte ich's nicht?“ lachte sie laut heraus, „ganz wie ich's gedacht habe — nur immerzu!“

Also jetzt wollte er nicht mehr sterben; jetzt, wo sie sich schon ganz in die Rolle der Wittwe hineingeträumt hatte! Oho, das wollte sie doch sehen — und ihre Augen funkelten zu ihm hinüber, wie die eines Raubtiers, wenn es sich auf seine Beute stürzen will. Er wollte nicht sterben, er sollte es aber! Und über Nacht reifte der entsetzliche Plan in ihr. Sie änderte, um ihn ausführen zu können, ihre Taktik, war den Tag über freundlich und sprach wiederholt unter Liebkosungen ihre Freude darüber aus, daß das Attentat auf das Leben Brunos gestern mißglückt sei. Denn einen Mann, den sie lieber habe als ihn, bekomme sie doch nie.

Bruno, der das Bett hüten mußte, war natürlich über diese Verwandlung seines Weibes hoch beglückt, und als sie ihm gar nach dem Abendbrot eine große Flasche voll Schnaps überreichte, war er vollends überzeugt, daß ihm seine Rieke doch recht gut sei. Er ahnte nicht, daß die Flasche zu seinem Schierlingsbecher werden sollte.

Denn nachdem er sie bis zur Neige geleert hatte und besinnungslos wie ein Klotz auf dem Bette lag, schlug die Frau eine starke Krampe in die Wand neben dem Lager, befestigte einen Hanfstrick daran, knotete denselben zugleich um den Hals des Schlafenden und zog diese Schlinge fester und fester ...

Gurgelnde Töne drangen aus der umschnürten Kehle hervor; die Augen Brunos öffneten sich und blickten mit entsetzlichem Ausdruck auf die Mörderin; er versuchte mit den Händen um sich zu greifen, doch sie wehrten den Dienst und fielen schlaff herab. Noch ein schauerliches Gurgeln und Röcheln, ein Rucken und Zucken des ganzen Körpers: dann wurden die Augen und mit ihnen der Gesichtsausdruck starr und starrer, die Lippen und Wangen färbten sich blau ... er war tot.

Die Frau hatte während der ganzen fürchterlichen Szene die Augen nicht von ihrem Opfer abgewandt, ohne irgend welches Gefühl dabei zu empfinden, als das des Schmerzes, welches ihr der Strick, den sie fest umklammert hielt, durch den Einschnitt in ihre Finger verursachte. Nur deshalb wünschte sie das Ende der Prozedur herbei und ein Lächeln der Befriedigung glitt über ihr Gesicht, als sie den Strick losließ. Sie warf alsdann den Körper des Toten vom Bette herab, so daß er schwebend an der Wand hing — — wer wollte nun behaupten, daß der Mann sich nicht selber erhängt habe? Und hatte er außerdem nicht mit Kreide an die Thür geschrieben:

„Liebes Rielchen, ich gehe freiwillig in den Tod!

Es ist bestimmt in Gottes Rat,
Daß man vom Liebsten was man hat,
Muß scheiden.

Lebe wohl auf immer! Dein Bruno!"

Das hatte sie wohlweislich auf der Thür sitzen lassen, obgleich Bruno sie gestern wiederholt gebeten hatte, es wegzuwischen.

Sie streckte sich auf dem Bette aus, wo vor einer Viertelstunde ihr Mann den Todeskampf gekämpft hatte, und schlief bald so fest wie ein Murmeltier, ohne durch Gewissenspein oder beängstigende Träume nur einmal gestört zu werden.

Am folgenden Morgen, als es hell wurde, holte sie mit Geschrei und Wehklagen die Nachbarschaft zusammen, und zeigte ihr den „armen Bruno", der sich nun doch in der Nacht ganz heimlich, ohne daß sie etwas davon gemerkt hatte, erhängt habe.

Der Leichenbeschauer gab sein Gutachten ab: Tod durch Ersticken, veranlaßt durch gewaltsames Zusammenschnüren der Kehle, zweifelsohne in selbstmörderischem Beginnen, — und Bruno ward am nächsten Tage still auf dem Kirchhofe eingescharrt.

Viele Leute im Städtchen riefen ihm ein Wort des Bedauerns nach: „Schade um den Menschen, daß er so verkommen mußte; war sonst ein braver Kerl; aber der Satan von Weib hat ihn in den Tod getrieben."

Man sprach noch einige Tage davon, dann dachte niemand mehr daran — es war eben ein Mensch weniger auf der Welt, der keine Spur seines Daseins zurückgelassen hatte.

Am wenigsten ward Riele, die hinterbliebene Witwe, von der Erinnerung an den einstigen Gatten behelligt; und wenn es geschah, so war es in einer Weise, wie man an irgend etwas Gleichgültiges denkt, was einen nicht aus der Gemütsruhe zu bringen imstande ist.

Riele verkaufte die wenigen Habseligkeiten, die noch in der Wohnung vorhanden waren, setzte sich alsdann auf die Eisenbahn und begab sich in die nach halbstündiger Fahrt erreichte Großstadt, um sich dort, völlig frei und unabhängig, in den Trubel zu stürzen und zu genießen, was ihr das verlassene Städtchen nicht bieten konnte. Die Mittel dazu zu erlangen war ihr nicht bange — pah! wenn man solchen Körper und solch frisches, ungeschminktes Gesicht wie sie besitze: wie könnte Einem schwer fallen, in der Großstadt damit Geld zu verdienen . . .

Es war in der Karnevalszeit und an allen Plakatsäulen klebten bunte Zettel, worauf mit großen Buchstaben in den öffentlichen Tanzsälen Maskenbälle angezeigt waren. Rieke kannte die Vergnügungslokalitäten der Stadt, sie hatte in den meisten schon getanzt; auch während ihrer Ehe mit Bruno, der mit ihr öfter Sonntags herüber gefahren war, um ihr ein Vergnügen zu gönnen, das er selber wenig teilte. Noch öfter war sie freilich heimlich ausgerückt, um mit einem Liebhaber verabredeter Maßen zusammen zu treffen, oder um sich irgend einen auf dem Tanzsaal auszusuchen.

Der „Hofjäger" war das größte und prächtigste Ballhaus; dort ging es auch am wildesten und ausgelassensten zu, denn es war der Versammlungsort aller jener Mädchen und Frauen, welche mit den anständigen Vertreterinnen ihres Geschlechts nichts gemein haben und aus der guten Gesellschaft ausgeschlossen sind.

Zum „Hofjäger" fuhr also Rieke am nächsten Sonntag Abend in einer Droschke. Sie hatte Wohnung bei einer ihr von früher her bekannten ältlichen Frau genommen, die selber ein recht bewegtes Leben hinter sich hatte und nur durch die Jahre und die Runzeln ihrer Haut an der Fortsetzung im gleichen Sinne gehindert war. Die Alte erriet, ohne daß davon gesprochen wurde, in welcher Weise die junge Wittwe ihre Existenz in der Großstadt begründen wollte und war natürlich mit Freuden bereit, Rieken bei sich zu behalten, da, wie sie nicht ohne Unrecht vermutete, auch für sie ein erklecklicher Verdienst dabei abfallen würde.

Mit leichtsinnigem Herzen, nur im Augenblicke lebend, warf sich Rieke in den Strom der Freude, dessen Wogen im Maskensaale hoch aufschlugen. Sie jauchzte förmlich vor Lust, wenn sie am Arm eines Tänzers über das Parket schwebte, und ihre Ausgelassenheit, ihre prächtigen Formen, die in der Verkleidung als Page so schön hervortraten, und ihre dunklen Augen, die so begehrlich durch die seidene Halbmaske blitzten: alle diese Vorzüge machten sie im Saale zu einer der am meisten von den Männern umschwärmten Erscheinung.

Aber diese band sich, wie ein echter Schmetterling, an keinen, denn hierzu war ja nach der Demaskierung noch Zeit genug — weshalb die Katze im Sacke kaufen?

Von den anwesenden Männern verfolgte sie namentlich einer beharrlich: er trug einen grünsammtenen Domino, war groß und schlank gebaut und erinnerte hierin, sowie in seinen Bewegungen an Bruno, der fern von hier in der winterlichen Erde ruhte. Sie machte diese Bemerkung so nebenhin, ohne dabei auch nur sekundenlang in ihrer Freude gestört zu werden. Aber als der Domino, der sie zum Tanz aufgefordert hatte, ihre Hände erfaßte, durchzuckte es sie eisig und hätte sie der Mann nicht so festgehalten, so würde sie ihre Hände zurückgezogen haben: denn die seinigen waren so kalt, wie die eines Erfrorenen, eines — Toten.

Allein so furchtsam war Rieke nicht, um ihre Fassung nicht gleich wieder zu gewinnen, nachdem der erste Eindruck des ungewohnten kältenden Gefühls vorüber war. Es war ja Unsinn, dabei an einen Toten zu denken; es giebt auch Lebende mit kalten Händen und „je kälter die Hände, desto wärmer die Liebe“, war ein Lieblingsausdruck von ihr.

Sie fand sogar im Laufe des Abends Gefallen an dem Domino, der sie immer wieder aufsuchte; zumal als sie sah, daß die „kalten Hände“ sorgsam gepflegt und mit blitzenden Demantringen versehen waren. Dies ließ darauf schließen, daß der Domino ein vornehmer und reicher Mann sei, wie ihn der weibliche Page an seiner Seite für seine Zwecke gebrauchen konnte.

Daß auch der Mann im Domino einen ganz absonderlichen Zweck verfolgte, ahnte natürlich der Page nicht, und der reine Zufall war es, daß gerade Rieke dazu auserkoren ward und nicht irgend ein anderes von den hunderten anwesender Frauenzimmer.

In dem grünen Domino steckte nämlich Max Callenbach, ein junger, blasierter Tagedieb, der wegen seiner verrückten Streiche und Thorheiten jedem Kinde in der Großstadt bekannt war. Zu dem Maskenballe hatte er sich nun den „Spaß“ ersonnen, eine Wachsmaske über sein Gesicht formen zu lassen, welche die Züge eines Erhängten in erschreckender Naturwahrheit darstellte.

Um damit einen Knall-Effekt zu erzielen, trug Max vor dieser Maske noch eine gewöhnliche grüne Sammetlarve, durch deren Entfernung erst das Toten-Antlitz sichtbar werden mußte. Die kalten Hände, gleichsam die Introduktion zu der späteren Überraschung, wußte er sich auf die einfachste Weise dadurch zu verschaffen, daß er dieselben, im Einverständnis mit einem Kellner, in einen Eiskübel steckte, bevor er zum Tanze schritt.

Es war nahe vor Mitternacht. Rieke, die stets einen gesegneten Appetit besessen, verspürte Hunger und Durst und sie trug dem grünen Domino, mit welchem sie eben getanzt, ihr Verlangen nach einem soliden Abendbrot in ungenierter Weise vor.

Der Domino, welcher noch kein Wort gesprochen hatte, nickte und winkte einem Kellner, dem er durch nicht mißzuverstehende Zeichen seinen Befehl zur Anrichtung eines Soupers in einer der Logen ausdrückte. Ein Goldstück, einer Hand voll, die der Domino nachlässig aus der Tasche zog, entnommen, und dem Kellner als vorläufiges Trinkgeld überreicht, bewirkte, daß dieser eine zauberhafte Schnelligkeit in der Ausführung des erhaltenen Auftrages entwickelte und mit dem zum Souper gehörigen Sekt früher in der Loge ankam, als das Pärchen selbst. Das junge üppige Weib hatte keine Veranlassung, sein Gesicht länger zu verhüllen und es riß daher die ungewohnte Halbmaske herab, dem Domino ihre blühenden Wangen und die vollen, zum Kuß einladenden Lippen zur Schau stellend. Der Begleiter zog sie auf seinen Schoß, schenkte die Gläser voll und sie stießen an. Das perlende, schäumende Getränk, von Rieken im Leben noch niemals genossen, rann wie flüssiges, angenehm kribbelndes Feuer durch ihre Adern und entfachte ihren Taumel immer mehr.

Da ihr Genosse keine Anstalt machte, sein Gesicht von der Maske zu befreien, sich auch auf ihre Anspielungen dagegen sträubte, wodurch ihre Neugier nur reger gemacht wurde, so riß sie ihm in einem unbewachten Augenblicke die Larve mit einem geschickten Ruck herunter und sie erblickte — ein grausiges Toten-Antlitz mit verzerrten Zügen, blauschwarzen Lippen und Wangen und stieren, aus den Höhlen sich hervordrängenden Augäpfeln, und ein hanfener Strick um den Hals schnitt tief in die Haut . . .

Der Abstand zwischen dem Wonnetaumel, in welchem sich das Weib befand, und dem plötzlichen, unvermittelten Anblick war zu groß, als daß dieser nicht, trotz dem abgestumpften Nervensystem des herzlosen Geschöpfes, eine verhängnisvolle Wirkung hätte ausüben müssen: ein Zittern, wie im Leben nicht, überfiel sie; ihre Arme sanken schlaff am Körper herab und die sonst so bewegliche Zunge versagte jeglichen Dienst . . .

Und es wirbelte und kreiste in ihrem Gehirn, und von einer unsichtbaren Kraft wurden ihre Augen, die sie zu schließen versuchte, gespenstisch weit aufgerissen und größer und größer gestaltete sich dadurch die Fratze ihres gemordeten Gatten, dessen stierer Blick wahrhaftige Kälteschauer bis in das Innerste ihres Herzens warf . . .

Der Domino, dessen kühnste Erwartungen durch diese Wirkung seines „Ulkes“ übertroffen wurden, triumphierte innerlich über den wohlgelungenen Streich, ohne jedoch den geringsten Laut von sich zu geben, um die Illusion des Weibes nicht zu stören. Max freute sich unbändig, ein so vortreffliches

„Objekt" unter den vielen Mädchen und Frauen im Saale aufgegriffen zu haben; denn neun Zehnteln der anwesenden Koketten war er zweifellos bekannt und jede von ihnen — an die Stelle Friederikens gesetzt — würde zwar etwas erschreckt worden sein, aber gleich darauf gesagt haben: „Du bist doch der verrückte Max, der seiner Geliebten voriges Jahr einen Elefanten zum Geburtstag geschenkt hat!"

„Kostbarer Spaß!" dachte Max und versuchte, den zum Bilde erstarrten Pagen an sich zu pressen und die blauen wächsernen Lippen auf die krampfhaft geschlossenen des Weibes zu drücken.

Hierdurch kehrte diesem das Leben, das still zu stehen drohte, zurück: mit übermenschlicher Kraft stieß sie das schreckliche Gebilde, in dem sich für sie ihr rächender Gatte verkörperte, von sich, daß es rücklings vom Stuhle herabtaumelte; ein Schrei der Verzweiflung drang aus der Kehle des Weibes, der die eben zum Beginne der Demaskierung erschallende Fanfare übertönte.

Ohne auf den Zuruf des Dominos, dem doch bange zu werden begann, zu achten, suchte der Page jetzt nach einem Auswege zur Flucht; wild, mit abwehrenden Händen, drehte er sich rings im Kreise herum und sprang dann, jeglicher Überlegung und Besinnung beraubt, über die Brüstung der Loge hinunter in das Parket . . .

Ein vielstimmiger Aufschrei begleitete den dumpfen Fall Friederikens und alles im Saal drängte sich hilfbereit um sie, die, ohne sich zu rühren, blutüberströmt dalag. Man trug sie behutsam in ein Nebengemach; aber einige herbeigerufene Ärzte konstatierten, daß alle Hülfe vergebens sei: das junge Weib hatte das Genick gebrochen.

Tagebuch eines Realisten.

Von Johannes Normann.

(Berlin.)

I.

(Mai und Juni.)

Flatternde Fahnen, jubelnde Volksmassen, brausende Musikklänge . . . was ist's? Der König von Italien zieht in der deutschen Hauptstadt ein. In eleganter Karrosse fährt er die Linden entlang. Plötzlich hält der Wagen, eine weißgekleidete Komödiantin des Hoftheaters tritt heran und begrüßt den Monarchen mit einem Gedicht in italienischer Sprache. Der Sohn des re galantuomo dankt dem hübschen Kinde und redet sie in der gleichen Sprache an, in der sie ihn an der Spree willkommen geheißen. Da schüttelt sie das blonde Köpfchen und murmelt „non capisco“. Sie versteht nicht! Von dem ganzen würdevollen Gruß, von all den schönen, warmen Worten, die sie dem Fremden mit Pathos und Feuer zugerufen, hat sie selbst auch nicht ein einziges verstanden! Sie hat sie auf höheren Befehl nur nachgeplappert, wie ein Papagei. „Laura, Laura, gieb mir'n Kuß . . .“ „Ti saluto, Umberto, re d'Italia . . .“ Einstudierte Komödie war ihre Wärme, ihr Pathos! Mumpitz, nichts als Mumpitz! Die ganze Lüge des Berlinertums, der modernen Gesellschaft, der Politik . . . Alles prägt sich schneidend in den zwei Worten der kleinen Schauspielerin aus: „Non capisco“. Phrase, hohles Nachplappern eingelernter Worte: das ist der Kern des Berliner Wesens, der hauptstädtischen Gesellschaft — Phrase ist diese Verbrüderung der Mächte, welche nur von den materiellen Interessen eingegeben ist und von der die Seelen nichts wissen. Die Lippen berühren sich, aber die Herzen schweigen. Im Salon, auf der Straße, im Theater, in der Ausstellung . . . überall in Berlin tönt dir Begeisterung entgegen, Wärme, Lebendigkeit . . . und fühlst du näher auf den Zahn, so heißt es kleinlaut: non capisco. Alles ist Fassade, Stukkatur, gemacht um zu blenden, nicht tief, innerlich, den Bedürfnissen entsprungen. Sprich von Kunst, wirf neue Gedanken in die Masse, rede von jenen ernsten, heiligen Dingen, welche das Herz jedes echten Kulturmenschen bewegen, erfüllen . . . ah, mit welcher Liebenswürdigkeit man darauf einzugehen scheint, welcher Teilnahme, welcher Wärme! Aber verlange ja nicht, daß dieses Interesse sich in Thaten umsetze, daß man ernst und sachlich mit dir über diese Dinge, diese Fragen des Geistes spreche. Da hat niemand ein Interesse, da hat niemand ein Verständnis, da tönt es von allen Seiten: non capisco. Die „Unfallsausstellung“ . . . ha, wie alles Bewunderung, Entzücken, Begeisterung ist! Aber frage den Begeisterten, was dieses Rad bedeutet, jenes Gitter, diese Maschine . . . er schüttelt den Kopf und antwortet: non capisco. Die „Klause“, in der man Wein trinkt, ist die Hauptsache. Das politische Spiel des Fürsten Bismarck — wie genial, wie groß, wie wunderbar! Aber frage seine Bewunderer, wohin diese Politik steuert, welche Bedeutung dieser Schachzug hat, welche Bewandtnis, welchen Zusammenhang jenes Gesetz: ein tiefes non capisco ist die Antwort. Verlange in Berlin für nichts Teilnahme als für fade Kalauer, für Biertrinken, Skatspielen und Klimpern auf dem Flügel — in allen andern Dingen herrscht nur das barbarische, lächerliche non capisco. Der Clown, der Brauer, der Philister, der Gesangs- und Klaviervirtuose: das sind die Heroen von Berlin. Oskar Blumenthal, Paul Lindau, Patzenhofer, Schultheiß, Rothmühl, Hanisch von Bülow . . ., welche Volkstümlichkeit reichte an diese Namen heran? So wie der Geist in Frage kommt, das Denken, die Leidenschaft, die Wahrheit, die Poesie . . . da schallt es tausendstimmig non capisco. Man umgiebt sich mit dem fadenscheinigen Flickmantel eines oberflächlichen, unverstandenen Kosmopolitismus, indem man das oberflächlichste aus allen Ländern zusammen holt, um der Welt Sand in die Augen zu streuen, um „gebildet" zu erscheinen, und hat nicht den Mut deutsch zu sein, weil man die Arbeit scheut, sich in die eigne Art zu vertiefen und ganz sich selbst auszuleben. So wird man mit der Zeit sich selbst zum Rätsel, hält die thörichte Oberflächlichkeit für deutsch, und erschwert denen die Arbeit, welche die echte deutsche Art pflegen und veredeln, den Kampf um die Wahrheit, das Streben nach der Tiefe, die derbe Ehrlichkeit — antwortet ihnen: „non capisco".

* * *

Der Verein der Berliner Künstler hat ein großartiges Sommerfest veranstalten wollen, nach Düsseldorfer und Münchener Art. Es ist jedoch ins Wasser gefallen, kaum 200 Teilnehmer meldeten sich. Ein hiesiges Blatt bemerkte sehr richtig, der Grund dafür liege in der mangelnden Fühlung der Künstler mit der Masse der Bevölkerung — mit zwei oder drei Ausnahmen, wie Menzel, Begas kennt der Berliner seine Künstler nicht — selbst nicht dem Namen nach. Aber wer trägt die Schuld dieser Unpopularität? Niemand mehr als die Künstler selbst! — Was habt ihr gethan, damit das Volk euch kenne, euch liebe? Alle neuen Werke sind fade Modewerke, nach dem Geschmack des Geldprotzentums geschaffen, oder langweilige, kalte, akademisch nüchterne Schöpfungen, die Ausgeburt einer halben Bildung, welche die Antike und die Renaissance mißversteht und karrikiert. Nicht einer von euch Berliner Künstlern hat Fühlung mit dem Leben, dem Denken, Empfinden der Zeit, des Volkes! Sprecht dem Volke von seinen Freuden und Leiden, drückt es in Gestalten und Formen aus, veredelt sein Leben, Fühlen, Handeln, wachst aus eurem Volke heraus, lebt im Berlin des neunzehnten Jahrhunderts, nicht im zeitlosen Wolkenkukuksheim, und man wird euch kennen, ihr werdet nicht mehr nötig haben, eure Feste ausfallen zu lassen — wegen mangelnder Teilnahme. Das eine Bild der „Lebensmüden", aus dem Herzen der Zeit, des Volkes herausgeboren, machte den vorher in Berlin gänzlich unbekannten Reide mit einem Schlage volkstümlich . . . Der Weg ist euch gezeigt, auf dem ihr zu gehen habt. Schlagt ihr andere Straßen ein, so wundert euch, so beklagt euch nicht, wenn euch niemand auf denselben zu folgen vermag, als einige geschmacklose Geldprotzen und alberne Zopfpedanten.

* * *

Man spricht hier viel von dem „Reformversuch" des Münchener Theaterintendanten, Shakespearesche Stücke nach Art der Shakespeare-Bühne zu geben, ohne Ausstattung. Man verurteilt das allgemein als lächerlichen Rückfall in längst überwundene Entwicklungszustände. Ich betrachte die Sache nicht vom künstlerischen Standpunkt (da erscheint sie freilich sehr thöricht) sondern nur vom sozialen. Für mich ist dieser Versuch das letzte Bemühen der alten höfischen Kunst sich gegen die immer übermächtiger alles andere in den Kot tretende großkapitalistische Kunst zu wehren und ihr Joch abzuschütteln. Für die höfische Kunst ist die Ausstattung, die Dekoration Nebensache, ein Äußerliches — der edle Vortrag ist ihr das wesentliche. Der Kapitalismus sieht in der Kunst überall nur das äußerliche, die Aufwendung von Luxus, das protzige Prunken mit Reichtum, teure farbenprächtige Dekorationen, Kostüme, und „echte" Requisiten. Er sieht den Gipfel aller Kunst darin, daß das Samtsopha wirklich vom teuersten Samt, der goldne Becher wirklich von Gold sei. Der Kapitalismus ruiniert jede Kunst. Wie ihm in der Volkswirtschaft das zum Zweck wird, was für andere nur ein Mittel ist, Gutes zu schaffen und einzutauschen: das Geld — so will er in der Kunst nichts weiter als das Geld zeigen. Die Meiningerei ist der protzige Kapitalismus auf dem Theater, sie ist die Kunst des Geldsacks: teure Handschuhe und miserable Darstellung — sie ist aus der Zeit heraus geboren, und darum hat sie so ungeheure Erfolge bei unseren Geldprotzen erzielt. Wir protestieren, uns das als Realismus aufreden zu wollen, wie die idiotische und unverschämte Berliner Kritik möchte. Der Realismus auf der Bühne besteht nicht darin, daß ein wirklicher Mahagonitisch an Stelle eines gemalten gesetzt werde. Das ist äußerlicher Kram, der nichts mit dem Wesen der Sache zu thun hat: und Realismus heißt eindringen ins Wesen der Dinge. Das ist Protzentum, aber nicht Realismus. Das Wesen der Schauspielkunst ist Darstellung seelischer Entwicklung, psychologische Synthese; schauspielerischer Realismus ist wahrheitsgetreue, rücksichtslos wahre Darstellung seelischer Prozesse vom Anfang durch alle Entwicklungsstufen bis zum Erlöschen derselben. Dieses haben die Schauspieler von heut gänzlich verlernt, statt dessen ist ein hohles Schönreden, Näseln, Schreien, Poltern, Schwadronieren, Singen in Herrschaft gekommen, die Unnatur künstlerisch verlogener Komödianten, Clara Meyer, Barnay, Josef Kainz. Das äußere Bühnenbild ist ziemlich gleichgültig: eine mäßige, anständige Ausstattung, welche die Phantasie anregt, statt sie zu überladen oder ganz außer Thätigkeit zu setzen, eine Darstellung, wie sie im alten Burgtheater üblich war, entspricht ganz unsern Wünschen. Die „Reform" des Münchener Intendanten ist darum Thorenwerk, so sehr ich sie vom sozialen Standpunkt begreife, — nicht bei den Äußerlichkeiten muß eine Bühnenreform anfangen, diese sind vollständig gleichgültig, sondern beim Wesen: der Auswahl der Stücke und der Vertiefung der Darstellung.

* * *

Ich war einige Wochen außerhalb Berlins, in der Provinz, in Cöln, Hannover, Bremen, Hamburg. Man atmet beinah auf, wenn man die Hauptstadt hinter sich hat. Nicht weil dort weniger Lärm wäre, ein geringeres Hasten und Treiben: mir ist wohl im großen Strom des Lebens, in dem die Kraft sich bethätigt. Aber man fühlt sich förmlich befreit aus dem Banne des aufdringlichen Geldprotzentums, man glaubt sich in eine andre Welt versetzt, in der am Menschen doch noch was andres gilt als der Geldbeutel, in der das Geld noch nicht ganz Zweck ist, sondern wie früher noch mehr Mittel, in der nicht jede Bewegung nur darauf berechnet ist, der Welt zu zeigen, wie viel man besitzt, in der es auch noch Dinge giebt, wie Geschmack, Kunstsinn, geistiges Leben, die im brutalen Materialismus Berlins fast spurlos verschwinden. Auf keinem Gebiet tritt das vielleicht so auffallend hervor als auf dem der Privatbaukunst. Berliner Häuser . . . ein Schrecken überläuft mich! Entweder die plumpste, fabrikmäßige Nüchternheit oder das aufdringlichste Protzentum, die geschmackloseste Überladung. Ein gotischer Bau zwischen einem maurischen und einem in italienischer Renaissance . . . alle drei wie Karrikaturen mit allen möglichen Verzierungen überladen . . . Herr des Himmels, jeder künstlerische Eindruck geht verloren! . . . Welch ein Genuß dagegen über den Bremer Domplatz zu wandern, oder die Cölner Ringstraße entlang. Auch da ist Alles neu — aber mit welch feinem Empfinden an die Weise der großen Vorfahren früherer Kulturepochen angeknüpft, und dieselbe den modernen Bedürfnissen angepaßt! Wie edel, harmonisch Alles, wie vornehm und zurückhaltend — und doch wie reich und groß! Keine schreienden Gegensätze zwischen dem Charakter der einzelnen Häuser, kein frecher Prunk; man sieht: dem Erbauer galt es vor Allem, schönes zu schaffen, nicht Vermögen zu zeigen. Der Berliner sagt: „Ich kann mir's leisten" — der Andere sagt: „Ich kann was leisten". Es ist sehr gefährlich, zu lange in Berlin zu bleiben, man verliert dort jeden Geschmack, jedes Urteil, jede Empfindung für das Schöne — ich muß von Zeit zu Zeit wahre ästhetische und soziale Erholungsreisen ins Ausland oder in die Provinz machen.

* * *

Wenn ich die Wahl habe zwischen Militarismus und Kapitalismus, so wähle ich trotz allem immer noch den ersteren. Bei all seiner Anmaßung, seiner Brutalität, steckt doch eine gewisse urwüchsige Kraft in ihm, eine Ehrlichkeit, eine Kühnheit, die dem Geldprotzentum vollständig fehlt. Wer jeden Augenblick bereit ist, sein Leben in die Schanze zu schlagen — und sei's für ein eingebildetes, wertloses Prinzip: das der Legitimität — der hat noch immer mehr Recht arrogant zu sein und eine Ausnahmestellung zu verlangen, als der ekelhafte Börsenjobber, dessen ganzer Mut darin besteht, Journalisten zu bestechen, erlogene Nachrichten zu verbreiten, Andere in falschen Schreck oder in falsche Hoffnung zu versetzen, und ihnen dann ihr Vermögen herauszupressen. Das kann jeder Strauchdieb, und der Kapitalismus ist nichts als das mittelalterliche Raubrittertum in veränderter Form.

* * *

Die Freundschaft mit Italien scheint ja augenblicklich „turmhoch“ zu sein? Ganz heimlich gesagt: ich gebe keine fünfzig Pfennige dafür. Italien ist das Land meiner Seele, ich liebe es wie kein anderes nächst meinem Vaterlande, ich bete es an als das Land freien Menschentums, als das wahre Land der Freiheit, der Ordnung, der Zivilisation, zu dem sich Frankreich gern emporlügen möchte — als die Mutter der Humanität, als das Land des Realismus des Lebens, das Land der Vernunft, der gesellschaftlichen Gleichheit, das Land der natürlichen Bildung, der Höflichkeit, das einzige Land der Welt, in dem es keine falsche Sentimentalität giebt, keine soziale Lüge, keinen Pöbel. Es ist uns um hundert Jahre in der Kultur voraus, wir können unendliches von ihm lernen. Italien zum Freunde, zum Lehrer: meinen aufrichtigsten Beifall — Italien zum Bundesgenossen . . . hm hm! Italien sucht stets nur seinen Vorteil, und wird im entscheidenden Augenblick doch sich dahin stellen, wo ihm der größte materielle Nutzen winkt. Und das stammverwandte Triest und Trient liegen seinen Interessen und Neigungen näher als das rauhe, keltische Savoyen . . . Italienisches Militär: ich muß lachen, wenn ich daran denke. Eine Laschheit der Ausführung der Kommandi, die jeden preußischen Unteroffizier zum Rasen bringen würde. Die Italiener halten nichts aus, bei dem kleinsten Luftzug zittern sie für ihre Gesundheit. Bisher ist Italien noch in jeder Schlacht geschlagen worden, und seine Einigkeit, seinen Länderzuwachs hat es nur gewonnen durch seine Schlangenklugheit. Geschlagen und verschlagen! . . . Sollte man in der Wilhelmstraße wirklich nicht ähnlich darüber denken? Sollte die ganze Allianz noch einen weiteren Zweck haben, als Österreich die Hände im Süden frei zu machen, die tyroler und istrische Grenze zu sichern und ihm zu gestatten, alle Kraft gegen Rußland zu sammeln? Auch das wäre ja genug. Aber Gott behüte uns, daß wir keine Schlacht verlieren, denn bei unserer ersten Niederlage würde Italien mit klingendem Spiel den Franzosen die Alpenpässe öffnen und versuchen, in Tyrol und Istrien einzubrechen. Wenn wir Sieger bleiben . . . dann freilich wird Italien der treueste Bundesgenosse der Welt sein und uns sagen, daß es uns liebe . . . Die Glücklichen: wie die Würfel auch fallen, sie haben nur zu gewinnen; aber wir . . . nur zu verlieren . . .

* * *

Der „Figaro" brachte wieder mal einen seiner Hetzartikel: „Der Störenfried". Natürlich Bismarck. Wenn irgendwo in einem Dorfe der Ukraine ein Ziegel vom Dach fällt und einen Bauernknecht tötet: Bismarck hat ihn gelockert. Wenn in Christiania ein Feuerwerk verregnet: Bismarck hat das Wasser ausgeschüttet. Franzosen — wie kann man eine große Nation sein und doch so närrisch? Was beweist ihr denn mit diesen Ergüssen? doch nur eure Furcht! Eure grenzenlose Angst vor diesem Manne, der euch wie der Leibhaftige erscheint! Ihr traut ihm Kräfte zu, eine Macht, wie sie unmöglich ein einzelner Mensch besitzen kann, ihr dichtet ihm ein übermenschliches Vermögen an, einen Willen, dem nichts widerstehen kann, ihr erläutert eure eigne Ohnmacht, die sich in furchtlosen Klagen erschöpft, und indem ihr ihn zu verfolgen strebt, erhöht ihr nur seinen Ruhm, den dämonischen Zauber seiner Person, umklärt ihr ihn mit sagenhaftem Reiz und stellt eure eigne Schwäche ihm gegenüber. Kein Magnet ist so unwiderstehlich, als die dämonische Kraft. Alles fliegt ihr zu — eure eignen Reden sind es, welche die Gestalt Bismarcks unbesieglich machen, erdbeherrschend, übergewaltig. Ich schlage vor, auf das Denkmal des Kanzlers zu setzen: „Er ward unsterblich durch sein Genie, seine Unbeugsamkeit, seine Erfolge und seine Feinde."

* * *

Die Streiks, welche wie in jedem Frühjahr auch diesmal mit kolossalem Lärm begonnen wurden, sind nun so ziemlich beendet und fast ohne Ausnahme gescheitert. Überall haben die Arbeiter sich den Bedingungen der Meister fügen müssen. Eben ist's den Maurern so ergangen. Das war vorauszusehen. Unter all den Mitteln, welche die Arbeiter versuchen, ihre wirtschaftliche Lage aufzubessern, sind die Streiks die zwecklosesten. Die Lohnbewegung ist ein Krieg, ein Krieg zwischen Kapital und Arbeit, und in einem Kriege behält bekanntlich der den Sieg, der den letzten Thaler in der Tasche hat. Das wird immer der Großkapitalist sein — der Arbeiter denkt: „Ja, ohne Brot, Häuser, Kohle kann die Welt nicht leben — sie bedarf meiner." Aber er vergißt, daß er selbst ohne Brot, ohne Fleisch, ohne Kohle nicht leben kann, und daß er ohne Geld sich keines anschaffen kann, denn sein Kredit wird notwendig immer geringer sein, als der des Kapitalisten. Der Vorteil, der den Arbeitern durch das ständige Wachsen des Bedarfs und der eignen Masse zufließt, wird reichlich aufgewogen durch die unendliche Vervollkommnung der modernen Verkehrsmittel, welche die sofortige Herbeischaffung von Arbeitern und Produkten gestatten. Der Arbeiter wird dem Großkapital gegenüber immer nachgeben müssen, denn seine Mittel sind beschränkter, sein Kredit ist geringer. Den empfindlichsten Schaden durch einen Streik erleiden die kleinen Privatunternehmer, die eine geringere Zahl von Arbeitern beschäftigen. Sie können ihren Verpflichtungen nicht nachkommen, sie müssen hohe Vertragsstrafen zahlen, sie können sich nicht die Produkte aus der Fremde zu hohen Preisen kommen lassen, der Streik ruiniert sie. Dadurch wird aber dem Großkapital nur ein Dienst erwiesen: eine Menge kleiner Mitbewerber werden ihm mühelos aus dem Wege geräumt, die ihm viele Ungelegenheit bereiten; und was er auf der anderen Seite durch den Streik verloren hat, gewinnt er wieder auf dieser. Nichts Schlimmeres aber für den Arbeiter selbst, als der Untergang der kleinen Unternehmer. Solch einer ist für den Arbeiter weit besser als der Großkapitalist. Er ist nicht selten aus dem Arbeiterstande selbst hervorgegangen, er kennt den Arbeiter persönlich, seine Leiden, Nöte und Wünsche, er spricht sich mit ihm über die gemeinsamen Interessen aus, er behandelt ihn human, er wird sich in jedem Falle leicht mit ihm einigen. Von alledem ist beim Großkapital keine Rede. Es stellt sich als Produzent meist in der Gestalt der Aktiengesellschaft dar. Seine Angestellten sind Beamte, die ihre Pflicht thun, mit dem Arbeiter rein bureaukratisch verkehren. Hier ist keine Rede von einem persönlichen Meinungsaustausch, von gütlicher Besprechung. Die Aktiengesellschaft und ihre Angestellten werden in der Humanität, der Billigkeit, dem Entgegenkommen nicht einen Schritt weiter gehen, als es das Gesetz befiehlt unter Androhung von Strafen, und sogar lieber sich der Strafe unterziehen, wenn sie dabei billiger fortkommen, als bei Erfüllung gesetzlich berechtigter Wünsche ihrer Arbeiter. Das Großkapital ist ein Despot. Jeder Streik trägt indirekt nur zur Stärkung desselben bei, die Arbeiter sollten daher dieses Kampfmittel aufgeben, das unter allen Umständen sie selbst schwächt, ihre Nächststehenden vernichtet und ihre Todfeinde stärkt.

Unser Dichteralbum.

Der Fandango vor Gericht.

Tod geschworen dem Fandango
Haben Roma's strenge Richter,
Bannstrahl zuckt von ihren Brauen,
Finster dräuen die Gesichter.

Spanien ist des Glaubens Lilie,
Doch der Sturm an ihren Blättern
Ist der sündige Fandango,
Bannstrahl soll ihn niederschmettern!

Und im hohen Konsistorium
Sitzen alle sie zusammen,
Aber einer der Prälaten
Spricht: „Eh' also wir verdammen,

Laßt uns von des sünd'gen Tanzes
Unheil selbst uns überzeugen."
Vor der Weisheit dieses Vorschlags
Müssen sich die Richter beugen.

„So erscheine denn, Fandango,
Tanz, so zeig' uns deine Greuel!" —
Und ein Tänzerpaar aus Spanien
Dringt durch der Prälaten Knäuel.

Schön wie Phryne ist die Doña,
Ihres Mundes Hauch sind Düfte,
Seide schmeichelt ihren Füßchen,
Leichtes Kleidchen ihrer Hüfte.

Zärtlich lockt sie ihren Tänzer,
Schaut ihn an mit samt'nen Augen,
Und er will aus ihren Blicken
Einen Liebeshimmel saugen;

Öffnet weit schon seine Arme,
Feurig will er sie umschlingen,
Da hebt trotzig sie die Hüfte,
Und die Castañuelos klingen

Zürnend faßt in ihrem Händchen,
Und sie biegt sich, eine Schlange,
Senket dann die Stirne nieder,
Flieht verfolgend vor dem Drange,

Vor des Tänzers hellen Gluten,
Stemmt das Händchen in die Seite,
Mustert Hüfte sich und Füßchen,
Alle Grazien im Geleite.

Glühend sehen es die Richter
Und sie wanken auf den Stühlen,
In den alten Adern brennt es
Wie von jugendlichem Fühlen.

Wilder tanzt die Doña, wilder,
Und ihr Atlasmieder krachet!
Plötzlich fleh't in den Prälaten
Ist zur Wut die Lust erwachet!

Als der Doña Stolz gebrochen,
Als von sanfter Regung wallet
Ihr der Busen: feurig wieder
Kastagnettenklang erschallet!

Und die Kastagnettenschwinger
Sind die jugendlichen Greise —
Hei, wie tanzen die Prälaten
Nach der Kastagnettenweise!

Und sie tanzen den Fandango,
Sprechen heilig ihn im Tanze —
Freigesprochen ist der Sünder,
Und er strahlt in neuem Glanze!

Prinz Ahmed.

(Ein Alhambramärchen.)

Allüberall wehet die Frühlingsluft,
Prinz Ahmed sitzt in der Turmesgruft.
Prinz Ahmed ist mutterseelenallein,
Von Liebe singen die Vögelein.
Die Liebe zieht durch die ganze Welt,
Ein Sehnen hat Ahmeds Herz geschwellt.

Das Rätsel bewegt ihn wunderbar,
Er wußte nicht, was Liebe war.
„Sag du mir, Sperber, was ist die Lieb'?"
Der Sperber höhnt: „„Nur ein zarter Trieb,
Ich aber bin für Schwachheit taub,
Und was ich liebe, das ist der Raub!"" —
„Kannst, Uhu, mir sagen, was Liebe, sprich!?"
Der Uhu antwortet ärgerlich:
„„Bin Antiquar, bin Astrolog,
Der niemals noch der Liebe pflog.
Nachts Astrolog, Tags Antiquar,
Werd' ich von Liebe nichts gewahr!"" —
„Ist, Fledermaus, dir denn die Liebe bekannt?"
„„Die Lieb' ist nur ein Vogeltand,
Die Vögel singen zu ihrem Lob,
Ich kenne sie nicht, bin Misanthrop!""
„Komm, Schwälblein, zu mir und gönne dir Zeit:
Hast du der Liebe dich nicht geweiht?"
„„Ich mache den ganzen Tag Besuch,
Zur Liebe hab' ich nicht Zeit genug.
Der Flug durch die Welt, das ist mein Fest,
Die Liebe kennt nur der Vogel im Nest!"" —
„O was ist Liebe, was ist denn Lieb'?"
Prinz Ahmed fragt's in der Seele trüb'.
Da tönt herauf entzückender Schall:
Von Liebe singt Frau Nachtigall.
Von Liebe singt's in jedem Strauch,
Allüberall wehet der Liebe Hauch!
Da schnäbeln zwei Täubchen sich wunderfein
Und fliegen zum Prinzen durchs Fenster hinein.
„Was ist die Liebe?" — „„Die Liebe, ei, ei,
Ist lauter Wonne für zwei, für zwei,
Ist Angst und Qual für einen allein
Und Unglück und Feindschaft ist sie bei drei'n!
Die Lieb' ist Seelenharmonie,
Die göttliche Gabe des Himmels ist sie!""
Den Prinzen ein freudiges Ahnen erfüllt:
Sein Auge blickt auf ein Wunderbild.
Vom Flügel des Täubchens trifft ihn der Strahl:
Eine Jungfrau sieht er mit einem Mal.
Er drückt ihr Bild an das pochende Herz,
Da drinnen wogt's ihm von Lust und von Schmerz,
Er jubelt und seufzt: „Zu dieser Frist
Weiß ich, was Liebe, was Liebe ist!

Köln a. Rh. Johannes Fastenrath.

Ein Rauschen nur.

Ein Rauschen nur . . . wir liebten uns schon lang,
Da sankst Du in der Sehnsucht Überschwang
An meine Brust; ich wollte küssen Dich —
Ein Rauschen ging — da flohen Du und ich.

Der Zufall trieb uns auseinander weit,
Wir sah'n uns wieder erst nach langer Zeit;
Wollt' wieder küssen Dich — da sprachst Du kalt
Von strenger Sittenreinheit Allgewalt.

O, schöne Trügerin! gedenkst Du noch
An jene Zeit zurück . . .? was war es doch,
Das Dir gehemmt das Drängen der Natur?
War's Sittenreinheit? — Nein! — ein Rauschen nur . . .

Wien. Josef Kitir.

Im Reich der Seligen.

— und der Tod wird nicht mehr sein,
noch Leid noch Geschrei noch Schmerzen
wird mehr sein — Apokalypsis.

Da schimmern Säle aus Demant und Glas
Im Reich der Sel'gen, wähnst Du liebes Kind,
Altäre, Pforten aus Rubin, Topas,
Und was sonst mehr die Phantasie ersinnt;
Da ist nur Licht — ein ew'ges Freudefest —
Fürwahr, wie schön sich's davon träumen läßt!

„Ehr' dem Gott Zebaot, und Lob dem Herrn!"
Erschallt ein Psalm aus seiner Engel Mund.
Und so er winkt, fällt aus der Höh' ein Stern,
So er gebeut, erbebt der Veste Grund.
Und Ambra, Weihrauch streut man um ihn her,
Dem Herrn der Kreatur in Land und Meer!

Zur Rechten seines Thrones sitzt allda,
Die Marternarben noch auf Stirn und Hand,
Der Sohn, der Kreuzes starb auf Golgatha;
Wie strahlt sein Antlitz, leuchtet sein Gewand!
Wie ist er schön, den eine Magd gebar,
Der angespieen und verachtet war!

„Hosianna!" singt frohlockend man ihm Preis;
Da wird nicht Nacht, da kennet man kein Leid,
Da herrscht kein Unterschied, wie Atlas weiß
Erblinkt des schlechtsten Erdenbettlers Kleid —
O wunderbar, ein ew'ges Friedensfest!
Bei Gott, wie schön sich's davon träumen läßt!

Du siehst Dich droben schon verklärt und licht,
Mein Lieb', das Haupt umstrahlt, wie Engelein;
Das dunkle Auge, das kein Tod mehr bricht,
Starrt trunken in die Herrlichkeit hinein —
O Zaubermär vom gold'nen Paradies,
Wie schön, wie schön, wenn sich dran glauben ließ! —

Indes, lieb Kind, dies Leben ohne Leid,
Dies ewige Gejauchz — wie lang ging's an?
Wohl eine Woch'! Doch eine Ewigkeit?
Nein, nein, mein Herz, das wäre Tollhauswahn!
Du lechztest glüh'nden Mund's mit einemmal
Lustsatt nach einem Tröpflein Höllenqual!

Germersheim. Eugen Croissant.

Neros Goldenes Haus.

(An Henrik Ibsen.)

Aus dem Schwedischen übersetzt von Eugène Peschier.

Der Wandrer schreitet inmitten
Versank'ner Paläste Graus,
Moosflechten die Mauern umranken,
An Neros goldenem Haus.

Der Boden, wo Unkraut wuchert
Einst zuckend, als der Schritt
Der Kaiser auf spiegelndem Glanze
Der Mosaik hinglitt!

Wo jetzt Eidechsen spielen,
Und Falter schaukeln vorbei,
Erblaßten die Senatoren
Vor Neros Raserei.

Nur üppiger Epheu die Stätte
Der alten Cäsaren umflicht
Und schreibt mit grünen Typen
Des Weltvergessers Gedicht.

Auf stürzenden Herrschersitzen
Fällt die Geschichte den Spruch:
„Versunken und vergessen
Auf ewig — sei dein Fluch.“

Du bist ein gemeiner Hügel
Nur Schutt des zerfallenen Baus,
Ich setz' dir den Fuß auf den Nacken,
Du Neros goldenes Haus.

Doch glaub' nicht, ich werde beklagen
All' die verschwundene Pracht, —
Weh' dir und den fernen Tagen,
Wo die Freiheit versunken in Nacht.

Womit vor dem jüngsten Sohne
Der Zeit die Ruine wohl prunkt?
Ein nackter Haufen Steine,
Ein lohnender Ausfichtspunkt —

Der Sonne versinkende Kugel
Schon hinter den Pinien ruht,
Aufs Elysäum blitzet
Die braunrot funkelnde Glut.

Sprüht Buonarottis Kuppel
Einen Purpurtropfen zu —
Liegt Alles oben im Dunkel
Dann gehst du Sonn' zur Ruh'.

Einst wenn in Gold und Purpur
Du wiederum versinkst,
Den ewigen sieben Hügeln
Den Abschiedsgruß zuwinkst.

Mit frohem, unsterblichem Lächeln
Die Sonne sinnend betracht',
Als wolltest du leise flüsternd:
Ihr alte Zeiten, gut Nacht.

Deswegen verläßt Sankt Peter
Mit Seufzen den Vatikan,
Und rings der Natur wird verkündet:
Aufwacht der alte Pan

Das warme, das zuckende Leben,
Das schauernd in Ketten erstarrt,
Unselig seit heidnischen Zeiten
Und auf Erlösung harrt.

Aus tausend Knospen nun bricht es,
Ein Frühling chaotischwild,
Aufjauchzt das Meer vor Entzücken,
Und jubelnd der Tiber schwillt.

Dies Wiegenlied Slaven zu singen,
Hispaniens Wind nicht weht,
Nicht mag er nur Gräber umseufzen,
Wo zum Hohne der Lorbeer steht.

Zu gut ist er fächelnd zu kühlen
Die Stirne dem Priester und Schelm,
Stolz lüftet er frei nun dem Helden
Den kampfzerhauenen Helm.

Auf blumenbestreuter Straße
Ein freies Volk sich drängt,
Und wieder ein Triumphator
Die via sacra durchsprengt.

Fort mit Sankt Peters Schlüsseln,
Dem modernden Heil'gengebein,
In des Aberglaubens Posse
Fiel längst der Sonnenschein.

Fort mit den blöden Gestalten
Dort an den Bogen Trajans,
Der Sohn der Zeiten verschmähet
All' die Gebilde des Wahns.

Der Genius stellet fernblickend
Hoch auf den Marmorblock
Die Mütze mit phrygischem Schnitte
Bedecke sein fliegend Gelock.

Dünkt dir zu geringe der Sockel,
Nimm Neros goldenes Haus,
Das strahlet im weiten Lichte
Den Genius weit hinaus.

Vor dem himmelanstrebenden Zeichen
Erscheint die Marter wild,
Doch niemals beleuchte die Sonne
Ein größeres, schöneres Bild!

Karl Snoilsky.

Cantus lyriculorum.

Wir sind die Zarten und Leisen,
Die Süßen, Sittsam-Frommen;
Die Tugend thun wir preisen
In glättlich-netten Weisen,
Bei jungen Mädchen sind wir stets willkommen
Mit unserm Bimmel — Bammel — Bimmel,
— Hilf Gott, wie reizend, — ewiger Himmel!

Wir sind gefüllt mit Wonnen
Gar süß, wie Pfannen-Kuchen;
Kaum hat die liebe Sonnen
Mit ihrem Glanz begonnen,
Beginnen wir, uns Reimelein zu suchen
Im Ton von Bimmel — Bammel — Bimmel,
— Hilf Gott, wie reizend, — ewiger Himmel!

Wir blasen die Hirtenflöten
Und zupfen an der Leyer,
Wir singen von Liebesnöten,
Doch Keine braucht erröten.
Ein jeder Vers — en gros — kost't blos 'nen Dreier.
Und dabei Bimmel — Bammel — Bimmel!
— Hilf Gott, wie billig, — ewiger Himmel!

Statt Blutes fließt uns stille
Süß-Syrup durch das Herze,
Lammfromm ist unser Wille,
Zart-rosa unsre Brille,
Gar süße wonnelt's uns sogar im Schmerze —:
Es tönt halt: Bimmel — Bammel — Bimmel,
— Und das beruhigt, — ewiger Himmel!

Wir sind von kluger Kühle,
Gar künstlerisch — gemessen;
Auf rosigem Wolkenpfühle,
Weltfern dem Zeitgewühle
Läßt klimpernd sich das düstre Heut' vergessen
Im holden Bimmel — Bammel — Bimmel.
— Hilf Gott, wie reizend, — ewiger Himmel!

Nur eins kann uns erregen
Und aus der Ruhe bringen:
Sobald zu stärkern Schlägen
Die Herzen mag bewegen
Das neue Volk mit seinem lauten Singen.
Wo bleibt denn: Bimmel — Bammel — Bimmel?
— Ohne Sündenfrechheit! — Ewiger Himmel!

In Bann mit diesen Neuen!
Henkt, henkt die Unverschämten,
Die sich vor gar nichts scheuen,
Die uns mit Wahrheit dräuen,
Die selbst, ihr Götter! sich nicht anbequemten
Dem einz'gen Bimmel — Bammel — Bimmel!
— Du stehst noch fest, — oh ewiger Himmel?!

Berlin. O. J. Bierbaum.

Ein Bekenntnis.

Ihr edlen Herrn der sehr verehrten,
Der unfehlbaren, hochgelehrten
Und stets allmächtigen Kritik:
Dies tiefbeschämende Geständnis
Entsprang der reinsten Selbsterkenntnis,
Ich weih' es Eurem scharfen Blick.

Ihr nennt mit Recht uns Stürmer, Dränger.
Gewiß! wir sind verworr'ne Sänger
Und unser Thun ist ekel — schal.
Wir sind auch in den meisten Dingen
Phantasten, die wohl nie erringen
Utopien, unser Ideal.

Uns kümmern nicht ehrwürd'ge Formen,
Wir wählen gerne die abnormen —
Die krumme, statt der graden Bahn.
Wir brechen selbst noch eine Lanze
Dem Schmutz, indes dem Lorbeerkranze
„Berühmter" wir nur spottend nah'n.

Wir lachen über feine Sitten,
Und fühlen wohl uns nur inmitten
Von recht gemeinem Lumpentum.
Oft schrein wir auf in tiefen Schmerzen,
Und lachen dann aus vollem Herzen,
Und wissen selbst oft nicht warum.

Wir lassen andre weiter dichten
Die fromm erbaulichen Geschichten,
In denen Hans die Hanne kriegt.
Weit lieber als die zartste Minne
Besingen wir die Straßenrinne,
In der ein trunkner Bettler liegt.

Gewiß, wir sind ein hirnverbranntes,
Zum Spott der Mitwelt jetzt verbanntes
Geschlecht, mit Herzen öd und leer,
Wir sind Verbrecher schlimmstenfalles —
Gewiß, Ihr Herrn, das sind wir alles;
Wir sind vielleicht ein wenig mehr:

Wir sind die bunt zerstreuten Worte,
Vereinzelt klingende Akkorde,
Zu einem großen Zukunftssang;
Bausteine zu dem Freiheitsturme,
Sind Boten auch vor einem Sturme,
Wie keiner noch die Welt durchdrang.

Wir sind die schmetternden Fanfaren
Der Geisteskämpen, die da harren
Des Kampfes, der nicht warten läßt;
Die Trommelschläger der Revolte;
Die palmzweigtragenden Herolde
Zum großen Völkerfriedensfest;

Um dürren Stamm die frischen Ranken;
Die fleischgewordenen Gedanken
Zu einer großen, schönen That;
Der Zeit ernstmahnende Gewissen;
Die Opfer, die jetzt fallen müssen
Als Dünger einer guten Saat;

Die Schwalben, die den Frühling künden
Den Armen, während für die Sünden
Der Reichen wir die Chronik sind.
Wir sind Märtyrer, sind Propheten,
Und unser Lachen, Drohen, Beten,
Verhallt nicht angehört im Wind.

Und ruft ihr auch: es ist vergebens,
Was wir erstrebt, des ganzen Lebens
Begeistert Ringen ist verfehlt —
Laßt unsre Herzen auch verbluten,
Einst steigt aus den entfachten Gluten
Ein Phönix auf: die neue Welt!

Schwabing. Georg Schaumberg.

Sehnsucht.

Abend ist's. — Und hoch errötend sinket die Sonne
In der buhlenden Wellen Schoß und vom Abglanz
Göttlichern Lichts erstrahlt Erde und Himmel und Meer. —
Ängstlich lauschend lehn' ich am Fenster und blick' in das Gäßchen,
Drans der Wanderer Tritt hell vom Pflaster aufklingt.
Jählings jetzt fahr' ich empor, den Atem anhaltend und lausche —
Nichts! — Es war nur der Wind, der sich im Vorhang verfing.
Also wart' ich und warte beklommenen Herzens des Abends
Auf mein Mädchen, und doch weiß ich, daß ferne sie weilt.
Laut aufseufzend sink' ich dann in den Stuhl und es leiht mir,
Um zu gelangen zu ihr, Sehnsucht die Schwingen zum Flug.

— — — — — — — — — — — — — — — —

Sieh! Da kommt um die Ecke geschlichen mein herrliches Mädchen,
  Doch als mich sie erblickt, fliegt sie aufjubelnd mir zu.
Jetzt entschlüpft sie behende mir aus den Armen und neckend
  Zieht am Bärtchen empor mich um zu küssen der Schalk.
Dann aufhorchend sitzt sie zu Füßen mir, wenn beredten
  Munds ich erläutre Horaz' lieblichen Wechselgesang.
Doch was nützt's, wenn Schuldünkel voll, ich geglaubt zu verstehn ihn,
  Ihre Umarmung und Kuß lehrt mich erst ganz ihn verstehn.
„Stiegst du Kronide herab von Olympos Höh'n und bötst mir
  „Deiner Welten Thron. — Nein! niemals tauscht ich mit dir.
„Denn" — da krachte gewaltig der Donner, als wollt' der Kronide
  Mir mit zürnender Hand schließen den frevelnden Mund
Und ich erwacht'. — Rings um mich allein nur Nacht und Gewitter.

M.-Ostrau. J. K. Windholz.

Der Armagnak.

Stromerlied aus dem 15. Jahrhundert.

Ich war ein Armagnake,
  Bin jetzt ein armer Geck,
Zerfetzt ist Hemd und Jacke,
Zerbläut ein jeder Fleck.
Ich komm' heraus vom Schwyzerland,
Im Schnappsack nichts als Schmach und
  Schand.
Trotz Söldner Prahlerei,
Die Schwyzer sind noch frei
Und ich ein armer Geck.

Wir trugen Federhauben
Windschief auf unser'm Kopf,
An Sengen, Plündern und Rauben
Dacht' jeder Schelm und Tropf.
Die Hosen warden uns geschlitzt
Mit Hellebarden lang gespitzt,
Gebrochen Roß und Reit.
Die Schwyzer sind noch frei
Und ich ein armer Geck.

Wir schwangen stolz im Banner
Den Greif und Leopard.
Ein Kuhhirt, hei! was kann er
Gen Reisvolk, eisenhart?
Die Flegel hat es nicht gerührt,
Sie haben Stich und Hieb geführt
Und uns versalzt den Brei.
Die Schwyzer sind noch frei
Und ich ein armer Geck.

Sie kannten kein Geflunker
Und brachten schwere Noth.
Sie schlugen unsre Junker
Mit Keul und Kolben todt.
Vom Schlachtfeld floh der Armagnak
Und mit ihm alles Lumpenpack,
Zum Glück war ich dabei.
Die Schwyzer sind noch frei
Und ich ein armer Geck.

Ich lief mit langen Beinen
Bis an den deutschen Rhein.
Verdorben sind die Meinen,
Nun hock' ich ganz allein
In meiner Hütte „Elendnoth"
Und nag' an einer Rinde Brot,
Da denk' ich allerlei:
Die Schwyzer bleiben frei
Und ich ein armer Geck.

München. Heinrich v. Reder.

Huldigung.

Vor Euch, Ihr Frauen, sonder Fehle,
Beugt' ich in Demut stets das Knie;
Wie Weihrauch duftet Eure Seele,
Doch konnte neiden ich Euch nie.

Ihr seid wie Blumen, die da schmücken
Ein sonnbeglänztes Gartenland,
Es wird Euch nimmer zitternd pflücken
Zu seligem Tod der Liebe Hand.

Ihr seid wie Gletscher, die da thronen
So hoch und stolz, so weltentrückt,
Es hat in Eure Schneeregionen
Kein Wesen seine Spur gedrückt.

Ihr seid wie marmorne Madonnen,
So schön, so rein und auch so kalt,
Ihr kanntet nie die höchsten Wonnen
Und nie des Schmerzes Sturmgewalt.

Doch wüßtet Ihr, was Euch versagte
Des Glücks geheimnisvoller Schoß,
Ihr wär't, wenn neu der Morgen tagte,
Nicht mehr so stolz, so makellos.

München. Heinz Osser.

Rat.

Willst Du den Leuten die Wahrheit sagen,
Übe Dich ein auf Stechen und Schlagen.
Willst Du den Leuten gefallen, genügen,
Übe Dich ein auf Kriechen und Lügen.

Eigenes Leben.

Es ist nicht des Ruhmes Kranz,
Was ich zu erreichen strebe —
Nur im Schaffen fühl' ich ganz,
Daß ich eigenes Leben lebe.

Schuld.

Schuldlos oder schuldig?
Wer will bestimmen,
Wo die ersten Funken
Verborgen glimmen.

Ein einziger Lufthauch
Entfacht die Flammen.
Wer will zum Schaden
Auch noch verdammen?

Hamburg. G. Falke.

Die Dichterkrönung Zorrillas in Granada.

Von Johannes Fastenrath.

(Köln.)

Zu den wahrhaft schönen und erhebenden Ereignissen des 19. Jahrhunderts, welche zur Genugthuung der Freunde des Idealen und Spanien zum Ruhme der Griffel der Geschichte für die Nachwelt bewahren wird, gehört unstreitig die in der Alhambra von Granada gefeierte Dichterkrönung José Zorrillas, die, von südländischem Jubel umrauscht, den greisen Troubadour, den Sänger der Alhambra und des Generalife, in den Junitagen dieses Jahres zum Fürsten der Poeten, zum Herrn der Gedanken von ganz Iberien und zum Herrscher von Granada erhob, das seinem Dichter wie noch keinem König gehuldigt.

Durch die Krönung Zorrillas, dem jetzt die Alhambra, die er mit dem Echo seiner Lieder erfüllt, zum stolzragenden Kapitol geworden, ist auch in unserer Zeit die Poesie wieder in die angestammten königlichen Rechte getreten, die sie einst in Griechenland und im alten Rom besessen, die ihr unter Theodosius genommen, die sie aber im poesiefreundlichen Mittelalter in Spanien, Italien und Deutschland wiedererlangt: mit dem Lorbeer des Arias Montano, der in der Universität von Alcalá die Krone des Poeten erhielt, mit dem Kranze des limousinischen Petrarca, des Ausias March, mit der Dichterkrone Quintanas, der seiner Leyer die Klänge des Pindar, des Tyrtäus und des Herrera entlockte, ist wieder ein Sänger von Castilien geschmückt.

Welcher spanische Poet hat in unserem Jahrhundert fürstliche Ehren verdient, wenn nicht José Zorrilla, das Urbild eines fahrenden Sängers und eines Spaniers, er, der in seinen Liedern von religiösen Traditionen oder kriegerischen Thaten Katholik und Muselmann, Spanier und Maure zugleich, also ein doppelter Spanier ist, er, dessen klangvolle, phantasiereiche Strophen bald die Erhabenheit gotischer Dome, bald das reizende Spitzengewebe arabischer Baukunst zeigen? In Castilien giebt es keine Zinne, keinen Tempel, keine Moschee, die Zorrilla nicht besungen; er hat die Gefilde von Toledo und die Ufer des Arlanza verherrlicht, und sein Name ist ebenso volkstümlich in der Neuen Welt wie in Sevilla, Granada und Cordoba.

In Quintana wurde am 25. März 1855 von der Hand der Königin Isabel II. im Senatspalaste von Madrid nur eine Gattung der spanischen Poesie, wenn auch eine hochbedeutende, gefeiert; der unter der Königin

Regentin Maria Christina ward in der Person Zorrillas im Palast Karls V. in der Stadt der Blumen und der Träume die spanische Poesie selbst gekrönt!

Griechenland krönte seine Dichter mit Epheu, dem Sinnbild der Unsterblichkeit, aber Granada hat seinem Sänger eine Krone aus dem Golde seines Lieblingsflusses, des Darro, gefertigt. Wie der Graf Anguillara, einer der Patrizier, die während der Anwesenheit der Päpste in Avignon die ewige Stadt regierten, sich dadurch einen Namen erwarb, daß er Petrarca, dem Sänger der Laura, auf dem Kapitol die Schläfe mit dem Lorbeer des Dichters umwand, ist auch Tarifas feurigster Sohn, der in der Durchführung hoher und edler Gedanken rastlos thätige Direktor des Defensor de Granada, Luis Seco de Lucena, als Urheber der Krönung Zorrillas zu Ehren gekommen, und in freudiger Erregung hat der gekrönte Dichter ihm dankbar die Lippen geküßt.

Die Krönung Petrarcas, des Sängers der idealen Liebe, glänzender noch als die Krönungen von Rheims und Westminster, ist uns in ihren Einzelheiten überliefert: sie hat jetzt in der des Zorrilla ein würdiges Seitenstück gefunden, und wie die Malerei die Krönung Quintanas verewigt, wird sie nicht minder die des Zorrilla verewigen.

Mag Zorrilla auch nach deutschen Begriffen nicht ganz der große Dichter sein, als den Granada ihn gekrönt, er ist und bleibt doch Spaniens nationalster Poet. Der Spanier verlangt Musik der Sprache und Bilderreichtum, und das spendet ihm Zorrilla in einem Goldregen der Poesie, wenn er also von Granada singt:

Wer Granada nicht gesehen,
Dich, die ruht auf Rosen immer;
Wer geseh'n nicht deinen Schimmer,
Der kennt Licht und Freude nicht.
Wer in deinen Prachtmoscheen
Kniet' und war in deiner Veste,
Hat besucht schon die Paläste
Voll von Edens Zauberlicht.

Als des Paradieses Garten
Bist du Schönste mir erschienen,
Drin mit Händen von Jasminen
Eine Himmelshuri pflegt.
Wonnen uns bei dir erwarten,
Im Gebirg vor deinen Thoren
Wird der holde Tag geboren,
Glut für dich die Sonne hegt.

Vöglein, die in ihrem Singen
Und im Klagen nie verstummen,
Trillern zu der Bienen Summen,
Die bereiten Honigseim,
Und es ruh'n die müden Schwingen
Schwalben aus in deinen Weiden,
Wenn von uns sie wieder scheiden
In ihr afrikanisch Heim.

O Alhambra voller Prangen,
Räucherfaß der Sultaninnen!
Die arab'schen Fenster drinnen
Sind des goldnen Lichtes Thor.
Und der Orient, gefangen,
Legt sich, Kön'gin, dir zu Füßen,
Andalusien muß dich grüßen,
Nennt dich sein in stolzem Chor.

Die durchbrochnen Peristyle,
Die Gemächer, die von Golde
Und die Gärten, drinnen holde
Lüfte wehen lebensfrisch,
Dienen Sylphen zum Asyle,
Die sich wiegend dort auf Rosen,
Frei und froh ihr Liebeskosen
Singen göttlich-zauberisch.

* * *

Laßt mich Euch singen von der Mauren Eden
Und von dem Zauberschlosse der Ahmare
Und laßt mich von dem Labyrinth Euch reden
Der blüh'nden Gärten und der Alcazare:
Sie haben es gefärbt in blut'gen Fehden,
Doch strahlt die Liebe d'rin, die wunderbare,
Daß selbst der wild'sten Blume Duft verliehen,
Das Kleinste voll der schönsten Poesieen!

Ihr sollt von Perlenmuschel Bogen sehen,
Darüber balsamduft'ge Gärten schweben
Mit Cedern, die bei Sykomoren stehen,
Und Tannen, von der Palmen Zier umgeben;
Indessen Düfte von Platanen wehen,
Seht duftlos Ihr die Pappel dicht daneben,
Die Aloe schaut Ihr zwischen Rosenzweigen
Und blühende Limonen unter Feigen.

Für dieser Purpurrosen holdes Prangen
Würd' seine gern Alexandria reichen;
Vor diesen Mädchen mit den braunen Wangen
Muß selbst Circassiens Frauenschöne weichen,
Und neidisch möchte Cyperns Flur verlangen
Nach diesem Saft der Reben ohne Gleichen,
Nach dieser Wälder Frische selbst Ausonien,
Nach dieser Gärten Krone Babylonien.

Granada, die geküßt vom Sonnenstrahle,
Des Boabdil Geliebte, Halm der Haine,
Der unter Schnee erblühet, Nardenschale,
Du Taubennest, du herrlichster der Steine,
Der ohne Licht glänzt wunderrein im Saale,
Du Eden zwischen Felsen, Einzigeine,
Du Hoffnungsschimmer, goldner Traum des Mohren,
Der ihn beglückt noch als er dich verloren!

Gefall' es Gott doch, daß mein liebend Singen
Mög' über Bergeshöh'n und über Meere
Des Windes Säuseln zur Alhambra bringen,
Daß schön'ren Klang er meinem Lied beschere,
Und möcht' es deinen Beifall sich erringen,
Daß deine Huld mir einen Lohn gewähre:
Du meiner Liebe Blume, laß beim Sterben
Mich unter deinen Blumen Grab erwerben!

„Sollte ich auch in Granada sterben, ich gehe doch hin!“ hat der Dichter ausgerufen, als man ihm, dem 72jährigen, in Madrid von den Strapazen der Reise und den Aufregungen sprach, die in der Darrostadt seiner warteten. Unwiderstehlich zog es ihn nach der Stadt seiner ersten Lieder, nach der Stadt, in deren Gärten kein Baum ohne Nest und ohne Gesang. Wer sie nur einmal gesehen, der muß mit den orientalischen Dichtern ausrufen: Granada, du blühender Strauß tauschimmernder Rosen, du prangende Granate, wie schön bist du!

Am 13. Juni verließ Zorrilla Madrid und fuhr in festlich geschmücktem Zuge zur Krönung nach Granada. Unendlicher Jubel empfing ihn, und der gaditanische Dichter, der jugendliche Carlos Fernandez Shaw, begrüßte den Meister mit schwungvollen Strophen.

„Das ist er, das ist er, das ist der Sänger von Granada!“ rief Alt und Jung in Granada mit freudestrahlendem Antlitz dem Dichter wie einem alten Bekannten zum Gruß. Mütter hoben ihre Kinder empor, damit auch sie ihn besser sehen könnten, und kaum vermochte der von vier Rossen gezogene Wagen, in welchem Zorrilla saß, während zweihundert Männer aus dem Volk mit Fackeln voranschritten, durch die jauchzende Menge in der erleuchteten Stadt den Weg sich über die Plaza Nueva und die Cuesta de Gomeles zum Wald der Alhambra zu bahnen. Mit Blumen und Versen wurde der Dichter auf seiner Triumphfahrt überschüttet; Tauben flogen ihm von allen Seiten zu, er fing eine, die ihm auf die Schulter flog, auf, und behielt sie in der Hand, bis er seine Wohnung erreicht. Es war das im Umkreis der Alhambra gelegene Haus des Carlos Calderón im Carmen de los Mártires, von dem man die vega von Granada beherrscht und die malerische Stadt des Boabdil überschaut. Die Nacht war schon hereingebrochen, aber ehe er in goldnen Träumen sich wiegen konnte, hatte der greise Poet noch viele Abordnungen aller Stände zu empfangen.

Die Königin-Regentin sandte als ihren Vertreter bei der Krönung den Herzog von Rivas, den poetisch begabten Sohn des mit Zorrilla befreundet gewesenen großen Dichters des Don Alvaro, auch der Kaiser von Brasilien schickte einen Abgeordneten nach Granada, und die spanische Akademie beauftragte die Akademiker Balaguer und Silvela mit ihrer Vertretung.

Mit jugendlicher Frische und in rosigster Stimmung nahm Zorrilla an allen granadinischen Festen teil, wenn auch der diesjährige Frühling, der so beispiellos schön in Deutschland war, Andalusien und seine Gäste zuerst nicht begünstigen zu wollen schien.

Als Kuriosum für alle Nichtspanier sei erwähnt, daß der Dichter die erste seiner Krönungsmedaillen während eines Stiergefechts dem berühmten Stierkämpfer Mazzantini zuwarf.

Der Krönung Zorrillas ging am 21. Juni nachmittags halb 6 die Nationalhuldigung im rosengeschmückten Salon der Alameda von Granada voraus. Der von donnerndem Beifall und den festlichen Tönen der Musik immer umrauschte Dichter saß in der Mitte des Salon auf einer Tribüne, zu seiner Rechten den Herzog von Rivas, zur Linken den Grafen de las Infantas, Präsident des granadinischen Liceo. Die schneebedeckten Gipfel der Sierra Nevada zeigten sich wolkenfrei, um auf das strahlende Fest ihres Sängers zu schauen, auf den von 400 Fahnen belebten Zug, auf die großartige Huldigung der Dichter und Schriftsteller, der Kinder, der schlichten Männer der Arbeit, der Zünfte mit ihren Oriflammen und Attributen, der Ayuntamientos von Barcelona, Valladolid und Granada mit ihren Herolden und Wappenkönigen. Die Mitglieder des Circulo Artistico y Literario von Madrid legten eine silberne Krone zu Füßen Zorrillas nieder, die Mitglieder des Liceo von Granada huldigten ihm und bildeten dann seine Ehrengarde, die Dichter von Madrid, unter denen man indes vergebens einen Campoamor, einen Nuñez de Arce und einen Velarde suchte, überreichten ihm eine goldene Feder, sogar zwei kleine Mädchen brachten ihm im Namen der Kinder von Granada eine Krone, er umarmte sie in herzlicher Rührung, alle Zünfte brachten ihm kostbare Geschenke dar, dasselbe thaten die Vertreter des Handelsstandes und der Konsuln, und für alle hatte der Dichter Worte der Liebe und des Dankes. Viva Zorrilla! Viva Granada! durchschallte es fortwährend die Luft. Endlich erhob sich ein Akademiker und redete die Menge an, worauf diese ein Hoch auf die Königin und den Herzog von Rivas anstimmte. Den gefeierten Dichter aber verfolgten die tausendstimmigen Jubelrufe des Volkes bis in seine hochthronende Wohnung und bis in den Schlummer.

Der bedeutsame Akt der Krönung begann unter dem blausten Himmel Andalusiens im Alkazar des großen Sohnes Johannas der Wahnsinnigen am 22. Juni um halb 6 Uhr nachmittags und endete gegen 7. Das aus Spaniens goldenem Zeitalter stammende Schloß des Enkels des katholischen Königspaares war jetzt mit seinen jahrhundertalten Mauern das Herz des gegenwärtigen Spaniens geworden. Schon eine Stunde vor der Krönung bot der Hof des an die Alhambra stoßenden Palastes Karls V. einen unbeschreiblich glänzenden Anblick dar, denn in ihm waren Granadas schönste Damen und hervorragendste Persönlichkeiten in der stattlichen Zahl von 4000 versammelt. In dem kreisförmigen Gang, der den Hof umgiebt, waren aus duftenden Blumen die Wappenschilde Spaniens geformt und überall sah man den Wahlspruch der Alhamare: „Nur Gott ist groß!“ und die Namen der Helden von Zorrillas Dichtung „Granada“. Auf der Erhöhung zur Rechten der Eingangsthür befanden sich 72 Stühle für das Gefolge des Dichters. In der Mitte der Estrade aber erhob sich ein blauausgeschlagener Thron. Der Estrade gegenüber befand sich auf einer großen Tribüne das Orchester des maestro Bretón, des Komponisten der ächt spanischen Oper „Los amantes de Teruel“.

Um halb 6 zeigte die Ankunft einer Abordnung des Liceo den Beginn der Feierlichkeit an. Von Wappen-Königen geleitet, trat der Held des Festes in das lorbeergeschmückte Amphitheater Karls V. Von donnerndem Rufen begrüßt, schritt Valladolids berühmter Sohn zur Tribüne, umgeben von dem Abgesandten der Königin, den Akademikern und Vertretern der Städte und der Hochschulen. Nachdem das Orchester eine Ouverture gespielt, überreichte der Graf de las Infantas im Namen des Liceo mit einer Ansprache dem Abgesandten der Königin die Zorrilla geweihte goldne Krone. Der Herzog von Rivas nahm das Diadem in die Hand und sprach dann die Worte: „Ihre Majestät die Königin, die, durch hohe Pflichten in Madrid zurückgehalten, ihren sehnlichen Wunsch nach Granada zu kommen und diesen feierlichen Akt mit ihrer Gegenwart zu verherrlichen, nicht erfüllen kann, hat mich zu ihrem Vertreter zu ernennen geruht. Daß Ihre Majestät mir diesen ehrenvollen Auftrag gaben, hat vielleicht der Umstand veranlaßt, daß ich den Namen und das Blut eines andern großen Dichters trage, der in herrlichen Versen Zeugnis ablegte von seiner Bewunderung und Liebe zum hochgefeierten Zorrilla. Sei dem wie ihm wolle, blickt nicht auf meine bescheidene Persönlichkeit, die in diesem Augenblick zwischen der Majestät eines Thrones und dem Glanze einer Leyer verschwindet. Ich bin hier nichts als der gehorsame und treue Diener unserer geliebten Königin und der begeisterte und liebende Freund des hehren Sängers unseres Ruhmes. Im Namen der Königin-Regentin, die an der Seite ihres erhabenen Sohnes das Vaterland darstellt, habe ich die hohe Ehre, diese Krone auf die hehre Schläfe des unsterblichen Dichters des Poems von Granada zu legen.“

Einen Augenblick nur ruhte die Krone auf des greisen Sängers Haupt, und der Herzog, die Bescheidenheit des Dichters ehrend, zog sie zurück. Von neuem erhob sich der nunmehr gekrönte Zorrilla und las dann, beständig vom Beifall unterbrochen, sein Gedicht: „Erinnerungen aus alter Zeit“ vor. Ursprünglich hatte er ein anderes Gedicht zur Vorlesung bestimmt, aber da dasselbe durch Indiskretion bereits in Madrider Blättern veröffentlicht war.

wollte er es seinen geliebten Granadiern nicht mehr vorlesen, obgleich es ein rührender Abschied des Dichters, der schon seine Stunden gezählt glaubt, von der Stadt ist, die er besungen, von den schmucken Söhnen des unvergleichlichen Granada und von den schönen Granadinerinnen. „Der aus dem Nichts ich gekommen, zum Nichts kehr' ich zurück!“ so schloß dieses herzliche Lebewohl.

Auf den Dichter folgte Granadas großer Redner, der Professor Antonio López Muñoz. Dann las Foronda als Abgesandter Don Pedro de Alcantaras einen Brief des Kaisers von Brasilien aus Petrópolis vom 26. Mai 1889 vor, der die schönen Verse des Dante enthält:

Onorate l'altissimo poeta!

Ein Hoch auf die Königin, auf das Königskind von Spanien, den Kaiser von Brasilien und den Herzog von Rivas erscholl zu den Klängen des Krönungsmarsches, während die Sonne, hinter der Sierra Nevada sich bergend, der vega ihre letzten Strahlen sandte. Als Zorrilla den Palast verließ, beleuchtete die Sonne seine Stirn, als ob auch sie mit ihrem Golde ihn krönen wollte.

Die Zorrillafeste fanden am 2. Juli einen herrlichen Abschluß mit einer Leila im Carmen de los Mártires. Wer kennt nicht die zauberischen Nachtfeste der Mauren, jene phantastischen Liebesfeste, von denen die Chroniken melden? Die Leila zur Feier der Hochzeit der Renegatin Isabel de Solis, der Zoraya von Zorrillas romantischer Dichtung „Granada“? Oder die Leila, die in Córdoba im Sommerpalast von Medina Zahara bei der Hochzeit des Sohnes des berühmten Almanzor mit seiner Nichte Haliba gefeiert worden? Oder jene verhängnisvolle Leila vom 1. August 1491, in welcher der Tod der Abencerrajen in jenem Gemach der Alhambra beschlossen wurde, das noch heute das der Abencerrajen heißt? Zorrilla, dem christlich-maurischen Sänger zu Ehren, prangten die paradiesischen Gärten des Carmen de los Mártires mit ihren Narden, Nelken und Rosen, ihren Palmen, ihren Teichen und Wasserfällen in einem Meer von Licht, während die Klänge der Regimentsmusik, der Bandurrias und der Guitarren die duftenden Räume füllten und die schönsten Granadinerinnen, die noch verlockender im Rhythmus des Tanzes erschienen, wie Huris des Propheten strahlten. Zorrilla selbst war aber durch ein Unwohlsein, die unausbleibliche Folge so vieler Aufregungen, von der orientalischen Leila zurückgehalten, aber in seiner Wohnung umringten ihn noch einmal die zahlreichen Bewunderer und Freunde.

Die Tage von Granada haben auf Zorrillas Gemüt den tiefsten Eindruck gemacht. Der Dichter beabsichtigt sich dauernd oberhalb der Alhambra, des romantischsten Palastes des romantischen Granada, niederzulassen und, wenn ihm ein gütiges Geschick noch einige Jahre schenkt und die Muse ihm hold, seine Dichtung „Granada“ im Anblick der Wunderstadt der Alhambra und des Generalife zu vollenden.

Das wäre der würdigste Dank eines Dichterkönigs!

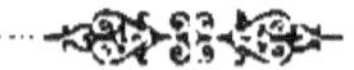

Lassalle als philosophischer Schriftsteller.

Ein historischer Essay von Moritz Brasch.

(Leipzig.)

(Schluß.)

Hieraus ergiebt sich ihm, daß, was bisher als bloß positives und historisches Recht liegen gelassen wurde, vielmehr als notwendiger Ausfluß des Begriffs des Geistes auf der bestimmten Stufe seiner innern Entwickelung, als Ausfluß des historischen Geistes begriffen werden muß. Aus dieser Voraussetzung aber glaubt er folgern zu müssen, daß die angeblichen bloßen Verschiedenheiten der Ausführung, welche das historische Recht demselben naturrechtlichen Gedanken, derselben Rechtskategorie, zu geben scheint, vielmehr als das Dasein schlechthin verschiedener und entgegengesetzter Begriffe des historischen Geistes sich ergeben und so erst die Hülle ihrer gleichgültigen positiven Verschiedenheit abstreifen und ihren wahren Begriffsinhalt hervortreten lassen.

Man wäre geneigt, diese eifrige Verteidigung des positiven Rechts seitens Lassalles, sonderbar zu finden. Ja man wäre fast berechtigt, diese fortwährende Betonung des historischen Geistes als einen Widerspruch gegen seine sonstige demokratische Staatsanschauung zu empfinden. Aber liegt hier wirklich eine Abwendung Lassalles von der philosophischen Rechtsanschauung oder gar eine Hinneigung zur konservativ-historischen Rechtsschule vor? Wie? Hat die Hochachtung, die Lassalle vor dem großen Juristen Savigny empfand, ihn veranlaßt, diese Wertschätzung auch auf die konservativen politischen Prinzipien seiner Schule zu übertragen? Nichts von alledem. Schon die wiederholte und mit souveränem Scharfsinn geführte Polemik Lassalles gegen Stahls theologisch-konservative Rechtsphilosophie*) muß uns von einer solchen Annahme abhalten.

Lassalles Hochschätzung des positiven Rechts ist übrigens psychologisch

*) Bd. I S. 174—181.

zu erklären. Sie fließt gewissermaßen aus seinem Sinne für das Wirkliche, Reale und Positive. Dieser Sinn war sehr stark in ihm entwickelt, ja sein wissenschaftlicher Trieb war dermaßen durch denselben beeinflußt, daß er, welchem Zweige der Wissenschaft er sich auch zuwandte, sich niemals mit den bloßen allgemeinen Prinzipien begnügte, sondern immer danach strebte, die ganze Fülle des empirischen Materials zu umfassen. Und nur dort galt ihm der Name „Wissenschaft" für anwendbar, wo er den Reichtum der Thatsachen von den Prinzipien durchleuchtet sah. Daher spottet er oft über jene Philosophen, die sich damit begnügen, in ihren Lehrbüchern und Kompendien immer nur die allgemeinsten Stichworte in neuen Wendungen und Kombinationen zu wiederholen. „Hülsen ohne Kern und Inhalt" nennt er derartige „Teller", wie er auch einmal spottet, man könne, sowie man früher von einem horror vacui in der Natur sprach, bei gewissen zeitgenössischen Philosophen von einem horror pleni reden. Aber abgesehen von diesem rein individuellen, psychologischen Momente müssen wir hier nach dem tiefer liegenden Grunde forschen, welcher Lassalle antrieb, im positiven Rechte seinen Halt zu suchen. Erinnern wir uns, was er eben von den rechtsphilosophischen Kategorien, wie Eigentum, Familie, Vertrag u. s. w. sagte. Diese Begriffe sind ihm so lange nichtssagend, so lange nicht ihr innerer Entwickelungsprozeß durch die Geschichte des Rechts nachgewiesen ist. Und wesentlich darauf kommt es ihm an.

In einer Note S. 59 Bd. I spricht er sich über diese seine Auffassung deutlicher aus: „Jede historische Wissenschaft und darum auch das Recht (im Unterschiede von der Logik und Naturphilosophie) hat es nicht mit logischen unveränderlichen Begriffen, sondern mit Kategorien des historischen Geistes und darum überall mit historischen Begriffen zu thun. Sie wird also gar nicht behandeln können: das Eigentum, den Vertrag, das Unrecht, die Familie, das Erbrecht, die bürgerliche Gesellschaft, die Korporation, den Staat, was alles abstrakte und unwirkliche Allgemeinheiten sind, sondern sie wird aus dem historischen Begriff des griechischen, des römischen, des germanischen Geistes, den Begriff des griechischen, des römischen, des germanischen Eigentums, des griechischen, des römischen, des germanischen Staats u. s. w. entwickeln müssen, wobei sich zeigen würde, daß manche von diesen scheinbar logischen Kategorien nicht nur einen ganz andern geistigen Inhalt haben, sondern sogar in ihrer formellen Existenz überhaupt nur Produkt eines bestimmten historischen Geistesbegriffes sind und mit diesem kommen und verschwinden z. B. die bürgerliche Gesellschaft, die Korporation u. s. w. Und auch nicht bei einer solchen Allgemeinheit, wie der germanische Geist überhaupt, durfte stehen geblieben, sondern hier mußte wieder auf die Unterschiede des historischen Begriffs in den verschiedenen Geistesperioden desselben eingegangen und hieraus die verschiedene Gestaltung und die Umänderung der Institute seines Privat- und öffentlichen Rechts abgeleitet werden" . . .

Wie die Vorstellung Gottes bei den Ägyptern, Indern, Juden, Griechen, Römern und im Christentum immer eine andere geworden ist und die Religionsphilosophie demnach nicht über den Gott, das Dogma, das Jenseits, sondern immer nur von dem ägyptischen, griechischen, römischen, christlichen Gottesbegriff spreche, so könne auch die Rechtsphilosophie nicht über den Staat, die Familie, das Eigentum, sondern nur von einem orientalischen, griechischen, römischen, germanischen u. s. w. Staats-, Familien- und Eigentumsbegriff sprechen. Jene Rechtsbegriffe sind ihm also nicht dauernde, ewige Normen, sondern nur Formen, deren Inhalt im Laufe der Jahrtausende gewechselt hat und sich heute noch verändert. Dies nachzuweisen, ist mit eine der Hauptaufgaben dieses seines Werkes über das System der erworbenen Rechte, welches hierdurch als eine neue Philosophie der Rechtsgeschichte erscheint.

Schon seine Bemerkung über den Begriff der erworbenen Rechte ist bezeichnend: „Im Juristischen, Politischen, Ökonomischen ist der Begriff des erworbenen Rechts der treibende Springquell aller weitern Gestaltung, und wo sich das Juristische als das Privatrechtliche völlig von dem Politischen abzulösen scheint, da ist es noch viel politischer als das Politische selbst, denn da ist es das soziale Element." Und nun erst versteht man, was Lassalle als die Aufgabe seines Buches bezeichnet: „Die rechtswissenschaftliche Herausbringung des unserer ganzen Zeitperiode zugrunde liegenden politisch-sozialen Gedankens" . . . „Was ist es, ruft er aus, das den innersten Grund unserer politischen und sozialen Kämpfe bildet? Der Begriff des erworbenen Rechts ist wieder einmal streitig geworden — und dieser Streit ist es, der das Herz der heutigen Welt durchzittert und die tief inwendigste Grundlage der politisch sozialen Kämpfe des Jahrhunderts bildet."

Hier liegt die Grundtendenz des Lassalleschen Werkes, welche freilich bei dem strengen Gange rechtshistorischer Untersuchungen nicht überall sichtbar ist, obwohl sie implicite allen seinen Beweisführungen z. B. bei der Darlegung der Verschiedenheit des römischen und germanischen Eigentumsbegriffs (Bd. I S. 217 ff.) ferner bei der Entwickelung des Familienbegriffs (Bd. II XXI ff. und S. 315), endlich in der Darstellung des Erbtumsbegriffs im ganzen Bd. II zugrunde liegt. Zuweilen springt er aber doch mitten aus den juristischen Deduktionen in die rein philosophischen Entwickelungen über. Dann läßt Lassalle inbezug auf die Deutlichkeit in der Darlegung der im Grunde sozialistischen Tendenz seines Buches nichts zu wünschen übrig.

Lassalles Rechtsphilosophie und Philosophie der Geschichte fließen aus derselben Quelle, welche nichts anderes ist als seine Ansicht von der Idee des historischen Geistes und ihrer Realisierung in der Geschichte der Menschheit. Daher, meint Lassalle, müsse sich auch in der Geschichte des Rechts, des privaten wie des öffentlichen, jene Idee nachweisen lassen. Hiermit hängt nun aufs Genaueste seine Forderung in betreff einer künftigen Rechtsgeschichte zusammen, welche die stufenweise Realisierung der Rechtsidee, d. h. die immer mehr sich vollziehende Beschränkung der Eigentumssphäre des Privatindividuums zu gunsten des Staates nachzuweisen haben wird. Dieser Gedankengang Lassalles ist als der Kern seiner ganzen kulturhistorischen Anschauung zu mächtig und von zu großen Konsequenzen, als daß wir ihn hier nicht näher betrachten sollten.

Er tadelt zunächst die bisherige Historiographie, welche nie versucht habe, jenen Gedanken zur Darstellung zu bringen. Auch mache man sich die Betrachtung schwer, ja unmöglich, indem man sich durch die dialektische Natur der einzelnen Folgerungen täuschen läßt, statt auf den Grund zu gehen. So habe man z. B. bisher die Abschaffung der Fideicommisse immer für eine Vermehrung der Freiheit des Eigentums, für eine Aufhebung seiner Beschränkungen gehalten, was aber grundfalsch sei. Der Sache nach sei sie vielmehr die Aufhebung der Eigentumsfreiheit des Eigentümers, diese oder jene Bestimmung über sein Eigentum treffen zu können, sei also vielmehr eine Verminderung des Umfangs des Eigentumsrechts. Ein anderes Beispiel von falscher rechtshistorischer Auffassung biete ferner die Periode der Herrschaft der freien Konkurrenz dar. In der Regel werde es so dargestellt, daß durch sie das Eigentum erst zu seiner vollen und wahren Freiheit und Entwickelung gelangt sei. Indem man sie so qualifiziere, sei unbeschränkte Freiheit des Eigentümers das Stichwort, welches von den Anhängern der „freien Konkurrenz“ auf die Fahne geschrieben wird. Thatsächlich und in den realen Verhältnissen ist zwar dieser Zusammenhang auch vorhanden. Aber Lassalle weist darauf hin, daß die Einführung der freien Konkurrenz und die Aufhebung der Monopole und Zünfte in ihrem innersten Grunde auf dem Gedanken beruhen, daß ein ausschließendes Recht auf Gewerbebetrieb und Absatz, d. h. ein Recht darauf, daß andere Personen an sich erlaubte Handlungen nicht vornehmen dürfen, unmöglich Privateigentum des Individuums sein könne.

Diesen Beispielen glaubt Lassalle noch eine ganze Reihe anderer hinzufügen zu können, um den Gedanken der zunehmenden Aufhebung des Privateigentumsumfangs als ein wirkliches Gesetz der kulturhistorischen Entwickelung nachzuweisen. Hiernach ist z. B. die französische Revolution von 1789 nur die Aufhebung des Privateigentums an den drei Momenten des menschlichen Willens, wie jeder große Kulturfortschritt stets in einer Verminderung des Eigentumsumfangs besteht.

Von diesem geschichtsphilosophischen aus dem tiefern Studium der Rechtsentwickelung gewonnenen Standpunkte aus fällt nun wiederum auf die politischen und sozialen Zustände der Gegenwart ein eigentümliches Licht. Europa stehe hiernach heute vor zwei sehr interessanten Eigentumsfragen:

„Die orientalische Despotie und die europäische absolute Monarchie unterscheiden sich bereits in rechtlicher Hinsicht am Allgemeinen gerade so, daß dort auch die privatrechtlichen Verhältnisse der Individuen Eigentum des Herrschers sind, hier aber nur eins zur Kompetenz des öffentlichen Willens gehört, das mehr oder weniger ausschließliche Eigentum einer bestimmten Familie ist. In politischer Hinsicht steht nun Europa an der Aufhebung des Anspruchs, daß der öffentliche Wille einer Nation Eigentum einer Familie sein könne."

Dies ist vorläufig nur in Frankreich erreicht, nicht nur in den Prinzipien der französischen Revolution, sondern auch trotz mannigfach entgegenstehenden Scheines in der Wirklichkeit. Dies zeigt sich daran, daß seit siebzig Jahren keine Familie mehr in Frankreich Dynastie machen konnte; ferner daran, daß auch unterdrückende Herrscher daselbst gezwungen sind, sich auf die Volkswahl statt auf ein Eigentumsrecht, als den Titel ihrer Stellung zu berufen und so nur als zeitliche, wie immer auch beschaffene und verfälschende Träger, nicht Eigentümer des nationalen Willens erscheinen; drittens dadurch, daß dieselben genötigt sind, auch im Auslande dies Prinzip, daß der öffentliche Wille einer Nation nicht Familieneigentum sein könne, gleichviel mit welcher Halbheit und welchen Widersprüchen zu vertreten. Hier spielt Lassalle auf die Verteidigung der Nationalitäten seitens Napoleons III. an.

In Deutschland nimmt diese Frage eine noch viel intensivere Gestalt an, indem hier nicht nur „der Inhalt des Volkswillens, sondern sogar dies, daß überhaupt kein deutsches Volk da sei — ein Recht auf Zerteiltheit des Volksgeistes — als das Eigentumsrecht mehrerer Familien" behauptet wird. Als Lassalle freilich vor 28 Jahren dieses schrieb (1861), herrschte noch der Bundestag in Frankfurt a. M. Er würde heute diese Worte mindestens sehr modifiziert haben, denn der Inhalt des Volkswillens hat in Deutschland nunmehr auch in der aus allgemeinen, gleichen und direkten Wahlen hervorgegangenen Reichsvertretung seine Form gefunden.

„In sozialer Beziehung steht die Welt an der Frage, ob heute, wo es kein Eigentum an der unmittelbaren Benutzbarkeit eines anderen Menschen mehr giebt, ein solches auf seine mittelbare Ausbeutung existieren solle, d. h. gründlich: ob die freie Bethätigung und Entwickelung der eigenen Arbeitskraft ausschließliches Privateigentum des Besitzers von Arbeitssubstrat und Arbeitsvorschuß (Kapital) sein und ob folgeweise dem Unternehmer als solchem, und abgesehen von der Remuneration seiner etwaigen geistigen Arbeit, wie Eigentum an fremden Arbeitswert (Kapitalprämie, Kapitalprofit, der sich bildet durch die Differenz zwischen dem Verkaufspreis des Produkts und der Summe der Löhne und Vergütungen sämtlicher, auch geistigen Arbeiter, die in irgend welcher Weise zum Zustandekommen des Produkts beigetragen haben) zufallen solle."

„Daß der Kulturgang der Rechtsentwickelung in der That in dieser fortschreitenden Verminderung des Eigentumsumfangs besteht, läßt sich im Genauen und Einzelnen nur bei einer ebenso eindringenden und kritischen Kenntnis der ökonomischen Gesetze und Verhältnisse jeder Zeit, wie der juristischen und nur durch das detaillierteste Eingehen auf die Zustände der verschiedenen Geschichtsperioden darlegen: Es würde sich dann aber zeigen, daß die fortschreitende Verminderung des Privateigentumsumfangs auf nichts anderem als der positiven Entwickelung der menschlichen Freiheit beruht. Und diese positive Entwickelung der Freiheitsideen muß zur Folge haben, daß in immer fortschreitender Steigerung ein früher als veräußerlich gedachter Teil der menschlichen Freiheit — auch von den Juristen schon Privatwillkür genannt — sich jetzt als zur unveräußerlichen Freiheit des Menschen gehörig bestimmt (weshalb er nur als der sittlichen Ideen und dem öffentlichen Recht entflossen angesehen und durch absolute — (zwingende) Gesetze geregelt wird), so daß man durch keine Willenstransaktion mehr und ebensowenig durch Fakta, die wie eine solche wirken, z. B. Krieg, Geburt, Abstammung, Gewerbe u. s. w., dieser früher veräußerliche Teil der menschlichen Freiheit ferner veräußert werden oder veräußert bleiben kann. Daß dieses eine stetige Vermehrung der menschlichen Freiheit ist, ist von selbst evident; denn vermindert oder beschränkt wird dadurch eben nur die Willkür — die eigene oder die fremde — das positive Wesen der Freiheit zu negieren. Diese Entfaltung und Vermehrung der Freiheit ist es nun aber, welche sich, inbezug auf das Verhältnis der einzelnen untereinander, notwendig als eine Beschränkung dessen, was der ausschließenden Willensherrschaft besonderer Individuen unterworfen werden kann, ausdrücken und sich somit als eine Verminderung des Privateigentumsumfanges darstellen muß und wirklich darstellt" — — —

Ganz parallel dieser Bewegung der Rechtsgeschichte, immer mehr Inhalt aus der Eigentumssphäre herauswerfen, läuft nach Lassalle in der ökonomischen Entwickelung die genau entsprechende Tendenz, immer mehr Faktoren der Produktion und resp. der Produkte selbst in immer größerem quantitativen Umfang aus der ökonomischen Eigentumssphäre der Entgeltlichkeit in diejenige der Unentgeltlichkeit (gratuite communauté) hinüberzuwerfen z. B. durch Reduktion des Verkaufspreises auf den Kostenpreis und durch die beständige Verminderung der Erzeugungskosten.

Dieser letztere Gedanke ist allerdings Bastiats „Harmonies économiques“ entlehnt, welcher sich in seinem Anhänger Schulze-Delitzsch später eine so herbe Kritik von Lassalle hatte gefallen lassen müssen . . .

In diesem ganzen Lassalleschen Gedankengange nun müssen dem Leser zwei Punkte hauptsächlich auffallen: die sonstige, an sich schon künstliche Dialektik Lassalles nimmt hier einen eigentümlich halsbrecherischen Charakter an. Warum dies? Der alte Einwurf, daß der sozialistische Staat der Tod der Freiheit sei, mußte widerlegt, ja die Verminderung der Privateigentumssphäre als die Bedingung zur Vermehrung der Freiheit nachgewiesen werden. Lassalle, kühn wie immer, schreckte auch hier vor der Schwierigkeit dieses Beweises nicht zurück. Gelang er ihm? Wir sehen nur, daß sein gewohnter Scharfsinn sich hier zu einer besonders intensiven Kraftleistung anstrengt. Ein anderer nicht minder beachtenswerter Punkt ist folgender: „Das System der erworbenen Rechte“ erschien im Jahre 1861, wo Lassalle, wie aus dem Obigen deutlich hervorgeht, bereits auf dem Boden sozialdemokratischer Anschauung stand. Damit widerlegt sich denn auch die bis heute hartnäckig festgehaltene Fabel, daß der philosophische Agitator, welcher bis dahin mit den damaligen Führern des Liberalismus auf durchaus freundschaftlichem Fuße gestanden hatte, aus Gründen ihres vermeintlich zu wenig radikalen Verhaltens beim Beginne des preußischen Militär- und Verfassungs-Konflikts, mit diesen Führern gebrochen habe und eine gegen den Liberalismus und die deutsche Freihandelspartei gerichtete sozialistische Bewegung hervorgerufen habe. Diese Annahme ist somit chronologisch und sachlich widerlegt.

* * *

Lassalles Werk fand vielfachen Widerspruch, zuweilen auch eine scharfe Kritik. Juristen und Historiker, Philosophen und Nationalökonomen vereinigten sich, um bald diesen, bald jenen Punkt anzugreifen, bald aber auch die Gesamtauffassung desselben als unhaltbar nachzuweisen. Selbst in der eigenen Schule fehlte es nicht an abweisender Kritik des Buches. So hatte Hirsemenzel in der Berliner damals noch meist aus Hegelianern bestehenden „Philosophischen Gesellschaft“ den rechtshistorischen Teil des Werkes einer scharfen Beurteilung unterzogen und Professor Michelet nahm, obwohl sehr maßvoll, außer der rechtsphilosophischen besonders die sozialpolitische Seite zum Zielpunkt seiner Angriffe. „Zunächst akzeptieren wir," sagt Michelet,*) „daß die von Herrn Lassalle geschilderte fortschreitende Verminderung des Privateigentums auf einer positiven Vermehrung und Erweiterung des menschlichen Freiheitsbegriffs beruht und also nur die Privatwillkür einschränkt. Ja, unser Freund will auch wohl gar nicht leugnen, daß die Aufhebung des Privateigentums an Sachen, die nicht fähig sind, vernünftigerweise Privateigentum zu sein, erst recht ‚die unbeschränkte Freiheit des Eigentums anbahnen muß.' — Nun scheint mir aber doch, daß, wenn das Privateigentum sich immer mehr auf seine Sphäre beschränkt und nicht auf unveräußerliche und öffentliche Rechte ausgedehnt wird, es zu immer größerer Freiheit durchbricht, und nur falsche Privatrechte, nicht wahre, also nur der Umfang des *Unrechts*, nicht der des Eigentums vermindert wird.

„Gehen wir dann," fährt der angesehene Wortführer des Hegelschen Centrums fort, „an die einzelnen Beispiele, so schlägt die Dialektik der *Eigentumsverminderung* in eine *Eigentumserweiterung* um; man braucht nur seine Aufmerksamkeit vom bisher Berechtigten, den Lassalle allein ins Auge faßt und der *unrechtmäßige* Eigentumsrechte besaß, auf den bisher Verpflichteten zu richten, welchem dadurch rechtmäßige entzogen würden. Wenn der Sklave, der Leibeigene u. s. w. frei wird, erringt er das ausschließliche Privateigentum auf seinen Leib, seine Arbeitskräfte, wie es auch in der Vernunft begründet ist. Die Sphäre des Privateigentums *erweitert* sich also, — weil es immer freier wird. Ebenso wird der *Kommunismus* des *geteilten Eigentums* im Lehnrecht dadurch aufgehoben, daß jeder der beiden Teilnehmer zum *freien* Eigentümer erwächst. Sind Fideikommisse für den Stifter wohl eine Erweiterung seiner Willkür, über das Eigentum seines Erben auch widerrechtlich zu verfügen, so bleibt die Aufhebung des *Fideikommisses* doch immer die *Wiederherstellung* des freien Privateigentums des jedesmaligen Besitzers. Sind Monopole, Zünfte, Bann- und Zwangsgerechtigkeiten Kommunismus, weil sie die Ausbeutung des Volkes durch eine bevorrechtete Klasse sind, so ist die Konkurrenz das frei gewordene Eigentum auf meine eigene Arbeitskraft. Ja, ist das Privateigentum einer Familie auf den öffentlichen Willen einer Nation, nicht eine Beschränktheit des Eigentumsrechts dieser Nation, die ein ausschließliches Privateigentum an ihrem Willen erst mit dem Aufhören des Rechts jener bevorzugten Familie erhält?"

---

*) Im „Gedanken" Jahrg. 1862, S. 86 flg.

Von diesen rechtsphilosophischen Bedenken wendet sich Michelet zu den sozialpolitischen Konsequenzen von Lassalles eigentümlichen rechtsgeschichtlichen Anschauungen. Professor Michelet, welcher seit 1848 zur Demokratie, später zur deutschen Fortschrittspartei gehörte, ist natürlich in wirtschaftlichen Fragen ein Gegner der Lassalleschen Prinzipien: „Wollen wir aber," sagt er, „mit Herrn Lassalle nur gründlich sprechen, so gebe ich zu, daß, wenn im wahren Vereinsleben noch ein besonderer Gewinn, d. h. eine ‚Differenz zwischen dem Verkaufspreis und der Summe der Löhne sämtlicher Arbeiter' bestehen soll, der Arbeiter daran Teil haben müsse. Sind aber die Löhne sämtlicher Arbeiter eben der zugewogene Gewinn, warum soll denn das Kapital dabei leer ausgehen? Ist es nicht auch Arbeit, ersparte Arbeit, und als Arbeitsvorschuß gerade das die Arbeit Ermöglichende? Nur dann wird das Kapital freies Eigentum, wenn es mit der Arbeit zusammen am gemeinschaftlichen Lohne teil nimmt, — in welchem quantitiven Verhältnisse, hat Fourier zu bestimmen versucht; ob er das Richtige getroffen, sei dahin gestellt. Was aber aus der Sphäre der Entgeltlichkeit in die der Unentgeltlichkeit übergehen muß, ist weder die menschliche Arbeit, auch nicht die Arbeit des Kapitals, etwa durch Aufhebung der Zinsen, sondern immer nur die Naturgabe, die Naturkräfte, die durch Arbeit und Kapital stets mehr in die Dienstbarkeit des Menschen übergehen und so auch die von Lassalle gewünschte, beständige Verminderung der Erzeugungskosten herbeiführen müssen, wie dies gerade der so scharf getadelte Bastiat sehr schön erkannte und damit ein besseres Verständnis der ökonomischen Kategorien bekundete als sein Gegner. Auch halte ich die ‚Reduktion des Verkaufspreises auf den Kostenpreis', unbeschadet der Wertbestimmung durch freie Konkurrenz, für das Richtigere, wenn nur die Zinsen des Kapitals mit zum Kostenpreise geschlagen werden . . . Die Frage, vor der die Welt heute steht, ist also nicht, ob wir wieder zum Kommunismus des Orients, wo es auch kein Privateigentum gab, zurückkehren sollen, sondern ob wir endlich die Freiheitssphäre jedes Individuums, des Einzelnen sowohl als des Vereins und des Staates, die auch Individuen sind, als sein Privateigentum zur vollständigen Entfaltung bringen werden. Kaum in Griechenland kannte man das Privateigentum, wie die Art und Weise der Steuerhebung, die *ἀντίδοσις* und dergleichen beweisen, während erst in Rom mit dem Namen proprietas auch die Sache gegeben war. Und je reiner die unbeschränkte Freiheit des Privateigentums emporblüht, je weniger unveräußerliche Rechte der Personen und des Staates fremdem Eigentum unterworfen werden, desto sittlicher und sicherer wird der allgemeine Willen aus der freien Übereinstimmung der individuellen und besonderen Willen hervorbrechen.

Um nicht in die Kindheit der Menschheit zu verfallen, als welche wir den Kommunismus d. h. das noch gar nicht Vorhandensein des Privateigentums ansehen, huldigen wir zwar nicht einem einseitigen Individualismus, aber allerdings ist unser Ziel darauf gerichtet, an die Stelle jenes rigorosen Staatsbegriffes, der alle individuelle Initiative erstickt, die absolute Sittlichkeit freier zu engern oder weitern Vereinen zusammentretender Individuen zu setzen, deren höchster der Staat, der Bund der Nationen, ja der Menschheitsverband ist."

Lassalle hatte sich um derartige Beurteilungen seines Werkes wenig gekümmert. Im Gegenteil: er schritt auf dem einmal eingeschlagenen Wege weiter; wie ja auch die nun folgenden Jahre seines Lebens dem Ausbau und der praktischen Realisierung der hier nur theoretisch angedeuteten Gesellschaftsanschauung gewidmet waren. Seine schriftstellerische Thätigkeit gehörte von nun an nicht mehr der Wissenschaft, sondern der politischen Agitation an. Aber der Gedankenkern aller jener Brochüren und Reden,*) wegen deren er nur zu oft mit dem Strafrichter in Berührung kam, wurzelt doch in der allgemeinen weltgeschichtlichen Anschauung, deren juristisch-ethische Seite er in dem eben analysierten Werke entwickelt hat. Was hier nur rein geschichts-philosophische Perspektiven zeigt, trägt dort schon einen sozialpolitischen Charakter, z. B. die Entwickelung der Stände im Altertum und in der Neuzeit, das Verhältnis des dritten zum vierten Stande vor und nach der französischen Revolution u. s. w. Und wie sehr ihm in allen seinen sonstigen philosophischen Arbeiten grade das historisch-politische Moment am meisten am Herzen lag, ersehen wir aus manchen seiner kleineren philosophischen Abhandlungen. Die rein theoretischen Teile der Philosophie lagen, obgleich er sie ihrem wesentlichen Inhalte nach vollkommen beherrschte, ihm doch ganz fern. Es waren immer nur die ethischen Wissenschaften, denen er seit seiner Jugend das größte Interesse entgegenbrachte.

Wir wollen dieses an einem Beispiel konstatieren. Lassalle hatte den ersten Band von Karl Rosenkranz': „Wissenschaft der logischen Idee"**) einer sehr umfassenden und gründlichen Kritik unterzogen. Mit eindringendstem Scharfsinn wird der Ideengang des Werkes zersetzt, um nachzuweisen, daß Rosenkranz, welcher bis dahin als der hervorragendste Vertreter der Hegelschen Schule galt, in wesentlichen Punkten dem Geiste des Hegelschen Systems

*) Die wichtigsten der hierher gehörigen Reden sind: „Arbeiterprogramm über den besonderen Zusammenhang der gegenwärtigen Geschichtsperiode mit der Idee des Arbeiterstandes" (Zürich 1863), „Die Wissenschaft und die Arbeiter" (Zürich 1863), sowie die Streitschriften gegen Bastiat, Schulze-Delitzsch u. A.

**) 2 Bde. Königsberg 1858—59.

untreu geworden sei. Man wird, wenn man diese ziemlich umfangreiche Abhandlung*) liest, von Bewunderung erfüllt, wie lebensvoll und fruchtbar das von so vielen vergeblich gehandhabte Instrument der Dialektik in der Meisterhand Lassalles sich erweist. Es ist, als wenn diese viel geschmähte Methode, deren Handhabung freilich nicht ganz leicht ist, ihren ganzen innern Reichtum und ihre bezwingende Macht nur demjenigen offenbart, der es verstanden hat, in ihre innerste Seele einzudringen. Was uns hier jedoch weit mehr interessiert, ist derjenige Teil der Kritik, in welcher Lassalle auf die Stellung Rosenkranz' zu Hegel in geschichtsphilosophischer Hinsicht eingeht. Es handelt sich insbesondere um den Vorwurf, den Lassalle gegen Rosenkranz erhebt, daß dieser die Kategorien des Mechanismus, des Chemismus und der Teleologie nach ihrer Wirksamkeit in der Geschichte gänzlich vernachlässigt hat. Dies klingt nun freilich sehr paradox: denn alle drei Kategorien gehören scheinbar ausschließlich dem Reiche des Naturlebens an. Nichtsdestoweniger beweist Lassalle, daß, obgleich die Hegelsche Geschichtsauffassung ihre tiefern Wurzeln in der metaphysischen Logik hat, die genannten Begriffe doch wesentlich auch ihre historische Anwendung haben. Wie beweist er dies? Fassen wir zunächst den Mechanismus ins Auge:

„Wie der Begriff des Mechanismus in der Geschichte wirkt, sagt Lassalle, ist leicht einzusehen. Wenn Plinius (Hist. nat. XVIII, 7) sagt: ‚Die Zusammenschlagung ungeheurer Grundbesitzungen hat Italien zugrunde gerichtet (latifundia perdidere Italiam)', so ist dies insoweit eine solche mechanische Thätigkeit des Begriffs gewesen. Oder wenn nach dem Sturz der feudalen Gesellschaft in Frankreich grade das Gegenteil hiervon geschah und, ohne daß die Absicht hierauf gerichtet gewesen wäre, durch die Zerschlagung und Parzellierung der Grundstücke der moderne Besitztitel erzeugt und in ihm den staatsbürgerlichen Begriff der französischen Revolution, die Idee des Individualismus und seiner unabhängigen Geltung der Persönlichkeit, erst eine lebendige Wirklichkeit gegeben wurde: so war dieses wiederum ein Wirken, ein Sichselbstaufheben des Begriffs als Mechanismus. Oder wenn jetzt in den großen Industriestaaten, besonders in England, der Prozeß der Industrie sich dahin treibt, daß durch ihre eigne Bewegung die Kapitalien sich immer mehr zentralisieren und zusammenhäufen, der kleine Mittelstand dagegen hierdurch immer mehr verschwindet und in das auf seine bloße Arbeitskraft beschränkte kapitallose Proletariat herabsinkt: so ist dieses wieder eine mechanische Wirkung und Bewegung

* Gedanke, Jahrg. 1861.

des Begriffs, aus welchem sich gleichfalls möglicherweise eine Auflösung und Umformung der jetzt bestehenden Gesellschaftsform erzeugen kann."

Wie wirkt nun aber der Chemismus in der Weltgeschichte?

Die Frage ist schon schwieriger und erheischt eine mehr spekulative Lösung, welche Lassalle in folgender Weise versucht:

„Wir haben oben gesehen, daß der Begriff des logischen Chemismus besteht. Er besteht darin, daß das Objekt an sich Totalität des Begriffes ist, diese Totalität aber gesetzt ist in einer immanenten und einseitigen, ihr Gegenteil ausschließenden Bestimmtheit, welche seine, des Objekts, Natur ausmacht und in der es unmittelbare Existenz hat. Hierdurch ist das Objekt der Widerspruch zwischen seiner Totalität und der Bestimmtheit seiner Existenz, oder es ist in sich selbst gespannt, und ist das Streben, durch seine eigne Thätigkeit, diesen Widerspruch, diese Spannung aufzuheben und sein Dasein seinem Begriffe gleich zu machen. Grade dieser logische Chemismus ist es, der hauptsächlich die Seele der Geschichte ausmacht und ihre Bewegung erzeugt."

Diese spekulative in echt Hegelschem Geiste gehaltene Erklärung des geschichtsphilosophischen Chemismus wird heute nicht von Vielen mehr verstanden werden. Aber Lassalle hat im Laufe seiner Abhandlung einige Beispiele angeführt, aus welchen wir den politischen Sinn seiner Worte deuten können. Ein solches Beispiel von historischem Chemismus ist nach Lassalle das Streben einer Nation nach Weltherrschaft. — Was ist hier für ein eigentümlicher Vorgang?

An sich ist in einem solchen Weltherrschaftsstreben eine kosmopolitische Idee: aber dieser Kosmopolitismus ist in solchem Falle nur ein scheinbarer, denn jene Weltherrschaftsgelüste zeigen nur das einseitige Bestreben, das eigne nationale Prinzip ausschließlich zur Geltung zu bringen und die andern Nationen ihm zu unterwerfen. So tritt eine Spannung ein zwischen der erobernden und den andern Nationen. Gelingt es der erstern nun, die Nationen zu unterwerfen, so ist in der hierdurch hergestellten äußerlichen Einheit der Unterschied der Nationalitäten aufgehoben und gegeneinander als gleichgültige herabgesunken. So hat sich jene Spannung durch ihre eigne Bewegung ausgeglichen, und ist in das neutrale Produkt des Kosmopolitismus übergegangen. Thatsächlich hat sich auch dieser Prozeß in dem Übergang der römischen Weltherrschaft in den Kosmopolitismus der Stoa und des Christentums historisch abgespielt. Als Konsequenz solcher historischer Vorgänge ist es aber jedenfalls anzusehen, daß jedes Streben nach Weltherrschaft, grade wenn es erreicht wird, stets und zwar immer zunächst bei der herrschenden Nation in das neutrale Produkt des gegen sich gleichgültig gewordenen Nationalunterschiedes zurückgehe, und somit, da hierdurch die herrschende Nation die Kraft verliert, die andern Nationalitäten in der Unterwerfung zu erhalten, wieder auseinanderfallen muß. Man kann daher jeder Weltherrschaft ihren Verfall mit philosophischer Notwendigkeit vorhersagen.

Ein anderes Beispiel von historischem Chemismus wird von Lassalle der neueren Zeit entnommen und betrifft das Verhalten des Königtums zu den gesellschaftlichen Fragen oder die Idee des socialen Königthums, wie man es heute nennt. „Die Monarchie", sagt er, „hat die hohe Bedeutung, den Begriff der Totalität und Einheit des sittlichen Staatswillens darzustellen, gegenüber den in ihre besondere Interessen versenkten, in ihre Privilegien und Vorrechte, Klassen und Stände der bürgerlichen Gesellschaft verstrickten Einzelnen, ist somit durch ihre innere Natur von vornherein in einer feindlichen Stellung gegenüber den Privilegierten. Dies ist der an sich seiende berechtigte Begriff der Monarchie. Seiner Wirklichkeit nach aber, nach der Bestimmtheit, welcher dieser Begriff in der heutigen staatlichen Existenz hat, ist diese sittliche Totalität und Einheit des Staatswillens in der Monarchie als eine zufällige, empirische, durch die Erblichkeit der Geburt bestimmte, unmittelbare Individualität vorhanden: d. h. sie ist selbst wieder ein Privilegium, und zwar das höchste und härteste Privilegium, — den öffentlichen Willen als das erbliche Eigentum eines Individuums, einer Familie zu setzen. Es ist somit auch hier ein Widerspruch zwischen der Totalität des inneren Begriffes und der Bestimmtheit, in der da ist, vorhanden."

Worin besteht nun hier der historische Chemismus? Lassalle verfolgt, um denselben aufzuweisen, den innern Prozeß, den notwendigen Konflikt, in den das begriffliche, ideale Königtum mit dem durch Naturbestimmtheit gegebenen geraten muß. Hierdurch entsteht jene chemische „Spannung", die wir schon oben kennen gelernt haben und die darin besteht, daß das Königtum — selbst ein Privileg — sich getrieben findet, gegen die der sittlichen Einheit und Totalität des Staatszweckes entgegenstehenden Privilegien der feudalen Gesellschaft anzugehen und sie mehr und mehr aufzuheben. Hierin besteht die eigentümliche chemische „Spannung", welche dann, wie 1789 in Frankreich, ihre „Auslösung" darin findet, daß das Königtum, sein eignes Privileg untergrabend, seine eigne Existenz aufhebt und in die Republik aufgehoben wird, welche dann die ihrem Begriff wahrhaft entsprechende Existenzform der Einheit und Totalität des sittlichen Staatswillens ist. Hier sehen wir nun, daß diese innere Dialektik der Geschichte nichts anderes vollzogen hat, als daß sie die Monarchie dasjenige vollbringen ließ, was ihre höchste Aufgabe ist: ihr Dasein ihrem Begriffe adäquat und gleich gemacht zu haben; dadurch aber ist das historische Königtum in sein Gegenteil verwandelt. Der logische Chemismus besteht hier also darin, daß dieser ganze weltgeschichtliche Prozeß ein ungewollter und unfreiwilliger ist im Gegensatze zu denjenigen historischen Vorgängen, welche als Willensakte behufs Erreichung bestimmter Zwecke auftreten.

Damit kommen wir zur dritten physikalischen Kategorie, deren Walten in der Weltgeschichte Lassalle gegenüber dem in politischer Hinsicht maßvoll konservativen Rosenkranz geltend macht, zur Teleologie oder dem welthistorischen Zweckbegriff.

Die Teleologie in der Geschichte bietet nur dann Schwierigkeiten dar, wenn man das Walten des absoluten Zufalls d. h. der vollständigen Gesetzlosigkeit in dem Verhalten aller die Geschichte bestimmenden physischen und psychischen Elemente annimmt. Von einer solchen Annahme mußte Lassalle als Anhänger Hegels weit entfernt sein und — hier zum ersten Male, begegnet er sich mit der konservativen und kirchlichen Geschichtsauffassung seiner feudalen und reaktionären politischen Gegner. Aber er sucht doch, erschrocken über die Konsequenzen seiner geschichtsphilosophischen Logik, sein radical-demokratisches Gewissen in folgender Weise zu beruhigen:

„Wenn eine Staatsform," sagt er, „wie dieses z. B. in der französischen Revolution der Fall war, bewußt umgestürzt wird, so ist dieses von Seiten der diesen Umsturz mit freiem Bewußtsein erstrebenden Klassen und Einzelnen in teleologischer Beziehung: Zweckthätigkeit. Diese selbst kann sich wieder verschieden gliedern. Diejenigen, welche sich in dieser Bewegung nur mit einem endlichen Objekt zusammenschließen, und dieses, wie Vorteil, Ehre, Reichtum, Macht oder auch eine legitime Verbesserung ihres endlichen Loses für sich erlangen wollen, stehen unter dem Begriffe der endlichen oder äußerlichen Zweckthätigkeit. Während sie die allgemeine Bewegung nur als Mittel für sich zu gebrauchen glauben, sind sie vielmehr selbst nur ein Mittel für den unendlichen Zweck der sich auf sich selbst beziehenden Idee. Diejenigen dagegen, welche vielmehr sich selbst bewußt sind, nur Mittel für die Idee zu sein, und dieser Ausführung geben zu wollen, befinden sich in der Zweckthätigkeit, wie sie auf der Stufe der Idee wiedererscheint, in der Thätigkeit der Idee des Guten. Eben weil sie für sich selbst nur als Mittel für die Idee sind, kann ihr Pathos gerade als Selbstzweck der Idee bezeichnet werden."

Carl Rosenkranz hat in seiner Schrift „Epilegomena"*) sich gegen die

*) Königsberg 1862.

Angriffe Lassalles verteidigt: doch scheint es, als wenn Lassalles Behauptung, der im übrigen von ihm hochverehrte Königsberger Philosoph habe durch seine „Wissenschaft der logischen Idee“ den Quellpunkt der Hegelschen Weltanschauung, die Immanenz des Göttlichen in der Welt mit der Transcendenz von Gott und Welt vertauscht, durch Rosenkranz' spätere Arbeiten nur bestätigt, und daß er somit derjenigen Seite der Hegelschen Philosophie näher gerückt sei, welche früher David Friedrich Strauß die Rechte genannt hatte und welche, wie Erdmann, Göschel, Hinrichs, Carrière u. a. dem sog. spekulativen Theismus unter der Führung von Weiße, Ulrici und Hermann Immanuel Fichte sich bedenklich näherte. Doch können wir hier auf diesen innerhalb der Hegelschen Schule sich noch lange fortspinnenden Prozeß nicht näher eingehen und verweisen daher auf unser neuestes Werk: „Die Philosophie der Gegenwart, ihre Richtungen und ihre Hauptvertreter“,*) in welchem diese Verhältnisse ausführlicher behandelt sind.

Wir würden diese Skizze über Lassalles philosophische Schriftstellerei für unvollständig halten, wenn wir nicht noch zum Schlusse auf eine Schrift hinweisen würden, deren große innere Bedeutung in umgekehrtem Verhältnisse zu ihrem geringen äußern Umfange steht: wir meinen Lassalles berühmte Rede auf Joh. Gottl. Fichte.**)

Die hundertjährige Geburtsfeier des großen Philosophen und Patrioten im Jahre 1862 war bekanntlich in ganz Deutschland mit einem Enthusiasmus begangen worden, den man sich weder aus der totalen Vergessenheit zu erklären vermochte, in die seine Ich-Philosophie seither in Deutschland geraten war, noch aus dem bloßen Umstande, daß dieser Denker in den Zeiten der Not des Vaterlandes durch seine flammenden Reden die deutsche Jugend zu patriotischem Hochgefühl zu erheben verstand. Der eigentliche Grund jenes Enthusiasmus, der nur durch die Centenarfeier Schillers im Jahre 1859 übertroffen wurde, war jedoch ein anderer und tiefer liegender. Es war das instinktive Gefühl, welches vor einem viertel Jahrhundert plötzlich und mit mächtiger Gewalt zum Ausbruch kam, daß in Fichte, wie in wenigen Männern unserer neuern Geschichte das innerste Wesen der deutschen Volksseele zum vollen Ausdruck gelangt sei. Durch lange Jahrzehnte hindurch war diese Erkenntnis niedergehalten worden, einerseits durch die starke und kirchliche Reaktion, welche seit 1848 auf dem deutschen Volksgeiste wie ein Bleigewicht lastete, andererseits durch die eigentümlich philosophiefeindliche Richtung, welche die Volksbildung seit der Verbreitung und Popularisierung der

*) Leipzig 1888. Verlag von Greßner & Schramm.

**) Die Philosophie Fichtes und die Bedeutung des deutschen Volksgeistes (Berlin 1862).

Naturwissenschaften seit Jahrzehnten genommen hatte. Dagegen hatte die Wiedererinnerung an die eherne Gestalt Fichtes etwas von jenem hohen ethischen Idealismus wach gerufen, der den Kern seiner Spekulation und — seiner Persönlichkeit bildete und dieses that den Geistern wohl nach einer langen Zeit ermattender politisch-kirchlicher Reaktion!

Nicht alle im Jahre 1862 erschienenen Reden und Brochüren, deren Zahl unübersehbar ist, waren freilich in diesem Sinne gehalten. Die Universitätsphilosophen feierten in Fichte den tiefen systematischen Denker, den unerbittlichen Logiker, den Urheber des abstraktesten und subjektivsten Idealismus. Die politischen Historiker sahen in ihm den großen und beredten Patrioten, die Pädagogen den Vollender des neuern Erziehungssystems, das vor ihm Pestalozzi, Basedow und Kant begonnen hatten. Und so ehrte Jeder in Fichte das, was ihm selbst das Höchste dünkte.

Auf einen ganz andern Standpunkt stellt sich Lassalle. Er war als Festredner der Berliner „Philosophischen Gesellschaft" aufgetreten und die Form seiner Rede war auch eine wesentlich philosophisch-systematische. Ja der Redner zeigt hier während des Verlaufs der ganzen Rede seine besondere sprachliche Virtuosität, und zwar in der Art, wie er den Geist der Fichteschen Philosophie entwickelt, in jener eigentümlich dialektischen Form, in welcher Fichte selbst seine Gedanken kleidete, und welche durchaus verschieden ist von der dem Redner sonst geläufigen Form der spätern Hegelschen Dialektik. So hoffte er am Sichersten die Eigenheit und das Charakteristische des Fichteschen Denkens im Zuhörer zum Bewußtsein zu bringen. Und worin bestand die „Seele" jenes Fichteschen Idealismus? Lassalle spricht es in dem Titel seiner Rede aus: „Die Philosophie Fichtes und die Bedeutung des deutschen Volksgeistes", d. h.: in dem Kern dieser Philosophie — und dieser ist nichts Anderes, als der ethische Idealismus — kommt die innerste Seele der deutschen Nation am kräftigsten zum Ausdruck. Dieses ist die Idee, die Lassalle in seinem Vortrage, welcher deshalb weit über die Bedeutung einer bloßen Jubiläums-Festrede hinausreicht, in der ihm eigentümlich gedankentiefen und markigen Weise entwickelt hat.

Ausgehend von dem Verhältnisse des wenn auch geistig noch so hoch stehenden Einzelnen zum allgemeinen, nationalen Geiste, wird jede Erinnerung an eine bedeutende geschichtliche Persönlichkeit als eine Art von Selbstbesinnung des nationalen Geistes gepriesen. „Was ist es," fragt der Redner," das einen Mann zum großen Manne macht?" Nur dieses Eine antwortet er, daß er den Geist der Nation, welcher er angehört, in sich wie in einem Brennpunkte zusammenfaßt und ihn eben durch diese Zusammenfassung irgend wo zum reinsten Ausdruck und zur Fortentwickelung bringt; daß also der nationale Geist selbst in diesem Manne irgendwo seine deutlichste, in eine bestimmte Individualität gegossene Sichtbarmachung und Bethätigung seiner selbst vollbringt" . . .

„Indem aber eine Nation sich zur Klarheit bringt, inwiefern gerade ihr Geist das Wirkende in dem Geiste jenes Individuums und das innere Gesetz in seinen Leistungen war, ist damit zugleich das erreicht, was wir früher als die Forderung einer dem Geiste Fichtes angemessene Feier gefunden haben: daß es sich wesentlich darum handele, ihn nicht nach seinen einzelnen Leistungen, sondern nach dem treibenden einfachen Gesetze derselben zu betrachten und so den Geist seines Geistes zur Erscheinung zu bringen."

Und welches ist nun der Geist oder, wie Fichte zu sagen pflegte, das Urgesetz seines Geistes, den sich die deutsche Nation zum Bewußtsein zu bringen hat?

Lassalle versucht nach einem Resumé über die Entwickelung der deutschen Philosophie und des deutschen Geistes bis auf Fichte zum Wesen und Kern des Fichteschen Idealismus vorzudringen.

„In Fichte tritt der deutsche Geist das seit Aristoteles Zeit unberührt gebliebene Erbteil an, die Kategorie aus der reinen, sich mit innerer Notwendigkeit fortbestimmenden Thätigkeit des Gedankens zu entwickeln, zu erzeugen. Es geht hier etwas ganz anderes und entgegengesetztes vor als bei Kant. Kant greift die Kategorien als empirisch vorausgesetzte auf und löst sie in Funktionen des subjektiven Bewußtseins auf. Fichte umgekehrt erzeugt und leitet ab aus dem reinen Denken alle Kategorien der gegenständlichen Welt, erzeugt diese als objektiv Daseiende und als das notwendige Produkt des einen Denkens, von dem er ausgeht" . . . Nicht wie Kant als Denkformen, sondern als Daseinsformen will er die Kategorien behandeln. Die Objekte selbst werden, weit entfernt, ein den Kategorien unbegreifbares Ansich behaupten zu können, erst erzeugt mit und durch die Kategorien.

Und auf die Wendung der Fichteschen Spekulation in der späteren Auflage der Wissenschaftslehre (1801) hinweisend, zeigt Lassalle, wie Fichte bereits die „Identität des absoluten Seins und des absoluten Denkens" entwickelt und sich so als den Vorläufer nicht nur, sondern als den eigentlichen Begründer jener Schelling-Hegelschen Identitätsphilosophie erweist, mit welcher der deutsche Geist die höchste Stufe seiner spekulativ wissenschaftlichen Thätigkeit erstiegen hatte.

In dieser deutschen Metaphysik vom Ausgang des 18. bis zur Mitte des neunzehnten Jahrhunderts und in seinen bedeutenden Vertretern von Kant bis Hegel ist der deutsche Geist zu seiner tiefsten Selbstbesinnung hinabgestiegen. Und was er aus dieser Tiefe hervorgeholt und in einer fortlaufenden und sich steigernden Reihe von Weltanschauungen dargestellt hat, bleibt sein unverlierbarer, aber höchster Besitz, ein *κτῆμα εἰς ἀεί*, weil hier sein unendliches und eigenartiges Wesen, mehr und in adäquaterer Form als in aller seiner bisherigen künstlerischen, litterarischen und religiösen Entwickelung schöpferisch und ganz zum Ausdruck gelangte. Und dies bleibt wahr, wie sich auch im Verlaufe des Jahrhunderts das Verhältnis der positiven Wissenschaften zur deutschen Philosophie verändert hat, und auch in der Zukunft noch modificieren wird.

Nach Lassalle ist das nationale Wesen und das Urgesetz im Leben des deutschen Geistes in der deutschen philosophischen Spekulation, trotz des allgemeinen universellen Charakters ihres Inhalts, am Erschöpfendsten und am Schärfsten zum Ausdruck gelangt. Nirgends aber ist dieses so sichtbar als in Fichte, diesem deutschesten aller Deutschen. Der selbstschöpferische Charakter seiner Ichlehre wie seines ethischen Idealismus, dem das ganze Universum nur als „Material der menschlichen Pflicht“ erscheint, ist das theoretische Spiegelbild für das innerste Wesen des deutschen Volksgeistes, welcher in dem großen Denker und Patrioten Fichte seinen vollendetsten individuellen Typus erzeugt habe. Und wenn dem bescheidenen Manne auch das Bewußtsein dieser seiner Bedeutung fehlte und erst die Nachwelt zu dieser Erkenntnis gelangte, so hat er doch zwar nicht sich selbst, wohl aber seiner Philosophie die Kraft zugetraut, in der deutschen Volksseele das Bewußtsein ihrer Unendlichkeit zu wecken. Dies that er in den „Reden an die deutsche Nation“.

Aber wie einst der Philosoph Fichte in einer dieser „Reden“ die Aufgabe der deutschen Nation zeichnete, „aus sich selbst heraus“ sein Schicksal und seine Unabhängigkeit zu bestimmen, so hat ein halbes Jahrhundert später der Philosoph Lassalle aus derselben Quelle heraus und ganz im Sinne und Geiste Fichtes die Aufgabe der Zukunft des deutschen Volkes definiert. Er sagt: „Der Begriff des deutschen Volkes ist noch gar nicht wirklich, er ist ein Postulat der Zukunft, ein Postulat, d. h. die Forderung einer zukünftigen Wirklichkeit, die ihm noch gänzlich gebricht, als deren Forderung er aber schlechthin existiert, weil seine gesamte geistige Bildung und Entwickelung, die That seines ganzen bisherigen Lebens aber nichts ist, als dies: sich zu dieser Forderung entwickelt zu haben, diese Forderung zu setzen und zwar als eine bereits „innerlich überwundene schlechthin und unbedingt zu setzen.“

Und welches ist denn nun nach Lassalle diese Aufgabe der Zukunft der Deutschen?

Nichts anders als die *nationale Demokratie*, d. h. die Aufrichtung eines freien Staates auf fest gegründeter nationaler Grundlage.

„So gewaltig," sagt Lassalle, „auch die Aufgabe der *französischen Revolution* war, das französische Volk fand bereits einen *französischen Boden* vor, der ihm geschichtlich entstanden war. Die französische Revolution vollbrachte somit immerhin nur eine umformende *Einrichtung* des bereits geschichtlich bestehenden französischen Staates."

„Dem *metaphysischen* Volke jedoch, dem deutschen Volke, ruft er aus, die *metaphysische* Aufgabe! Es ist ein Akt, wie die Weltschöpfung, ein Akt Gottes! Aus dem reinen Geiste heraus soll nicht eine ihm gegebene reale Wirklichkeit bloß gestaltet, sondern sogar die Stätte seines Daseins, das Territorium erst geschaffen werden."*)

So verschmilzt Lassalle, an den großen Denker und Patrioten Fichte anknüpfend, auch hier wiederum das Tiefste, was den deutschen Geist überhaupt vor allen anderen Nationen des Erdballes auszeichnet, sein spekulativ-philosophisches Genie mit der politischen Bestimmung, die der Nation vorgezeichnet ist, in Eins und leitet hieraus die *politische Zukunft* derselben ab.

War diese hohe Ansicht von der Bedeutung der deutschen Philosophie würdig des großen Mannes, dem die Gedenkrede galt und des Ortes, an welchem sie gehalten wurde, so war sie doch auch zugleich der Ausdruck der wissenschaftlichen wie der sittlichen Weltanschauung Ferdinand Lassalles. Was er in seinen Büchern, in seinen sozialistischen Brochüren wie in seinen Verteidigungsreden vor den Gerichten seine „Wissenschaft" nannte, stand und fiel mit der Anerkennung oder Nichtanerkennung der deutschen spekulativen Philosophie, aus deren Tiefe er seine besten Ideen wie sein reinstes Pathos zog. Die ganze *Voraussetzung* seiner Sozialphilosophie, seine Philosophie der Geschichte, baut sich auf den Grundlagen der Hegelschen Geschichtsanschauung auf: nur daß er dem damals bereits stark verblaßten Gedanken dieser einst so mächtigen Schule einen neuen Geist einzuflößen und denselben in eine ebenso markige als feurig-revolutionäre Form zu kleiden verstand. So wird der Gelehrte zum Agitator, der Denker zum Volkstribun!

Ob Ferdinand Lassalle als der Begründer einer neuen sozialpolitischen

*) Seit dieser Rede Lassalles ist die eine Hälfte der Forderung „der deutsch-nationale Staat" ins Leben gerufen worden. Die andere Hälfte, die Realisierung der deutschen Freiheit, ist Sache und Aufgabe der Zukunft der Nation.

Epoche für Deutschland gelten kann, wird erst die Zukunft entscheiden. Aber ist es nicht eine bemerkenswerte Erscheinung, daß die vielfach grade von dem superklugen praktischen Realismus unserer Zeit als „unfruchtbar“ geschmähte philosophische Spekulation der Mutterboden geworden ist, aus welchem die in ihren umgestaltenden Folgen noch unabsehbare sozialpolitische Entwickelung Deutschlands erstanden ist?

* * *

In einigen Wochen, am 31. August, wird ein viertel Jahrhundert verflossen sein, seitdem der kühne sozialistische Agitator in Folge seiner durch das Duell mit dem Wallachischen Bojaren Janko von Racowiza erhaltenen Verwundung, noch nicht 40 Jahre alt, inmitten gewaltiger politischer Kämpfe in den Armen seines treuen Freundes Rüstow den Geist aushauchte. Über Lassalles persönlichen Charakter wie über seine politische Bedeutung schwankt noch — inmitten der Parteien Gunst und Haß — das Urteil der Geschichte. Aber eins darf die Nachwelt schon jetzt anerkennen: die Tiefe und die Kraft seines Geistes, die Weite seines wissenschaftlichen Horizonts und den sittlichen Ernst seiner Weltanschauung, durch welche er alle bisherigen sozialistischen Reformatoren und Weltbeglücker übertroffen hat. Dieses jedoch erklärt sich aus einem einzigen Punkte: In Ferdinand Lassalle hatte endlich einmal die träumerische deutsche Philosophie die Energie des Lebens und der realen Wirklichkeit erlangt. Der rein abstrakte spekulative Gedanke, der das traumbefangene Deutschland seit 100 Jahren beherrschte, hier erscheint er in seiner lebendigsten Verkörperung und als Quell und Ausgangspunkt einer neuen weltgeschichtlichen Entwickelung.

Kunst — Patriotismus — Chauvinismus!*)

Von Conrad Alberti.

(Berlin.)

„Es ist Arznei, nicht Gift, was ich Dir reiche.“
Lessing, Nathan.

Die „Norddeutsche Allgemeine“ ärgerte sich unlängst über die Beteiligung deutscher realistischer Maler an der Pariser Weltausstellung. Das Organ des Leiters der deutschen Politik erklärte es für unpatriotisch, für Vaterlandsverrat, daß deutsche Künstler sich erdreisteten, ihre Gemälde an Franzosen, an die Gäste aller Nationen

*) Der Artikel war geschrieben, bevor die Preiskrönung der deutschen Künstler (Uhde, Liebermann u. s. w.) in Paris erfolgte: diese glänzende Bestätigung der obigen Ausführungen. D. R.

zu verkaufen, welche auf der Pariser Weltausstellung zusammenströmen. Sie erklärte es für unpatriotisch, der deutschen Kunst da Bewunderung und Anerkennung verschaffen zu wollen, wo sich die meiste Gelegenheit dazu bietet, und behauptete, der Patriotismus verpflichte einen Liebermann, einen Uhde, in Deutschland unbekannt zu bleiben und zu verhungern.

Diese Auslassungen waren der Anschauungen würdig, welche in den, maßgebenden, Kreisen Deutschlands über Kunst und Künstler herrschen, sie beweisen, daß das Deutsche Reich noch auf lange hinaus bleiben wird, was es ist: das Land der Barbarei und des Zopftums, das europäische China.

Die Franzosen, so argumentiert das Berliner Blatt, sind ja auch nicht zur Jubiläums-Ausstellung nach Berlin gekommen — warum sollen die Deutschen also ihnen nachlaufen?

Allerdings, Herr Pindter — die Franzosen kommen nicht zu den Deutschen, weil sie diese nicht nötig haben, aber die deutschen Künstler müssen zu den Franzosen gehen, weil sie sie brauchen. In Frankreich ist noch kein Künstler gestorben, der nicht bei Lebzeiten die verdiente Würdigung empfangen. In Frankreich, ja in der ganzen Kulturwelt ist der Künstler ein Fürst — in Deutschland ist er ein Bettler. Alle anderen Nationen, Franzosen, Skandinavier, Engländer, Italiener, Russen — ja, selbst diese sogenannten „Barbaren", — ehren, lieben, erhalten die Kunst und die Künstler: die Deutschen allein verachten sie. Bei uns allein muß der echte gottbegnadete Künstler wie Albert Lindner verhungern, im Irrenhause enden. Der Maler, der Bildhauer, der Dichter wollen leben — sie müssen es, wenn sie der Menschheit unsterbliche Schöpfungen schenken sollen — mit erfrorenen Fingern kann man nicht malen, mit leeren Eingeweiden nicht dichten. Der Künstler will wirken, er will den Eindruck seiner Werke auf die Menschheit sehen, er will Teil nehmen an der Kulturarbeit der Nationen, er will sich überzeugen, daß sein Kämpfen und Ringen nicht vergeblich ist, daß er seine Perlen nicht vor die Eber wirft, sonst erlahmt sein Wille, sein Genie, seine Begeisterung. Die Kunst hat in Deutschland kein Publikum. Wenn der Franzose, der Skandinavier sich einen Genuß verschaffen will, greift er zu einem Buche — der Deutsche in demselben Falle zum Bierglas oder zur Skatkarte. Saufen und spielen — damit sind die geistigen Bedürfnisse des normalen Deutschen befriedigt. Der Deutsche ist der gröbste Materialist unter allen Nationen. Er würde den Gedanken nicht ertragen, drei Mark dem Buchhändler zugewendet zu haben, die er dem Bierbrauer hätte entziehen müssen. Der Kapitalist wendet sein Vermögen nur an, um sich feinere Weinsorten zu verschaffen, um höhere Spieleinsätze zu machen. Der deutsche Adel geht auf in Pferdezucht und Hundedressur. Es veredelt die Tierrassen, aber seine eigne Rasse degeneriert immer mehr. Der Leiter der deutschen Politik, der genialste Politiker seines Jahrhunderts, steht der Kunst gegenüber auf einem niedrigeren Standpunkte als der letzte Dorfschullehrer, er hat keine Ahnung von der sozialen, von der volkerziehlichen Seite der Kunst. Die Regierung hat für die Kunst kaum einen Bettelpfennig. Vom Minister bis zum Droschkenkutscher haben in Deutschland nicht tausend Menschen Verlangen, Liebe, Verständnis für die Kunst. Unsere feile, bestochene Presse unterdrückt die echte Kunst wo sie kann, politische Reporterlümmel spielen die größten Geister in der frechsten Weise an; um einen Kalauer zu machen, schont der deutsche Journalist nicht die Ehre seiner Mutter.

Bei allen anderen Nationen wird jedes eigenartige Streben, jeder selbständige

Geist in der Kunst anerkannt, gewürdigt, geehrt, jeder Versuch, der Kunst neue Gebiete zu erschließen, neue Richtungen zu geben, mit Teilnahme verfolgt, jede echte und große Leistung bewundert — in Deutschland allein werden sie begeifert. Jedes Ringen nach dem Außerordentlichen wird von der Masse des gemeinen Philistertums, welches die Herrschaft in Deutschland ausübt, verlacht und mit Kot beworfen. Nur der Dichter oder Maler gilt in Deutschland, der ebenso albern, kindisch, verlogen, philiströs ist, wie die Masse des Publikums: Thumann und die Marlitt, Anton v. Werner und Paul Heyse, Zichel und Ebers, Knut Eckwall und Lindau — das sind die Heroen des deutschen Publikums. Die platte Gemeinheit, der lüsterne Sinnenkitzel, die lederne Bildungsmeierei, der faule Witz — das sind die Elemente der Kunst, welche die Deutschen anerkennen, bezahlen, bewundern. Diejenigen deutschen Künstler, welche nach dem Hohen, Gewaltigen, Mächtigen ringen, werden in Deutschland ohne Ausnahme verhöhnt, begeifert, verleumdet, von jener Masse, welche zu dumm ist, sie zu verstehen, oder zu niederträchtig, ihnen die verdienten Erfolge zu gönnen. Und diese selben Liebermann, Uhde, Bleibtreu, Conrad, über welche der deutsche Philister entsetzt die Hände zusammenschlägt, welche jeder hergelaufene neidische Lümmel im Börsenkurier oder Berliner Tageblatt mit Kot begleckt, werden im Auslande anerkannt, geschätzt, verehrt, demselben Auslande, das sich von einem Heyse, einer Marlitt, einem Ebers mit Lachen oder Ekel abwendet. Der echte deutsche Künstler muß in Deutschland untergehen, und ist verloren ohne das Ausland. Der große deutsche Maler muß dort ausstellen, wo alle anderen Nationen außer der deutschen zusammenströmen, weil nur jene ihn zu würdigen wissen — und des Künstlers Heimat ist da, wo man ihn versteht. Derselbe böse Jacques St. Cère, welcher von Herrn Pindter als Jude und Gott weiß was für ein Verbrecher noch gebrandmarkt wurde, bewillkommnete die in Paris ausstellenden deutschen Künstler in einer so höflichen Weise, so voll eingehenden Verständnisses für die Ideen dieser Künstler, wie es ihnen in Deutschland nie entgegengebracht wurde, wo eines der größten Blätter, die „Frankfurter Zeitung", einen der wunderbarsten deutschen Künstler, Uhde, erst jüngst wieder in einem Tone abkanzelte, wie ihn Albert Wolff nicht dem jüngsten Schüler der Pariser Akademie gegenüber wagen würde. Ein Bleibtreu, ein Liliencron, ein Kretzer, in Deutschland mißhandelt, sind nur im Auslande verstanden, in ihrer Größe erkannt worden. Wo hat Herr Pindter über diese großen Dichter je etwas geschrieben, was das Verständnis erreichte, das die Nationaltidende, der Figaro, Le Livre, das ein Hansen, ein Bochlich diesen Dichtern entgegenbrachte? Die deutschen Realisten sind für Deutschland Frechlinge, Narren — für das Ausland geniale Dichter — und ihr wollt dem deutschen Künstler verbieten, sich dahin zu wenden, wo er allein für seine Schöpfungen ein Verständnis findet, ein Publikum? Berlin ist als Kunstmarkt von den deutschen Künstlern wie eine Pesthöhle gemieden; das ist eine zahlenmäßig feststehende Thatsache — sie verkaufen in Paris, Kopenhagen, London, Petersburg ihre Werke glänzend, weil man sie dort versteht. Wenn unsere Chauvinisten doch einmal nach Leipzig kämen — Herr Wilhelm Friedrich würde ihnen gern seine Auslieferungsbücher vorlegen! Sie würden dann die beschämende Thatsache erkennen, daß dreiviertel aller Bücher Bleibtreus, Liliencrons, Heibergs, Albertis nach dem Ausland gehen, nach dem geschmähten Frankreich, nach dem Orient, Skandinavien, Rußland, Holland. Und der deutsche Dichter sollte für diese Länder, welche ihm die höchste Gastfreundschaft gewähren, die Gastfreundschaft des Geistes, nicht Ehrfurcht, Liebe, Bewunderung empfinden? Er sollte nicht jede Gelegenheit benutzen, ihnen seinen herzlichsten Dank abzustatten, er sollte wohl gar auf die Anerkennung dieser Länder verzichten und in das lächerliche Wutgeheul der „Norddeutschen“ mit einstimmen — nur weil es denen so gefällt, die hinter ihr stehen, die uns verachten, weil sie unfähig sind uns zu verstehen, und welche das Ideal der deutschen Poesie in der „Familie Buchholz“ erblicken? Wenn Herrn Pindter die Beteiligung der deutschen Maler an der Pariser Ausstellung nicht paßt, so schaffe er ihnen doch erst in Deutschland ein Publikum, er trage dazu bei, ihnen den Boden im Vaterlande zu bereiten, den sie zu verlangen berechtigt sind. Wenn der Hintermann des Herrn Pindter sich über die Herren Liebermann und Genossen ärgert, so höre er auf, die deutschen Künstler zu diesem „unpatriotischen“ Verhältnis zu zwingen, so erfülle er doch diejenigen Wünsche der deutschen Kunst, welche sie an ihn als Millionär, Edelmann und Leiter der innern Verwaltung zu stellen berechtigt ist. Bis dahin aber mögen seine Trabanten aufhören, deutsche Künstler zu beschimpfen, weil sie sich verehrungsvoll dorthin wenden, wo man sie versteht.

Herr Pindter sei gewiß, sie werden dies auch noch für lange thun, denn an eine Besserung in Deutschland glaube ich so bald nicht. Der Philister wird nicht im Handumdrehen zum Athener. Wie es heute in Deutschland ist, wird es noch lange sein — und es ist immer so gewesen. Immer haben nur die Philisterhaftigkeit, die Erbärmlichkeit in Deutschland Erfolg gehabt — und die wahre künstlerische Größe ist, wenn sie nicht verhungern wollte, immer aufs Ausland angewiesen gewesen. Ein Händel mußte nach England gehen, um die verdiente Anerkennung zu finden, ein Beethoven ward nur durch wenige Freunde notdürftig erhalten, ein Wagner kam nur durch die zufällige Gunst eines halbwahnsinnigen Königs zum Durchbruch, ein Sebastian Bach, ein Schubert gingen in der Mitte ihres Volkes rettungslos unter. Dänische Fürsten mußten Klopstock und Schiller vor dem Hungertode retten, den ihnen ihr eigenes Volk zu bereiten bemüht war. Wer waren im Anfang unseres Jahrhunderts, in der großen klassischen Zeit die Götter des deutschen Publikums? Schiller und Goethe? Den Teufel! Ausgelacht wurden sie in Weimar! Kotzebue und Clauren waren die Dichter des deutschen Volkes! Das deutsche Volk verhöhnte Schiller und ließ ihn beinahe verhungern — das französische machte ihn zu seinem Ehrenbürger. Bei wem ist hier das künstlerische Verständnis? Als dem Vaterlande endlich eine leise Ahnung aufzugehen anfing, was der Dichter des Don Carlos für ein Mann sei — auf welche Weise ehrte es ihn denn? Es machte ihn zum Professor — in Jena . . . es begrub den himmelstürmenden Genius unter staubigen Folianten, es legte eine Last auf ihn, welche noch lange nachwirkend durch neun schwere Jahre jeden Funken dichterischen Triebes in seinem größten Dichter tötete, es zwang den guten Poeten, ein schlechter Professor zu werden — und nach hundert Jahren feiert dasselbe Volk den Tag, an dem es seinen größten Dichter geistig verstümmelte, zwei Jahre lang einkerkerte, auf ein Jahrzehnt lähmte und der Welt wenigstens zehn der gewaltigsten Kunstwerke im Embryo raubte, um zwei heute unbrauchbare, halbvollendete Historienbücher dafür einzutauschen!

Und ist es heut anders? Ist es anders auf anderen Gebieten des Geistes? Deutschland hat augenblicklich zwei Denker, so tief, so gewaltig, so wundervoll, daß seit Darwins Tod kein anderes Land der Welt ihnen gleiche an die Seite stellen kann. Der eine ist Wundt, der andere Nietzsche. Fragt einen Berliner Kommerzienrat, wer Wundt sei? Erbittet euch von einem pommerschen Gutsbesitzer Auskunft über Nietzsche! Schweigen des Todes wird euch antworten. Lindau und Blumenthal

— die werden sie kennen. Aber die Jugend aller Länder der Welt strömt in Scharen nach Leipzig, um Wundt zu hören, aber der Däne Georg Brandes hält einen Vortrag in Kopenhagen, in dem er Nietzsche verdientermaßen als einen der größten Denker der ganzen Philosophie feiert. Verlangt ihr nun etwa auch Chauvinismus, Haß gegen das Ausland von diesen Männern? Wollt ihr angesichts solcher Thatsachen die Phrase vom Volk der Dichter und Denker noch aufrecht erhalten? Lüge ist sie, nichts als gemeine Lüge. Frankreich, Rußland, Skandinavien, Italien sind Länder mit einem geistig angeregten Publikum — Deutschland ist das Land der Säufer und Spieler, der Schlafmützen und der Bierkrüge.

Nein, die „Norddeutsche Allgemeine“ braucht die deutschen Künstler nicht zu belehren, was Patriotismus ist. Wer vertritt mehr die Gedanken der Nationalität, als die deutschen Realisten? Haben sie ihn doch zum erstenmal in die Kunst eingeführt — in der kosmopolitischen, allgemein-menschlichen, farblosen Kunst der Klassiker ist er nicht zu finden, jener Klassiker, welche die „Norddeutsche“ den nationalen Realisten gegenüber stets als ideales Muster vorführt. Aber wohl gemerkt, für uns Realisten ist die Nationalität nicht ein Mittel zur politischen Aufreizung, wie für die Chauvinisten, sondern lediglich ein Mittel zur Erhöhung des künstlerischen Ausdrucks, zur schärferen Charakteristik. Aber indem wir die nationale Eigenart unseres Volkes zum künstlerischen Ausdruck bringen und indem unsere Werke hauptsächlich vom Auslande gekauft, betrachtet, gelesen, anerkannt werden, werben wir der nationalen Eigenart im Auslande Freunde. Wir sind also bessere Patrioten als die Chauvinisten der „Norddeutschen“, deren Patriotismus darin besteht, die Völker zu verhetzen und Haß zu säen, indeß wir Liebe pflanzen. Indem wir aber in unseren Werken wahr sind, indem wir die deutsche Art treu schildern, wie sie ist, das Herrliche hervorheben, aber das Niedrige nicht verschweigen, machen wir durch unsere sachliche Darstellung unser Volk auf jene Schwächen aufmerksam, welche ihm bisher durch Jahrhunderte die Abneigung der ganzen Welt zugezogen haben, wie solche thatsächlich besteht. Wir legen den Finger in die Wunde, wir enthüllen die tiefsten Ursachen dieser nationalen Geisteskrankheiten und erleichtern es unserem Volke auf diese Weise, diese Schwächen abzulegen, damit es endlich die Liebe der ganzen Welt gewinnt, die es verdient und die ihm Frankreich bisher vorweg genommen. Denn darüber gebe sich unser Volk keiner Täuschung hin: die Stelle Frankreichs wird Deutschland im Herzen der Nationen nur einnehmen, wenn es jene großen und schweren Fehler ablegt, die es heut noch verunzieren, von dem Frankreich frei ist: die Philisterhaftigkeit, die Knechtschaffenheit, die Rohheit, die Schäbigkeit, den brutalen Materialismus. Diese Schwächen bemänteln, wie die „Norddeutsche“ thut, heißt nichts anderes, als das deutsche Volk auf dem Wege der Kultur zurückhalten, es verhindern, sich die Liebe der anderen Völker zu erringen, welche es bedarf, wenn es seine führende Stellung in der Welt aufrecht erhalten will.

Das ist der Unterschied. Der Chauvinist belügt sein Volk, redet ihm seine Fehler für Vorzüge ein, und verfeindet es dadurch mit der ganzen Welt. Der Patriot macht es auf seine Fehler aufmerksam, arbeitet an der Ablegung derselben, setzt die wahren Vorzüge dem Auslande auseinander, und verschafft seinem Volke so die Liebe aller Völker. Der Chauvinist beschimpft die anderen Völker, schließt sein Vaterland vom Verkehr mit denselben ab und zieht ihm so die Feindschaft der ganzen Welt zu. Der Patriot sucht bei strengster Wahrung der eigenartigen Vorzüge seines Volkes dessen Verkehr mit den anderen Nationen zu erleichtern und zu erhöhen, und die Achtung der fremden Völker für die Vorzüge des seinen zu gewinnen. Der Chauvinist hetzt für sein Vaterland, der Patriot arbeitet für dasselbe, der Chauvinist schafft seinem Vaterlande den Haß der anderen Nationen, der Patriot ihre Liebe. Man kann kein Realist sein, ohne in diesem Sinne Patriot zu sein.

Emil Augier.

Studie von M. G. Conrad.

(München.)

(Schluß.)

Im Jahre 1855 brachte Augier im Vaudeville-Theater einen Dreiakter in Prosa „Le mariage d'Olympe", der an ergreifender Handlung mit der „Cameliendame" des jüngeren Dumas wetteifert, dieselbe aber durch schärfere und korrektere Beobachtung des Lebens und rückhaltslosere Wahrhaftigkeit überflügelt. Die Olympia ist übrigens von anderer Rasse, als die schwindsüchtige Margaretha Gauthier. Olympia ist eine „Coquine" in der ganzen Stärke des Ausdrucks. Sie ist so tief gefallen, als ein Weib in dieser sündigen Welt überhaupt fallen kann. Es ist ihr auch so wohl in dem abgrundtiefen Schmutz, daß sie aus eigenem moralischen Reinlichkeitsbedürfnis nie die leiseste Anstrengung versuchte, sich aus dem Unrat zu erheben. Nach ihrer Verheiratung ist sie genau dasselbe noch, daß sie vorher gewesen — jeder Blutstropfen eine Dirne.

Die verehrlichen Zuschauer fanden das Stück violent, brutal, excessiv; sie pfiffen es aus, hauptsächlich um seines Schlusses willen, der eine Lösung bringt, unerbittlich wie die eherne Gerechtigkeit. Nichtsdestoweniger bleibt es ein starkes, großes Werk, vielleicht das vollständigste und charakteristischste des Dichters.

Wie viele blöde Jeremiaden hat nicht die conventionell gedrillte Kritik über dieses flammende dramatische Gemälde geseufzt! Umsonst. Die heuchlerische Welt sage, was sie wolle. Augier wird nie dem Effekt zuliebe von der Linie der Wahrheit abweichen. Bringt er eine Crudität, so dürfen wir versichert sein, daß sie ihm von seiner künstlerischen wie sittlichen Überzeugung diktiert worden ist.

Wie das Théâtre français 1874 mit dem größten Erfolge die Arbeit des jüngeren Dumas „Demi-Monde" aufführte, die zwanzig Jahre lang dem ersten Schauspielhause der Franzosen als unannehmbar gegolten, so wird eines Tages gewiß auch die „Mariage d'Olympe" im Hause Molières an die Reihe kommen. Die Geschmacksbildung des Publikums wird nicht ewig auf der romantischen Eselsbank verharren, sondern zu höheren Stufen der Kunsteinsicht vorschreiten und dann selbst die stärkere Speise unumwundener Wahrhaftigkeit und Naturtreue verlangen.

Im Jahre 1856 kam der „Gendre de Monsieur Poirier" im Gymnase-Theater heraus, und im gleichen Orte und im gleichen Jahre erlebte noch die dreiaktige „Ceinture dorée" ihre Première. Bei dieser außerordentlichen Fruchtbarkeit des Dichters ist es nicht zu verwundern, wenn sich zuweilen ein schwächeres Tagwerk in die Liste seiner Schlag auf Schlag folgenden litterarischen Arbeiten drängt. Die „Ceinture dorée" ist ein solches. Dafür ist der „Gendre de Monsieur Poirier" um so meisterhafter ausgefallen. Seit 1864 hat sich das Théâtre français dieser vieraktigen Komödie bemächtigt und in ihr ein Repertoirestück von der unverwüstlichsten Zugkraft gewonnen.

Augier ist nunmehr in den Höhepunkt seines Schaffens eingetreten. Seine dramatische Natur dokumentiert ihre Vollreife. Im „Gendre de Monsieur Poirier" ist die Augiersche Prosa von einer entzückenden Frische und Präzision. Die Gestalten erscheinen in gediegenster Durchbildung. Sie sind von einer so warmblütigen Kraft und Sinnlichkeit, daß sie im Nu populär wurden und den griesgrämigsten Kritiker entwaffneten. Die Gesellschaft, in deren Mitte die Handlung sich abspielt, ist mit einer Energie gezeichnet, mit einem so genialen Verständnis für die bleibenden, ewig menschlichen Züge in der Erscheinungen Flucht, daß dieses Stück den Wechsel der Zeiten und sozialen Zustände überdauern wird, ohne an seiner Bedeutung wesentlich einzubüßen. Der Dichter schildert die Konflikte, die aus der Kreuzung des eitlen, auf seine Vergangenheit erpichten, aber ökonomisch und moralisch ruinierten Adels mit dem nach vornehmen Auszeichnungen lüsternen, durch harte Arbeit reich gewordenen Gewerbestandes sich ergeben, sowie den schließlichen Sieg des Bürgertums über eigene und fremde Vorurteile. Der Kampf zwischen der alten Welt, repräsentiert durch den adeligen Schwiegersohn des reichen und biederen Gewürzkrämers Poirier und der neuen Welt, repräsentiert durch das ehrsame tüchtige Haus des alten Poirier, vollzieht sich friedsam innerhalb der vier Wände und im Rahmen der echten, gerechten Komödie.

Die Fabel ist teilweise aus dem Roman „Sacs et Parchemins" von Jules Sandeau, gezogen, und das delikate Gewissen Augiers hat darauf gehalten, auch diesmal wieder seinen Freund als Mitarbeiter öffentlich zu nennen.

Das nächste Werk „La Jeunesse“, Komödie in fünf Akten und in Versen, ist, um einen artistischen Zunftausdruck zu gebrauchen, nach der ersten Manier des Dramatikers gearbeitet, d. i. ohne den glänzenden Aufwand, ohne die großen Passionen der absoluten Modernität. Die Verse sind vom besten Gepräge und eine erkleckliche Zahl derselben ist zu geflügelten Worten geworden.

Die erste Aufführung der „Jeunesse“ fand am 6. Februar 1858 im Odéon statt, dem Schauspielhause des lateinischen Viertels, wo die enthusiastische studierende Jugend als kritischer Areopag ihre Sentenzen fällt, die natürlich selten genug den grämelnden Philistern der offiziellen Kritik jenseits der Seine behagen. Diese fanden denn auch, daß die „Jeunesse“ nach Handlung, Sprache und Stimmung stark an Ponsards „Honneur et Argent“ erinnere, während das akademische Auditorium des Odéon, fern müssiger Reminiscenzen-Jägerei, die liberale und großmütige Tendenz, die wie ein frisches Gebirgswasser durch die Verse rauschte, mit den reichsten Blumen des Beifalls überschüttete.

Am 22. Mai desselben Jahres trat Augier mit einer so wuchtigen, kühnen Sittenkomödie modernsten Stils im Vaudeville-Theater vor das Publikum der Boulevards, daß Censur und Kritik erschreckt zusammenfuhren. Es bedurfte der persönlichen Dazwischenkunft des Kaisers Napoleon, um die Aufführung zu ermöglichen.

„Les lionnes pauvres“ betitelte sich das epochemachende Werk. Foussier wurde als Mitarbeiter genannt. .

„Les lionnes pauvres“ sind durch Herrn Lindaus Vermittelung neuerdings auch in Deutschland über die Bretter gegangen. Ich kann mich hier um so kürzer fassen, da man in der heimatlichen Presse hinlänglich redselig gewesen. Die armen Löwinnen, die Frauen der sogenannten besseren Stände, die den Ehebruch durch Prostitution verschärfen, und durch die heimliche Einführung des Sündenlohnes in die Haushaltungskasse den betrogenen Gatten zum unbewußten Komplizen und Nutznießer der Schande machen, sind leider kein Hirngespinnst des französischen Dramatikers. Wer die Naturgeschichte des Volkes genau kennt, weiß, daß diese unselige Gattung von Weibsleuten existiert, und nicht etwa in dem als besonders lasterhaft verschrieenen Frankreich allein . . .

Hat der Dramatiker ein Recht, mit rücksichtsloser Hand die scheinheilige Binde wegzureißen von dem Krebsschaden, der im gesellschaftlichen Körper um sich frißt, und mit dem glühenden Eisen seiner Kunst vor aller Welt Augen in die Wunde hineinzubrennen? Oder giebt es soziale Schäden, die sich seiner Competenz oder seinem Rächeramte entziehen?

Es giebt immer noch zimperliche Narren, die einem lebendigen Augier verbieten möchten, was sie bei einem toten Aristophanes, Shakespeare oder Molière gut heißen müssen, um nicht in den Geruch absoluter Borniertheit zu kommen. In der Litteratur pflegen, im Gegensatze zu einer viel citierten Redensart, die Toten Recht zu haben.

Die „Lionnes" hatten schwere Anfechtungen zu bestehen; allein die täglich mehr sich befestigende Autorität ihres Urhebers hat alle irgendwie nennenswerte Gegner schließlich aus dem Sattel gehoben.

Ich verweise ausdrücklich auf die Vorrede, die der Verfasser dem Textbuche mitgegeben hat. Der Leser hat nicht zu fürchten, einer aus geistreichen Sophismen und pathetischen Deklamationen zusammengewobenen Dissertation im Stile des Herrn Dumas jr. zu begegnen. Neben den logischen, ehrlichen, humanen Augier gestellt, schrumpft der prätentiöse, christkatholische Sozialreformer Dumas zu einem Farceur zusammen, dem der Himmel so gnädig sein möge, als es ihm die Welt, die ganze und halbe, bisher gewesen ist.

Die Heldin der „Lionnes pauvres", Madame Seraphine, ist eine der gewagtesten Figuren, wie man sie vorher nur einem Dumas zutrauen mochte. Aber welch' eine überwältigende, jedes kleinliche Bedenken zu Boden schlagende Wahrhaftigkeit im Augierschen Frauentypus! Da ist Alles wurzelhaft und nirgends stört eine Spur von der barocken Fiktion des Dumasschen Weltlebens.

III.

Im Jahre 1859 bezeichnete das fünfaktige Drama „Un beau mariage", zuerst im Gymnase aufgeführt, die ununterbrochene Arbeit unseres Dichters. Foussier erscheint hier zum zweiten und letzten Mal als sein Mitarbeiter.

Das neue Werk, obgleich keine Schöpfung ersten Ranges, bestätigte die Überzeugung, die aus der großen kunststürmenden Debatte über die moralische Berechtigung der „Lionnes pauvres" auch dem Blödesten sich aufgedrängt haben mußte, daß die dramatische Sittenmalerei und die soziale Satire insonderheit in Augier ihren hervorragendsten Spezialisten gefunden hat.

In der That, Augier ist kein universeller Dichter, er ist ein Spezialist, und die schmerzlichen Wirrnisse der heutigen Gesellschaft sind seine Domäne. Hier waltet er denn auch wie ein echter Apostel besserer Lebensgestaltung seines Amtes. Er predigt, mahnt, straft, spottet, aber stets innerhalb der Schranken, wie sie das kunstvoll eingerahmte dramatische Gemälde auf der gegenwärtigen Schaubühne sich gestellt sieht.

Er ist kein Courtisane des Publikums, aber auch kein kühner Grenzerweiterer. Herr Emile Zola, der strenge Verfechter der naturalistischen Kunstlehre, ist deshalb auch nicht ganz zufrieden mit ihm. Er wirft ihm zu ängstliche Rücksicht auf die theatralische Schablone, auf die ästhetische Convention vor. Er findet das Augier'sche Theater noch nicht hinlänglich gesäubert von jenen geleckten Figuren, deren Modell sich in den dramatischen Werkstätten zu vererben scheint.

Zola schreibt: „Es ist selten, in seinen Theaterstücken nicht auf das sehr keusche und sehr reiche Jungfräulein zu stoßen, das nicht heiraten will, weil es sich entsetzt, seines Geldes wegen genommen zu werden. Seine Jünglinge sind gleichfalls Heroen der Ehre und Rechtschaffenheit, die in Thränen ausbrechen, wenn sie hören, daß ihre Herren Väter auf wenig gewissenhafte Weise sich ihr Vermögen erworben haben. Mit einem Wort: die sympathische Figur siegt immer, ich meine damit jenen idealen Typus aller guten und schönen Gefühle, stets aus dem nämlichen Guß, ein wahres Symbol, eine hieratische Personifikation, die außerhalb jeder lebenswahren Beobachtung steht . . . Das wäre alles recht schön und recht rührend, wenn es nur als menschliches Dokument nicht gar so anfechtbar wäre. Die Natur kennt diese steifen Formen nicht, weder im Guten noch im Bösen . . . Das ist noch nicht Alles. Herr Augier verändert oft einen Charakter mittelst einer einzigen Bewegung seines Zauberstäbchens. Das Rezept ist bekannt. Man bedarf einer Lösung des Konflikts; dazu bereitet man sich eine große Effektscene zu, in deren Folge man den Charakter der betreffenden Personnage einfach umkehrt. Um nur ein Beispiel anzuführen: man betrachte sich den Ausgang des ‚Gendre de Monsieur Poirier‘. Wahrhaftig, das ist zu bequem; man kann nicht so leicht einen Blonden in einen Braunen umfärben, als sich hier die seelische Wandlung vollzieht. Diese plötzlichen Umbildungen sind geradezu kläglich. Ein natürliches Temperament bleibt sich treu bis zum Schluß, wenn nicht langsam wirkende Ursachen, die sehr genau analysiert sein wollen, rechtzeitig eingreifen . . ."

Es kann uns nicht in den Sinn kommen, das Zutreffende in der Kritik einer Autorität von dem Range eines Emile Zola in Frage zu stellen, umsoweniger als der eminente Kritiker selbst an anderer Stelle seiner Studie „Le naturalisme au théâtre" die zahlreichen Vorzüge Augiers gleicherweise ins beste Licht rückt.

Die gemachten Ausstellungen zugegeben, genügt es hier zu betonen, daß Augier, wie kein zweiter dramatischer Dichter der Neuzeit, Schritt für Schritt alle Lebensbeziehungen der französischen Gesellschaft seiner dramatischen Analyse unterworfen hat, ohne vor den heikelsten und kompliziertesten Erscheinungen zurückzuschrecken.

Das beweisen seine „Effrontés“ und „Le fils de Giboyer“, zwei fünfaktige Stücke, welche die Einmischung der Börse in den Journalismus und die Einmischung der Religion in die Politik zum Vorwurf haben. Sie erschienen 1861 und 1862 in ganz vortrefflicher Verkörperung und Interpretation auf den Brettern des Théâtre français.

Seit den Kämpfen, die einst Molière wegen seines „Tartufe“ zu bestehen hatte, war es den Parisern nicht mehr vergönnt gewesen, einen solchen Sturm zu erleben, wie ihn diese Stücke, besonders das zweite, entfesselten. Die Theaterkasse fuhr nicht schlecht dabei. Die dreißig ersten Vorstellungen der „Effrontés“ (Januar 1861) trugen ihr einhundertfünfzigtausend Francs ein. Der Kaiser und die Kaiserin wohnten wiederholt den interessanten Aufführungen bei.

Wie in den „Effrontés“ der Journalismus, so wurde im „Fils de Giboyer“ die legitimistisch-klerikale Parteisippe mit feurigen Ruten gepeitscht und das zweideutige Treiben ihrer politischen Salons den vernichtendsten Streiflichtern eines genialen satirischen Feuerwerkes preisgegeben.

Das ist kein Theaterstück, das ist ein giftiges Pamphlet! schrieen die Getroffenen und es hagelte Journal-Artikel und Broschüren pro und contra.

Der Dichter antwortete in der Buchausgabe seines Stückes mit einer kurzen, aber sehr glücklichen Vorrede. Würdevoll und bündig wahrte er der Kunst ihre Autonomie und betonte, Charaktere, aber keine bestimmte Persönlichkeiten gezeichnet zu haben, — was freilich das pfiffige Publikum nicht abhielt, gewisse Namen zu nennen und mit dem Finger auf sie zu deuten.

Der wahre Titel wäre, schreibt Augier, „Les Cléricaux“, wenn dieser Ausdruck auf dem Theater gebräuchlich wäre . . . Es ist kein politisches Stück im gewöhnlichen Sinne des Worts, sondern ein soziales Stück, dessen Sujet den Antagonismus zwischen den alten und modernen Prinzipien ohne Persönlichkeiten behandelt . . .“

Sardou, der sanfte, glattrasierte Bonapartist, hat später etwas Ähnliches versucht mit seinem vielbelobten „Rabagas“, der seinerseits die demokratischen Bestrebungen an den Pranger stellen und dem Fluche der Lächerlichkeit überantworten wollte. Aber wie verkünstelt, wie verrenkt, wie karikiert und operettenhaft sind die meisten dieser Typen gehalten! Es fehlt dem Stücke nichts, als etwas Offenbachsche Musik, um es als eine politisch angestrichene Farce jener vulgär überspaßhaften Gattung erscheinen zu lassen, welche bei dem Publikum der Boulevardstheater so viel Glück macht.

Der Dichter des „Rabagas“ ist der Erbe Scribes, dessen Intriguen-Komödie aus der Opposition gegen die klassische Schlichtheit und Genügsamkeit der dramatischen Handlung erwachsen ist. Sardou hat diese oppositionelle Richtung, die man eine Zeitlang als „Théâtre de genre“ passieren ließ, bis auf die äußere Spitze getrieben. Seine Handlung ist bei der extremsten Episodenwucherung, bei der abenteuerlichsten Vielgeschäftigkeit angelangt. Seine eminente szenische Geschicklichkeit ließ ihn nicht mehr auf halbem Wege stehen bleiben; sie drängte die theatralische Taschenspielerkunst jusqu'au bout.

Daß diese Sorte von Theater recht amusant und darum beliebt ist, beweisen die ungeheuren Triumphe, die Herr Sardou mit seinen Stücken bei dem Publikum aller Herren Länder geerntet. Von dem Standpunkte der reinen Kunst sind die Sardouschen Erfolge freilich belanglos. Die zutreffende Erkenntnis der Menschen und des Lebens hat durch diese kurzweiligen Marionettenstücke keinen ernsthaften Zuwachs erfahren; die Sardousche Beobachtungsgabe ist bei aller Feinheit der Witterung für das Aktuelle, für das momentan Reizende höchst oberflächlich. Die Satire schießt fast immer über das Ziel hinaus und die Charakterzeichnung trifft selten den richtigen Ton. Die fratzenhafte Übertreibung ist die Regel.

Ganz anders bei Augier. Seine Figuren, selbst die gewagtesten, tragen immer noch den Stempel der Wahrheit in mehr oder weniger scharfer Ausprägung.

Man betrachte doch diesen unglückseligen Journalisten Giboyer, „une plume endiablée, cynique, virulente, qui crache et éclabousse,“ der um eine angemessene Bezahlung seinen leiblichen Vater mit Epigrammen spicken und für fünf Franks Trinkgeld à la croque-du-sel auffressen würde! Welch' eine Kanaille, die uns Entsetzen und Mitleid zugleich einflößt; denn ihre grauenhaften Charakterverirrungen entspringen im Grunde zwei reinen Quellen: der Verachtung der korrupten Gesellschaft, die für den armen freigesinnten und nach Freiheit dürstenden Teufel nur Fußtritte hat, und einer unendlichen Liebe und Aufopferung für das einzige Kind, das dem Elend und der Verachtung entrissen und zu einem unabhängen, glücklichen Mannesdasein erzogen werden soll.

Man betrachte ferner diesen alten Marquis d'Auberive, eine geriebene Voltairesche Natur und unerbittliche Zunge, aber nicht stark genug, um den Reizen des Intriguenspiels und der pikanten Weiber, die die frommen Salons der Legitimisten wie Zentralsonnen beherrschen, sich entwinden zu können. Er hat ein geistreiches Wort für alle Lagen und Personen. Als die Baronin an der Zuverlässigkeit der käuflichen Preßhusaren zweifelt, bemerkt er: „Im Handgemenge giebt es keine Söldner mehr; die Keile, die sie kriegen, bringen ihnen eine Überzeugung bei!"

Und wie geißelt er, der authentische Erbadelige, die zudringlichen „Bourgeois du droit divin, die vor der Revolution eine heilige Angst empfinden, weil sie dabei nichts mehr zu gewinnen hoffen!

Der Typus dieser für den alten Edelmann so lächerlichen Menschensorte, der „Bürger von Gottes Gnaden", ist ein gewisser Herr Maréchal, der voll erheuchelter Begeisterung ausruft: „So lange die Lehre dieser Taugenichtse Voltaire und Rousseau nicht tot und eingescharrt sind, giebt es nichts Heiliges und keine Möglichkeit mehr, seinen Reichtum in Ruhe zu genießen; das gemeine Volk braucht eine Religion, Herr Marquis!" Er schmachtet nach einer eklatanten That, um der legitimistischen Partei seine Ergebenheit zu beweisen. Da erwählt ihn dieselbe — faute de mieux — zu ihrem oratorischen Sturmbocke bei der großen Unterrichtsdebatte im Parlamente, schickt ihm aber vorsichtshalber die Sensationsrede fix und fertig ins Haus, damit er sie auswendig lerne. Bei Eröffnung des dritten Aktes treffen wir ihn richtig bei der sauren Memorier-Arbeit, der er sich mit angequältem Enthusiasmus zu entledigen sucht. Er hat sich in sein Bibliothekzimmer eingeschlossen, ein parlamentarisches Glas Zuckerwasser auf die improvisierte Tribüne gestellt und beginnt nun, sich hinter einen Stuhl pflanzend, seine gewaltige Rede mit majestätischen Gesten zu probieren. Hier ein Bruchstück davon:

„Meine Herren! Seien Sie überzeugt, die einzige solide Basis der politischen, wie der moralischen Welt ist der Glaube. Nicht die Menschenrechte muß man dem Volke lehren, sondern die Rechte Gottes; denn gefährliche Wahrheiten sind keine Wahrheiten. Die Lehre von der göttlichen Einrichtung der Autorität muß das erste und letzte Wort alles Volksunterrichtes bleiben . . ."

Ist das nicht vortrefflich nach der Natur der Rückschrittspartei gezeichnet? Das ist so exakt ins Schwarze getroffen, daß man vermeinen möchte, die Messieurs Chesnelong im Versailler und Windthorst im Berliner Parlament hätten ihre besten Schlagworte bei dem Dramatiker Augier geborgt. Allein der bethörende Singsang der falschen Propheten ist ewig wie die Welt und man kann ihn allerorten hören, wo der fortschreitende Volksgeist seine unveräußerlichen Rechte geltend machen will.

„Meine Herren! Seien Sie überzeugt, die einzige solide Basis der politischen wie der moralischen Welt ist der Glaube!"

Welcher Glaube? Der Glaube an den — Glauben der Dunkelmänner . . .

Ich sage nichts von den drei Frauen-Rollen im „fils de Giboyer", eine ist frappanter und köstlicher als die andere. Bis auf die engelreine, stolze Fernande hat jede ihr Pfund von Sarkasmen, Medisances und politisch-religiöser Heimtücke redlich zugewogen erhalten.

Die klerikale Partei spie in ihren Blättern Feuer und Flammen gegen den gottlosen Dichter. Seit das französische Theater besteht, hatte sie Angriffe von solcher Wucht, von solcher aristophanischer Großartigkeit noch nie erfahren. Sie raste; allein sie blieb ohnmächtig wider ihren Gegner. Es war ihm von keiner Seite ernsthaft beizukommen, weder von der litterarischen noch von der bürgerlichen. Augier erschien im glänzendsten Waffenschmuck, von Kopf bis zu Fuß mit allen Tugenden des Schriftstellers wie des Privatmannes gewappnet!

Der ehrwürdige Louis Veuillot, einer der bissigsten Hähne der legitimistisch-klerikalen Hofpresse, rückte gleich mit einem dicken Band ins Treffen. Das kuriose Kampfwerk führte den Titel: „Le Fonds de Giboyer" und war in Gesprächsform geschrieben. Das eiferte und geiferte, ächzte und krächzte, schmähte und krähte aus Leibeskräften. Veuillot glaubte um so mehr zu diesem heroischen Gang verpflichtet zu sein, als ihm sein Gewissen und die vox populi unaufhörlich zuraunten, er, der gefeierte Journalist, sei in dem Augierschen Stück sprechend ähnlich portraitiert und Ehren-Deodat getauft. Er fühlte sich persönlich getroffen — und zog im Namen der Partei um so kouragierter vom Leder, ein Phänomen, das bei klerikalen Fehden sich am öftersten beobachten läßt. Je größer der Sünder, desto größer die Anmaßung, die Heiligkeit Gottes und seiner Ordnungen als auserwählter Schildträger vertheidigen zu müssen.

Die Pariser lachten — und Monsieur Veuillot hatte sein Pulver umsonst verschossen. Nur sein Gesicht und seine Hände erschienen noch schwärzer als vorher. Seine dicke Nase ist heute noch berühmter und populärer in Paris als seine dicke Streitschrift wider Augier, der selbstverständlich den klerikalen Pamphletisten keiner Gegenrede würdigte. Diese Kreaturen gehen schließlich doch am eigenen Gift zugrunde, während die Geistesthat des freien und ganzen Mannes fortwirkt von Geschlecht zu Geschlecht.

Auch ein Herr Eugène de Mirecourt suchte mit der gehässigen Schrift „Le Petit-Fils de Rigault Lebrun" sein Mütchen an dem kühnen Komödiendichter zu kühlen. Litterarisch noch unter Veuillot stehend, ist er ihm jedoch an reaktionärer Lasterhaftigkeit womöglich überlegen, so daß seine Schmierakalien uns noch tiefer den trüben Grund des Klerikalismus erschließen. Von diesem Gesichtspunkte aus ist sein Pamphlet schätzbarer als „heilige Bundesschrift".

Einem Gegner in der illustren Brüderschaft der „Unsterblichen“ von dem Kaliber des Poeten Victor de Laprade begegnen zu müssen, mag selbst für den vielerfahrenen Augier eine Überraschung gewesen sein. Der sanfte Sänger heidnischer Lüsteleien entpuppte sich in dem Streite wider seinen akademischen Mitbruder als das gröbste und schamloseste Lästermaul. Laprade erhob den Anspruch im Namen sämtlicher Parteien, also auch der von Augier nicht angegriffenen, gegen das neueste Theaterstück protestieren zu müssen. In seinem Poëm „La Chasse aux Vaincus“ zieh er Augier der Bestechlichkeit, des bonapartistischen Hofschranzentums, mit einem Wort der litterarischen Gaunerei.

Da bäumte sich der Mannesstolz im Dramatiker auf und der gerechte Zorn des Gekränkten vermochte nicht länger an sich zu halten. Augier antwortete mit einem offenen Brief in der „Opinion Nationale“. Dieses Schriftstück gehört zum interessantesten, was in der langen Fehde um den „Fils de Giboyer“ zutage gekommen. Man findet es im Tagebuch der Comédie-Française von Georges d'Heylli, S. 360 abgedruckt. — Jeder Satz ist ein Fußtritt für den ehrenwerten Victor, der zertreten wie ein elendes Gewürm am Boden liegen blieb. Es war eine furchtbare Lektion, aber sie war wohl verdient.

Als das Theaterstück seine Runde durch Frankreich machte, entbrannte der Kampf auch in der Provinz. Am wildesten geberdeten sich die Feinde in dem von fanatischen Pfaffen aufgewiegelten Süden. In Nimes und Toulouse wuchs der Skandal zu solcher Höhe, daß die Gerichte einschreiten und die Rädelsführer der klerikalen Hetzbande ins Gefängnis werfen mußten.

Trotz aller Opposition blieb auch hier dem mutigen Dichter der volle Sieg beschieden. —

Der Journalist Giboyer ist eine der eindrucksvollsten, charakteristischen Rollen, aber zugleich eine der allerschwierigsten. Der zum Austrag zu bringende psychologische Konflikt erfordert einen Schauspieler von ungewöhnlicher Begabung. Das Théâtre français besitzt einen solchen an Monsieur Got. Derselbe lebte sich dermaßen in diese originelle Persönlichkeit ein, machte sich so sehr alle Besonderheiten ihrer Denk- und Empfindungsweise zu eigen, daß er später Anklänge hieran in anderen wesentlich verschiedenen Rollen, wie die Rudolphes z. B. in Ponsards Honneur et Argent, erst nach großer Mühe zu überwinden vermochte.

Got konnte von da an als Augiers eigentlicher Mitarbeiter, Fortsetzer und Vollender auf der Bühne gelten. Im Jahre 1865 creierte er die Titelrolle im fünfaktigen „Maitre Guerin“. Wir notieren im Fluge zwei hübsche Worte aus dieser brillanten Komödie, die einige sehr anziehende, populär gewordene politische Charaktere auf die Bühne stellt: „Le génie est un flot baigné par la folie“ — dann: „Haben Sie Angst vor der Ehe? — Ach nein, ich werde mich chloroformieren lassen!“

An diese Komödie hat der Dichter fast zu viel Talent verschwendet. Der Reichtum an Personen, Situationen und Konflikten ist so groß, daß sich aus derselben der Stoff zu zwei oder drei neuen Komödien ziehen ließe. Dem gerüttelt vollen Werke gebricht es daher an der leichten Faßlichkeit und Einheitlichkeit. Der Überschuß an Ideen und Figuren zersplittert unser Interesse. Die szenische Gewandtheit Augiers hat diesen Fehler freilich so gut als nur immer möglich einzuschränken versucht und geduldigen Zuschauern gegenüber wird es ihm gewiß auch gelungen sein. Das Werk enthält einige Porträts, die mit erstaunlicher Meisterschaft ausgeführt sind, ganz besonders das des Notars in der Provinz, des „Meisters Guerin“, das die dramatische Galerie des Dichters um einen neuen, originellen Typus vermehrt. Dieser Notar ist ein Hauptschelm. Ein Geizhals und Wucherer, dabei ein strenger Familienvater, voll ehrsüchtiger Begierden hinsichtlich der Zukunft seines Sohnes, dem er Adelsrang verschaffen möchte, verschlagen und vorsichtig und voll seltener Beharrlichkeit, keine Gewissensskrupel kennend, aber dennoch den Schein des Rechts und der Gesetzmäßigkeit für seine Handlungen wahrend, so schreitet er durch alle Verwickelungen der umfangreichen, politischen Komödie direkt auf sein Ziel los. Die Lösung ist sehr schön mit ihrem freien Ausblick auf die Wirklichkeit des Lebens, das dahinrollt, ohne sich um die Leiden und Freuden eines vereinsamten Menschendaseins groß zu kümmern. Maitre Guerin wird am Schluß von Weib und Kind verlassen, aber er muckst nicht. Ein alter Sünder, aber ein ganzer Mensch. —

IV.

„La Contagion“, auf dem Titel ausdrücklich als „Pariser Sittenstudie“ bezeichnet, war für das Théâtre français bestimmt. Die Aufführung drohte jedoch auf die lange Bank geschoben zu werden, weil der Ponsardsche Fünfakter „Le Lion amoureux“ mit seinem außerordentlichen Erfolge die Affiche beherrschte.

Durch diese Verzögerung drangen einige Mitteilungen über den pikanten Inhalt der neuesten Augierschen Komödie in das Publikum und erregten eine solche Neugierde, daß der spekulative Monsieur de Villemessant, damals Chefredakteur des „Événement“, dem Autor zehntausend Franks für die vorläufige Publikation des Manuskripts im Feuilleton seiner Zeitung anbot.

Augier schlug die zehntausend Francs aus. Er zog sein Manuskript vom Théâtre français zurück und verschloß es ruhig in seinem Schreibtisch.

Im Unterschiede von seinen Kollegen, die dem Andrängen ebenso sensationsbedürftiger als gefälliger Journalisten nachgeben und oft schon Monate vorher Titel und Inhalt ihrer werdenden Stücke nach allen Richtungen der Windrose austrommeln lassen, ist Augier nichts widerwärtiger, als der Lärm der Reklame vor der ersten Aufführung.

Er liebt es nicht, sein künstlerisches Schaffen, an welchem der Denker nicht geringeren Teil hat, als der Dichter, vor der gaffenden Menge auszustellen; er umhüllt es mit dem keuschen Schleier des Geheimnisses, bis der feierliche Augenblick der ersten Aufführung naht. Dazu gesellt sich noch ein anderes: Augier geht bei der Wahl seiner Titel mit der äußersten Vorsicht zu Werke. Es kommt vor, daß während der Einstudierung des Stückes der Verfasser mit seinen Erwägungen noch zu keinem befriedigenden Resultate gekommen ist und den definitiven Titel noch nicht gefunden hat.

So erhielten „Les Fourchambault" diesen Namen erst sechs Tage vor der ersten Aufführung; „Le Gendre de Monsieur Poirier" sollte ursprünglich „Revanches de Georges" und der „Probierstein" „Un tour de roue" heißen. Bevor er sich für „La Contagion" entschied, fragte er sich noch, ob nicht der Name eines der Hauptfiguren vorzuziehen und das neue Werk nicht besser und wohlklingender „Baron d'Estrigaud" zu taufen sei.

Aus dem oben angedeuteten Grunde fand die Première der „Contagion" nicht im Théâtre français, sondern im Odéon statt. Es war am 17. März 1866. Got lag damals im Hader mit dem Komitee des ersten Schauspielhauses und hatte seine, vom Kaiser nicht akzeptierte Demission eingereicht. Auf spezielle Erlaubnis Napoleons creierte Got im Odéon die interessante Rolle des André Lagard und organisierte eine Wandertruppe, um mit dem Stück eine Reihe von Vorstellungen in der Provinz zu geben.

Vom Standpunkte der Pariser Gesellschafts-Wissenschaft ist das Stück sehr belehrsam. Die Typen von Courtisanen, Börsianern und der Hautevolée der Theater-Demimonde sind nach der Natur gezeichnet und fesseln den Forscher im höchsten Grade.

Dem Pariser Theater-Publikum hingegen waren es alte Bekannte, die durch den genialen Balzac und den talentvollen jüngeren Dumas schon hinlänglich eingeführt und von dem letzteren in allen erdenklichen Positionen vorgestellt worden waren. Den mangelnden Reiz der Neuheit konnte die wenig spannende Handlung kaum ersetzen. Ein verteufelt lasterhaftes Zwiegespräch zwischen dem leichtlebenden Bruder und seiner jungen verwitweten

Schwester in der zweiten Szene des ersten Aktes wurde jedoch von dem blasierten Auditorium sehr goûtiert.

Eine tüchtig durchgearbeitete Charakterstudie ist die originelle Figur des Börsenbarons d'Estrigaud, der in seinem Epikuräertum nach einer vergnüglichen und friedsamen Association des Cölibats mit dem Wittwenstande sucht, — une association pacifique d'un veuvage et d'un célibat. Um die verkommene Gesellschaft nicht ganz unerträglich werden zu lassen, hat sie der Dichter mit einigen moralischen Velleitäten ausgestattet. Er zeigt uns den pädagogischen Börsianer, die rettende Kokotte. Die tugendhafte Gegenpartei läßt uns den noblen Alban, den etwas leichten, aber gutherzigen Sohn, die naive Landunschuld und den beliebten Mann aus eigener Kraft, den self made man, erblicken, der denkend, arbeitend und helfend festen Schrittes über die Erde wandelt und aus allen Fährlichkeiten und Versuchungen als Sieger hervorgeht. Auch die junge Wittwe ist brav, im Grunde wehrt sie sich tapfer gegen einige lüsternen Anwandlungen und macht die Anschläge des Börsenbarons bestens zu Schanden. Der Dialog sprüht und funkelt an einigen Stellen, meist an den verfänglichsten, wie ein Feuerwerk — geistreiche, blendende Irrlichter über einem moralischen Sumpfe.

„Le monde vit de sous-entendus" doziert einer im Stück, und wahrlich der Mann hat nicht Unrecht.

Einen glänzenderen und einschneidenderen Erfolg als „La Contagion" hatte 1868 „Paul Forestier", ein großes Passionsdrama in Versen. Der vierte Akt ist zwar dramatisch und logisch sehr schwach, denn er bringt nichts als die fable convenue zu Gunsten der conventionellen Moral und eines den gewöhnlichen Zuschauer sanft einlullenden Abschlusses. Ein solcher Schluß ist im Sinne der Psychologie und Welterfahrung nichts weniger als eine annehmbare Lösung. Allein die ersten drei Akte, besonders der dritte, sind von einer Pracht und Macht, daß der Sieg des Stückes entschieden war, bevor der Vorhang zum letzen mal aufgegangen.

Dasselbe Publikum, das bei „Le Mariage d'Olympe" so prüde und nervenschwach gethan hatte, hielt sich diesmal den leidenschaftlichen Explosionen und geschlechtlichen Verwegenheiten gegenüber, die den Angelpunkt des Stückes bilden, ganz munter. Got, Coquelin und Fräulein Favart, denen die verfänglichsten Dinge vom Dichter zugemutet wurden, rechtfertigten das in ihre Feinfühligkeit und Kunstbegabung gesetzte große Vertrauen vollkommen. Sie leisteten das Möglichste, um durch diskrete Interpretation und flinkes Spiel jene Situationen zu mildern und akzeptabel zu machen, — es sind deren zwei — in welchem das dichterische Fahrzeug in der die Sinnlichkeit des Hörers und Zuschauers aufstachelnden Schilderung höchst intimer Vorgänge bis an die Säulen des Herkules und noch ein wenig darüber hinaus segelt. Eine Miene, ein Accent, eine Geste wären imstande gewesen, das ganze Werk unrettbar zu Fall zu bringen.

Da ist eine gewisse Erzählung im zweiten Akte von einem Geschehnis, das sich im Boudoir einer Pariserin, der Wittwe Léa, nachts um die zwölfte Stunde ereignete. Nur die geniale Wiedergabe durch den älteren Coquelin und die überraschende Wendung des Schlußverses setzten einen Dämpfer auf die in den spitzigsten Tonlagen sich bewegende Musik wild entfesselter Leidenschaft.

„Sortez, vous me faites horreur!“ schreit das vor Scham und Schmerz bebende Weib dem Fremdling zu, der sich ihr in der fatalen Stunde als Gelegenheits-Kurmacher genähert und von ihr das letzte Opfer erhalten hatte. Léa hat sich wie eine gewöhnliche Dirne entehrt, weil sie, von ihrem Geliebten verlassen, seine Brautnacht nicht überdauern kann, ohne durch Selbstaufopferung entsetzliche Rache zu nehmen. Um diese kapitale Verirrung des verratenen Weibes bewegt sich das ganze Stück. Nie hing das Schicksal eines dramatischen Kunstwerkes an einem delikateren Härchen.

Léa war seit langer Zeit die — sagen wir das Wort französisch — Maitresse von Paul Forestier, der, wie sein Vater, ein Meister der Malerkunst ist. Der alte Künstler fürchtet bei diesem unregelmäßigen Leben seines Sohnes für dessen künstlerische Laufbahn. Er sucht ihn zunächst mit moralischen Sentenzen zur Umkehr zu bewegen.

„J'étais chaste, et c'est là le secret de ma force.

Auf die Gegenrede des Sohnes, das sei ein etwas herbes Rezept, erwidert der Alte salbungsvoll:

„Non, car le mariage est une chasteté,
Laisse aux gens de loisir, laisse aux cervelles creuses
Les plaisirs énervants et les amours fiévreuses,
Le désordre au talent est mauvais compagnon

und so weiter. Auf diese Weise vermeint der Vater den jungen Sausewind auf die Ehe mit einem unschuldsvollen Nichtchen vorzubereiten und ihn der schönen Léa, der verwittweten Tante, für die er eine leidenschaftlich erwiderte Neigung hegt, abspänstig zu machen. Da die moralischen Reden allein nichts fruchten, so nimmt der Alte seine Zuflucht zu der edelmütigen Léa, bewegt sie in einer an die Cameliendame erinnernden Szene, seinem Sohne zu entsagen und diesen schweren Entschluß dem Geliebten persönlich zu erklären. Léa entledigt sich dieser Mission, die ihr reichstes und duftendstes Liebesleben zerstören muß, in wahrhaft heroischer Weise — und reist ab.

Paul erholt sich allmählich von dem harten Schlag und heiratet das von der väterlichen Vorsehung ihm bestimmte Richtchen. Als Léa im Auslande die Kunde von der Vermählung ihres Geliebten vernimmt, verliert sie das ethische Gleichgewicht. Sie begeht den oben angedeuteten Racheakt — an sich selbst. Am nächsten Tage kommt sie wieder zu Vernunft und stößt mit Abscheu den fremden Anbeter von sich, der ihr mit der löblichen Absicht naht, durch die Ehe die Reminiscenz der vorigen Nacht quitt zu machen.

Es ist der abgewiesene Galan, der unserem in allen Wonnen der Flitterwochen schwelgenden Paul Forestier halb triumphierend, halb gedemütigt, das merkwürdige Abenteuer erzählt und um seinen Beistand zur Heiratsvermittelung bittet. Alle Erinnerungen an seinen ersten Liebesfrühling mit der schönen Léa erwachen mit stürmischer Gewalt in Pauls Brust. Er ist außer sich über die schmähliche That des Weibes, dessen Liebe er einst allein besessen . . . Seine Léa hat sich prostituiert!

Die gesellschaftlichen Verhältnisse führen bald darauf Pauls jugendliche Gemahlin und Léa zusammen. Letztere, die noch immer ihren Paul liebt, ja glühender liebt, denn je, fühlt sich von der wütendsten Eifersucht verzehrt, und entreißt dem ahnungslosen, glücklichen Weibchen die intimsten Geständnisse. Nachdem sie aber sehen muß, daß die eheliche Liebe die stärkere ist, und die ihrige besiegt hat, flammt ihr Haß gegen diejenige auf, die jetzt in Pauls Herz ihren Platz einnimmt. Diese Szene gehört zu den gewagtesten und außerordentlichsten des modernen Theaters.

Nun trifft Paul mit Léa zusammen. Er überhäuft die einstige Geliebte mit den bittersten Schmähungen. Diese, außer sich vor Scham und Wut, erklärt ihm den unerhörten, sinnverwirrenden Schmerz, der sie in der fatalen Stunde seiner Hochzeitsnacht mit wahrhaft epileptischen Anfällen zermarterte — — Paul fühlt sich angesichts dieser Enthüllungen von seiner alten Passion erfaßt; er wirft sich Léa zu Füßen und ist entschlossen, mit ihr, die jetzt souveräne Herrin seiner Seele, seiner Sinne und seines Verstandes geworden, zu fliehen bis ans Ende der Welt . . . vorerst bis Nizza.

Nachdem sich das Drama bis zu dieser schwindelerregenden Höhe emporgehoben, stürzt es im vierten Akte plötzlich herab auf den prosaischen Boden theatralischer Banalität; es endigt wie ein mittelmäßiges Vaudeville, mit Reue, Versöhnung, Freudenzähren und einem frommen Tusch. Léa geht wiederum auf Reisen, Paul kehrt zu seinem Weibchen zurück, das ihm nach einer nicht immer sehr gehaltvollen und würdigen Predigt verzeiht, und der alte Papa spricht den Segen. Allein der weltverständige Zuschauer läßt sich nicht täuschen. Er sieht beim Fallen des Vorhanges die Wahlstatt mit gebrochenen Herzen bedeckt und den Himmel mit den düstersten Trauerflören umhängt.

Die armseligste Figur spielt der alte Vater. Bei all' seiner zur Schau getragenen Kunstbegeisterung, bei all' den schönen Trostsprüchlein, die er aus dem Füllhorn einer langen Lebenserfahrung unermüdlich schüttelt, kann man sich doch der Verstimmung über die verschmitzten, egoistischen Eingriffe nicht erwehren, die er sich in das Herzensleben seines Sohnes gestattet.

Litterarisch betrachtet, zählt „Paul Forestier" zu dem glänzendsten, was Augier jemals geschrieben. Die Verse sind von einer Eleganz, einer Verve, wie man sie nur bei wahrhaft inspirierten Dichtern trifft.

Zum Schlusse eilend, muß ich mich mit der einfachen Erinnerung der Titel seiner neueren Werke begnügen, um noch etwas länger bei dem jüngsten Erzeugnisse der Augierschen Muse zu verweilen.

Nehmen wir aus „Paul Forestier" noch eine kuriose Definition mit auf den Weg, die der Verfasser dem jungen Weibchen, unschuldsvoll und naiv wie ein Engel, in den Mund legt, eine Definition der Rolle, welche die Maitressen in der Männerwelt spielen:

„Tout leur rôle consiste, autant que j'ai compris,
A donner patience à nos futurs maris".

Wenn dem also ist, werden die braven Weiber des Zukunftsstaates nicht ermangeln, den seither verkannten Jungfrauen, die sich dem Maitressenberufe widmeten, eine National-Belohnung zu votieren. —

Es erschienen:

1871 im Théâtre français: „Lions et Renards".
1873 daselbst: „Jean Thommeray" in Gemeinschaft mit Jules Sandeau verfaßt;
1876 im Vaudeville: „Madame Caverlet";
1877 im Palais Royal: „Le Prix Martin";
1878 im Théâtre français: „Les Fourchambault".

Die Fabel der „Fourchambault" beruht auf einer thatsächlichen Begebenheit, die der Verfasser des Stücks erzählen hörte. Wir haben es also nicht mit einer sozialen These zu thun, nicht mit einer abstrakten Allgemeinheit, die nur von fern an einen der wundesten Flecke des Familienlebens rührt und mit ersonnenen Thatsachen zu gunsten einer persönlichen Satzung bühnengerecht argumentiert, sondern mit einem Spezialfall, den das Leben dem Dichter vorgegeben hat. Wieviel ist nicht schon über das uneheliche Kind von den französischen Bühnen herab deklamiert worden von Diderot bis auf Dumas! Augier war es beschieden, dem heiklen Thema eine neue Seite, vielleicht die humanste von allen, abzugewinnen: das uneheliche Kind wächst heran in der strengsten Zucht der von der Gesellschaft preisgegebenen Mutter, bereichert sich durch harte Arbeit und rettet schließlich den Vater und seine legitime Familie vom Untergang, ohne von ihnen erkannt zu werden!

Es kann im Grunde nichts Einfacheres, Rührenderes und Keuscheres ersonnen werden. Was aber kein kritisches Auge an dem Augier'schen Drama zu erkennen vermochte, das war dem moralischen Spürsinn eines Stettiner Beamten zu entdecken vorbehalten: der Makel der Immoralität!

Die sonderbare Geschichte ist bekannt. Hat sie doch ihren Weg nicht bloß durch die gesamte europäische Presse, sondern selbst bis in die Hallen des deutschen Reichstages gefunden, sicherlich zu nicht geringer Genugthuung des Pariser Schriftstellers!

Damit hätte es, sollte man meinen, des thörichten Spaßes genug sein können. Gott bewahre! Ein gewisser Herr Dr. Hermann Klee wollte in der schildbürgerlichen Immoralitäts-Diskussion auch sein Wörtlein haben, und da er's nirgends bequem erlangen konnte, so brach er sich's frisch vom Zaune in einem ergötzlich konfusen Buche „Fürst Bismarck und unsere Zeit", worin er die Moralisierung Deutschlands mittelst des Polizeispießes predigt.

Der preußische Minister des Innern hat bekanntlich in einem Erlasse an den Oberpräsidenten von Pommern für Augiers „Fourchambault" Partei ergriffen und offiziell anerkannt, daß dieses Werk ein durchaus entschiedener und ernst gehaltener Protest gegen die Unmoralität sei.

Dieses Anerkenntnis wurmte Herrn Klee. Sein sittliches Gemüt war skandalisiert. Das fehlte noch, eiferte er, daß im Reiche der Gottesfurcht und frommen Sitte ein Minister für französische Komödien-Schreiber empfehlende Leumundszeugnisse ausfertigt! Das darf bei meiner Seele Seligkeit nicht ungerochen bleiben!

Und er heftete dem Manuskripte seines famosen Bismarck-Buches ein neues Blatt bei und erfüllte es mit sittlichem Hader.

Ich kann mir nicht versagen, zur Erbauung des Lesers die betreffende Stelle mitzuteilen, die sonst im Strome der Bismarck-Litteratur unbeachtet untersinken könnte — zum großen Schaden der Moral und des Humors in „dieser bösen, betrübten Zeit".

Der fromme Herr schreibt:

„. . . Ein Protest würde nur dann vorhanden sein, wenn das Stück die Folgen der Unmoralität tragisch darstellte, wenn es durch den Gang der konkreten Handlung einen Abscheu vor unmoralischen Vergehen und so eine wirkliche Katharsis herbeiführte. Unmoralische Handlungen nur durch Worte geißeln, macht keinen Eindruck auf der Bühne (etwa nur auf der Kanzel oder im Beichtstuhl, verehrter Herr Klee?). Das Stück weiß zwar genug von hochtrabenden Ermahnungen an die leichtsinnige Jugend, läßt es aber dem Thäter der unmoralischen Handlung und noch mehr den Opfern derselben (unerhört, auch den schuldlosen Opfern!) sehr wohl gehen. Man kann das Stück nicht direkt (aha!) unsittlich nennen, aber es fragt sich, ob es nicht im höchsten Grade Bedenken erregen muß, wenn diejenigen, die durch ihren Fehltritt (wie die unverehelichte Mutter und ihr Sohn!) von der Gesellschaft ausgeschlossen zu werden pflegen, in dem Stücke als hoch erhaben an Tugend und Edelsinn dargestellt werden, während die sogenannten normalen, konventionell bürgerlichen Verhältnisse und eine bürgerliche Familie, die als Repräsentant derselben gilt, als im höchsten Grade schwächlich, morsch, verfault gezeichnet werden. Der Franzose wollte eben zeigen, daß die von der Gesellschaft Ausgestoßenen zuweilen besser sein können, als die Gesellschaft selbst: das ist die eigentliche Tendenz des Stückes, und diese Tendenz, wenn sie auch an sich nicht unmoralisch, ja im gewissen Sinne sogar (!) christlich ist, wirkt entschieden unmoralisch, insoferne sie zu der laxen Lebensauffassung Veranlassung giebt, welche vor den abnormen Lebensverhältnissen, in die man doch nur durch sittliche Vergehen eintritt, nicht zurückschreckt. Überdies ist es ästhetisch widerlich, in einem dreistündigen Drama alle Augenblicke (übertreiben Sie nicht, rauher Tugendheld!) von dem Fehltritt und seinen Folgen, wie hier von der Verführung eines jungen Mädchens, reden hören zu müssen."

Wir ahnen, wohin die in- und ausländische Dichtkunst geriete, wenn der Muckerei die Theater-Zensur übertragen und etwa Herr Klee und seine Glaubensbrüder mit den Befugnissen von Nationalbühnen-Zensoren ausgestattet würden. Zum Glück ist auch in Deutschland dafür gesorgt, daß Bäume, Sträucher und sonstige nahrhafte Kräuter der Sakristei-Botanik nicht in den Himmel wachsen, Licht und Luft den freien Adlern der freien Künste raubend.

Unser Sittenwächter hat es als anstößig gerügt, als „ästhetisch widerlich". gewisse schmerzliche Dinge aus dem wirklichen Lebensverlaufe in Augiers Bühnenwerk hören zu müssen.

In der That kommt gar viel auf die Beschaffenheit und Erziehung der respektiven Ohren an. Es giebt gewisse entartete oder mißerzogene Gehörapparate, welche obscöne Dinge hören, wo das Ohr des Naiven und Reinen kaum eines Anklanges von Zweideutigkeit gewahr wird. Es giebt gewisse prüde Anstandsfanatiker, welchen der aufrichtige Molière das charakteristische Merkmal leiht:

„plus chastes des oreilles que de tout le reste du corps."

So fällt wohl auch im vorliegenden Fall der größte Teil der Anklage auf die Ankläger zurück. Sie gedachten Augier zu treffen, sie, die nach einem Worte Jesu „Mücken seigen und Kamele verschlucken“, und siehe da, sie treffen sich selbst! —

Der Vollständigkeit wegen habe ich noch einiger Arbeiten von geringerer Bedeutung Erwähnung zu thun. Nach „La Ciguë“ schrieb Augier ein unausgeführt gebliebenes Stück „Les méprises de l'amour“; sodann arbeitete er an einem Drama seines Freundes Sandeau mit: „La Chasse au roman“. Mit Alfred de Musset verfaßte er das Proverbe „L'habit vert“. Neben einem einaktigen Geplauder „Le Postscriptum“, das sich im Théâtre français als vielgespieltes Repertoirestückchen eingebürgert hat, verdanken wir seiner fruchtbaren Feder auch einen Operntext, der seiner Zeit von Gounod in Musik gesetzt worden ist: „Sappho“.

Im Jahre 1856 publizierte er seine „Poésies“, die u. a. einige Idyllen und eine Satire „La Langue“, auf die politischen Zungendrescher von 48 gemünzt, enthalten.

C'est tout.

Sein Tagewerk ist jedoch noch nicht abgeschlossen. Fern von dem verwirrenden Geräusch der Politik, umgeben von den Sprößlingen seiner Familie und von ehrlichen Freunden und Bewunderern, wohlhabend, unabhängig, gesund, schöpfungslustig wird Emile Augier sein Sinnen und Denken bis zur Stunde des Feierabends in den Dienst seines Volkes, in den Dienst der Menschheit stellen.

Heil ihm!

Das muß ich zum Schlusse noch bemerken, daß ich bei aller Bewunderung, die ich dem Meister der modernen französischen Sittenkomödie zolle, doch die Ansicht Jener nicht zu teilen vermag, die seinem Wirken für das neunzehnte Jahrhundert dieselbe Bedeutung zuerkennen, die z. B. Beaumarchais für das achtzehnte und Molière für das siebzehnte Jahrhundert in Anspruch nehmen durften, und zwar aus dem einfachen Grunde nicht, weil sich das Geistesleben einer großen Nation heute nicht mehr so vollständig in seinem Theater ausspricht, wie ehedem.

Der enorme Aufschwung, den in Frankreich der soziale Roman genommen, bezeugt die Unzulänglichkeit des Theaters (wenigstens in seiner jetzigen Verfassung), dem reicheren und mannigfaltigeren Kulturprozesse der Gegenwart nach allen Seiten gerecht zu werden.

Diese meines Erachtens notwendige Einschränkung hindert nicht, in Emile Augier das Haupt der dramatischen Schule im mitzeitigen Frankreich zu erkennen und unumwunden seine hohen Gaben zu verehren. Manche seiner Mit- und Nachstrebenden haben zuweilen so Gutes geleistet wie er, Besseres — keiner. —

Zum Ehebruchs-Drama

von Hans von Basedow.

(Zürich.)

Unter dem Titel „Zur Ästhetik des modernen Ehebruchs-Dramas“ ist kürzlich bei Hammer & Runge eine Brochüre aus der Feder Carl Goldmanns erschienen. Ich würde dieselbe einer Erwähnung in der „Gesellschaft“ nicht für wert erachten, wenn sie sich nicht einesteils in ebenso lächerlichen als unvernünftigen Ausdrücken über den Realismus erginge, die die völlige Unkenntnis des Autors mit unseren Zielen verrät, andernteils einige landläufige Ansichten zu Gehör brächte, die in ihrer geistverlassenen Banausie ganz dazu angethan sind, die ohnehin unsicheren Anschauungen über das moderne Drama noch mehr zu verwirren. Gerade die Theater- und Dramenfrage liegt so im Argen — trotzdem Georg Köberle und Karl Fiedl[illegible] vor Jahren praktisch und theoretisch zu reformieren suchten — daß jede unklare Wort darüber kaum zu bessernden Schaden stiftet. Hier kann i[illegible] selbstredend nur aphoristisch dies und jenes streifen, ich verweise daher a[illegible] mein in Bälde erscheinendes Werk „Ästhetik des modernen Dramas“ sowie auf meine „Moderne Dramaturgie“, die praktische Anwendung erstgenannten Buches, in welchem ich die Frage geklärt zu haben glaube und die Ziele des Dramas und Theaters vom modernen Standpunkte aus fixiert habe. —

Doch zu Goldmann: die Tendenz seines Büchleins ist: „Volksdrama — weg mit dem Ehebruchs-Drama — Theater wieder moralische Anstalt“ oder wie er selbst sagt: „dem Ehebruchsdrama die Stirn, der wahren, echten Kunst die Brust“. Das ist ja nun an und für sich ganz löblich, aber aus ganz anderen Gründen, als die Carl Goldmanns sind — aus Gründen der Wahrheit und modernen Ansichten über die Ziele, Zwecke, über den Inhalt der Kunst, während er von dem alten Popanz „Furcht und Mitleid“ ausgeht. Er beleuchtet zu diesem Zwecke den Ehebruch und kommt zu dem Resultat, daß Ehebrecher kein Mitleid erwecken können (!!) und daß nur „der geistige Ehebruch als Kampf der Sittlichkeit mit dem Reiz des sinnlichen Verbrechens tragisch ist. „Der sinnliche Ehebruch aber als Vereinigung zweier Unsittlichkeiten, ästhetisch genommen komisch.“ In Folge dessen ist nur ein Ehebruch à la Desdemona, also ein Ehebruch, der gar keiner ist, Stoff für ein Drama, alles übrige ein für alle Mal verdammenswert. —

Wir wollen uns durchaus nicht des Näheren mit Goldmann befassen — ich möchte hier nur in Kürze die Ehebruchsfrage und ihre Verwendung durch die französischen Dramatiker berühren. —

Das Ehebruchsdrama ist bedeutend im Abnehmen begriffen, es hatte seiner Zeit vollste Begründung in den sozialen Verhältnissen Frankreichs. Die Ehescheidung war nicht gestattet — die notwendige Konsequenz dieses Gesetzes war der Ehebruch. Von diesem Gesichtspunkte aus muß die Mehrzahl der französischen Ehebruchsdramen betrachtet werden; von diesem Gesichtspunkte aus haben sie vollste Berechtigung. Was den Ehebruch als Stoff für ein Drama betrifft, so ist er, wäre er auch nur rein physiologisch, sexuell begründet, zur dramatischen Bearbeitung geeignet, ja, sogar nach den althergebrachten Regeln, da in ihm das Prinzip der „individuellen Freiheit" zum Ausdruck kommt — ein Prinzip, das Ibsen in der Frau vom Meere so wundervoll zum Ausdruck gebracht. — Von jeher war die individuelle Freiheit im Kampfe gegen die Allgemeinheit man denke an Coriolan, die französischen Tragiker, Wallenstein rc. — ein Stoff für die Tragödien. Der tragische Held setzt sein Ich der Allgemeinheit, oder auch nur einer toten Formel gegenüber. Ein Ehebruch ist nichts, als ein Bruch einer höchst unnötigen, staatlichen, resp. kirchlichen Satzung und dieser Bruch birgt tragische Konflikte in sich, ja, sogar sehr gute tragische Konflikte. Also selbst vom Standpunkte der höheren Tragödie aus hat der geschehene Ehebruch Berechtigung, und die Franzosen wollen nicht einmal Tragödien schreiben, sondern nur Sittenbilder, Spiegel ihrer Zeit — jetzt ganz abgesehen davon, daß die alten ästhetischen Regeln moderner Anschauungen Platz gemacht. Selbst in dem Falle, wo der Kampf der Sittlichkeit — nebenbei Sittlichkeit, wo liegt die Sittlichkeit in einer liebelosen Ehe, denn nur in einer solchen tritt der Ehebruch ein, ich kann da nur Unsittlichkeit, staatlich und kirchlich sanktionierte Prostitution entdecken — selbst in dem Falle also, wo der Kampf der Sittlichkeit mit den Sinnen nicht zum Ausdruck kommt, wo die Helden nur im geschlechtlichen Drange, im Banne ihrer Sinne handeln, ist der Ehebruch zur dramatischen Behandlung geeignet, da sich genug Momente zu tiefen Konflikten bieten. Die Sinne, d. h. die Nerven, sind die Dämone des Menschen, sie treiben ihn rastlos weiter, den Einen empor, den Andren in das Verhängnis. Alles was psycho-physisch, was durch Nervenreiz und Nerventhätigkeit des betreffenden Charakters resp. Individuums zu begründen ist, bietet Stoff für künstlerische Ausgestaltung. Jedenfalls liegt im sinnlichsten Ehebruch nicht die Unmoral, die in der vorhergegangenen liebelosen Ehe gelegen. —

Die Franzosen wollen mit ihren Ehebruchsdramen, mit ihren „femmes entretenues" rc. auch keine sozialen Fragen entscheiden. Die Dumas, Augier, Sardou, Sandau rc. wollen nicht über „berechtigt und nicht berechtigt" richten. Das sind zwei individuelle Fragen, die sich im Drama, wie überhaupt nirgends allgemeingültig entscheiden lassen. Die Autoren greifen Individualitäten aus dem Leben heraus, an denen eine derartige Frage zum Durchbruch kommt und die diese Frage rein individuell entscheiden. Daß die Autoren Helden wählen, die ihre subjektive Stimmung zum Ausdruck bringen, das ist ja gerade das Sittliche an den Dramen. Der ethische Kern erweist sich so überall, ja er wird durch die frivole Behandlung dieses Themas von Seiten der Figuren gerade recht ersichtlich gemacht. Es kann den Autoren also daraus kein Vorwurf gemacht werden, um so weniger als sie sich nicht als Sitten-Prediger aufspielen, sondern nur als Sitten-Schilderer betrachten.

Was nun gar die Unmoralität und Frivolität der französischen Dramatiker betrifft, so ist das wieder die althergebrachte Dummheit, die den Autor für die Frivolität seiner Figuren verantwortlich macht. Mache man die verderbte Menschheit, die hyperfaule Gesellschaft, die raffinierte Bourgeosie dafür verantwortlich. Man verwechselt stets den Inhalt eines Buches mit dem Buche selbst. Ein Buch kann hochmoralisch sein und doch von Unmoralitäten und Gemeinheiten wimmeln, wie die Bibel z. B., deren Moral wohl niemand anzweifeln wird. — Der Autor schildert die Menschen doch nicht frivol, weil ihm dies so Spaß macht, sondern weil sie es sind. Die Menschen sind die Stoffe, mit denen der Schriftsteller arbeitet, die Menschen sind das Material, das er verwenden muß, wie es ist, wenn er nicht den Fluch der Lächerlichkeit und der bewußten Fälschung auf sich laden will. Ihm daraus einen Vorwurf machen, heißt der Wahrheit ins Gesicht schlagen, allerdings ein beliebtes Mittel bei allen denen, die im Siege der Wahrheit den Ruin ihrer eignen Dummheit sehen. Die Figuren der französischen Sittenbilder sind trotz einer gewissen Oberflächlichkeit in der Auffassung aus dem Leben gegriffen und somit, trotz einer gewissen Schablone realistisch. Es sind Momentaufnahmen, die der Autor in den Salons, Boudoirs und Klubs gemacht, die als Momentaufnahmen nicht künstlerisch durchgearbeitet, nicht retouchiert sein können. Die vornehme Pariser Welt findet Gefallen an Unterhaltungen à la Francillon und L'Etrangère, Denise et Fernande. Es ist Mode geworden, daß die Herren mit den Damen der vornehmen Welt über ihre Pferde und ihre Maitressen sprechen, ja — ein anderes Thema gilt für langweilig, und das ist nicht nur in Paris so, in Berlin und Wien kann man dasselbe beobachten. Aus der Durchführung eines derartigen Dialoges im Sittendrama kann man dem Autor keinen Vorwurf machen, im Gegenteil.

Das französische Sittenbild bietet trotz aller Irrungen und Fehler, trotz der vielen Oberflächlichkeiten und Unsicherheiten in der Charakteristik, trotz der mangelhaften und unwahr zusammengeschmiedeten, weil nicht genügend motivierten Grundideen, trotz der offenkundigen Spielerei mit den wichtigsten, tiefgehendsten Fragen, treffliche Zeitbilder, Charakteristiken unserer Zeit von hohem Werte, ist also trotz aller Mängel kein Schaden für das deutsche Theater. Aber seine Zeit ist vorüber — nicht weil es nicht zu vereinbaren mit den ästhetischen Regeln, wie Herr Goldmann meint, — sondern weil sich die deutsche Dramen-Produktion wesentlich gehoben, weil sich auch der Realismus des Dramas bemächtigt hat. —

Unser deutsches Drama behandelt denselben Stoff, wie das französische, aber tiefer, ernster, wahrer. Der Ehebruch wird aus dem modernen Drama nicht auszumerzen sein, so lange die Ehe Staats- und Kirchen-, nicht Individualitäts-Sache. Nicht zur Veräußerlichung der Ehe wird dies beitragen, sondern zur Verinnerlichung derselben, weil es den bodenlosen Abgrund der liebeleeren Ehe aufdeckt. Also nicht gegen das Ehebruchs-Drama im Allgemeinen kämpfe man — kämpfe man gegen das Herrschen der Franzosen, aber lasse man es nicht dabei bewenden, kämpfe man auch für die Deutschen, für das endliche Siegen des deutschen realistischen Dramas.

Zum Glaubensbekenntnis des Realismus.

Von Conrad Alberti.

(Berlin.)

Z. Z. Luxemburg, 5. 5. 89.

Sehr geehrte Redaktion!

Herr Bierbaum, unser wackerer Kampfgenosse, hat Anspruch auf meinen innigsten Dank, indem seine geistreiche und geschickte Kritik meiner zwölf realistischen Thesen mir Gelegenheit giebt, einen Punkt näher zu beleuchten, als dies in jenem kurzen Artikel im Januarheft möglich war.

Ich läugne keineswegs das Recht des Temperaments in der Kunst.

Herr Bierbaum entsinnt sich vielleicht noch meines Artikels „Ziele und Aufgaben der modernen Romandichtung", den ich vor etwa einem Jahre in der „Nationalzeitung" veröffentlichte. Dort habe ich meine Anschauungen über das Verhältnis des individuellen Temperaments des Künstlers zum Stoff, das heißt zur Wirklichkeit, eingehend dargelegt. Ich will daher hier an Herrn Bierbaum die Ergebnisse meiner Untersuchungen kurz mitteilen.

Ich möchte nur vorher erwähnen, daß ich dort von demselben Ausspruch Zolas ausging, den Herr B. — gegen mich anführen will.

Natürlich hat jeder Mensch sein persönliches Temperament, mit dem er die Dinge ansieht, das gewissermaßen das Fenster ist, durch welches er in die Welt guckt. Dieses Temperament ist — ich will nicht sagen die Folge seiner physischen Organisation (man möchte mich sonst des Materialismus zeihen), aber doch an dieselbe gebunden. Je nach den chemischen Bestandteilen dieser Fensterscheibe, je nach ihrer Dichtigkeit, werden sich die von außen eindringenden Lichtstrahlen verschieden brechen, wird ihm die Außenwelt anders gefärbt erscheinen. Was Jenem tiefrot erscheint, wird Diesem schwarz dünken, er wird tausend Farbennuancen erkennen, für die ein anderer blind ist, die ganze Welt wird ihm in einem blauen, grünen, fahlen Grundlicht erscheinen, in einer heitern oder trüben Stimmung. Je nach dem Schliff der Fensterscheibe wird dieselbe Gestalt dem einen länger, dem andern breiter, jenem näher, größer, diesem entfernter, kleiner scheinen. Und wenn er ein Künstler ist, so wird er die Natur — die ja nach Goethe der einzige einer künstlerischen Darstellung würdige Gegenstand ist — schöner oder häßlicher, farbiger oder eintöniger, frischer oder welker darstellen, und die Lebhaftigkeit, die Großartigkeit, die Erhabenheit, die Munterkeit dieser Darstellung, die Ruhe oder Bewegtheit des Stils wird mit seinem Temperament steigen oder fallen.

Mit einem Wort: was man in der Kunst die Auffassung und den Stil nennt — ist Ergebnis des Temperaments. Es unterscheidet Schiller und Goethe, Rafael und Michelangelo, Mozart und Beethoven.

Sei aber das Glas jener Fensterscheiben noch so grün oder blau, noch so convex oder concav — nie und nirgends wird man dadurch Frauen mit Fischschwänzen oder Männer mit Pferdeleibern erblicken! Wie stürmisch oder tief auch das Temperament sei — an der Erfahrung wird es stets seine Grenze finden, und auch der temperamentvollste Mensch, der im Besitz seiner fünf gesunden Sinne ist, wird im Jahre 1889 nicht mehr an irgend einer Straßenecke einen Centauren eilen oder im Golf von Neapel einen Tritonen herumschwimmen sehen. Wo die Natur aufhört, fängt das Tollhaus, die Fratze an. Die erste Aufgabe eines Künstlers ist doch, uns von der Leibigkeit seiner Schöpfung zu überzeugen. Wie kann ich aber an die Realität eines dargestellten Dinges glauben — die erste Bedingung des künstlerischen Gefallens — sobald meine Erfahrung, mein Wissen mir in jedem Augenblick wiederholt, daß es ein solches Wesen auf der ganzen Erde unter keinen Umständen geben kann? Sobald ich Giordano Bruno, Spinoza und Kant gelesen habe, weiß ich, daß die Existenz eines persönlichen, materiellen Gottes eine Unmöglichkeit ist und von diesem Augenblicke an werde ich nicht mehr an einen solchen glauben, sondern ihn nur noch als eine abgeschmackte Erfindung herrschsüchtiger Priester und ununterrichteter Ängstlinge betrachten — meine Auffassung des göttlichen Wesens wird eine rein geistige werden. Was aber selbst für den lieben Herrgott gilt, davon sollte ein lumpiger Triton eine Ausnahme machen? Ein Kunstwerk, an das ich nicht glauben kann, ist der künstlerischen Darstellung unwürdig — ich kann aber nicht an Dinge glauben, deren Unmöglichkeit mir die Erfahrung verbürgt. Ich müßte mich sonst beim Genuß des Kunstwerks jeden Augenblick mit meiner Erkenntnis herumprügeln, die mir unablässig zurufen würde: „Aber das ist ja alles Unsinn, was du da siehst!" So wie Phantasie und Temperament die Grenze der Erkenntnis, der Möglichkeit überschreiten, werden sie Wahnwitz und hören auf, Faktoren des künstlerischen Schaffens zu sein. Allerdings ist — Herr Bierbaum bemerkt es sehr richtig — die Forderung einer absoluten Schönheit ein Unsinn: eben weil die Höhe der Erkenntnis der Natur und ihrer Gesetze in jedem Zeitalter eine andere ist und sich darum die Möglichkeitslinie, die Grenze zwischen künstlerisch berechtigter und unberechtigter Phantasie von Zeitalter zu Zeitalter verschiebt. Die Künstler der Antike schufen mit vollem Recht ihre Centauren und Tritonen: denn das Publikum, für welches sie arbeiteten, glaubte an solche Wesen, sie lagen im Bereich seiner Möglichkeitslinie — so gut wie die beflügelten Engel der Maler der Renaissance. Die Leute wußten nicht, daß solche Wesen naturgesetzlich nicht existieren konnten. Daß ein Schriftsteller vom Geist des Herrn Bierbaum den alten Gegensatz von wahr und wirklich wieder als einen Punkt von ästhetischer Bedeutung anführen konnte, hätte ich nicht geglaubt. Wo habe ich denn je behauptet, die Wirklichkeit sei das Kriterium der Wahrheit? Wahr im ästhetischen Sinne ist vielmehr alles, was möglich ist, was den Naturgesetzen der Erkenntnis in keinem Punkte widerspricht. Alles in diesem Sinne Mögliche bildet das Stoffgebiet der Kunst. Wie jede Zeit ihre Schönheit hat so auch ihre Wahrheit — und beide fallen in der Ästhetik des Realismus zusammen.

Man wird aus diesem Gesichtspunkte auch meine Stellung zu Böcklin begreifen. Herr Bierbaum beruhige sich: dieselbe Epoche der grenzenlosen Böcklinschwärmerei, in der er jetzt steckt, habe auch ich vor 4—5 Jahren durchgemacht — und er wird sie überwinden, wie ich sie gottlob überwunden habe. Es gab eine Zeit, da mir Uhde ein Gräuel und Böcklin die höchste Seligkeit war. Aber man klärt sich. Ich lernte einsehen, daß doch die Malerei etwas mehr ist, als ein Farbenrausch, daß sie Charakteristik, Ausdruck, Wahrheit geben soll. Und die kreidigen, schmierigen Bauern Uhdes, welche ihre tiefste Seele, die rührendsten, ursprünglichsten, einfältigsten Empfindungen in ihren Augen, auf ihren Stirnen tragen, sind mir heut tausendmal lieber als die farbenschillernden Tritonenfratzen. Ich weiß gottlob heute, daß diese Tritonen und Meerweiber Böcklins nichts sind als eine ungeschickte Bemäntelung der vollkommenen künstlerischen Impotenz Böcklins, seiner gänzlichen Unfähigkeit, die Natur in ihrer herben, großartigen Gewalt zu erfassen und darzustellen. Die Sache ist einfach, daß Böcklin das Meer darstellen will und kein Wasser malen kann. Ein blauer Klex ist nicht das Meer. Deshalb erfindet er diese lächerlichen Fratzen, um die Natur, deren wunderbare, ewig wechselnde, keusche Mannigfaltigkeit darzustellen ihm zu schwer ist, zu verpersönlichen — er setzt eine abgeschmackte figürliche Allegorie an Stelle der hehren, wundervollen, vom Allgeist beseelten, unpersönlichen Natur. Er ist unfähig, den lebendigen Geist im Unorganischen zu erkennen, in der sogenannten „toten Natur“, er kann sich den Geist nur an der Person haftend vorstellen: eine unreife, vorspinozistische Auffassung. Genau so machten es die Erfinder der griechischen Mythologie, die Priester — denn an die spontane Entstehung der Mythologie im sogenannten „Volksgeist“ glaubt ja heute kein Mensch mehr. Diese Priester, unfähig das Gesetz zu finden, welches die Mannigfaltigkeit der Erscheinungen des bald lächelnd spielenden, bald zornig wütenden Meeres als den Ausfluß eines Wesens zusammenfaßte und entfaltete, erfanden die Gestalt des Proteus — ein Produkt ihrer Verlegenheit, ihrer Forschungsträgheit, durchaus nicht ihres Schönheitssinnes. Der ausgebildete Schönheitssinn kennt nichts herrlicheres als die natürliche Natur und ihre nicht allegoriesierte erhabene einheitliche Größe und unablässig wandelnde Mannigfaltigkeit. Leider haben wir (trotz Andreas Achenbach) noch keinen Maler, der das Meer in seiner ganzen, natürlichen, ungeschminkten einsamen Herrlichkeit und Größe, in seinen unzähligen wechselnden Stimmungen mit Kraft und naturgleicher Gewalt dargestellt hätte. Aber wenn Herr Bierbaum einmal nach Leipzig kommt, er ist ja ein Leipziger Kind, so besucht er vielleicht die Caloméschen Landschaften im dortigen Museum. Es sind die schönsten Werke dieses Meisters. Sie werden ihm sagen, daß man, um die Natur in ihrer ganzen abgründigen Tiefe aufzufassen, ihrer ganzen ewigen Schönheit darzustellen, keiner Allegorieen und Fratzen bedarf, daß jeder Versuch, die Natur zu meistern, zu verbessern und sie durch Wesen zu verkörpern, deren Existenz ihren eigenen Gesetzen zuwiderläuft, eine unverschämte Albernheit, eine Sünde ist. Wer vor Calamés „Sonnenaufgang am Monte Rosa“, dieser gewaltigen, ganz figurenlosen Landschaft, nicht bis ins innerste Mark erschüttert im Geist anbetend zusammensinkt, sondern sich in die ungeheure Einsamkeit wohl noch einen Vor oder Berggeist oder eine Nymphe wünscht — der thäte am besten, ewig ein Tuch vor den Augen zu tragen, damit sie nie wieder ein Kunstwerk durch ihre Blicke entweihen — denn ihm sind die Natur wie die Kunst mit sieben Siegeln verschlossen.

Diejenigen Bilder Böcklins, auf denen er sich in den Grenzen der Natur bewegt, die Villa am Meer, die Toteninsel, flößen mir noch heut Bewunderung ein. Für seine Tritonen und Nymphen habe ich geschwärmt so lange ich das Meer noch nicht gesehen hatte. Seit ich an der Nordsee und am Mittelmeer war, sind sie Fratzen für mich.

Herr Bierbaum erlaube mir die Frage, ob er schon einmal an der See war? Ich fürchte fast: nein. Conrad Alberti.

Nachschrift der Redaktion. Nachdem Herr Alberti seinem Angreifer gegenüber noch einmal das Wort genommen, können wir den Schluß der Debatte um so mehr für geboten erachten, als die exklusiv persönliche Art der Albertischen Beweisführung in Sachen der künstlerischen Phantasie schließlich doch nicht in einer allgemeinen Überzeugung der nun einmal im Geschmacke Abweichenden gipfeln kann. Alberti gesteht, daß er über Böcklin schon einmal umgelernt. Wer garantiert ihm, daß er nicht noch einmal umlernt? lberti fragt: Haben Sie das Meer gesehen? Je nun, wir haben auch s Meer gesehen, haben große Strecken des atlantischen Ozeans mit Lust ahren und den neidischen Göttern des mittelländischen Meeres in stür- hen Nächten das bekannte schauderbare Opfer gebracht. Alle diese Er- isse sind nicht imstande gewesen, unsere Freude an Böcklins symbolischen itimen Farbenträumen zu mindern. Also! Auch den Realisten gilt das rt: In arte libertas! Wir geben nächstens in dieser Sache einem Dritten s Wort. C.

Berliner Brief.

Von Max Halbe.

(Berlin.)

„ie Frau vom Meere“ im kgl. Schauspielhause. Im kgl. Schauspielhause. Wer den Gesichtswinkel kennt, unter dem sich der Leitung dieses höchst ehrwürdigen Instituts die Dinge dieser Welt im Allgemeinen und die Kunst im Besonderen präsentieren, wird ermessen können, wie dick die beiden Worte: kgl. Schauspielhause zu unterstreichen sind. „Berlin ist ibsenreif“. Aus fast allen kritischen Hundehütten kläffte, heulte, winselte das heraus. „Die Aufführung der „Frau vom Meere“

ist eine Schande für das kgl. Schauspielhaus", tönte dröhnend ein besonders umfangreiches Nachtwächterhorn.

Einige Wochen später im „Deutschen Theater" „Die Stützen der Gesellschaft". Bezeichnender Umschlag! Fast einhelliges Hallo der Kritik! Beifallsstürme im Publikum! Einige Gewohnheitszischer werden von der „kompakten Majorität" erdrückt und müssen ihren Geifer bis zu einer nächsten Gelegenheit bei sich behalten.

Die „Stützen der Gesellschaft" sind in den siebziger Jahren erschienen, 1888 die „Frau vom Meere". Das ältere Stück wird vom Publikum beklatscht, von der Kritik gefeiert, indes das um ein Jahrzehnt spätere an den Tastwerkzeugen unseres Publikums und unserer Kritik keine andere Regung hervorbringt, als die des Unbehagens und der Entrüstung über die „Peinlichkeit der Motive", über das „Undramatische", über die „Unsittlichkeit" Ibsens, über „das Psychiatrisch-Spiritistische" und was dergl. Schlagworte mehr sind. Und nicht nur „die Frau vom Meere", auch „Nora", „Gespenster", „Volksfeind", „Rosmersholm" und „Wildente", die wir in den letzten zwei Jahren hier an uns haben vorüberziehen sehen, also die gesamte dramatische Produktion Ibsens seit den „Stützen der Gesellschaft", sind diesen an einmütigem, durchschlagendem Erfolg nicht gleichgekommen. Nun also! der Schluß ist doch sehr einfach. Ibsens poetische und dramatische Kraft ist eben seit den „Stützen der Gesellschaft" mehr und mehr versickert in „altersgrauem Pessimismus", sein „zu schönen Hoffnungen berechtigendes Talent" ist in falsche Bahnen geraten und hat die Erwartungen enttäuscht.

Nichts einfacher als ein solcher Schluß aus dem Verhalten eines verständnisvollen, für den leisesten Reiz empfänglichen Publikums und den Ausführungen einer vorurteilslosen, strengen aber gerechten, anatomisch zerlegenden und zugleich künstlerisch umfassenden Kritik. Sonderbar nur, daß, als dieses selbe Stück vor zehn Jahren hier auf mehreren Bühnen zum ersten Male gespielt wurde, es bei dem verständnisvollen, für den leisesten Reiz empfänglichen Publikum und der vorurteilslosen, strengen aber gerechten, anatomisch zerlegenden und zugleich künstlerisch umfassenden Kritik eine so zweifelhafte Aufnahme fand, daß noch Jahre lang später kein Theaterdirektor den Mut schöpfte, es wieder mit einem Ibsenstück zu versuchen. Sonderbar nicht minder, als dann der Bann endlich gebrochen war und Ibsen mit einem seiner Stücke nach dem andern auf den Berliner Bühnen zu Worte kam, um freilich meistens wieder von dem zarthäutigen Publikum und der nicht weniger zarthäutigen Kritik niedergetobt zu werden — daß nicht da bereits einige der Mammuthosse, welche jetzt nach der Wiederaufnahme der „Stützen" durch das „Deutsche Theater" sehr viel Schönes über das dramatische Talent Ibsens zu künden wußten, natürlich immer mit einem bedauernden Seitenblick auf die spätern „Verirrungen" des „trübseligen Norwegers", daß also nicht bereits da diese Herren das Publikum aufklärten: „Hochwohlmögendes Publikum, Deine allerunterthänigsten Diener gestatten sich in allerunterthänigster Ersterbenheit die Bemerkung, daß Deine Majestät allerdings vollauf Recht hat, aufs höchste indigniert zu sein über diese schockierend form- und rücksichtslosen „Volksfeind", „Gespenster" rc., daß aber von demselben Manne wenigstens ein Stück existiert, welches den Namen eines dramatischen Kunstwerkes verdient. Dieses Juwel im Misthaufen sind die „Stützen der Gesellschaft." Indem wir Dir dasselbe angelegentlichst empfehlen, verbleiben wir wie immer Deine allerunterthänigsten Diener."

Das wäre klug gewesen, denn man hätte für den Fall, daß (höchst ungelegener

Weile!) dann wirklich eines Tages jenes Juwel dem Publikum von der Bühne entgegenglänzte, mit vornehm verächtlich an die linke Schulter gelegtem Kopf und nach hinten gedrehtem Daumen auf die Nummer soundsoviel und die Nummer soundsoviel seines Leiborganes verweisen können, wo man schon vor Jahren auf besagtes Stück hingedeutet hätte, und es wäre ferner eine Salvierung des kritischen Gewissens gewesen. Was aber die Hauptsache — es hätte nicht einmal sonderlich geschadet, da sich bekanntlich Theaterdirektoren etwa ebensoviel um Winke und Empfehlungen seitens der Kritik kümmern, wie der Mond um das Gebell der Möpse und seien ihrer auch eine Legion auf einem Haufen, und also um dieser Empfehlungen willen besagte „Stützen der Gesellschaft“ noch immer einige Ewigkeiten in den Theaterarchiven hätten begraben bleiben können. Doch mit dem „wäre“ und dem „hätte“. Von solchen Maßregeln der Klugheit und der Gewissenhaftigkeit hat man nichts gehört. Sollten beide Utensilien vielleicht — — — hm, hm ...

Das giebt denn freilich Einiges zu denken und ketzerisch veranlagte Naturen stellen die Behauptung auf, daß nach wieder einem Jahrzehnt „die Frau vom Meere“ und andere anstößige Stücke sich bei dem Berliner Publikum vielleicht ein Erfassungsorgan herangezüchtet haben könnten, das demselben heute noch mangelt, ebenso wie ihm vor einem Jahrzehnt das Organ für die damalige Produktion Ibsens mangelte. Was soll dann aber heute das Geschwätz von der „Ibsenreife“ Berlins und dergl. Redereien. Es kann sich doch höchstens um die Reife für die „Stützen der Gesellschaft“ und vielleicht noch „Nora“ handeln, was denn freilich nicht weit her wäre, denn jedermann weiß, daß diese Stücke anderswo im Reich, speziell in München, lange vor Berlin glänzend aufgenommen und dem ständigen Spielverzeichnis einverleibt sind. Von einem Verständnis für die „Wildente“ aber oder jetzt „die Frau vom Meere“ habe ich hier beim größeren Publikum und einem guten (gut-umfangreich) Teile der Kritik verdammt wenig bemerken können. Ich spreche nachher von der Aufführung und Aufnahme des Dramas im kgl. Schauspielhause.

Ein interessanter Zufall hat gefügt, daß wir bald nach der Verkörperung des jüngsten Ibsenschen Schauspieles die Wiederaufnahme des ältesten von den genannten Stücken erlebten. Nichts näher liegend daher als eine Gegenüberstellung der beiden Dramen.

Doch halt! Drama — da stolpern wir schon. In seinem Aufsatze „Ibsen und das moderne Drama der Zukunft“ (Breslauer Monatshefte 1889, II—IV) läßt sich Bleibtreu folgenderweise aus. „Worin besteht das künstlerische Wesen des Dramas? Wohl darin, daß es zuvörderst überhaupt dramatisch sei. Was ist dramatisch?“ Obwohl, wie er weiter bemerkt, darüber die Begriffe weit weniger wechseln, als in jedem andern litterarischen Kunstgebiete, bleibt er uns doch eine präzise, klipp und klare Antwort auf die präzise, klipp und klare Frage schuldig. Wir wären also auf seine Erklärung des Dramas als dessen, was dramatisch ist, angewiesen, wenn uns in dieser Not nicht mehrere Andeutungen zu Hilfe kämen, die er im Verlaufe seiner Beweisführung fallen läßt. Wir ersehen daraus, daß er unter dem Dramatischen „die dramatische Bewegtheit“ oder auch „die leidenschaftliche Bewegtheit“ des Dialogs und wahrscheinlich auch der Handlung versteht, daß „das Episodische der Tod alles echten Dramas ist“, daß die Volksscenen des Egmont, „diese lebenden Bilder“ „durch einen ungeheuren Abstand von den Volksscenen Shakespeares getrennt sind, die mit zielbewußter Entschlossenheit die Haupthandlung direkt vorwärts treiben,“ daß „die Grabbeschen Stücke trotz ihrer sonstigen Genialität ganz episch gedacht, eine

Reihe blendender historischer Lakonismen und Aphorismen in dramatischer Form sind", daß endlich „seit Schiller eigentlich nur ein Einziger im historischen Jambenstück dramatische Empfindung bewiesen, Wildenbruch."

Wie der Hungernde, dem man statt Brotes einen Stein gereicht hat, stürzen wir uns auf diese Brosamen. Sie ersetzen uns zwar nicht die so heiß ersehnte, klare, unumwundene Definition des Dramas oder des Dramatischen, wie wir es überhaupt bedauern müßten, wenn diese Art von Definitionen: Worin besteht das Wesen des Holzes? Darin, daß es zuvörderst überhaupt hölzern ist — sich in unserer Litteratur einbürgern sollten, aber sie genügen doch, um zu konstatieren, daß Bleibtreu noch fest in dem alten Boden wurzelt: Roman und Drama, getrennte Welten! Hie Welf! Hie Waiblingen! Es giebt epische Stoffe. Es giebt dramatische Stoffe! Das Drama braucht nicht nur Handlung an sich, die ja der Roman auch braucht, sondern kunstvoll zugespitzte, mit zielbewußter Entschlossenheit vorwärts treibende Handlung ohne alles episodische Beiwerk, „welches der Tod alles echten Dramas ist".

Damit wären wir denn glücklich wieder in den wohlbekannten, durch lange, lange Gewohnheit liebgewordenen Hafen eingesegelt, aus dem wir auf der naturalistischen Flutwelle zu neuer, unbetretener, üppig naturfrischer Küste hinüberzutreiben gehofft hatten. Form ist wieder Alles. Kunstvolle Zuspitzung, sorgfältige Beschneidung vordringlichen, saftsprießenden Astwerks, das die schöne Symmetrie, die Kugel- oder Pyramidenform der Baumkrone entstellen könnte, „Geschlossenheit der Komposition" und zuguterletzt, wie nach schwerer Hungersnot und aussaugender Dürre sich die Pest als freundlicher Abschluß einzufinden pflegt, der ganze Bühnenkonventionalismus mit seinen dröhnenden Abgängen und dem hallenden Kothurnschritt.

Und das Leben? Das Leben mit seiner Verzweigtheit und Urwaldsfülle, mit seinem Ranken- und Schlingwerk herüber und hinüber, das Leben mit seinen verblüffenden Widersprüchen und Unwahrscheinlichkeiten und doch der tiefen Gesetzmäßigkeit und Notwendigkeit in allen seinen Ausstrahlungen, das Leben mit seinem Mit- und Gegeneinander von Individuum und Gesellschaft und Gesellschaft und Individuum, mit seinen psychologischen, physiologischen, pathologischen, psychiatrischen und (richtig verstanden!) auch spiritistischen Beziehungen — — Ja, das Leben! Roman. Drama. Namen! Lebensdarstellung! Es giebt nichts an sich Episches. Es giebt nichts an sich Dramatisches. Ein Stück aus dem unermessenen Urwald des Lebens, größer oder kleiner, je nach der geistigen Geräumigkeit und Umfassungsweite des Darstellenden, aber getreu, wahrhaftig, ohne Aufputz und ohne Beschneidung, mag dasselbe in den Rahmen des Romans oder in den Rahmen des Dramas gespannt werden. Das verlangt der Naturalismus. Und Herr Bleibtreu? — Er sucht sich einen wohlgewachsenen Stamm aus den Millionen von Stämmen heraus, holzt ringsherum Buschwerk und Schlingpflanzen ab, beschneidet zierlich die Laubkrone, glättet wohl auch, da selbst ein wohlgewachsener Stamm noch manche Unebenheiten auf der Rinde aufweist, diese Unebenheiten sorgfältig mit dem Hobel ab — und das Drama ist fertig.

Bleibtreu wird sie schwerlich zugeben, aber das sind die letzten Konsequenzen aus seiner theoretischen Anschauung. Wenn er praktisch zu andern Resultaten gelangt ist, wie seine großartige Tragödie „Weltgericht" beweist, so hat er das nur ermöglicht durch einen Schlag ins Gesicht seiner Theorie. So wird und muß es Jedem gehen, der trotz dieser Auffassung ein wahrhaft modernes, kraft- und lebenstrotzendes Drama aus sich herausschleudern will, nur daß nicht Jeder die Elastizität und Sprungkraft Bleibtreus besitzt, um sich bei seinem Schaffen über die Hürden seiner ästhetischen Theorien hinwegzuschnellen.

Kein Gebiet der Litteratur ist noch heute so mit Regeln ummauert, von Gesetzen bevormundet, wie das Drama noch aus des seligen Methusalem Zeiten her. Lyrik und Roman sind mündig geworden, lassen sich von Niemandem mehr aufs Maul schlagen. Es ist an der Zeit, daß auch das Drama sein gutes Recht fordere, sich frei nach allen Richtungen auszuleben, seine Gliedmaßen unbeengt, ledig jeder Regelzwangsjacke zu strecken und zu dehnen. Kein in seiner innersten Natur wirkendes Gesetz zwingt es, sich nach allen möglichen „technischen“ und „künstlerischen“ Gesichtspunkten meistern und knechten zu lassen. Der Vogt, der hinter ihm steht und es nach seiner Peitsche tanzen und springen läßt, daß ihm die Augen übergehen, ist die Bühne. Ja, die Bühne!

Der Drang nach Bühnenfähigkeit ist der verseuchende Bacillus, an dem unser Drama schwer niederliegt und an dem es verenden wird, wenn nicht bald Gegenmaßregeln ergriffen werden. In den luftbeengenden Panzer der Bühnenfähigkeit pressen zahlreiche lungenkräftige, junge Talente, die sich zu breitschultrigen, weitbrüstigen Männern auswachsen könnten, sich ein, werden dünnatmig und verkrüppeln vor der Zeit. Und die Bühnenunfähigkeit ist es, die dem naturalistischen Drama das Kainsmal der Unmöglichkeit und der Lächerlichkeit auf die Stirn zeichnet, vor dem selbst sonst Vorurteilslose sich scheu davondrücken. Bühnenunfähigkeit auf der heutigen Bühne und vor dem heutigen Publikum, das in seiner Hartleibigkeit nur noch auf die gröbsten, gemeinsten theatralischen Abführmittel reagiert und bei der wahrhaft gesunden, kräftigenden, blutbildenden Speise Magenrumoren verspürt.

Der Naturalismus verzichtet nicht schlechtweg auf die Bühne, aber er weist die Zumutung, daß er sich der Bühne anpasse, mit Entrüstung zurück und verlangt, daß sich die Bühne ihm anpaßt. Wenn alle jungen Talente in dieser Kardinalforderung einig sind, wenn sie dem Moloch der Bühnenfähigkeit auf der heutigen Bühne und vor dem heutigen Publikum keine Messerspitze ihres Kraftquantums zum Opfer streuen, so werden sie das Morgen für sich haben, gleichviel ob dieses Morgen heute in einem Jahrzehnt oder heute in einem Jahrhundert eintritt.

Wenn wir dann nach atemlosem, muskelzerreißendem Ringen uns auf dem uns gebührenden Platze festgestemmt haben, wenn wir ein Drama besitzen, das alle die zahllosen Kombinationen und Ausstrahlungen des modernen Lebens in seiner Sammellinse auffangen wird, wie sie der Roman schon heute auffängt, als Schauplatz dieses Dramas eine Bühne, die sich allen technischen Anforderungen desselben gelenkig und biegsam anschmiegt, endlich vor der Rampe dieser Bühne ein Publikum, das auf den Brettern ein ungeschmeicheltes, wahrhaftiges Weltbild sehen will und auch ohne den betäubenden Tamtam der Aktschlüsse, der „dramatischen“ Zuspitzung, der „Peripetie“, kurz des ganzen Konventionalismus nicht einschläft, wenn alles das errungen sein wird, dann ist die dritte große Epoche der Dramatik heraufgezogen, vor der die frühern Entwicklungsstadien verbleichen werden, wie die Mysterienbühne des Mittelalters vor den Dramen Shakespeares und Calderons.

Das alles sind Selbstverständlichkeiten für den, der von der unendlichen Entwicklungs- und Fortbildungsfähigkeit (eine Fähigkeit, die natürlich gleichbedeutend mit Drang, Wille ist), der künstlerischen im Speziellen und der Lebens- und Gesellschaftsformen im Allgemeinen überzeugt ist, und der zugleich seinen Zola ein wenig studiert und in sich aufgenommen hat. Selbstverständlichkeiten, die aber nicht oft und laut genug verkündet werden können, denn wir sind auf dem besten Wege, halbe Arbeit zu machen und, nachdem dem Roman die Gefängnisthore gesprengt sind, dieselben dem Drama, das auch gern heraus möchte, vor der Nase zuzuwerfen.

Irgend ein altes Märchen erzählt von einem wunderbaren Spiegel, der die Kraft besaß, von einem jeden Menschen auszusagen, ob er böse oder gut sei. Die Guten erkannte man daran, daß der Spiegel ihre Gesichter in ihrer natürlichen Form und Fassung, ohne Verdrehung auch nur des kleinsten Zuges wiedergab. War aber Einer schlecht, so grinste ihm der Spiegel sein Gesicht, und mochte es auch noch so gleißend und wohlgebildet sein, in fürchterlicher Verzerrung, als eine scheußliche Fratze zurück. Und je schlechter er war, desto häßlicher erschien er in dem Spiegel. Ich fürchte, manches heute vielbeklatschte, bewunderte Drama möchte die Probe vor dem naturalistischen Spiegel schlecht bestehen.

Und wie reflektiert er uns die beiden Dramen, von denen wir ausgingen?

„Die Frau vom Meere" ist die Darstellung einer Krisis und deren Lösung. Also wieder einmal „der fünfte Akt eines Dramas", bekanntlich eine der Hauptanklagen gegen den Dramatiker Ibsen. Oder vielleicht gar „das Schlußkapitel eines Romanes", ein Keulenschlag, mit dem Bleibtreu im vorher zitierten Aufsatze „Gespenster" und „Nora" zu Boden zu schmettern glaubt, nachdem bereits vorher Spielhagen das Gleiche an der armen „Nora" vollbracht in seinem Aufsatze „Drama oder Roman", dessen Lektüre uns Bleibtreu mit dem etwas zweideutigen Kompliment empfiehlt: „Die Analyse wirkt, unseres Erachtens, erschöpfend".

Wir haben gesehen, es giebt keine besondern epischen Stoffe, ebensowenig wie es besondere dramatische Stoffe giebt. Jeder Stoff, jedes Stück Leben eignet sich gleich gut für das Drama, gleich gut für den Roman. In zwei verschiedenen Töpfen der gleiche Trank von der gleichen Mischung, der gleichen Süßigkeit oder Bitterkeit, der gleichen Temperatur — das Leben. Und Leben ist Wirkung, Entwicklung. *Mittelbar* vorgeführte, erzählte Entwicklung der Roman. *Unmittelbar* vorgeführte Entwicklung in der Form des Dialogs das Drama. Aber zahllose greifen Fäden herüber, hinüber. Dann haben wir das Gespräch im Roman, die Bühnenweisungen und die Erzählung im Drama, wovon aber die ersteren nur ein Notbehelf für die Lektüre sind und bei der Aufführung sich ebenfalls in Unmittelbarkeit, in Fleisch und Blut oder richtiger in Kulissen, Dekorationen u. s. w. umsetzen.

Kein von der Moderne auch nur leise angehauchter Geist wird dem Roman seine Dialoge als eine „Durchbrechung seines künstlerischen Prinzips" unter die Nase reiben, obwohl es in der That auch noch heutzutage solche gleichsam mit geistigen Schnallenschuhen und Kniehosen einherwandelnden, wunderlichen, übrigens höchst ehrenwerten und geistvollen Menschenexemplare (s. Mauerhofs Aufsatz über den Roman der Neuzeit in „Unsre Zeit") giebt, die dem Roman seine dramatischen Anwandlungen nicht so recht verzeihen können und ein Sehnen nach der „reinen Epik" wie nach einem verlornen Eden mit sich durch diese fremde, entartete Welt tragen. Aber solcher altmodisch kostümierten Herren werden mit dem sinkenden Jahrhundert immer weniger und das aufdämmernde neue Jahrhundert wird sie nur noch vom Hörensagen kennen.

Daß diese Naturen mit noch viel grimmigerem Stirnrunzeln auf das Eindringen der Erzählung, des Epischen in das Allerheiligste der „reinen Dramatik" blicken, versteht sich von selbst. Schwerer verständlich und nur erklärlich aus der ungeheuren, leben- und schicksalausprägenden Gewalt, mit der beinahe schon mit der Muttermilch eingesogene und seitdem bei jedem Atemzug kubikfußweise eingeschluckte Vorurteile wirken, ist ein solcher intoleranter, ketzerverbrennender Fanatismus bei wirklich modernen Menschen, die doch auf andern Gebieten der Litteratur selbst die Rolle des Revolutionärs gespielt haben und sich nun wundern, daß die Bewegung weiter um sich greift und sogar den heiligen Winkel zu überfluten droht, den sie sich trotz allem und allem reserviert haben, um zu den Idealen ihrer Jugend zu beten. Eine Erscheinung, die sich übrigens oft genug im Leben und in der Geschichte wiederholt. Zu vergleichen die Ketzerabbratungen, die der Ketzer Calvin veranstaltete.

Wir also wollen versuchen, uns derartige Vorurteile vom Leibe zu halten. Wir gestatten dem Roman seine Gespräche und wir gestatten nicht minder dem Drama seine Erzählungen. Wie weit der Dichter es mit solcher „Durchbrechung der Form" treiben will, ist seine Sache. Gewinnt in einem Roman die Dialogform das Übergewicht oder umgekehrt im Drama das Epische, so nenne man meinethalben den Roman ein Drama und das Drama einen dialogisierten Roman.

Was liegt am Namen! Beweist denn der Name Müller oder der Name Schulze irgend etwas für den Charakter des unter dieser Flagge durchs Leben Segelnden? Der polizeilichen Anmeldung wegen ist der Name freilich von Wichtigkeit, aber in der Litteraturrepublik sind die polizeiliche Anmeldung und die übrigen Freizügigkeitsschranken weggeräumt, obwohl es noch Zünftler genug giebt, die sie wieder aufrichten möchten.

Die Hauptsache also ist, daß das Stück Leben, das Stück Entwicklung, das uns mittelbar oder unmittelbar oder in der Mischung von unmittelbar und mittelbar vorgehalten wird, uns überzeugend glaubhaft gemacht, mit zwingender Gewalt vor uns in den Boden eingerammt wird, als Etwas, an dem sich nicht rütteln und nicht rühren läßt: Hier bin ich. Zweifle mich an, leugne mich weg — wenn du kannst. Die größere oder geringere Ableugnungsmöglichkeit giebt dann einen Gradmesser für das niedrigere oder höhere Kraftquantum, das bei der dichterischen Wiedererzeugung des betr. Stückes Leben aufgewendet worden ist.

Vollendete, unentrinnliche Illusion also, das ist das Ideal! Ob aber in ein Drama mehr oder weniger dialogisierte Erzählung eingesprengt ist, als ob nicht auch im wirklichen Leben unendlich oft die Vergangenheit aus dem bodenlosen Abgrund herauftauche und ihr düster geheimnisvolles Haupt in das Gespräch der Menschen hineinstrecke, oder ob ein Drama unmittelbar nur ein winziges Bruchstück einer Entwicklung zur Darstellung bringt, ob es also „eigentlich nur der erste Akt" („Volksfeind"), oder „eigentlich nur der dritte Akt" („Nora") oder „eigentlich nur der fünfte Akt" („Gespenster") eines „wirklichen" Dramas ist: das ist an sich herzlich gleichgültig, wenn es dem Dichter nur gelungen ist, nicht nur jenes Bruchstück selbst in Fleisch und Blut vor unsern Augen zu verkörpern, sondern mittelbar durch Erzählung auch die Fülle von Blutadern und -äderchen, von Nervenfasern und Muskelsträngen, deren Zusammenwirken der vor uns fleischgewordene Organismus erst seine Existenz verdankt, uns bloßzulegen und überzeugend zu demonstrieren.

Dabei ist natürlich klar, daß wenn der Dramatiker, anstatt mit dem Unmittelbarkeitsinstrument zu arbeiten, häufig die mittelbare Erzählung anwendet, er sich die Aufgabe der Illusionserzeugung erschwert und ein größeres Kraftquantum binden muß, um die gleiche Glaubhaftigkeit und Illusion zu erzielen wie der mit rein dramatischen Mitteln arbeitende. Doch wenn seine Mittel solchen Luxus gestatten — Was geht's uns an! Das ist persönliche Sache und muß dem Temperament jedes Einzelnen überlassen bleiben.

Überhaupt das Temperament! Der Eine sieht eben durch sein Temperament denselben Stoff als Roman, den der Andere durch sein Temperament als Drama sieht. Je einseitiger und intensiver das eine oder das andere Temperament, desto reiner, ungebrochener die Epik oder die Dramatik, die sich aus jenem oder diesem Temperament herauskrystallisieren. Solche einseitige Intensität braucht man aber nicht als einen besondern Vorzug zu betrachten. Andere Naturen haben beide Willensrichtungen gleichstark und mächtig entwickelt. Da entstehen die Mischrassen, die man deswegen nicht über die Achsel anzusehen braucht. Übertreffen sie doch ihre ungemischten Eltern oft genug an Warmblütigkeit und Muskelkraft bei der dichterischen Bewältigung und Dienstbarmachung des Lebens, der Wirklichkeit. Hierin aber liegt das Entscheidende.

Ich habe hiermit keine Vorschriften aufstellen, sondern nur die Freiheit des dichterischen und dramatischen Schaffens verteidigen wollen, die mir bedroht scheint.

Und nun wieder zu Ibsen! „Die Frau vom Meere" ist die Darstellung einer Krisis und deren Lösung. Wir haben also von unserm Standpunkt aus nichts dagegen einzuwenden, daß uns hier unmittelbar nur „der fünfte Akt eines Dramas" oder auch „das Schlußkapitel eines Romans" (ganz nach Belieben! Vielleicht noch einige solche Phrasenreste auf Lager?) vorgeführt werden, wofern der Dichter es verstanden hat, die vorhergehenden vier Akte oder den vorhergehenden Roman, also die die Krisis bereitenden und sie bestimmenden Faktoren, mittelbar (durch in die unmittelbare Darstellung eingesprengte Erzählung) so innig körperlich mit unsern Tastwerkzeugen in Berührung zu bringen, daß wir das Alles zu fühlen und zu greifen meinen.

Hat Ibsen das in der „Frau vom Meere" zustande gebracht? Für mich, ja.

Man kann das Stück wohl auch das Drama vom Meer nennen. Und merkwürdig: das Stück spielt doch gar nicht am Meer. Es spielt in einer kleinen norwegischen Stadt an einem gebirgumschlossenen Fjord, wo das Wasser lau und schlaff und krank ist. Das Meer aber liegt weit da draußen, jenseits des äußern Fjordes mit seinen Inseln und Vorbergen, selbst von der Gebirgshöhe dem Blicke nicht mehr erreichbar.

Da liegt es mit seiner feuchtsalzigen, brustweitenden Atmosphäre, mit seinem magnetisch elektrischen Fluidum, das zwischen ihm und Allem, was von ihm stammt, hin- und herflutet und seinen Geschöpfen seinen leisesten Atemhauch herübertelegraphiert, seine Ebbe und seine Flut, Sturm und Wogenbrüllen und die brütende Todesstille an den glutheißen, schimmernden Mittagen — — herübertelegraphiert, daß sie nun das Alles in sich wiederleben und wiederspiegeln müssen, müssen und wären sie auch so weit, weit weg von dem Meer und säßen in dem abgelegnen, verschimmelten Karauschenteich, überschattet von den großen alten Bäumen. Ja, da sitzen sie nun und müssen wohl das Leben darin verbringen, aber das grenzenlose Sehnen nach dem Unbekannten, nach der unendlichen Ferne, nach der Freiheit, das Sehnen nach dem Meer, das nagt und wühlt und treibt in ihnen, bis sie krank und fieberheiß werden und vielleicht gar nahe daran sind, den Verstand zu verlieren.

Wird man also verstehen, warum ich sage: das Drama vom Meere? Gewiß, wir bekommen es nicht leibhaftig zu sehen, wir sind nicht Augenzeugen, wie die Heldin mit dem Schiffsnamen da draußen in Skjoldvik aufwächst auf dem Leuchtturm, von dem alle Nacht das rote Licht hinausfällt auf das dunkle, unendliche Meer, wir stehen nicht dabei, wie Ellida und der zweite Steuermann von dem großen, amerikanischen Schiff ihre beiden Ringe mit dem Schlüsselband von dem Vorgebirge in die Tiefe hinunterschleudern und sich also beide zusammen mit dem Meere *trauen* ... aber wenn uns dies und anderes im Stücke erzählt wird, so müssen wir es glauben, ja, wir meinen dann doch leibhaftig dabeigewesen zu sein, denn dieses fiebernde, hastende, überreizte, elektrisch knisternde Weib, das wir da vor uns sehen, *kann* gar keine andere Vergangenheit haben, *kann* gar nirgend anders woher kommen als vom Meer mit seinem unaufhörlichen Farbenschillern.

Gerade dieses Eins- und Verwachsensein Ellidas mit dem Element, von dem sie stammt, sodaß wir in dem Auf und Nieder ihrer Stimmungen den Wogenschlag des Elementes zu hören glauben, ist von Ibsen meisterhaft bloßgelegt, ist etwas, worauf der Naturalismus stolz sein kann. Ja, der Naturalismus!

Beschränkte Philisterseelen haben von Spiritismus geredet und gemeint, damit einen Haupttrumpf auszuspielen für ihre Behauptung, daß das Stück auf ganz unwahren und unmöglichen Voraussetzungen beruhe, also antinaturalistisch sei. Spiritismus! Wer sich von *Worten* einschüchtern läßt, der ergreife nur schleunigst das Hasenpanier. *Wir* schauen dem schwarzen Ritter getrost ins Visier und finden, daß die Devise, für die er kämpft, nicht gar so abschreckend, fürchterlich und zugleich lächerlich ist. Man kann die Gespensterriecherei und dergl. Ausschreitungen des Spiritismus geschmacklos und verwerflich finden, und trotzdem seinen Bemühungen, die bisher noch so geheimnisvollen, unaufgehellten magnetisch elektrischen Beziehungen zwischen Mensch und Mensch und zwischen Mensch und Natur zu beleuchten und aufzuklären, ehrlichen Beifall zollen. Denn diese Beziehungen *existieren*, und es ist schlimm genug, daß unsere künstlerische Wissenschaft bisher noch so wenig Notiz von ihnen genommen hat. Wenn sie aber da sind und sich nicht wegleugnen lassen, so *können*, so *müssen* sie auch dargestellt werden. Ibsen verdient also gerade vom Standpunkt des Naturalismus aus Dank, daß er diese sogenannte „Nachtseite" einmal in dichterische Beleuchtung gerückt hat.

Wenn nun ein Wesen, das derart eng und unzertrennlich mit einer bestimmten Natur, einem bestimmten Elemente verwachsen ist, in eine andere, fremde Umgebung verpflanzt wird, so muß in seiner Weiterentwickelung eine Störung und schließlich eine Krisis eintreten. Diese Krisis sehen wir in der „Frau vom Meere" *unmittelbar* verkörpert und vorgeführt, wie uns die sie bereitenden und bestimmenden Faktoren *mittelbar* durch Erzählung verkörpert und vorgeführt werden.

Man sieht, es ist alles in Ordnung. Ein Experiment, durch verschiedene Stadien und Phasen hindurchgeleitet. Das, woran experimentiert wird, das Meer und seine Beziehung zur Menschennatur — und nun das Resultat des Experimentes?

Man sperre das Meer in ein Waschfaß und es läuft über. Aber das Meergeschöpf Ellida wird Landgeschöpf und noch dazu in dem Augenblick, wo sich ihr die Freiheit und die Meeresweite wieder aufthun, in dem Augenblick, wo ein durch viele Jahre im Innersten Erlechzter gekommen ist, um sie herauszuholen aus dem abgelegenen, verschimmelten Karauschenteich und sie zurückzuführen, dorthin, wohin sie gehört, auf das Meer. Nein, diese Ellida, wie wir sie vom Leuchtturm und von der Szene am Vorgebirge kennen, und wie wir sie dann mit dem gährenden Drang nach dem Unbekannten und doch so Bekannten vor unsern Augen hasten und fiebern sehen, diese Ellida läßt Gatten, Stiefkinder und festgegründetes Heim im Stich, vielleicht nicht leicht, nicht ohne Herzweh, denn die jahrelange Gebundenheit an die Umgebung muß erst zerrissen werden, aber wenn dann mit dem fremden Mann die ganze Zauberkraft des Meeres ihr wieder so hypnotisierend nahe gerückt wird, so reißt sie sich los und geht mit dem fremden Mann. Wohin? Auf das Meer. Ins Unbekannte . . .

Ich habe mich bisher nur mit dem psychologisch-„spiritistischen" Experiment beschäftigt, das in der „Frau vom Meere" durchgeführt wird. In Verbindung mit diesem ist ein zweites Experiment gesetzt, das ethisch-soziale.

Das Weib, das zum Meer gehört, wie das Meer zu ihr, ist nicht nur an das Land verpflanzt, sondern noch dazu in eine konventionelle Kauf- und Scheinehe mit einem Manne, viele Jahre älter als sie, der sie liebt und anbetet, aber nie verstanden hat, in das innerste Getriebe ihres Seelenmechanismus hinabzusteigen und so vielleicht von hier aus mit behutsamer, vorsichtiger Hand die schnellere und schnellere, einer Katastrophe zuwirbelnde Umdrehung des Räderwerkes zu verlangsamen, sich eigentlich auch nie Mühe damit gegeben hat, da er Ellida am liebsten so haben mag, wie sie ist.

Also wieder einmal das Weib weiter nichts als ein kostbares Spielzeug, eine kunstvolle Puppe, in die man rein vernarrt ist, weil sie die Augen auf- und zumachen und sogar Töne von sich geben kann. Wie aber, wenn in diesem Spielzeug Leben zu atmen beginnt?

Das Sehnen nach der Meeresweite verbindet sich in Ellida mit dem Sehnen nach der Freiheit, nach schrankenlosem Sichausleben. Die Unwahrheit ihrer Ehe enthüllt sich dem fieberhaft hin- und hertastenden und zupfenden Weibe immer nackter, schleierloser.

Bis hierher gehen beide Experimente Hand in Hand. Eines bedingt das andere. Eins treibt das andere weiter. Der fremde Mann taucht auf. Die Krisis bricht los. Ellida verlangt freie Wahl. Hier wendet sich die Neigung des Dichters bemerklich dem zweiten Experiment zu. Doch wird auch das erste noch weiter geführt. In den großen Unterredungen zwischen Wangel und Ellida am Schluß des vierten Aktes und am Anfang des fünften Aktes bemerken wir an den zitternden, vibrierenden Nervenfasern Ellidas mehrmals deutlich die dämonische, hypnotisierende Nähe des fremden Mannes mit den Fischaugen.

Und die Forderung der freien Wahl, also die Weiterführung des zweiten Experimentes wirkt noch nicht störend auf das erste ein. Wir meinen zwar, daß Ellida *im tiefsten Grunde* eigentlich gar keine Wahl hat, daß sie dem fremden Manne folgen *muß*, aber wir verstehen doch, daß die jahrelange Gebundenheit an ihre bisherige Umgebung als ein, wenn auch schwach, retardierendes Moment wirkt und daß sich nun dieses Moment in die Forderung freier Wahl kleidet, daß sich also Ellida wenigstens noch *einbildet*, *frei* nach der einen oder andern Richtung entscheiden zu *können*, während doch in *Wirklichkeit* die Entscheidung *längst* getroffen ist, in demselben Augenblicke getroffen war, als der fremde Mann auf dem Fußpfad am Gartenzaun erschien, oder vielleicht sogar schon, als er auf dem großen englischen Dampfschiff in den Fjord einfuhr. Wir sind also überzeugt, wenn der fremde Mann morgen Nacht wiedergekommen sein wird, um sie zu holen, daß Ellida ihm dann *unbedingt*, *blindlings*, wie im *Traum* nachgehen wird, mag ihr guter Gatte ihr die Wahl freigestellt haben oder mag er sie *nicht* freigestellt haben.

Und was geschieht? Der Fremde kommt, Wangel giebt sie wirklich los, und Ellida — *bleibt*. Bleibt, weil sie in *Freiwilligkeit* bleiben kann und unter Verantwortung. Es ist klar, hier ist der sozial-ethische Experimentator mit dem psychologisch-„spiritistischen“ Experimentator durchgegangen.

Hätte der Dichter uns von Anfang an das zweite Experiment als das einzige vorgeführt, so wäre — natürlich eben mit entsprechender Modifikation des Charakters von Ellida (vor allem also mit vollständiger Weglassung oder wenigstens Vernebensächlichung des ganzen Meeresmomentes) — der Ausgang gerechtfertigt. Da er uns beide Experimente gab, so mußte er dem Übergewicht der Anziehungskraft, das der Stoff des ersten Experimentes vor dem des zweiten auf ein so geartetes Menschenwesen wie Ellida ausübt, Rechnung tragen und dann durfte das Stück nicht endigen: Die Frau vom Meere *kann* sich akklimatisieren, sondern es mußte endigen: Die Frau vom Meere konnte sich *nicht* akklimatisieren. Dann wäre freilich auch die an sich sehr anzuerkennende Tendenz des Stückes, daß das Zusammenleben von Mann und Weib in *Freiheit* zu geschehen hat, und daß die Zwangsehe die Vernichtung der Liebe bedeutet, nicht deutlich, nicht sichtbar genug herausgearbeitet worden — und diese Tendenz war Ibsen wichtiger als die konsequente Durchführung seines Experimentes. (Ist es noch nötig nach dem Gesagten den Einwand zurückzuweisen, daß Ibsen diese Ellida in Beziehung gerade zu den *beiden* Experimenten gesetzt habe, um zu zeigen, daß selbst ein solches aus ihrem heimischen Erdreich oder eigentlich Wasserreich herausgerissenes und verpflanztes nervös überreiztes, halbkrankes Wesen, Weib in der gesunden, ozonreichen Luft einer wahren, gleichberechtigten Ehe und durch die Hand eines liebend verständnisvollen Mannes *geheilt* werden könne, daß also unter bestimmten Voraussetzungen der Stoff des ersten Experimentes sein Übergewicht von Anziehungskraft auf ein so geartetes Menschenwesen verlieren und an den des zweiten abtreten könne? Die *Nichtunmöglichkeit* einer solchen Wendung im Allgemeinen (gerade unter den ganz besonderen Voraussetzungen des Stückes dünkt sie mir mehr als *unwahrscheinlich*, wie sich aus dem Vorstehenden ergiebt) zugegeben, hätte dann aber diese unwahrscheinliche Heilung und Umwandlung uns in ihrem *allmählichen Wachsen* und *Werden* wirklich *glaubhaft* gemacht, *überzeugend* demonstriert werden müssen. Davon vermisse ich im Stücke jede Spur. Um so überraschender, freilich auch nichts weniger als überzeugend, wirken dann am Schlusse Ellidas plötzliche Mitteilungen von der Heilung als einer vollzogenen *Thatsache*. Steht doch das ganze bisherige Benehmen des Weibes in direktestem Gegensatz zu dieser Erzählung. Es wird uns hier etwas nur *gesagt*, *mitgeteilt*, was wir in seiner *inneren Entwickelung* hätten *sehen* müssen, zu sehen unbedingt *verlangen*, da uns schon die Möglichkeit der Wendung überhaupt stark zweifelhaft und die umgekehrte Lösung weit mehr dem natürlichen Gefühl entspricht).

Der Bruch im Stück und im Charakter Ellidas ist also vorhanden und läßt sich nicht wegleugnen. Man muß versuchen, sich über den Defekt hinwegzutäuschen durch desto liebevolleren Genuß der sonstigen Vorzüge des Dramas: deren sind wahrlich nicht wenige. Auf die flimmernde, prickelnd umrieselnde Stimmung über diesem an Umfang winzigen, an Schärfe und Intensität riesenhaften Welt- und Lebensbild, auf die einfache Erhabenheit in der Durchführung der Entwicklung (eben bis auf den spitzfindigen, ausgeklügelten Schluß) habe ich schon hingewiesen.

Und nun die Genialität der Charakterzeichnung! Die entzückende Selbstverständlichkeit dieser Menschen! In dieser Hinsicht halte ich „Die Frau vom Meere" für den Höhepunkt des bisherigen Ibsenschen Schaffens. Ja, diese Menschen sind. Wenn man das Stück einmal gelesen oder gesehen hat, kann man sich die Welt nicht mehr ohne sie denken. Sie leben, atmen mit uns, leben mit ihrem Sehnen und Begehren, mit ihren Liebenswürdigkeiten und Schwächen und ihrem Mehr oder Weniger von Selbstgefälligkeit und Egoismus.

Dieser gute, brave, ehrliche, treue Wangel, in dem kein rechter Zug ist, das Leben herzhaft anzupacken, es unter seiner Hand zu bilden und zu gestalten, der sich begnügt, ihm das Notwendigste, Unentbehrlichste gleichsam abzubetteln, dann aber nicht unterläßt, sich daraus zunächst sein eignes Bett aufzuschütten und fast ganz vergißt, nachzusehen, ob auch die Andern weich liegen, dieser Mann, der dann in einem lebenentscheidenden Augenblick mit einem plötzlichen, jähen Ruck sich zu der schweren, großen That aufrichtet, wahrscheinlich nicht, ohne sich vorher durch einen kleinen Besuch im Restaurant dazu gestärkt zu haben. Und dann dieser Lyngstrand mit seiner Reise nach den südlichen Ländern und dem echten Künstleregoismus, der alle Dinge auf dieser Welt in Beziehung setzt zu seinem Künstlertum, mit seiner Unbeholfenheit und der merkwürdigen Treffsicherheit, immer im ungelegensten Moment vorhanden zu sein. Dieser Backfisch Hilde mit seinem vorlauten Mund, der überall hineinriechenden Nase und dem weichen Herzen, ein wahres enfant terrible, welches das Leben wie einen Marlittschen Gartenlaubenroman (natürlich ins Norwegische übersetzt) unter dem Gesichtswinkel der Spannung beurteilt. Der Tausendsassa Ballested! „Meine Damen et mes gentlemen!" Die kluge, verständige Bolette, in der auch kein rechter Zug ist (ein Erbteil ihres Vaters), die sich von ihrer Stiefmutter ein wenig hat anstecken lassen und sich nun ebenfalls aus dem Karauschenteich heraussehnt, die an die Erfüllung dieser Sehnsucht Glück und Zukunft dran setzt und sich dem ungeliebten, dünnhaarigen, glatten, berechnenden, übrigens achtbaren Manne verkauft. In dem Verhältnis dieser Beiden hat uns Ibsen mit grausamer Ironie das erste Stadium eines dritten Experimentes vorgeführt, das mit dem zweiten eine verzweifelte Ähnlichkeit besitzt und uns die tröstliche Gewißheit giebt, daß für jede Kauf- und Scheinehe, die sich unter bestimmten Voraussetzungen in eine wahre, wirkliche, freie Ehe verwandelt eine (und vielleicht auch tausend für eine) neue Kauf- und Scheinehe geschlossen wird.

Wie werden doch wohl diese Beiden, die sich da aneinander ketten, einst enden . . .

Ich habe mich so eingehend mit der Analyse der „Frau vom Meere" beschäftigt und dabei meine Auffassung von den Bedingungen des naturalistischen Dramas so ausführlich entwickelt, daß ich auf eine gleiche Zerlegung der „Stützen der Gesellschaft" füglich verzichten kann, um so mehr, da das Stück alt und vielbesprochen ist. Jeder, der dasselbe gelesen hat, wird zugeben, daß an dem eben herausgearbeiteten naturalistischen Maßstab gemessen die „Stützen der Gesellschaft" mit ihrer komplizierten, teilweise an Unwahrscheinlichkeit leidenden Handlung und ihrer häufig oberflächlichen, karrikierenden Charakteristik (manches Bedeutende natürlich zugegeben

z. B. die Gestalt der Dina Dorff, die aber hier in der Darstellung von Fräulein Hausner gar nicht recht zur Geltung kam) weit zurückbleiben hinter der reichen Verzweiflung und doch so einfachen Erhabenheit der „Frau vom Meere“.

Nur zu begreiflich und erklärlich daher, daß die „Frau vom Meere“ an äußerm Bühnenerfolg so weit zurückblieb hinter den „Stützen der Gesellschaft“. Man lasse sich doch auswärts nicht täuschen durch die Berichte von dem rauschenden Applaus, den die erste Aufführung der „Frau vom Meere“ im kgl. Schauspielhause davongetragen habe.

Es existiert hier eine sogenannte „Ibsengemeinde“, die bei allen Erstaufführungen Ibsenscher Stücke in geschlossener Kolonne ausrückt und schon durch ihr physisches Übergewicht alle lauteren Meinungsäußerungen der Gegenpartei erstickt und erdrückt. Dagegen ließe sich nichts einwenden, denn unsere Litteratur- und Theaterverhältnisse (man denke an das tierische Klatschen, womöglich auch Stampfen am Aktschluß und sonst nach packenden Szenen. Diesen Leuten fährt's also in die Extremitäten!) sind ja (wir alle erleben's schaudernd mit) so erbärmlich verrottet und verroht, daß nur noch mit mundstopfenden Gewaltmaßregeln ein entscheidender Erfolg zu ersiegen ist und man also froh sein kann, wenn dieselben auch einmal der wirklichen Größe zugute kommen. Wer feinfühliger ist, wird die Tragikomik, die dem Schicksal des Beklatschtwerdens des Genies seitens der dumpfen, stumpfsinnigen Masse innewohnt, verstehen und mit lächelndem Seufzen nachempfinden.

In Anbetracht also besagter Verrohung ließe sich gegen das gewaltthätige Wirken der „Ibsengemeinde“ nichts einwenden, wenn ein beträchtlicher Teil derselben nicht mit demselben ketzerverbrennenden Fanatismus, mit dem die Gegner Ibsens gegen diesen wüten, nun seinerseits wieder gegen Alles, was nicht Ibsenschen Fleisches und Wesens ist, zu Felde zöge. Und doch sollte grade, wer Ibsen wirklich erfaßt hat, vor dem Recht der Individualität, vor dem freien, schrankenlosen Sichausleben der Persönlichkeit (die Persönlichkeit muß natürlich dann auch danach sein) als dem obersten Gebot im sozialen und Gesellschaftsleben ebensowohl wie in Litteratur und Kunst in Demut sein Haupt beugen.

Ibsen ist groß, aber der Naturalismus ist größer und in seiner grenzenlosen, unabsehbar weiten Halle ist noch Raum genug für zahllose Große und Kleine Zwerge und Riesen.

Es ist nicht nötig, das hier näher auszuführen. Meine ganzen bisherigen Ausführungen drehen sich eigentlich um diesen Angelpunkt. Für jeden mit den Grundgedanken des Naturalismus, wie sie insbesondere Zola greifbar ausgestaltet hat, Vertrauten ergiebt es sich ohnehin von selbst.

Die „Ibsengemeinde“ also marschiert bei allen Erstaufführungen Ibsenscher Stücke geschlossen auf, und man muß unterscheiden, ob der donnernde Applaus, der dann nach jedem Akt durch das Haus braust, allein ihrem Wirken zuzuschreiben oder ob er aus der einmütigen Begeisterung des Publikums entflossen ist. Das läßt sich gewöhnlich erst bei der zweiten oder gar den spätern Aufführungen des betr. Stückes genau konstatieren, da die „Gemeinde“ doch nicht jedesmal vollzählig auf der Wahlstatt erscheinen kann.

Diese Stichprobe haben die „Stützen der Gesellschaft“ im „Deutschen Theater“, wo sie allerdings auch eine fast durchweg glänzende Wiedergabe fanden (Pohl als Konsul Bernick und Fräulein Marlien als Lona Hessel spielten nicht, sie waren), mit Auszeichnung bestanden. Von der „Frau vom Meere“ kann ich Gleiches nicht vermelden. Ich wohnte einer der spätern Vorstellungen bei. Nach jedem Akt entspann sich ein hartnäckiger Kampf zwischen Klatschern und Zischern. Ein Teil der letztern wird schwerlich genau gewußt haben, weswegen er zischte. Man hatte eben in seinem Leibblatt gelesen, daß das Stück unmoralisch und naturalistisch und eine Schande für das kgl. Schauspielhaus sei, und so mußte man denn doch erweisen, daß man noch immer wachsam auf seinem Posten stehe, wenn es sich um die Verteidigung der Moral und der Kunst und des kgl. Schauspielhauses handle.

Die größere Masse des Publikums aber verhielt sich überhaupt apathisch, stierte dumpf und stumpf vor sich hin. Woran sie gedacht haben mögen? Wahrscheinlich an gar nichts. Doch halt! Die Teilnahmslosigkeit dieser Hauptmasse hielt nur so lange an, als es sich um Demonstrationen für oder gegen das Stück handelte, das so fremd und unverständlich in ihre Ohren klang, als werde es im norwegischen Urtext vor ihnen aufgeführt. Sobald dann aber durch das vereinzelte Klatschen herausgelockt, die Darsteller an die Rampe traten, brach regelmäßig, wie auf Kommando, der aus zahllosen Theaterfeuilletons bekannte und mit Recht so beliebte „Beifallssturm“ los, in dem das ermattende Klatschen und Zischen von vorher verschlungen wurde, wie knatterndes Kleingewehrfeuer von dem Brummen und Donnern der Feldgeschütze. Das anmutige Spiel erneuerte sich nach jedem Akt. Man sah deutlich, der Beifall der ausschlagggebenden Majorität galt ganz ausschließlich den Darstellern.

Sie hatten's freilich auch verdient. Fräulein Meyer als Ellida möchte ich von diesem Kompliment ausgeschlossen wissen. Manche gelungenen Momente ausgenommen — lauter Übertreibung! Lauter Unnatur! Echte alte Schauspielhausschule! Wer eine Frau vom Meere verkörpern will, in dem muß ein Funken von ihrem Dämonismus zucken. Der läßt sich mit allem Pathos nicht erleben und zöge man die Worte wie eine Ziehharmonika noch dreimal länger aus als man sie jetzt schon auszieht. Wenn man „Nora“ auf der Münchener Hofbühne gesehen hat, kann man sich vorstellen, wie eine wahrhaft congeniale Verkörperung der Ellida aussieht.

Gegenüber der Deklamiererei von Fräulein Meyer brachten die andern Darsteller, Vollmer als Lyngstrand (echt bis auf das Tüpfelchen auf dem i), Fräulein Conrad als Hilde (ein entzückender, kleiner, ungezogener, burschikoser Backfisch), Reicher als Wangel, auch Keßler (Arnholm) und Fr. v. Hochenburger (Bolette) die Wahrheit und die Natur zu Ehren.

Wie durch das Ensemble der meisten großen, deutschen Bühnen klafft auch durch das des hiesigen Schauspielhauses ein tiefer Riß. Hie Idealismus, alias Konventionalismus, Übertreibung, Singerei! Hie Wahrheit, Natur, echte Leidenschaft! Das Stammpublikum dieses Theaters (auf den höhern Rängen vornehmlich Bürger, Beamte, Studenten) hat natürlich von besagtem Riß keine Ahnung und beklatscht ebenso fanatisch seine Meyer und seinen Ludwig (diesmal spielte er den „fremden Mann“, in der ersten Szene mit solcher komischen Übertreibung, daß ich jeden Augenblick fürchtete, er werde den ganzen Karren in den Dreck werfen), wie seinen Vollmer, seine Conrad ꝛc.

Im Punkte der Dressur wird dieses Publikum von keinem andern übertroffen, wie sich das übrigens für loyale Bürger, Beamte und nicht zu vergessen, Studierende von selbst versteht. Was Excellenz der Herr Intendant ihm vorsetzt, ißt es gehorsam

rnier und man kann nicht gerade sagen, daß Excellenz der Herr Intendant den Magen seines Publikums verwöhne.

So kommt es, daß im Schauspielhause eigentlich kein Stück wirklich vollkommen, mit Pauken und Trompeten durchfällt. Wenn auch das intertheatralische Premierenpublikum sich bei einer Erstaufführung ablehnend verhält und die Kritik nachher Feuer und Galle speit über das „Machwerk“ — der Intendant „forcht sich nit“, setzt getrost das angefochtene Stück wieder und wieder auf den Theaterzettel und denkt: Mein Stammpublikum muß mir ja doch kommen. Und es kommt, und wenn es nichts Anderes zu beklatschen findet, so beklatscht es wenigstens seine Schauspieler. Glückliche, patriarchalische Zustände!

Welcher höllische Dämon übrigens dem Herrn Intendanten den Gedanken, die „Frau vom Meere“ anzunehmen und aufzuführen, in einer schwachen Stunde versuchend ins Ohr geflüstert haben mag, wäre mir wirklich interessant, zu erkunden. Man weiß, daß Graf Hochberg Vorsitzender des famosen „Männerbundes zur Bekämpfung der öffentlichen Unsittlichkeit“ ist oder gewesen ist, desselben Tugendbundes, in dessen einer Sitzung ein Hauptredner erklärte, daß er, auf die Gefahr hin als Barbar verschrieen zu werden, nicht verschweigen könne, daß Schiller und Goethe in ihren Werken vielfach der Sinnlichkeit Vorschub geleistet hätten, desselben Bundes, der überhaupt die Bühne als ein höchst fragwürdiges, Sinnlichkeit erregendes Institut betrachtet und wenigstens theoretisch die Abschaffung derselben dekretiert. Und der Vorsitzende dieses wahrhaft charakteristischen Vereins (wer kann angesichts seiner noch leugnen, daß die Zeiten nahe daran sind, sich zu erfüllen?), der Herr Generalintendant der kgl. Schauspiele in so naher, inniger Beziehung zu einer so sündigen Dame, wie diese Ibsensche Frau vom Meere mit ihrer freien Ehe und dergleichen! Ei! ei! In der That eine recht freie Ehe!

Aber zur Entschuldigung des Herrn Generalintendanten dürfte anzuführen sein, daß er vermutlich keine Ahnung hat, welchen lockern Vogel er da an seinem Busen beherbergt, und daß er sich durch das ehrbare Gewand, in dem die Dame züchtig einherschreitet (ein sich versöhnendes Ehepaar, ein Brautpaar und vielleicht noch ein Brautpaar in spe: Hilde und Lyngstrand) hat verblenden lassen. Ich bin überzeugt, wissender Weise trifft ihn keine Schuld. Aber der Skandal ist nun einmal da und läßt sich kaum vertuschen. Wie wäre das auch in einer Zeit möglich, wo die Ehe als eine der „Grundlagen der bestehenden Staats- und Gesellschaftsordnung“ feierlichst einbalsamiert und zur öffentlichen Anbetung und Fußküssung aufgestellt werden soll, mit Androhung von Bann und Acht und Aberacht für alle, die dem Kadaver nicht göttliche Ehren bezeugen wollen — —

In der That ist es von dem Allarmschuß denn auch recht lebhaft geworden über dem Teil des weiten deutschen Litteratur- und Gesellschaftskampfes, den sich Berlin als Reichshauptstadt reserviert hat. Zahlloses Sumpfgetier, aus seiner brütenden Ruhe aufgescheucht, flatterte flügelschlagend, krächzend in die Höhe. Ein besonders widerliches Sumpftier, aus einer besonders stinkenden Lache aufsteigend, besonders vom Dreck triefend, schnatterte kreischend etwas her, aus dem undeutlich die Worte herausgellten: „Die Frau von Mehreren. Atavistisches, bigamistisches, spiritistisches ...“ Hier verloren sich die Worte wieder in allgemeinem Geschnatter. Ich wandte meine Nase weg. Als ich sie vorsichtig nach dem Sumpfe wieder hindrehte, war der Unhold nicht mehr zu sehen. Wahrscheinlich hatte er sich wieder in seine Pfütze zurückgezogen. Ein sonderbarer Duft, als letzter Gedenkhauch menschenfreundlicher Bethätigung, durchwehte die Atmosphäre . . .

Ist Berlin also wirklich „ibsenreif"? Nein, es ist noch nicht „ibsenreif". Aber es ist auf dem Wege, es zu werden, freilich noch sehr im Anfange des Wege. Wenn es es einst geworden ist, wird nicht nur der „Ibsenianismus", sondern auch der Naturalismus die Glocken läuten können.

Kritik.

Romane und Novellen.

Kapitän Marryat. Gleichzeitig mit einer neuen deutschen Ausgabe von Kapitän Marryats Romanen ist eine ausführliche Biographie des Dichters von David Hannay erschienen.*) Wir können selbstverständlich hier nicht im Einzelnen auf dessen treffliche Schilderung von des Dichters Leben eingehen und müssen auf das Buch verweisen, das eine ebenso anregende als angenehme Lektüre genannt werden muß. Es giebt sich fast wie einer von Marryats Romanen, deren Eck- und Grundsteine ja den Erlebnissen des Dichters entnommen sind. Frederick Marryat wurde am 10. Juli 1792 geboren. Schon als Knabe gab er seine Neigung für das Seeleben damit unzweideutig zu erkennen, daß er dreimal der Schule entlief, um zur See zu gehen. Da er durch die härtesten Strafen von seiner Neigung nicht abzubringen war, so gaben die Eltern schließlich nach und durch den Einfluß seines Vaters kam er im Herbste 1806 an Bord der Fregatte Impérieuse, deren Kommandant Lord Cochrane, bekanntlich einer der ausgezeichnetsten Seeoffiziere des damaligen England gewesen. Der eigentliche Seekrieg war freilich bereits vorüber, doch hatte die Fregatte noch immer einen sehr interessanten Dienst. Die Franzosen sandten Kreuzer aus, welche verfolgt und genommen werden mußten; da galt es Küstenforts zu zerstören und nach dem Jahre 1808 gab es im Bunde mit Spanien gegen die französischen Eindringlinge gar viel zu thun. Marryat, der dazu auserſehen war, ein lebhaftes Bild von dem englischen Seeleben zur Zeit seiner höchsten Blüte zu geben, konnte keinen besseren Kapitän treffen. Lord Cochrane, besser bekannt unter dem Namen Earl of Dundonald, war nächst Nelson, dem Meister Aller, derjenige unter den englischen Seeoffizieren des großen Krieges, dem man am ehesten den Namen eines Genies zuerkennen mag. Der Eindruck, den die Individualität Lord Cochranes auf Marryat machte, war auch wirklich ein sehr großer und Earl Dundonald ist ihm immer als das Muster eines Seeoffiziers erschienen, dessen glänzende Eigenschaften er gerne den Kapitänen seiner Romane andichtete.

Als die Fregatte Impérieuse im Frühjahre 1808 an die spanische Küste gesendet wurde, war England noch im Kampfe mit Spanien. Der Krieg war damals noch „ergiebig", es gab noch spanische Prisen zu ergattern, und darin war Cochrane Meister. Bei einer solchen Gelegenheit hat Marryat jenes Abenteuer erlebt, das er in seinem autobiographischen Roman „Frank Mildmay"

*) Kapitän Marryats Romane. Neueste sorgfältigst durchgesehene Ausgabe. Berlin. Carl Zieger's Nachfolger 1888. Life of Frederick Marryat. London. Walter Scott. 1888.

erzählt: er wurde nämlich wie der Held dieser Geschichte niedergeschlagen, dann von den Kämpfenden fast zertreten, so daß er für tot gehalten und unter die Toten geworfen wurde. Als sich dann Spanien gegen Napoleon wandte, da gab es wieder andere Arbeit, nämlich die Landung von Franzosen zu hindern. Marryat giebt in „Frank Mildmay“ eine ungemein lebendige Schilderung eines der heftigsten Kämpfe bei der Verteidigung des Forts Rosas, bei welcher Gelegenheit er einen Bayonettstich einheimste. Dann nahm Marryat an den Operationen an der Scheldemündung teil, und in den nächsten Jahren hat er in allen Teilen der Welt gedient, doch erscheint das, was er hiebei erlebte, blaß im Vergleiche mit den Kreuzungen der Impérieuse unter Lord Cochrane.

Allein auch in den friedlichsten Zeiten hat das Seeleben seine Gefahren. Der Seemann kommt nur zu oft in die Lage, den Fluten ein Menschenleben zu entreißen und gegen Sturm und Wetter zu kämpfen. Marryat hat sich auch in dieser Hinsicht ausgezeichnet. Wenige Menschen haben öfter ihr eigenes Leben aufs Spiel gesetzt, um das Leben eines Nebenmenschen zu retten, als er. Als Midshipman auf der Impérieuse ist er über Bord gesprungen, um einen Kollegen zu retten, als er auf dem Aeolus diente, sprang er einem Matrosen nach und bei einem gleichen Anlasse an Bord des L'Espiègle ist er kaum dem Tode entronnen. Als er von einem Bote aufgefischt wurde, war er ganz leblos und bei dieser Gelegenheit hat er die Ansicht gewonnen, daß das Ertrinken kein unangenehmer Tod sein müsse. Seine Tochter erzählt, daß er während seiner Dienstzeit nicht weniger als siebenundzwanzig Belobungsschreiben für Lebensrettungen erhalten habe und daß er von der Humane Society durch eine goldene Medaille ausgezeichnet worden sei. Er hat sich auch als Seeoffizier durch viele Bravourstücke hervorgethan, sodaß er es wirklich nur seinen hervorragenden Verdiensten zuzuschreiben hatte, wenn er im Jahre 1815, kaum dreiundzwanzig Jahre alt, bereits zum Kapitän ernannt wurde.

Als er daran ging, Seeromane zu schreiben, brauchte er wirklich nur sein eigenes Leben zu schildern. Allein damals war es noch sein Ideal, Seeoffizier zu sein und nicht ein Schilderer des englischen Seelebens und bis zum Jahre 1830 hat er dem Seedienste mit größtem Eifer obgelegen. In dieser Zeit hat er sein Buch über die Seesignale geschrieben, das sehr oft aufgelegt wurde und ihm viel Geld eingebracht hat, ein Pamphlet über die beste Art, die englische Flotte zu ergänzen, veröffentlicht und endlich einen weitläufigen Vorschlag betreffend die Unterdrückung des Schmuggels im Kanal ausgearbeitet. Er hat sich in dieser Zeit alle Kenntnisse erworben, die nötig waren, um von der Admiralität zur Leitung einer Forschungsreise als tauglich anerkannt zu werden, wobei er besonders eine Durchforschung Afrikas im Auge hatte. Als Kommandant des Beaver erhielt er Ordre nach St. Helena zu gehen, um dort die Seewache über den Korsen zu übernehmen und allfällige Landungsversuche von seiten der Bonapartisten zu verhindern. Er war der letzte Offizier, dem diese Pflicht oblag. Als er ankam war Napoleon dem Ende nahe. Marryat, der ein trefflicher Zeichner war, hat eine Skizze Napoleons auf seinem Totenbette in St. Helena entworfen. Da ihm sein Gesundheitszustand nicht erlaubte, länger in der Südsee zu weilen, wurde er als Kapitän auf den Rosario kommandiert, welches Schiff die Nachricht von dem Tode Napoleons nach Europa brachte. Auf demselben Schiffe hat er dann die Leiche der Königin Karoline nach Cuxhaven geführt, worauf ihm die Bekämpfung des Schmuggels im Kanal übertragen wurde. Wenngleich er in seinen Romanen eine gewisse Sympathie für die Schmuggler als tüchtigen und mutigen Seeleuten zeigt, so war er nichtsdestoweniger als Seeoffizier höchst schneidig und von denselben sehr gefürchtet. So war er bis zum Jahre 1830 in steilger Verwendung und seine Dienstzeit endete damit, daß er auf das Kommando der Ariadne verzichtete. Was ihn dazu bewog, diese Stellung und seine ganze Karriere als Seeoffizier aufzugeben, ist unbekannt geblieben.

Übrigens wäre Marryat, welchen Beruf er auch immer ergriffen hätte, schließlich Schriftsteller geworden, und er hat von frühester Jugend auf seine Gabe, die Feder zu führen, sehr eifrig geübt. Bevor er aus der Marine austrat, waren bereits „Frank Mildmay“ (1829) und „Kings Own“ (1830) erschienen und nun ist er bis zu seinem Tode im Jahre 1848 Schriftsteller geblieben. Er hat in diesen achtzehn Jahren einen schwere Menge von Büchern geschrieben, welche jedoch keineswegs seine ganze Arbeit ausmachen, indem er nebenbei sehr eifrig journalistisch thätig war. Seine Feder war ungemein rasch und es hat ihm niemals Sorge gemacht, immer wieder neue Stoffe zu finden. Die Geschichte dieser achtzehn letzten Lebensjahre des Dichters ist sehr dunkel. Da es an allen Nachrichten fehlt, indem die von der Familie des Dichters publizierte Biographie aus Gründen, deren Erforschung unmöglich ist, vieles unerklärt läßt. Er hat einige Jahre auf dem Kontinente und einige Jahre in Norfolk zugebracht. So viel ist sicher, daß die Geldfrage immer schwer auf ihm gelastet hat. Er hatte die gleiche Spekulationswut wie Balzac, der ebenfalls immer von großen Reichtümern träumte, ohne mehr zu erreichen, als daß er sich gänzlich zugrunde richtete. Bis zum Jahre 1837, also in acht Jahren, hat er seine bedeutendsten Werke geschrieben. Damals war eine gute Zeit für einen begabten Romanschriftsteller. Walter Scott hat den Roman geradezu zu einem geistigen Bedürfnis aller Gebildeten gemacht und ein Mann von der Originalität Marryats mußte eine begeisterte Aufnahme finden. Der Dichter hatte sich denn auch über Mangel an Teilnahme von seiten des englischen Publikums nicht zu beklagen und die Gunst desselben wurde nicht einmal durch seine übergroße Produktivität erschöpft. Auch in Deutschland hat er viel Freunde gefunden und seine Werke wurden häufig übersetzt. Die oben genannte neue deutsche Ausgabe kann nicht freudig genug begrüßt werden. Für Freunde einer guten und anregenden Romanlektüre giebt es kein hübscheres Geschenk, als die liebenswürdigen Abenteuerromane Kapitän Marryats.

Marryat hat bis in seine letzten Lebensstunden diktiert, wo ihn seine geistigen Kräfte bereits verlassen hatten und er nur unzusammenhängende Sätze lallen konnte, ähnlich wie Walter Scott, der noch immer mechanisch Sätze aufs Papier warf, als sein Geist bereits tief umnachtet war. Frederick Marryat starb im fünfzigsten Lebensjahre, am 9. August 1848.

Wien. August Weiß.

Die Verheirateten. Zwölf Ehegeschichten von August Strindberg. Budapest, G. Grimm.

Ich bedaure, daß mir kein Rezensionsexemplar von Kapff-Essenthers Novellenbuch „Allerlei Liebe“ (Leipzig, Elischers Nchf.) zugegangen ist. Ich hätte gerne auf dem Wege des Vergleichs den schwedischen Verfasser überführt, daß seine „Verheirateten“ mit den ähnlichen Geschichten der berühmten deutschen Schriftstellerin sich nicht messen können. Mein Gefühl sagt mir's, daß Frau von Kapff-Essenther geistig und technisch besseres geleistet hat, als Herr Strindberg in den Analysen des Liebeslebens: Alles was ich bis jetzt von beiden Autoren gelesen habe, berechtigt mein Gefühl zu dieser Voraneigung. Die Kritik macht, wie ich aus einigen angesehenen deutschen Zeitungen vernehme, den Kapff-Essentherschen Liebesnovellen den Vorwurf mangelnder poetischer Stimmungsreize. Das kann ja zum Teil auf gutem Grunde beruhen. In Strindbergs Buch finde ich vollkommene Abwesenheit aller und jeder Stimmung. Es ist das nüchternste und stimmungsloseste Geschichtenbuch, das mir seit langem vorgekommen. Für die soziale Wirkung, die wie ich höre, Strindberg mit seinen Schriften in allererster Linie anstrebt, mag dies gleichgültig sein; für die künstlerische Wirkung ist es nicht gleichgültig. Ich höre auch, der schriftstellerische Ruhm Strindbergs gründe sich vornehmlich auf dieses Buch. Ich habe dasselbe schon vor drei Jahren in französischer Sprache gelesen — und seine Reizlosigkeit auf die Übersetzung geschoben. Heute finde ich, daß das Wesen, nicht allein die Form des Strindbergschen Werkes durch und durch unpoetisch ist. Strindberg ist ein Tendenzschriftsteller, aber kein Dichter.

M. G. Conrad.

Auf einsamer Höhe, Roman von F. v. Kapff-Essenther, Jena, Hermann Costenoble. Frau v. Kapff gehört zu den bedeutendsten Schriftstellerinnen moderner Belletristik, man ist es an ihr gewöhnt, daß sie sich immer mit hochinteressanten psychologischen Fragen befaßt, dieselben eingehend erörtert und, wenn auch nicht stets befriedigend, so doch zumeist dem Leben und der Wahrheit entsprechend löst. Ihr letztes Opus „Auf einsamer Höhe“ behandelt die Lebensschicksale eines natürlichen Kindes aus altem Grafengeschlecht, welches durch die Obsorge des Großvaters dem künftigen Majoratsherrn angetraut wird, in der Brautnacht die Entdeckung macht, daß dieser, den sie im Stillen anbetet, eine andere Neigung hat, in eine schwere Krankheit verfällt; von derselben genesen, sich von dem Gatten trennt und ein freigeistiges an Konflikten reiches Leben führt, dessen schließliches Ende nach erfolgter Versöhnung mit dem Gatten — der Selbstmord ist. Die nahezu unmöglichen Situationen des Buches machen wir Frau von Kapff weit weniger zum Vorwurf, als die sehr geringe Sympathie, welche uns die beiden Helden der Erzählung, Graf Odilo und Dame Imelda einflößen können. Die Reflexionen, die Schilderung der Empfindungen sind häufig spannend und mit rücksichtsloser Wahrheit durchgeführt; den Vorwurf maßloser Unwahrscheinlichkeit können wir aber dem Roman trotz alledem und alledem nicht versagen — es ist keine gesunde, wenn auch eine spannende und interessante Leistung. Frau v. Kapffs bedeutendes Talent wird nichts von seinem Zauber verlieren, wenn sie ein andermal die Schlacken der Excentrizität und der überreizten Phantasie sorgfältiger sichtet, ehe sie ihr Werk der Öffentlichkeit übergiebt.

„Von aner eignen Rass'“. Wiener Bilder von Jenny Neumann, mit einer Vorrede von V. Chiavacci. Wien, A. Hartleben. — Vincenz Chiavacci bemerkt in seiner anerkennenden und warmgehaltenen Einleitung zu diesem witzigen Büchlein, daß die humorvolle Verfasserin desselben selbst von „aner eignen Rass'“ sei und er hat mit dieser Behauptung vollkommen recht; die meisten der gesammelten Feuilletons, welche uns in dem Büchlein begegnen, sind schon früher einmal da oder dort „unter dem Strich“ irgend eines Tagesjournals gestanden; in wohlgeordneter Sammlung lesen wir aber all diese Bilder, welche den Lokalton und die Lokaleigenart mit unverfälschter Naturtreue wiedergeben, sehr gerne ein zweites und wohl auch ein drittes mal; köstlich ist der „Jour fix“ bei der Frau Schrager, die in der ganzen Woche keinen einzigen „jour“ findet, nicht minder amüsant ist die Schilderung der Theatervorstellung zu wohlthätigem Zweck, jede Hausfrau wird hell auflachen über den Wochtag „unserer Nanni“ und die leichtlebige Wienerin der dienenden Klasse, findet sich in „einer Bekanntschaft“ auf das naturgetreueste photographiert. So geht es fort in sechsunddreißig verschiedenen Bildern, welche alle des Lesens wert sind, den Wiener belustigen, weil er darin Bekanntes wiederfindet, den Fremden unterhalten, weil die Skizzen humorvoll sind und den Stempel der Wahrhaftigkeit an sich tragen. Jenny Neumanns Büchlein erhebt keinen Anspruch auf litterarischen Wert, wird aber mehr Anklang finden als manches dickleibige, gelahrte Opus, weil es nicht über die Grenzen hinausstrebt, in die es gehört, weil ihm der Funke gesunden Mutterwitzes innewohnt, welcher immer und überall ein gern gesehener Gast ist.

B.

Wer ist sie? Roman von Hans Wachenhusen. Stuttgart, Deutsche Verlagsanstalt.

Das ist ein echter Feuilletonroman. Viel effektvolle Verwicklungen und überraschende Unwahrscheinlichkeiten. Unterhält, d. h. denjenigen, der in der Litteratur amerikanischen Typus liebt und nicht den geringsten Anspruch auf feinere Charakteristik macht.

Der Titel des Buches könnte auch heißen: „Das Testament des Onkels“ oder „Die Suche nach dem Mädchen mit Geld“ oder „Der Heiratsschwindler“ oder „Ende gut, alles gut“ und so weiter mit Feuilleton-Grazie. Wachenhusen hat übrigens einen festen Leserkreis, dem es nichts verschlägt, wenn der beliebte Erzähler statt des Titels seinen Romanen nur eine Ordnungszahl geben würde. Es sind keine Werke, nur Nummern.

Marie Conrad-Ramlo.

Fanny Förster. Roman von Ida Boy-Ed. Stuttgart, Deutsche Verlagsanstalt.

Die Heldin ist wieder einmal eines der vollkommensten Exemplare ihres Geschlechts, wovon ich je gelesen habe: Muster-Landwirtin, die zwei große Güter aufs beste verwaltet, wobei sie ihren Bauern ringsum noch guten Rat erteilt und ihre Streitigkeiten schlichtet, während sie zugleich für deren Weiber und Säuglinge Strümpfe strickt und Jacken näht. Wohlthäterin aller Armen und Bedrängten, und Freundin, auf die man sich verlassen kann, deren Herz und Börse einem immer offen steht. Mit Reichtum, Schönheit, Geist und den übrigens oben angedeuteten non plus ultra Eigenschaften ausgestattet, ist sie nach einer kurzen, liebelosen Ehe mit einem älteren Mann als Witwe ohne größere Herzensverschlingungen glücklich in die Dreißiger gekommen.

Sie gesteht zwar, einem alten Freund, der ihr von Zeit zu Zeit einen Heiratsantrag macht, daß auch sie nicht so wunschlos wie es den Anschein habe durchs Leben gehe — daß sie oft diese Arbeit und Sorgenlast für andere recht notwendig habe als Betäubung für ihr eigen Herz! — Warum sie ihr Herz zu betäuben sucht, anstatt es sich voll und ganz und gesund ausleben zu lassen an der Seite und in den Armen eines geliebten Mannes etwa — ist nicht erklärt. Ich als Leser konnte es ebenfalls mit dem besten Willen nicht herausfinden. Sie ist doch nach vorangehender Schilderung ein im höchsten Grad begehrenswertes Wesen, noch dazu eine der höchsten Leidenschaft fähige Natur, wie sollte ein solches Weib, unbegehrt, unangefochten und allein, nur umflackert von den schüchlernen Verlangen eines ältlichen Herrn, in die Dreißiger kommen! Zumal da es auf ihrem Herrensitz nichts weniger als einsam, im Gegenteil recht gesellig und vergnüglich zugeht. Da werden große Jagden abgehalten, die Gäste machen sich's gleich auf Monate bequem, Liebespaare treiben sich im Mondschein umher, „unverstandene Frauen" werden getröstet, oder doch beinah — und da allein sollte die Herrin und Schöpferin all dieses Glücks und dieser Fröhlichkeit, selbst die Schönste von allen, einsam schreiten? — Bah, das ist hohle Unnatur. Künstliche Präparierung einer tragischen Heldin! Denn nun kommt's. Fanny nimmt aus Großmut, um einem jungen Mann Stellung zu bieten, einen Verwalter. Joachim von Herebrecht ist ein einfacher aber frischer, liebenswürdiger Junge. Die Herzen der Weibchen fliegen ihm nur so zu. Er liebt sie eigentlich alle, macht aber die Dummheit, sich gleich der ersten, einer pikant-häßlichen, kleinen, unbedeutenden Person heimlich zu verloben.

Freilich, wenn er gewußt hätte, daß noch so viel besseres nachkomme, hätte er das bleiben lassen. Aber es hindert ihn ja nicht, auch seiner Herrin Liebesgeständnis und Hingabe entgegenzunehmen! So lange sie an seinem Herzen ruht, glaubt er sogar er liebe sie auch, und nur sie allein. Ernüchtert, findet er dann nicht den Mut, Fanny, die die Sache sehr ernst nimmt und gleich vom Heiraten spricht, sein schon früher eingegangenes Versprechen zu gestehen. So bricht die Entdeckung seiner — Vielseitigkeit — ganz unvorbereitet über sie herein, und will sie fast vernichten. Der gute Junge legt nun die Entscheidung in ihre Hände, wie er sie, notabene, zuvor schon in die Hände seiner Verlobten gelegt hatte — sie soll bestimmen wem er gehöre!!! Fanny, die Erhabene, dekretiert die Hochzeit mit Severina. Denn, schließt sie ein Zwiegespräch mit ihrem alten Freund: „Severina hat ihm noch alles zu geben nicht ich." Auch ein Grund! der für mich im umgekehrten Sinn einer wäre. Diese Rechtsfrage zu berühren, würde uns aber zu weit führen. Fanny führt sich zum Schluß wie ein sentimentales Pensionsmädchen auf. Sie wohnt der Vermählung bei, kleidet sich, obgleich sie inzwischen zur alten Frau geworden — in dasselbe weiße Prachtgewand, das sie damals trug als sie sich dem Ungetreuen hingab. — So hofft sie, am Altar ihm alles noch einmal recht ins Gedächtnis zu rufen, dann bei dieser Gelegenheit zu sterben und so womöglich auf ewig als rächender Schatten zwischen ihm und der andern zu stehen! Zum Glück bedenkt sie während der Rede des Pfarrherrn, daß ihr Testament noch nicht gemacht, wodurch sie so manchen beglücken könnte rc. und entschließt sich wieder anders. Die Hände ihres alten Freundes fassend spricht sie drei Schlußworte: Ich will leben! — So ist der gute blonde Krauskopf, der sich längst keine Gedanken mehr macht über die tragische Fanny, sondern voll und ganz im Glück bald ein junges üppiges Weibchen zu besitzen, aufgeht, vor dem „ewigen Schatten" bewahrt. Der Roman hat seinen versöhnenden Abschluß wie sich's gehört, und fällt nirgends über den in guter Gesellschaft so sehr beliebten Gartenlaube-Rahmen hinaus. — Die Bücher der Frau Boy-Ed folgen sich Schlag auf Schlag. Sie werden immer glatter in der Mache, formvollendeter. Doch nehmen sie meines Erachtens an Leidenschaft, Kraft und Wahrheit des Inhalts, sowie der Wirkung, nicht zu. Es sind „spannende" Geschichten voll hübscher Details und interessanter Nebenfiguren, in denen aber die „Handlung" oder der „Held" oder die „Heldin" oft zu sehr mit hohlem Pathos geschwellt sind und der logischen Grundlage und Durchführung entbehren.

Fritz von Brück.

Schnee. Roman von Alexander L. Kielland. Übersetzt von M. Driesen. Stuttgart, Engelhorn. — Das ist ja der außerordentliche Vorzug, den Kielland vor fast allen Romanschriftstellern der Gegenwart besitzt: Alles bei ihm ist zunächst Tendenz, ins Bewußtsein mit brennender Schärfe aufgenommene Tendenz, politische, psychologische, moralische Tendenz, wie man will — aber stets setzt sich diese Tendenz in Symbolismus bei ihm um: die reine, starke, ganz phänomenalistische Dichternatur, die um so sicherer, zwangloser, überzeugender operiert, je instinktiver sie handelt, individualisiert die rohen Elemente des generellen, kritisch gewonnenen Motivs zum künstlerischen Typus ... Dem Dichter werden die Handgelenke wieder frei — und in der Bearbeitung und Darstellung des nun entfesselten Stoffes kann er die ganze Fülle seiner souveränen Kräfte spielen lassen .. Für diese realistische Symbolik haben die Skandinavier überhaupt eine heiße Neigung: man betrachte einmal daraufhin nur die Namen, welche die neueren nordischen Schriftsteller ihren Werken auf die Stirn schreiben: „Man flaggt in der Stadt und im Hafen", „Gespenster", „Staub", „Wildente", „Gift", „Fortuna", „Über die Kraft", um nur Björnson, Ibsen, Kielland, die nordgermanische Trias, zu nennen. Ein ganz klein wenig Virtuose in diesem periodischen Auftauchenlassen des Symbols als Leitmotiv, um die Grade des Ablenkungswinkels anzuzeigen, den das Sein gegenüber dem Sollen, dem Wunsche, der Hoffnung, der Zukunft darstellt — also ein ganz klein wenig Virtuose hierin ist Kielland mit den Jahren wohl doch geworden; ein paar Qualitäten mechanisch sich auslösender Manier haben sich sicher abgerundet. Das Kunststück, das er mit verblüffender Eleganz z. B. in seiner Skizze „Siesta" in Szene setzt, wo er die verschimmelte Arithmetik der Armut im Leidenschaftstumult einer rebellischen Musik entfalten läßt: er wiederholt es mit geringer Veränderung in „Schnee", dort, in der künstlerisch-technisch wohl den Höhepunkt des Romans ausmachenden Szene, wo Gabriele, der verkümmerten, von ihrem Manne zerdrückten Frau Pastor Jürges die Seele, die Dynamik ihrer Natur, wiedergiebt, die so lange unter den kaltgewordenen Elfenbeintasten eines verweigerten Instruments in kataleptischer Erstarrung gelegen. Indessen, es ist auch hier, wie immer bei Kielland, die letzte Feuerprobe des Lebens vor dem totalen Ruin — um so dichter und schneller nur fallen die entscheidenden Schatten ... Die Perspektive auf den Abgrund ist mit erschütternder Klarheit gezeigt und benutzt, begriffen, allein nur noch das Anästhetikum der Gewohnheit giebt dem verfehlten Leben die letzte Charpie, den letzten Wundbalsam. Fräulein Gabriele Bramm löst ihre Verlobung mit dem Kandidaten der Theologie Johannes Jürges auf und wirft ihren Verlobungsring auf den Sophatisch, er rollt unter den Fuß der Lampe ... Und mit diesem vollen, massiven, wie mit einer unzerstörbaren Bürgschaft für ein großes, glückliches Leben geladenen Ringe vergleicht Johannes' Mutter nun ihren Ring, den die Arbeit der langen Jahre im monotonen Alltagsstaub des Kleinlebens so dünn und schäbig, so mager und unansehnlich gemacht ... Und sie findet „Alles, Alles namenlos traurig" ... Gabriele ist eine jener schwierigen Frauen, wie sie Kielland liebt, eine Schwester Wenke Lövdahls in „Gift" ... Ich bestreite es durchaus nicht: uns erscheint diese ganze nordische Konfliktswelt mit dem starren Absolutismus ihrer Gegensätze etwas altfränkisch, wir objektivieren diesen Unterschied zwischen dem alten und dem neuen Glauben und Wissen gar nicht mehr so scharf, so bestimmt und bewußt, wir leben allenthalben unter dem bezwingenden Atmosphärendruck des Kompromisses, wir richten uns gegenseitig ein und passen uns an. Unsere Bourgeoisie ist zu indolent, und unsere unteren Hunderttausend leiden viel zu sehr unter den gemeinsten Notdurftsfragen der Existenz... Dort oben stimmt sich indessen, glaubt man den modernen skandinavischen Schriftstellern, Alles zugleich auf ein Entweder — Oder ab: Eines ganz — wenn nicht: dann lieber gar nichts. Wenke und Gabriele haben jeden Augenblick ein Nécessaire bei der Hand, aus dem sie bequem die Wahrheiten herausnehmen, mit welchen sie gerade aufwarten wollen.. Und sind denn Abraham Lövdahl und Johannes Jürges, beide übrigens vom Dichter mit unübertrefflicher Kunstsicherheit und einem feinsten psychologischen Verständnisse gezeichnet — sind sie denn moderne Menschen in unserem Sinne? Beide können nur in Anlehnung an ihren Vater leben, nur im Schatten der väterlichen Autorität gedeihen . . . Für beide kommt eine Stunde, da sie aufspringen, wie von einer bisher verborgen gebliebenen, inneren Sprungfeder plötzlich in die Höhe geschnellt . . . Und? Beide klappen ebenso schnell wieder zusammen, der Bruch ist konstatiert, aber beide sind zu schwach, ihn als solchen, der zu einer mehr oder minder entscheidenden Ausgleichung führt, auf sich zu nehmen . . . Sie erleben ihren Konflikt nicht, sie stecken ihn einfach in eine Hosentasche, dort beschwert er sie zwar sehr, aber sie haben nicht mehr die Kraft, sich so oder so mit ihm abzufinden. Sie schleppen sich weiter — und bestellen sich höchstens in einer ersten besten metaphysischen Bäckerei ein paar „Dinge an sich" von Idealen — zu diesen selber kommen sie gar nicht mehr . . . Da haben die Vertreter der älteren Generation, dort im „Gift" Professor Lövdahl, hier im „Schnee" Pastor Jürges, ein ganz anderes Bewußtsein von dem, was sie wollen, als diese Schwächlinge haben, welche ihre Herren Söhne sind . . . Aber auch sie explodieren nur, sie lassen es nur zu einem Zusammenstoße kommen: ein gegen sie gefallenes Resultat verwirrt sie nur insofern, als es ihnen ein Moment nimmt, mit dem sie in ihrer Taktik gerechnet haben . . . Nur das verstimmt sie, nur darüber trauern sie. Das zweite Untersymbol im „Schnee", das Privatsymbol des Herrn Pastors, der baufällige Schuppen am Pfarrhause, den die — mit welcher Naturwahrheit wiedergegebene! — Halsstarrigkeit der Bauern zu reparieren sich sperrt — er objektiviert dem alten Jürges nicht etwa das Zersetzungsfluidum, das in die Poren jedweden menschlichen Dinges eindringt — er ernährt nur seinen Trotz; er entzündet ihm mit seiner mürben, trockenen, ausgedörrten Brüchigkeit nur immer ein heißeres, helleres Selbstbewußtsein: ein Bewußtsein von dem, was er als Persönlichkeit, als Kämpfer für das Evangelium und Wahrheitszeuge für die Offenbarung Gottes bedeutet in diesen Zeiten des Abfalls und der Untreue . . . In künstlerischer Hinsicht steht im Roman außer der erwähnten Ringszene oben an: der Briefwechsel zwischen Vater und Sohn; Gabrieles Ankunft im Pfarrhause, ihre Auseinandersetzung mit dem Pastor. Das Alles ist höchste Einfachheit, mit feinster Psychologie erschöpfte Wahrheit der Situation, stilistisch fast zu blendend exponiert. Hier, wo alles im Prinzip schwerer, massiver Ernst bei Kielland: hier das vagabundierende Gauklerspiel einer in der Freiheit künstlerisch dressierten Farbenskala... Und das Hauptsymbol, der Schnee? Weit draußen im Schnee, in der Gebirgseinsamkeit, liegt das Pfarrhaus, in dem der Streiter Gottes lebt und arbeitet, unter seinen Bauern, trotz seiner Bauern . . . Auch am Ostermorgen liegt diese Landschaft noch unter dem Bahrtuche des Winters. Er ist hier schön, der Winter, aber er hat stählerne Muskeln, die Lungen eines Giganten, das unversöhnliche Herz eines Despoten — den alten Daniel Jürges bewahrt und bewehrt er, aber er erstickt das junge Leben der Freiheit, zu dem Gabriele hier draußen ihren „kleinen Theologen" groß werden lassen möchte. Im Roman „Gift" ist dieses von der Schule infizierte Gift zugleich eines der treibenden Hauptmotive der Handlung. Hier ist der Schnee nur ein Symbol für die starre Entschiedenheit der nordischen Natur. Aber hier wie dort ist das Symbol ein Ausdruck für die Existenz eines Imperiums, an dem jeder Widerstand scheitert. —

Heinz.

Der Weg zum Himmel. Roman von Karl v. Heigel. Verlag von Fr. Bassermann. München.

Es wird das Schicksal zweier schöner Mädchen erzählt, armer Doppelwaisen, die von einer leichtsinnigen deutschen Mutter und einem italienischen Arbeiter abstammen. Zwei gute Frauen nehmen sich der Waisen an. Eine vornehme Jüdin (verheiratete Baronin Oberkirch) und eine Tiroler Weinwirtin, die sich in der Residenz niederläßt. Der Schützling der Jüdin (Armida) ist klüger, anpassender, als ihre Schwester Lena, die einfältiger, naiver ist. Erstere wird zur Theaterlaufbahn bestimmt, wird aber bei ihrem Debüt das Opfer einer Intrigue; trotzdem berückt sie alle Welt durch ihre Schönheit. Sie giebt die Theatercarrière auf, denn sie findet einen reichen, vortrefflichen Mann. Die andere — Lena — liebt mit aller Schwärmerei der ersten Liebe einen jungen Wüstling, dessen Opfer sie beinahe geworden wäre. Als sie von seiner Schlechtigkeit überzeugt ist, kehrt sie gebrochenen Herzens in ihr Heimatsdorf zurück, da auch ihre Wohlthäterin in der Stadt starb. Das ist das Gerippe des Romans. Litterarisch die Hauptsache, das Beste im künstlerischen Sinn, ist eigentlich das Beiwerk. Es gruppiert sich um die Hauptpersonen eine äußerst zahlreiche Gesellschaft. Hofleute, Beamte, Geistliche, Künstler, Schauspieler, Kaufleute und allerlei dienendes Volk. Man kann nicht sagen, daß alle Personen mit der gleichen Meisterschaft geschildert und charakterisiert sind, aber viele — ja die meisten sind es ganz gewiß. Es geht ein starker realistischer Zug durch das Werk, und nur manchmal verirrt sich der Autor ein wenig ins Romantische. Mit kühnem, frischhervorquellendem Humor ist das lächerliche und schädliche Getriebe des kleinen weltlichen Hofes und des Pfarrhofes geschildert. Naturwahr, richtig gesehen, vielleicht ein wenig zu sarkastisch, das Theatervolk. Eine überaus gelungene, sehr drollige Figur ist die Tiroler Wirtin. Obwohl man im großen Ganzen sagen muß, daß der humoristische Ton im Buche der vorherrschende ist, macht sich doch der dunkle Untergrund, die düstere Baßbegleitung pessimistischer Weltanschauung von Zeit zu Zeit recht bemerkbar. Unverständlich könnte der Titel und der Schluß des Romans erscheinen, wäre man nicht durch die geistvoll ironische Art des Dichters auf kleine Irreleitungen naiver Leser vorbereitet. Alles in allem ist „der Weg zum Himmel" ein tüchtiges, schneidiges Buch, eine Romandichtung, die unserer modernen deutschen Litteratur zur Zierde gereicht. Fritz von Bruck.

„Flecken auf der Ehre". Roman von H. Schobert. Berlin, Otto Janke. Mit vollem Recht hat Schobert durch seinen Roman „Ulanenliebe" und andere gelungene Publikationen sich in der allerkürzesten Zeit einen glänzenden Namen am litterarischen Himmel geschaffen: weitaus die beste und gediegenste seiner Arbeiten ist aber seine letzte Leistung, der Roman „Flecken auf der Ehre“. Sprache, Komposition, Idee, Alles ist elegant und vornehm an dieser dreibändigen Erzählung, welche trotz ihres Umfanges von Anfang bis zu Ende fesselt. Evelyn von Hasten, eine ideale, reine Frauengestalt, ist die Heldin — mit einem Gatten vermählt, der ihr weder geistig noch ethisch ebenbürtig ist und vom Durchschnittsmenschen zum Schurken wird, liebt sie diesen Mann, obschon er sie vernachlässigt und nicht versteht. Eine Chansonettensängerin, Antoinette Berger, besitzt ein schriftliches Eheversprechen des Oberlieutenants von Hasten, welches er ihr zu einer Zeit gegeben, da bei ihm noch Schmalhans Küchenmeister und er keine reiche Heirat geschlossen hatte. Die Chansonette wollte nun aus diesem Eheversprechen Kapital schlagen, hatte aber anfangs keine Ahnung, daß Herr von Hasten bereits vermählt sei und glaubte, ihn zu einer Heirat bewegen zu können. Als ein Zufall sie mit Evelyn von Hasten zusammenführte und sie erfuhr, wer diese sei, gelobte sie Rache zu üben und drohte Skandal zu machen. Durch Hilfe eines Jugendfreundes, Hermann von Desenberg, gelang es Frau von Hasten, die Papiere an sich zu bringen, welche ihren Gatten kompromittierten: dieser aber, der mit Desenberg Streit suchen wollte, weil die geistige und moralische Überlegenheit des Generalstabs-Hauptmanns ihm peinlich war, beschuldigte Evelyn mit ihm ein Verhältnis zu haben und da er sie unter scheinbar kompromittierenden Umständen in seiner Wohnung fand, wo sie die Papiere übernehmen sollte, welche ihrem Gatten den Seelenfrieden wiedergaben, forderte er Herrn von Desenberg zum Zweikampfe. Obschon ihm durch seine Frau noch, bevor dieser Zweikampf stattfand, vollste Aufklärung ward, erschoß Herr von Hasten seinen Gegner doch noch im Duell. Von Abscheu gegen ihren Gatten erfüllt, ließ sich Evelyne von ihm scheiden und suchte Trost bei Desenbergs Mutter, deren einzige Stütze sie ward. Herr von Hasten fand in einer zweiten Ehe Bestrafung für alles das, was er seiner ersten Gemahlin und deren edlem hochsinnigen Freunde zugefügt und gab sich schließlich selbst den Tod, nachdem er seinen Sohn zweiter Ehe der Obhut Evelynens anvertraut. Schoberts Buch ist edel gedacht und vornehm durchgeführt, es wird allen Freunden gediegener Lektüre eine willkommene Gabe sein und verdient, es in den weitesten Kreisen entsprechende Würdigung zu finden.

Wrn.

Nubia. Erzählung von Richard Voß. Stuttgart, Deutsche Verlags-Anstalt.

„Eines Junimorgens im Anfang dieses Jahrhunderts wanderte die Landstraße, welche von Tivoli durch das Sabinergebirge an das adriatische Meer führt, ein junger Mann.“

So beginnt die vorliegende Erzählung. Der junge Mann ist ein Maler; er findet in einem einsamen Dorfe Abkömmlinge eines wilden Volkes. Die schöne Nubia, eine Tochter dieses Volkes, ein Naturkind, wird sein Modell zu einer Madonna. Die Liebe zu ihm zieht in ihr reines Herz. Die Geschichte endet tragisch, da ein fanatischer Geistlicher, der für Nubia entbrannt ist, dem Maler den Tod giebt. Daß Richard Voß sein Land und seine Leute kennt, weiß man. Daß die Art und Weise der Darstellung in „Nubia“ romantisch gefärbt ist, war wohl seine Absicht, bedingt durch Zeit und Ort der Erzählung. Wenn man nicht überzeugt wäre, daß Richard Voß ein Dichter von starker Eigenart, ein Poet von leidenschaftlichem Temperamente ist, dürfte man nur den Abschnitt der Erzählung lesen, wo Nubia entdeckt, daß sie den jungen Maler liebt und ihn verhindern will fortzugeben. Die ganze Erzählung fesselt außerdem durch ihre Fülle fein beobachteter und mit vollendeter Technik wiedergegebener nationaler naturwahrer Einzelzüge.

Marie Conrad-Ramlo.

In ferner Inselwelt. Roman in zwei Bänden von Christian Benkard. Stuttgart, Deutsche Verlagsanstalt.

Ein Werk, das ganz vorzügliche realistische Anläufe zeigt. Der zweifellos sehr begabte Verfasser hätte nur mit größerem Fleiße der Durchbildung seiner Charaktere obzuliegen und die Schilderung von Land und Leuten mehr in eins zu verschmelzen, um Romane von kunstgerechter Einheitlichkeit herzustellen. Das vorliegende Buch begnügt sich, ein anregendes, belehrendes und das Unterhaltungsbedürfnis befriedigendes Stück Erzählungslitteratur zu sein. Es ist auch so nützlich und angenehm, umsomehr als der Schauplatz der Erzählung — Samoa und Tahiti — einem allgemeinen Interesse von brennender Aktualität unserer deutschen Kolonialpolitik begegnet. Allein es könnte viel mehr sein: ein Kunstwerk! Und der Verfasser hätte die Kraft dazu! Diese Liebe einer tahitischen Königstochter zu einem deutschen Kaufmann in der Südsee ist ein prächtiger Vorwurf mit allem exotischen Drum und Dran. Und alles ist so frisch und lebendig und -- manchmal zu liebenswürdig. Ach, wenn der Verfasser etwas mehr Teufel im Leibe hätte! Mußte die flatterhafte Insulanerin schließlich wirklich noch eine biedere deutsche Hausfrau werden? Muß auch schon in der Südsee das Lied von der biedern deutschen Roman-Hausfrau angestimmt werden? O Gartenlaube!

M. G. Conrad.

Donna Ottavia. Historischer Roman aus dem ersten Drittel des 17. Jahrhunderts von Joh. Andr. von Sprecher. Zweite billigere Ausgabe Basel, Verlag von Felix Schneider. — Es ist ein gutes Buch, das zur Lektüre angelegentlichst empfohlen werden darf. —

Dichtungen.

Unsere Lyriker produzieren drauf los, daß einem angst und bange werden könnte. Wohin mit all dem Reichtum, Reichtum an Spreu und köstlichen Körnern? Wer erschließt unsern Dichtern neue Absatzgebiete? Wer kauft all' die schönen Bücher und Büchlein? Wer liest sie, wer bespricht sie? Wer wird ihren dichterischen Eigentümlichkeiten, ihren Vorzügen, die oft so banal, und ihren Fehlern, die oft so interessant, ohne Ansehen der Person gerecht? Es ist eine furchtbare Geschichte ums Kritisieren, und etwas ganz Unmenschliches, wenn einen selbst der produktive Haber sticht. Da liegt ein ganzer Stoß sogenannter Rezensionsexemplare vor mir, in allen Formaten, gebunden und ungebunden, aufgeschnitten und unaufgeschnitten, mit begleitenden Visitenkarten, mit handschriftlichen Widmungen, mit langen entschuldigenden, erklärenden, bittenden Briefen, mit Schmeicheleien, mit Drohungen . . .

„Ew. Hochwohlgeboren anerkannter Geschmack" —

„Geehrter Herr, hier mein zweites Dichtwerk. Das erste haben Sie bereits vor einem Jahre erhalten — und noch warte ich immer vergeblich auf eine Besprechung. Wollen Sie mich partout totschweigen? Ich hege zu Ihrem Gerechtigkeitsgefühl u. s. w."

„Sehr verehrter Herr Doktor, Sie sind der einzige Redakteur im Reich, dessen bewährte Feder" —

„Ew. Wohlgeboren übersende ich . . . Bitte um ein baldiges Wort geneigter Kritik . . . Zusendung der Belegnummer . . ."

„Geehrter Herr! Ich bin eine verheiratete Frau und Dichterin. Hoffentlich sind Sie ein Mann ohne Vorurteile und ritterlich genug — —“

Schauderbar, höchst schauderbar.

Es ist mir rein unmöglich, mich des furchtbaren Grauens zu erwehren, das mir diese neunundneunzig Briefe, Karten, Bücher und Büchelchen einflößen.

Daneben liegt eine kleinere Schicht. Auserwählte, liebe Freunde. Gedichte von Detlev Freih. v. Liliencron, Dichtungen von Wilhelm Walloth, Lieder des Herzens von Alfred Friedmann, Zwei Seelen, Gedichte von Karl Maria Heidt, Am Webstuhl der Zeit, Poesien von Julius Gesellhofen . . .

Und wenn Ihr mich totschlagt, heute kann ich nicht. M. G. Conrad.

Gedichte von Martin Clemens Menghius. Erstes Heft. Straßburg, J. H. Ed. Heitz (Heitz & Mündel) 1889. Als Erstes an dem kleinen uns vorliegenden Heft fällt uns auf, daß es nur fünfzig, meistenteils kurze Gedichte enthält, gewiß heutzutage ein Vorzug bei einer Gedichtsammlung. So kann der Verfasser jedenfalls versichert sein, daß jeder, der sein Buch in die Hand nimmt, es auch durchlesen wird. Denn die etwas mangelhafte und unübersichtliche Anordnung des Gebotenen wird niemanden abhalten, sich an dem Inhalt zu erfreuen. Von dem lyrischen Gewinsel und modenmäßigen Sentimentalitätspoeten findet sich nichts darin; trotzdem kann man den Verfasser nicht eigentlich zu den modernen Dichtern im jüngeren Sinne rechnen. Wohl nimmt er gegen den Schluß zu mehrfach Anläufe in dieser Richtung, wenn er sich z. B. nicht scheut, den Glühlichtlämpchenkranz eines Bierkellers in die Poesie einzuführen. In gewisser Weise möchten wir aber den bisher noch unbekannten Autor doch zu den Neueren zählen, wenn er auch zum großen Teile alte, oft behandelte Stoffe als Motive braucht, und zwar darum zu den Neueren, weil er die Wahrheit in den geschilderten Stimmungen und Gefühlen auf seine Fahne geschrieben hat. Es findet sich nichts Unempfundenes in diesen Gedichten, alles macht den Eindruck des Selbsterlebten und Geschauten, vor allem die oft vortrefflichen Bilder aus der Natur. Die verhältnismäßig wenigen Liebesgedichte, die vielfach in einen volksliedartigen Ton verfallen, sind schlicht und einfach und machen den Eindruck der Wahrheit. Schlichtheit und Einfachheit ist überhaupt der Grundzug aller dieser Gedichte und vermutlich auch der des Charakters des Dichters, da er sich nirgends laut und unbescheiden in den Vordergrund drängt. Vor der Behandlung großer, erregender Motive schreckt offenbar dieses stille Gemüt zurück, aber es wäre falsch, deshalb zu glauben, daß die Gedichte an zu großer Weichheit litten. Das ist nirgends der Fall, im Gegenteil bemüht sich der Autor stets, eine harte, prägnante Form zu finden, die oft den Eindruck der Ungelenkheit machend, störend wirkt und leicht zu beseitigen gewesen wäre. Jedoch ein gewisser künstlerischer Eigensinn scheint den Dichter bewogen zu haben, daran zu seinem Schaden festzuhalten, sodaß sich jetzt neben glatten und fließenden Versen oft im selben Gedichte störende Härten im Ausdruck finden. An manchen Stellen zeigt der Dichter auch einen kernigen Humor, doch ist er sehr zurückhaltend damit und wird hoffentlich in einem zweiten Hefte Weiteres in dieser Art bieten. Am charakteristischsten für die dichterische Eigenart des Verfassers möchten wir das Gedicht auf Seite 25 bezeichnen, das, wie die meisten, an einen wirklichen Vorgang anknüpfend, die Begegnung des Dichters mit einem Holzknecht behandelt, der ihn um sein faules Leben beneidet und weil er alles thun darf, was sein Herz nur mag. Auf das hin schließt der Dichter:

„Was mein Herz mag ... bitt're Worte:
Klopfen wir beide an gleicher Pforte,
An der Pforte des Glücks doch vergebens.
Halbnacht und ich die Zeit unsres Lebens."

Diese Glücklosigkeit der meisten Dichter tönt auch in dem letzten fast tragisch wirkenden Gedichte der Sammlung aus. Möchte eine freundliche Aufnahme seiner Poesien ihm wenigstens den Sonnenblick eines kurzen Glückes gönnen. —

Franz Wichmann.

Drama.

Die große Sünde. Ein bürgerliches Trauerspiel von Hermann Bahr. Zürich, Verlagsmagazin. Preis M. 2,40.

Die große Sünde — Wahrheit und Wahrhaftigkeit. Die einzige Sünde wider den gewaltigen Geist unserer Zeit, für die es weder Oben noch Unten, weder im Diesseits noch im Jenseits Verzeihung giebt. Die große Tugend — Lüge, Lüge, Lüge. Der Tugendreiche wird belohnt, wie es in der Ordnung ist, der Sünder geht zugrunde, ganz wie sich's gebührt. Das ist, wenn auch nicht die Gerechtigkeit, so doch der Humor der Weltgeschichte in der wunderschönen Neige unseres Jahrhunderts, dem Jahrhundert der politischen Tragikomödie mit Pauken und Trompeten. Der Politiker, das ist der Mann des Tages. Denn Politik ist heute Alles. Politik ist das Ding an sich. Sich in der Politik zu wälzen wie — der geneigte Leser wähle sich selbst das passende Bild! — die einzig würdige und ersprießliche Lebensaufgabe. Der Rest ist blauer Dunst. Punktum. Hermann Bahr, einer der größten Unzeitgemäßen, einer der größten Unmenschen des deutschen Schrifttums schmeißt die politisierenden Massen, einen ganzen politischen Klub mit seinen bekanntesten Typen auf die Bühne, wie ein Anatom einen ganzen Rattenkönig von Kadavern auf den Seziertisch. Da geht es nun ganz schauderhaft zeitgemäß zu, haarsträubend menschlich. Fünf Akte Leben, modernstes Leben, wie man es noch auf keiner Bühne gesehen hat. Daß der Urheber dieser entsetzlichen Schöpfung mit heilem Kopf davon gekommen, ist ein Wunder. Kritik folgt.

M. G. Conrad.

Vermischtes.

Rom und die Römer von Aristide Gabelli, Mitglied des italienischen Abgeordnetenhauses. Aus dem Italienischen übersetzt von Dr. Rudolf Lange. Neuhaldensleben, Bessere Nachf. 1888. 109 S. Elegante Ausstattung. Preis 2 Mark.

Gälte von den Städten was von den Frauen gilt: die beste ist die, von der man am wenigsten spricht, — so wäre es schlecht um Rom bestellt. Von keiner Stadt des Erdkreises wurde so viel Geräusch gemacht bis herein in die allerneueste Zeit, als von der bekannten „Ewigen" auf den nicht weniger bekannten „Sieben Hügeln", als von dem hügeligen, buckligen, heiligen u. s. w. Rom. Da ist z. B. gleich die römische Frage, die erst mit dem letzten römischen Papst und dem letzten deutschen Römling aus dem Geräusch der sogenannten Politik und aus der öffentlichen Humbugmacherei der sogenannten Weltgeschichte verschwinden wird. Rom und kein Ende! Es ist fürchterlich. Diese Aufdringlichkeit der alten päpstlichen Rumpelkammer! Und es giebt wirklich keine Rettung; die vernünftigsten Leute haben zu Zeiten ihr Romfieber — ich selbst habe in meiner schriftstellerischen Sünden Maienblüte ein umfangreiches Buch „Spanisches und Römisches" und eine Sammlung „Reisebriefe aus Rom" unter dem Titel „Die letzten Päpste" verbrochen (Breslau bei Schottländer), zwei Werke, die hauptsächlich dadurch bemerkenswert geworden sind, daß der preußische Staatsanwalt allerhand Gottes- und Kirchen-Lästerungen darinnen fand und sich für verpflichtet fühlte, Gott und der Kirche beizuspringen, dem armen Schriftsteller bei beiden Werke, Früchte jahrelangen Fleißes, wegzunehmen und zu vernichten und den Verleger noch obendrein zu einer Buße von dreihundert Reichsmark zu verurteilen. Ich selbst, der Hauptsünder, konnte damals preußischerseits nicht beim Kragen oder beim Geldbeutel genommen werden, weil ich als wanderseliger, ungebundener bayerischer Bürgers- und Schreibersmann im Auslande lebte. Das geschah im Frühlinge 1878, als sich das Deutsche Reich ummauserte und eine Neubeförderung in Frommheit und Gottseligkeit als heilsam und zeitgemäß erachtete. Das ist auch ein uralter Satz römischer Politik: Wenn die Großen ein neues Mäntelchen brauchen, müssen die Kleinen Haare lassen.

Dem vorliegenden Rom-Büchlein wird ein holderes Schicksal erblühen; einmal, weil es von einem Ausländer verfaßt ist, was dem Deutschen immer Respekt einflößt und ihm alle Zuvorkommenheiten der Gastlichkeit abnötigt, zum andern, weil es unter einer offiziellen Marke in die Welt gesetzt wurde (pubblicata dalla Direzione generale della Statistica a Roma), zum dritten, weil der diplomatische Verfasser alles, was er der „heiligen Kirche" und dem „heiligen Vater" und verwandten Einrichtungen und Personen Unverbindliches zu sagen hat, entweder bloß durch die Anführung einer geschichtlichen Thatsache ausdrückt oder sehr fein einwickelt oder bloß zwischen den Zeilen erraten läßt. Das Büchlein ist nicht nur reich an Belehrungen über Rom und Römer, es ist auch in einem frischen prächtigen Stil geschrieben, ohne in jene blütenreiche Schwülsterei zu verfallen, welche von den deutschen Feuilletonisten beliebt wird, sobald sie auf ihrer Phrasenorgel das Register „Italien" ziehen. Zu den abschreckendsten Sachen in dieser Beziehung gehört Vieles in den italienischen Wanderjahren von dem klassischen Gregorovius und das Meiste von dem sächsisch überblümten, romantisch süßelnden Woldemar Kaden. Das Büchlein von Gabelli verdient also sowohl dem Inhalte als der Form nach die Aufmerksamkeit der gebildeten Leser. Besonders unsern schwarzen Römlingen im vatikangläubigen, papstfrommen Deutschen Reich sei es als ergötzliche Lektüre empfohlen, nicht minder unsern römischen Altertumsfexen: vielleicht dämmert es doch in ihrem vertrackten Gehirn auf, daß Rom in erster und letzter Linie den modernen Römern gehört, und daß niemand auf der Welt ein Recht hat, den modernen Römern etwas dreinzureden, mögen sie mit ihrem Rom anfangen, was sie wollen. Ebenso der Statthalter Christi auf Erden: wenn ihm das Rom der modernen Römer nicht behagt, so soll er sich für seinen Privatzweck und Privatgeschmack in Gottesnamen anderwärts ein anderes Rom gründen. Noch einmal: Gabellis Büchlein in der Langeschen Übersetzung verdient die weiteste Verbreitung; es ist nützlich und angenehm zu lesen.

M. G. Conrad.

Gebrechen und Leistungen des kirchlichen Protestantismus. Kanzelreden gehalten von Moritz Schwalb, Dr. theol., Prediger zu Bremen. (Leipzig, O. Wigand.) 1888. 2 M. Diese Sammlung enthält das stärkste, das freisinnigste und zugleich religiöseste, was vielleicht jemals auf einer Kanzel geredet worden ist. Denn diese Kanzelreden sind keineswegs Abhandlungen in oratorischer Form, wie ein gutmütiger Kritiker meinte, sondern wörtlich so gehalten und nach dem Stenogramm gedruckt. Es ist das freilich nur im toleranten Bremen möglich. Der Verfasser legt den Finger nicht auf Äußerlichkeiten und Nebensachen, sondern auf die Hauptwunden, an denen der Körper der protestantischen Kirche krankt und zugrunde zu gehen droht. Der Bibelglaube, der Glaube an Wunder, die Dreieinigkeitslehre werden einer freimütigen Kritik unterzogen. Inbezug auf Taufe und Abendmahl spricht der Verfasser offen aus, daß er ihre Abschaffung in der protestantischen Kirche beantragen und sie durch neue, bessere Ceremonieen ersetzen möchte. Er beklagt das protestantische Sekten- und Parteiwesen, diese Spaltungen bis ins kleine und kleinste. Aber wodurch will er sie heilen? „Was uns von unserer Uneinigkeit am sichersten befreite, das wäre die Wahrhaftigkeit; daß jeder offen, unumwunden, mit möglichster Klarheit, mit Vermeidung aller zweideutigen Ausdrücke, seinen Glauben bekennte. Hier sind alle Zweideutigkeiten Gift! Sie verderben den Wahrheitssinn und den gesunden Menschenverstand. Lassen wir sie den Theologen früherer Zeiten! Sprechen wir, wie uns der Mund gewachsen ist, frei und wahr, wie es Männern geziemt. Dann werden gar viele unserer Parteiungen wie Gespenster verschwinden." Und in einem grandiosen Schluß an die Kolossal-Statue der Freiheit im Hafen von New-York anknüpfend: „Dieses Sinnbild, es ist Wahrheit. Die Freiheit muß die Welt erleuchten, die Freiheit des Denkens und Redens. Durch die Freiheit kommen wir zur Einigung, zum Frieden, zur Liebe, zur Kraft." Es seien auf diese Reden, die auch der Form nach, realistische Meisterwerke sind, alle diejenigen hingewiesen, „denen der Trank, an welchem alle Welt sich erquickt und auferbaut, aus Überdruß oder Vorurteil nicht schmecken will". Vielleicht veranlassen sie auch einen oder den anderen der produzierenden Leser der Gesellschaft, einmal die religiöse Frage tiefer zu studieren und gerechter darzustellen. Denn es ist leider fraglos, daß gerade diese Gegenstände mit entsetzlicher Schablonenhaftigkeit, sowohl von gläubiger, als von freisinniger Seite dargestellt werden. Es sind nur ein paar Russen, und etwa Björnson, die davon eine rühmliche Ausnahme machen. Hier ist noch viel zu thun, gerade für einen, dem nicht die Parteibrille alle Gegenstände mit seinem Speziallichte färbt, sondern der den innern Seelenvorgängen mit unerschrockenem Mute und tapferer Wahrhaftigkeit nachspürt.

P. M.

Seiner Broschüre: „Der Offizier in der Dichtung", der ich schon im Juliheft der „Gesellschaft" gedacht habe, hat der unbekannte Herausgeber und Verfasser der „Neuen litterarischen Volkshefte" eine zweite folgen lassen: „Die preußische Ader in der deutschen Litteratur", der ich auch wiederum den Steckbrief des Halbwissens hinterhersenden muß. Anlaß zu dieser Broschüre gaben ihm Wildenbruchs Quitzows. Daher nimmt auch die Analyse dieses Stückes fast die Hälfte des Heftes ein. Abgesehen von dem unmöglichen Hinweis auf Shakespeare — man vergleicht nicht Falke mit Adler —, wird sehr hübsch auseinandergesetzt, wie Wildenbruch wohl ein Motiv voll Saft und Kraft aufgegriffen, es aber schließlich doch in den Sand habe verlaufen lassen, und zwar in echt brandenburgisch-märkischen, aus dem ein Entrinnen unmöglich ist. Nach der Analyse des Stücks wirft der Verfasser die Frage auf, ob W. nicht einen Lebensquell spezifisch preußischer Dichtung habe finden können, aus dem zu schöpfen ihm möglich gewesen wäre. Deshalb versucht er „sich alle Berührungen des Preußentums mit der Litteratur vor Augen zu führen" (S. 11). Nun kommt der Unglücksteil des Schriftchens, der historische Teil. Wie Knöpfe auf einer Schnur werden aneinandergereiht: Canitz, Besser, Ramler, die Karschin, E. v. Kleist, Gleim, Lessing, H. v. Kleist, W. Alexis, und damit hört's auf. Die Reihe ist ziemlich kunt! Canitz, ein aufgeweckter Höfling am Hofe Friedrichs I., begeisterter Freund, Kenner und Nachahmer französischer Litteratur, war ein Berliner, schrieb mehrere steife Gedichte zu festlichen Gelegenheiten und vor Zahmheit gähnende Satiren. Preußisch ist nur seine Herkunft und der Name seines Fürsten in seinen Hofgedichten. Besser ist ein Kurländer und die Anzahl seiner lobtriefenden Gedichte, deren widerliche Leichtfertigkeit mit französischen Formen sich drapierte, stand in eigenartiger Beziehung zu der Anzahl seiner Würden. Er war es, der das wundersame Gedicht schrieb: „Über den Tod Wachtelchens, Sr. Churfl. Durchl. kleinen Hündchens, welches in der Geburt mit seinen Jungen geblieben!“ Was ist an diesen beiden preußisch? Und was an Ramler, diesem Fanatiker der Form, diesen verrömerten Horaz an der Spree, der den Garten deutscher Metrik in einen Bagno verwandeln wollte, was an der Karschin, deren gesundes rotbäckiges Talent Ramler verramlert hatte, was an dem gutmütigen, kleinen Anakreontiker Gleim, dessen „preußischer Grenadier“ von Preußen nur den Namen hatte? Was ist bei ihnen „preußische Ader“? Und was bei Lessing, E. und H. v. Kleist, W. Alexis?

Darauf giebt uns der Verfasser keine Antwort. Und sie war auch nicht so einfach. Unmöglich kann unter „preußischer Ader“ der Verfasser die Thatsache gemeinsamer preußischer Herkunft verstanden haben; dann fielen Besser (Kurland), Lessing (Sachsen), Wildenbruch (Beirut in Syrien) völlig aus dem Rahmen dieser Reihe heraus, und ebenso unmöglich kann die Anwendung von Motiven aus der preußischen Geschichte bestimmend gewesen sein für die Aufstellung derselben. Dann wäre sie ungemein lückenhaft. Sie könnte erweitert werden durch die Namen Arndt, Schenkendorf, Gutzkow, Putlitz, Scherenberg, Bleibtreu, Fontane, Wichert, H. v. Reder u. s. f. Dann müßten mit demselben Recht auch diejenigen ausländischen Poeten hier erwähnt werden, die zufällig einen preußischen König angesungen haben, wie Voltaire. Jedenfalls hat der Verfasser die richtige Erklärung des Ausdruckes „preußische Ader“ gefühlt, aber ebensowenig wie Leo Berg in seinem Schriftchen über E. v. Wildenbruch gegeben. Dazu müßte man Ethnograph, Litteratur- und Völkerpsychologe, Geschichtsforscher und Kulturhistoriker sein. Und weil nur wenige eine so bedeutende Wissensmenge in sich vereinigt haben, darum ist so wenig gethan auf dem Gebiete der nationalpsychologischen Litteraturgeschichte.

Was heißt z. B. Preußentum, Bayerntum in der deutschen Litteratur?

Wir wissen, und das ist eine großartige Errungenschaft unseres 19. Jahrhunderts, daß der Mensch ein vorläufiges Endglied einer unendlich langen Entwicklungsreihe ist, daß er ist ein Produkt der ihn umgebenden Natur, des milieu social, das H. Taine z. B. mit so starrer Einseitigkeit vertritt, wie Klima, Temperatur, Bodenbeschaffenheit rc. auf das physiologische wie psychische Leben von größter Bedeutung sind, wissen ferner, daß dieser milieu social Ursache ist von den so unendlich variationsfähigen Qualitäten der einzelnen Litteraturen Europas. Und was für diese gilt, gilt auch für die provinziellen Zweige jeder einzelnen Litteratur. Mit den ethnographischen und kulturhistorischen Bedingungen wechseln auch die litterarischen Physiognomien. Das wußten Bleibtreu so gut wie Erich Schmidt, wenn ersterer (Engl. Littgesch. I. 275 ff.) eine grandiose Schilderung des schottischen Hochlandes entwirft, um einige Existenzbedingungen und Wesenseigentümlichkeiten bei Ossian, Burns, Scott, Byron zu verstehen, wenn letzterer („Lessing“ Kap. 1, Bd. 1) seinen jungen Lessing (17 Jahre alt) als Produkt der ihn umgebenden preußenfeindlichen Sachsentums hinzeichnet, um manche seiner Eigenheiten zu erklären. Ähnlich hätte der Verfasser seine hübsche Aufgabe lösen müssen. Seine Arbeit wäre freilich eine mühsame Pionierarbeit gewesen, da niemand vor ihm dieses Thema aufgegriffen hat. Es wäre zu zeigen gewesen, in welchem Kausalzusammenhang der geographische Habitus der Mark Brandenburg zu den Eigentümlichkeiten und psychologischen Seiten seiner Bewohner steht, welche psychischen und moralischen Eigenschaften des Herrscherhauses der Hohenzollern von 1411 ab bestimmenden Einfluß auf jene ausgeübt, welche Seiten des brandenburgischen Nationalcharakters sich durch diesen Einfluß verändert haben, wie durch den Eintritt der Provinz Preußen staatliche und kulturhistorische Verschiebungen eintraten, wie durch gegenseitige Anpassung des brandenburgisch-deutschen und preußisch-slavischen Geistes der **moderne preußische** entstanden ist.

Dann hätten wir auf darwinistischer Grundlage eine Entwickelungsgeschichte des preußischen Geistes überhaupt, und damit die charakteristischen Merkmale des Preußentums in der Litteratur, die „preußische Ader". Eine Darstellung auf eben nur **flüchtig** skizzierter Grundlage hat der Verfasser, der über einen flotten energischen Stil verfügt, nicht erstrebt, vielleicht auch nicht gewollt, weil seine Broschüre ein „Volksheft" werden sollte.

Ludwig Jacobowski.

Deutsche litterarische Volkshefte, herausgegeben von Leo Berg. Berlin, Brachvogel & Ranft. Heftpreis 50 Pf. Nr. 1: **Leo Tolstoi** und der slavische Roman. Von **Paul Ernst**. Das sehr empfehlenswerte Unternehmen hat sich mit seinem ersten Heft aufs Beste eingeführt. Der Verfasser schildert in knapper, prunkloser Weise die Bedingungen, unter welchen der russische Roman erwachsen ist und seine herrliche Blüte in Tolstoi erreicht hat. Für den deutschen Leser ergiebt sich die Lehre, daß der deutsche Roman erst dann eine ähnliche Höhe und Bedeutung erreichen kann, wenn unsere deutschen Romanschriftsteller erringen, was Tolstoi und Genossen besitzen: Ernst und Würde der Überzeugung, Mut die Wahrheit zu sagen, die ganze Wahrheit, auch wo sie gefährlich ist.

M. G. Conrad.

Charakterbilder aus der französischen Revolution. Von Dr. **Arthur Kleinschmidt.** Mit 8 Porträts. Wien, Pest, Leipzig. A. Hartlebens Verlag.

Hier hat der Leser auf 168 Seiten alles beisammen, was über diese wunderschöne Leib- und Lieblingsrevolution einem Durchschnittsmenschen der heutigen Militärreiche des Abendlandes zu wissen nützlich und angenehm ist. Es ist ein Buch der rechten Mitte. Der Verfasser, Professor der Geschichte an der Heidelberger Universität, hat den Stoff mit großem Geschick um eine Reihe von Lebensgestalten gruppiert, die mit Montesquieu beginnt und mit der Herzogin von Angoulême schließt und die wechselnden Phasen des welterschütternden Ereignisses panorama-artig vor den Augen des Lesers entrollt. Durch diese Individualisierung wird der Geschichte der aufreizende Stachel genommen, und der moderne Mensch, an sich ein gründlich abgehetztes Geschöpf von bemerkenswert geschwächter idealer Schwungkraft, nicht in Gefahr gebracht, sich mehr Aufregung zuzumuten, als er vertragen und verantworten kann. Hygieine und Aufklärung kommen gleichmäßig zu ihrem Recht, und, wenn man kein blasiert-skeptischer Pontius Pilatus ist, kann man sagen: auch die **Wahrheit** wird nicht als Stiefkind behandelt. Die beigegebenen acht Bildnisse sind vortrefflich. Der Preis nur ein paar Mark. Unsere beste Empfehlung begleite das schöne, gute Buch.

M. G. Conrad.

John Stuart Mill. Ein Nachruf von Theodor Gomperz. Wien, Karl Konegen. 49 S. Preis 1 Mk. Der Ertrag ist dem Vereine für erweiterte Frauenbildung gewidmet. Neudruck zweier tüchtiger Feuilletons aus der „Deutschen Zeitung" 1873. Verfasser stand Mill auch persönlich nahe.

C.

Alfred Graf Adelmann, Gesammelte Werke. Erster Band: Biographie und gesammelte Aufsätze. Mit Porträt. Stuttgart, Deutsche Verlagsanstalt.

Man wird die Lebensbeschreibung nicht ohne Bewegung lesen. Graf Adelmann ist ein heldenhafter Charakter, dessen Leben und Streben die innigste Teilnahme erweckt. Seine sämtlichen schriftstellerischen Kundgebungen, wie sie der vorliegende Band bietet, sind von einer seltenen Begeisterung für alles Echte, Wahre, Tüchtige durchglüht. Ein hoher männlicher Sinn spricht aus den „Offenen Briefen" und „Weckrufen". So schreibt nur ein Mann, dem seines Vaterlandes Schönheit, Größe und Macht über Alles geht. Leider machen große Bravheit und große vaterländische Begeisterung noch nicht den großen Schriftsteller im litterarischen Sinne. Man merkt es an mehr als einer Stelle, wie der arme Graf ringt und kämpft, auch der Sprache als Kunstmaterial das Höchste und Tiefste, das Innigste und Prunkendste abzugewinnen, um seinen Schriften litterarischen Wert und Bedeutung zu verleihen. Und wie vergeblich ist oft sein Ringen und Kämpfen! Wie versagt die Kraft, wie erlahmt der Schwung! Die Natur hat ihm das echte Künstlerblut versagt — und kein Wissen und kein Mühen ersetzen den fehlenden Tropfen dieses geheimnisvollen Saftes.

M. G. Conrad.

Harmening, Dr. jur., Wer da? Eine nötige Frage als Antwort auf einen anonymen Angriff. Leipzig, Findel, 1889.

Die Ausführungen H.s beschäftigen sich mit der Broschüre: „Auch ein Programm aus den 99 Tagen" und weisen die in derselben enthaltenen Behauptungen bezüglich der freisinnigen Partei entschieden zurück. Der genannte Verfasser greift den ungenannten Herausgeber des „Programms" mit den schärfsten Waffen an und scheut sich durchaus nicht, zu sagen, daß der Urheber der Druckschrift „Auch ein Programm" niemand anders sei, als Herzog Ernst II. von Sachsen-Coburg-Gotha. Nachdem dies öffentlich ausgesprochen ist, darf man auf den Ausgang des Streites begierig sein. H. schreibt sehr gewandt und überzeugt wohl die meisten Leser davon, daß die freisinnige Partei mit dem ihr zugeschriebenen Programm nichts zu schaffen hatte.

Solger.

Das Lexikon der feinen Sitte. Praktisches Hand- und Nachschlagebuch für alle Fälle des gesellschaftlichen Verkehrs. Von Karl Adelfels. Brosch. M. 3,60. Eleg. gebunden M. 4,50. Verlag von Levy & Müller in Stuttgart.

Wer wäre nicht schon in die Lage gekommen, in irgend einer gesellschaftlichen Frage — sei es gelegentlich eines Besuches, sei es aus Anlaß eines Balles, einer Einladung, einer Hochzeit u. s. w. sich Rats erholen zu müssen! In allen solchen Fällen wird „Das Lexikon der feinen Sitte" vortreffliche Dienste leisten: kein zweites Buch existiert, welches gleich dem Werke von Adelfels in der praktischen Form alphabetisch geordneter, selbständig in sich abgeschlossener Artikel auf viele hundert Fragen des gesellschaftlichen Umgangs, des Anstands und des guten Tones so rasch und präzis Antwort erteilte. Was dem „Lexikon der feinen Sitte" besonderen Wert verleiht, ist der höhere Gesichtspunkt, den der Verfasser einnimmt, sein ersichtliches Streben, den Zwiespalt zwischen Sitte und Sittlichkeit zu versöhnen und der Sittlichkeit den Stempel gesellschaftlicher Pflicht aufzuprägen. Von der großen Reichhaltigkeit und dem allgemeinen Interesse des Werkes gewähren die Schlagwörter, unter welchen die Artikel aufeinander folgen, wohl die deutlichste Vorstellung. Wir greifen aufs Geratewohl aus dem Buchstaben A einige derselben heraus: Abbrechen der Beziehungen. Abendgesellschaft. Abendmahl. Aberglaube. Ablehnung. Abreise. Absage einer Einladung. Abschied. Abschiedsbesuch. Abweisen eines Besuchs. Abweisen eines Tänzers. Achtung der Überzeugung anderer. Adresse. Äußeres. Alleingehen. Almosen. Alter. Ameublement. Anbieten. Andenken. Anekdoten. Angeberei. Angebinde. Anklopfen. Anlehnen. Anmelden. Annahme. Anrede. Anreden. Anspielung. Anstoßen. Antrag. Antrittsbesuch. Antwort. Anzeigen von Familien-Ereignissen. Anzug. Applaudieren. Arbeit. Arbeiter. Armband. Arme. Arm in Arm gehen u. s. w. Das prächtig ausgestattete Buch wollen wir jung und alt angelegentlich empfehlen.

Ignotus.

Von den besten Büchern. Auch ein Gutachten. Von Friedrich Schlögl. Wien, Pest, Leipzig, Hartlebens Verlag. 23 S.

Man hat den Gedanken des Engländers John Lubbock, die „hundert besten Bücher aller Zeiten und Litteraturen" nach seinem höchstpersönlichen Privatgeschmack zusammenzustellen, originell gefunden. Man müßte aber kein gut dressierter Deutscher sein, wollte man nicht jeden originellen Einfall eines Ausländers nachahmen. Ja, gewiß, der gebildete heutige Deutsche ist ein solcher virtuoser Nachahmungs-Fex, daß er sogar — die Einfälle der Anderen nachahmt. Also ein Berliner Buchhändler hat flugs an einhundert deutsche Schriftsteller Fragebogen verschickt: „Welches sind die hundert besten u. s. w.?" Der Unterzeichnete wurde auch der Ehre eines solchen Fragebogens gewürdigt nebst 2 mal 20 Pfennig Retourmarken. Marken und Bogen liegen unberührt in der Schublade und können vom Einsender jederzeit wieder abgeholt werden. Etwas Dümmeres und Zweckloseres als die Frage nach den hundert „besten" Büchern der „Weltlitteratur" (o Goethe, was für ein trauriges Geschenk hast du uns mit diesem Wort gemacht: Weltlitteraturen sind praktisch in Deutschland alle, nur die deutsche nicht!) läßt sich kaum denken. Man vergleiche beispielsweise: welches sind die hundert besten Bilder, die hundert besten Leibspeisen, die hundert besten Moden, die hundert besten Aktien, die hundert besten Schnaps- oder Cigarrensorten u. s. w.! Na, also. Der Deutsche ist für jeden — originell nachgeahmten Unsinn zu haben, warum nicht auch für diesen?!

Der Herr Schriftsteller Friedrich Schlögl in Wien hat die Geschichte und seinen eigenen Senf dazu für so wichtig gehalten, daß er sein „Gutachten" in einem besonderen Druck veröffentlicht. Es ist ihm nämlich das Unglück geschehen, daß — — Doch geben wir ihm selbst das Wort:

„Da ich nun ebenfalls mit dieser Einladung beehrt wurde, meine Einladung jedoch den für jeden Einzelnen gestatteten Raum weitaus überstieg und deshalb in die Sammlung der eingelaufenen Urteile — unter Bedauern der genannten Verlagshandlung — nicht aufgenommen werden konnte, erlaubte ich mir, sie hier im Separatdruck u. s. w."

O Schriftstellereitelkeit und Wichtigthuerei!

Ja, die Frage hätte einen Sinn, würde sie, statt an die deutschen Schriftsteller, etwa an die deutschen Offiziere, die deutschen Komteßinnen, die deutschen Köchinnen, die deutschen Banquiers, die deutschen Hoflieferanten unserer vier- oder fünfundzwanzig souveränen Reichsfürsten, die deutschen Reichstagsmitglieder, die deutschen Handlungsreisenden, die deutschen Schwiegermütter und ähnliche mächtige Kulturkreise gerichtet. Was diese Herrschaften in der Litteratur mit dem Prädikat das „Beste“ auszeichnen, wäre jedenfalls für den Sitten- und Kulturforscher interessant zu hören. Aber die Schriftsteller unter sich: Welches sind für Sie, Herr Kollega, die hundert besten Bücher?! Die deutschen Schriftsteller! Es ist zum Totschießen. Siehe das Gutachten von dem Herrn Friedrich Schlögl in Wien!

Der alte Herr — er versichert, 67 Winter sich zu haben — bespricht in seiner Einleitung die Wandlungen im Geschmack der Litteratur und Litteraturfreunde und ist auf S. 12 endlich soweit, die Lindauschen Stadtgeschichten interessant und die Stinde'schen Buchholziaden köstlich zu finden. Dann fährt er wörtlich fort:

„Zu guterletzt machen sich die sau—beren „Naturalisten“ breit, Zola an der Spitze, mit dem Troß seiner plumpsten, brutalsten und unappetitlichsten Kopisten.“

Also „Troß“! Da braucht man ja keine Namen, die Schmähung trifft einen anonymen Haufen, an dessen „Spitze“ Zola steht. Das ist ja sehr bequem für den alten Herrn Schlögl und seine Gesinnungs- und Geschmacksverwandten. Hätte er die Namen der naturalistischen Werke und ihrer Schöpfer ehrlich hinschreiben und statt der eitlen Schimpferei eine logisch und litterargeschichtlich haltbare Beweisführung versuchen müssen, so würde sich der Herr Schlögl seine rossmäßige Phrase wohl besser überlegt haben; denn die Betroffenen hätten sich vielleicht doch das Vergnügen geleistet, den Herrn Verfasser der „Wiener Luft“ auch ein wenig unter das Mikroskop zu nehmen — ein „sauberer Naturalist“ wäre da allerdings nicht zum Vorschein gekommen, kaum ein naturalistischer „Kopist“, aber vielleicht einer jener hundert Schreiberlinge, die da glauben, ihrer eigenen geringen Leistungsfähigkeit mit recht lautem Geschimpfe auf die ganz anders gearteten Werke kraftvoll eigenartiger Helden von der Feder und Ritter vom Geiste ein recht bedeutendes Ansehen geben zu können.

Was insonderheit den „sau—beren Naturalisten“ Zola angeht, so hätte sich der Herr Schlögl wenigstens etwas anständiger ausdrücken sollen. Wir wollen die kleine Brummfliege der „Wiener Luft“ nicht mit dem Riesenadler der „Rougon-Macquart“ vergleichen, denn solche Vergleiche verbieten sich durch die Lächerlichkeit ihres Ergebnisses von selbst; wir wollen nur eins feststellen: Zola ist ein gewaltiger Meister der Sprache, während Herr Schlögl in seinem „Gutachten“ sich als ein jammervoller Sprachstümper erweist, der nicht imstande ist, auch nur eine einzige Seite künstlerisch wertvolles und sprachlich reines Deutsch zu schreiben. Das Schlöglsche „Gutachten“ ist im schauderhaftesten österreichischen Zeitungskauderwelsch geschmiert.

Und das ist auch ein „deutscher Schriftsteller“ und darf sich gestatten, „Von den besten Büchern“ ein öffentliches Zeugnis abzulegen! M. G. Conrad.

Das Recht auf Arbeit von Fr. Joh. Hann. Berlin, Verlag v. Puttkammer & Mühlbrecht.

Im ersten Teile seiner Schrift giebt der Verfasser eine nach dem chronologischen Gesichtspunkte geordnete Übersicht der geschichtlichen Entwickelung der Idee des Rechts auf Arbeit von den Uranfängen der Menschheit bis auf die Jetztzeit, wie sie in dieser Vollständigkeit noch nicht vorhanden ist. Die Ansichten von ca. achtzig Autoren werden im Laufe der Untersuchung besprochen. Im zweiten Teile versucht er das Recht auf Arbeit aus dem Wesen der Arbeit, der Sittlichkeit und des Rechts, des Staats und des Einzelnen abzuleiten. Im Hinblick auf die gegenwärtigen Verhandlungen des Reichstages über Arbeiterschutz kann das Werkchen allseitiges Interesse beanspruchen.

Ein gesunder Geist in einem gesunden Körper. Englische Schulbilder in deutschem Rahmen nach einer Studienreise aus der Bismarck-Schönhausen-Stiftung geschildert von H. Raydt (Hannover, Verlag von Carl Meyer (Gustav Prior). — Der Verfasser hebt mit Recht hervor, daß **Ausdauer** und **Geduld**, zu welcher die Kinder bei diesen Spielen von selbst angeleitet werden, auch auf dem **Gebiete des wissenschaftlichen Studiums goldene Früchte tragen muß. Aufmerksamkeit und Beherrschung seiner selbst** ist für jeden eine der Hauptsachen beim Spiel — und auch im Leben. So erhofft er von einer Umgestaltung oder vielmehr Ergänzung unseres Schulwesens in der angedeuteten Richtung die geistige und leibliche Stärkung der heranwachsenden Jugend zum Heile ihrer selbst und des Vaterlandes! Das Werk ist, wie wir noch bemerken wollen, mit zahlreichen Abbildungen versehen, welche den Text wirksam zu erläutern geeignet sind.

Züge deutscher Sitte und Gesinnung von Dr. Albert Freybe, Oberlehrer am Friedrich-Franz-Gymnasium zu Parchim. Erstes Heft: **Das Leben in der Treue.** — Zweites Heft: **Das Leben im Recht** (2. erweiterte Auflage). — Drittes Heft: **Das Leben im Dank** (Gütersloh, Verlag von C. Bertelsmann). An der Hand der drei vornehmsten Quellen für die Kenntnis des altgermanischen Lebens: Der Germania des Tacitus, der Edda und des Beowulfliedes entwirft uns der Verfasser in den vorliegenden Heften einen kurz gehaltenen Abriß der Sittengeschichte der alten Germanen. Es ist der Versuch einer Ethik der germanischen Welt; ein Versuch, der um so bedeutungsvoller ist als bisher für den systematischen Ausbau dieses wissenschaftlichen Feldes so gut wie nichts geschehen ist. Deshalb werden die vorliegenden Bücher auch allen Denen willkommen sein, die sich für die Kultur- und Sittengeschichte unsrer Altvorderen interessieren.

Die französische Philosophie im 19. Jahrhundert von Felix Ravaisson. Autorisierte Ausgabe von Dr. Edm. Koenig (Eisenach, J. Bacmeister). Über die Entwickelung der französischen Philosophie im 19. Jahrhundert sind wir in Deutschland nicht sonderlich gut unterrichtet und dies darf um so befremdlicher erscheinen, als das Studium der Geschichte der Philosophie im Allgemeinen bei uns mit Vorliebe gepflegt wird. Von diesem Gedanken ausgehend, entschloß sich der Übersetzer, das Ravaissonsche Werk, eine der besten und bekanntesten französischen Darstellungen der Geschichte der Philosophie in Frankreich in unserem Jahrhundert, zu verdeutschen und dadurch eine Lücke in unserer geschichtsphilosophischen Litteratur auszufüllen. Die fleißige Arbeit verdient warme Anerkennung und beste Empfehlung.

Die Frauen des 19. Jahrhunderts. Biographische und kulturgeschichtliche Zeit- und Charaktergemälde von **Lina Morgenstern.** Mit Illustrationen. 2. Folge. Erscheint in 24 Lieferungen à 50 Pf. Heft 17 u. 18. Berlin 1889. Verlag der Deutschen Hausfrauenzeitung.

Die vorliegenden Hefte sind besonders bedeutend. Sie enthalten eine klare, sachliche, mit statistischen Angaben belegte Geschichte der Frauenbewegung in Europa. Es kommen dabei ganz haarsträubende Thatsachen ans Licht, Thatsachen, die nicht als vereinzelte Abnormitäten da und dort beobachtet wurden, sondern Thatsachen als feste Ergebnisse herrschender Erziehungs- und Rechtssysteme in den gefeiertsten Kulturländern der alten Welt. Der Stil ist schlicht, nervig, ohne Pathos und akademische Rhetorik. Eine ganz vorzügliche Darstellung also, realistisch im besten Sinne.

Die Charakteristik der Führerinnen der Frauenbewegung in England, Frankreich, Deutschland ist sehr zweckmäßig in die allgemeine Darlegung verflochten.

Wenn Frau Lina Morgenstern S. 149 von Fräulein M. Deraismes in Paris sagt: „Ihre Beredtsamkeit soll eminent sein," so kann ich ihr als Ohrenzeuge bestätigen, daß ich weder in Frankreich noch anderwärts je eine tüchtigere, fesselndere Rednerin gehört habe, als Fräulein Deraismes. Ihre außerordentliche Begabung, ihre gründliche Schulung und unermüdliche Arbeitskraft würden diese Dame zur Zierde eines jeden Parlamentes machen. In unseren heutigen exklusiven Parlamenten sitzen eine Menge Leute herum, angebliche Männer, die es weder an Begabung, noch Schulung, noch Kraft mit dieser Frau aufnehmen könnten — nicht mit dieser und vielen, vielen andern. M. G. Conrad.

Guttzeit, Reinmenschliche Kindererziehung; Leipzig, bei Siegismund & Volkening, 40 Pf.

Johannes Guttzeit, „K. pr. Lieutenant a. D., Naturprediger und Agitator, Leiter des deutschen Zweiges vom internationalen Bunde für konsequente Humanität", ist eine merkwürdige Figur in dem gestaltenreichen Leben der Gegenwart. Wie ein Mann aus einer andern Welt betrachtet er die menschlichen Dinge von einem erhabenen Standpunkt aus und sucht zu bessern, wo es nur immer notwendig ist. Seine Gedanken über Erziehung bringen für gar viele Eltern Neues und Anregendes und sind deshalb beachtenswert. H. Zolger.

Auch ein Programm aus den 99 Tagen. 6. Auflage; Berlin 1889, bei Richard Wilhelm.

Die Broschüre erregte großes Aufsehen und wurde sogar einem fürstlichen Schriftsteller zugeschrieben. Sie bringt Enthüllungen, welche für die freisinnige Partei sehr belastend sind. Diese soll in der kritischen Zeit des neuen Interregnums den Sturz Bismarcks, die Versöhnung Deutschlands mit Frankreich durch die Rückgabe von Elsaß-Lothringen und die Wiederaufrichtung eines welfischen Königreichs Hannover geplant haben. Und dies Programm, das der kranke Kaiser Friedrich nicht gekannt habe, sei gar nicht aussichtslos gewesen! An Erwiderungen auf diese Broschüre wird es nicht fehlen. H. Zolger.

Über den Hypnotismus und seine Verwertung in der Praxis. Von Dr. W. Brügelmann. (Neuwied, Heusers Verlag (Louis Heuser.)

Mittelhochdeutsche Dichtung in ihrer Beziehung zur biblisch-rabbinischen Litteratur. 1. Heft: „Freidank's Bescheidenheit von Dr. S. Gelbhaus, Rabbiner und Prediger zu Nordhausen" (Frankfurt a. M.).

Unter deutscher Flagge quer durch Afrika von West nach Ost. Von Hermann Wißmann. (Berlin, Walther und Apolant.) — Die glänzende Beschreibung der Durchquerung Afrikas, die der jetzige deutsche Reichskommissar Hauptmann Wißmann im Verein mit dem verstorbenen Afrikareisenden Paul Pogge in den Jahren 1880—83 ausführte, liegt bereits in vierter Auflage vor, ein beredtes Zeichen, daß das schöne, reich illustrierte Werk, das auch in Bezug auf äußere Ausstattung das Prädikat vorzüglich verdient, den verdienten Beifall im Publikum gefunden hat.

Der Ariadnefaden für das Labyrinth der Edda oder die Edda, eine Tochter des Teutoburger Waldes von E. Aug. B. Schierenberg. (Frankfurt a. M., in Kommission bei Reitz & Köhler.)

Über die Ursachen der heutigen sozialen Not. Ein Beitrag zur Morphologie der Volkswirtschaft. Vortrag gehalten beim Antritt des Lehramtes an der Universität Leipzig von Lujo Brentano. Zweite Auflage (Verlag von Duncker & Humblot in Leipzig).

Kritische Studie über das 1. Buch von Spinozas Ethik von Dr. Arnold Schmidt (Berlin, F. Schneider & Comp.).

Fünf Jahre deutscher Kolonialpolitik von Friedrich Fabri (Gotha, Fr. A. Perthes). Der Verfasser, der sich auf kolonialpolitischem Gebiet bereits rühmlichst hervorgethan hat, bietet hier einen objektiv gehaltenen Rückblick auf die Entwickelung unserer Kolonialpolitik. Es ist ein wertvoller Beitrag zur Entwickelungsgeschichte unserer Kolonien, ein Werkchen, an dem der Kolonialpolitiker nicht wird vorübergehen dürfen.

Die Geschichte der Berliner Bewegung von Max Schön (Leipzig, Martin Oberdörffer).

Der Begriff der Seele bei Plato. Eine Studie von E. W. Simson (Leipzig, Duncker & Humblot). Die vorliegende Monographie, die als Preisschrift von der historisch-philologischen Fakultät in Dorpat mit der goldenen Medaille gekrönt wurde, ist ein wichtiger Beitrag zur Kenntnis Platos und seiner Philosophie.

Das Gottesgnadentum in der Monarchie von Baron von Lebersleger (Berlin, Ferd. Dümmler's Buchhandlung).

Ein Spaziergang um die Welt (Amerika, Japan, China) von Graf Alexander von Hübner (ehemal. k. k. österreich. Botschafter in Paris und am päpstlichen Hofe). Mit 321 prachtvollen Illustrationen. 2. unveränderte Auflage. 25.—27. Lieferung. 50 Pfennige. — Verlag von Schmidt & Günther in Leipzig. In diesen drei Lieferungen schildert Graf von Hübner das Eindringen der Europäer in das ferne Inselreich, ferner den Kampf des Mikado mit dem Shogun, der mit einem vollständigen Siege des ersteren endete. Das Shogunat verschwand nach siebenhundertjährigem Bestande. Von den vielen Illustrationen nennen wir nur einige der wichtigsten, als: Ein elegantes Theehaus in Yedo (Vollbild). Audienz des Verfassers beim Mikado, nach einer Skizze des Verfassers (Vollbild). Osaka, nach einer Skizze des Verfassers (Vollbild). Fahrstraße in Osaka (Vollbild). Kioto. Graf Hübner in den Palast des Mikado eindringend, nach einer Skizze des Verfassers (Vollbild). Buddhistischer Tempel (Vollbild). Das innere Meer, nach einer Skizze des Verfassers. Shanghai ꝛc.

Abälard und Heloise oder der Schriftsteller und der Mensch. Eine Reihe humoristisch-philosophischer Betrachtungen von Ludwig Feuerbach. Leipzig, Otto Wigand. Preis Mk. 1,50. Ein kleines, handliches Büchlein zum in die Tasche stecken — und zeitweilig dann beim Spazierengehen einen Blick hinein und wieder hinaus. Hinein — der gute, alte, etwas altfränkisch geniale Feuerbach! Heraus — Saperment, was geht für ein Wind! Er fegt sogar den Witz des Titels weg und manches, was zu Feuerbachs Zeiten für humoristisch galt. Aber was wissen die jungen Affen von Feuerbach und von veränderter Schätzung! Den etlichen jungen Menschen sei damit kein Leid zugefügt, daß wir ihnen ab und zu eine Dosis Feuerbach empfehlen — wir älteren vergessen ihn wohl ohnehin nicht. Trotzdem der Wahrheit die Ehre: wie heute die Welt läuft, die ... (man setze beliebige Injurien) kann man ihr Verschiedenes nicht übel nehmen, u. a. dies, daß ihr Feuerbach auf berlinisch schnuppe ist. Was er speziell den Bayern auf bayerisch ist, das kann man gar nicht schreiben, das verbietet der Anstand ... O Welt!

M. G. Conrad.

Reclams Universal-Bibliothek bringt in ihren letzterschienenen Nummern: Elisabeth, Eine Geschichte, die nicht mit der Heirat schließt. Von Marie Nathusius (2531—35). — An der Mosel. Patriotisches Gemälde mit Gesang in 1 Aufzug von Sigm. Haber (2536). — Der Herr Major auf Urlaub. Lustspiel in 4 Aufzügen von E. Heiden und F. Stahl (2537). — Lexikon fremdsprachlicher Citate. Herausgegeben von Alfr. Herm. Fried (2538—40). — Geschichte der Philosophie von Dr. A. Schwegler. Durchgesehen und ergänzt von J. Stern (2541—45). — Humoristisch-satirische Novelletten und Bluetten von M. G. Saphir (2546—47). — Die Rantzow. Schauspiel in vier Aufzügen von Erckmann-Chatrian. Autor. Übersetzung von Karl Saar (2548). — Czaar und Zimmermann. Komische Oper. Dichtung und Musik von Albert Lortzing. Vollständiges Buch (2549). — Maria de Padilla. Trauerspiel in 5 Aufzügen von Rudolf von Gottschall (2550). Niels Lyhne. Roman von J. P. Jacobsen. Autorisierte Übersetzung aus dem Dänischen von M. v. Borch (2551—2552). — Berlin von Paul Lindenberg. 6. Bd. Die weitere Umgebung Berlins: Potsdam und der Spreewald (2553). — Engelmanns Rache. Schwank in vier Aufzügen von W. Müller & C. Vogel (2554). — Fidelio. Oper von L. von Beethoven. Vollständiges Buch, herausgegeben von Carl Friedr. Wittmann (2555). — Volkserzählungen des Grafen Leo Tolstoj. Nach dem Russischen von Wilh. Goldschmidt (2556—2557). — Plutarchs vergleichende Lebensbeschreibungen. Übersetzt von J. F. S. Kaltwasser. Neu herausgegeben von Dr. Otto Güthling. 11. Bd. (2558 bis 2559). — Die Frau vom Meere. Schauspiel von Henrik Ibsen. Aus dem Norwegischen von M. v. Borch (2560).

Der Hypnotiseur. Lustspiel in vier Aufzügen von Carl Abel. — Der rote Seppel. Schwank in einem Aufzuge von Carl Abel (Freiburg i. B., Friedrich Ernst Fehsenfeld).

Norwegische Litteratur.

Zwei Bücher von Arne Garborg. („Bauernstudenten" und „Aus der Männerwelt". Aus dem Landsmaal übertragen von Ernst Brausewetter. Budapest, G. Grimm 1888.) Bisher war Arne Garborg unserem Publikum nicht viel mehr gewesen als ein Name. Ein paar litterarische Notizen hatten seiner erwähnt, einige Liebhaber nordischer Dichtkunst hatten versucht, sein künstlerisches Wesen mit wenig Strichen darzustellen; die eine und die andere seiner Erzählungen war in unseren Zeitschriften gebracht und mit dem Tage vom Tage verschlungen worden.

Nun sind aber seine „Bondestudentar" und sein „Mannfolk" ins Deutsche übertragen worden, — zwei Werke, die ihn nicht bloß zum bedeutendsten nordischen Verfasser der jüngeren Schule stempeln, sondern ihm auch den Eingang in die Ruhmeshalle der Weltlitteratur erzwingen.

Die erste dieser größeren Arbeiten, „Bondestudentar" wurzelt tief in norwegischem Grunde. Sie ist gleichsam die Naturgeschichte jenes Ichthyosauriers, des Bauernstudenten, welcher, nicht Fisch und nicht Vogel, das interessante Mittelglied der zwei wichtigsten Klassen des Landes bildet. Bekanntlich ist in Norwegen der Bauernstand der zahlreichste Stand und nach der fable convenue des Parlamentarismus auch der herrschende. Jedoch dieser herrschende Stand wird von einem anderen, viel weniger zahlreichen geführt, vielleicht sogar regiert — von der Büreaukratie. Den Stab des Beamtenheeres bilden die Nachkommen jener alten, eingewanderten dänischen Familien, welche einst die Gebieter des Landes gewesen. Und von unten strömen ihm stets neue Elemente als Rekruten zu; denn im demokratischen Norwegen gilt nichts so hoch wie ein schöner hierarchischer Titel, im Ackerbaustaate niemand für fein außer ein „Studierter". Das lockt und lockt, weg von der körperlichen Arbeit zum Buche, aus der rauhen, naßkalten Luft in die warme, traulische Stube, von der schweren Pflugschar zur Kanzel und zum Schreibtisch. Wer nur etwas Kopf hat, muß studieren. Allein das kostet Geld, viel Geld und bringt den Bauer schließlich um sein Erspartes, ja, um Haus und Hof. Dem Jungen aber, dem greifen stracks „gedankenlose Genieentdecker" unter die Arme und knechten ihn, sein Leben, seine Gesinnung, seine Zukunft. Mit welchem Resultat? Hat der Bauernbursche kümmerlich sich durch die Studienjahre durchgehungert, durchgeheuchelt, durchgebückt und geschwindelt; ist die stachlige Unabhängigkeit seines Charakters glücklich an den Maschen irgend einer „Dankbarkeit" hängen geblieben; ist ihm durch die notwendige Rücksicht auf die Carriere irgend eine nützliche Mehrheitsüberzeugung angehämmert und eingebosselt worden; ist unter der eisernen Maske konventioneller Moral alle mitgeborene Weichheit des Herzens endlich erstarrt und versteinert, was ist erreicht? Der Bauer, der auf eigener Höhe saß, ist zum Häusler, Trunkenbold, Proletarier herabgesunken und der Sohn zum Mucker, zum Kopisten in irgend einem Ministerium oder zum Kaplan in irgend einer Landpfarre emporgestiegen. Und hat er mehr Genie und weniger Anpassungsfähigkeit, so bleibt er zwischen Himmel und Erde schweben, ein „Bauernstudent" sein Lebelang, ein bemoostes Haupt wie Garborgs Fram und Mitglied jener vielgenannten „Kristiania-Bohème," welche von korrekten, braven Staatsbürgern als Auswurf der Menschheit betrachtet wird und in welcher so viel Geist, Kraft und Adel des Charakters in fruchtlosem Kampfe gegen die „Kirchspielgesinnung" einer kleinstädtischen Gesellschaft zugrunde geht.

Und dieser Student, dem der Bauer so fest wie der Teufel im Nacken sitzt, dieser Student, welcher den heimischen Erdgeruch trotz eifrigem Mühen niemals ganz loskriegt, der Bauernstudent in seinen zahllosen Spielarten ist es, den Garborg in seinen „Bondestudentar" verewigt. Er führt uns eine Reihe der trefflichsten, köstlichsten Typen vor; Fram hat wirklich gelebt und geatmet und ungefähr so geredet, und der alte Heltberg gerade so seine Schüler, darunter Björnson, Ibsen, Lie, Vinje und Arne Garborg selbst gebildet und gefördert.

Doch wenden wir uns zum Helden des Buches, wenn man die Hauptperson eines modernen Romans und schon gar einen so unheldenhaften Helden noch derart nennen darf. Daniel Braut ist ein norwegischer Bauernsohn: Passivität und Phantasterei liegt ihm im Blute. Er lernt leicht und antwortet stets, was man von ihm erwartet; drum gilt er für ein

Talent. Das muß studieren! Vielleicht ist er jener sehnsüchtig Erhoffte, das Genie, das aus dem Volke, dem unverdorbenen, glaubensstarken, hervorgehen, Norwegen an die Spitze der Nationen stellen, und mit seinem Land die Welt **erlösen** wird. Von einem Lehrer kommt **Daniel** zum andern, aus einer Schule in die andere, und wird ein Versuchsobjekt für die verschiedensten Methoden. Nichts hat Zeit, in ihm zu wurzeln oder völlig zu reifen; nichts lernt er gründlich als körperliche Arbeit verachten und ideal träumen. Seinen Vater hat er arm gemacht; aber drei Mäcene erhalten ihn und jeder knüpft egoistische Erwartungen an seine Zukunft. Ratlos steht er zwischen all diesen Forderungen, ratlos zwischen den verschiedenen Denkweisen und Ansichten da, welche auf ihn einstürmen. Der eine hat seine guten Gründe und der andere hat auch seine Gründe. Daniel glaubt immer das, was seine Umgebung glaubt. Damit wäre er gewiß nicht schlecht gefahren, wenn er nicht seine Wohlthäter verloren hätte; so bleibt er ganz auf sich angewiesen. Was kann er besser thun als sich einschränken und auf einen Glücksfall hoffen! Gott vergißt der Seinen nicht. Daniel denkt sich als Fingerzeig für die Vorsehung allerlei Arten der Hilfeleistung in der Art aus — umsonst! — und das Geld geht zur Neige. Er fleht zu Gott, er mahnet Gott, er hadert mit Gott. Er lernt schuldig bleiben, Pump anlegen, sich freihalten lassen; allein endlich versiegen auch diese Hilfsquellen; es kommt die Zeit des Darbens und schließlich der Hunger, der fürchterliche Hunger. Welche Erfahrung verrät Garborgs meisterhafte Schilderung desselben! Daniel erkrankt — seine Hausfrau pflegt ihn und füttert ihn gesund; er geht in sich, spielt den Bekehrten und läßt sich dafür vom pater omnipotens, dem kindlichguten Professor der Theologie, soutenieren — nebenbei mischt er sich aber unter die ungläubige, radikale „Clique“ Frams und thut bei einem Theaterskandal mit — allerdings mehr passiv; das Pfeifchen steckt er in die Tasche, sobald er den Konstabler sieht; aber feiern läßt er sich für sein wackeres Auftreten doch. Das Merkwürdigste — und ein wahrer Zug in dieser schwachen, phantastischen Natur — ist aber, daß er beim pater omnipotens schließlich selbst an seine Gotteskindschaft, in der Frams-clique — allerdings mit allerlei Reservationen — **an** seine republikanische Gesinnung g l a u b t. Manchesmal konfrontiert er wohl seine verschiedenen Gesinnungen und geht mit wundem Gewissen umher; allein Geld nimmt er dabei von allen Parteien.

Endlich schafft ihm der pater omnipotens einen Posten und so muß er, ungern, natürlich zu einem Gutsbesitzer als Hofmeister aufs Land. Hier vollendet er seine Erziehung. Er trifft mit eleganten jungen Leuten zusammen und studiert das Geheimnis der von ihm so bewunderten frons urbana. Er schafft sich eine Brille an und legt sich einen Bart bei, trägt Handschuhe und Cylinder, — das hilft unglaublich! Dazu lernt er selbständige Ansichten und erwirbt sich „formelle Bildung“. Mit seinen Ersparnissen in die Stadt zurückgekehrt, besucht er die theologischen Vorlesungen, schreibt fleißig mit und freut sich, wie geschickt die Herren alles beweisen, „was zu beweisen war“. Und schließlich wirft er den Rest seiner Ideale und eine Jugendschwärmerei über Bord und verlobt sich mit Hanna Stensrud, der etwas ältlichen Tochter des reichen Gutsbesitzers. Und nun ist er geborgen. Noch ein paar Jahre — frisch und flott durchlebte Studentenjahre — und er befand sich auf der untersten Stufe jener Pyramide voll Glanz und Macht, die sich vom Lensmann, Schulmeister und Kaplan über den Vogt, Pastor und Sorenskriver hinweg höher und höher und immer prächtiger emporbaut bis zum König, der oben auf der Spitze steht — und dann durfte Daniel in Wahrheit sagen, er hat sein Ideal erreicht.

Innerhalb dieser Bildungsgeschichte, der Entwicklung einer Bramienseele in einem guten, dummen Bauernknaben, giebt uns Garborg ein breit angelegtes Bild nordischen Studentenlebens — nicht jenes „idealen" Studentenlebens, welches die Dichter so gern verherrlichen, sondern des wirklichen, harten, mannichfaltigen, lebendigen Lebens, welches reich genug ist, um verschwenderisch gute Keime zu verstreuen, verheißungsvolle Knospen mit Mehltau zu überziehen, Rost in der blühenden Saat zu erzeugen und die reifende Frucht vom Baume zu schlagen. Denn aus Verderben, Tod und Fäulnis schießen ewig neue Triebe, und aus Schmerzen, Thränen und Verzweiflung ersteht neue Energie und frisches kampflustiges Dasein. Nicht durch einzelne sympathische Figuren fesselt dies Buch, sondern durch den großen Wurf, durch den tief menschlichen Humor, die ernste Wahrheitsliebe in der Darstellung und durch eine überquellende Üppigkeit von Charakterformen und Geisteszügen eine Wesensfülle wie die Natur sie hervorbringt und Garborg sie nachschafft.

Man hat bemerkt, daß der Dichter in den „Bauernstudenten", einem Werke, in welchem es sich nur um junge Menschen handelt, der Liebe verschwindend kleinen Raum gönnt. In diesem Sinn ist „Mannfolk" („Aus der Männerwelt", wie Herr Brausewetter mehr pikant als getreu übersetzt) nicht bloß eine Weiterführung, sondern auch eine Art Ergänzung der „Bondestudentar". Der Verfasser will in diesem Buche aufs kräftigste die sozialen Übel malen, welche dadurch entstehen, „daß in unserer Gesellschaftsordnung die Liebe nicht zu ihrem Rechte kommt"; er schildert „den Übergang von Liebe zur Unsittlichkeit", — nicht als Ausfluß der persönlichen Schlechtigkeit, sondern als Folge unserer wirtschaftlichen Verhältnisse, welche frühzeitige Eheschließungen nicht gestatten und unserer verkehrten Anschauungen, welche den Menschen als über oder besser, als außerhalb der Natur und ihrer Gesetze stehend betrachten. Für Garborg aber ist Übereinstimmung mit den Geboten der Natur das Vernünftige, Glück und Gesundheit bringende. Die Liebe ist ihm „das Religiöse; sie ist die große Naturmacht, welche das Leben erzeugt und den Tod giebt, und mit welcher man nicht nach seinen eigenen willkürlichen Begriffen umspringen darf; sie ist der Nil, welcher bei verständiger Regulierung unser Dasein zu einem Garten Gottes umschaffen kann, der aber, eingedämmt und zurückgedrängt, zum Weltsumpf wird, der die Menschheit mit Pest und Seuche schlägt." Nicht jenen Garten Gottes zu zeigen ist Garborgs Zweck: mit Träumen hat er nichts zu schaffen; ein anderes Stück Nillandschaft führt er uns vor — den Sumpf, aus dem er uns zu retten wünscht. Es ist „das Leben einsamer Menschen in einer mittelgroßen Stadt", welches er in „Mannfolk" darstellt. Das Buch hat keine Hauptperson, welche das Interesse des Lesers vielleicht auf sich allein sammelte, den Blick von der Sache abzöge oder, wenn die Tendenz nicht leiden soll, den Dichter zu unkünstlerischer Schärfe und Einseitigkeit verführte. Es behandelt eigentlich drei Kreise, deren Schicksal in einander greift, und gesprächsweise oder episodisch die Erlebnisse, Ansichten, Erfahrungen einer ganzen Reihe von Menschen, zum Teil alter Bekannter aus den Bauernstudenten, — und all das überreiche, wohlgeordnete Material dient nur dem Einen, jenen Gegenstand von allen Seiten ins hellste Licht zu setzen. Er zeigt das Leben — die Mühe zu Denken, die Konsequenzen selbst zu ziehen überläßt er seinem Leser.

Da ist der stud. philol. Lauritz Kruse, eine schwankende, schüchterne, schwärmerische Natur, ganz verstrickt und umwoben von Liebessehnsucht und Liebesträumen. Es quält ihn Liebe zu jedem Weib, das er erblickt; doch Einer, Dagmar Tyring, der Hohen, Reinen, mit Augen so sanft und strahlenreich, als wären sie Ausströmungen der ewigen Gnade, dieser Einen hatte er im Herzen einen Altar errichtet. Jedoch sie ist ihm zu fern, zu kalt, zu wenig Weib. Da erbarmt sich seiner die Dienstmagd Helene, sie weiß, daß in seinen Jahren die Liebe brennt wie Glut und Feuer. Nun fühlt er sich glücklich. Helene war allerdings nur ein einfaches Mädchen; er liebte sie nicht so wie . . . das verlangte sie aber auch nicht. Verlangte überhaupt nichts. Leider hat dies Glück nicht Bestand. Bald findet er Helene ordinär — und dann trifft er Dagmar wieder. Die gewöhnliche Geschichte, nur ein bischen anders, ausnahmsweise gut erzählt: Lauritz verläßt Helene. Diese ist keine Idealgestalt; nichts gretchenhaftes an ihr; eine ganz alltägliche Dienstmagd; aber niemals ist uns der Jammer der Menschheit ergreifender zum Bewußtsein gekommen. Helene wird Mutter; das Kind ist klein und elend, es erkrankt, stirbt. Niemand hat der Armen in ihrer Not beigestanden außer ihr letzter Dienstherr, der Egoist und Feind der Phrase, der kalte „Angelsachse" Georg Jonathan. Einfach, nüchtern, wahr, mit *seinen* Augen gesehen ist die Schilderung jener Schreckensnacht: sie zerrt aber an jedem Nerv unserer Empfindung; sie hebt sich am Schlusse des Kapitels zu düsterer Größe empor. Es liegt in diesem Schluß ein verhaltener Haß, ein grimmer Fluch gegen eine Civilisation, die solch unergründliches Elend auferlegt. Lauritz hat dies alles fern von Kristiania erfahren. Er ist im Grunde froh, daß das Kind — *sein* Kind! — nun aus dem Wege ist. Denn Lauritz ist verlobt. Mit Dagmar Tyring, die mit Björnson vom Manne absolute Reinheit verlangt. Und wenn sie ahnt, daß er ein solcher Viking gewesen! Und er ist es, wie es scheint, noch. Da er Helene wieder sieht, steigt ein böser Gedanke in ihm auf und er reißt sie an sich. „Du mußt", flüstert er, „Du mußt!" Und am gleichen Abend versichert er auf die Frage seiner Braut, daß das Weib ihm von jeher unantastbar gewesen. Nahezu glaubt er es selbst.

Anders geartet ist sein Vetter Georg Jonathan, der „Angelsachse". Er weiß genau was er will und warum er die Ehe haßt. Welch ein Sklavenhändler-Einfall, sich fürs ganze Leben an eine andere Person zu ketten! Unmöglich, eine Naturmacht in Fesseln zu schlagen, über Gefühl und Willen Kontrakt aufzusetzen! Darum sucht er ein Mädchen, das intelligent genug wäre, um sich nicht durch etwas so Natürliches wie die Liebe für befleckt zu halten. Was er zu bieten hat, ist treue Liebe, so lang als sie vorhält und volle Entsagung, wenn es je so weit käme. Jedes von ihnen würde durch ehrliche Arbeit für sich selbst sorgen; das Verhältnis sollte nicht den mindesten Beigeschmack von Handel oder Ehe haben. Und wenn sie sich trennten, so wäre die Frau darum um nichts schlechter geworden, nur um so viel erfahrener. Und wäre doch so lange glücklich gewesen.

Aber Georg macht mit seinen Theorien Fiasko. Nina Grundt erschreckt er so, daß sie sich ihrem Freier, dem plumpen Grossierer Birkmann, an den Kopf wirft; die Modistin Emilie will nicht bloß geliebt, sondern auch souteniert sein, und als er endlich ein Mädchen findet, das ihn liebt und ihn versteht, mit der er eine Zeitlang alles Glück der Erde genießt — es hält nicht vor. Julie verliert die innere Sicherheit, sie verliert das Zutrauen zu Georg; sie vereinsamt; sie nimmt schlechte Gesellschaft, wenn sie keine andere hat und Georg fühlt, er müßte sie heiraten, wenn er sie moralisch retten will. Nun sieht er es klar: ein Weib kann nicht leben ohne Korsett. Korsett auf der Seele wie auf dem Leibe, sonst hält es sich nicht gerade. Und so heiratet er. Er weiß aber, daß damit für ihn die Schönheit des Verhältnisses dahin ist. Und doch ist er froh. Nun darf er an Kinder denken, darf sich öffentlich zeigen. Die Ehe taugt nicht viel, jedoch wir haben nichts anderes. Julie ist nicht mehr das freie Weib, das er täglich neu gewinnt und das täglich neu sich giebt; sie ist eine tugendhafte bourgeoise, die das Zeug auf sich genommen, um die Mutter seiner Kinder zu sein. Noch liebt er sie; allein der Glanz ist dahin und er merkt schon, welchen Weg es mit ihm nehmen wird.

Aus dem dritten Kreise, dem der eigentlichen Boheme, ragt der Maler Pjölsvik hervor, — hoch und bleich, mit seiner Roßmähne und seinem Heldenbart — Pjölsvik, der die Frauen haßt, weil er Dagmar Thyring liebt. Immer liegt er in Streit mit ihr und verspottet ihre Emancipationsideen und beißt, wo er nicht küssen kann. Denn wie sollte er Dagmar erringen? Wenn er nicht neben seiner ernsten Kunst einmal ein Zugstück machte — eine Alm, aus dem Kopf gemalt, mit einer blonden, lachenden, eleganten Sennerin — so könnte er verhungern. Ging es schlecht, so beluchste ihn der Kunstagent und dang ihm das Bild ab, ehe es fertig, indem er ihm den zehnten Teil des Wertes, aber bar, auf die Hand gab. Sollte er Dagmar in dieses Elend ziehen? Oder sie bewegen zu warten, bis er in 8—10 Jahren etwas erreicht hatte? da verzichtet er lieber und schimpft auf die Frauen, die nichts gelernt haben und nichts können, aber anspruchsvoll sind und sich vom Mann versorgen lassen und ihn zutode quälen — und verspottete ihre „Überzeugungen", die mit der Mode wechseln: heute das Kreuzchen um den Hals, das Gebetbuch in der Hand, ganz „schüchternes Maiglöckchen", morgen die Zigarrette im Munde und John Stuart Mill und die Selbständigkeit der Frauen — alles auf Kommando. Aber dabei stets sich putzen und schön thun und lieb thun und süß thun... und dabei trank Pjölsvik Pjolter an Pjolter. — Und Armut überall im Kreise und überall Durst, Lebensdurst, Liebesdurst. Und wenn man das frische, ehrliche norwegische Fjeldwasser nicht erreichen konnte, so nahm man mit Sumpfwasser vorlieb. Welchen Blick läßt uns Garborg thun in die Abgründe des menschlichen Daseins! Die nächtliche Wanderung hinaus in die Villa als Abschluß des Verfassungstages mit seinem Festzug und Festjubel, diese Scharen von Männern, die singend und johlend, oder mit aufgeschlagenen Kragen und herabgedrücktem Hut hinausschleichen und bei Tage niemals wissen, was sie bei Nacht gethan — frische Jünglinge, die ihre besten Jahre in Sittenlosigkeit vergraben, Ehemänner, die nach verbotenen Freuden eilen, zugrunde gerichtete Menschen, die im Taumel ihren Überdruß vergessen wollen ... all' das ist ohne Spur der Frivolität und ohne den Schatten von Moralpredigt einfach *hingestellt*, mit ein paar Worten, nahezu achtlos, motiviert und durch die überlegene Ironie des Dichters aus dem Schmutze der Wirklichkeit in die Sphäre der Kunst erhoben. Von Garborg mag mancher „Idealist" lernen, den Stoff zu adeln, indem er den Stoff beherrscht, mancher Naturalist, der Wahrheit unerschrocken ins Auge sehen, ohne auf die Zukunft zu verzichten. Hier liegt der Punkt, in dem der nordische Naturalist von dem französischen sich scheidet. Zola, selbst wenn er in allen Tiefen des Elends wühlt, bleibt stets ein Dichter der Lebensfreude: er kann sich nicht genug thun in seinen Schilderungen, sich nicht ersättigen an der Mannichfaltigkeit der Dinge; die ganze Welt ist nur vorhanden, um von ihm auf seine Art gesehen und beschrieben zu werden. Ob sie anders besser wäre, was kümmert's ihn? Wenn sie dadurch einförmiger, nicht abwechselnd genug für seine reich gestimmte Palette würde! Für ihn existiert nur das Jetzt; für das après lui mögen seine Kinder sorgen. Und die anderen Herren, sie zweifeln oder verzweifeln an der Zukunft. Sie sind Produkte einer hinsterbenden Kultur, eines müde gelebten Zeitalters, Asche, die sich ausglüht.

Anders die junge nordische Schule. Das ist sittliche Revolution, Aufruhr, Fortschritt; das ist jener Pessimismus, der die That gebiert und die Erbschaft des Christentums, die allgemeine Menschenliebe, mit reineren Händen in die Zukunft trägt.

Von der Übersetzung des Buches ist nicht viel zu sagen. Sie hält sich innerhalb der Grenzen höchst achtungswerter Tüchtigkeit. Daß sie aber nicht aller Mißverständnisse bar ist, daß sie sich nicht fein und frei und leicht dem norwegischen Originale anschmiegt, daß sie den kraftvollen Adel Garborgischer Diktion vermissen läßt, wer dürfte das Herrn Brausewetter zum Vorwurf machen! Das Landsmaal, in welchem Garborg schreibt, sicher zu beherrschen, fordert Zeit; eine neue, kühne, geistflammende Sprache, die den Stempel einer eigenartigen Persönlichkeit trägt, solch eine Sprache nachbilden fordert wiederum Zeit, und welcher Übersetzer dürfte heutzutage sich den Luxus gönnen, so viel Zeit zu haben? Die Sorgfalt seiner Arbeit, wer verlangt sie? Wer bemerkt und schätzt sie? Und vor allem: wer bezahlt sie? M. H. Lyhne.

Russische Litteratur.

„Shakespeare, Sein Leben und seine Werke" (Shakespeare, jewo shisnj i proiswedénija) von Tschaiko. Petersburg 1888.

Unter diesem Titel liegt uns ein Werk vor, das vor kurzem erschienen ist und das Leben, sowie die gesamten Werke Shakespeares behandelt und somit als, wenn wir nicht irren, einziges russisches Buch, das diesem großen Manne geweiht, eine fühlbare Lücke in unserer Litteratur ausfüllt. Der Verfasser Tschaiko, ist in der russischen Schriftstellerwelt durch seine gewissenhaften, wenn auch zuweilen nicht allzu glänzenden kritischen Besprechungen in der Journallitteratur, vorteilhaft bekannt.

Das vorliegende Werk bietet noch ein besonderes Interesse durch die eingehende Besprechung der Weltlitteratur und zeugt von der ernsten Mühe des Verfassers, der offenbar jahrelang daran geschaffen hat und erst an die abendliche Bearbeitung seines Stoffes gegangen ist, nachdem er das notwendige Material sorgfältig und gewissenhaft gesichtet. Der starke Band, der 40 Druckbogen umfaßt, ist in 16 umfangreiche Kapitel geteilt, die die Biographie und in einer Reihe mit dieser Shakespeares Werke behandeln. In den ersten drei Kapiteln schildert uns der Verfasser in frischer, hier und da sogar poesievoller Sprache, Stratford, das Haus, in dem Shakespeare das Licht der Welt erblickt, und die Ausstattung, die seine Kinderjahre umgeben. Diese Schilderungen tragen so sehr den Stempel der Wahrheit an sich, daß dem Leser sich unwillkürlich die Überzeugung aufdrängt, der Verfasser habe in der Heimat dieses unsterblichen Dichters gelebt und gebe nun seine dort empfangenen Eindrücke wieder. Weiter giebt Tschaiko eine Reihe von wichtigen Quellen für eine Biographie Shakespeares an und versucht in möglichst richtiger Chronologie die Erzeugnisse desselben zu ordnen; dann finden wir weiter eine vorzügliche Charakteristik der englischen Litteratur im XVI. Jahrhundert und eine Abhandlung über die Bühne und die dramatische Litteratur bis Shakespeare. Die vier nächsten Kapitel handeln über die ersten Schritte Shakespeares auf dem litterarischen Gebiete, das Fehlschlagen seiner Hoffnungen, und seine Kämpfe, und schließen mit einer eingehenden Besprechung seiner Erstlingswerke, wobei der Verfasser oft auf russische dramatische Erzeugnisse hinweist, an denen sich mehr oder weniger der Einfluß des Dichters von „König Lear" bemerkbar macht. Sodann werden in den folgenden sechs Kapiteln zugleich mit biographischen Notizen auch kritische Analysen über seine hervorragenderen dramatischen Werke gegeben und mit der Beschreibung der letzten Lebensjahre Shakespeares schließt das 13. Kapitel. Im 14. Kapitel finden wir einen kurzen Überblick über den Zustand der dramatischen Litteratur nach Shakespeare und die Stellungnahme der Kritik des vorigen und dieses Jahrhunderts zu derselben. Das 15. Kapitel enthält eine höchst scharfsinnige und originelle Kritik der unwahrscheinlichen Theorie, nach der die Dramen Shakespeares Bacon zugeschrieben werden. Der Verfasser weist hier sorgfältig und gewandt auf verschiedene dieser Annahme widersprechende Thatsachen hin und beweist ihre vollständige Unmöglichkeit. Die letzten Kapitel endlich geben in ziemlich gedrängter Form eine Charakteristik der Persönlichkeit Shakespeares und seiner Schöpfungen.

Diese ganze Riesenarbeit hat der Verfasser glänzend gelöst und wenn das Werk zum größten Teil auch nur den Eindruck einer Kompilation macht, so ist die Kompilation doch immerhin eine sehr ausführliche und das Material dazu sorgfältig ausgewählt. Außerdem begegnen wir in diesem Werke auch recht viel selbständigen und zugleich vollständig neuen Gedanken des Verfassers, wie überhaupt die Ausführung dieser Arbeit von inniger Liebe zum gewählten Gegenstande zeugt und dabei frisch und talentvoll geschrieben ist. — Was die äußere Ausstattung des Buches anbetrifft, so läßt dieselbe nichts zu wünschen übrig, während dem Text noch 33 vortreffliche Stahlstiche hinzugegeben sind, die das Bildnis Shakespeares, verschiedene Ansichten seines Geburtsortes, sein Autograph u. s. w. wiedergeben. — Somit bildet genanntes Werk einen kostbaren Schatz für die russische Litteratur und sichert dem Verfasser desselben einen wohlverdienten Ehrenplatz.

Italienische Litteratur.

Eine dankenswerte Gabe bietet uns Pasquale Villari durch die Herausgabe eines autobiographischen Fragments: „La giovinezza di Francesco Desanctis" (Neapel, Morano). Der Tod verhinderte Desanctis, diese Memoiren zu Ende zu führen, die sich nicht daran genug sein lassen, den Historiker zu befriedigen, sondern die auch vom künstlerischen Standpunkt aus betrachtet, ihres Autors würdig sind. Schlicht und geistvoll sind die Geschicke seiner Jugendjahre berichtet, und wie im ersten Teil, so finden sich auch im zweiten Episoden eingeflochten, die zwar nur leicht skizziert sind, aber in der Ausführung die Hand des Meisters verraten. Seine Schule war, wie bekannt, die erste im Jahre 48, sie war auch die einzige, aus der so viele tapfere Geister hervorgingen, die an dem Ringen um die italienische Unabhängigkeit und später an dem nationalen Leben innigsten Anteil nahmen.

Enrico Panzacchi hat in Bologna die erste Nummer einer neuen Revue „Lettere e Arti" erscheinen lassen. Das Heft enthält poetische Beiträge von Carducci und dem Herausgeber, ferner Prosaartikel von Nencioni, Cesareo, Masi u. A.

N. Nisco, der Verfasser der „Storia civile del Regno d'Italia“ und einer Monographie über die letzten beiden Könige von Neapel, hat es unternommen, die traurige Geschichte der süditalienischen Provinzen unter Franz I., Ferdinand II. und Franz II. zu schreiben. Der erste Band dieses Werkes („Gli ultimi Trentasei anni del Reame di Napoli“, Neapel bei Morano) umfaßt die Regierungszeit des ersten dieser drei Regenten und fesselt um so nachhaltiger, als es die eigenen Erinnerungen des Verfassers enthält.

Zanichelli in Bologna giebt eine neue Ausgabe der Gesamtwerke Giosuè Carduccis in 20 Bänden heraus. Der erste Band ist soeben erschienen, er enthält die „Discorsi letterarii e storici“ und zwar an erster Stelle jenen Vortrag über das Studium in Bologna, den Carducci gelegentlich der Centennarfeier dieser Universität gehalten hat. Es folgen fünf bedeutsame Aufsätze über die Entwickelung unserer Nationallitteratur und nachstehend genannte Ansprachen: Bei Gelegenheit der Einweihung des Vergil-Monumentes in Pietoli — Dantes Werk — Am Grabe Francesco Petrarcas — Über die litterarische Wiedergeburt in Italien — Beim Tode Garibaldis. Am Schlusse des Bandes findet sich eine Übersicht über die Maßnahmen der Kommissionen, die zum Zwecke der Beratung über das Studium der vaterländischen Geschichte in der Provinz Romagna zusammentraten.

„L'Eredità“ ist der Titel einer neuen Erzählung von Mario Pratesi (Florenz, Barbèra). Er beschreibt darin das Landleben in der ersten Hälfte unseres Jahrhunderts in lebensfrischer, naturwahrer Darstellung. Der Dialog ist lebendig gehalten und die auftretenden Personen treten mit plastischer Anschaulichkeit hervor. Alles in allem, eine tüchtige, eigenartige Arbeit, die sich durch feine Beobachtung und klare Darstellung gleich vorteilhaft auszeichnet.

Interessant für Alle, hauptsächlich aber für Jene, die sich mit militärischen Dingen beschäftigen ist „La vita del reggimento“ von Nicola Marselli (Florenz, Barbèra).

Im Verlage von Pasqualucci in Rom erscheint eine „Bibliotheca bibliographica italica“, die von G. Ottino, Bibliothekar an der Nationalbibliothek in Rom und G. Fumagalli, Bibliothekar an der Mailänder Nationalbibliothek herausgegeben ist. Es ist ein Katalog aller der Werke, die über Bibliologie, Bibliographie und Biblioökonomie handeln und in Italien erschienen sind, daneben sind auch solche Bücher berücksichtigt, die zwar im Auslande erschienen sind, aber sich mit italienischen Bücherverhältnissen beschäftigen. Die Regierungskommission hat bereits die großen und mannigfachen Vorzüge des Werkes lobend anerkannt. Der erste Teil beschäftigt sich ausschließlich mit solchen Schriften, die der Geschichte des Buches, dem Buchdruckerwesen und den übrigen einschlägigen Motiven gewidmet sind, im zweiten Teil werden alle Kataloge und Bibliographien der italienischen Autoren aufgeführt, dieser Teil darf den Studierenden jeder Disciplin warm empfohlen werden, der dritte Teil endlich giebt eine Aufstellung von allen italienischen Büchern, die auf das Bibliothekswesen und die Geschichte der öffentlichen und privaten Büchersammlungen Bezug haben.

In der Handbücher-Sammlung von Hoepli in Mailand erschien soeben in zwei Bänden „Decorazioni ed industrie artistiche“ von Melani. Man muß den Fleiß des Autors bewundern, der dies umfassende Material so unermüdlich zusammengetragen hat. Das Werk ist reich mit Illustrationen geschmückt.

Unter dem Titel „Da Massaua a Saati“ ist bei Fratelli Treves in Mailand ein Buch erschienen, das eine exakte Schilderung unserer abyssinischen Expedition vom Jahre 1888 enthält. Der Verfasser Vico Mantegazza schildert als Augenzeuge: er zeigt sich als ebenso aufrichtiger Erzähler wie aufmerksamer Beobachter. Das Buch besteht aus einer Sammlung seiner Briefe, die er, ohne ihnen ihren spontanen Charakter zu nehmen, nur einer Durchsicht unterzogen hat.

Aus dem Verlage von Ferdinando Ongania in Venedig liegt uns vor: „L'architettura in Italia dal secolo IV al mille circa“, historisch-kritische Untersuchungen aus der Feder des Prof. Raffaello Cattaneo.

Unter den jüngsten Verlagspublikationen von Galli in Mailand heben wir besonders hervor: „Noemi“ von Mercedes, „Profili muliebri“ von Pellegrini und die fünfte Auflage der „Ninnoli“ von Rovetta.

Luigia Codemo, La Rivoluzione in Casa. Scene domestiche della guerra d'indipendenza italiana. Terza Edizione (Treviso, Luigi Zoppelli).

„Il secolo tartufo“ ist der Titel der jüngsten Schöpfung von Paolo Mantegazza (Milano, Treves). Der berühmte Autor, einer der populärsten Schriftsteller des modernen Italien, dessen Werke ja auch ins Deutsche übersetzt sind, handelt in diesem Buch von der scheinheiligen Verlogenheit der Sprache, des Körpers, des Empfindens, des Gedankens, der Wissenschaft, der Schule und von berühmten sozialen, religiösen und politischen Heuchlern. Als Anhang ist ein Katalog beigegeben, der die bekanntesten kosmetischen Mittel nebst Angabe ihres hygienischen Wertes aufführt.

Von den „Lettere e documenti del Barone Bettino Ricasoli“ (Firenze, Le Monnier) ist soeben der vierte Band herausgekommen, der vom November 1859 bis zum 23. März 1860 reicht. Am 9. November 1859 wählte die toskanische Kammer den Prinzen Eugen von Savoyen zum Regenten von Toskana unter dem Namen eines Wahlkönigs, am 22. März 1860 überbrachte Baron Ricasoli das Plebiszit dem König nach Turin und noch an demselben Tage proklamierte ein königliches Dekret die Annexion, ein Schritt, mit dem das Haus Savoyen auf der appenninischen Halbinsel festen Fuß faßte. Die Zwischenzeit hatte Ricasoli dazu verwandt, um den Widerstand des allzu klugen piemontesischen Ministers, der von Napoleon gegen seine Politik beeinflußt war, zu besiegen, aber erst als Cavour zur Macht gelangte, war sein Bemühen von Erfolg begleitet.

Eine Episode aus der Litteraturgeschichte berichtet uns De Gennaro-Ferrigni in seinem Buche „Leopardi e Colletta“ (Napoli, Tip. della R. Università). Man verdankt bekanntlich die florentinische Ausgabe von Leopardis „Canti“ einer Kollekte, die Pietro Colletta veranstaltet hatte; wir erfahren nun hier, daß diese Beisteuer, die es dem Dichter ermöglichte, im Jahre 1830 von Recanati nach Florenz zu gehen, ratenweise abgeführt wurde. Der Verfasser schildert uns in Colletta einen falschen, habgierigen Egoisten, der der Hoffnung lebte, die „Canti“ wären ihm allein gewidmet und der die ganze Kollekte nur anregte, in der Hoffnung, er würde sich dadurch die Unterstützung Leopardis bei Durchsicht seiner „Storia del Reame di Napoli“ erwerben. Andererseits wird aber auch gegen Leopardi der Vorwurf der Undankbarkeit erhoben, da er später ganz vergaß, wer ihm einst geholfen hatte; so behauptet es wenigstens De Gennaro-Ferrigni.

Das Leben des größten Dichters des XII. Jahrhunderts schildert Ludovico

Frati in seinem „Guido di Guinizello de' Principi e Guido Ghisilieri (Bologna, Fava e Garagnani). Der Dichter, Sohn jenes Guinizello, der im Jahre 1267 Statthalter in Narni war und in der Verbannung in Verona im Irrsinn starb, wird zum erstenmal in der Bologneser Kommunalliste vom Jahre 1260 erwähnt. Er wanderte mit dem Vater und den Brüdern ins Exil und starb wahrscheinlich in Verona.

In der Tip. Giusti in Livorno erschienen unter dem Titel „Momenti", Gedichte von Giuseppe Martinozzi, die trotz mancher Schwächen korrekt und anmutig geschrieben sind.

Über die „Poesie del Tansillo di genere vario" schrieb Francesco Flamini (Pisa, Tip. Nistri). Tansillo ist in jüngster Zeit wieder zu neuem Leben gelangt. Flamini bietet uns ein schlicht gehaltenes, nach dem Leben gezeichnetes Bild des Dichters, der eine lebensfrohe, einfache Natur war, der aber gleichzeitig auch ein erklärter Feind von aller Mühsal und ein Freund leichterworbener Erfolge war. Als Dichter glänzte er durch seine Farbenfrische und sein poetisches Feingefühl, die Form ist schön und gefällig, der Vers prächtig gebaut.

Ein zur Kenntnis der höfischen Poesie des IV. und V. Jahrhunderts nützliches Buch sind die „Poesie inedite di Galeotto del Carretto", die, von A. G. Spinelli herausgegeben, soeben erschienen sind (Savona, Tip. Bertolotto).

Über Anklänge an Ovid in Allighieris Comedia handelt Prof. G. Szombathely in seinem Werk „Dante e Ovidio", (Triest, Tip. del Lloyd). Eine interessante Studie, die Jedem zu empfehlen ist, der sich über Dantes klassische Bildung ein sicheres und richtigeres Urteil bilden will.

Der unermüdliche Sammler der sizilianischen Legenden, Giuseppe Pitrè, veröffentlichte „Fiabe e leggende siciliane raccolte ed illustrate" (Palermo, Pedone Lauriel). Den Inhalt bilden über 156 Fabeln resp. Legenden.

Rom. D. V.

Spanische Litteratur.

Auch in Spanien bringt nur die Prosa, der Roman, Gewinn, die Poesie nichts als die Ehre. Salvador Rueda, der mit seinem Gusano de luz Romanschriftsteller geworden, strebt in seinen „Estrellas errantes" (Madrid, 1888) wieder nach dem Lorbeer des Dichters. Es fehlt denselben indessen der Glanz der Ursprünglichkeit. In dem Gedicht: „Lo que no muere" sagt Rueda über die Unsterblichkeit der Poesie auf zehn Seiten, was der Sevillaner Bécquer längst ebenso schön in bloß neun Strophen gesagt. Bécquer besaß aber das seltene Geheimnis, in wenig Versen viel auszudrücken. Die Coplas des Rueda reihen sich den von Ventura Ruiz Aguilera verfaßten würdig an und in den Sonetten giebt der Dichter reiche Proben von seiner beschreibenden Kunst.

Ein Sevillaner, Manuel Cano y Cueto, betritt in seiner gleich einem spannenden Roman uns anziehenden Legende in Versen „El hombre de piedra" (Madrid, 1889) wieder die Bahn José Zorrillas, die dieser in seiner Margarita la tornera verfolgt, jener poetischen Erzählung, die schon den Keim seines berühmten Dramas „Don Juan Tenorio' enthält. Cano verflicht in seiner Legende die erfundene Geschichte eines Don Lope mit der wirklichen Geschichte der Eroberung von Mexiko, aber sein Held ist ein Dämon, dem kein Engel des Lichts an die Seite tritt; die Legende erfüllt uns mit tragischem Schrecken, und in den verschiedenen Versmaßen, die bald voll Mark und Kraft, bald voll von erhabenem Schwung, bald lyrischen Zaubers voll, zeigt sich die Begabung des Poeten. Die Dichter sterben, aber sie sterben nicht aus. Ein Poet, in dessen Werken wir stets reine Luft atmen und dessen Ruhm den erfreulichen Beweis liefert, daß doch noch immer das lautere Gold geschätzt wird, Antonio de Trueba, der volkstümliche Dichter des Libro de los cantares, der Cuentos de color de rosa und der Cuentos campesinos, ist nicht mehr. Er starb, von allen verehrt, in Bilbao, im Alter von 70 Jahren. Wie Freiligrath war er einst als armer Knabe in einem Geschäft thätig und in seinen Mußestunden schrieb er Verse, die er sorgfältig verbarg, als ob er eine Sünde begangen. Vor kurzem erst veröffentlichte er in der „Ilustracion española y americana seine Selbstbiographie, in welcher er sich bitter darüber beklagte, daß eine angesehene deutsche Verlagshandlung ihn gewaltig geschädigt, indem sie ihm durch den Abdruck seiner Bücher Konkurrenz machte.

Von Emilia Pardo Bazan ist wieder ein Roman, die Liebesgeschichte „Indolacion" (Barcelona, sucesores de N. Ramirez y compañia) erschienen. In diesem lebensprühenden Werk ist nur eins, der allzuhäufige Gebrauch gewöhnlicher Redensarten, das zu stark hervortretende Sprechen á la Flamenca, zu tadeln. Gewiß soll man die Landleute nicht wie auf den Fächern Bouchers mit Blumen und Bändern darstellen, aber die Trivialität hat doch auch ihre Grenzen.

In den geistreichen Briefen, welche die stets interessante Emilia Pardo Bazan an die seit 1873 in der Welt der Toten weilende Dichterin Gertrudis Gomez Avellaneda gerichtet, tritt sie für das gute Recht der Frauen ein, Mitglieder der Academia Española zu werden und erklärt sich selbst als beständige Kandidatin der Akademie. Bekanntlich hat die große cubanische Dichterin Avellaneda, wenn sie auch nicht gewählt wurde, doch bei ihrer Kandidatur in den 50er Jahren die Stimmen der gewichtigsten Akademiker, wie Quintana, Angel Saavedra, Hartzenbusch, Mesonero Romanos u. A. erlangt.

Eigentümlicherweise ist der größte und namhafteste Dichter Amerikas eine Frau: Gertrudis Gomez Avellaneda. Ihre dramatischen wie ihre lyrischen Werke tragen den Stempel der Klassicität, ohne daß damit eine kalte akademische Manier bezeichnet werden soll.

Von der Poesie in Cuba, deren leuchtendste Sterne in diesem Jahrhundert Gertrudis Gomez Avellaneda und Heredia sind, handelt ein gehaltreiches Buch des ehemaligen Professors der Universität der Habana, Martin González del Valle: „La poesia lirica en Cuba", von welchem kürzlich die vierte Auflage erschienen. Doch fehlt es noch immer an einer vollständigen Geschichte der cubanischen Litteratur. Viele Cubaner haben als Männer Spanien gehaßt und sind Flibustier geworden, aber als Dichter vermehren sie den Ruhm der kastilianischen Poesie.

Wie sympathisch muß die Spanier die glühende Begeisterung berühren, mit der ein Amerikaner, der argentinische Schriftsteller Santiago Estrada, von dem spanischen Dichterkönig José Zorrilla spricht, indem er ihm nachrühmt, daß seine Sprache für die Zärtlichkeit das Girren der Taube, das Brüllen des Löwen für den Zorn, das Frühlingssäuseln für die Poesie und Blitz und Donner für die Qualen der Seele habe.

Die Dichterkrönung Zorrillas in der Alhambra — das ist seit Monaten die Losung der Spanier und ein stehender Artikel in den granadinischen Blättern geworden. Das Liceo von Granada hat gezeigt, daß, wie es in

Deutschland vom Herder bis heute Hispanophilen, so in Spanien Alemanophilen giebt: es hat auch nach Deutschland eine Einladung zu den Zorrillafestlichkeiten ergehen lassen und den Unterzeichneten als seinen Vertreter für Deutschland beauftragt, das Programm der Dichterkrönung zur allgemeinen Kenntnis zu bringen. In dem großen Hofraum des Palastes Carls V. in der Alhambra, der 5000 Personen umfaßt und den Vertretern der spanischen Städte mit ihren Wappenschildern und Standarten sich öffnen soll, wird die Königin-Regentin oder ihr Bevollmächtigter in der zweiten Hälfte des Juni erscheinen, um den kastilianischen Dichter mit der Krone aus Darrogold zu krönen, und er selbst wird ein auf seine Krönung bezügliches Gedicht vortragen. Dann wird in dem sog. Salon der Alameda von dem Dichter und den Ehrengästen, unter denen Deutschlands Poeten den ihnen gebührenden Rang einnehmen sollen, eine nationale Huldigung stattfinden. Es folgen außerdem auch Wettkämpfe, ein litterarischer und ein litterarisch-musikalischer Abend in einem Theater Granadas, ein nächtliches Fest, eine sog. Leila in den erleuchteten Gärten der maurischen Sommerresidenz (des Generalife) und ein Abschiedsbankett. Der Dichter wird mit seinem Gefolge zu dem Lorbeerhain de la Zubia und zum Sacromonte geführt werden, auch die Stadt Granada wird ihm glänzende Festlichkeiten bereiten und jeder Teilnehmer an der Zorrillafeier wird ausrufen: Spanien ist das Lied der Dichter und der Feste!

Johannes Fastenrath.

Die spanische Fahne mit den leuchtenden Farben des Goldes und des Blutes feiert wahre Triumphe in den neuesten Lieferungen des barceloneser Prachtwerkes von Barado und Cusachs: La vida militar en España, dessen Bilder uns die Tage von Bailén und Talavera, Zaragoza und Gerona zurückrufen. —

In Barcelona ist auch das Llibre de la Renaixensa erschienen, in welchem Dichter und Prosaiker der neuerwachten catalanischen Litteratur sich zu schönem Bunde die Hand reichen. Ferner ist in Barcelona, welches schon eine Ilustració Catalana besitzt, mit dem Januar dieses Jahres auch eine Revista Catalana unter Leitung des feurig begeisterten, patriotischen Priesters Jaume Collell ins Leben getreten. Einer der anziehendsten Aufsätze des ersten Heftes ist ein Artikel über die catalanische Sprache aus der Feder des jungen barceloneser Professors Antonio Rubió y Lluch, der nachweist, daß das Catalanische kein bloßer Dialekt, sondern eine Form der alten lengua d'oc, ein Idiom ist, das, durch die Waffen des Königs Don Jaume l'Conquistador und seiner Nachfolger über Cataloniens Grenzen getragen, Völkern und Meeren Gesetze diktiert. —

Die Revista de España, die schon seit 22 Jahren — eine große Zeit im Lande der Unbeständigkeit — ruhmvoll in Madrid besteht und sich der Leitung von Männern von Bedeutung wie Benito, Perez Galdós erfreute, enthält in ihrer Nummer vom 15. Januar einen Aufsatz von Manuel Barillo de Santiago: La instrucción pública en Alemania. Sie ist auch die erste spanische Zeitschrift, die gleichzeitig mit der Leipziger Illustrierten Zeitung ein Gedenkblatt des unglücklichen Kronprinzen Erzherzog Rudolph von Österreich gebracht . . .

Ungarische Litteratur.

Das Aprilheft 1889 der ung. Monatsschrift: Magyar Salon veröffentlicht unter anderen folgende bemerkenswerte Aufsätze:

Tóth Lajos: Carmela. (Roman). — Futtaky Gyula: Ein Toast des

Kronprinzen Rudolf. — Jókai M.: Vőlegény verseny. (Novelle.) — Porzsolt J.: Ein Asyl für Obdachlose. — Reviczky Gy.: Égessel. (Gedicht.) — Szász Károly: Aus meiner Wandertasche. (Gedicht.)—Hentaller L.: Zwei Episoden. — Rákosi V.: Mein Dorf. (Roman.) — Szécsi F.: Geständnisse. (Dialog.) — Jhang Gyujtó G.: So ist es in Sevilla geschehen. (Heitere Geschichte.) — Hevesi J.: Gegen den Strom. (Roman.) — Szabó E.: Die 7 Zwetschkenbäume. (Roman.) — Graf Zichy G.: Dolores. (Gedicht.) — Temérock: Das schwarze Brot. (Gedicht.) — Gyárfás E.: Eine Frau, die nicht eifersüchtig ist. (Monolog.) — Damó L.: Religion und Glaube. (Gedichte.) — Dzjelie Effendi: Herz und Vernunft. (Gedicht.) — Palágyi L.: Zu spät. (Gedicht.)

Lexicon linguae Hungaricae aevi antiquioris, redigiert von Gabr. Szarvas und Sigm. Simonyi. Das 6. Heft dieses hervorragenden encyklopädischen Werkes ist erschienen und inhaltet die Wörter Elegyed — Feleszédik. Verleger V. Hornyánszky Budapest.

Egy nő levelei. (Briefe einer Frau.) Interessante Briefe veröffentlichte Dr. A. Komáromy. Die Briefe wurden von K. Szidonia Révay an ihren Gemahl geschrieben 1666—1702. Ein Werk, welches in die damaligen politischen und gesellschaftlichen Verhältnisse Ungarns tief hineinblicken läßt.

Unter dem Titel: Páris elemei ist neuestens in Pallas-Ausgabe ein interessante Novität von dem jungen begabten ungarischen Schriftsteller Sigmund Justh erschienen. Es werden im Allgemeinen die Elemente in kleinen Scenen aus dem Leben und Treiben der Pariser Welt geschildert. Schon das erste Kapitel belehrt uns von der Schilderungskunst des Verfassers, von dem wir alsbald auch seine außerordentliche Begabtheit auf diesem Gebiete nicht bezweifeln können. Dies Werk bietet uns ein treues Bild jener so bewunderten Gesellschaft, die durch ihre falsche Liebenswürdigkeit die ganze Welt an sich ziehen konnte. Und so ist dieses Buch auch schon ob seinem Inhalt interessant. Die anmutige Durchbildung des ganzen Werkes, der gewandte und fesselnde Erzählungston sind Belege, welche den auch so großen Wert dieses wirklich ausgezeichneten Werkes noch steigern. Wer sich also einen wahren nachhaltigen Genuß verschaffen will, dem ist dieses Buch nicht genug zu empfehlen.

A szép Mary. (Die schöne Mary.) Mayerling, Jan. 30. ist der Titel eines kleinen schmucken Büchleins, das soeben im Verlage Robicsek Bpest erschienen ist. Der Verfasser nennt sich Berus und giebt einen ausführlichen Bericht über das traurige Ende des österreichischen Kronprinzen Rudolf.

Unter dem Titel: Műkedvelők szinpadja (Dilettanten-Theater) erscheint eine Sammlung einaktiger Lustspiele bei Pfeiffer in Bpest. Zweck dieser Unternehmung ist, wie es schon der Titel erraten läßt, ein kleines Repertoir den Dilettanten dieser Art zu bieten. Alle Stücke sind mit wahrer Sachkenntnis und entsprechendem Kunstverstand gewählt, welchen sich noch die gelungene Übertragung sowie eine schöne wohlfeile Ausstattung anreihen. Bis jetzt sind folgende kleinere Lustspiele erschienen:

Potièr: Wo ist der Mann. — Dumanoir: Zwei Frauen wider einen Mann. — Fournier: Gewitter. — Labiche: Die Brautfahrt.

A. Z.

Verantwortliche Leitung: Dr. M. G. Conrad in München.
Verlag von Wilhelm Friedrich. Druck von C. G. Röder in Leipzig.

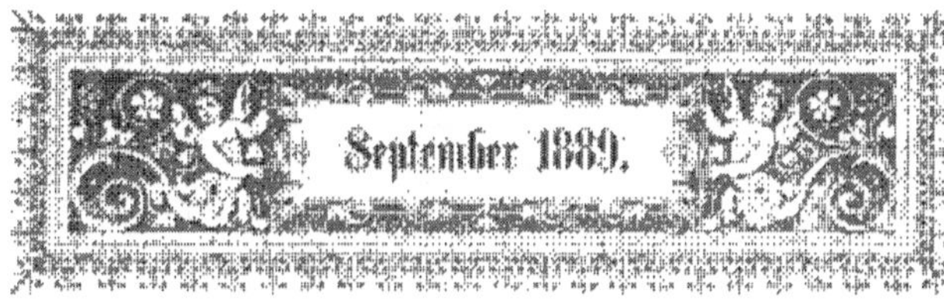

„Quousque tandem?“

Von Dagobert von Gerhardt (Amyntor).

(Potsdam.)

Zu den beklagenswertesten deutschen Erbfehlern rechnet einer der schärfsten Denker der Gegenwart den Neid und die Eifersucht gegen das noch nicht der Vergangenheit anheimgefallene Große und Bedeutende. Wir möchten beschränkend hinzufügen: gegen das Große und Bedeutende im eigenen Lande. Die sonstigen Erbfehler des Deutschen: die Vielköpfigkeit des Sinnes, der Kastengeist, die Sondersüchtelei und das Fraktionstreiben, die eigensinnige Besserwisserei, der Mangel an Unterordnung unter die Interessen des Ganzen, die kleinliche Zänkerei und Nörgelei, die abstrakt-doktrinäre Prinzipienreiterei sind sicher auch beklagenswert; sie gestatten aber dem mit ihnen Behafteten wenigstens, ein Deutscher zu bleiben; sie gefährden nicht geradezu, sondern schlimmsten Falles nur auf einem weiten Umwege, seine Nationalität; der Neid aber und die Eifersucht auf das noch lebende Große und Bedeutende im eigenen Lande treibt den Deutschen unmittelbar dem Auslande in die Arme, macht ihn zum Affen desselben und zum bewußten oder unbewußten Vaterlands- und Volksverräter. Es wird dem Deutschen blutsauer, die Überlegenheit eines lebenden Landsmannes anzuerkennen; höchstens läßt er ihn nur dann als einigermaßen beachtenswert gelten, wenn er ihm auf seinem eigensten Berufs- und Arbeitsfelde nicht als Mitbewerber im Wege ist, und so kann wohl einmal ausnahmsweise der Kaufmann einen lebenden Gelehrten, oder der Musiker einen erfolgreichen Landwirt der Gegenwart anerkennen; daß dies aber wirklich nur eine Ausnahme ist, beweist die zahlreiche Sippe, die selbst einem Manne, wie dem großen Reichskanzler, nicht nur unter Staatsmännern, sondern auch unter Professoren, Ärzten, Juristen, Handwerkern und Krämern gegenüber steht und ihm nicht etwa ehrliche Opposition macht — das fiele ja unter einen ganz andern Gesichtspunkt — sondern ihn neidisch und mißgünstig zu verkleinern bestrebt ist. Einen Kollegen und Fachgenossen zu preisen, seine Verdienste gebührend hervorzuheben und das Publikum auf dieselben aufmerksam zu machen, das geht dem lieben Deutschen einfach wider den Strich, und ehe z. B. ein deutscher Litteraturgeschichtler einen zeitgenössischen Dichter für voll gelten läßt, preist er lieber den unbedeutendsten Tintenklecker einer längst entschwundenen Litteraturperiode bis in den Himmel. Den Beweis für diese unsere Behauptung bietet der moderne deutsche Universitätsprofessor und Gymnasiallehrer, der — einzelne Ausnahmen bestätigen nur die Regel — seine wissensdurstigen Schüler wohl mit dem abgestandensten Tranke aus den Brunnenschachten des mittelalterlichen Schrifttums zu laben versucht, aber meist gänzlich unfähig ist, den Jung- und Gesundbrunnen der Poesie der Gegenwart zu erschließen. Wer nicht als Mumie wohleinbalsamiert in den verstaubten Litteraturschränken dieser gelehrten Herren liegt, der ist für sie nicht vorhanden; alles Lebende kennen sie nicht, nur das Tote existiert in ihrer Schätzung und wird durch die wahrhaft stupiden Bemühungen ihrer Schlafrockfetzensammelwut und ihres Küchenzettel-Forschereifers in ein trauriges und langweiliges Scheinleben zurückgalvanisiert.

Dieselbe Abneigung gegen das noch lebende Bedeutende im eigenen Lande zeigt der deutsche Litteraturkritiker in unseren Zeitungs-Feuilletons. Wie genügt er nun aber den Lesern, die, wie jeder normale Mensch, das Bedürfnis der Bewunderung haben und irgend etwas Lebendiges auch auf dem weiten und einflußreichen Felde des Schrifttums kennen lernen und verehren wollen?. Er führt ihnen einfach das dichtende und schreibende Ausland vor und bespricht die litterarischen Leistungen des obskursten Mr. Legrand oder Mr. Lepetit, da er sich nun einmal mit den Leistungen irgend eines deutschen Herrn Groß oder Herrn Klein zu befassen nicht überwinden kann. Es ist in der Thal eine Schande, mit welcher unverfrorenen Hartnäckigkeit die Feuilletons gewisser Zeitungen uns von jedem Romane und jedem Schundstück weitläufig unterhalten, das irgend ein gleichgültiger Skribifax an der Seine fabriziert hat, und mit welcher feigen Beflissenheit sie selbst die bedeutenderen Schöpfungen unseres vaterländischen Schrifttums kurz abthun oder gänzlich totschweigen, um nur ja nicht ein Wort der Anerkennung für einen lebenden Kampfgenossen über die widerstrebende Lippe bringen zu müssen. Ich habe mir neuerdings den Spaß gemacht, — ach nein! es war kein Spaß, es war eine traurige Arbeit! — aus dem letzten Vierteljahr einer unserer größeren Zeitungen den Inhalt der der Litteratur gewidmeten Feuilletons, nach Ländern geordnet, auszuziehen; von den ungefähr zweihundert Bücher-Anzeigen und Besprechungen beschäftigten sich 25 — schreibe: fünfundzwanzig! — mit deutschen Hervorbringungen, die übrigen 175 — schreibe: einhundertfünfundsiebenzig! — waren dem Auslande, namentlich Frankreich, gewidmet. Von den 25 Anzeigen deutscher Geisteserzeugnisse entfielen 17 auf die Besprechung von öden trivialen Possen- und Lustspielfabrikaten, so daß sich thatsächlich nur 8 dürftige Artikelchen mit den vornehmeren Hervorbringungen des deutschen schönen Schrifttums befaßten, und dies in der Zeit vom 1. Oktober bis zum letzten Dezember, wo der Weihnachtsmarkt uns doch die meisten schöngeistigen Neuheiten zu bringen pflegt! Wer etwa diese Erscheinung durch die Behauptung zu rechtfertigen versuchen wollte, daß die deutsche Belletristik der Gegenwart eben so jämmerlich sei, daß sie einer vermehrten Beachtung gar nicht wert erscheine, der müßte nach Maßgabe der obigen Zahlen der französischen Belletristik den ungefähr zwanzigfachen Wert zuerkennen. Ob es Leute giebt, die ein derartiges Wertverhältnis wirklich für richtig halten, weiß ich nicht; zur Ehre des gesunden Menschenverstandes und des guten Geschmackes hoffe ich es allerdings nicht, sollte es aber wirklich so . . . sonderbare Käuze geben, so wären die emphatischen Deklamationen der Deutschen gegen Zola und seine französischen Nachahmer die niederträchtigste bewußte Lüge und die schnödeste Heuchelei. Ich meinesteils glaube, daß sich das breitere deutsche Lesepublikum um die Durchschnittsware des französischen Büchermarktes auch nicht im geringsten kümmert, daß der Zeitungsphilister in seinem ganzen Leben nicht einen einzigen Band der unbekannteren französischen Romanschriftsteller in die Hand nimmt, daß ihm aber durch jene schamlose Ausdauer, mit welcher der Kritikaster seines Leiborgans immer und immer wieder von den neuesten französischen Romanen faselt, ein durchaus übertriebener Begriff von der Bedeutung derselben auf Kosten der Achtung vor der vaterländischen Dichterkraft künstlich und planmäßig anerzogen wird. Und hierin liegt, man mag es drehen und wenden wie man will, eine Art Vaterlandsverrat, ein schmähliches Preisgeben der eigenen Würde und des berechtigten Selbstgefühls zu Gunsten einer feindlichen, uns mit allen Mitteln hetzenden und verdächtigenden, selbst die gemeinsten Pflichten des Gastrechts uns gegenüber schnöde verletzenden Nation. Im Namen der deutschen Ehre und Selbstachtung darf man gegen solches Verfahren unserer Zeitungsfeuilletons wohl in entschiedenster Weise Verwahrung einlegen. Ich begnüge mich heute damit, auf den Mißstand hinzuweisen, ohne die betreffende Zeitung beim Namen zu nennen; ich halte es aber für geboten, daß, wenn kein ausgeprägterer vaterländischer Sinn in unsern Litteraturfeuilletons zur Herrschaft gelangt, viertel- oder halbjährlich eine Liste unserer großen Zeitungen mit Angabe, wie oft sie in ihren Feuilletons der französischen und wie oft der deutschen Litteratur Erwähnung gethan haben, veröffentlicht werde. Es giebt ja Blätter, deren Aufgabe es ist, sich auch mit fremden Litteraturen zu beschäftigen; eine deutsche politische Zeitung aber ist kein Magazin der Weltlitteratur, sondern hat in erster Linie den Interessen des Vaterlandes zu dienen und auch in ihren Litteratur-Artikeln besonders den vaterländischen Geist zu pflegen. Die hier vorgeschlagene Maßregel würde auf viele unserer deutschen Zeitungen ein ganz eigenartiges Licht werfen und vielleicht segensreich wirken; der arglose Zeitungsphilister bekäme einen handgreiflichen Maßstab für das Interesse, das sein Leiborgan den Bethätigungen des deutschen Geistes widmet, und wenn ihm allzu viel französisches Kauderwälsch auf dem litterarischen Küchenzettel angeboten wird, entschließt er sich vielleicht, seiner Zeitung den Scheidebrief zu schreiben und es einmal mit der Bestellung eines anderen Tagesblattes zu versuchen. Das heutige schöngeistige Schrifttum stellt sich zur Aufgabe, die Lebensprobleme eines Volkes künstlerisch auszutragen und auszugestalten; für den Deutschen wird diese Aufgabe das deutsche Schrifttum immer am besten und wirksamsten lösen; wer dem deutschen Volke zumutet, sich unter Mißachtung der heimischen Dichtung einer fremdartigen zuzuwenden, der erniedrigt die Litteratur zum frivolen Spielzeug, zu einem Zeitvertreib für ethisch und ästhetisch unreife oder verbildete Menschen und versündigt sich an Sitte und Geschmack seines Volkes und an der kraft- und siegesfrohen Zukunft seines Vaterlandes. Es ist die höchste Zeit, daß auch der Litteratur ein Messias ersteht, der die aus Neid und Mißgunst gegen das noch lebende Bedeutende im eigenen Lande zu Französlingen entarteten Kritikaster aus dem Tempel des Schrifttums mit der Geißel herauspeitscht und wieder Raum schafft für deutschen Stolz und deutsche Würde in den litterarischen Feuilletons unserer Zeitungen. Quousque tandem . . .? möchte man dem deutschen Michel zurufen — ermanne dich, Vetter! reibe dir den Schlaf aus den Augen und laß dich nicht ferner bethören durch das verräterische Geträtsch gesinnungsloser Auslandsaffen!

Militärpolitische Studien.

Von Karl Bleibtreu.

(Charlottenburg.)

1. Was verdanken wir Rußland?

Unter den Liebenswürdigkeiten, mit denen uns die russische Presse zu überschütten liebt, behauptet die traditionelle Redensart einen Ehrenplatz, Preußen habe vergessen, was es Rußland verdanke. Denn hat nicht das heilige Land aller Reußen die Deutschen vom Joch Napoleons befreit? Welchen Wert ein Bündnis mit Rußland besitzt, erfuhr doch Friedrich Wilhelm III. ganz genau!

Trotz aller rührenden Versicherungen am Grabe Friedrichs des Großen kam Zar Alexander 1806 mit seiner Hülfe viel zu spät. In dem Winterfeldzug 1807 verheerten die moskowitischen Bundesgenossen nach Kräften die Provinz Preußen, den Spuren ihrer Ahnen folgend, welche 1757 das Land zu einer Einöde machten. Die Schlacht von Eylau gewann ihren günstigen Ausgang lediglich durch die heldenmütige Haltung des rechtzeitig eintreffenden preußischen Corps. Dies imponierte dem Empereur dermaßen, daß er sofort mit Preußen separat verhandeln wollte, was der König ehrenhaft ablehnte, weil er unbedingt seinem hohen Alliierten vertraute. Dafür erhielt er alsbald den gebührenden Dank, nachdem die Russen zermalmend bei Friedland geschlagen. Bei den Friedensverhandlungen in Tilsit ließ der ritterliche Zar seinen unglücklichen Freund gänzlich im Stich, verbündete sich intim mit dem gehaßten Erzfeind, schloß mit demselben zärtliche persönliche Freundschaft, behandelte seinen verratenen Schützling mit unverhohlener Nichtachtung, ja entblödete sich nicht, ein schön Stück preußisches Gebiet aus der Beuteverteilung als Trinkgeld von Napoleon in Empfang zu nehmen!

Der Stachel hatte sich tief in die Seele des bescheidenen biederen Hohenzollern gesenkt. Von da ab ging er jedem Bündnis mit Rußland so lange wie möglich aus dem Wege und sein Zorn über Yorks Konvention bei Tauroggen hatte gute Gründe, welche von mißgünstigen Historikern absichtlich nicht verstanden wurden. Er wollte sich lieber mit Napoleon vertragen, vor dessen „großem Genie" sein positiver ruhiger Verstand einen Respekt empfand, der sich nur zu bald bewahrheiten sollte. Denn trotz aller Fanfaronaden der Schwärmer, daß es nun mit Napoleon aus und zu Ende sei, erschien der erstaunliche Mann sofort mit einer neuen ungeheuren Armee an den Ufern der Elbe. So unnütz nachträgliche Konjekturalpolitik scheinen mag, so muß doch offen gesagt werden, daß der Instinkt des vorsichtigen Königs ihn richtig leitete. Es wäre besser gewesen, Napoleon sofort ein Ultimatum zu stellen: Räumung aller Festungen, Abtretung von Hannover (Hälfte des Königreichs Westfalen) und dafür befreundete Neutralität. Napoleon, immer Opportunist des Augenblicks, wäre darauf eingegangen. Rußland konnte allein den Kampf nicht fortsetzen. Der Krieg in Spanien hatte aber damals eine so üble Wendung genommen, daß Napoleon sich zuerst dorthin gewandt hätte. Die Stimmung in Deutschland war bedrohlich, England ruhte und rastete nicht, in Wien plante man Abfall, früher oder später begann der Kampf von neuem. Dann aber trat Preußen mit dem Gewicht seines großen Volksheeres entscheidend in die Arena und konnte Bedingungen vorschreiben, statt bei dem historischen Verlauf der Dinge so schändlich übervorteilt zu werden. Alles besser, als von Rußland ins Schlepptau genommen zu werden — worin übrigens das tiefe Mißtrauen Yorks und des Königsberger Landtags gegen die moskowitischen „Befreier“ sich ganz mit des Königs Befürchtung begegnete.

Was nun die Leistungen des russischen Heeres im Befreiungskrieg betrifft, so blieben diese hinter den Thaten der Preußen weit zurück. In der ersten Schlacht bei Lützen kamen nur wenige Russen ins Feuer und Blücher mußte alles allein thun. Der vorzügliche Schlachtplan Scharnhorsts aber wurde durch die erbärmliche Oberleitung Wittgensteins und des dilettierenden Zaren total verpfuscht, der Rückzug auch angetreten, ohne daß es eigentlich nötig war. In der Nacht fand daher zwischen Zar und König eine sehr verdrießliche Szene statt, wobei der letztere nur unwillig nachgab. — In der folgenden Schlacht bei Bautzen trugen die Truppen von Blücher, Kleist und York die ganze Last des Kampfes, der lediglich durch unglaubliche Schnitzer des Zaren verloren ging, welchen Napoleon hier durch einen groben Scheinangriff in die Falle lockte. Der Zar aber wußte alles am besten, berauscht von der Einbildung, seinem „Rivalen“ auch als Feldherr die Spitze bieten zu können, wandte aber dabei die größte Sorgfalt an, nur ja seine teure Grenadiergarde nicht aufs Spiel zu setzen. — In der Schlacht von Dresden spielten die Russen eine untergeordnete Rolle und wieder war es der Zar, der hier alle schiefen Maßregeln empfahl gegenüber dem gesunden Menschenverstand des tüchtigen Hohenzollernkönigs. Wenn nachher bei Kulm die Russen, nach langem Sträuben sogar die russische Leibgarde, das Beste thaten, so verdankt man dies einzig dem Heldensinn eines Deutschen, des Prinzen Eugen von Württemberg, dessen unsterbliche Verdienste bekanntlich mit krassem Undank belohnt und erst von der unparteilichen Forschung aus dem Totschweige-Dunkel hervorgezogen wurden. Die Vernichtung Vandammes aber wurde nur durch den gesunden Scharfblick des bescheiden immer zurücktretenden Preußenkönigs herbeigeführt, der ein preußisches Corps direkt auf die Rückzugslinie des Feindes warf. — Die Heerführung Blücher-Gneisenaus hinderte der Zar möglichst durch seine dilettantischen Dreinredereien und setzte dort in dem störrigen unfähigen Langeron eine Art Spion-Überwacher als Hemmschuh ein. Dagegen ermunterte er Bernadottes verräterische Lässigkeit. — Bei Leipzig erlitten die Russen allerdings bedeutende Verluste, wo wiederum der deutsche Prinz Eugen das Schwerste trug, wirkten aber nirgends an entscheidenden Punkten. Bei Möckern, Probstheida, Erstürmung Leipzigs kämpften nur preußische Männer. — In Frankreich 1814 that der Zar sich möglichst wichtig, störte aber nur überall. Außer bei Brienne und Craonne leisteten die Russen wenig. Bei Bar-sur-Aube, wo bekanntlich auch Kaiser Wilhelm I. seine Feuertaufe erhielt, griff wiederum Friedrich Wilhelm III. umsichtig ein, der sich übrigens bei Lützen als ein Mann von hohem persönlichem Mute zeigte. Damals war es schon so weit gekommen, daß die preußischen Generale, vor allem Gneisenau, York und Bülow, möglichst ihre Truppen schonten und die ihnen untergebenen Russen aussetzten, weil der moskowitische Hochmut für später das Schlimmste befürchten ließ und man für alle Fälle ein schlagfertiges Heer behalten wollte!

Wie begründet diese Anschauung, zeigte sich nur zu bald. Nachdem noch zuletzt vor Paris die preußische Garde geblutet, nachdem dann 1815 Preußen allein das große Werk vollbracht, wurden Deutschland und Preußen aufs niederträchtigste um die Früchte ihrer großen Opfer betrogen. Kein Interesse seines treuen Bundesgenossen hat der Zar nachdrücklich auf den Congressen in Wien und Paris vertreten, vielmehr hegte er den stillen Wunsch, sich nebenbei auf Preußens Kosten zu bereichern. Man lese die ausführliche Darlegung „die Belagerung von Danzig" von Karl Friccius (Erstürmer des Grimmaschen Thors, später Generalauditeur) und es werden einem die Augen aufgehen. Nur der heldenmütigen Vaterlandsliebe des Landwehrkommandeurs Graf Dohna verdankt man, daß Danzig nach der Kapitulation Rapps in preußischen Händen blieb!

Das sind die selbstlosen Dienste, die uns Rußland geleistet, das der Dank, den wir dem treuen „Befreier" schulden. Dafür genoß freilich Preußen den Vorzug, unter Zar Nikolaus als vorgeschobene Satrapie des Moskowiterreiches zu gelten — fürwahr ein bemerksames Schauspiel für patriotisch empfindende Gemüter. Jedenfalls werden diese Andeutungen genügen, um die alte Waffenbrüderschaft und treue Beschützung des armen Preußen durch die gutherzigen harmlosen Enkel jener Horden ins rechte Licht zu stellen.

welche unser Seydlitz bei Zorndorf, zur Abwechselung von der Knute, mit dem Kultursegen deutscher Hiebe beglückte. Man muß die blöde Verhöhnung alles Deutschen in Tolstois „Krieg und Frieden" (1805—1813) gelesen haben, um verständnisvoll nachzufühlen, von welcher Aufopferungsliebe die biedern Waffenbrüder und Befreier in Wahrheit durchdrungen waren. Es giebt Wohlthaten, die man schwerer verzeiht als Beleidigungen, und nur solche hat Rußland auf uns gehäuft.

2. Englands Stellung im Weltkrieg.

Die russische Politik greift nach zwei Richtungen hin mit ihren unersättlichen Fangarmen. Auf dem Marsch nach Stambul kreuzt sie Österreichs Pfad und beschwört den Krieg mit dem Dreibund herauf. Auf der anderen Seite im fernen Osten stößt sie direkt auf England. Was dorten die Partei Gladstones und mit ihr alle Stockengländer wollen, braucht niemandem ein Geheimnis zu bleiben. Rußland soll in Kampf mit Deutschland verwickelt werden, damit letzteres für England die Kastanien aus dem Feuer hole. England würde Herr in Asien bleiben, sobald man Rußland am Bosporus herrschen ließe. Würde hingegen Österreich nach dem Schwarzen Meere vorgetrieben, so würde sich Rußland alsbald auf Indien werfen.

England hat am Ganges etwa 70 000 britische Soldaten mit 342 Geschützen, außerdem 130 000 Mann eingeborene Truppen (Sipoys). Bewaffnung und Bespannung sind gut. Dazu kommen noch 300 000 Mann unabhängiger Kontingente einheimischer Feudalfürsten, die sich jedoch unter Umständen gerade gegen die Engländer wenden würden.

Die Stellungsnahme Persiens würde bei einem indischen Krieg in erster Linie Ausschlag geben. Der Schah verfügt über 80 000 Mann schlecht bewaffneter Reguläre, kann im Notfall 200 000 Mann aufbringen. Auch der Emir von Afghanistan hat wiederholt gezeigt, daß er einer Invasion zu widerstehen weiß. Doch selbst wenn Persien und Afghanistan sich Rußland entgegenstemmten, dürfte die russische Macht alle Vorteile in der Hand haben. Der Zar unterhält stets zwei Armeecorps auf Kriegsfuß und entsprechende Besatzungen im Kaukasus und Turkestan. Diese 80 000 Mann rasch zu befördern ermöglicht die transkaspische Bahn des General Annenkow, deren Planung und Vollendung dem Eroberungssystem des nordischen Riesen alle Ehre macht. Die Russen können von Merw aus gleich mit 30 000 Mann vorstoßen und gewiß würde es gelingen, nach und nach Hunderttausende folgen zu lassen. Da das Mutterland bei der Verzettelung der Garnisonen über das weite Kolonialreich schwerlich ordentliche Verstärkungen senden könnte, so bliebe der Indische Vicekönig auf seine eigene

Macht angewiesen und die dürfte wohl kaum ausreichen, zumal im eigenen Lande der Abfall droht. Der Maharadschah von Lahor und Pandschab, dem die Engländer in heimtückischer Weise sein Reich stahlen und der umsonst in der „Times“ an die Gerechtigkeit der großen Nation appellierte, befindet sich jetzt in russischen Händen und intriguiert nach Kräften mit seinen früheren Unterthanen, um eine russische Invasion vorzubereiten.

Der englische Sovereign fällt sofort um ein Drittel, sobald Rußland droht. Brauchen wir weiter Zeugnis? Muß sich somit Großbritannien in Indien gefährdet fühlen, so kann es nicht einmal zur See Rußland die Spitze bieten. Defensiv ist die baltische Küste durch eine ausreichende Torpedo-Flotille geschützt; offensiv aber besitzt der Zar, um die englische Kauffarteiflotte zu schädigen, 11 vortreffliche Kreuzer, denen die Meereskönigin nur einen ebenbürtigen Kreuzer von 16 Knoten Geschwindigkeit entgegenwerfen kann! Und dies verschlimmert natürlich auch Englands Verhältnis einem französischen Angriff gegenüber. Frankreich besitzt fast ebenso viel Panzerfahrzeuge, wie die seit Trafalgar unbestrittene erste Seemacht Europas! Der englische Generalissimus Lord Wolseley lieh im Parlament der Befürchtung Ausdruck: Falls das Kanaltunnel-Projekt zustande komme, so werde bald nachgeahmt werden, was Napoleon im Lager von Boulogne für möglich hielt. Falls man die mißglückte Expedition Hoches (1799 bei Ausbruch der irischen Rebellion) heut glücklicher durchführen und in das aufgewühlte Irland eine Landungsarmee werfen würde, — könnten die britischen Inseln dann erfolgreich vertheidigt werden? Kaum. Das gesamte englische Heer mit Ausschluß des indischen, beträgt nur 180000 Mann. Intendantur und sonstige Administration, sogar die äußere Ausrüstung und Bewaffnung, lassen viel zu wünschen übrig, wie sich besonders in den Suakin-Kämpfen herausstellte. Die Freiwilligen-Milizen sind für den Ernstfall unbrauchbar. Die allgemeine Wehrpflicht aber will man weder noch kann man sie einführen. Es bleibt also nur übrig, feste Bündnisse mit mächtigen Staaten zu schließen. Solche gestattet aber die parlamentarische Regierungsform nicht, wo bald diese, bald jene Partei am Ruder sitzt. Trotzdem kann sich das Kabinet von St. James nicht zu den kleinsten Zugeständnissen an befreundete Mächte verstehen. Mit Frankreich wegen Egypten in stetem Konflikt, der notwendig eines Tages zum Austrag kommen muß, vermochte England nicht einmal seinen nationalen Helden Gordon zu retten. Und dennoch ewige Nörgeleien gegen die Kolonialpolitik des Deutschen Reiches, des einzigen natürlichen Verbündeten? Gleichwohl muß andererseits vor der üblichen Unterschätzung des britischen Soldaten gewarnt werden, der in rechten Händen allerweil Staunenswürdiges leisten könnte wie unter Wellington.

Nicht mit Unrecht rühmt Oberst Napier in seiner „Geschichte des Halbinselkriegs“ die englischen Krieger: „Sie sind schnell wie Franzosen, gehorsam wie Deutsche, ausdauernd wie Russen und robuster als alle.“ Und was den steten Vorwurf betrifft, sie könnten nur bei reicher Verpflegung fechten, so muß zugestanden werden, daß sie vor, bei und nach der Schlacht von Talavera eine Widerstandsfähigkeit im Hungererdulden bewiesen, die nie übertroffen werden dürfte. Zu verachten ist ein britisches Heer niemals und noch immer kann von Briten zu Land und Wasser Großes geschehen (man denke an den indischen Meutereikrieg), falls Gefahr und Not zu ungewöhnlicher Anstrengung entflammen.

Die englische Politik großen Stils hat heut nur einen Zweck. Ob der radikale Sir Charles Dilke ein „Größeres Britannien“ aus republikanischer Welt-Konförderation aller angelsächsischen Elemente zurechtzimmern will, ob Beaconsfield seine „kaiserliche Politik und kaiserliche Föderation“ empfiehlt, — Beide, Tory wie Radical, erstreben Verknüpfungen aller Kolonieen und Länder, unter dem Zepter des Welfenhauses, heut noch innerlich zersplittert, zu einem organischen Gesamtreich.

Bei diesem Streben aber wird es fortwährend von Rußland in Asien, von Frankreich in Nordafrika bedroht. Würde daher England die günstige Konjunktur des Anschlusses an den Dreibund versäumen, so dürfte es sich selbst das Todesurteil sprechen. Denn würde Deutschland überwältigt, so kann England sicher sein, daß es später die Hauptkosten der russisch-französischen Hegemonie zahlen muß. Hoffen wir, daß es sich von der bekannten Abwarte-Politik der Schwäche lossagen und zu einem thatkräftigen Eingreifen in die bevorstehenden Welthändel entschließen wird.

Ninni.

Eine Studie von Otto von Leitgeb.

(Forts.)

Frau Grenas war in jeder Beziehung eine kluge Frau zu nennen. Als sie ihren Gatten heiratete, da glaubte er, es sei ein unerschöpfliches Kapital mit den paar Tausenden ins Haus gekommen, die sie zur Mitgift bekam. Er begann sofort zu phantasieren, wie sie nun den Kaufladen vergrößern wollten, wo man Mehl, Butter, Eier und Gemüse „stets frisch“ und „aus bester Quelle“ erhielt. Ja, er verstieg sich sogar so weit von einer „Firma Grenas“ zu sprechen, und dergleichen mehr. Seine kluge Ehehälfte aber verstand es gar zu wohl, den übermütigen Lauf seiner Phantasie einzudämmen, und wachte stets darüber, daß der Bau dieser Luftschlösser nicht allzu hoch über die sicheren Fundamente sich erhebe, und daß am Ende eines schönen Tages dann alles in Trümmer falle.

Nein, der kleine dämmerige Kaufladen mit dem alten schweren Tisch und den fichtenen Bänken, auf welchen die Körbe standen, gefüllt mit allem, was die „Firma Grenas“ zu bieten vermochte, war ganz gut so. Sie haßte die leichtsinnigen, modernen Unternehmungen, sie hatte nicht ein Fünkchen von dem Geiste der Spekulation, dafür aber rasche Erkenntnis für alles was solid war, nur daß sich vielleicht ein wenig gar zu sehr die Vorliebe für Geld und Geldwert hineinmischte. Aber was ist heute die sicherste, nein, die allein sichere Basis?

„Wo Tauben sind, fliegen Tauben zu“, war das Leibsprichwort der wackeren Frau, und dem hatte sie vom Altare weg so gut zu folgen verstanden, daß der Kassabestand ein hübsches Mehr aufwies, als Herr Grenas das Zeitliche segnen mußte. Trotz allem aber faßte sie nun den Entschluß, das Geschäft nicht weiter zu führen. Eine sichere Basis für die Zukunft war gelegt. Bis einmal Konrad, ihr Sohn, erwachsen war, konnte er seine eigenen Wege gehen. Dann war es immer noch Zeit, daß die erfahrene Mutter ihm diese Wege bezeichnete und ebnete.

Indessen hatte sie ihre eigenen Pläne ganz im Hintergrunde des Herzens. Daß ihre Schwester gestorben war, hatte sie mit einem gewissen Schmerz erfüllt, der freilich, wie nichts bei Frau Grenas, jemals die vernünftigen Grenzen verlassen durfte.

Daß sie dann Ninni, die elternlose Kleine, zu sich ins Haus genommen, war natürlich. — Es war doch schon der Vater Grenas der Vormund des Kindes gewesen, und was sie geerbt, war dann sicher angelegt worden. Nun war die Kleine in ihrem Hause und die Kinder wuchsen mitsammen auf, zu weit im Alter verschieden, um Kameraden zu sein, dafür aber gerade so, daß Frau Grenas ihren Herzenswunsch fassen, hegen und pflegen konnte.

Wenn sie jemals eine Spekulation zu machen im stande war, so that sie es jetzt. Und wie die Addition das einfachste und klarste Rechenexempel ist, so einfach und klar, und deshalb so verlockend war diese einzige Spekulation der Frau Grenas für sie. Denn sie war ja nichts anderes als auch nur eine Addition. Warum sollten sich die zwei Kinder nicht einmal heiraten? —

„Wo Tauben sind, fliegen Tauben zu.“

Unterdes hatte das äußere Leben der Familie eine gewisse Veränderung erfahren. Der Kaufladen war zuerst verschlossen, dann an fremde Hände vermietet worden. Das kleine, alte Haus, das etwas eingezwängt zwischen zwei hohen Stadthäusern stand, hatte allmählich ein netteres Aussehen bekommen. Frau Grenas hatte sich Hüte mit samtenen Bändern und Kleider angeschafft, die sie auf eine höhere, bürgerliche Stufe hoben, ohne ihr etwas von ihrem bescheidenen, klugen Sinne zu nehmen. Konrad ging einstweilen in eine Schule und Ninni ebenfalls. Gewisse Bekanntschaften, in welche Frau Grenas mit der Zeit kam, sicherten ihr eine respektable Sphäre, und wenn die Frau des Apothekers von gegenüber nicht zu ihren Freundinnen zählte, so vermochte sie es zu verschmerzen.

Die Kinder wuchsen heran.

Konrad, der in der Schule nicht recht taugte, kam in ein Droguengeschäft als Lehrling. Ninni blieb von der Schule nun weg und ging wo andershin, um Nähen und Sticken zu lernen. Bei allem verstand es Frau Grenas, den zwei Kindern den einfachen kleinbürgerlichen Sinn zu erhalten. Ninni mußte alle Arbeiten im Hause versehen, und als sie die nötige Fertigkeit einmal erlangt hatte, konnte sie sich durch ihre Handarbeit einen eigenen Erwerb schaffen. „Du mußt Dir etwas verdienen," sagte die Tante, und so stickte denn das Mädchen ein Dutzend feine Taschentücher nach dem andern, und Frau Grenas legte den Erlös gewissenhaft zu dem Kapitale ihres Mündels. — Die Tage und die Jahre verliefen gleichmäßig eines nach dem andern und langsam rückte die Zeit heran, wo der Herzensplan der Witwe immer mehr und mehr ausreifte.

Daß Konrad ein häßlicher, ungeschlachter Bursche von einigen zwanzig Jahren geworden war, mit brandrotem Haare und einem von Sommersprossen bedeckten Gesichte, that nichts zur Sache; „die Kinder" selbst waren indes in den Gedanken, dereinst ein Paar zu sein, so eingewöhnt worden, daß sie es wohl ohne weitere Überlegung als eine fertige Thatsache hinnahmen. Man hatte Ninni so oft und so oft gesagt, daß sie einst die junge Frau Grenas sein werde, und die Tante hatte es in den gemeinsamen Stunden häuslicher Arbeit immer so verstanden, von den Plänen für die Zukunft zu sprechen, von der Wirtschaft, die sie führen könnten, von dem Einkommen, das sie haben würden, daß der Gedanke etwas ganz alltägliches geworden war und gar keine neue Seite mehr bieten zu können schien, so daß er fast schon ein wenig langweilig war.

Wenn Ninni über ihre Arbeit gebeugt den farbenreichen Schilderungen der Tante zuhörte, äußerte sie aber nichts von der Monotonie, die ihr junges Herz ganz im Stillen empfand, und war sie allein, so sang sie oder dachte an Dinge, die den Vetter Konrad blutwenig angingen.

Von ihrem Platze am Fenster übersah sie die ganze Straße bis hinunter, wo die Lohnkutscher ihren Stand hatten, und in den Stunden, wo sie hier saß und ihre schlanken weißen Finger die Nadel immer, immerfort ein und aus und aus und ein führten, hatte sie so viel Zeit, dieses Stück Außenwelt zu betrachten.

Da gab es elegante Damen und Herren, Offiziere, Kavaliere, Equipagen der feinen Welt — alles wie der Reflex von etwas Außenstehendem, Unbekanntem, Reizvollem. Sie hatte die Gewohnheit, dann immer an Bücher zu denken, die sie gelesen, an den Glanz, der darin entfaltet wurde, an die Schilderungen von dem Verkehre in dieser feinen Gesellschaft, von Herzensleiden und Freuden. Mit der Zeit merkte sie, daß es junge Herren gab, die besonders oft am Hause vorübergingen und stets zu ihrem Fenster hinaufsahen. Das fing an, sie zu unterhalten.

Fast unwissentlich begann sie sich bemerkbar zu machen, durch irgend eine Bewegung, durch das Öffnen oder Schließen des Fensters.

Freilich wußte sie dabei noch nicht, wie reizend ihr feiner brauner Kopf in dem engen Rahmen aussah, und die weichen plastischen Linien ihrer Büste, und das schnelle Erröten ihres hübschen Gesichtes, in das manchmal wie von einem tief verborgenen Gedanken getrieben das Blut plötzlich hinaufstieg unter die zarte, weiße Haut.

Konrad sah das Alles freilich nicht, wenn er gegen das Haus herkam, und sie am Fenster saß. Sie beugte, wenn er kam, jedesmal den Kopf tiefer auf die Arbeit, und blickte sie zufällig hinab, dann grüßte er nur durch ein Nicken, oder gar nicht. Freilich kam er dann in ihr Zimmer, sah ihre Arbeit an und plauderte einige Minuten mit ihr.

Der Schluß war aber fast stets die Frage:

„Gehen wir noch nicht essen? Ich bin schrecklich hungrig!“

Vor einigen Tagen, in der Dämmerung, die sie stets so spät als möglich mit der Lampe verscheuchte, war er auch hier gewesen.

Er hatte ihre Hand in die Seine genommen und sie entdeckte auf einmal, daß seine Hände feucht und häßlich seien, was ihr ein Gefühl des Unbehagens, fast der Antipathie verursachte. Er mußte einen besonders liebenswürdigen Tag haben, denn er strich ihr über das braune Haar hin, und wie er sie lange ansah, kam etwas Farbe in seinen gelben Teint und etwas Leben in die wasserhellen Augen. Plötzlich erhob er sich, nahm ihren Kopf und küßte sie. — Ninni stieß einen Schrei aus, als ob sie einen Schlag empfangen hätte, und Konrad lachte hell auf, wie über einen prächtigen Witz. Er schlug mit seiner schweren Hand auf ihr Knie, stand auf und sagte: „Na, jetzt gehen wir aber hoffentlich bald essen? Ich bin so hungrig!“ Und damit verließ er sie.

Ein Kuß zwischen Brautleuten! Es war ja eigentlich ganz natürlich, und trotzdem ließ dieser Kuß ein Unbehagen, ein Mißfallen, ja fast einen Groll in Ninni zurück. Es war ihr, als ob er etwas angetastet hätte, wozu er nicht das mindeste Recht besaß, trotz allem, und wenn Konrad den ganzen Ideengang in diesem niedlichen runden Köpfchen gekannt hätte, so wäre er, trotz seines sicheren Gleichmutes, etwas erstaunt gewesen.

Mutter und Sohn Grenas aber pflegten sich niemals mit Konjekturen ethischer Bedeutung abzugeben, und ließen ihr Schiff stets mit allen Segeln des Positivismus in die Zukunft steuern.

Und wenn Frau Grenas überhaupt irgend einen ethischen Standpunkt einnahm und ihn zu verfechten stets bereit gewesen wäre, so war es derjenige, daß der Bürgerstand, nein, der Kleinbürgerstand, die eigentliche moralische Stütze der Gesellschaft abgab. Hier giebt es noch Sitte, hier wahre Moral, hier das schlichte Bewußtsein von guten Grundsätzen, hier einfachen Glauben, wahre Religiosität — kurz, ein Schmuckkästchen von liebenswürdigen Eigenschaften. Auf dem stillen Bewußtsein einer „gesicherten Basis“ hatte sich bei Frau Grenas eine förmliche praktische Idolatrie mit den Vorzügen ihrer Sphäre gebildet, bei deren Emanationen es am Schlusse freilich ziemlich handgreiflich erschien, daß dies im Speziellen die Vorzüge des Hauses Grenas seien.

„Mein Konrad“ und „meine Ninni“ hießen die zwei Typen, in denen sich für sie der Glaube an die nächste Generation zu vereinen schien; und mußte man dem Sohne, der denn schließlich nun doch schon ein Mann war, in gewissen nebensächlichen Rücksichten durch die Finger sehen: an Ninni war nichts auszustellen, kein Fehl zu entdecken, — kurz: nichts zu wünschen übrig.

Was ist eigentlich, konnte man berechtigt fragen, an der ganzen sogenannten „Erziehung“? Ja, französisch sprechen, tanzen, Romane lesen — dabei von der Küche nichts verstehen, und mit einer Nadel so wenig umzugehen wissen, wie ein Schneider mit der Ahle. — Diese zwei Kinder, sie müssen einmal so ein recht glückliches Paar abgeben, — einmal — bald. Das steuert alles so ganz ruhig einem sicheren Hafen zu, dann das Häuschen, die Mutter an der Seite mit gutem Rat und vernünftiger Lebensweisheit. Es war eine Lust, dieses Mädchen zu sehen, wie sie im Hause schaffte und arbeitete, an nichts dachte, als sich in alles einzuleben. Und den Konrad hatte sie natürlich so gerne. Mein Gott, sie waren ja von Kind auf beisammen; — und wenn's auch da, wie ja überall, kleine Unterschiede geben sollte, so wird sich ja alles finden und schließlich alles klappen. Und da sich doch der Konrad nur Glück wünschen könne, so ein Mädchen, so eine schlichte, brave Kinderseele zum Weibe zu bekommen, — und die Ninni sich ja auch nur Glück wünschen könne, denn der Konrad ist doch ein prächtiger „Kern in rauher Schale“, so wird das ein Paar werden, — ein Paar —!“ —

Frau Grenas bethätigte in jeder Weise ihren praktischen Sinn. So war es auch gekommen, daß sie das einzige Zimmer, das im oberen Stocke vorne in der Mansarde lag, und das übrigens fast das hübscheste im Hause war, schon seit mehreren Jahren stets vermietet hatte. Jetzt bewohnte es schon seit einigen Monaten ein junger Mann, der bei einem Advokaten praktizierte, von dem Frau Grenas behauptete, daß er eines Tages selbst Advokat werden würde und den sie deshalb nicht anders als „Herr Doktor“ nannte. Er war eine ruhige, sehr anständige Partei und genoß die Gönnerschaft seiner Mietfrau schon deshalb, weil sie sich, wenn auch nur im Stillen, sagte, daß dieser Mieter ein gewisses Etwas dazu beitrug, die Respektabilität des Hauses zu erhöhen. Er war immer höflich, immer freundlich, er verursachte keinerlei Unannehmlichkeiten, konnte im Gegenteile hin und wieder mit einem praktischen Ratschlage aushelfen, hatte immer einen verbindlichen Gruß für Frau Grenas und ein paar scherzende Worte für Ninni, oder einen Handschlag für Konrad, wenn er mit diesem zusammentraf. Ninni sah ihn stets des Morgens, wenn sie ihm das Frühstück hinausbrachte, wo er schon gewöhnlich an seinem Schreibtische saß und schrieb. Dieser Tisch war mit Büchern bedeckt, und auf dem Kasten gab es eine ganze Menge derselben. Da es Frau Grenas ausdrücklicher Wunsch war, daß sie sich um alles kümmere, kam sie auch häufig genug in seiner Abwesenheit in des Doktors Zimmer. Und dann konnte sie sich nicht versagen, seine Bücher zu mustern.

Es gab da allerlei.

Illustrierte Zeitungen in gebundenen Jahrgängen, Bücher in fremden Sprachen, Gedichte, Romane, geschichtliche Handbücher mit interessanten Bildern. Sie liebte es, gelegentlich einige Seiten in diesem oder jenem zu lesen, und aus den so zusammengetragenen Blättern, bildeten sich ganz neue Gedanken in ihr.

Einige gab es unter den Büchern, worin sie die ersten Male einzelne Sätze mit einem unbeweglichen, grübelnden Interesse gelesen. Dann fing sie das Buch von vorne an und las fast täglich zwei, drei Seiten. Als sie einmal den Schritt des Doktors auf der hölzernen Treppe hörte, schlug sie das Buch schnell zu und steckte es fast mit zitternden Händen an seinen Platz, wobei eine jähe Röte ihr Gesicht überzog.

„O, Fräulein Ninni!" sagte er eintretend. „Interessieren Sie sich für meine Bücher?"

Und er zeigte ihr dies und jenes und bot ihr manches zur Lektüre an, wogegen ja Frau Grenas nichts haben könne.

Und im Gegenteile, je näher die Zeit kam, wo sich ihr Herzensplan verwirklichen sollte, desto milder gesinnt schien Frau Grenas gegen Ninni. Hin und wieder fiel es ihr ein, man müsse nun positive Bestimmungen treffen; dennoch wollte sie es bis zum Frühjahre verschieben, mit Ninni darüber zu sprechen. Ja gewiß. — Zweifel gab es ja eigentlich keinen, höchstens wegen des passenden Zeitpunktes, und da Ninni im Spätsommer neunzehn Jahre wurde, konnte man nun wohl ernstlich daran denken. Es war am Ende nur wünschenswert, daß Ninni nun etwas las, woraus sie sich bilden konnte.

Aber Ninnis Geschmack an den ernsten Büchern verlor sich im umgekehrten Verhältnisse mit ihrem Interesse an andern, die sie noch immer seitenweise in Herrn Norberts Zimmer las. — Manchmal, des Nachmittags kam er zu Frau Grenas auf kurzen Besuch. Und je öfter er das junge Mädchen sah, desto auffallender wurde ihm ihr Liebreiz, das bleiche, schöne Oval ihres Gesichtes, das dichte braune Haar, das in krausen Löckchen auf die Stirne fiel, der blendend weiße Nacken, der aus dem Kragen ihres schlichten Kleides hervorsah, wenn sie sich über die Arbeit beugte, und an dem Norbert in Gedanken die weiche Linie verfolgen konnte.

„Und dazu dieser tölpelhafte, ungeschlachte Bursche," sagte er bei sich, und dachte an Konrad. Er fing an, sie mehr zu beobachten und sich häufiger mit ihr zu beschäftigen. Es lag so etwas Verdecktes, Verborgenes in ihrem Wesen. Während ihrer Gespräche leuchtete es in ihrem dunklen Auge manchmal so eigentümlich auf; ihre Art und Weise war oft, als ob sie in Gedanken dieser ganzen Umgebung eigentlich ferne stehe, als ob ihr Sinnen oft irgendwo hinaus nach einem unfaßbaren Punkte gehe. Und Norbert folgte diesen Spuren immer sorgsamer, auf Schritt und Tritt. Er analysierte förmlich diese Natur.

„Gebt dies quecksilberne Geschöpf einmal frei, und laßt sie hinaus aus der kleinbürgerlichen Stickluft, und sie macht so tolle Sprünge, daß Ihr starr werden sollt vor Verwunderung," dachte er oft.

Indes fing sie an, ihn zu beunruhigen. Es war etwas in ihrem Wesen, das ihn unwiderstehlich anzog; ein gewisser Klang in ihrer Stimme, ein gewisser Aufschlag ihrer Lider, eine Weichheit in ihrer Gestalt, die kein zu wenig und kein zu viel der Plastik hatte; der bleiche Teint, auf welchem ein bewegliches Blut die Farbe oft blitzschnell veränderte; ihr Blick, der so verschieden sein konnte, wenn sie mit Frau Grenas oder Konrad sprach, oder mit Norbert über einen Gegenstand scherzte, wobei zwischen ihren schmalen dunklen Lippen eine Reihe kleiner, etwas spitzer, schneeweißer Zähne hervorsah. Es war zu einer unbedeutenden Konzession gekommen zwischen ihnen. Er gab ihr nun auch unterhaltende, sehr unterhaltende Bücher, und fast ohne ein Wort darüber zu wechseln, wußten sie beide, daß davon nicht gesprochen werden sollte. Aus diesen Büchern aber, und aus dem Verkehre mit Norbert, der langsam den Charakter angenommen hatte, in welchem sich das Bewußtsein gemeinschaftlicher, einem Dritten unbekannter Berührungspunkte zu äußern pflegt, erstand für Ninni eine Flucht von Gedanken.

Welche Welt gab es außerhalb dieser Mauern, außerhalb dieser Sphäre! Welche Fäden, an denen sich Glanz, Glück, Liebe anreihten in einem ewigen, bunten, bewegenden Wechsel! Welche tausend Beziehungen der Herzen zu einander, voll stillen Reizes, voll heimlichen, süßen Glückes!

Es war als ob ein Märchenreich, in dem die verlockendsten Träume Leben und Gestalt angenommen hatten, in ihrer Seele aufging, und als ob sie an Norberts Hand in dies Märchenreich eintreten könne. — Dabei löste sich dieser Ideenkreis doch von der Materie ihrer thatsächlichen Umgebung in einer Weise ab, daß sie mit Tante Grenas trotz allem über die Zukunft sprechen konnte, über die Zeit, wo sie Konrads Frau sein werde. —

Konrads Frau!

Ihre Natur fand nicht die leiseste Neigung zu ihm. Vielleicht, daß sie überhaupt nicht die Selbständigkeit der Überlegung besaß, durch die ihr klar geworden wäre, daß es ja ein rein äußerliches, durch nichts, nichts begründetes Vereinen war, — eine Geschäftssache, nichts anderes, eine Addition zweier gegebener Zahlen, die allerdings eine „sichere Basis“ zu bilden vermochten. Indes überkam sie manchmal ein übermütiges Vergnügen bei dem instinktiven Gefühle, daß sie Wege gehen könne, die weder Frau Grenas' praktischer Sinn, noch Konrads schwerfällige Gedanken erkennen oder verfolgen konnten, und die sie doch immer weiter und weiter von einander trennten.

Sie empfand es allmählich, wie eine Kette, die man ihr unberechtigterweise angelegt hatte, dadurch, daß man ihren Lebensplan förmlich abgesteckt und im Voraus bezeichnet hatte; und es gewährte ihr ein fast schadenfrohes Vergnügen, an den Gliedern dieser Kette wenigstens zu rütteln, wenn sie dieselben schon nicht zu lösen vermochte, oder vielleicht nicht einmal zu lösen wirklich gewollt hätte, denn während sie einerseits die gegebenen Verhältnisse als etwas Gesichertes und Sicherndes anerkennen mußte, und die Überlegung dort, an diesem Wendepunkte angelangt, so gänzlich schwieg, als sei es etwas, worüber zu denken weder klug noch nötig erschien, entwickelte sich vom Grunde ihrer leidenschaftlichen Seele aus ein beinahe heftiges Bewußtsein innerer Freiheit, ein pochender Impuls nach Licht, nach Wärme, nach Lust und Freude, ein prickelnder Lebensdurst, den das warme, junge Blut immer wach erhielt.

Ihr beweglicher Geist machte jede Situation mit, die alle diese Gedanken aus der Lektüre, aus dem Umgange mit Norbert, und aus den Flügen ihrer eigenen Phantasie mit sich brachten. Ein unfaßbares Etwas, wie die Ahnung eines Lebens voll Glanz, voll Bewegung und voll stets befriedigender Abwechslung bemächtigte sich ihrer.

Darin vereinten sie ihre Gedanken stets mit Norbert. Sie wußte, daß er andere Kreise kenne, mit andern Menschen verkehre, daß er eine andere Anschauung der Dinge besaß, als man von ihr erwarten mochte. Es war ihr trotzdem immer, als gäbe es zwischen ihm und ihr ein inneres Band. – Verstand sie ihn nicht so gut? War ihr nicht oft, als läse sie in seinen Blicken? – – Genügte es nicht oft, wenn sie in Gegenwart der Tante zusammen sprachen, daß manchmal bei ganz gleichgültigen Dingen ein kurzer Blick, wie ein Funke von einem zum andern springend, jenes Verständnis erhellte?

Dabei ward sie bald inne, daß Norberts Benehmen und Ausdrucksweise gegen sie selbst ganz verschieden war, wie gegen die Übrigen, und auch daraus ergab sich eine Berührung. Wie oft kam es bei seinen jetzt etwas häufigeren Besuchen in Frau Grenas' Wohnung, vor, daß sie beide in plötzlichem Erfassen der Komik irgend eines, häufig genug höchst geringfügigen Anlasses, hell auflachten! Und wie um jeder ungünstigen Deutung von seiten der Tante die Spitze abzubrechen, verstand er es stets so wohl, irgend einen passenden Ausweg rasch zu finden. Es war auch da der Reiz des Unbekannten, Versteckten, Gemeinsamen, der sie anzog und sie ihm näher rückte.

Auch sein Äußeres lernte sie nun erst recht erkennen. Sie liebte seine schlanke, geschmeidige Gestalt, seinen stets heiteren Blick, die frische Farbe seiner Wangen, die hübsche gebogene Nase, den schwarzen Schnurrbart, das breite Kinn und die schönen, vollen Lippen. Sein Gang, seine Haltung gefiel ihr so wie seine Stimme und sein Lachen. Sie kannte alle seine Kleidungsstücke, und wußte, welche ihm am vorteilhaftesten standen. Sie kannte alles, was in seinem Zimmer war, die Bücher, die Schreibereien, die Stücke, die auf den Möbeln lagen; die Kämme, die Bürsten, die Seife, die er benützte, waren alle auch schon in ihren Händen gewesen, und es war, als ob aus allem, was zu ihm gehörte, stets ein wohliges Gefühl in sie hinüberströme.

Oft stellte sie dann Vergleiche zwischen ihm und Konrad an. Es fiel ihr nun mehr als früher auf, wie eckig, wie ungelenk Konrads lange Gestalt war, wie unschön die Kleider daran hingen; wie die hellgrauen Augen fast immer mürrisch unter den buschigen Brauen hervorsahen; wie farblos sein Gesicht war und von wie vielen Sommersprossen verunschönt. Sie achtete nun auf seine häßlichen, großen Füße und auf seine derben, knochigen Hände, und einmal, als die Erinnerung ihr eine Szene aus vergangenen Jahren wieder vorführte, faßte sie beinahe ein Gefühl des Ekels. — Sie war ein kleines Mädchen gewesen, und auf Besuch bei der Dame. Da wollte es der Zufall, daß sie aus Ungeschicklichkeit ein Trinkglas zerbrach, das man Konrad zum Geburtstag geschenkt hatte. Die Kinder waren allein im Zimmer gewesen, und kaum war das Glas am Estrich zerschellt, so sprang Konrad mit einem Wutschrei gegen sie, faßte ihre kleine, feine Hand und gab ihr einen derben Schlag darauf.

„Wirst Du weinen?" schrie er dabei, und sein Gesicht war rot geworden, wie seine Haare. Das Kind aber schloß nur fest den Mund, preßte die kleinen Zähne aufeinander und sah ihn aus dem bleichen Gesichtchen mit weitgeöffneten, trotzigen Augen an.

„Weinst Du noch nicht? — Weinst Du noch nicht?" rief er und schlug sie wieder. Aber sie hielt Stand und gab keinen Laut von sich, bis er sie derb weg stieß. — Auch die Art, wie er jetzt freundlich war gegen sie, mochte sie nicht leiden. Es war immer etwas in seinem Wesen, daß das Bewußtsein unveränderlichen Besitzes verriet, und das empörte sie. Aber ihre Natur fand auch jetzt, wie damals beim Kinde, keinen anderen Ausweg, als das Schweigen und Sich-verschließen.

Manchmal, im Bewußtsein, daß sie trotz allem einen eigenen Weg gehe, faßte sie eine Art von Hohn, und in Momenten, wo sie Konrad ansah, konnte ein fast gehässiger Zug wie ein schnell verfliegender Schatten um ihren Mund spielen.

Ein Buch, das ihr Norbert kürzlich gegeben, wurde die Quelle neuer Träume für sie. Es war ein Band von Heines Gedichten, die sie las und wieder las, bis sie dieselben fast auswendig kannte. Anfangs hatte sie an Mehrerem Anstoß genommen. Aber dieser Eindruck verflog. Es war ein Dichter. Zum vierten oder fünften Male las sie ruhiger, mit einem gewissen langsamen, teilnehmenden Erfassen des Sinnlichen in der Situation, das sich dem Wesen ihrer Natur entsprechend, für sie selbst in eine genußvolle Unruhe des Wünschens und Sehnens umsetzte. Denn überall fand die Eigenart ihrer Natur Nahrung, aber sie kehrte aus der Farblosigkeit der nächsten Umgebung und von einer Sehnsucht, die sie aus dem unbewußten Mangel heraus ergriff, stets wieder in sich selbst zurück.

Norbert hatte ihr nebstdem auch eine Geographie gegeben, die sie zu interessieren schien. — „Wenn Sie irgend einen Aufschluß brauchen, Fräulein Ninni, und ich bin zu Hause, so wissen Sie ja, wo Sie sich Rates erholen.“

Sie hatten sich dabei in die Augen gesehen und wieder war es das instinktive Verständnis gewesen, das sie stets mit ihm verband.

Er war öfters nachmittags zu Hause, brachte sich Schriften mit und arbeitete bis gegen Abend. Ninni wußte es so einzurichten, daß sie zu dieser Zeit ihr Buch las. Frau Grenas hatte nichts dawider, besonders wenn die Dämmerung schon eingebrochen war, und der Stickrahmen beiseite gesetzt werden mußte. Ninni erzählte dann, wie viel sie von dem Doktor lernen könne, und wie freundlich er sei. Es fand sich auch bald eine Gelegenheit, irgend eine Auskunft von ihm zu erbitten.

„Wirst Du ihn nicht stören?“ fragte die Tante.

„O — es ist ja nur auf eine Minute, und ich muß ihn fragen, ich verstehe das gar nicht.“

War er zu Hause, so kam sie fast immer einmal. Bis sie eines Tages, als sie schon in seinem Zimmer stand, merkte, daß sie eigentlich nichts zu fragen habe und nur gekommen sei, ihn zu sehen. Aber er schien ihre kurze Verlegenheit gar nicht zu merken und that keine Frage. Er saß an seinem Schreibtische und wies auf die Bücher vor ihm. Dabei beleuchtete die niedrige Lampe sein freundliches, lächelndes Gesicht und seine lebhaften Augen.

„Sehen Sie, ich habe eben diese Bände neu geordnet; wie sich das jetzt besser ausnimmt, nicht wahr? Diese Titel da sind so hübsch.“

Sie trat zu ihm, legte eine Hand auf die Lehne seines Stuhles und beugte sich vor, um die Titel der Bücher abzulesen, die sie halblaut vor sich hinsprach. Dabei war sie ihm so nahe, daß sein Kopf beinahe ihre Brust streifte. Er sah voll Gefallen zu ihrem lieblichen Profil, er neigte den Kopf ein wenig zur Seite, so daß er ihre Schulter berührte. Es ging so ein unsäglicher Reiz von diesem Mädchen aus. — Sie blieb ohne ihre Stellung zu verändern, und schwieg nun, trotzdem sie noch die Bücher zu mustern schien. Er hörte, wie ihr Atem schneller und kürzer ging. Leise hob er die Hand, legte den Arm um ihre Hüfte und preßte den Kopf an ihre Brust. Ninni regte sich nicht; aber sie legte ihre Hand auf die seine, und hielt sie an der Hüfte fest.

Norbert räusperte sich nach einer Weile und fragte halblaut:

„Und Heines Gedichte? — Lesen Sie fleißig?“

Ein flüchtiger Schimmer flog über ihre Wangen.

„Ja, — ich hab' sie einmal durchgesehen, aber er ist so — so — manchmal ganz schlecht.“

„Schlecht! — Ninni, — er ist ein Dichter!“

Sie erwiderte nichts. — Nach einer Weile sagte sie:

„Nun gehe ich wieder; die Tante wird ungeduldig.“

Norbert erhob sich und sie blickten sich in die Augen. Er hielt noch ihre Hand in der seinen. Aber als verständen sie sich in diesem Augenblicke, zog er sie zu sich, beugte sich zu ihr und drückte einen langen Kuß auf ihren Mund.

Sie regte sich nicht, sie erwiderte auch seinen Kuß nicht; sie verharrte wie in einer Art von Willenlosigkeit, die ihn entflammte. Er umschlang ihren Hals und bedeckte sie mit Küssen. Aber sie machte sich von ihm los, sah ihn noch einmal an, und verließ das Zimmer.

Seine Umarmung hatte trotzdem einen förmlichen Sturm in ihr hervorgerufen, eine Bewegung, wovon Frau Grenas jedoch nichts bemerken konnte, als Ninni wieder in das Zimmer trat, sich vollkommen ruhig zu ihrem Buche setzte und sagte, Herr Norbert sei sehr freundlich, er habe sie ganz aufgeklärt, sie verstehe es nun. Es war in ihrer Seele eine so merkwürdige Mischung von Energie und Passivität, vom Bewußtsein persönlicher Freiheit und dem Bestreben untergeordnet zu erscheinen, von Drang zur Zügellosigkeit und dem Bemühen ihn zu verdecken.

Erst als sie abends allein in ihrem Zimmer war, ließ sie ihren Gefühlen freien Lauf. Ihre Augen waren wie verändert, sie leuchteten, sie blitzten; ihr knospender Busen hob und senkte sich von ihren erregten Atemzügen, und der kleine Mund war in einem Lächeln, in dem Spott, Stolz und Lust sich mischten, halb geöffnet, daß die weißen Zähne durchschimmerten.

Am nächsten Morgen vermied sie, wie es sonst zu geschehen pflegte, Norbert das Frühstück auf sein Zimmer zu bringen. Als sie ihn aber vom Fenster aus das Haus verlassen sah, blickte sie ihm nach, bis er um die nächste Ecke verschwunden war. Dann ging sie in sein Zimmer hinauf. Hier lagen noch die Bücher und die Papiere, wie er sie gestern Abend am Tische gelassen hatte. Am Fensterbrette stand die geleerte Theetasse. Es war noch ein kleiner Rest darin. Sie hob die Tasse zum Munde, sie ließ ihre Lippen leise über den ganzen Rand gleiten, und trank langsam den Rest aus. — Das Bett war noch so wie er es verlassen hatte, die Decke zurückgeschlagen. Auf dem kleinen Kopfpolster sah man noch den leichten

Eindruck, wo sein Kopf gelegen hatte. In einer plötzlichen Aufwallung neigte sie sich darüber hin. Sie drückte das Gesicht in den Polster, küßte ihn leidenschaftlich und atmete den Duft ein, den sein Haar zurückgelassen. — Dann erhob sie sich und ging wieder an den Tisch. Aus der Schreibmappe sah ein Blatt Papier hervor. Sie zog es heraus. Der Buchstabe N war in mehrfachen Verschlingungen und immer wiederkehrend darauf geschrieben, wie von langsamer, einer träumenden Empfindung folgenden Hand. Daneben standen zwei Strophen, die sie bedächtig las:

Durch die Seele fliegt ein Leuchten
Wie von mächtigen Gewittern,
Und es will von heißen Wünschen
Stürmisch mir das Herz erzittern.

Und es flammen in der Brust mir
Wonne schauernd, süße Gluten;
Laß, Du Liebste, nicht in Sehnsucht,
Ungestillt das Herz verbluten! —

Sie las das kurze Gedicht mehrere Male mit einer freudig-überraschten Empfindung. Das hatte er geschrieben und dabei an sie gedacht! — Im Begriffe, das Blatt zurückzulegen, besann sie sich, faltete es zusammen und steckte es zu sich. Ja, ja! Er sollte wissen, daß sie hier gewesen, und er sollte wissen, daß sie es gelesen. —

Inzwischen fand es Frau Grenas an der Zeit, mit Ninni ernstlicher zu sprechen. Manchmal war es ihr schwierig erschienen, das Thema zu berühren. Sie war sich auf einmal bewußt geworden, daß Ninni eigentlich nie direkt gefragt worden war, daß ihr ganzer „Herzensplan", wie sie ihn gegen sich selbst und gegen die besten Freundinnen nannte, bis hieher eigentlich nur eine stillschweigende Annahme gewesen war, von der sie freilich wußte, daß Konrad nichts anderes wünschen konnte. Das Mädchen gab ihr aber oft zu denken. Sie hatte sich so eigentümlich entwickelt, ihr Wesen war sozusagen über den Charakter ihrer Umgebung herausgewachsen, und wenn Frau Grenas auch nicht weiter über Anlage, Wesen, Natur und dergleichen nachzugrübeln pflegte, so gab es doch Stunden, in denen sie Wahrnehmungen machte, die sie auf die Verschiedenheit der beiden „Kinder" aufmerksam machen mußten. Trotz ihrer mütterlichen Liebe konnte es ihr auch nicht entgehen, daß Konrad ein nichts weniger als hübscher Mann, und Ninni ein geradezu schönes Mädchen geworden war. Indessen hatte sie den sehr bestimmten Willen, die Realisierung ihres Wunsches, der ja schließlich doch nichts anderes als das Glück der beiden jungen Leute bergen konnte, mit aller Energie und Macht anzustreben.

Sie fand bei Rinni nicht den geringsten Widerstand, und auf alle ihre Fragen und Andeutungen stets ein bereitwilliges Ja.

Das Frühjahr war nun gekommen, im September trat Rinni in ihr zwanzigstes Jahr. Im Herbste sollte dann die Hochzeit gefeiert werden. Rinni war es zufrieden. — Dann natürlich würden sie eine kleine Reise machen, und die Mutter würde indes Zeit haben, das Haus so in Stand zu setzen, wie es den veränderten Verhältnissen am besten entsprechen werde. Rinni nickte ihre Zustimmung. — Im Winter dann könne sich Konrad etablieren. Bis dahin werde man alles einleiten, und die Wege ebnen. So entwickelte Frau Grenas in sicheren Strichen Fundamente, auf denen sich das Leben Rinnis an Konrads Seite in der Zukunft aufbauen sollte.

Selbstverständlich war es, daß Rinnis gewöhnliche Arbeiten nun aufhörten und man begann, die Ausstattung vorzubereiten.

Sie that alles in ihrer stillen, nachdenklichen Weise. Dabei pflegte sie aber nach wie vor ihre Lektüre, und holte nach wie vor von Herrn Norbert Winke und Ratschläge ein.

Bei der gemeinsamen Arbeit wunderte sich Frau Grenas, daß Rinni nicht bewegter war. Sie erinnerte sich der Zeit, wo sie selbst in gleicher Lage gewesen. Und das war ein Punkt, wo trotz ihres praktischen Sinnes gewisse Reflexe in ihr das Weihevolle, Sinnige von damals reproduzierten. Es kam vor, daß sie in solcher Stimmung Rinni etwas davon mitzuteilen den Drang fand, aber sie empfing den Eindruck, daß Rinni für all dies Bedeutungsvolle, Geheimnisvolle weniger zugänglich sei, woraus sich für Frau Grenas jedoch nichts anderes ergab, als daß sie ihr Mündel für ein vorzüglich nüchternes, um nicht zu sagen hausbackenes Wesen hielt.

Trotzdem pflegte Rinni tausenderlei Gedanken, die sich an diese Arbeiten knüpften. Führte sie nicht selbst mit jedem Stiche, den sie im Linnenzeuge that, eine Vollendung herbei? War es nicht jetzt, daß sich der Kreis zu schließen begann, der fortan ihr Leben abgrenzen sollte? — Und wenn sie an diese Begrenzung dachte, dann sah sie sich an Konrads Seite, als Konrads Weib. Dann war es plötzlich, als ob alles, was dann das Leben mit sich bringen würde, vor ihr stände. Eine dumpfe Ahnung von Monotonie, von Leere, von Unbefriedigtsein schlich sich dabei in ihr Herz; ein Gefühl, als ob sie gefangen gesetzt werden sollte, in einer Atmosphäre von dicker, schwerer Luft, die ihr die Brust beängstigte. Sie konnte sich so gut das Einerlei vorstellen, das für sie anbrechen mußte, und von dem sie umgeben sein würde bis zum Ende, — bis zum Ende! — Immer dieses Haus, immer diese Straße, immer derselbe Blick, hinaus auf die Häuser gegenüber, immer die laute Stimme von Tante Grenas, immer der schwere Tritt Konrads auf der alten Holztreppe. Immer diese Zimmer mit den niedrigen Decken und den altmodischen kleinen Fenstern, und den Möbeln, die sie so lange schon kannte, wie weit ihre Erinnerung zurückreichte, und den Bildern, die ihr von jeher häßlich vorgekommen waren, und den Blumenstöcken auf den Fensterbrettern, die nur bewirkten, daß sie sich nach andern sehnte. — Dann wird sie Konrads Frau sein, sein Weib. Dann wird, nach einiger Zeit, seine gleichgültige, mürrische Natur zutage treten. Dann wird es vorkommen, daß er unfreundlich und roh mit ihr ist, und daß sie ihn hassen muß. Aber er wird dann doch kommen und mit seiner plumpen Hand die ihre suchen, und er wird doch den Arm um sie legen, und sie küssen und ihr sagen, daß sie sein sei, — sein Weib!

In solchen Gedanken preßte sie dann fest die Zähne aufeinander, und zwischen ihren langen geschwungenen Brauen grub sich eine feine Falte in ihre Stirn, die ihrem Gesichte einen beinahe harten Ausdruck verlieh. Oder sie sah Norbert auf der Straße draußen, und ein Funke jähen Lichts glomm in ihrem Blicke. Dann öffnete sich ihr kleiner Mund in einem Lächeln, wie damals an dem Abende, wo er sie zuerst geküßt, und es lag etwas Wildes, Begehrendes in ihrer Miene.

Oft, wenn sie wußte, daß er zu Hause sei, konnte sie dem augenblicklichen Verlangen, ihn zu sehen, nicht widerstehen.

In einem instinktiven Bewußtsein, daß sie doch um jeden Preis gehalten wurde, bemühte sie sich öfters nicht einmal einen Vorwand zu suchen, um sein Zimmer zu betreten. Oder Frau Grenas war auf irgend einem Gange abwesend, und Ninni außer der Dienstmagd allein im Hause. Dann eilte sie mit unhörbaren Schritten zu ihm hinauf.

Meist wortlos schlang sie dann die Arme um seinen Hals. Sie hatte eine Art seinen Kopf an sich zu ziehen, die ihn berauschte. Dann drückte er sein Gesicht auf eine schwellende Brust, die von keinem entstellenden Kleidungsstücke beengt war. Dann spielte sie mit der kleinen Hand in seinem dichten Haar, zerzauste es und strich es in seine Stirn, und dann bedeckte sie seinen Mund mit leidenschaftlichen, zahllosen Küssen.

Wenn er vor ihr auf den Knieen lag, betrachtete er sie oft nachdenklich, während ein leidenschaftliches Lächeln um ihrer beider Lippen flog. Es war etwas Dämonisches in ihrer Natur, eine tief wühlende, dunkle Leidenschaft, die ihn fortriß. Und doch wußte er, daß er sie nicht liebte, und hatte nicht die Sentimentalität, sich zu sagen, daß das ihre Liebe sei.

Er analysierte dieses feine, bleiche Gesicht, diese weiße Stirn, von weichem Haar umschattet, diese großen, dunkel geränderten Augen, deren Blick so wechselvoll, träumerisch wie in weite, unmeßbare Ferne blicken konnte, oder in jähem Ausblitz eine Sehnsucht verraten. — Er wurde nicht klug aus ihrem Wesen, wenn sie wie in einem Sturm der Ausgelassenheit rasch auf ihn zueilte, ihn umschlang, als ob sie ihn erdrücken wollte, seinen Mund mit Küssen verschloß und dann wieder von ihm wegeilte und sich in eine Ecke des Sophas zurücklehnte. Er lief dann zu ihr, setzte sich an ihre Seite, zog sie auf seine Knie und fühlte zitternd ihre weiche Gestalt an die seine geschmiegt. Warum nicht? — Warum nicht? — fragte er sich oft.

Trotz allem besaß er eine große Ruhe objektiver Beobachtung, die in diesem Geschöpfe die merkwürdigste Verquickung von Gutem und Bösem entdeckte. Nur daß ihr Verkehr doch einen beunruhigenden Einfluß bei ihm hervorzurufen begann, eine gewisse physische Mitleidenschaft, in der er endlich gänzlich von ihr abhängig zu sein fühlte. Dabei teilte sich etwas von der tollen Laune aus ihrem Wesen auch dem seinen mit, und riß ihn fast gegen seine egoistisch-besonnene Natur in den Wirbel, in den sie selbst gezogen zu sein schien.

Eines Nachmittags, als sie in Norberts Zimmer war, sah er Konrad nach Hause kommen. Manchmal schon hatte ihm ein Wort, eine Miene von ihr dazu gedient, zu erkennen, wie sie über dies oder jenes denke. So wendete er sich auch jetzt zu ihr und sagte.

„Hier kommt der famose Herr Konrad!“

Ein geringschätziges Zucken ihrer Lippen gab ihm volle Gewißheit, daß er keinen Fehlgriff gethan, und von der Stunde an wußte er, wie es eigentlich zwischen ihr und ihrem Bräutigam stehen müsse.

Konrad selbst hatte eine ganz neue Phase der Empfindung durchzumachen: er wurde eifersüchtig. Woraus sich der Stoff dazu zusammengetragen, wußte er selbst nicht, aber er hatte eine Empfindung, die sich doch mit keinem andern Namen bezeichnen ließ. Sie sammelte aus mancherlei geringfügigen Wahrnehmungen Stoff, woraus sie sich nährte, und womit sie seine sonstige gleichmäßige Ruhe zu gefährden drohte. Aber er sagte nichts und bemühte sich, seine Gedanken umsomehr zu verbergen, als sich ja das Ziel, das in erster Linie seinem Eigennutze Genüge zu leisten versprach, stetig näherte.

Einmal, gegen Abend, als er früher wie gewöhnlich nach Hause gekommen war und in das Wohnzimmer trat, hatte Ninni zufällig soeben dasselbe verlassen, um zu Norbert zu gehen. Frau Grenas saß wie gewöhnlich mit ihrer Handarbeit beim Tische, und das Buch, in welchem Ninni gelesen hatte, lag aufgeschlagen daneben. Konrad setzte sich mit seiner Zigarre auf den alten, mit schwarzem Roßhaartuch überzogenen Divan und verharrte schweigend. Er wußte, daß Ninni nun beim Doktor oben sei, und das Wohnzimmer lag gerade unter der Mansarde. Ja, er hörte ihren Schritt oben und beider Stimmen, dann war es einen Augenblick still. — Dann ein Geräusch, als ob ein Stuhl heftig zurückgestoßen würde.

Dann ein paar rasche, starke, fast laufende Schritte.

Dann abermals vollkommene Stille, — wie Menschen mit wenigem und dickem Blute, sind die Schläge des einmal erregten Pulses desto stärker und härter. Konrad schlug auf einmal das Herz bis in die Kehle hinauf, und seine Wangen wurden jählings rot. Er stand auf, pfiff halblaut ein Lied vor sich hin und verließ das Zimmer.

Als er zurückkehrte, saß Ninni beim Tische, in ihr Buch vertieft, und Konrad nahm, nachdem er sie gegrüßt hatte, seinen früheren Platz in der Ecke des Divans wieder ein.

Mit einem Male fing sie, wie in der Erinnerung von etwas Komischem, zu lachen an, und erzählte, es sei so köstlich gewesen, wie Herr Norbert früher auf die Katze förmlich Jagd gemacht habe, die irgendwie in sein Zimmer geschlüpft, und schließlich durch das Fenster davongegangen sei.

Sie hatte, als sie Konrad zu so ungewohnter Stunde unten angetroffen, sofort geargwöhnt, daß sie gehört worden sein mögen und in einer natürlichen Anlage um Ausflüchte niemals verlegen zu sein, das Märchen erzählt. — Überdies kannte sie sein Mienenspiel aus langer Gewohnheit so gut, daß sie dessen Ausdruck selten mißdeutet haben würde.

Trotzdem merkte sie in den nächsten Tagen, daß er sie in einer Art beobachtete, die ihr Befremden erregte, während es ihr Vergnügen gewährte, an seine Eifersucht zu glauben. Sie war jedoch entschlossen, dieselbe nicht zu nähren, und:

„Wissen Sie," sagte sie zu Norbert, den sie trotz allem stets in dieser Weise anzusprechen pflegte, „Sie müssen verlobt sein!"

Er sah sie erstaunt an, aber als ob sie sich immer nur mit einem Blicke das zu ergänzen nötig gehabt hätten, was sie nicht ganz aussprechen wollten, verstand er den Anlaß zu ihrer Aufforderung sofort und lächelte zur Antwort.

„Sie müssen der Tante erzählen, daß Sie verlobt sind," setzte sie noch hinzu.

Er lachte nun wirklich auf, sagte zu und küßte sie, neben ihr bis zur Thüre hergehend.

Am nächsten Morgen schon fand sich eine Gelegenheit, Frau Grenas die Mitteilung von seiner Verlobung zu machen, natürlich unter dem Siegel der Verschwiegenheit, jedoch in der bestimmten Annahme, daß Konrad davon erfahren werde, und damit Ninnis Absicht erreicht werden würde.

In der That wußte Konrad davon, ehe vierundzwanzig Stunden vergangen waren, und Nini hatte die Genugthuung, diese Wahrnehmung aus seinem veränderten Wesen machen zu können.

Norbert aber schien eine neue Erkenntnis aufgegangen zu sein. In dem Maße, als sich das Wesen dieses schönen Geschöpfes für ihn immer mehr zu einem Rätsel verdichten zu wollen geschienen, in welchem sich Kindlichkeit, Lebenslust, der Drang in weitere Kreise und ein unverkennbar sinnlicher Zug zu ihrem Charakter zusammensetzten, in demselben Maße war er bisher den Kundgebungen ihrer Eigenart in steter Ungewißheit über ihren richtigen Gehalt gefolgt. Doch seine eigene Spannung hatte damit nur Schritt gehalten, war stetig höher und höher geworden. Das Gefühl der Anziehung durch sie rief als Gegengewicht die Energie seines Verlangens hervor.

Und nach diesen letzten Beobachtungen sagte er sich nun: sie war schlecht. Schlecht — vielleicht erst instinktiv, vielleicht von Natur, aber sie war es.

Sie war schlecht; — der Gedanke setzte sich allmählich in ihm fest und durchzog alles das von seinen Gedanken und Empfindungen, was auf Nini Bezug hatte, und führte in natürlicher Weise eine Umwandelung darin hervor. Die Teilnahme an dem Kindlichen in ihrem Wesen trat zurück, und er sah nur mehr dasjenige, womit ihn ihre Koketterie zu reizen und zu fesseln schien. Das Bestreben, eine ganz ungewöhnliche, originelle, seelische Veranlagung kennen zu lernen, verschwand vor dem sinnlichen Behagen an ihrer Schönheit, an ihrer Jugend, an ihrem Liebreiz. Und mit dieser Umwandlung, mit diesem Verschwinden des Glaubens an etwas Besseres, gieng das Erwachen des männlichen Egoismus, der Wunsch zu besitzen Hand in Hand; ein Egoismus, der sich mit einer gewissen Härte, mit einer gewissen Rücksichtslosigkeit paarte, die in Norberts kühler, zielbewußter Natur vorhanden waren. Und diese Stimmung, mit welcher gewissermaßen der Zwischenzustand, womit er früher den Verkehr zu Nini gepflegt hatte, abgeschlossen wurde, ward durch ihr verändertes Benehmen gegen Konrad noch genährt, das sie teilweise im Bestreben, sich gegen dessen möglichen Argwohn zu schützen, teilweise in einer gewissen Koketterie für Norbert gerade auch in dessen Gegenwart zur Schau trug. Sie empfand einen gewissen prickelnden Reiz darin, was sie früher niemals gethan hatte, sich Konrad in einer Weise zu nähern, die ihm ihre Zusammengehörigkeit bewußt machen mußte. Sie hatte nun öfters eine gewisse Art den Arm auf seine Schulter, um seinen Nacken zu legen, die seine träge Empfindung schnell zu wecken vermochte. Solche Berührung, oder ein schelmischer Blick, ein reizendes Lächeln, womit sie sich an ihn wandte, ließ ihn eine schnelle Bewegung machen, wie um sie festzuhalten, an sich zu ziehen. Aber blitzschnell wandte sie sich dann von ihm ab und entzog sich ihm. Und während Norbert dieses neue Spiel öfters beobachten mußte, festigte sich in ihm nur jene abgeschlossene Meinung über Ninnis Wesen, und sein Wunsch nach ihr wurde ein stürmisches Verlangen. — Es war indes, als ob allmählich auch in ihrer Seele der Widerschein des Lichtes aufgeleuchtet wäre, in dem sie zu Norbert stand. Instinktiv wurde sie sein heftiges Benehmen inne, das Feuer, das in seinen Blicken loderte, wurde ihr in anderer Weise verständlich als bisher, es war als ob eine Erkenntnis in ihr einzog. Aber je mehr Tage und Wochen verstrichen, je weiter der Frühling ins Land zog und je weniger Zeit sie von der Grenze trennte, die man zwischen dem Jetzt und dem Dann ziehen wollte, desto wirrer wurde ihr Herz, desto ungestümer ein durch keine Normen jemals erzogener und geregelter Sinn, und es ergriff ihre Seele wie eine Krankheit. Es war oft so ein maßloser Wunsch nach Leben, nach Lust, nach etwas Unfaßbarem, Unbewußtem, das es aber doch geben mußte, nach etwas, das groß und golden und freudig wie eine Sonne aufgehen sollte, und an dem sie Ruhe und Befriedigung finden konnte.

Manchmal des Abends, wenn sie allein war, erschien ihr Gesicht so, als ob alle Züge, die der Tag hineingelegt, daraus fortgewischt worden wären. Das reizende Lächeln um den kleinen, feingeschwungenen Mund, der eigentümlich bewegliche Zug um die Brauen verschwand. Unter dem üppigen, dunklen Haar, das aufgelöst auf die Schultern fiel, und an den Schläfen das Gesicht bedeckte, erschien dieses nur bleicher. Sie konnte dann minutenlang unbeweglich auf einen Platz sehen, oder es trat plötzlich wieder jener merkwürdige, fast dämonische Ausdruck in ihre Züge, und die kleinen spitzen Zähne nagten an den Lippen.

Manchmal legte sie sich in einem Gefühle unendlicher Müdigkeit zu Bette. Sie streckte sich dann lange aus, sie drückte den Kopf fest in das Kissen, faltete die Hände über der Brust und schloß die Augen. In dem flackernden Licht ihrer Kerze erschien das schöne Gesicht, das reizende Profil dann fast totenbleich; wie der Schatten ihrer langen, schwarzen Wimpern lagen dunkle Ringe um ihre Augen: keine Bewegung ging durch ihren Körper, und es war als ob durch den halbgeöffneten Mund kein Atem zöge. So lag sie oft lange Zeit wie in tiefer physischer Ermattung, bis sie plötzlich eine heftige Bewegung machte, das Licht verlöschte und ihre Lage veränderte.

Als hätten sie diese letzten Monate erst gereift, durchzuckte sie manchmal eine Ahnung von der Gefahr, welche sich für sie in Norbert verkörperte.

Aber fast gleichzeitig nagte immer das wunde Gefühl des freudlosen Zwanges einer Lage, an der doch niemand, niemand etwas ändern konnte. Dann kam das träumerische, sehnsuchtsvolle Verlangen nach Etwas, das sie ganz zu erfüllen vermochte, das wie ein Stern in einer fröstelnden, lichtlosen Nacht aufleuchten könnte, dann kam jenes wilde Aufbrausen der Leidenschaft, die im Grunde ihrer zügellosen Natur schlummerte, mit der sie sich in Norberts Arme warf, fast mit einem Gefühle der Selbstentäußerung.

Es erwachte jedoch der Wunsch in ihm, auch außer dem Hause einmal mit ihr beisammen sein zu können, und er stand nicht an, ihr denselben mitzuteilen.

Die Hügel um die Stadt, die Felder und der Wald standen im schönsten Grün. Es lockte förmlich hinaus ins Freie, in die Natur.

Er malte ihr vor, wie schön es wäre, wenn sie es gemeinsam zu genießen vermöchten, und regte den Wunsch in ihr an, einmal statt der gleichmäßigen, langweiligen Ausflüge mit Konrad und der Tante, an seiner Seite einen Spaziergang zu machen.

Auch dafür wußte Rinni endlich Rat. Sie richtete es so ein, daß sie Sonntags öfters auf Besuch zu einer Freundin ging und mehrere Stunden dort blieb. Die Tage wurden länger und länger, es konnte nicht auffallen, wenn sie erst Abends zurückkehrte. Indes mußte der Gebrauch sich erst eingewöhnen, ehe sie eine solche Gelegenheit bloß zu einem Vorwande benutzen, und den Nachmittag statt dessen in Norberts Gesellschaft zubringen durfte. Hier wie überall kam ihr ein gewisses natürliches Raffinement, eine kluge Überlegung, die sie niemals im Stiche ließ, zustatten.

Tante Grenas und Konrad gewöhnten sich daran, daß Rinni die Sonntagsnachmittage bei jener Freundin zubrachte, daß sie erst bei vorgeschrittener Dämmerung nach Hause zurückkehrte. Anfangs fragte sie wohl diesbezüglich die Tante um Dies oder Jenes, aber bald hörte auch dies auf. Sie brauchte deshalb bloß mit Norbert eine passende Verabredung zu treffen, um mit ihm zusammenzukommen und diese Stunden mit ihm verbringen zu können.

Als sie zum ersten Male außerhalb der Stadt mit ihm zusammentraf, hatte sie ein beinahe fremdes Gefühl für Norbert. Es war eine andere Umgebung, eine andere Gelegenheit, als wenn sie sich zu Hause sahen. Überdies hatte sie eine unbestimmte Besorgnis, daß sie gesehen werden könnten, obschon Norbert sie darüber beruhigte. Er wollte sie einen Weg durch den Wald führen, der selten oder fast niemals von Spaziergängern betreten werde. Seine heiteren Scherzreden zerstreuten rasch den Eindruck des Ungewöhnlichen oder Tadelnswerten, wovon ein Gefühl sie gestreift hatte, während Norbert daran gelegen war, ihr dies Zusammentreffen und den gemeinsamen Ausflug als etwas völlig Harmloses erscheinen zu lassen. Er machte deshalb keinen Versuch, das Alleinsein in dem stillen Jungwald, durch den sie gingen, oder oben auf der Lichtung, wo sie sich zu kurzer Rast in den Erikasträuchern niederließen, irgend wie zu nützen. Nur daß er einmal flüchtig ihre Wange küßte, und, wie sie dicht nebeneinander gingen, ihre Hand in der seinen behielt. — Auch drängte sie, ihrer Unruhe nachgebend, bälder zur Heimkehr, als er erwartet hatte, und Norbert versuchte nicht, sie zu längerem Verweilen zu bewegen. — Er hatte seinen Zweck indes besser erreicht, als er annehmen konnte. Der Spaziergang hatte allen Reiz des Neuen auf Rinnis empfängliche Natur ausgeübt, und als sie sich abermals vor der Stadt trennten und sie den Heimweg allein antrat, war es mit einer völligen Befriedigung über den so verbrachten Nachmittag.

Auch das Geheimnis, womit er umgeben war, reizte sie; und in einem unklaren Drange von irgend etwas zu sprechen, das ihre Gedanken damit in Verbindung brachten, erzählte sie Frau Grenas und Konrad von dem Besuche bei der Freundin.

In Konrad war indes ein gewohnheitsmäßiges Interesse für alles, was seine Braut betraf, entstanden. Je zugethaner sie sich ihm zeigte, desto schärfer wurde sein Gefühl dafür, und auch jene Regung eifersüchtigen Argwohnes, die einmal plötzlich in ihm aufgestiegen war, war nicht ganz wieder entschlummert. In seiner mürrischen Natur lag ein Korn stillen Mißtrauens, und wenn auch von nicht geringem Selbstbewußtsein eingenommen, sah er doch so viel, daß Rinnis auffallendes Äußere, ihre Jugend und Schönheit fremde Blicke genug auf sich zu ziehen geeignet war. Gegen Norbert aber bewahrte er von jeher ein Gefühl der Unsicherheit und Unvertrautheit, und hin und wieder hatte er mit einer Schärfe der Beobachtung, die man seinem langsamen Wesen kaum zugetraut hätte, Einzelheiten in ihrem Verkehre aufgegriffen, die sich in seinen Gedanken fortsetzten, wie der Druck von etwas Unbekanntem, und worüber er in seiner in sich gekehrten Weise oft lange zu grübeln pflegte.

Es war eines Tages vorgekommen, daß Rinni Norbert im Hausflur getroffen. In einer ihrer stürmischen Aufwallungen warf sie sich ihm an die Brust, umschlang und küßte ihn. Im gleichen Augenblicke aber öffnete sich das Thor und Konrad trat herein.

Sie war sofort zurückgeflogen und stand nun abseits, als ob sie eben erst hierhergekommen. Und es war richtig, Konrad hatte nichts gesehen, aber da sie gegen ihre Gewohnheit heftig errötet, und Norbert offenbar nicht den Hausflur zu passieren im Begriffe war, sondern schon dagestanden hatte, wo er noch stand, faßte auf einmal wieder jenes mißtrauische Gefühl, jene jähe Eifersucht in Konrads Herz, daß es wie in einer mächtigen Erregung pochte. — Der Eindruck blieb, trotzdem Ninni an diesem Abende liebenswürdiger als je zu ihm war, und trotzdem er sich wiederholt sagte, daß er ein eifersüchtiger Narr sei.

Es kam dann eine lange Zeit trüben regnerischen Wetters, Sonntage, an denen Ninni das Haus nicht verließ, oder bloß ihrer Freundin einen Besuch machte. Auch trug sie trotz allem eine gewisse Scheu, den Ausgang mit Norbert zu wiederholen. Aber die Zeit verstrich, der Sommer war ins Land gekommen, immer kürzer und kürzer sollte die Spanne werden, in der sie sich noch selbst angehörte.

Allmählich war ein ganz bestimmtes Bewußtsein, einen falschen Weg zu gehen, in ihr emporgetaucht. Aber eine nervöse Unruhe, ein verschlossener Trotz, als ob nicht sie, als ob es ein Zwang nur sei, der sie zu allem getrieben, erfüllte ihre Seele mit der fieberhaften Ruhelosigkeit einer Krankheit. Sie hatte oft die Erwartung, als müsse etwas brechen, reißen und ein ganz neuer Tag, ein ganz neues Leben anheben. Aber doch blieb alles wie es war, doch verging ein Tag wie der andere, eine Woche wie die andere, doch arbeitete sie fort mit Frau Grenos an ihrer Ausstattung, und hörte die Tante das Bild der Zukunft in möglichst gleißenden Farben entrollen.

Sie konnte Norberts Bitte, wieder einmal gemeinsam einen Sonntag zu verbringen, nicht Widerstand leisten.

An einem heißen Julinachmittage trafen sie sich draußen vor der Stadt. Und sie gingen wieder den bekannten Weg, durch das Jungholz und über die Erikasträucher. Weit über der Stadt drüben neigte sich die Sonne zum Bergrand. Im Walde sangen die Vögel.

Norbert ging scherzend neben ihr. Er war in vorzüglicher Laune, lachte und sang mit seiner schönen Stimme flotte Studentenlieder.

Wenn er hinter ihr ging, dann hafteten seine Blicke an ihrer geschmeidigen Gestalt. Sie ging rasch und trat mit sicherem Schritte auf; in jeder ihrer Bewegungen lag etwas Bewußtes, Reizendes. Er fand sie heute schöner als je.

Auf der Lichtung, wo die Eriken den Boden wie mit einem Teppich verkleideten, machten sie Rast. Ninni atmete auf. Ihre Wangen waren von dem raschen Gange gerötet, ihre Augen glänzten. Sie lehnte sich im Grase zurück und stützte den Kopf auf ihren Arm. Dann begann sie Norbert, wie sie oft that, Fragen zu stellen, die auf sein Leben, auf Reisen, auf die Welt Bezug hatten, die er gesehen und die sie gar nicht kannte. Er verstand es, alles in so unterhaltender Weise zu erzählen, in einem so leichten, scherzenden Ton tausend ergötzliche Dinge vorzubringen, die ihr stets wie der Wiederhall von dem Leben vorkamen, das man in der großen Welt, im treibenden Menschengedränge, kannte. Sie liebte ihn dabei anzusehen, sein bewegliches Mienenspiel, sein lebhaftes Auge, seinen frischen, lächelnden Mund. — Ja, er war jung, schön, heiter, und sie liebte ihn! — Er legte seine Hand auf die ihre, die mit ein paar Maßliebchen im Grase spielte. Sie faßte seine Hand und zog ihn zu sich. Er neigte sich zu ihr und küßte ihre Wangen, ihren Mund, ihre Augen. Plötzlich preßte sie ihre Lippen heftig auf die seinen, drängte ihn von sich weg, erhob sich rasch und lief über die Lichtung hin.

Er sah ihr erstaunt nach, folgte ihr aber lachend.

„Was ist los, Ninni?"

Sie preßte beide Arme auf die Brust.

„Gehen wir wieder!" entgegnete sie nur.

Er blickte sie fragend an und schüttelte den Kopf. — Aber in einer manchmal auftauchenden Ungewißheit über ihr sonderbares Wesen, war er bestrebt, niemals ihren Widerspruch, ihren Trotz wachzurufen. So gab er denn, wenn auch in einer gewissen Verstimmung, sofort nach, wünschte sie aber einen anderen Weg zurückzuführen.

Sie gingen diesmal weiter in die Stadt hinein zusammen, als es sonst zu geschehen pflegte. Ja, da sie in einem ihrem Hause sonst wenig bekannten Quartiere gingen, vermochte Norbert sie sogar zu überreden, daß sie ihren Arm in den seinen legte.

Um eine Straßenecke biegend, schrak sie aber beinahe zurück und zog den Arm heftig an sich, denn sie standen knapp vor Konrad, der ihnen hier entgegengekommen war. — Er blickte sie fast betroffen an und schien wie um ein Wort verlegen. So musterten sie sich einen kurzen Augenblick schweigend alle drei in einer gewissen Betroffenheit, während es Ninni blitzschnell klar wurde, daß sie keinen wirklich plausibeln Grund dafür werde finden können, weshalb sie in diese, von der Wohnung ihrer Freundin sehr ferne gelegene Gegend gekommen sei.

Norbert, der diesmal das Farbenspiel auf Konrads Gesicht richtig deutete, fand zuerst ein Wort.

„Ich habe das Vergnügen gehabt, Fräulein Ninni zu begegnen und wollte sie, da es doch schon zu dämmern beginnt, soeben unter sicherem Geleite nach Hause bringen," sagte er.

„O ich danke," sagte Konrad, „sie wird ja nun mit mir gehen."

„Freilich," meinte Ninni, und setzte ihren Weg fort.

„Eigentlich trennt sich hier ohnehin mein Weg von dem Ihren," sagte Norbert nach einer Weile, und ich werde Sie hier verlassen."

Er grüßte sie und bog in eine Seitengasse ein. — Eine Zeitlang gingen sie schweigend nebeneinander. Rinni hatte die instinktive Erwartung, daß sie Rede stehen werde müssen, aber ebenso fest war sie entschlossen, Konrad keinerlei Konzession zu machen, wodurch sie sich irgend etwas von ihrer persönlichen Freiheit vergab.

Offenbar kostete es ihm einige Mühe zu sprechen, aber endlich, nachdem er mehrere Minuten stets schweigend und mit etwas gesenktem Kopfe neben ihr gegangen war, fragte er doch:

„Was hast Du denn eigentlich in dieser Gegend zu thun gehabt?"

„Ich hatte einen Gang," entgegnete sie kurz.

„Einen Gang? Hier?" fragte er weiter. „Was denn für einen Gang?"

„Es geht Dich eigentlich nichts an," antwortete sie, und entschlossen durch die Energie ihrer Abwehr ein weiteres Verhör abzuschneiden, koste es was es wolle, setzte sie hinzu: „Du hast mich eigentlich gar nicht zu fragen, ebensowenig als ich jemals um Deine Wege frage; und Du sollst nicht vergessen, daß ich trotz allem noch frei bin."

Er entgegnete nichts, und sie gingen nebeneinander weiter. Sie hatten auch die wenigen, raschen Sätze nur halblaut gesagt, als ob sie etwas sehr Gleichgültiges, Einfaches zueinander sprächen. Trotzdem aber zitterten beider Stimmen in einer inneren Erregung, die Konrad kaum mehr meistern zu können glaubte, während Rinni ein Gemisch von Ärger, Zorn und Enttäuschung empfand, und zugleich seine Einmischung wie einen Akt unberechtigter Bevormundung fühlte.

Am Hause angekommen, ging sie sofort an ihm vorüber und in ihr Zimmer hinauf. Sie hatte aber kaum ihre kurze Jacke abgelegt, als Konrad hereinkam.

Ein rascher Blick auf sein fast fahles Gesicht und seine eigentümlich glänzenden Augen sagte ihr, daß die Auseinandersetzung noch nicht beendet sei, und ein wahrer Sturm in ihm wühlen mußte. Aber gerade das befestigte ihre Ruhe zu einer fast kalten Entschlossenheit.

„Warst Du heute bei Marks?" fragte er langsam.

„Ja!"

„Also Du warst dort!" fuhr er fort und sein schwergehender Atem ließ die Worte fast dumpf klingen. „Es ist mir eingefallen, auch einmal hinzugehen. — Anna hat mir gesagt, Du seist gar nicht dort gewesen, heute."

„So," sagte Rinni gleichmütig.

„Sie hat mir auch gesagt," setzte er hinzu, und sein Blick war dabei fast starr auf sie gerichtet, „daß Du früher einmal nicht dort gewesen."

„Allerdings," entgegnete Rinni — „ich war ja mehrere Sonntage zu Hause."

„Nein — einmal, wo Du vorgabst, zu Marks zu gehen."

„Ich habe Dir heute schon einmal gesagt, Konrad," sagte sie, und es war ein geringschätziger Ton, der ihn zur Wut reizte, in ihren Worten, „daß Du mich nicht so zu bevormunden brauchst; noch bin ich frei. Du hast mir keine Vorwürfe zu machen. Du hast kein Recht dazu."

„Du belügst mich aber," rief er heftig.

„So — ich belüge Dich?"

„Ja, Du warst heute nicht bei Marks, und früher schon auch einmal nicht, als Du hinzugehen vorgabst."

„Gut denn; — ich war heute nicht bei Marks, und früher einmal auch nicht."

„Reize mich nicht, Rinni," sagte er drohend, und erhob die Hand. „Wo warst Du?"

„Das ist meine Sache!"

„Rinni!" schrie er in ausbrechender Leidenschaft.

Sie blickte ihn an und wich unwillkürlich wie in einer physischen Angst vor ihm zurück. Sie erinnerte sich plötzlich wieder einer Szene aus der Kindheit, wo er sie geschlagen. Das war derselbe Ausdruck maßloser, roher Wut in seinem Gesichte.

Er machte ein paar rasche Schritte gegen sie und drängte sie zum Bette.

„Wo warst Du?" wiederholte er.

„Laß mich in Ruhe, Konrad, es geht Dich nichts an!"

Er gab ihr einen heftigen Stoß, daß sie nach rückwärts auf das Bett fiel.

„Es geht mich nichts an? — Es geht mich nichts an?" keuchte er. „Du verlogenes, verlogenes Geschöpf."

Seiner selbst nicht mehr mächtig, hob er in einer augenblicklichen Wallung die Hand und gab ihr einen Schlag ins Gesicht.

Sofort aber besann er sich, sofort hatte er das Bewußtsein, etwas nie mehr zu Tilgendes gethan zu haben und sprang, wie selbst erschreckt, zurück.

Rinni gab keinen Laut von sich. Sie setzte sich am Bettrande auf, und strich langsam mit beiden Händen das Haar aus der Stirne. Ihr Gesicht hatte etwas Unbewegliches, Erstarrtes. Sie erhob sich dann, blieb beim Bette stehen und blickte nun zu Konrad, der mit schwer atmender Brust, wie in Erwartung dessen, was sie nun doch sagen müsse, unbeweglich an der Thüre geblieben war, wohin er zurückgetreten.

Und nun war er es, der die Augen vor den ihren zu Boden senkte.

Sie sah ihn mit einem so unbeschreiblichen, unerträglichen, fast entsetzlichen Blicke an. Ihre dunklen, großen Augen waren weit geöffnet und es lag ein unnatürlicher Glanz darin. Das Gesicht war bleicher noch als sonst, die Lippen ein wenig geöffnet, fast als ob sie leise lächeln wollte. Aber ein Schatten wie von einer grausamen Regung voll Haß und Leidenschaft zuckte um ihre Mundwinkel, während sie ihn einige Augenblicke unverändert ansah. Er konnte ihren Blick, in dem etwas Unfaßbares, Drohendes lag, nicht ertragen und wich ihm aus.

„Du hast gelogen," sagte er nochmals halblaut, als suchte er nach einer Entschuldigung dafür, daß er sich selbst so weit vergessen.

„Geh fort!" — Sie sagte es so kurz und bestimmt, daß er sich fast mechanisch, als ob er es auch wider seinen Willen hätte thun müssen, umwendete und das Zimmer verließ.

Als Rinni allein war, trat sie vor den Spiegel, wie um sich zu prüfen. Dann löste sie ihr dichtes Haar und ließ es frei über die Schultern herabfallen. Es war eine weiche, glänzende Fülle. Der Kopf schmerzte sie, und sie preßte die Hände wie zur Beruhigung gegen die pochenden Schläfen. Aber einen Augenblick war der Schmerz so groß, ein momentaner Druck, wie von einer mechanischen Last am Gehirn, so heftig, daß sie die Augen schloß und sich auf den Tisch aufstützte. — Sie hörte dann Tante Grenas Stimme laut mit Konrad sprechen. Sie wollte ihr Haar wieder hinaufnehmen und zur Tante gehen, als ob nichts vorgefallen sei, aber ihre feinen, weißen Finger wühlten nur mechanisch mit einer krampfhaften Bewegung in den dicken Strähnen. Es überkam sie eine plötzliche Schwäche, eine Art Ohnmachtsgefühl. Sie ging gegen das Bett, legte sich darauf und streckte sich lang aus. Dabei hatte sie eine Empfindung von Kälte, und es ging wie ein Frösteln durch ihren Körper.

Tante Grenas kam in das Zimmer und zu ihr. Sie strich mit der Hand über ihre Stirn und beugte sich zu ihr herab.

„Ihr seid solche Kinder," sagte sie in scherzendem Tone. Sie hatte ja keine Ahnung was vorgefallen, und in Rinni war es ein Entschluß von aller Entschiedenheit, daß niemand jemals von Etwas wissen sollte als Konrad und sie selbst. Aber sie war nicht fähig irgend Etwas zu antworten.

„Ihr habt Euch gezankt," fuhr Tante Grenas fort. „Das kommt ja so häufig vor, das macht ja nichts, nicht wahr? — Er hat Dich nur zu lieb, und darum ist er so eifersüchtig. Du sollst ihn aber auch nicht eifersüchtig machen. — Bist Du unwohl, hast Du Kopfschmerzen?"

Sie bemühte sich, sehr ruhig zu sprechen, aber sie war trotzdem in einer gewissen Erregung. Konrad hatte ihr halb scheu, halb zornig mitgeteilt, daß er sich mit Ninni gezankt, daß er sie mit Norbert angetroffen, daß sie nicht bei Marks gewesen sei. Dabei hatte doch sein Blick mit einer gewissen Ängstlichkeit auf dem Gesichte seiner Mutter geruht, wie um zu beobachten, welchen Wert sie auf die Sache lege. In einem gänzlichen Mangel an Zartgefühl, in seiner eigenen Natur kam ihm selbst einen Augenblick das Ganze so unbedeutend vor, als wäre es zwischen Kindern geschehen. Und doch lag hinter diesen Gedanken noch etwas Unsicheres, Quälendes. Wie, wenn Ninni nichts mehr von ihm wissen wollte? — Alle seine Zukunftspläne zerstoben dann in nichts. Der Egoismus einer geschäftlichen Natur, die eine einträgliche Spekulation gefährdet sieht, regte sich mit aller Macht in ihm, und seinen Bitten nachkommend, war es vorerst Frau Grenas, die Beruhigung spenden sollte.

Sie that es nach der Weise aller Naturen, denen das Leben nichts anderes als die Fähigkeit gewährt hat, mit materiellen Faktoren zu rechnen, gegen welche nichts Seelisches an Wert oder Bedeutung aufzukommen vermag. Sie fand eine große Fülle von Redensarten, schon deshalb, weil Ninni nicht die geringste Anstrengung machte, sie zu unterbrechen, oder ihr überhaupt irgend etwas zu entgegnen. Sie lag ganz still und hörte der Tante mit geschlossenen Augen scheinbar sehr aufmerksam zu. In Wahrheit aber vernahm sie kaum etwas von allem, was Frau Grenas ihr zu sagen für gut fand, trotzdem in diesen Reden Beruhigungen, Ermahnungen, Freundlichkeiten sich vereinten und darin sowohl von der Jugendzeit als auch von der Ausstattung, von der „Firma Grenas" der Zukunft, von Häuslichkeit, Familie u. s. w. passende Erwähnung geschah. Doch vermochte es Ninni auf die Dauer nicht so zu ertragen. Sie sagte der Tante, daß sie sehr, sehr heftige Kopfschmerzen habe; daß sie sich zu Bette legen wolle und hoffe, es werde dann ganz gut werden, wenn sie recht Ruhe habe. — Als Tante Grenas dann noch wegen des Nachtessens einmal ins Zimmer kam, schlief Ninni anscheinend. Sie zog sich darum zurück und ließ ihr Mündel für heute allein.

Am nächsten Tage war Ninni sehr ruhig. Ihr Gesicht war um einen Schatten vielleicht bleicher als sonst. Das hatten die Schmerzen zurückgelassen. Auch sprach sie weniger; aber Tante Grenas bemerkte zu ihrer Befriedigung, daß die unliebsame Szene von gestern zwischen den „Kindern" fast vergessen schien, daß sie beide, oder wenigstens doch Konrad, durch eine vermehrte Liebenswürdigkeit alle unangenehmen Eindrücke verwischen zu wollen bemüht war, während in Rinnis Benehmen ja nichts auf einen tiefer sitzenden Groll schließen ließ.

Zum mindesten waren die kurzen Anzeichen der Aufregung, die sich in ihrem Auge oder in gewissen raschen Bewegungen kundgaben, für Frau Grenas nicht verständlich, und es gelang ihr somit desto leichter, vor allem sich selbst zu beruhigen.

Indessen wehte es wie ein wahrer Sturm in Rinis Seele. Eine Stimmung, in der alles in wildem Aufruhr vermengt schien, hatte sich ihrer bemächtigt, ein Wirbel von Gedanken und krankhaft heftiger Erregung, der sie oft wie ein Schwindel erfaßte.

Und wenn sie Konrad von sich stieß?

Was aber dann?

Nein, sie war gebunden durch die Verhältnisse, sie war an ihn gekettet.

Und doch haßte sie, und doch verabscheute sie ihn.

Und doch wallte es in ihr auf, wie ein brennender Durst, sich zu rächen.

Aus dem Kreise hinauszukommen, den ihre Geburt, ihre Erziehung, ihre Umgebung und alles, wovon sie abhing, um sie geschlossen hatte, bot sich ihr kein Weg, keiner.

Aber doch nagte das Bewußtsein an ihrem Herzen, daß sie geschmäht, beleidigt, entehrt worden war!

Sie durfte vor allem nicht zulassen, daß ihre Freiheit gekürzt werde, und daß es den Anschein erhalte, als sei sie sich denn doch schuldbewußt gewesen. Sie wollte deshalb in keiner Weise Konrad irgend eines Einflusses gewahr werden lassen. Zwar beherrschte sie sich so weit, mit Konrad in einer anscheinend vollkommen ruhigen Weise verkehren zu können. Aber sie hatte ein scharfes Auge für seine Bemühungen, sich liebenswürdig zu zeigen, und es gewährte ihr fast ein wildes Vergnügen, trotz allem das Bewußtsein zu haben von etwas, das er nicht ahnen konnte, das wie eine stille Genugthuung in ihr lag, — die Erinnerung der Schuld, die sie von ihm einfordern könne.

Indessen Norbert war eine Veränderung ihres Wesens nicht entgangen. Er wußte sich jedoch dementsprechend von seiner besten, liebenswürdigsten Seite zu zeigen, und Rinni gelang es nicht, zu verbergen, daß sie diese Beziehungen zu missen gar nicht mehr imstande war. Norbert hatte mit feiner Beobachtungsgabe auch herausgefühlt, daß es eine Verstimmung in der Familie geben müsse; und je gespannter dies ganze Leben allmählich geworden war, einen desto größeren Reiz gab es für ihn ab. Trotzdem er klugerweise vermieden hatte, mit Rinni von der Begegnung mit Konrad zu sprechen, nahm er doch als sicher an, daß es infolge dessen zu irgend einer Auseinandersetzung gekommen sein müsse, und daß Rinni wahrscheinlich Vorwürfe gehört haben werde, die, so wie sie geartet war, in jedem Falle ihr Selbstgefühl beleidigt haben müßten. Gerade dieses aber wußte er zu regen, und es vergingen nur wenige Tage, bis er von neuem den Wunsch aussprach, einen Sommertags-Nachmittag in ihrer Gesellschaft zubringen zu können. In ihrer krankhaften Stimmung, stets mit dem nimmer rastenden Gefühle der Feindschaft, des Grolles, des Trotzes im Herzen, war ihr die Idee, nun erst recht um jeden Preis ihrem freien Entschlusse nachzugehen, nur desto verlockender und reizvoller. Sie hätte es in dieser Stimmung vielleicht auch jedem andern zu Liebe gethan, den sie als Komplicen betrachten konnte, wie viel mehr für Norbert, der sie, ohne daß sie sich dessen zu vollem Bewußtsein klar geworden wäre, mit hundert Fäden gemeinsamer Berührungspunkte zu umgeben verstanden hatte, womit er sie einschloß, an sich fesselte und mit sich führte.

Sie gingen den bekannten Weg, der über die Eriken und das weiche Waldmoos führte, unter den alten Buchen und durch den Tannenschlag, in dem hie und da ein Specht hämmerte. Sonst war Sonntagsruhe überall.

Es war so eine schwüle, drückende Luft heute, und am Himmel stand, fern am Horizont heraufrückend, schwarzes Gewölk, als wäre ein Gewitter im Anzuge. Als seien die munteren Waldsänger davor geflohen, hörte man fast nirgends Vogelsang, nur ein Buchfink schmetterte ein lautes, herausforderndes Lied in die Luft.

Nie noch waren sie so viel im Walde die Steige hinauf- und hinabgewandert wie heute. Und mitunter Wege, die recht ermüdend waren für Rinni, und wo sie sich fest auf Norberts Arm lehnen mußte. Oder er hielt sie an der Hüfte umschlungen, und zog ihren Körper so an den seinen, daß er sie fast trug.

Sie waren endlich, und später als sie beabsichtigt hatten, an eine Lichtung gekommen, am Waldesrande, von wo hinaus man das ganze Thal übersehen konnte, bis zu den fernen blauen Hügelketten. Geschützt vor den Sonnenstrahlen, hinter einem dichten Haselgebüsche, im weichen Waldmoose, machten sie Rast.

Trotz der Anstrengung, die der Gang ihr verursacht hatte, waren Rinnis Wangen bleich. Nur in ihren Augen glomm etwas wie ein warmer Schein trotziger Lebenslust.

Als hätte sie nur auf diesen Augenblick gewartet, wo sie außer den verhaßten Mauern wieder mit Norbert allein, ganz allein war, schlang sie heftig beide Arme um seinen Nacken, als er sich neben ihr niedergelassen, und zog ihn so zu sich.

Er wollte sie leidenschaftlich küssen, aber sie hielt ihn etwas von sich weg; ein kaum merkbares Lächeln flog um ihren halbgeöffneten Mund. Sie sah ihn mit einem Blicke an, der ihm das Blut in die Schläfen trieb.

Es war als ob plötzlich aus ruhiger Luft ein Windstoß von Gewittersturm den Wald erschütterte.

Sie neigte sich im Grase zurück. Er beugte sich zu ihr und seine glühenden Lippen ruhten lange, bebend auf den ihren.

. . . .

Über der blauen Hügelkette war die Sonne untergegangen. Nur ein blutroter Schein färbte dort die Wolkenstreifen. Im Norden aber rückte die schwarze Wand massiger Wolken höher und höher, ein kaum merklicher Windhauch bewegte leise die Blätter und schaukelte die langen Blumenstengel im Grase. Es war so still im Walde. Nur der Specht hämmerte unweit mit harten Schlägen gegen einen Stamm, und es hörte sich an, als ob er stets im gleichen Takte schlüge. Vorne summte um die dichten Blüten eines Haidestrauches eine Hummel, ließ sich nieder, streifte an den Blüten umher, verschwand darin, und kam wieder zum Vorschein, und flog endlich schwerfällig davon.

Es war als ob Rinni schon eine ganze Weile nur für die kleinsten Erscheinungen in ihrer nächsten Umgebung ein Auge hätte. Sie verfolgte den Flug der Hummel, die langsam über die Eriken hinstrich, sie sah die langen Blumenstengel im Grase schwanken, sie beobachtete einen Schmetterling, der in ziellosem Fluge immer höher hinaufstieg, und dessen weiße Flügel in der Luft schimmerten.

Dabei saß sie regungslos. Ihre Wangen brannten wie Feuer, und in den Augen hatte sie das Gefühl, als hätte sie lange, lange geweint. Sie strich mit der Hand über ihre Stirne, über ihr Haar, und ordnete es langsam im Nacken. Plötzlich war ihr, als sei es eine unmeßbar lange Zeit, seit sie hierher gekommen mit Norbert. Eine unmeßbare Zeit. War er noch hier?

Ja, er war hier. Er saß unweit von ihr, hatte beide Arme auf die Knie gestemmt, und sah jedem Rauchwölkchen seiner Zigarre sinnend nach.

Sie wußte nicht weshalb, aber seine Haltung, der ruhige Ausdruck seines Gesichtes, ja daß er rauchte und den Wölkchen seiner Zigarre nachsah, hatte etwas Verletzendes für sie. Er wandte nun den Kopf zu ihr, blickte sie an, nickte, und lächelte ein wenig. Sie hatte die plötzliche Empfindung, daß auch in seinem Lächeln etwas lag, das sie verletzte, und erhob sich wie in einem augenblicklichen Entschlusse.

„Wollen wir gehen?“ fragte Norbert.

„Ich denke! Es wird spät,“ entgegnete sie und schritt ihm am Wege voraus.

Sie gab auf seine Reden bloß karge Antworten und drängte, wo er verweilen wollte, zur Heimkehr.

Hinter ihr gehend, sah er sie oft nachdenklich an und schüttelte einmal, als vermöchte er nicht aus ihrem Wesen klug zu werden, verdrießlich den Kopf. —

Erst als sie sich der Stadt näherten, nahm sie das Gespräch mit nervöser Lebhaftigkeit auf. Sie sprachen von den gleichgültigsten Dingen, und als sehnte sie sich nach irgend einem Anlasse dazu, lachte sie über geringfügige Worte ein kurzes, mechanisches Lachen.

Als sie sich getrennt hatten, beschleunigte sie ihre Schritte, trotzdem nicht einen Augenblick der Gedanke sie beunruhigte, als könne ihre Abwesenheit abermals Grund zu irgend welchen Erklärungen werden, oder als könne Konrad abermals bei Mariß gewesen sein. Eine große Gleichgültigkeit gegen alles dies war für den Augenblick in sie gekommen. Ein einziger Gedanke, der plötzlich in ihr emporgetaucht war und alle andern niedergedrückt hatte, stand vor ihr und ließ sie mechanisch ihre Schritte fort und fort beschleunigen, als könne sie sich dadurch von ihm entfernen. Aber er ging ebenso schnell, machte jeden Schritt mit, und blieb bei ihr.

Der schreckliche Gedanke setzte sich in ihrer Seele so fest, wie der Keim einer Todeskrankheit. Und mit Ninni gingen Veränderungen vor, die weder Tante Grenas noch Konrad entgehen konnten. In wenigen Tagen war ihr Gesicht schmal und von einer nie weichenden Blässe geworden. Die großen, schwarzen Augen schienen etwas in die Höhlen zurückgesunken, trotzdem aber größer geworden zu sein. Und es irrte immer ein Glanz darin, wie im Auge eines Fiebernden. Sie war so nervös geworden. Eine plötzliche Ansprache, ein unvermitteltes Geräusch erschreckte sie, ließ sie zusammenfahren. Mitten in der Arbeit lehnte sie manchmal den Kopf zurück, und schloß die Augen wie in einer grenzenlosen Ermüdung. Tante Grenas sah dann besorgt zu ihr und pflegte zu fragen: „Bist Du unwohl?“

Dann fuhr Ninni auf und verneinte lebhaft. Aber trotzdem fürchtete die Tante, das Mädchen sei krank. Auch Konrad begann besorgt zu werden, nur daß er meinte, sie habe zu wenig Blut, es sei die Krankheit so vieler junger Mädchen. Sie mußte dann Eisen nehmen und ein Mineralwasser trinken, und that es ohne Widerrede. Dabei beteiligte sie sich raschlos an den Arbeiten zu ihrer Ausstattung. Fast den ganzen Tag saß sie am Nähtische, und Tante Grenas fand allmählich eine bereitwillige Zuhörerin an ihr, für alles, was sie an Hochzeit, Haushalt und Familie zu erzählen hatte. Je mehr Zeit verstrich, desto milder fand Konrad seine Braut, und mit einer selbstzufriedenen Genugthuung fand er des Umganges mit ihr, dessen Natur sich langsam veränderte.

Es schien, daß Ninni sich mit dem Gedanken vertraut gemacht hatte, daß er der zukünftige Gebieter sei. Ja, Tante Grenas konnte einmal sogar das Bibelwort anführen: „Er soll Dein Herr sein", und Ninni hörte es an, ohne eine Bemerkung darüber zu machen.

Und daß sie niemand, niemand das Elend mitteilen konnte, das an ihrem Herzen nagte! — Daß sie mit niemand, niemand die entsetzliche Sorge teilen durfte, die ihre Seele mit unbeschreiblichem Weh, mit einem Unglücke erfüllte, das über alle Grenzen des Menschlichen hinauszugehen schien! — Daß es niemand gab, der auch nur für eine kurze Stunde die grauenhafte Last von ihr nehmen konnte, — niemand!

Und die Last, die fortwährend bei Tag, bei Nacht, im Wachen und im Traume, jede Stunde, jede Minute wie ein Alp auf ihr lag, diese Last, deren Druck sie krank und elend und lebenssiech machte, die wie mit langen, schwarzen Armen alle ihre Gedanken umfaßte und zu erdrücken drohte, diese grausame, schreckliche Last war die Angst.

Die Angst, die oft zu einem Grauen wurde, wie das Entsetzen vor etwas Unbekanntem, Riesigem, Unfaßbarem.

Und die Arbeiten, denen sie nun mit solchem Eifer oblag? — Half sie noch selbst mit den Kreis schließen, der sie gefangen setzen sollte für immer in einer verhaßten, gefürchteten Enge?

Nein! — Sie arbeitete an ihrer Hilfe, an ihrer Rettung, an der einzigen Rettung.

War es aber möglich, daß sie diesen Jammer, diese Zerrissenheit, dieses Unglück zu ertragen vermochte, ohne darunter zusammenzubrechen? Mußte nicht der Tod kommen und sie erlösen, die Qual der Angst von ihrer Brust nehmen und ihr ewigen Frieden geben?

Und doch lebte sie, und doch verging ein Tag nach dem anderen, und doch begann sie jeden in dem gleichen dumpfen, ertötenden Gefühle, mit dem sie ihn beschloß.

Es war alles grau und trostlos um sie her. Es war, als ob eine endlose Finsternis sie umgebe. Sie liebte Norbert nicht und Konrad nicht. Es lag ihr an nichts etwas und an niemandem, am wenigsten an sich selbst. Alles, alles war wie zertrümmert, vernichtet, verloren. Eine unendliche

Leere, eine farblose Öde in ihr und um sie. Nirgends etwas, woran die irrenden Gedanken sich zu klammern vermochten, nirgends ein Ort, wo sie Ruhe gefunden hätte vor den Furien der Angst, nirgends ein Lichtschimmer, der hell und warm in ihre Seele zu dringen vermochte.

Sie hatte nie zu beten gepflegt. Sie betete auch jetzt nicht. Wenn sie aber des Abends allein in ihrem Zimmer war, dann lag sie oft lange regungslos vor dem Bette auf den Knieen und hatte das Gesicht in den Händen vergraben, als ob das Gefühl des Elends und der Hilflosigkeit sie mechanisch in die Stellung neigte, aus welcher der Sinn des Gläubigen Bitte und Flehen hinaufspricht zum Throne eines unbekannten Herrschers, in dessen Händen sein Schicksal liegt.

Aus dem Wuste wirrer Gedanken, der sie erfüllte, strebte sie oft sich klar zu werden. Aber sie erkannte nur, daß sie nun Norbert haßte, daß sie sich selbst verabscheute, und daß die Vorstellung, Konrads Frau zu werden, sie mit Widerwillen erfüllte. Sie kam von allem Bemühen, ruhig zu überlegen, immer wieder zu dem trostlosen Bewußtsein der Hilflosigkeit, der Ratlosigkeit zurück.

Oft, wenn sie schlaflos im Bette lag, durchflog ihren Körper ein langer Schauder des Entsetzens. Sie fühlte dann, daß ihre Lage voll Schmach, voll Schande und Unglück sei.

Und plötzlich kam ihr dann der Gedanke, es sei nicht möglich, daß das Schicksal einen Menschen in solcher Lage lasse.

Es muß etwas geschehen. —

Es muß eine Hand kommen, die sie doch noch aus allem Jammer befreit, die sie herauszieht aus der Nacht, in die ihre Seele gesunken war. Eine Hand, die solchem Leben ein Ende macht.

Die Hand des Todes.

Ja, er muß, er muß kommen.

Aber er kam nicht.

Er kam nicht, und die Tage vergingen wie immer, die Nächte vergingen wie immer, langsam, schlaflos, ruhelos.

Der Gedanke, Norbert immer begegnen zu müssen, wurde ihr endlich unerträglich. Sie hatte es immer zu vermeiden gewußt, mit ihm zusammen zu treffen und er selbst hatte, vielleicht in einer richtigen Ahnung von ihrer kranken Seelenstimmung, keine Begegnung herbeizuführen gesucht. Aber es genügte ihr nicht. Sie faßte den Wunsch, daß er das Haus nicht mehr bewohnen möge, und sie verstand es zuerst, Frau Grenas darauf hinzuleiten, indem sie zur Sprache brachte, daß sie „dann“ wohl auch das Mansardenzimmer brauchen würden, daß sie gerade dieses Zimmer so gerne hätte, und daß man Herrn Norbert werde kündigen müssen. Eines Nachmittags, als sie wußte, daß er zu Hause sei, entschloß sie sich plötzlich, mit ihm zu sprechen.

Er blickte fast erstaunt von seinen Schreibereien auf, als sie das Zimmer betrat. Aber das Lächeln, das auf seinen Lippen geschwebt hatte, verschwand, als er mit einem Male ihres so veränderten Aussehens gewahr wurde.

Er griff nach ihrer Hand, küßte sie und führte sie zum Divan, in dessen Ecke sie sich setzte. Sie wollte sprechen und ihm den Zweck ihres Kommens sofort mitteilen. Aber ihr Herz pochte so mächtig, daß ihr die Stimme versagte, und plötzlich brach sie in ein konvulsivisches Weinen aus und bedeckte ihr Gesicht mit den Händen.

Es mochte ihn eine Ahnung des Unglücks durchzucken, unter dem sie zu leiden schien, und es überkam ihn ein augenblickliches, tiefes Mitleid.

Er legte die Hand auf ihre Schulter, beugte sich zu ihr und versuchte, ihr einige beruhigende Worte zu sagen.

Sie erhob ihr Gesicht, sah ihn aus den thränenvollen Augen mit einem unbeschreiblichen Blicke an und sagte halblaut und hastig:

„Schwör' mir —"

Er verstand sie.

„Ninni, freilich! Ich bitte Dich, — sei doch ruhig —"

„Schwör' mir," wiederholte sie fast drohend.

„Ich schwöre es Dir," entgegnete er.

Sie sah eine Weile nachdenklich und unbeweglich vor sich hin; dann sagte sie:

„Ich kann, ich kann es nicht vertragen, Sie immer hier zu sehen, — Sie im Hause zu wissen —"

Ihre Stimme hatte einen fast flehenden Klang, der ihm zum Herzen ging. Er legte wieder seine Hand auf ihre Schulter, neigte sich zu ihr und küßte sie auf die Stirne. Eine plötzliche Röte bedeckte ihr Gesicht.

„Nicht so — nicht!" bat sie.

Er sah sie verwundert an. Aber es lag etwas Wahres, fast Rührendes in dem Klang ihrer Stimme, in dem Blicke ihrer Augen, in dem ganzen Ausdrucke ihres mageren, krankhaft bleichen Gesichtes, das er nicht mißverstehen konnte.

Sie erhob sich, um zu gehen.

Norbert streckte ihr die Hand entgegen.

Ein plötzliches Zittern flog durch ihren Körper. Sie konnte ihn in diesem Augenblicke nicht ansehen. Sie fürchtete, daß nur Abscheu aus ihren

Blicken sprechen möchte, denn wie ein Blitz leuchtete der Gedanke auf in ihr — „Er ist es, er allein!“ Sie ging, ohne weiter ein Wort zu sagen, an ihm vorüber, zur Thür hinaus.

Aber Norberts gleichmütiger Sinn, der aus einem sehr einfachen, lebensfrohen Egoismus entsprang, verwischte den Eindruck dieser Unterredung bei ihm sehr bald. Er pflegte niemals in grübelnder, selbstquälerischer Weise unangenehme Empfindungen wach zu erhalten, und da seine Neigung zu Ninni aus keiner ernsten Auffassung entsprungen war, wozu ihm die Anlage vielleicht ganz mangelte, führte ihn ihr verändertes Wesen nur dahin, seine Beziehungen zu ihr als beendet anzusehen.

Einmal hing er einer plötzlich erwachenden Besorgnis nach. Aber es war nur ein Augenblick.

„Bah — sie ist nächstens die Frau des famosen Herrn Konrad! Und dann — sie ist eine vollendete Kokette. Sie ist ja kein Kind, und hat gewußt —“

Als ob die Erinnerung der unwiderstehlichen Anziehung, die sie auf ihn ausgeübt, ihm die Berechtigung gäbe, jeden teilnehmenden Gedanken zu unterdrücken, und als ob ihm thatsächlich kein Schuldbewußtsein zukäme, verdrängte seine Sorglosigkeit rasch jede weitere, unerquickliche Überlegung. Er war immer ein Verehrer des Code Napoleon gewesen.

Es überraschte ihn auch nicht, als Frau Grenas wenige Tage später einen Besuch bei ihm machte, und ihm nach einiger Einleitung sagte, sie müsse ihm leider, den veränderten Verhältnissen entsprechend, die Wohnung kündigen, so leid es ihr auch thue; herzlich leid, — er sei ihr eine sehr liebe Partei gewesen, er habe ihr niemals die geringste Unannehmlichkeit bereitet —

„Aber Sie begreifen, liebster Herr Doktor, die Zeiten ändern sich. Nun, ich hoffe, die Kinder sind recht bald ein Paar, ein glückliches Paar. Eigentlich ist es wahr: dieses lange Hinausschieben ist nicht gut, glauben Sie mir. Ja, — zu meiner Zeit, — da war es etwas anderes! Man lebt aber jetzt schneller. Und ich sehe es ihnen Beiden an, wie schwer ihnen das Warten wird. Nun, ich werde sie nicht auf die Folter spannen, weiß Gott! Als ob ich keine Augen hätte für die Ungeduld, die der Konrad hat, und für die Unruhe bei der Ninni! Ich glaube, wir werden den Termin etwas näher rücken. Ja, ja! Ich sage Ihnen, liebster Herr Doktor, diese kleinen, lieben Herzensleiden sind eine Freude, und man lebt in den Kindern wieder auf!“

Norbert begriff das alles so wohl. Gewiß, er nahm es Frau Grenas nicht im geringsten übel, daß er fort solle, obwohl es ihm vom Herzen leid thue, aber natürlich gehe es nun einmal nicht anders.

Nach wenigen Tagen hatte er eine passende Wohnung gefunden, und beschleunigte seine Übersiedelung.

Als er zum letzten Male das Haus verließ, traf er Ninni im Flure.

Er reichte ihr die Hand zum Abschied hin.

Sie bot ihm die ihre und sah mit einem kurzen, fast scheuen Blicke zu ihm auf.

Vielleicht, daß ein plötzlicher Reflex alles Vergangenen darin gelegen, ein dunkler Widerschein der ganzen Eigentümlichkeit ihres Wesens, ihre Erinnerung, ihr Schmerz, ihre Seelenangst. — Mit kurzem Gruße wandte sie sich ab und Norbert ging.

Er war nun fort, aber ihr Leid blieb, ihr quälendes Leid.

Oft erfaßte sie eine Ungeduld, derjenigen ähnlich, die den Todesbewußten befällt, der noch manches im Leben ordnen möchte.

Dann drängte sie Frau Grenas, den Termin der Vermählung in einer näheren Zeit anzusetzen, und schließlich wurde ihr darin willfahrt. Sie hatte es so gut wie immer verstanden, ein gewünschtes Ziel zu verfolgen. Nur ein Monat, ein einziger Monat trennte sie noch von der Stunde, wo Konrad sie sein Weib nennen durfte.

Es überfiel sie manchmal eine Art von Mitleid mit ihm, eine Art von quälendem Schuldbewußtsein.

Eine innere Stimme klagte sie des falschen Scheines, klagte sie des Truges an, den sie ihm entgegenbringe, mit dem sie seinen Namen zu dem Ihren machen wollte. Ja, daraus erlöste sie manchmal ein Zweifel, der wie ein stiller Trost in ihr aufstieg, und ihre ruhelose Besorgnis auf kurze Augenblicke zum Schweigen brachte.

Aber es war nur ein Moment gegen die langen, langen Stunden marternder Qual, gegen die Nächte, in denen ihre Seele wie in einer immer wiederkehrenden Agonie ängstlich, ruhelos ihren Schmerz nährte.

Und dann kam wieder der Gedanke an den Tod, an die ganze, völlige Erlösung.

Dann dachte sie, daß ihr Leben ja eigentlich doch nur in ihrer eigenen Hand liege.

Aber ihre Lebenslust ließ sie vor dem unseligen Traume in einem entsetzten Schauder zurückbeben.

Und allmählich kam eine große Resignation über sie, fast wie die feststehende Überzeugung einer religiösen Anschauung.

Sie hatte gefehlt, sie mußte büßen.

Sie konnte die Lüge in ihrem Herzen tragen, sie mußte sich in Demut beugen.

Sie konnte Konrad den Glauben an eine glückliche Zukunft lassen, und brachte ihm doch den tiefsten Trug mit dorthin, wie eine eingeschleppte Todeskrankheit für alles Glück.

Mußte sie ihn nicht wenigstens bemitleiden, mußte sie ihn nicht lieben dafür? —

Lieben! —

Nein, nein — tausendmal nein! Sie konnte ihn nicht lieben, sie konnte nicht!

Aber ein gewisses Mitleid fühlte sie für ihn.

Ein gewisses Mitleid, aus dem fast ein Gefühl der Unterordnung entsprang eine scheue Aufmerksamkeit für seine Eigenheiten, ein unfreiwilliges und doch wie von einer unklaren Verpflichtung erheischtes Beachten seiner Gespräche, seiner Wünsche, seines Lebens.

Unbewußt hatte sie sich angewöhnt, mit fast gespannter Teilnahme auf alles zu hören, was er sprach und ebenso unbewußt war ein Lächeln in ihre Züge gekommen, das darin stereotyp wurde, und nicht mehr daraus verschwand, vielleicht, weil es eigentlich kein Lächeln war; ein fast schmerzlicher, müder Zug, der sich um ihren feinen Mund zog, und die Lippen manchmal bewegte, als ob ihr Thränen im Auge ständen.

Aber die Tage und die Wochen vergingen doch, und dann kam ein neues Leben. Wer weiß, vielleicht giebt es dann doch etwas, etwas, das sie gesund machen kann. Etwas Unbekanntes, das Balsam in ihr Herz bringen kann, — wer weiß!

Die Tage vergingen und die Wochen.

Die Arbeiten der Ausstattung waren bis auf weniges vollendet.

Ninnis Gesicht aber war immer schmäler, immer bleicher geworden. Doch war sie stets aufmerksam, stets freundlich, doch schien sie immer in stiller, heiterer Laune, und Frau Grenas ihrerseits hatte keine Besorgnis. Das Mädchen war liebeskrank!

Nur abends, wenn Ninni allein war, gab ihre Kraft nach und die abgespannten Nerven wichen. Dann konnte sie manchmal wie in wildem Trotze eine Klage erheben wollen, eine schwere, thränenvolle Klage.

Aber worüber? — Gegen wen?

Und dann gab es doch wieder nichts mehr. Nichts. Nur das dumpfe, tote, willenlose Gefühl in ihr, nur das mechanische Pochen ihres müden Herzens, ohne Glaube, ohne Hoffnung, ohne Wunsch. — Gleichgültig, eindruckslos verliefen für sie die letzten Tage. Mechanisch verrichtete sie ihre

Arbeiten, mechanisch gab sie Antwort auf die Fragen, die man ihr stellte.

Man sprach nun schon vom Tage, von der Stunde, von der Kirche. Man sprach von den Gästen, die geladen würden, von den Speisen, die Tante Grenas bieten werde, von den Weinen, mit denen man anstoßen wolle und dem jungen Paare Glück zutrinken.

Alles war ihr wie ein Traum, wie die Phantasien eines Fiebers. Sie selbst in allem was sie that, schien sich willen- und bewußtlos, und sprach sie, so klang es manchmal ihr selbst, als sei sie es nicht, die da spräche, als sei es die Stimme von jemand fremden, die aus der Ferne an ihr Ohr schlug.

Und doch lebte sie, und doch geschah nichts, es brach, es riß, es zerfiel nichts; — und doch lebte sie und erwachte mit dumpfem Kopfe und ödem Herzen an einem Morgen, wo Anna Marks und noch eine Freundin gekommen waren. Sie wußte nicht, was um sie geschah. Gedankenlos sah sie das lange, weiße Kleid, den wallenden Schleier, den Myrtenkranz, die atlassenen Schuhe. Sie wußte nicht, was sie sprach.

Die Mädchen lachten, sagten Scherzreden, und waren ihr beim Ankleiden behilflich.

Vielleicht, daß sie mitlachte, — sie wußte es nicht. Sie hatte nur das Gefühl, der Moment müsse kommen, wo sie zusammenbreche, wo alles ein Ende habe.

Dann hörte sie das Rollen von Wagen, die vor dem Hause hielten, und laute, fröhliche Stimmen in dem Nebenzimmer.

Und endlich klopfte es an die Thüre, zwei, dreimal.

Es war Konrad, der seinen Kopf hereinsteckte und fragte, ob man fertig sei.

Sein Gesicht war sehr rot, ein breites Lachen lag um seinen Mund, und er hielt den Nacken in dem hohen, harten Kragen steif und unbeweglich.

Etwas in dem totenbleichen Gesichte seiner Braut, und in dem fast irren Glanz der Augen, die starr auf ihn gerichtet schienen, mochte ihn jedoch plötzlich beunruhigen, denn er machte rasch die Thüre ganz auf, und trat auf sie zu.

Und der Moment war gekommen.

Sie that einen Schritt auf ihn zu, und schien zu stürzen.

Er eilte ihr entgegen und umfing die Leblose mit seinen Armen.

Die beiden Mädchen schrieen entsetzt auf, und Konrad trug seine Braut zum Bette, wo er sie mühsam niederlegte. Eine Todesangst krampfte sein Herz im Augenblicke wie mit eiserner Faust zusammen. Eine förmliche Starre des Entsetzens war über ihn gekommen.

Sie lag regungslos, mit geschlossenen Augen, kein Atem schien ihre Brust zu bewegen, und er hatte nicht den Mut, an ihr Herz zu horchen, ob es noch schlage.

Indes waren die Mädchen ratlos gelaufen, Frau Grenas zu holen.

Sie allein ließ sich nicht aus ihrer Ruhe bringen. Nur lief sie um die Essigflasche und rieb Ninnis Schläfen mit unbarmherziger Hand.

Es tropfte etwas von dem Essig auf den Schleier und das Kleid, aber das war hier nicht zu beachten. Und Tante Grenas' Bemühungen waren von Erfolg gekrönt.

Nach kurzer Zeit schlug Ninni die Augen auf, und sah verwundert um sich. Wo war sie? — hatte sie geträumt?

Aber nein! — Sie fühlte den Schleier unter ihren Händen, sie sah Tante Grenas, und da stand Konrad in dem langen Frack und dem hohen, steifen Halskragen.

Sie schloß die Augen wieder. Aber dann wollte sie sich erheben. Wozu? — Sie muß den Kelch bis zu Ende leeren!

Sie konnte wieder aufrecht stehen und lächelte Konrad sogar aus den blutlosen Lippen an.

Ob sie nun ganz wohl sei?

Ja!

Ob sie nun in die Kirche fahren könnten?

Ja!

Sie fühlte sich aber doch noch schwach und setzte sich zu kurzer Rast auf einen Stuhl. Er stand vor ihr und sah ängstlich auf sie nieder.

Sie lächelte ein wenig.

„Ich hab' Dir wohl Sorge gemacht?"

Er neigte sich zu ihr herab und küßte sie.

* * *

Es war kein Traum.

Sie fuhren zur Kirche, und standen nebeneinander am Altare. Der Priester wechselte die Ringe und segnete den Bund, und sie war Konrads Frau.

Die Wagen fuhren nach Tante Grenas' Hause zurück, und im besten Zimmer war die Tafel aufgestellt worden.

Bis auf Eines waren lauter fröhliche Gesichter, und es erklangen laute Reden. An Toasten fehlte es nicht. Den schönsten brachte Herr Martin aus, Konrads Taufpate und gewesener Magistratsrat, und unter lautem Beifalle schloß er seine Rede mit folgenden Worten:

„Ja, meine Freunde, — fast väterlich bewegten Herzens sehe ich dieses junge, liebliche Paar den Weg ins Leben betreten. Hier haben wir wieder einmal ein fröhliches, erhebendes Fest, eine Hochzeit, eine Vermählung in einer jener guten, alten Familien des gesunden Bürgerstandes. Wir sind alle Bürger. Wir sind stolz es zu sein. Wir bilden den Kern des Staates, die feste Stütze des Guten in der Gesellschaft.

„Ja wohl, meine Freunde — seht hier, die liebliche Braut, den ehrenhaften Bräutigam. Wem fällt nicht des Dichters Wort ein:

‚Denn wo das Gute mit dem Starken
Wo Zartes sich mit Schönem paart —‘

„So oder ähnlich muß es klingen.

„Ich bin in wahrhaft gehobener Stimmung und fordere Sie auf, mit mir anzustoßen auf die Tugend, auf die Ehre, auf das Glück, und das junge Paar lebe hoch, hoch hoch!“

Frenetischer Beifall und wildes Gläserklingen; die Feststimmung hatte fast den Höhepunkt erreicht.

Indessen hatten die zwei Freundinnen Ninni in ihr Zimmer geleitet.

Sie legte das Brautkleid ab und zog ein Reisekleid an. Sie wollten sogleich zur Bahn und die Hochzeitsreise antreten.

Konrad erwartete sie schon auf dem Vorplatze.

Er reichte ihr den Arm und führte sie die Treppe hinunter. Die meisten Gäste waren heruntergestürmt, das Paar noch am Wagenschlage zu begrüßen.

Tante Greuas lachte unter Thränen, und packte eiligst alle Bouquets die gekommen waren, wo immer sie sie nur im Wagen unterzubringen vermochte.

Nur Eines noch — das größte, das schönste. Aber Ninni hatte den Schlag schon zugezogen.

„Warte doch,“ rief Frau Greuas mitten in dem Trubel —, Du mußt es ja doch auch mitnehmen, es ist das schönste!

Aber Ninni winkte nur mit der Hand, die Pferde zogen an, und der Wagen rollte davon.

Sie schloß einen Augenblick die Augen, während Konrad beide Arme um sie schlang und sie stürmisch an sich zog.

Es war kein Traum.

Sie war sein Weib.

* * *

Frau Greuas hatte das Riesenbouquet von weißen Blumen sehr sorgsam wieder in das Zimmer hinaufgetragen. Wie schade, daß Ninni es nicht mitgenommen! Es war so schön — so symbolisch. Der liebe Herr Doktor hatte es geschickt. Er war doch so ein gefälliger, artiger Mensch. Sie zeigte jedem Besucher der nächsten Tage den großen Blumenstrauß.

Und zwei, drei Tage später kam der Herr Doktor selbst, und wollte nachfragen, wie denn alles gewesen sei, natürlich.

Frau Grenas berichtete auf das Ausführlichste und erzählte auch —

„Denken Sie sich! Ninni wird unglücklich sein, aber es ist gerade Ihr Strauß, lieber Herr Doktor, der zurückbleiben mußte, und sie hat sich so gefreut darüber!

Aber sehen Sie, ich habe ihn gut aufbewahrt. Er steht auf einem Ehrenplatze."

Unter dem Spiegel, auf einem Wandtischchen, hatte das Bouquet Posto bekommen.

„Ach, es ist so schön," sagte Frau Grenas, „so symbolisch."

Sie bemerkte das Lächeln nicht, das um Norberts Lippen flog, und verabschiedete sich von ihm, als er ging, als von ihrem „lieben, alten Freunde", eine Herzlichkeit, die offenbar noch unter dem Einflusse der Festesstimmung dieser Tage sich erhalten.

Das Bouquet aber blieb an seinem Platze, auch als die weißen Blumen zu vergilben begannen. Ninni sollte sich freuen, daß Tante Grenas es so treulich bewahrt.

Aus meinem Leben.

Von Adam Müller-Guttenbrunn.

(Wien.)

Sie wollen einen Abriß meines Lebens? Das ist ja sehr schmeichelhaft. Ich will denn auch gar nicht zögern, Ihnen die Mitteilung zu machen, daß ich am 22. Oktober 1852 zu Guttenbrunn im Banat geboren und schon am nächsten Tage zur Kirche getragen und getauft wurde. Bei dieser Gelegenheit gab man mir ohne meine Zustimmung den Namen Adam, dessen ich mich 28 Jahre lang schämte. So alt war ich nämlich, als ich mit Heinrich Laube persönlich bekannt wurde, und da ich mich bis dahin selbst auf meinen Büchern bloß Müller aus Guttenbrunn nannte, so fragte Laube eines Tages: „Wie heißen Sie denn eigentlich?" Ich war über die Frage ganz erstaunt.

Wie ich heiße . . . ? „Nun ja — Sie müssen doch einen Namen haben?" Darauf antwortete ich verschämt: Adam. „Oh!" sagte der Alte. „So heißt Niemand." Wir lachten herzlich und, weiß Gott, von diesem Tage an gefiel mir mein Name und ich habe ihn seitdem nie wieder unterdrückt.

Meine erste Erziehung war keine gar sorgfältige. Ich stand — aus Gründen, die hier nicht näher zu erörtern sind — unter der Obhut meiner Großmutter und die konnte mich Unband nicht zähmen; ich wurde der schlimmste Gassenjunge des Dorfes und mein Ruf als solcher war alsbald so fest begründet, daß man jeden Frevel, der verübt wurde, unbedenklich mir zuschrieb. Mit eigner und fremder Schuld belastet, trat ich mit meinem siebenten Jahre in die Dorfschule ein und der Lehrer, dem ich wahrscheinlich gut empfohlen worden war, setzte mich in die erste Bank, wo ich stets den Anblick der verschiedenen Arten von „spanischen Röhrln" genießen konnte, die bei der Erziehung der Dorfjugend in Anwendung kamen. Indes, es kam besser, als man erwartet zu haben schien; ich lernte gut und gewann meinen Lehrer lieb. Das war der erste Mensch, der Einfluß auf mich zu üben vermochte. Als ich über das Abc hinaus war, erhielten wir an Stelle dieses Lehrers einen andern, einen ganz jungen Mann, der im Dorf geboren und soeben vom Lehrerseminar gekommen war. Er hielt eine feierliche Ansprache an uns Kinder, und wenn ich auch nicht mehr weiß, was er sagte, so weiß ich doch, daß diese Rede der erste tiefere Eindruck war, den mir das Leben gemacht. Ich war von diesem Tage an stolz auf meine Schule, auf diesen neuen Lehrer, auf mich selbst, und ich war fortan der erste Schüler.

Diese überraschenden Schulergebnisse ließen in meiner Mutter den Gedanken reifen, mich „studieren" zu lassen, und ich kam in meinem zehnten Jahre nach Temesvar, wo ich die Normalschule und die ersten Klassen des Piaristengymnasiums besuchte. Der Zauber des schwäbischen Dorflebens hielt mich aber fest in seinem Bann und die glücklichste Zeit des Jahres war für mich immer die der Sommerferien, die ich daheim verbringen konnte. Mitte der sechziger Jahre bereitete die plötzliche Einführung der magyarischen Vortragssprache am Temesvarer Gymnasium meinem Studien-Fortgang ungeahnte Schwierigkeiten. Der Unterricht verwandelte sich mit einem Schlage in eine mechanische Abrichtung, wir plapperten unverstandene magyarische Sätze, wir beteten sogar magyarisch und sangen in der Kirche in dieser Sprache. Die erste Frage in der Geographie lautete: Wer bist Du? Und die Antwort, die auswendig gelernt werden mußte, war ein langes Bekenntnis, das mit der Lüge anfing: „Én magyar vagyok," zu deutsch: „Ich bin ein Magyare." Die Schule verlor in Folge dieser Vorgänge (mitten im Schuljahre mußten an Stelle der deutschen Lehrbücher magyarische angeschafft werden!) jeden Reiz für mich, sie wirkte entsittlichend auf mich zurück und ich verlumpte ein bischen als junger Student. Alsbald ging ich anstatt in die Schule auf den Fischfang, und die Leute, deren Obhut ich anvertraut war, ließen dies ruhig geschehen. Sie brieten die prächtigen Karpfen, die ich im Bega-Kanal fing und bekümmerten sich nicht weiter um mich. Der Schluß des Schuljahres aber brachte Alles ans Licht, mein Zeugnis war niederschmetternd.

Und damit sollte auch das Studieren ein Ende haben. Niemand wollte begreifen, daß ich bloß das Opfer eines Experimentes geworden, das die übermüthige Politik mit der Schule vorgenommen; ich galt plötzlich für dumm und unbefähigt, ich sollte fortan zu Hause bleiben und irgend etwas im Dorfe werden. Aber was? Ich hatte einen Oheim, der war der Gescheidteste im Ort. Er war „Balbierer" und als solcher stand er in früherer Zeit mehrere Jahre in Wien in einer „Chirurgischen Offizin" in Diensten; dort hatte er Aderlassen, Schröpfen, Klystieren und Salbenschmieren gelernt, und als er heim kam, galt er als fertiger Chirurg, als Doktor. Dieser Mensch legte jetzt seine Hand auf mich und sagte eines Tages: „Du wirst Balbierer. Bei mir lernst Du die Dokterei praktisch und wenn Du in die Fremde gehst und nach Wien kommst, besuchst Du die chirurgische Schule; denn Dich nimmt man, Du hast ja schon etwas gelernt. Ich habe viele Kollegen in Wien gehabt, die Wundärzte in der Armee geworden sind. Das kannst Du auch werden und mein Geschäft ist am Ende auch nicht zu verachten, wenn Du es einmal übernehmen wolltest." Meine Angehörigen waren begeistert von dieser Wendung; und auch auf mich machte die Ansprache Eindruck. Ich blieb gern im Dorfe mit der Aussicht, schließlich doch noch etwas in der Welt zu werden. Und der Anfang meines neuen Lebensweges ließ sich ganz verheißungsvoll an. Die Schlacht von Königgrätz bescherte dem österreichischen Heer so viele Verwundete, daß selbst die deutschen Dörfer im Banat solche zur Pflege erhielten. Etwa dreißig Mann, die sich auf alle Waffengattungen vertheilten und die zunächst mit leichten, halbgeheilten Schußwunden behaftet waren, wurden in Guttenbrunn bis zu ihrer völligen Genesung einquartiert. Der Bezirksarzt in Lippa, dem dieselben anvertraut worden waren, machte sich die Sache leicht und übergab die Leute meinem Oheim; er selbst kam nur einmal wöchentlich, Nachschau zu halten. Dies erhöhte die Autorität meines Oheims im Dorfe ungemein, und auch mir imponierte es: ich war über Nacht sein chirurgischer Gehülfe geworden und bethätigte mich mit Eifer als solcher.

Der Herbst zeigte mir meinen neuen Beruf von der andern Seite. Die

Verwundeten waren fort und ich ging mit meinem Oheim die Bauern balbieren. Ich wurde gut gehalten im Hause, aber ein Lehrling blieb ich doch. Ich war Kindsmagd, ich arbeitete im Feld und im Weingarten wie ein Taglöhner; am Samstag und Sonntag aber war ich Balbierer. Die reichen Bauern ließen sich zwar auch am Mittwoch rasieren, aber dazu reichte die Kraft meines Oheims allein aus — ich konnte auch am Mittwoch taglöhnern. Die einzigen Lichtblicke in dieser dreijährigen Lehrzeit bot mir immer der Winter. Bei Tag schrieb ich für meinen Oheim ganze Werke über Kurpfuscherei ab, des Abends aber ging ich häufig durch und schlüpfte in eine Spinnreih'. Dabei war ich immer in Gefahr, daß mir dort ein „Geselle" begegne und mich, den Lehrling, den Unfreien, fortjage. Und einmal geschah mir dies, als ich, die Pfeife im Munde, neben dem Spinnrocken eines Prachtmädels saß, das ich wie eine Göttin anbetete. Der Geselle wies mich aus der Stube, entriß mir die Pfeife und übergab sie am nächsten Tag meinem „Lehrherrn". Mein Zorn, mein Schmerz kannte keine Grenzen; die mir widerfahrene Demütigung war auch zu groß. Und als Folgen dieses Ereignisses, das viel Lärm machte, stellte man mir eine Verlängerung meiner Lehrzeit um ein Jahr in Aussicht. In jenen Tagen schrieb ich mein erstes Gedicht; nicht die Liebe, Zorn und Verzweiflung haben mich zum Dichter gemacht und ich muß heute noch die Form dieses Gedichtes anstaunen. Ich zählte sechzehn Jahre und schrie in Versen zum Himmel, die also anhuben:

„Mein Gott, wer reißt mich aus dem Staube,
Eh' ganz vergiftet ist mein Glaube
An Dich, o Menschheit, eh mein Wissen
Versumpft in Stetem müssen, müssen!"

Die folgenden Strophen sind wüst und albern, aber diese eine steht für mich da wie eine Offenbarung; ich weiß nicht, wie ich zu ihr gekommen bin.

Einige Tage, nachdem ich dieses Gedicht aus mir herausgesprudelt hatte, begegnete ich einem alten Gönner, dem Dorfjuden von Guttenbrunn, Herrn Jakob Jellinek. Derselbe hatte mich schon vor Jahren, als ich noch in die Dorfschule ging, ausgezeichnet und sein Wort war nicht ohne Einfluß geblieben, als ich nach Temesvar geschickt wurde. Dieser Mann schüttelte immer den Kopf, wenn er mich von Haus zu Haus gehen sah — balbieren. Und jetzt erkundigte er sich teilnamsvoll nach meinem Befinden. Ich las ihm mein Gedicht vor, doch er hatte kein Verständnis für dasselbe und unterbrach mich: „Das ist mir zu lang! Aber e Schand ist's, daß Du da mußt herumlaufen im Dorf. Warum haste nicht gelernt die ung'rische Sprach? Jetzt wird nix aus Dir."

Meine Abneigung gegen die magyarische Sprache war von jeher groß — wahrscheinlich nur deshalb, weil sie mir als ein Zwang entgegentrat und ich nie durch Gewalt zu lenken war — und jetzt wurde diese Abneigung zum Haß. Ich empfand es schon als Kind, welche Schmach es sei, daß ein deutscher Jüngling in seiner Heimat, die ihm überall, auch in Temesvar, deutsch erschien, nicht deutsch sollte studieren können. Ich hatte bis dahin neben den Deutschen nur Walachen gesehen, nie aber einen Magyaren; ich hörte die Sprache dieses Volkes nur von einigen Beamten in Temesvar sprechen und plötzlich mußte ich in dieser Sprache in der Schule beten, plötzlich sollte ich in ihr denken, lernen. Ich wurde aus dem besten Schüler der schlechteste, ich verlotterte, ich wurde ein Balbierer-Lehrling und hätte in meiner Heimat eher ein Schweinehüter als ein Dichter werden können, wenn ich deutsch bleiben wollte.

„Jetzt wird nix aus Dir!" gellte es mir in den Ohren und ich ging meiner Wege. Aber der kluge alte Jellinek, der seine eigenen Söhne in die magyarischen Schulen nach Arad geschickt hatte und brauchbare Männer aus ihnen zu machen bestrebt war, er behielt mich sofort im Auge und eines Tages erschien er bei meiner Großmutter und sagte: „Der Adam muß fort!" Er hatte durch einen spekulationslustigen Bauer, der stets mit Wein nach Siebenbürgen fuhr, in Erfahrung gebracht, daß jenseits der Berge, weit droben in Hermannstadt, alles deutsch sei. Dort müsse ich hin, dort von Neuem in die Schule gehen, denn es sei ein Jammer und eine Sünde, was an mir geschehe.

Diese Worte setzten meinen Ehrgeiz in Brand und nun begann der Kampf um meine Zukunft. Wie er geführt wurde, wie ich meinen Weg weiter wandelte, das will ich heute nicht erzählen, denn es würde ein Buch werden. Es sei für diesmal genug an der Versicherung, daß ich mich tapfer mit dem Leben herumschlug, ehe etwas aus mir geworden. Im Herbst 1868 war ich in Hermannstadt, im Sommer 1870 bereits in Wien. Der gewaltige deutsche National-Krieg berauschte mich und ich schrieb Briefe in meine Heimat, die am Sonntag im großen Wirtshaus verlesen wurden und die Kunde der deutschen Siege im Banat mehr verbreiteten als dies die Pester Zeitungen gethan haben, die vollständig auf Seite Frankreichs standen. Im Mai 1873 wurde ich als Eleve der Wiener Staats-Telegraphen-Direktion angestellt, im Juni nach Linz gesendet. Zu dieser Zeit schrieb ich ununterbrochen Trauerspiele, deren Hintergrund stets meine Heimat war. Eines davon, „Gräfin Judith," welches im Jahre 1875 entstand, ließ ich im Selbstverlag, „für die Bühnen als Manuskript gedruckt", erscheinen. Es blieb Manuskript.

Von Linz wurde ich drei Sommer nacheinander von Mai bis Oktober dem Telegraphenamte in Ischl zur Dienstleistung zugewiesen und dies war die glücklichste Zeit meines Lebens. Die großartige Natur überwältigte mich fast und die Eindrücke jener Tage sind bleibende geworden.

Ich hatte mittlerweile mannigfache Beziehungen mit Wien angeknüpft und meine Sehnsucht, dauernd dahin versetzt zu werden, wurde von Jahr zu Jahr mächtiger. Heinrich Laube, der ein Stück von mir gelesen hatte, ließ mir im Frühling 1879 sagen, daß sich über dasselbe wohl reden ließe; zum Schreiben habe er keine Zeit. Einige Monate später fuhr ich nach Wien, meine Versetzung zu betreiben. Ich lief geradeaus zum Handelsminister, der mich nicht empfing, und zu einigen Hofräten, von denen einer mir überaus wohlwollend entgegenkam. Zu Laube zu gehen hatte ich nicht den Mut. Ich wollte dies erst thun, wenn ein Stück, das mich gerade zu jener Zeit beschäftigte, fertig war — und dieses Stück hieß: „Des Hauses Fourchambault Ende". Als ich wieder in Linz war, eröffnete sich mir plötzlich die Aussicht, jenes Schauspiel, über das Laube mit mir reden wollte, auf der dortigen Landschaftlichen Bühne aufgeführt zu sehen. Der erste Held und Liebhaber des Linzer Theaters suchte ein billiges Stück für sein Benefize — und er wagte es mit dem meinen. Ich kann die Wonne und Glückseligkeit nicht schildern, die mich erfüllte, als wir uns in der Wohnung des Schauspielers zusammensetzten, „Im Banne der Pflicht" lasen und einrichteten. Und der Abend der ersten Vorstellung! Das Publikum ging ein auf diese „Linzer Première", das Theater hatte ein festliches Gepräge und des Beifalls war kein Ende. Die Zeitungen erschienen am nächsten Tag mit überschwänglichen Berichten und ich sandte einen derselben an meinen Hofrat nach Wien, dem ich offen gesagt hatte, was ich erstrebe. Das war Mitte November. Mitte Dezember hatte ich mein Versetzungs-Dekret für Wien in den Händen. Hier war der unerhörte Fall eingetreten, daß ein litterarischer Erfolg einem k. k. österreichischen Beamten förderlich geworden!

Von meiner Fortsetzung zu „Haus Fourchambault" brachte ich zwei Akte fertig mit nach Wien; dieselben wurden Laube vorgelegt und jetzt beschied er mich ernstlich zu sich. Und als das Stück vollendet war, nahm er es mit Freuden an. Jetzt war ich am Ziel — und jetzt krachte das Wiener Stadttheater in allen Fugen, Laube trat für immer vom Schauplatz. Das war einer der härtesten Schläge, die mich getroffen. Laube schrieb mir für „Haus Fourchambaults Ende" ein Vorwort, er ließ sich „Im Banne der Pflicht" widmen zum Zeichen, daß er auch dieses Stück aufgeführt hätte, er schenkte mir seine väterliche Freundschaft, er schrieb sogar ein Lustspiel mit mir, aber auf seine werkthätige Förderung auf dem Theater mußte ich für immer verzichten. Und einen Mann seines Gleichen habe ich im ganzen Bereiche des deutschen Theaters nicht gefunden. Ich schrieb Stück um Stück — umsonst! Und eines Tages warf ich die Leyer zu Boden, ging unter die Novellen- und Zeitungsschreiber, unter die Kritiker; da erntete ich Lob und Beifall und mein Schreiben ist seitdem ein öffentliches Wirken geworden in Wien. Ich konnte meine Amtsstellung aufgeben, wurde Feuilleton-Redakteur der „Deutschen Zeitung“, heiratete nach der Wahl meines Herzens und bin zufrieden mit meinem Los, wenn auch mein dichterischer Ehrgeiz bis heute unbefriedigt geblieben ist.

Als eines meiner unaufgeführten Stücke („Frau Dornröschen“) in Romanform erschien, da schrieb ein mir wohlgesinnter Kritiker die herben Worte: „Adam Müllers Entwicklung gleicht dem ersten Akt einer großen Zukunft; die andern scheinen ungeschrieben bleiben zu wollen.“ Ich werde diesen Gedanken, dem in anderer Form auch Ernst Wechsler in seinem Buche: „Wiener Autoren“ Ausdruck gegeben hat, seitdem nicht mehr los. Sollen sich diese „anderen Akte“ nicht mehr schreiben lassen?

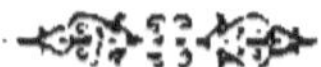

Errichtung eines Volkstheaters eine soziale Ehrenpflicht Berlins.

Randglossen zu dem Vortrag des Freiherrn von Maltzan: „Die Errichtung deutscher Volksbühnen eine nationale Aufgabe“.*)

Von Kurt Eisner.

(Berlin.)

Am 1. Mai 1889 wurde von 1/2 9 – 1/2 10 Uhr abends im Saale der Hochschule für Musik zu Berlin vor einer Handvoll von Zuhörern wieder einmal Volksrettung getrieben. Der vortragende Freiherr Hermann von Maltzan, dessen edles Wollen die Achtung wenn auch nicht die Zustimmung jedes Einsichtigen verdient, entwickelte seine Gedanken über die Errichtung von Volksbühnen als eine *nationale* Aufgabe. Man hörte gar viel von „Nationalgefühl“, „Deutschheit“, auch ein Hymnus auf die Hofbühne und Wildenbruchs Quitzows drang zu den Ohren der paar Menschen, welche die Teilnahme für die Sache in Verbindung mit dem freien Entree nach der Pots-

*) Anfang Mai niedergeschrieben.

damer Straße geführt hatte. Plötzlich war es aus, die wohlerzogene „Menge" klatschte. Nach etlicher Zeit erhob sich eine Diskussion, in der u. a. Herr von Wildenbruch erklärte, er wüßte nicht, wozu er eigentlich da sei. Schließlich ging man daran, einen Verein zur Ausführung der Idee zu gründen, — und so besitzt Berlin, das, glaub ich, doppelt so viel Vereine wie Einwohner hat, einen Verein mehr!

Inzwischen hatte ich mich still davon geschlichen, ohne das Ende abzuwarten. In meinem Kopfe führte Nationalgefühl und Deutschheit ein wildes Pas de deux auf, daß ich am Ende meinen Gedankenbehälter für die Hofbühne hielt, auf der hinter dem Rücken des gestrengen Intendanten der verfehmten Ballettkunst gefröhnt wurde. Das Nationalgefühl hatte stattlich ausgestopfte Waden und die Deutschheit war recht tief ausgeschnitten, damit man ihr tugendhaftes Herz, oder wenigstens die Gegend, wo es so brav für Gott, König und Vaterland klopfte, ordentlich sehen könnte . . . Endlich aber vermochte ich es, den tollen Spuk zu bannen und ernsthaft über das Schauspiel, dessen Zeuge ich gewesen war, nachzudenken.

Vielleicht lesen diejenigen die folgenden anspruchlosen Ausführungen, die befähigt sind, diese Ausführungen wirklich — auszuführen. Da mir nichts an meiner Persönlichkeit, alles an der Sache liegt, so will ich mich gern bescheiden, wenn man gegen meine Gründe mit ehrlichen und scharfen Waffen zu Felde zieht. Alles, was ich vor der Hand wünsche, ist, daß die Angelegenheit mit möglichster Sachkenntnis und Begeisterung erörtert wird und nicht in den ewigen Schlaf so mancher idealen Fragen versinkt. Ist einmal die Teilnahme zu einer Macht geworden, so wird die Frucht nicht ausbleiben.

Wir haben in Berlin ein merkwürdiges Geschick dafür, große geistige Strömungen auf dürren aufsaugenden Boden abzuleiten. Wie jämmerlich verpfuscht erschien bei uns die schöne Sittlichkeitsbewegung des Nordens! Dort der edle, hoch gesinnte Weckrufer des Göttlichen im Menschen: Björnson, hier ein Stöcker, der neben dem Sittlichkeitsverschleiß Abonnentenjagd für ein antisemitisches Hetzblatt betrieb, bis dann das Ganze, vom Fluch des „Ulligen" getroffen, kläglich zusammenbrach. So sollte man sich hüten, in das Volkstheaterproblem die nationale Frage, als das Wesentliche an der Sache hineinzutragen. Fast schien es, als ob der Freiherr von Maltzan und seine Anhänger die heiß ersehnte Zukunftsbühne als Patriotenaufpäppelungsanstalt benutzen oder vielmehr mißbrauchen wollen, in welcher nur Stücke aufgeführt würden, die aus lauter Szenen beständen, welche dem Huldigungsakt der Quitzows — das Urteil der richtenden Nachwelt über diese Szenen dürfte nicht allzu günstig lauten! — ähnlich wären! Unsere Schulen leisten in diesen patriotischen Bemühungen leider schon so übermäßiges, daß denkende und wahrheitsliebende Schüler leicht ganz den Sinn für die eingeschärfte schwarz-weiß-rote Tugend verlieren!

Nationalgefühl ist gewiß etwas Hohes! Aber ebenso gewiß ist dieser Begriff zur Modephrase geworden, die jeder im mehr oder minder großen Munde führt, ohne sich das Geringste dabei zu denken. Es wäre wohl ein recht dankbares Unternehmen, Wurzeln und Bedingungen des Nationalgefühls (Liebe zur Familie, zu Land und Leuten, zur Sprache, Kunst, Geschichte, Zufriedenheit mit den sozialen Verhältnissen und zuletzt und zumindest Anhänglichkeit an die gegenwärtige Staatsform und Regierung) darzulegen, aber für den vorliegenden Fall genügt es, darauf hinzuweisen, daß die Bühne wohl das Nationalgefühl zu heben vermag, daß jedoch dieser Erfolg auch ohne sie hinlänglich erreicht wird, und daß schwerlich jemand durch ein gutes deutsches Stück zu jenem Gefühl bekehrt werden wird, den die anderen täglich und stündlich einwirkenden Faktoren nicht zu gewinnen vermochten. Wie verkehrt die ganze Anschauung über das Nationalgefühl ist, zeigt die eine Erscheinung, daß nationales Bewußtsein vielfach als identisch mit Feindschaft gegen andere Nationen gilt. Gegenseitiges Ringen nicht Kämpfen ist der Segen des Nationalsgefühls, gleichwie das Individuum strebt gegenüber den Mitmenschen.

Unsere Frage ist keine nationale, sondern eine lediglich soziale. Die Kunst soll nicht den Deutschen, sondern den Menschen machen, der ja dann wohl auch ein Deutscher sein wird.

Diese Seite wurde in dem Vortrag des Herrn von Maltzan ganz nebensächlich berührt, höchstens, daß er in dem Theaterbesuch ein Mittel gegen sozialistische Verführungen anpries. Erst als Herr von Wolzogen die Frage aufwarf, was denn der Vortragende sich unter dem Sammelnamen „Volk“ dächte, betonte Herr von Maltzan, daß er alle Schichten der Bevölkerung in seinem Theater vereinigt sehen möchte — als Vergleichsbild wählte er das Publikum der Pferdebahn! — wodurch er die Klüfte zwischen den einzelnen Gesellschaftsklassen ein wenig auszufüllen hoffte.

Ernst von Wolzogen musterte auch das jetzige Theaterpublikum und kam zu dem Resultat, daß außer den Reichen nur diejenigen die Theater besuchten, welche die Reclamsche Universalbibliothek sich anschafften, und daß für diese Bevölkerung der obersten Ränge genügend gesorgt wäre. Die ganze übrige Masse des Volkes käme überhaupt nicht ins Theater und — also die skeptische Meinung des bekannten Humoristen! — würde auch schwerlich die genügende Bildung besitzen, welche das Verständnis der dramatischen Kunstwerke erforderte.

Gehen wir von dieser Bemerkung aus.

Es ist wahr, daß nur die reiche Bourgeoisie die teuren Plätze unserer Theater füllt; auch jener Vergleich mit der Reclamschen Universalbibliothek ist zutreffend, abgesehen davon, daß für viele strebsame Käufer der kleinen rötlichen Hefte auch die olympischen Preise viel zu hoch sind, weil es eben keine Reclampreise sind. Der Verneinung aber der künstlerischen Genußfähigkeit des niederen Volkes will ich zunächst die Frage entgegenstellen: Wie verhält es sich denn in dieser Beziehung mit den gebildeten und, was noch mehr sagen will, wohlhabenden Zuschauern, die jetzt Parquet, Logen und die ersten Ränge inne haben?

Diese Frage schließt einen beleidigenden Zweifel ein, und dieser Zweifel wird durch die eine Thatsache zur Gewißheit: Die schlechten, ja nichtsnutzigen Stücke erhalten sich dauernd auf dem Repertoire, während die guten — die mit dem Aichungszeichen des Klassizismus versehenen Werke gehören als notwendiges Inventarium der sogenannten Bildung nicht hierher, da man diesem Götzen Bildung, wenn auch unter arger Langeweile, einmal dienen muß — die guten Stücke, sage ich, verschwinden sehr bald wieder, sofern jemand den Mut hat, solche zu bringen.

Man gestatte mir eine Illustration dieser traurigen Erscheinung. Ich ging neulich zum erstenmale in das Lessingtheater, um mir Anzengrubers Meineidbauer anzusehen. Ich freute mich über den sehr hübschen, freundlichen und bequemen Raum, wiewohl die seltsame Dampfluft mich unablässig an eine Badeanstalt erinnerte und ich den fatalen Gedanken nicht loswerden konnte, daß die Musen in diesem luxuriösen Theater der lebenden Bilder ihren Erdenstaub abwaschen. Die bis auf den vielleicht etwas konventionellen Schluß einfach großartige Dichtung des österreichischen Poeten wurde schlecht und recht gegeben, und hätte alle aufs Tiefste erschüttern müssen, wenn unter dem eleganten, sehr zahlreichen Publikum sich Menschen gefunden hätten, die zu dieser Anstrengung geneigt gewesen wären. Ich wunderte mich über den geringen Beifall, die allerdings ausnahmslos eintretende Erscheinung, daß die guten Zuschauer in den Zwischenpausen so frohgemut plauderten, lachten, witzelten, kokettierten und Galanterien ausstreuten, als ob nicht das Geringste vorgefallen wäre, übte auf mich die immer wieder verblüffende Wirkung. Aber die Symptome wurden bedenklicher. Das verehrte Publikum verstand offenbar nicht, wie man von einem lumpigen Meineid so viel Aufhebens machen könnte: als der Großbauer mit jener erschütternden unheimlichen Sophistik des Gewissens erzählte — eine psychologische Meisterleistung des Dichters! — wie er zum Meineid sich verführt habe, ging wiederholt ein behagliches — Lachen durch den Sal! Nur an zwei Stellen zeigte sich das Publikum gepackt: einmal, als der jüdische Hausirer einen hebräischen

Witz zum Besten gab, dann, als der Vorhang sich erhob, und ein durch elektrisch beleuchtete Glasröhren flutender Sturzbach in grouser Gebirgslandschaft effektvoll hinabrauschte. Ich weiß nicht, ob ich die technische Herstellung richtig beschrieben habe, ich weiß aber, daß man diese Szenerie beklatschte, und daß ich über dieses Kunstinteresse dermaßen entrüstet war, daß meine Nachbarin erschrocken in mein wutverzerrtes Antlitz starrte! Die Wut wandelte sich allmählich in Schmerz. Ich sah damals mit unumstößlicher Sicherheit, daß unser Theaterpublikum einfach für die Kunst verloren ist. Es ist froh, wenn es hübsche Bilder sieht, häßliche Witze hört und hübsche Darstellerinnen und Darsteller angaffen kann. Wie viele Herren würden wohl noch ins Theater gehen, wenn die Damenrollen, wie ehedem, von Männern gespielt würden!?

Ins Lessingtheater gehe ich freilich nicht wieder, und es wird wahrscheinlich auch ohne mich fortbestehen. Denn es ist mit den Theatern, wie mit manchen Weibern: Sie fallen in die — — Höhe! Vergleiche den Fall Clemenceau! Übrigens möchte ich dem Herrn Direktor raten, wenn er durchaus keine neuen Stücke findet zu den altbewährten zu greifen; er wird nicht im mindesten dadurch seinem Programm untreu werden, denn die Dekorateure leben ja noch. Nur frisch angekündigt:

Faust
der Tragödie erster Teil,
ganz neu aus dem Atelier der Gebr. Falck
(mit Text von Goethe).
Spiegel-Schöne . . . eine preisgekrönte, völlig nackte Schönheit!

Es ist nicht nur die Bourgeosie, welche für die Kunst verloren ist. Vor Jahr und Tag sah ich bei glänzend leerem Hause und guter Darstellung die trotz aller Litteraturgeschichten schönste deutsche Komödie, Anzengrubers Kreuzelschreiber. Etliche Offiziere neben mir äußerten am Schluß laut ihr Mißvergnügen über den verpfuschten Abend; ihr Urteil war kurz und schneidig: „unglaublich fade!“

Unsere Theaterbesucher wollen eben nur die paar Stunden totschlagen, die zwischen den reelleren Vergnügungen, über welche man Goethes Vorspiel auf dem Theater nachlesen mag, liegen und den mühevollen Stunden der Arbeit, welche die Mittel zu jenen reelleren Vergnügungen schaffen sollen.

An jenem Lessingtheaterabend nun packte ich mein Ideal von der allgemeinen Wirksamkeit der Kunst sorgfältig in den großen Kasten, wo meine übrigen Ideale unter Schloß und Riegel ihr ungefährliches Dasein verträumen: Wir müssen uns einmal zu der traurigen Resignation entschließen, daß die Kunst wie die echte Wissenschaft auf einen exklusiven kleinen Kreis hochgebildeter, verständnisvoller, genuß- und urteilsfähiger Menschen sich beschränken muß. Allerdings findet diese kleine Gemeinde trotz der vielen Theater nicht das, was sie sucht; für diese Bedürfnisse aber wird durch die „Freie Bühne“ gesorgt werden, und so können wir Kunstenthusiasten, sofern wir 30 Mark zur Verfügung haben, völlig zufrieden sein und den Dingen ihren Lauf lassen, den wir ja doch nicht zu hemmen vermögen . . . Das waren meine höchst vernünftigen Betrachtungen, als ich das lästige Ideal eingeschlossen hatte.

Aber im Stillen brummte noch der Zorn, daß die Kunst so nackt und bloß in unserer reichen Welt dasteht, entweder gar nicht beachtet oder gröblich mißbraucht. Ein guter Freund versuchte mich zu trösten: Das ist nie besser gewesen, wozu also die Aufregung! Es ist mit Deinem Theater, wie z. B. auch mit den Museen. Die Menschen gehen überhaupt nicht hinein, oder aber sie suchen pikante Genüsse. Der Durchschnittsmensch sieht an der Venus nichts als — die Teile, die man gemeiniglich zu verhüllen pflegt.

Sehr geistreich, sehr wahr, sehr gemein, brauste ich auf. Ein schöner Trost dieses: Das ist immer so gewesen! Dann dozierte ich würdevoll: Wenn wir etwas Neues wünschen und ins Werk setzen wollen, so müssen wir in die Zukunft, nicht in die Vergangenheit blicken. Wer immer und immer den Staub der Geschichte einatmet, dessen Lunge vermag nur noch schwächlich und zaghaft zu atmen. Wo es gilt, Fortschritt zu schaffen, atme man die stählende Waldluft des Idealen. Peinliches Rechnen und Wägen hat niemals etwas Großes bewirkt!

Bravo! lachte der Freund. Du verdirbst ja den armen Historikern ihr ganzes Geschäft! Anstatt Dich mit solchen unedlen Bemühungen abzugeben, komm lieber mit mir zum Fall Clemenceau ins Lessingtheater: Die Petri ist reizend und originelle Einfälle haben diese Franzosen in Hülle und Fülle, das muß man ihnen lassen: Sie hat so langes Haar, daß man darauf tritt, wenn man mit ihr zu Bette geht — das Wasser läuft einem im Munde zusammen, wenn man es hört! Daß ich bei der Venus Kallipygos eben nur jene unaussprechlichen Teile sehe, wirst Du begreiflich finden, ohne daß Du mich zu den Kunstbarbaren rechnest.

Brr! sagte ich, und der Freund ging ohne mich. Als er fort war, legte ich noch ein Schloß vor den Idealkasten, und das half: ich hatte Ruhe vor allen derartigen Anwandlungen.

Ich bin dann am dritten Osterfeiertag nach der „Zibbe“, der plebejischen Schwester des Spandauer Bocks, hinausgepilgert, um das Volk bei seinen Vergnügungen aufzusuchen. Das endlose Läuten einer sehr unmelodischen Glocke veranlaßte mich, der Kinderschar zu folgen, die plötzlich in eine bestimmte Richtung forteilte. Bald stand ich vor einem Puppentheater, wehmütig denkend an die frohen puppentheatralischen Genüsse meiner Kindheit. Kasperl erschien, jubelnd von den Kindern, unter denen sich auch nicht wenige Erwachsene befanden, begrüßt. Er war recht heiser, was er dem Bockbier zur Last legte. Und nun ging der groteske Spaß von statten. Wie glänzten die Augen der Kleinen, wie fröhlich lachten sie, gaben sich einander Aufklärungen und rieten auch dem lieben Kasperl zum Guten, wenn er es gar zu wild trieb! Das war ein Publikum, wie man es sich nur wünschen kann, das selbst vor dem strömenden Regen wacker stand hielt. Ich selbst mußte über die drolligen Späße des grausamen Kasperle so herzlich lachen, wie ich das bei modernen Lust- und Trauerspielen nicht vermag. Eine herrliche Schöpfung des Volkshumors, dieser Kasperle, der so ausgelassen-spaßhaft, mit so erhaben unverschämter Verwegenheit spielt, und der zugleich gegen die zusehenden Kinder sich so liebreich und gutmütig benimmt! Die Sonne des Humors scheint hier in die Abgründe des Lebens, sie durchleuchtend und aller Schrecken beraubend. Und was ist der Kasperle dabei für ein Dramaturg und Regisseur! Mit einem mächtigen Stock bewaffnet löst er alle Schwierigkeiten der Inszenierungskunst.

Ja, der Kasperle und sein Publikum hatte es mir angethan, und als ich nach Hause kam, ging ich an meinen großen Kasten und nahm das große Ideal heraus. O, wie glänzte und strahlte es, daß alle Resignation aus meinem Busen schwand, und ich ganz deutlich den Tag vor Augen sah, an welchem mein Ideal nicht mehr in dem öden Kasten sondern in einem großen Gebäude, in welchem begeisterte Menschen hohen Dichterworten andächtig lauschten, in einem — Volkstheater wohnte!

Die Idee des Volkstheaters war für mich zuerst eine kunstsoziale. Aus allen den Menschen, die jetzt nicht in das Theater gehen, sollte ein neues, wirkliches Publikum für die Kunst geschaffen werden. Und es schien mir möglich. Gesunde, nicht blasierte Gemüter, Menschen, die fähig sind zu genießen, was sich erhebt über den Magen, die — — Liebe und ähnliche Sportsgebiete, diese sind fähig zum Kunstverständnis, ohne daß irgend eine andere Eigenschaft als Vorbedingung vonnöten wäre.

Selbst wenn man an diesem Verständnis der breiten, ungebildeten Volksmasse zweifelt, so muß man sich doch darüber klar sein, daß die Verständnislosigkeit überhaupt nicht größer sein kann, als bei unseren Gebildeten.

Wir lesen in den Biographien von Theaterschwärmern z. B. L. Tieck, daß sie schon als Kinder von klassischen Stücken die gewaltigsten, bis in das höchste Alter frisch bleibenden Eindrücke empfingen. Was ein Kind vermag wird auch der ungebildete Mann von gesundem Geist können! Außerdem blicke man einmal in die für Arbeiter bestimmten Organe, und man wird finden, daß sie weit höhere Anforderungen an die Leser stellen als der Durchschnitt der für die gebildeten Kreise zurecht gemachten Familienblätter!

Und ferner: Wir verlangen, daß das Volk die metaphysischen Rätsel, die tiefsinnige oder auch aberwitzige Symbolik der dogmatischen Religion begreifen soll, und die unendlich durchsichtigeren Gebilde der Kunst sollte es nicht fassen können? Ich meine, man lasse diese Frage auf sich beruhen und versuche einmal! Noch eines aber ist zu beachten: Völliges Begreifen von Kunstwerken ist nicht einmal notwendig, ja manchmal gar nicht möglich. Es genügt ein gewisses Ahnen, und diese Fähigkeit besitzt jede gesunde Seele. Ich erinnere mich, als Kind mit dem größten Eindruck Bücher gelesen zu haben, die ich aus bestimmten Gründen gar nicht ganz verstehen konnte. Gerade das Dunkle, Geheimnisvolle erhöht die Wirkung. Außerdem sind nicht alle Dichtungen von der Sonnenklarheit der Lessingschen Werke. Hier freilich scheint der Verstand des Dichters in die entferntesten Winkel der Schöpfungen, und vielleicht ist es eben dieser Umstand, der Lessings Werken einen Hauch von unpoetischer Nüchternheit verleiht. Wer aber vermag Faust, Hamlet in allen Falten durchaus zu verstehen! Es war allerdings ein verhängnisvoller Irrtum der Romantiker, daß sie im Unverständlichen das Poetische an sich sahen und als Kunstwirkung ein mystisch-verworrenes, unklares Fühlen verlangten. So viel jedoch darf man von jener übertriebenen Lehre sich aneignen: Das ahnende Fühlen erscheint als Bundesgenosse, wenn der Intellekt im Stiche läßt. — — Vielleicht wird man dieses Prinzip auch der Religion gegenüber aufstellen, aber hier liegt die Sache anders: Auf den religiösen Anschauungen sollen nicht künstlerische Eindrücke basieren, sondern praktisches Glauben und Handeln. Der Untergrund des Handelns aber kann nicht fest und sicher genug sein.

Diese Möglichkeit des Verständnisses nun vorausgesetzt betrachten wir die vorliegende soziale Frage nicht von der Kunst, sondern von dem genießenden Volk aus.

Jede geistige Bethätigung erweckt die lebhaftesten, reinsten und zugleich dauerndsten Lustgefühle, deren der Mensch überhaupt fähig ist — ein Satz, der so selbstverständlich ist, daß ich ihn gar nicht aussprechen sollte. Man redet von geistiger Nahrung in bildlichem Sinne, und doch ist offenbar in diesem Ausdruck mehr als ein Bild enthalten: Das Geistige nährt in der That, es entlastet die leiblichen Bedürfnisse. Die Weisen sind von jeher im höchsten Grade bedürfnislos gewesen. Die fast fabelhafte Lebensweise des Spinoza ist das glänzendste Zeugnis für diese Erscheinung. Nun ist freilich und soll nicht jeder ein Spinoza sein, aber jener jüdische Denker zeigt doch die Möglichkeit, einen herrlichen Weg, auf dem jeder zu gehen imstande ist, wenn er auch nicht so weit kommen kann, will und soll. Die Beschäftigung mit dem Geistigen lindert den Unmut über die mangelhafte Befriedigung der materiellen Wünsche, die andern im größten Überfluß zu Teil wird. Und da, bis jetzt wenigstens, noch nicht der erleuchtete Mann erschienen ist, der diese soziale Frage der materiellen Ungleichheit nach allen Seiten befriedigend gelöst hat, so muß jedes Mittel willkommen sein, welches diese Unzufriedenheit zu lindern vermag, und welches ausführbar ist, wenn man nur Lust und Liebe hat. Der Verein zur Massenverteilung guter Schriften (unter denen nur die wissenschaftlichen nicht ganz fehlen müßten) wird in diesem Sinne äußerst Segensreiches leisten.*) Die Krone dieser Bestrebungen ist ein Volkstheater.

Man wird mir nun die Richtigkeit der letzten Betrachtungen gern zugeben, aber darauf hinweisen, daß die Kirche, die Religion diesen Wünschen vollkommen Rechnung trägt, daß man nur das Volk zur alten Frömmigkeit (aus welcher Zeit??) zum festen Glauben zurückführen und vor allem mehr Kirchen bauen müsse. Der Ruf nach Kirchen erschallt in der That sehr laut, und nicht nur bei den Protestanten, sondern z. B. auch bei den Juden, die lebhaft für die Errichtung neuer Synagogen agitieren. Ich zweifle nicht, daß die Mittel da sein werden, sobald man ernstlich sich bemüht.

Da die Lösung der Volkstheaterfrage nun innig mit der Kirchenfrage zusammenhängt, muß ich ein wenig auf dieses vielleicht heikle Thema eingehen.

Daß die dogmatische Religion heute nicht mehr die alle beherrschende Macht ist, darüber besteht kein Zweifel, man mag dieser Thatsache nun zujubeln oder zürnen. Wer geht heutzutage in die Kirche? Es fehlen leider darüber statistische Angaben, aber ich glaube außer Konfirmandinnen und älteren unverehelichten Damen besuchen nur gewisse Teile des Kleinbürgertums, Angehörige einer neuerdings frommen Aristokratie sowie alle diejenigen, welche der Not gehorchend nicht dem eigenen Triebe gehen müssen, den sonntäglichen Gottesdienst, die meisten mehr aus lieber Gewohnheit als aus innerem Drange. Schließlich ist es auch eine Art Vergnügen, hübsch angezogen in die schönen Kirchenräume zu pilgern, aber ich möchte doch nicht die Andächtigen nach dem Inhalt des Gehörten fragen, es würde sich wohl

*) Vergl. G. Freytags Lebenserinnerungen. Die wunderbaren Wirkungen des von ihm zu Dresden begründeten Arbeitervereins schildert hier ein liberaler Mann, der aber über den Verdacht ultrademokratischer Anschauungen erhaben ist. Eben da findet man auch lehrreiche Betrachtungen über das Benehmen des „Pöbels“ im Gegensatz zu dem der „Gebildeten“.

oft herausstellen, daß die guten Leute die Antwort schuldig bleiben, weil sie nicht zugehört. Käme man vollends auf den Einfall, Entree zu fordern, die Frömmigkeit würde plötzlich auf ein noch weit tieferes Niveau sinken.

Die Gründe dieser Thatsache sind so sonnenklar, daß jeder, der sehen will, sie sehen muß. Aber diesen Willen besitzt man leider nicht, man jammert statt dessen über den Verfall des Glaubens, ruft vergebens Arbeiter, junge Kaufleute, Studenten zum Kirchgang auf und bemüht sich um das undankbare Geschäft, den hinabstürzenden Strom mit den machtlosen (wenn auch hochherrschaftlichen) Händchen empor zu drängen.

Die Religion ist heute nicht mehr, was sie war. Sie ist nicht mehr der Inbegriff unserer Wünsche, unseres Denkens, Wollens und Handelns. Wir wünschen auf Erden ein Paradies, nicht ein himmlisches. Die Wogen der neuen Gedanken sind über alle geflutet, unser Wissen ist über das der Bibel hinausgewachsen, wir haben andere staatliche und soziale Ideale. Das alte Gefäß ist zu eng, weil der Inhalt zu groß geworden ist. Aber wir haben das Gefäß noch nicht auf den Kehrichthaufen geworfen, sondern bemühen uns all das Neue hineinzuschütten, obwohl es einmal nicht mehr fassen will, anstatt ein größeres Gefäß zu schaffen, in dem sowohl das wertvolle Alte wie das Neue Platz findet. So lebt die biblische Religion noch, aber sie lebt ein byzantinisches Scheindasein.

Und wo sind die neuen Ideen zu finden? In der Wissenschaft und der Kunst. Es wäre ein Ziel, innigst zu wünschen, daß alle Menschen imstande wären, philosophisch zu denken. Auch die Wissenschaft läuft schließlich auf Glauben hinaus, aber auf einen Glauben, der weniger der Skepsis ausgesetzt ist, als der biblische Dogmatismus. Selige Zeit, da Weltanschauung, nicht Bibelglaube die Menschen beherrschen wird, aber dieses goldene Zeitalter liegt schwerlich so nahe, daß wir es noch erleben werden. Die Wissenschaft ist für den Geist der Masse noch zu schwer. So bleibt die Kunst als letzte Rettung übrig. Auch in ihr pulst und wogt die neue Zeit (und sie wird in steigendem Maße von dem Geist des Modernen erfüllt werden, je weiter sie, vom Banne des Konventionalismus befreit, aus der Kinderstube in die gewaltige Welt hinauswandert), aber der Gedanke ist in Poesie getaucht, daß er fast dem Kinde verständlich wird. Die Kunst ist die Mittlerin zwischen Religion und Wissenschaft. Wir glauben zwar nicht an die Gebilde der Dichter, aber sie führen zu einem Glauben, und selbst wenn die Kunst nicht diese Wirkung hat, so besitzt sie jene zauberhafte Macht, von der ich oben geredet habe; und von aller geistigen Nahrung ist das lebendige Drama die stärkendste.

So setze ich denn dem Ruf nach Kirchen, die schwerlich den Massen

Glück und Zufriedenheit bringen werden, den Ruf nach einem Volkstheater entgegen.

An wen richtet sich dieser Ruf? Man hat die Hoffnung ausgesprochen, daß sich eine Gesellschaft finden würde, welche die Mittel aufbrächte. Ich glaube das nicht, und wünsche es auch nicht. Der Hinweis auf die großen Erfolge der Urania ist verkehrt.*) Die Urania ist ein Institut ohne Konkurrenz, das auf das Interesse einer zahlungsfähigen Menge rechnet. Und überdies würde die aufopferungsfähigste Gesellschaft die Eintrittspreise nicht so niedrig stellen können, wie sie für ein Volkstheater sein müssen. Den Berlinern soll niemand ein Theater schenken, sie sollen es sich selber bauen, wie sie sich selber Kirchen errichten, ganz auf dieselbe Art und Weise. Berlin teile sich in Theatergemeinden, wie es in Kirchengemeinden bereits geteilt ist. Die Gemeinden bauen (oder mieten) in Verbindung mit der Stadtverwaltung alle zusammen ein Volkstheater. Das Verfügungsrecht über die Plätze geht in einem Turnus abwechselnd von Tag zu Tag an die verschiedenen Gemeinden über. So wird Überfüllung vermieden. Die Preise sind natürlich minimal. Für die tüchtigsten Schüler der Fortbildungsschulen, die Lehrer und Lehrerinnen der Volksschulen, die verschiedenen Hochschüler wird eine bestimmte Zahl von Freibillets reserviert. Auch Fabrikbesitzern werden Freikarten zur Verteilung an die Arbeiter und deren Familien überlassen, sofern diese, meist doch reichen Herren nicht geneigt sind, gegen Bezahlung täglich eine Anzahl zu übernehmen.

Die Ausgaben unseres Theaters müssen selbstverständlich möglichst beschränkt werden. Keinerlei Ausstattungsluxus, damit das neue Publikum nicht erst an diesen, alles Kunstinteresse überwuchernden Unfug gewöhnt werde! Keine Pracht der Kostüme! Für historische Stücke reichen einige wenige geschmackvolle Idealtrachten aus; die Albernheit der historischen Treue ist ebenso kostspielig wie zwecklos. Es kommt vor allem auf eine tüchtige Darstellung an. Und hier richte ich eine Aufforderung an Künstler und Künstlerinnen, die Idealität genug besitzen, um lediglich der Kunst und dem Volke zu dienen, die ohne aufdringliche Eitelkeit und verschwenderische Habsucht bei auskömmlichen aber nicht übertrieben hohen Gagen alles in die Ehre setzen, in dem ersten Volkstheater der Welt zu spielen. Insonderheit

*) Die Urania ist ein astronomisches Theater, eine Art Volkssternwarte. Die Gesellschaft, welche sich zur Gründung dieses Unternehmens gebildet hat, soll bereits über so bedeutende Mittel verfügen, daß sie fast in Verlegenheit ist, wie alles verwendet werden könnte. Ob diejenigen, die das Geld hergegeben haben, wohl ganz ohne Gewinnsabsichten sind und rein, um dem Volk die erhabne Welt des Himmels zu erschließen, ihre schönen Goldstücke geopfert haben?

muß diese Bühne so beschaffen sein, daß jedes talentvolle reindenkende Mädchen hier wirken kann, ohne durch den Schmutz waten zu müssen, der so oft hinter den Koulissen aufgehäuft ist.

Der leichteste Teil dieses Problems ist die Repertoirefrage. Man hüte sich nur, zu ängstlich die Stücke auf ihre Volkstümlichkeit zu prüfen. Nichts ist gefährlicher als zu geringe Anforderungen an das Verständnis zu machen. Man spiele nur alles munter durcheinander, Gutes und Mittelmäßiges, Klassisches und Modernes, Tragisches und Komisches; mit Ausschluß natürlich von allem Gemeinen, doch sei man in diesen Dingen nicht allzu ängstlich: Das deutsche Volk hat sich im Kot der Fastnachtsspiele gewälzt und war dennoch fähig und gewillt, die Kämpfe der Reformation durchzuringen. — Von ernsten Dramen besitzen wir so viele, so gute, daß der Vorrat schier unerschöpflich ist. Auch die Dichter der Gegenwart werden Schönes leisten, wenn sie einen Schauplatz für ihre Thätigkeit finden. — Was das Komische anbelangt, so mangelt es am feineren Lustspiel. Scheint es, daß auch dieses nicht fehlen dürfe und dem allgemeinen Geschmack behage, so entleihe man ruhig ein oder das andere von den Kulturvölkern, die auf diesem Gebiete größere Begabung und Fruchtbarkeit besitzen. Feste Stützen der Volksbühne müssen die beiden Österreicher Raimund und Anzengruber sein. Die ältere Berliner Posse (Kalisch) darf nicht fehlen, vielleicht regt sich dann auch die neue sehnlichst erwartete Weltstadtposse. Versuche mit dem älteren deutschen Singspiel könnten gemacht werden, eine Wiederbelebung des überaus lustigen Holberg dürfte Erfolg haben. Wie gesagt, die Repertoirefrage macht keine Schwierigkeiten . . .

Wir lesen jetzt mit wachsender Bewunderung die Berichte über die Ausstellung in Paris. Der Glanz der alten „Weltsonne" ist doch nicht so ganz erloschen, wie wir uns in eitler Selbsttäuschung einzureden beliebten. Da den übrigen Kulturländern die Teilnahme in der — russischen Luft jämmerlich erfroren ist (stehen doch selbst Künstler wie Reinhold Begas ganz im Banne der Knute!*) so füllen die Franzosen, also vornehmlich die Pariser

*) Die Weltgeschichte erscheint dem Nachdenkenden oft wie ein ungeheurer Kinderspielplatz, auf dem die Menschen die läppischen Narreteien treiben. Nur ab und zu, wenn ihnen das Spielen zu langweilig wird, schlagen sie sich gegenseitig tot. Ein unangenehmes aber bequemes Mittel zur Fabrikation von Geschichte, wozu nicht mehr als das Ingenium eines Zuhälters gehört. Von all den furchtbaren sozialen Rätseln hat die Geschichte noch keines gelöst, kaum daß sie sich mit ihnen befaßt hat. Das Interesse an diesen Dingen ist freilich in unseren Tagen weit lebhafter geworden, dennoch beanspruchen sie nicht so viel Zeit, als daß die Regierenden nicht Muße fänden, sich über höchst wichtige Etiquettenfragen die Hirne zu erhitzen. „Mit der kann ich nicht umgehen, denn sie ißt Fisch mit dem Messer! Und damit der Verschmähte mir nicht die Augen auskratzt, bitte ich zu meinem Schutz

aus eignen Kräften die Lücken aus . . . Sollte das stolze, reiche,*) mächtige Berlin nicht etwas Ähnliches leisten können? Es ist wahr: Berlin hat saubere Straßen, gute Kanalisation, helle Beleuchtung, treffliche Schulen u. s. w. Dieses stolze, reiche, mächtige Berlin hat aber bisher noch nichts geschaffen, das neu und unerhört, vorbildlich für die ganze Welt wäre. Markthallen gab es zuvor in Paris, Stadtbahnen in London, aber ein Institut, welches die Seelen der Armen erhebt, stärkt und tröstet, das wäre ein ewiger Ruhmestitel unserer Stadt. Der Mensch lebt nicht von Brot allein, Berlin würde die erste Stadt sein, welche jenes andere selbst denen giebt, für die nicht einmal genügend Brot vorhanden ist . . .

Und wären dies alles schon Träume, Phantasien eines Idealisten, hat das stolze, reiche, mächtige Berlin nicht das Geld übrig, um einen Versuch zu wagen, der doch kaum so große Einbußen veranlassen würde, wenn er auch mißlänge. Es ist das herrliche Recht des Mächtigen, Neues prüfend zu wagen! Berlin mache von diesem Rechte Gebrauch!

Das war es, was ich sagen wollte. Sind diese Worte ein Schrei in das unendliche Nichts?

---

um etliche Millionen, damit die Armee verstärkt werde." Zu den alten Weibern gehören natürlich auch die lieben Tiere, die trotz oder wegen ihrer treuen Anhänglichkeit an ihre Futtergeber einen wenig schmeichelhaft klingenden Namen führen. Und dabei fällt mir ein, daß die obige Klammerbemerkung vielleicht nicht von jedem verstanden wird. Also: Die Zeitungen veröffentlichen die Namen etlicher wackerer Künstler, die trotz der offiziellen Nichtbeteiligung in Paris ausstellten. Unter ihnen ward auch Reinhold Begas genannt. Das war aber für den Schöpfer des Begasbrunnen eine zu große Ehre. Ein kurzes aber äußerst deutliches Dementi erschien, in dem die Seelenangst des um seine höfische Huld besorgten Mannes aus jedem Strich sieghaft hervorleuchtete, eine Thatsache, die nur in dem Glut- und Wutstil eines Scherr nach Gebühr gewürdigt werden könnte. Die spätere Zeitungsnachricht, daß jenes prächtige Dementi mehr dem Wunsch als der Wahrheit entspräche, würde dieses Zeitbildchen von 1889 in eine höllische Beleuchtung rücken, wenn man das Unglaubliche zu glauben wagte. Widerrufen ist diese Verläumdung freilich meines Wissens bisher nicht.

*) Die Unsummen, welche bei feierlichen Gelegenheiten für Momentanausschmückungen der Stadt verausgabt werden, zeigen wie viel Geld Berlin für den idealsten (wenn man so will!) Luxus übrig hat, für die Repräsentation! Man führe doch statt dessen die zu ehrende Persönlichkeit in das Volkstheater, die Huldigung wäre weniger flitterhaft und kostspielig; dafür würde sie aber um so lauter den Ruhm der Stadt verkünden. Wem die Mittel nur Kartoffelnahrung gestatten, der wird nicht elegant gekleidet gehen, sofern er nämlich kein Narr ist!

Unser Dichteralbum.

Ein Sonnenuntergang.*)

Auf einem breiten Wege schritt ich hin,
Der grad und lang vor mir hinaus sich dehnte
Zur Stadt hinaus, durch niedre, letzte Hütten . . .
Ich sah der Sonne, wie sie sank, ins Auge.
Dorthinten, wo der Weg den Hügel anstieg,
Da stand sie vor mir — drohend, rot und stumm.
Sie bannte mich mit ihren letzten Strahlen,
Und wie ich wollte, konnt' ich meine Blicke
Dem Blick des Glutenauges nicht entwinden.

Da sank sie hinter jenen langen Hügeln,
Die weit und breit den Horizont umgrenzten,
Und es verwaisten meine beiden Augen.
Ein unerklärtes Bangen faßte mich,
Es flitterten die farb'gen Sonnenbilder
Um mich herum . . . Sie mehrten meine Angst . . .
Der Schatten einer Toten! Und so bunt!
Ein Tanz! — Und überall muß ich ihn sehn:
Wohin ich blicke — dieses leere Bild . . .

Da war es mir, als hätt' ich ganz verloren
Aus meiner Hand die Zügel meines Willens
Und würde nun von fremdem Zwang geleitet.
In eine niedre Hütte trat ich ein,
Und hinter mir zog ich die Thüre zu —
Ich war allein im fremden, dunklen Raum.
Und ohne Denken stand ich eine Zeit
Ganz still, mit angehaltnem Atem. — Vor mir
Das kleine Fenster . . . draußen Abendhelle . . .

War ich nicht jemals schon, vor langer Zeit
Einmal in solchem Halblicht dagestanden?
Ich war's . . . Ich wußt' es wohl . . . Ich konnt's nicht finden . . .
Dahinten dehnte sich die Hügelkette,
Und drüber lagen Sonnenabschiedslichter
Wie Lippen, die beim Sterbekuß erblassen.
Vorn unterm Fenster spielten ein paar Kinder
Am Brunnen. Still, geheimnisstill die Luft,
Die abendkühl durchs offne Fenster wehte. — —

---

*) Aus der zweiten Auflage des „Studenten-Tagebuches". Zürich, Schabelitz

„Verlaß mich nicht! Verlaß mich nicht! — O Gott!“
Zusammenschrak ich, als ich diese Worte
So nah — so jäh — so angstvoll stöhnen hörte
Beim Eintritt hatte mein geblendet Auge
Das Bette vor dem Fenster nicht gesehn.
Dorther die Stimme. Und ein junges Weib
Fuhr von dem Lager auf. Es strich die Haare,
Die langen, blassen, dünnen aus der Stirne.
Es streckte zitternd seine Hand nach mir;
Und aus dem schmalen Kopfe, der sich dunkel
Vom Himmel abhob in des Fensters Rahmen,
Herleuchteten zwei große, heiße Augen;
Und diesmal klang's getröstet und erleichtert:

„Ich wußte, daß Du zu mir kommen würdest.
Komm nah heran. Ich kann so laut nicht sprechen.
Setz' Dich zu mir aufs Bett. Es ist noch Platz.
Ich bin so mager — sieh nur meinen Arm . . .“
Und sie entblößte ihn und hob ihn auf.
Ich trat heran und setzte mich aufs Bett
Und faßte diesen bleichen schmalen Arm
Und schaute in ihr junges, krankes Antlitz,
Das nun vom Dämmer draußen halb beleuchtet.

Der Sturm und jedes Ungemach der Welt,
Still fressend Feuer zehrender Leidenschaft . . .
Das Kind des Armen, kaum zum Weib erblüht,
Dem Not und tiefes Leid die Brust zerstört!
„Ich wußte, daß Du zu mir kommen würdest.
Laß Deine Hand mich küssen · wehr' es nicht!
Warum? Warum? Du kennst ja meine Schuld.
Du hast mir ja vergeben — hast Du nicht?! —
So — laß mir Deine Hand — laß mich sie küssen.
Jetzt stirbt der Leib — zu nichte wird der Leib —
Zu Staub — Du mußt ihn an den Sohlen dulden —
Er stört Dich nicht — laß ihn — laß ihn da unten — —“

Sie fiel im Sitzen in sich selbst zusammen;
Ein Schauer zuckte durch den matten Leib,
Es sank der Kopf — da raffte krampfhaft sie
Sich wieder auf und sah mir bang ins Auge:

„Du mußt mich an den beiden Armen halten.
So — so — ich falle sonst zurück ins Kissen.
Da ist es dunkel. Und ich muß noch aufrecht . . .
Hier — halte mich — hier oben ist's noch hell.
Siehst Du die dunkle, schwere Wolkenmasse,
Sie will sich langsam auf die Hügel legen —
Sie zieht so still — so sicher — so gewiß — —

Das ist der Tod: hör' mich: ich muß Dir sagen . . .
Wie Du, so ist auch er hineingetreten
Einmal — einmal an einem Märzenmorgen.
Wie Dich, so hat auch ihn mein Herz erwartet:
Es hat geschlagen. Es hat nicht gebangt.
Ich wußte, daß er zu mir kommen würde.
Und immer wieder ist er dann gekommen:
Zu seinem Eigen hat er mich gemacht:
Mein Leib ward sein und meine Seele sein:
Kein andrer hat ihn je darum betrogen.

Und eines Tages ist er auch gekommen
Und hat mich lang belobt, daß ich so gut
Und treu geworden — und noch vieles Andre
Hat er zu mir gesprochen — bis ich still,
Ganz still geworden war — und kaum noch hörte —
Und hat auch Geld auf meinen Tisch gelegt —
Und hat geweint — glaub ich — und ist gegangen —"
Da wandte sie die Augen von mir ab.
Sie wurden starr und wurden immer größer . . .
Sie schauten bang, erwartungsbang hinaus,
Hinaus nach jenen mattgesäumten Hügeln:
„Dort! dort!" — so keuchte sie und riß den Arm
Aus meiner Hand: „Dort! Sieh: Da schreitet er,
Groß, übergroß - auf seinen Armen — sieh! —
Im Glanze jubelnd das glücksel'ge Weib:
Er weidet seinen Blick an ihrem Lachen,
An ihrem zarten Wuchs, an ihrer Seide . . .
Er geht! Er geht! — Er ist so groß — so übergroß . . ."

Sie sank zurück. Es zuckten ihre Glieder.
Ich beugte mich erschüttert über sie
Und lauschte bang den schweren Atemzügen.
Im Todeskampfe hielt ich ihre Hände.
Hingebung, selbstvernichtend, qualdurchströmt,
Verklärte hoheitsvoll ihr brechend Auge.
Auf ihre Lippen preßt' ich meine Lippen,
Um sie zu wärmen — hauchte meinen Atem
Ihr in den Mund — so haben wir gerungen
Lang, Brust an Brust mit jenem düstren Freunde
Der Menschen . . .

Ich drückte ihr die kalten Augen zu.
Als ich den thränenleeren Blick dann wieder
Hinaus zum Fenster lenkte nach den Hügeln —
Da war das letzte Abendgelb erloschen,
Es war die Wolkenlast herabgesunken —
Ausbreitete die Nacht die düstren Schwingen.

Berlin. Otto Erich.

Lyrikerchens Traum.

Ach Gott, wie grob ist unsre Zeit!
Wie starr, wie eisern-folgerichtig —,
Nichts als die graue Nützlichkeit
Erscheint modernem Volke wichtig.

Was schiert sie Mondschein, Blütenduft
Und all' die süßen, zarten Dinge,
Die früher Zeit so lind die Luft
Durchsäuselten wie Schmetterlinge?

Kompakte Nahrung will das Pack
Und sicher-feste Staatspapiere,
Geld, Geld nur immer in den Sack . . .
Schlaf ein, mein lyrisch Herz, erfriere!"

Der dies schrieb in lang und kurzen
Zeilen mit blaßblauer Tinte
In ein zierlich-goldgerändert
Aber umfangreich Volumen,
War der Dichter Baldwin.
Baldwin vom grünen Hage
Nannt' er sich, in Wahrheit hieß er
Emil Blempke; blond, blauäugig
War er, lang behaart und mager.
Dieses ist mein Held! — Wahrhaftig,
Stolz will mir die Seele schwellen,
Wenn ich denke dieses Helden!
War er nicht berühmt im Lande,
Herzberühmt bei allen Damen?
Wob sein Lied nicht ambraduftig
Still in tausend Backfischherzen
Rosarote Sehnsuchtsschleier?
Guckte nicht aus allen Winkeln
Sittenzücht'ger Wochenblätter
Seine blasse Mondscheinmuse
Mit dem Blick voll dünner Wehmut?
Ja, er war ein auserwählter,
Unerkannter, vielberühmter,
Sinnig-minnig-unschuldsvoller
Braver, lieber Lyraschläger.
Aber ach! sein Sinn war trübe!
Dicke, schwere, schwarze Wolken
Zogen dicht sich um sein Herzchen,
Und die Seele ward ihm bänglich.
Täglich sanken sie im Preise
Seine Rosenölpoeme,
Täglich wurden mehr abwendig
Seiner zarten Weltauffassung.
Ungebührlich laute Stimmen
Schrie'n nach festrem Lyraton.
Nannten seine Lieder Singsang,
Klimperei und Däseltöne,
Wollten etwas andres hören
Als beglänzte Abendwiesen,
Liebesqualen, Herzensschwanken,
Sprachen viel von Kraft und Wahrheit.
Weh! ach weh! die Welt geht unter!
Ja —, der Untergang ist da!
Baldwin wards offenbarlich
Jüngst in lyrisch-grausem Träumen,
Als ihm schnöde retourniert ward
Ein aus Duft und Dust gewobnes
Lenzgedicht im zierlichsten Tone:
Gott sei Dank! 's war nur ein Traum
Seelenschmerz voll Bangigkeiten
Warf ihn nieder auf das Sofa,
Jenes blaue Lotterbette,
Dessen schwippend-sanfte Polster
Ihn mitsamt der wolkenduft'gen
Muse, ach, wie viele Male
Schwangen in Begeistrungssphären,
Glatt, elastisch wie sein Reim.
Aber jetzt, wie eine Leiche
Lag er mit geschlossnen Augen
Auf dem hehren Musenlager,
Krampfhaft hielt die Hand das schnöde
Rückgeschickte Lenzpoemlein,
Doch sein Geist ersah, was folgt:
Grau in Grau die Welt: — ein Dröhnen
Kraftgespannten Arbeitsringens
Schallt ringsum, ein feierlicher
Düstrer Ernst liegt auf den Zügen
Allen Volks, die Luft ist ruhig,
Schwefelduftig, widerwärtig,
Wie nach Menschenschweiße riechend.
Sehr geduckt, im schwarzen Gehrock
Schwanken tausend Lyraschläger
Wimmernd durch die dunklen Straßen,
Schwerbepackt mit Manuskripten,
Trostlos und Verlegerlos.
Aufgestapelt riesenmäßig
Liegen zentnerweise Ballen
Lyrisch-himmelblauer Bände

In profanen Käseläden,
Und der Mann der stumpfen Arbeit
Kriegt als Hülle gelblich-weißer,
Nicht lavendelduft'ger Speise
Ach, ein Blatt von Balduin
Deutlich sieht's der Unglückselige:
Seite 13 „An Klarissa" —
Ach, es ist der allerbeste
Seiner keuschen Minnesänge,
Ach, es ist das wunderbare
Lied, in welchem Mond und Sterne,
Sonne, Thau und Himmel glänzen,
Nachtigall und Amsel flöten,
Selbst die Stein' und Flüsse jubeln,
Kurz, in welchem Balduin
Der Natur sämtliche Reiche
Kühn mobilisiert, um seiner
Wolkenhaften, herzgeträumten,
Nie gewes'nen, still ersehnten
Blond-blauäugigen Klarissa
Einen schnellen Blick zu rauben.
Dieses Lied im Käseladen!
Und statt dieser süßen Lyrik
Tönen ihm ins Ohr gewalt'ge,
Für sein zart Gehör zu laute,
Leidenschaftlich-volle Weisen.
Bald wie brausende Choräle
Kraftentzückten Menschenstrebens,
Bald wie Schmerzensschrei aus tausend
Qualzerriss'nen Menschenherzen,
Bald wie tosend schrankenlose
Blutlebend'ge Menschenlust.
Dieser Ton fährt wie ein Sturmwind
In die dünnen Gehrockdichter,
Fegt wie herbstlich Laub in Haufen
Sie zusammen, und betrüblich
Wie ein Zug von Leichenbittern
Wandeln sie zur Welt hinaus.
Balduin packt kalt Entsetzen,
Ganz unleidlich tönt's im Ohr ihm,
Tief im Herzen hockt Verzweiflung,
Und so zieht er als der letzte
Dichter von der dünnen, blassen
Observanz wehmutumnachtet
Durch die düstre Trümmerpforte
Einer kalt gewordnen Welt.
Draußen blickt noch einmal rückwärts
Er mit seinen wasserblauen
Abbildungen seiner Muse,
Setzt sich hin, wie Meister Walter
Von der Vogelweide: treulich
Deckt er Bein mit Beine, schmieget
Die ätherisch zarte Wange
Auf die schmale Dichterhand ...
Thränen tröpfeln aus den Augen,
Wirklich salzig-echte Thränen,
Wirklich nasse, grob-reelle,
Nicht die Thränchen seiner Lyrik,
Welche nur ein Requisit sind
Klug erfahrenen Dichterwirkens.
Und aus thränumflorten Augen
Blickt er starr und unbeweglich,
Ein Gespenst der Wasserlyrik,
Auf die arbeitlaute Stadt.
Rückwärts wirft er dann die Locken
Starken Rucks und schnellt gen Himmel
Seine traurig-nassen Blicke,
Nimmt zur Hand das Heft in Goldschnitt,
Spitzt den goldgefaßten Bleistift
(Ein Verein von stillerglühten
Balduinverehrerinnen
Hatte dieses Stück gestiftet),
Sinnt skandierend noch ein Weilchen,
Aber dann, heidi! geht's los!
Flott, mit schreibgewandtem Finger
Eilt er in bald lang bald kurzen
Zeilen über das vorzüglich
Schneeig-weiße, unschuldweiße,
Glatte, brave Schreibpapier
„Letzter Gruß des letzten Dichters" ..
Also nennt er seiner Wehmut
Hingehauchte Rhythmenseufzer,
Und die Seufzer klangen so:

„Verweht, ach, und verklungen
Ist nun die Rosenzeit —
Die Welt hat ausgesungen!
Mit Brausen kommt herangeschnaubt,
Der Wind, der Baum und Strauch entlaubt —,
Wem je ein Lied gelungen,
Der gehe nun beiseit.

Mondschein und Liebesjammer,
Wer kümmert sich noch drum?
Es herrschen Dampf und Hammer!
Statt unseres Reichs Lavendelduft
Durchzieht Fabrikqualm nun die Luft —,

Geh' still in Deine Kammer,
Poet, und bring' Dich um!

Geh' aus der Welt, der schnöden,
Die keine Schönheit will,
Nach Wahrheit schreit, der blöden!
Ein Lied nur noch im alten Ton,
Und dann ins beff're Sein geflohn,
In rein're Morgenröten,
Wo's duftig, selig, still! —"

— Schreibt's und greift sich in die Locken,
(Wie er immer that beim Dichten)
Und erhebt sich, will zum Spiegel
Eilen (wie er ditto immer
That, wenn ihm ein Wurf gelang) —
Über dieses Aufsprungs mächt'ge
Dichtermuskelüberspannung
Warf ihn um vom Musensofa;
Schweren Falles rollt der edle
Balduin vom grünen Hage
Auf die Diele, vom brutalen
Fallgesetze unmanierlich
Attakiert, und er erwacht.
In der Hand noch ruht zerknittert
Jenes herzlos rückgesandte
Manuskript — er wirft es zornig
Weit von sich, erhebt sich, reibt sich
Seiner Hinterseite Flächen,
Reibt sich auch die Dichterstirne,
Blinzelt mit den sinnig-blauen
Augen und besinnet sich.
Welch' ein Bild! Wie wenn des Mond-
scheins
Sanfte Strahlen, langsam, sieghaft
Sich durch Wolkenballen drängen
Und mit lächelnd zartem Lichte
Plötzlich dann auf dunklen Wellen
Eines nächt'gen Sees ruhn:
So rang langsam, glänzend, sieghaft
Sich ein Lächeln auf die Lippen,
Um die Augenfältchen, auf die
Dichterstirne, um die feinen
Holdgeschwungnen Nasenflügel
Balduins, — verklärt und eilig
Wallt er hin zum Dichterpulte,
Öffnet das im Traum geschene,
Goldschnittschöne, glattpapierne
Verseheft mit stillem Lächeln,
Tunkt die Feder in die blasse,
Blaue Sehnsuchtslyriktinte,
Fährt noch einmal durch die Locken,
Sinnt, und sieh', da steht es nun:
„Letzter Gruß des letzten Dichters"
Ei, wie lacht der Zeilen Kunstbau!
Hold Poem, in blauer Tinte,
Oh, wie niedlich schaust du aus!
Sechsmal liest er noch die Weise,
Nickt zufrieden mit dem Kopfe,
Steht nun auf und wandelt leise
Von dem Pulte bis zum Spiegel,
Blickt hinein mit Wohlgefallen,
Zupft sich seines Shlipses Schleife,
Rückt am Kragen, bläst ein Stäubchen
Von des Schlafrocks blauem Sammt.
Ach, ein wonnig Wohlbehagen
Wärmt ihm jetzo Herz und Nieren.
Da er eben noch im Traume
Fürchterlichen Graus gesehn.
Leise kitzelnd, lieblich schwirrend
Hupft im Herzen ihm die kleine
Lyrisch duft'ge Tändelpsyche,
Spreitet schillernd keck die Flügel,
Stärkt anmutig das Gefühl ihm
Mit vergnügter Zuversicht.
„Blaue Blume! Nicht verloren
Ist Dein Duft! O Säuselfyra,
Deine Töne werden leben
Trotz der wilden Wahrheitsrufer!
Unsre Zunft liegt gut und sicher
Eingeschrieben noch im Hauptbuch
Schier unzähl'ger, weicher Herzen,
Die mit zarten Nerven ängstlich
Sich vor Lärm und Haß und Arbeit
Blumenseelisch in die duftigen
Idealen Sphären flüchten.
Mögen sie nach Leidenschaften,
Wahrheit, Urkraft und so weiter
Nur mit tücht'gen Lungen schreien:
Wir verachten ihre Plumpheit!
IDEAL aus Nichts und für Nichts,
Goldumsponnen-wolkenhaftes,
Dämmrig-lind mondscheingewobnes,
Wesenloses, überird'sches:
Du bist unsre Zuversicht!
Tausende bedürfen deiner,
Du Ambrosia zarter Seelen;
Sind an dich gewöhnt und lassen

Nicht von dieser leicht verdaulich
Unkompakten Himmelsnahrung.
Dich drum will ich fürder singen!
Mit der rosaroten Fahne
Idealer Schönheit steh' ich,
Blütenduftumwölkt hoch oben
Über dieser Jammerwelt.
Mögen sie in Arbeit seufzen,
Mögen sie in Schmerzen wimmern,
Oder jauchzen nach gemeiner
Menschenart, — auf Wolken gaukelnd
Schweb' ich oben kühl-gemütlich,
Greife mit geschickten Händen
In die sanftgestimmte Leyer,
Mir und weichen Wonneseelen
Zu gelinder Unterhaltung.
Dieses ist die einzig wahre,
Kind-gesunde, zuckersüße
Keusche, wohlerzogne Lyrik,
Dieses ist das Ideal!"

Berlin. Otto Julius Bierbaum.

Nazarener, Du hast gesiegt!

Wenn je auf dieser weiten Erden
Sich liebend jed' Geschöpf ans andre schmiegt,
Erst dann wird uns die Engelskunde werden:
Nazarener, Du hast gesiegt!

Wenn einst mit der heiligsten Sache,
Mit Gott und Freiheit die Welt nimmer lügt,
Dann sag' auch ich: O Menschenherz, erwache,
Nazarener, Du hast gesiegt!

Wenn einst in zukunftsferner Zeit
Die ganze Menschheit sich nicht mehr betriegt,
Dann ist mein Herz zum großen Wort bereit:
Nazarener, Du hast gesiegt!

Wenn auf der Gerechtigkeitswage
Nicht mehr der Starke am schwersten wiegt,
Dann bin auch ich befriedigt und ich sage:
Nazarener, Du hast gesiegt!

Frankfurt a. M. Arthur Pfungst.

Aus einem soeben im Verlage von Wilhelm Friedrich in Leipzig in zweiter, vermehrter Auflage erscheinenden Werk:

Peregrin.

Von Adolf Schafheitlin.

Schon sitzt das Publikum, gedrängt zu Scharen,
Im dämmerigen Wundersaal; der Vorhang
Erglänzt als Chaosnebel, dem entfahren
Bald soll der allerneuste, trag'sche Vorgang.
Vor ihm die Kennermienen, die bekannten;
Dahinter infusorisch Komödianten.

O Schwüle da vor einer „Première“!
  O Todesangst in des Herrn Dichters Busen!
Jetzt fühlt er erst die fürchterliche Leere,
  Aus der entzappeln soll das Kind der Musen.
Wo läßt sich, ach, ein Mäuseloch entdecken,
Um ihn und seine Nöten zu verstecken?

Doch unser Graf war seiner Lorbeern sicher.
  Es bangt ja dem Genie vor keinem Teufel,
Wie vor den Bonaparten keinem Blücher.
  Nur Peregrin durchschlich mit stillem Zweifel,
Voll Angst für seine teure Adeline,
Das Pappendeckel-labyrinth der Bühne.

Ach, die Coulissen — schon seit sieben Jahren
  Erblickt' er sie nicht als Mirakula.
Was hinter ihnen, hatte er erfahren,
  Wie er auch oft mit gierigem Auge sah —
(Ich sag' es seiner Kindlichkeit zum Lobe!) —
Des Weltgeist's höchlich drollige Garderobe.

Des Königs Purpur, der verschossen, stolze;
  Des Richters Zopf, vor dem der Schächer bebet;
Der Dolch des Wüterichs aus echtem Holze;
  Des Abtes Kutte, die nach Umfang strebet;
Das Ritterschwert, vor dem die Schädel krachen —
Wer hielte über solches Zeug das Lachen?

D e n Trödel zieht der Mensch an, wenn er ernst
  Und groß will sein — Und dieses imponieret?
Komm' her, mein Freund, daß du es staunend lernst:
  „Mit wieviel Weisheit wird die Welt regieret.“
O schnöder Plunder, der dem Wurm verfällt —
Und Dem, der drin steckt, scheint er eine Welt!

Doch Peregrin war solches Grübeln fremd:
  Ihm kam drauf an nur, was ein Bild b e d e u t e.
Und sah er auch die Mimen bis zum Hemd
  Entpuppt; doch hielt er sie für große Leute.
Mit Recht! Es zeigt ein Ding nicht, was es ist;
Es zeigt ein Ding dir einzig: was du bist!

Da klingt das Zeichen — auf thut sich die Bühne.
  Des Jünglings Auge forscht mit einer Thräne
Voll Bangnis nach der Heldin Adeline —
  Doch wer bringt d i e gleich in der ersten Szene?
(Das that ein Äschylos wohl, ein Shakespeare!)
Nein, wartet nur; was not thut, wissen w i r!

Ach, Peregrin vergeht schon fast vor Ängsten,
Denn kühl bleibt's drunten „bis ans Herz hinan".
Da — nach dem Monolog-Geraunt, dem längsten —
Das Röschen Lillith war's, das Raum gewann.
Doch schon ein Dutzend Freier, ungeschlachte,
Gleich wie ein Sturmwind auf sie niederkrachte.

Und kühl bleibt's drunten bis ans Herz hinan.
Es wünscht sich Peregrin ins Höllenfeuer;
Die Claque selbst verstummte Mann für Mann —
O Publikum, du bist ein Ungeheuer!
Lillith umflammte dich mit Redeblitzen,
Unsterblichen — es wollte all nichts nützen!

Im Gegenteil! Es war, als wenn ein Grollen,
Wie ferner Donner, vom Parterre hallte;
Und durch die Lüfte, die gewittervollen,
Ein heimlich Kichern da und dort erschallte.
Jetzt hilf, Apoll und alle neun ihr Musen!
Ein Mühlstein lag auf unsres Helden Busen.

Ja, rett' uns, vierter Akt und Katastrophe!
Schon schmachtet Lillith nach des Prinzen Grüßen;
Da — welch ein Schrecken! — bei der ersten Strophe
Sie stockt und — mußte niesen, niesen, niesen!
Der Graf, daß sie zum Weinen sei bereit:
Hat Pfeffer in den Puder ihm gestreut!

O Dichterthorheit! Welches Teufels Rat
Treibt dich, mehr zu beginnen, als zu fichten?
Laß' doch dem Mimen auch sein Teil der That,
Dem Publikum selbst gönne, mitzudichten,
Mitzuagieren und mitzuerraten —
Sie lasse ernten; sorge nur für Saaten!

O wütendes, homerisches Gelächter!
Du schlimmer, als der Donner in der Schlacht!
Vor dir erliegt der allerbeste Fechter —
Der war ein Gott, der dich zuerst erdacht.
Unrettbar sind sie, die dein Feuer brannte,
Wie jene, die den Flammen weihte Dante!

Sprachlos dort stand in Adelinens Klause
Der arme Peregrin, als sollt' er sterben.
Auf fährt die Thür, und wie ein Sturmgebrause
Auf ihn zu, dem die Wangen sich verfärben,
Die Königstochter stürzt mit Jammertönen
Und hängt an seinem Hals in heißen Thränen.

O Redestrom aus eines Weibes Kehle!
O Thränenstrom aus eines Weibes Blick!
O Rede-Thränenstrom — es flieht die Seele
Vor dir bis in den kleinen Zeh' zurück!
„Der hohle Kopf! mit seinem dummen Pfeffer
Blamiert er mich in meinem schönsten Treffer!“

„Thyrann! Barbar! wie keinen man erblickte!
Wie Sophokles selbst keinen hat erdacht!
Wie seine Wut mir längst die Jugend knickte,
Hat er mich nun moralisch umgebracht!
Ich weinte still; doch Schlimmres immer that er.
Das Schlimmste aber hier — Fluch dir, Theater!“

Carmen.

Komm her! Die dampfende Schwüle der Nacht
Lastet ob Busch und Bäumen.
Lustatmend schlummert des Sommers Pracht —
Menschen und Blumen träumen!
Fahl wetterleuchtet's im Buchenlaub,
Und zischend fallen auf Steine und Staub
Die schweren Regentropfen.
Da duftet's im Feld allüberall —
Wildtraurig schluchzt die Nachtigall,
Und Dein Herz, ich hör' es klopfen!

Was schauerst zurück Du? Bleib', o bleib',
Scheue, zitternde Taube!
Süßtrunken schwillt Dein glühender Leib
Gleich der reifenden Traube.
Deine Hand ist feucht — Dein Atem fliegt —
Deine Lippe lechzt — Dein Busen schmiegt
Wildwogend sich an meinen —
Und im Schattendunkel lockt so heiß
In Deinen Augen das flimmernde Weiß —
Hoch oben die Sterne scheinen!

Leipzig — Edgar Steiger.

„Rohe Vorherrschaft des Militarismus!“

Von B. K.

Könnte mir doch ein Gelehrter sagen, wer zu den ungezählten „-ismen“ den Militarismus entdeckt hat! — Nun geht dieser schlotterige Schreckbegriff am hellen Tage wie ein Mondsüchtiger auf den Schädeldächern der lieben Menge umher, es ist ein jammerselig, lächerlicher Anblick; mit der Goethe'schen Sphinx möchte man den „Begriff“ auflösen:

„Dem frommen Manne nötig wie dem bösen,
Dem ein Plastron asketisch zu rapieren,
Kumpan dem andern, Tolles zu vollführen,
Und Beides nur, um Zeus zu amüsieren!“

Rufen wir den nachtwandelnden Stelzenbegriff am hellen Tag an, vielleicht purzelt er von seiner Höhe herab!

Wenn vor Durchführung der allgemeinen Wehrpflicht und vor Zulassung des bürgerlichen Elementes zum Offiziersstand von einer militärischen Kaste und von Militarismus gesprochen wurde, so kann man das begreiflich finden. —

Schon seit 1872 bildet aber das ganze wehrfähige deutsche Volk vom 17. bis 42., jetzt 45. Lebensjahre die deutsche Kriegsmacht, jeder geistig und sittlich befähigte Deutsche kann Berufs-, und muß im allgemeinen Reserve-Offizier werden, und die Kameradschaft ist eine nicht zu bezweifelnd herzliche!

Wer hat denn nun heute, zumal nach Erlaß der meisterhaften neuen Heer- und Wehrordnung ein Recht, oder selbst nur den Schein von Berechtigung, über „Militarismus“ in dem landläufigen, unangenehmen Sinn zu sprechen? — Vor allem die Frage: Wer hält einen europäischen Staat überhaupt für möglich, der nicht all seine Kraft auf Sicherung seiner Wehrfähigkeit und Schlagfertigkeit konzentrierte? Ich verweise nur auf die Schweiz, auf Belgien und auf das — kluge Albion! Daß letzteres teil- und zeitweise andere „Mittel“ in Anwendung bringt, wie die Festlands-Wächter, ist Thatsache und vielleicht auch nicht ganz unerklärlich; doch davon hier nichts weiter! In der Schweiz und in England aber bestimmt sich doch ganz ohne Zweifel das Volk — und „das Volk“ selbst? Und in Frankreich? . . . — Kurz, dieser „Militarismus“ herrscht in ganz Europa, nicht nur in dem angeblich noch tief im Mittelalter „steckenden“ Deutschland? Welche Staaten, besser: welche Völker haben denn ein Recht zu sagen, sie seien gebildeter, humaner, ehrlicher und rechtlicherdenkend, sozialpolitisch vorgeschrittener überhaupt bis tief hinab kulturell entwickelter als das deutsche Volk?

Oder glauben die intimen Gegner des „Militarismus“, daß dessen Grundursache, der „Krieg“, je verschwinden werde? — Wann erfolgt denn dann eigentlich die seit vollen vier Jahren vergeblich erwartete Widerlegung der Kampfschrift „Ewiger Krieg“, erschienen bei Luckhardt in Berlin?

Solange dieser freilich nicht recht aussichtsvolle Versuch unterlassen ist, darf wohl angenommen werden, daß die Beweggründe zur Befehdung des „Militarismus“ auf Gebieten zu suchen sind, die mit der sachlichen Auffassung der bedeutsamsten Erscheinungen im Völkerleben herzlich wenig gemein haben. Ich muß da offen gestehen, daß mich nichts so sehr überrascht, als daß zunächst gemahnt wird:

„Seien wir Realisten!" — das sind doch Leute, die alles so nehmen, wie es ist, die zumal nicht von jenem Goetheschen Wort getroffen werden: (Faust II. 2.)

„Diese Unvergleichlichen
Wollen immer weiter,
Sehnsuchtsvolle Hungerleider
Nach dem Unerreichlichen!"

und daß dann im selben Atemzuge vom notwendigen Übel des Militarismus und seiner rohen Vorherrschaft gejammert wird. So lange der Krieg lebt — und der lebt ewig, ewig! —, so lange werden leben die Heere!

Wenn nun der „Militarismus" als solcher, wenn „dieses notwendige Übel" eine Beseitigung nicht finden kann — und hiefür der Beweis wird ja zu allem Überfluß durch das Epitheton „notwendig" erhärtet, — so muß man weiter fragen, wer denn eine „naturnotwendige Erscheinung" mit Recht anfeinden darf — nur deshalb, weil sie einem ebenfalls naturnotwendigen Übel, nämlich dem Krieg, bezw. der dauernden, ewigen Kriegsmöglichkeit ihren Ursprung verdankt?

Wem ist es noch eingefallen, alle Mediziner und Apotheker zu befeinden, eben weil sie bestrebt sind, den unvermeidlichen menschlichen Übeln einen Damm entgegenzustellen?

Jeder würde ausgelacht, der den Arzt statt der Krankheit als notwendiges Übel ansehen wollte, womit ich keineswegs gesagt haben will, daß ich eine ellenlange Apotheker-Rechnung zu jenen Erscheinungen zähle, welche man als „nicht übel" zu bezeichnen pflegt.

Ist der Hunger, der Durst ein Übel oder nicht? Wenn Herr Abertl einige Wochen hindurch die diesjährigen militärischen Sommerunterhaltungen mitzumachen Gelegenheit nähme, ich zweifle nicht, daß ihm sehr rasch klar würde, was für schwere „Übel" die hungrige und durstige Menschheit zu tragen hat: doch deshalb Bäcker, Metzger und gar die schönste der Sommerideen, die edle Bierbrauerei, unter die notwendigen Übel zu subsumieren, das wäre denn doch die härtestgesottene Undankbarkeit! —

Also, daß wir uns recht verstehen: den „Krieg" für ein Übel zu halten, ist jeder Deutsche berechtigt, so lange Moltkes Wort nachklingt: „Jeder, auch der erfolgreichste Krieg, ist eine Kalamität!" So ähnlich lautete doch der bekannte Satz? —

Aber ist denn dann nicht geradezu ein Verbrechen in dem Bestreben zu erblicken, das Heer und seine Konsequenzen stets zu bemängeln, hämisch anzunörgeln, weil vielleicht da oder dort ein Auswuchs sich bildet? —

Giebt es an dem Baume der „Kunst", „der höchsten Kulturäußerung eines Volkes", keine Auswüchse? Oder sollten diese, und zwar oft recht bösartige Erscheinungen dem Herrn Antimilitaristen bisher ganz entgangen sein, obwohl ihm seine eigene Stellung jedenfalls mehr Gelegenheit zu tiefgehenden Beobachtungen in diesen als gerade in den maßgebenden militärischen Kreisen giebt? —

Ich hätte noch manche Frage in der Feder, doch damit vielleicht ein andermal! — Nur einige Worte über die behauptete und vielleicht auch zuzugebende „Vorherrschaft." Worin wird diese erblickt? — darin, daß jeder Deutsche, jeder gesunde Deutsche, Soldat, aber nicht Künstler, ja, daß sogar jeder gesunde deutsche Künstler Soldat werden, d. h. die Fähigkeit sich erwerben muß, seinem lieben Vaterland im Ernstfall, dann wenn das wahre Millionenringen sich entfesseln wird, mit Leib und Leben „brauchbare" Dienste zu leisten?

Ich gebe es zu, es mag jedem andern Stand bitter klingen, aber es muß gesagt sein: Wehe dem Volk, dem die Einsicht entschwindet, daß es sein ruhiges Dasein nur dem drohend geschwungenen, scharfen Riesenschwerte danke, dessen Anblick den unruhigen Nachbarn heilsame Achtung abzwingt! Lassen wir die Bilder! — Das deutsche Heer gewährleistet im Bunde mit seinen engen Freunden die Ruhe ganz Europas. — Wodurch aber gewinnt unser Heer seine wahrhaft eiserne Stärke? — Wesentlich durch die herrliche Disziplin! — Glaubt man denn nun, daß die unbedingte sichere Leitung der Massen leichter würde, wenn dem Ansehen der Führerschaft Abbruch geschähe? Gehet hinaus und betrachtet das Volk in seiner täglichen Arbeit, in seinem schlichten Wirken und Denken, und gesteht dann, daß der äußere mechanische Zwang, die starre Gewalt nie jene Wirkungen erzeugen kann, wie überlegene, geistig, sittlich und gesellschaftlich überlegene Autorität!

Ist das nun eine unberechtigte Herrschaft oder Vorherrschaft? — —

Was aber giebt denn Veranlassung zu dem Vorwurf der „Rohheit"? Man kann den Begriff der „rohen Vorherrschaft" subjektiv oder objektiv auffassen; in letzterem Falle wäre die Herrschaft als solche roh; ich bitte aber um des Himmels willen, warum erkennen denn gerade die Frauen diese Vorherrschaft des „Militarismus", von den höchsten Kreisen bis hinunter zum Küchendragonerregiment so gerne an? darf ich vielleicht die Frage auszusprechen mir gestatten: „Hinc illae lacrymae?" — daß die Dinge in dieser Richtung aber nicht bloß in dem „verstandesverurteilten" Deutschland also verfahren sind, beweist jeder Tag, den man in anderen Ländern verlebt; wenn aber Herr Alberti vielleicht annimmt, daß die „freie Schweiz" keine militärischen Standes-„Vorteile" kennt, dann irrt er gewaltig; mir sagte ein Schweizer Hauptmann (ich bin zur Namennennung ermächtigt): „Weißt Du, bei uns kann leicht jeder Hauptmann werden, der's ein bischen machen kann, denn die Frauen schauen darauf ganz gewaltig; sonst geht's mit dem Heiraten schwer; und das ist oft mehr die Ursache zum Weitermitthun, als weitblickender, ernsthafter Patriotismus!" …

Wenn ich dereinst erfahren haben werde, daß die Schweizerinnen andere Segel aufgezogen haben, werde ich mit Vergnügen bereit sein, der objektiven Vorherrschafts-Rohheit weiter auf den Grund zu sehen.

Den andern Fall, daß Herr Alberti die Rohheit der Vorherrschaft in subjektivem Sinne gefaßt haben wollte, nehme ich im Interesse jenes geist- und temperamentvollen Schriftstellers nicht an; denn ich setze eine beleidigende Absicht nicht voraus, sonst würde die ganze Entgegnung ungeschrieben geblieben sein; man kann ja eine Herrschaft objektiv roh finden, ohne damit den Vertretern dieser Herrschaft persönlich zu nahe zu treten; letzteres wäre übrigens um so lächerlicher, als die Bildungsstufe der deutschen Offiziere wohl nirgends, in keinem Staate erreicht wird; ich verweise nur gelegentlich auf Seite 865 des Heftes 6 der „Gesellschaft" 1889. Ich habe dem Gesagten nichts hinzuzufügen, aber Herr Alberti verüble es mir nicht, wenn ich es als recht sonderbar bezeichne, daß er an des Kaisers Majestät das Ansinnen stellt, auf seine verantwortungsreiche Stellung als erster deutscher Soldat zu verzichten.

Uns Soldaten ist der deutsche Kaiser nach Bundesverfassung und Fahneneid der „Oberste Bundesfeldherr im Kriege"; wohin aber eine „civile" Kriegführung das Reich bringen würde, ist überhaupt nicht auszudenken.

Ihre Könige und Königssöhne waren den Deutschen seit unvordenklichen Zeiten regelmäßig die stolzen, kühnen Führer im Kriege: Daß es so immer bleibe, in dieser Hoffnung finden sich alle deutschen Soldaten!

Und wenn dereinst Deutschlands Millionenheer auf die blutige Wahlstatt tritt, wird es in jenem Bewußtsein eine Quelle der höchsten Thatkraft finden. — — — Und nun hinweg mit dem abgelebten Fremdling: „Militarismus“! Ein deutsches Hurrah dem deutschen Soldatentum!

Schleicher und Genossen.

(Zweiter Artikel.)

Beiträge zur Litteraturkomödie von M. G. Conrad.

(München.)

Natürlich hat keiner der Festartikler zum Geburtstage des Dichters Gottfried Keller in Zürich die schöne Gelegenheit versäumt, die Vertreter der vaterländischen realistischen Richtung ein wenig anzuspucken — von dem großmächtigen, anmutigen, edelsinnigen u. s. w. Präsidenten der Schillerstiftung, Heyse in der „Allg. Ztg.“ bis zu dem kleinmächtigen, aber dito anmutigen, edelsinnigen u. s. w. Zukunftspräsidenten irgend einer litterarischen Rettungsgesellschaft Maximilian Harden im „Berliner Tageblatt“.

Selbst der brave Paul Schlenther soll sein dickes Gratulantengesicht in grimmige Falten gelegt haben. Ich hab's von hier aus leider nicht sehen können.

Wozu wären auch die litterarischen Festtage erfunden, wenn diese Herrschaften mit ihrem süßen Phrasenbrei nicht auch einige rechtschaffene Tropfen Gift an den Mann bringen und ihre schöne Seele einmal anständig ausschleimen könnten? Ach, ihr Schleim ist oft größer, als ihr Genie — und ihr Gift wirkt feiltäglich erheiternder, als ihre Phrasenkunst!

Dafür können diese biederen Gratulanten des Ideals nichts, daß das schärfere Auge aus ihrem fadenscheinigen Festtags-Mantel die blasse Furcht und den schwefelgelben Neid herauslöchern sieht, wodurch die beabsichtigte Wirkung des Festbreis mit Gift und Gallenschleim freilich stark beeinträchtigt wird.

Furcht und Neid! Wie ich diese Eigenschaften hier verstehe, will ich bei späterer Gelegenheit erläutern.

Ja, die Mannesbusen haben nicht mehr ideale Spannkraft genug, diese Jammergefühle zu bannen. Sie fühlen sich durch die neue vaterländische Litteratur schmerzlich bedrückt und ahnen bereits den dunklen Winkel, in welchem über kurz oder lang ihre schöne Ruhmesblase zerplatzt — man sehe sich nur das Heysesche Keller-Gedicht auf diese Ahnung hin an! Daß sie mit ihren idealen Geniewerken sowenig als wie mit ihrem Gift und Speichel gegen die Wandlung des öffentlichen Geschmackes auszurichten vermögen, dämmert jetzt sogar den Verblödetsten dieser Epigonen-Dichterei auf, und es wird ihnen von Tag zu Tag bänger mit ihrer Gottähnlichkeit.

Hört ihr's wimmern hoch vom Turm

ihrer Einbildung und Selbstreklame? Ach, die armen Litteratur-Greise, sie könnten einem ordentlich leid thun, wenn sie nicht selbst durch ihr Gebahren gegen die jüngere vaterländische Schriftstellerwelt sich um jedes Recht auf unsere Teilnahme gebracht hätten.

* * *

Gottfried Keller, jeder Zoll ein Mann und abgesagter Feind aller Jesuitenkniffe, hat sich mit wahrhaft imponierender Vornehmheit gegen seine phrasenselig überschäumenden Festtags-Gratulanten gewendet und ihnen zum Dank für ihren Gelegenheits-Singsang und ihre Aufschneidereien einige bittere Pillen in das aufgesperrte Bewunderungsmaul geschoben. Mit der ihn auszeichnenden tiefgründigen Menschenkenntnis durchschaute er sofort die Taktik jener Biedermänner, die in einem Atemzuge nach der einen Seite katzenbuckelnd ihr „Hosianna!“ und nach der andern ihr wütendes „Kreuzige!“ rufen, um dann unter dem Scheine hehrer Gerechtigkeit ihr eigenes nichtiges Getreibe als ein sittliches, mannhaftes Thun vor dem Publikum erstrahlen zu lassen, auf dessen Gutmütigkeit so frech gesündigt wird.

Nach dem Berichte des Berner „Bund“ äußerte sich Gottfried Keller also:

„Er sprach mit Skeptizismus von der ihm in neuerer Zeit so günstigen Strömung der Kritik und meinte, er kenne die Autorität nicht und müsse ernstlich fragen, wer diese Autorität sei, die ihm eine verhältnismäßig so hohe Stellung am deutschen Dichterhimmel zuerkannt wissen wolle.“

Bravo!

Eine Zwischenbemerkung: Da seiner Zeit Herr Paul Heyse ein Interesse daran fand, den Ruhm des Herrn Gottfried Keller in der deutschen Publizistik zu besorgen und den schweizer Dichter und Schreiber zum „Shakespeare der Novelle“ zu „machen“, so muß er sich's jetzt gefallen lassen, daß ihm in erster Linie von seiner Kreatur selbst die kritische Autorität abgesprochen wird. Für Heyse muß diese Thatsache ohngefähr so überraschend sein, wie der Empfang einer Maulschelle.

Also 's Gottfriedle von Zürich muß „ernstlich fragen“, woher die

Leute das Recht nehmen, ihn zu einer „verhältnismäßig so hohen Stellung“ in der deutschen Litteratur aufzuschrauben.

Das fragen wir, die wir in ehrlicher und gemessener Weise nach innerster Überzeugung und guten, sachlichen Gründen unser Urteil in allen Angelegenheiten der Litteratur und Kunst abgeben, das fragen wir mit Gottfried Keller jene schlauen Herren auch, die sich geberden, als hätten sie alle Kunsteinsicht und alle Ehre des vaterländischen Schrifttums in Generalpacht, während ihr Egoismus vielleicht nur die einzige Frage stellt: „Wie fang' ich's an, mein Schäfchen zu scheren und den höchstmöglichen Vorteil für mich zu erschleichen und zu ergattern?“ Denn das ist ja doch das A und O der Schaf-Scherer, nach Ruhm und Einfluß Schleicher und Genossen — der Profit. Kunst, Litteratur, Kritik erblicken sie unter diesem idealen Gesichtswinkel — Profithuberei. Ihre Knechtsgesinnung gegen alles Ausländische, vom Erfolg Begünstigte, vom Alter Geheiligte bezeugt dies ebenso nachdrücklich, wie ihre Hochfahrenheit, ihre Intriguen und Machenschaften gegen die mitstrebenden jüngeren Dichter, gegen die neue Pfade suchenden unabhängigen Schriftsteller im eigenen Vaterlande. Siehe die Hetze gegen Greif!

Knechtsgesinnung nach außen! Da kommt mir wieder der Züricher Keller in den Sinn. Daß mit dem nicht gut Kirschen essen, haben nicht bloß die aufdringlichen Ruhmes-Spekulanten, sondern auch einige einfältige Verehrungsmeier von den „Stillen im Lande“ erfahren. Sandte da einmal ein junger Berliner dem Gottfriedle ein langes Manuskript nebst demütigem Schreibebrief nach Zürich. Anrede: „Hochgeehrter Meister!“ Dieses Wort „Meister“ hatte stets die Gabe, den Zorn Kellers zu erregen — schon von Richard Wagners Züricher Zeiten her. „Meister!“ Mit einem Fluch schleuderte Keller den Brief des Berliners in die Ecke: „Müesset denn die Dütsche immer auf'm Bauch krieche?“ Und so weiter.

* * *

In dem Kampfe, den die Alten von der hochberühmten Münchener Dichterschul' gegen Martin Greif seit unvordenklichen Zeiten führen — eine Krähwinkler-Geschichte, gleich verlockend und ergiebig für den Moralisten wie für den Litteraturintimitätenforscher — ist nach dem Schererschen Erklärungsfiasko (siehe Maiheft der „Gesellschaft“) nun auch der ehrwürdige Herr Hermann Lingg zu persönlichem Ansturm auf der Wahlstatt erschienen. Nicht als Totschläger — Gott bewahre! — „Man will den Martin Greif nicht tot machen“, erklärt der späte Kämpe, nachdem die Schlacht bereits verloren, „man will ihm nur das Unanständige, Anmaßende, sich als den ersten Lyriker ausposaunen und sich in gleiche Reihe mit Uhland und Lenau stellen zu lassen, verweisen!"

Also in der Toga des Schulmeisters, des Anstandspedanten, des Pädagogen erscheint Hermann Lingg auf dem blutigen Plan, und seine Waffe ist ein reizend konfuser, von verhaltenem Zorne und Ärger geblähter Erklärungsbrief in den „Monatsblättern" (Breslauer Dichterschule, Nr. 7 vom Juli 1889). Nicht „totmachen", nur „verweisen"! Ist das nicht allerliebst, nicht bis zu Thränen rührend?

Wir kommen auf dieses kreuzfidele Linggsche Briefstück in einer guten, lustigen Stunde ausführlicher zurück. Heute nur ein paar ernsthafte Anmerkungen.

Zunächst eine à la Gottfried Keller: Woher nimmt denn der gute Lingg die Autorität, einem Mann und Dichter wie Martin Greif etwas „verweisen" zu wollen? Seit wann steht denn Greif (und sein Verleger Cotta!) unter Linggscher Fuchtel und Vormundschaft? Die Thätigkeit des Dichters ist eine absolut freie Kunst, die jeder auf eigene Gefahr und Rechnung treiben oder lassen kann, wie er will.

Gesetzt den Fall, Martin Greif hielte sich dem seligen Uhland und ditto Lenau ebenbürtig, was geht das den Doktor Hermann Lingg an? Es giebt übrigens sehr viele ernsthafte Leute in deutschen Landen, die von Litteratur und Kritik mindestens eben soviel verstehen wie der Herr Lingg, und die fest davon überzeugt sind, daß Greif eine Reihe von Liedern gemacht hat, die ein Wolfgang Goethe nicht besser hätte machen können — brauchen sie diese Überzeugung erst dem Herrn Lingg zur Gutheißung oder Korrektur zu unterbreiten? Behüte! Lingg hat den Andern in ihre Meinungen und Wertschätzungen nichts einzureden; sie gehen ihn keinen Pfifferling an. In diesem Falle wäre Lingg der Unanständige und Anmaßende, wenn er den Anderen nicht das Recht persönlich freien Urteils lassen wollte.

Ob Martin Greif von sich sagen dürfe, er sei ein erster Lyriker, hat Lingg um so weniger zu entscheiden, als er selbst als Lyriker in der Arena steht und um Anerkennung wirbt, also Partei ist. Dieser Entscheid steht ausschließlich dem Publikum zu. Es wäre enorm taktlos von Lingg, aus den Reihen der Sänger herauszutreten und dem Publikum zuzurufen: Der Greif ist keiner der Ersten, ich, der Lingg, bin auch noch da, ich verweise es dem Greif, sich von seinem Verleger als einen der Ersten ausposaunen zu lassen, nein, er ist noch lange kein Erster — hört auf mich, den Hermann Lingg, denn höchst wahrscheinlich bin ich der Allererste!

Wenn er also spräche — und in seinem Erklärungsbrief hat er eigentlich fast so gethan, als spräche er so — was würde das deutsche Publikum thun?

Es würde den alten Meistersinger von der Münchener Dichterschul' gründlich auslachen.

Inzwischen nimmt aber das deutsche Publikum von den Schmerzen der Münchener Dichterschul' gar keine Notiz, nur das Eine thut es nachweisbar: es kauft mehr Bücher von Greif, als von Lingg und Konsorten.

Das sollte freilich für Lingg ein Grund mehr gewesen sein, in dieser Angelegenheit klüglich den Mund zu halten. Ganz abgesehen davon, daß diese lyrische Wichtigthuerei und Rangstreiterei bodenlos albern ist und absolut gegenstandslos, seit unser großer Richard Wagner als Dichterkomponist deutscher Nation mit einem einzigen Werk wie seinem „Lohengrin" es erreicht hat, die ganze Münchener Dichterschul' nicht allein, sondern die gesamte deutsche Reimmacher-Generation von Uhland bis auf Lingg in Grund und Boden zu singen.

Der erste Lyriker deutscher Zunge ist von 1850—80 nicht Lingg, nicht . . . o Gott, wozu noch Namen? — ist einzig und allein Richard Wagner.

Das ist heute Volkes Stimme.

Wer Ohren hat zu hören, der höre!

Robert Hamerling.

Studie von Heinz Tovote.

(Berlin.)

Wenn Robert Hamerling in seinem letzten Werke Stationen meiner Lebenspilgerfahrt, anstatt uns von sich selbst als Dichter und Mensch zu berichten, es unternahm, sich mehr mit seinen Kritikern auseinander zu setzen, Mißverständnisse aufzudecken und Verkennungen zu widerlegen suchte, so können wir bei objektiver Beurteilung, ihm dieses Vorgehen nicht allzusehr verargen.

Denn kein neuerer Dichter ist dermaßen verkannt in all seinen Absichten, ist so wenig von der Kritik verstanden, wie der große Komponist des Ahasvers und des Königs von Sion.

Eine seltsame Mischung von Hyperromantik und energischem Realismus, von Phantastik und ruhiger Beobachtung, ein Widerstreit zwischen Form und Inhalt, eine Verquickung von philosophischer Grübelei mit der Darstellung unbekümmerten derben Lebensgenusses mußte das Urteil oberflächlicher Kritik verwirren.

Hamerling ist dem Grundzuge seines Wesens nach Realist, und nur die äußeren Umstände haben es gehindert, daß er sich dieser seiner Neigung gemäß entwickelt hat. Wenig ausgebreitete Kenntnis des menschlichen Lebens, kleinliche Verhältnisse und vor allem frühzeitige Kränklichkeit banden ihm die Hände; und er mußte sich in thatenloser Sehnsucht verzehren, wo er so gerne mit gearbeitet hätte, wo es ihn drängte, sich praktisch zu bethätigen; anstatt sich in nebelhaften Dichterträumen zu verlieren, die nur einen schwachen Ausdruck dieses Sehnens wiedergeben.

Es schien sich alles vereinigen zu wollen, um diesen seinen Wünschen entgegen zu stehen. Von frühester Jugend an wurde die Unzufriedenheit in ihm genährt, und ein unbewußter Haß gegen das Bestehende schlummerte in seiner Seele.

Daher seine Vorliebe für alles Revolutionäre, der Entstehungsanlaß zum Ahasver, zum König von Sion, und Danton und Robespierre, und zuletzt die Satire des Homunkulus; die bald zu matt war, bald über das Ziel hinaus schoß.

Daher seine Vorliebe für Schilderungen, die Verherrlichung der Natur, — aber auch hier wieder die Bevorzugung des Schrecklichen, des Gewaltsamen, oder der Einsamkeit des Waldes und der Haide im König von Sion.

Schon in seinem ersten größeren Werke der Venus im Exil zeigt sich dies Bestreben nach Verschmelzung all der seinem feinfühligen Dichtergeiste aufstoßenden Gegensätze.

Er selbst sagt einmal darüber:

„Die Venus im Exil ist hervorgegangen aus dem lebhaften Widerstreite meines Empfindens gegen die herkömmliche Ansicht, daß Ideales und Reales, Wahrheit und Schönheit, Geist und Natur unversöhnliche Gegensätze seien. Das Ideale soll aufgezeigt werden als das, was anzustreben, aber nicht dadurch zu erreichen ist, daß man von Anbeginn das Natürliche und Wirkliche von sich stößt und mißachtet, die Natur als einen Sündenfall, als einen Abfall vom Geiste und der Idee betrachtet."

Er sucht nach einer Versöhnung, aber vom voreingenommenen Standpunkte einer veralteten Ästhetik aus; denn er hat es nie verstanden, sich völlig aus dem Nebel der Romantik zu befreien. Den holden Wahnsinn des Dichters hat er nicht abgelegt; seine verzeihliche Eitelkeit, die nur zu oft bei ihm ihre Rolle spielt, ließ ihn nicht ganz zur Menschheit herabsteigen: auf halbem Wege ist er stehen geblieben, — ein gut Stück eines Philosophen war in ihm; und im Grübeln und Sinnen wagte er es nicht, die Hand keck nach dem frischen Leben auszustrecken.

„Ich zeichne und skizziere nach der Natur. Ich glaube, daß der Poet, wie der Maler Studien nach der Natur zu seinem Frommen machen kann und soll. Es läßt sich dem wirklichen Leben viel Poesie ablauschen. Manches ist sogar so bedeutend, daß man es, so wie es ist, in ein Drama übertragen könnte. Ich habe wenig gelebt, und doch habe ich schon mehr des Schönen im Leben gefunden, als in der Kunst.“ —

Ich habe wenig gelebt.

Das ist der Fluch, der Hamerling bei all seinen Arbeiten verfolgt. Es zeigt sich bei seiner Darstellung immer das Bestreben, realistisch zu schildern; allein der Mangel exakter Erfahrung macht sich geltend; und nun arbeitet er mit Analogien; und so müssen ihm Bauernbuben und -Dirnen, die des Sonntags beim Tanz sich vergnügen, als Vorbilder dienen zu den Schilderungen der Orgien im König von Sion.

Dadurch erhält seine Darstellung etwas Ungewisses, Verschwommenes. Es ist nicht die reine Luft des Lebens, die um seine Personen weht, nicht der helle Sonnenschein lagert über seinen Dichtungen. Geheimnisvolles Dunkel, gespenstischer Mondschein verzerrt die Umrisse, und der schwüle Atem einer überreizten Phantasie, die stickige Luft eines Krankenzimmers strömt uns hie und da entgegen.

Die Schatten und Schemen, die uns der Dichter vorführt, schimmern in phantastischer Farbenpracht, aber die Farben sind nicht von der Sonne gezeugt; es ist das bengalische Flackerlicht, das der Dichter zur Erhöhung des Effektes abbrennt.

In der Schilderungsart dieser Phantasien ist Hamerling jedoch wieder Realist; allein seine Kunst gilt nicht objektiv lebendigen Gegenständen, sondern den eigenen Hirngespinsten, denen er vergebens Leben zu verleihen sucht. Nur selten kommt er über das Symbolische seiner Figuren hinaus.

Hamerling ist in keinem seiner Werke naiv, so sehr er für naive Natürlichkeit schwärmt und ein einfaches Volkslied, wie: Ich schieß den Hirsch, höher stellt als die gesamte Odenpoesie mancher Dichter.

Ihm selbst war die Naivetät der Darstellung versagt. Die Vorliebe für das Grandiose, selbst für den Schwulst, für das Geheimnisvolle, Dunkle haftete ihm beständig an. Er versucht den Leser in Taumel zu versetzen und ihn durch alle Abgründe des Schaurigen, durch Nacht und Verzweiflung hindurch zu führen.

Er selbst ist sich dieser Thatsachen sehr wohl bewußt, er weiß, daß er nicht durch das Einfache, durch das allzeit Lebenskräftige, und nicht auf unser ruhiges Gefühl, sondern mehr auf Instinkte hin wirkt.

„Furchtbare psychische Abgründe sind es, an welche Ahasver in Rom die Leser führt. Aber es lag im Plane des Ganzen, das Exzentrische der sittlichen Verhältnisse, das Maßlose eines selbstsüchtigen entgötterten Menschendaseins, das unter veränderten Formen immer wieder möglich ist, bis zu einem Grade fortgeführt zu zeigen, der Schrecken und Grauen einflößt. Das Gräßliche war ein notwendiges Ingrediens meiner Dichtung."

Und nun fragt er:

„Darf das Ungeheuerliche, das Abnorme jemals Gegenstand der Poesie werden? — Ich antworte: ‚Ja', wenn dieses Ungeheuerliche trotz seiner Abnormität doch zugleich typisch ist."

Auf den Vorwurf hin, daß seine Dichtungen überreich sind an sinnlichen Szenen, so daß es oft scheint, als seien sie dem Dichter die Hauptsache gewesen, erwidert er:

„Die Wahrheit ist, daß ich jeden Gegenstand lebendig und naturgetreu zu schildern mich ästhetisch verpflichtet glaubte. Ich habe das Schöne so schön, das Grausige so grausig geschildert, als ich es eben vermochte."

Diese Absichten des Dichters sind aber nicht immer lebenskräftig geworden, denn seine Schilderungen leiden meist an zu großer Subjektivität. Er gesteht es selbst ein, daß ihm stets der Thäter mehr interessiert hat als die Thatsache, und so sucht er uns nicht das Geschehnis durch objektive Darstellung zu berichten und zu erklären, er läßt sich vielmehr von seiner Vorliebe für eine einzelne Person hinreißen, Partei zu nehmen; im Ahasver für Nero, im König von Sion einseitig für Jan von Leyden, und damit verstößt er gegen das erste Gesetz epischer Kunst.

Einer andern Anforderung, die Fr. Th. Vischer aufgestellt, ist er dagegen voll gerecht geworden:

„Man will im Epos überall sehen, wie der Mensch sich gebahrt, im Umgange sich bewegt, Gott verehrt, baut, bildet, malt, fährt, reitet, kämpft, welche Geräte er gebraucht, wie er gekleidet ist, ißt und trinkt. Wer sich nicht um Körperformen, Kleider, Geräte, Arten der sinnlichen Bewegungen in allem Thun bekümmert, der ist zum epischen Dichter verloren."

Hamerling hat es versucht, diese Forderung zu erfüllen, allein bei der Wahl seiner Stoffe sah er sich genötigt, sich erst ein Phantasiebild zu konstruieren, und dieses dann durch erfahrungsmäßige Analogie zu schildern. Er verzichtete damit auf eine direkte Wirkung, und begab sich des schönsten Erfolges des Epikers.

Er war nicht imstande, den Vorgängen der Gegenwart gerecht zu werden. Mit Eifer folgte er zwar jeder Entwickelung der Neuzeit, er suchte sich alle ihre Errungenschaften anzueignen; jeder Neuheit auf allen Gebieten des menschlichen Lebens, jeder Erfindung, all den Fortschritten der Naturwissenschaft brachte er einen empfänglichen Sinn entgegen; aber er mußte sich die Kenntnis all dieser Dinge auf Umwegen verschaffen, in seine Krankenstube gebannt.

Daher flüchtete er sich in die Vergangenheit, und unter deren Maske versuchte er es, die Gegenwart mit ihren Kämpfen und Bestrebungen zu schildern. Man sehe den Ahasver und den König von Sion daraufhin durch, und wird leicht erkennen, wie Hamerling sich nur dieses Kostüms bedient hat, um die ewig sich erneuenden Kämpfe des menschlichen Geistes, das allgemein Menschliche zu schildern.

Hamerling ist weit mehr Realist des Inhalts als der Form.

In all seinen Werken finden sich einzelne kleine Skizzen von packendem Realismus, aber sie werden gleich wieder verwischt von dem Zuge zur Romantik, der sich stets aufs neue geltend macht.

Nur eine innige Verbindung mit dem Leben, ein Aufgehen in der Gegenwart hätte aus Hamerling einen wahren Realisten machen können. Bei ihm finden sich nur Ansätze, er hat den Boden nicht gefunden, auf dem die zarten Schößlinge Wurzeln schlagen konnten.

Sein Können widersprach seinem Wollen. —

Interessant für sein Denken sind die Übersetzungen aus dem Italienischen, die Sammlung: Hesperische Früchte Giusti, Carducci, Stecchetti, de Amicis, Farina, Capuana, Ciampoli sind vertreten.

Das Fehlen von Verga entschuldigt er damit, daß die Übersetzungen ganz gelegentlich entstanden sind, planlos; denn sonst dürften Gabriele d'Annunzio, Renato Fucini, Emilio de Marchi nicht durch Abwesenheit glänzen.

Hamerling selbst sagt über sein Büchlein:

„Die Sammlung ist bezeichnend für die italienische Litteratur der Gegenwart, in besonderem für die neuesten Richtungen und Tendenzen derselben. Es ist interessant zu sehen, wie die einst so zahme Litteratur der Halbinsel mit scharfer Beobachtung an die Wirklichkeit herantritt und sich in freier Anschauung das moderne Leben zurechtlegt. So entschieden die italienischen Poeten der Gegenwart sich als ‚Veristen' und Idealisten gegenüber zu stehen meinen, Realisten sind sie doch alle, ein Edmondo de Amicis und Salvatore Farina, so gut wie ein Capuana, ein Verga, ein Ciampoli; insofern sie in treuer lebendiger Wiedergabe scharf beobachteten Details ein Hauptverdienst poetischer Darstellung suchen."

Dieses Verdienst kommt im Allgemeinen auch Hamerling zu, allein die mannichfachen Details sind dermaßen zusammengestellt, daß das Ganze ein Zerrbild der Natur wird, eine Phantasiemißgeburt, die sich ihr Leben lang mit der Nabelschnur herumschleppen muß.

Was wir an Hamerling schätzen, das ist die realistische Kraft vieler seiner Einzelschilderungen, vor allem die Naturszenen im König von Zion, der tiefe und stets moderne Grundgedanke in all seinen Dichtungen, die Lebhaftigkeit seiner Auffassung und die oft maßlose Leidenschaftlichkeit, die einen krankhaften Zug nicht zu verleugnen vermag.

Ihm fehlte Naivetät und die Ruhe des epischen Dichters, er vergriff sich zu oft in den Mitteln, so daß sich Inhalt und Form nicht immer decken, er konnte sich trotz seines oft ausgesprochenen Bestrebens, nicht zu realistischer Darstellung durchringen, und so bildet er denn auch nur eine etwas morsche Stufe, die zur modernen Richtung unserer Litteratur hinaufführt.

War er in seinem Können nur zu sehr durch äußere Umstände eingeengt, und vermochte er sich in seinem eigenen Schaffen nicht von der Eierschale der Romantik zu befreien; so wollte er doch mit den Modernen gehen. Er hatte unsere Zeit begriffen und verzehrte sich in haltloser Sehnsucht, an deren Errungenschaften mitarbeiten zu können.

Von seinem Krankenbette aus folgte er eifrig der neuen Entwickelung, und wenige Wochen vor seinem Hinscheiden schrieb er noch:

„Weil ich eine so gute Meinung vom Realismus habe, bedaure ich, daß er in Deutschland noch nicht seine rechte Form gefunden hat, daß vielfach Gekünsteltes, Verschrobenes, Unnatürliches und Krankhaftes bei uns unter dieser Flagge fährt. Man gehe in der Darstellung des Natürlichen und Wahren so weit wie Zola, wenn man will, aber es sei auch wirklich ein Natürliches, Lebenswahres, wie es in der That bei Zola immer ist.

„Unerquicklich schwanken viele unserer neuesten strebenden Geister zwischen den Schatten vom Idealen, die sie nicht mehr besitzen, und den Schemen eines Realismus, dessen sie noch nicht mächtig sind, hin und her."

„Mir selbst wird man wohl zugestehen können, daß ich als Dichter nicht ohne Erfolg idealem Gehalt realistische Form gegeben, andererseits realistischen Inhalt in ideale Form gekleidet habe."

Wir stehen nicht an, dem Dichter des Königs von Zion das letzte Wort zu lassen. —

Philosophie und Kunst.

Von Edgar Steiger.

(Leipzig.)

Die Wissenschaft kann alt und grau werden. Der Gegenstand alles Wissens, die Welt, hat das Geheimnis des ewigen Lebens.

Dieses Geheimnis, das keine Physiologie und Psychologie entschleiern wird, ist jenes unmittelbare Mit-, Neben- und Ineinander der beiden grundverschiedenen Bewegungsketten, welche durch ihr Zusammenwirken das gesamte Dasein hervorbringen, die unzertrennliche Verbindung des im Raum sich entwickelnden Kräftespieles der Objektivität mit der zeitlichen Aufeinanderfolge des subjektiven Empfindungslebens.

Ohne Objekt kein Subjekt, ohne Außenwelt keine Empfindung und kein Bewußtsein, aber auch ohne Subjekt kein Objekt, ohne Empfindung und Bewußtsein keine Außenwelt — diese Erkenntnis ist in Wahrheit aller Weisheit Anfang. Oder was wüßten wir, was so gewiß wäre wie dieses Eine?

Daß all unsere Erkenntnisse durch die Thore der Sinne in unser Bewußtsein eingezogen sind, daß auch die allgemeinsten Begriffe, mögen wir dabei an sogenannte angeborene Ideen oder an philosophische Kategorien denken, ihren sinnlichen Ursprung keineswegs verleugnen können, das ist der eine unerschütterliche Pfeiler, auf dem sich das moderne Wissen aufbaut. Wiederholte Wahrnehmungen prägen sich dem Gedächtnis ein; ähnliche, gleichzeitige oder regelmäßig aufeinanderfolgende Vorstellungen rufen sich gegenseitig wieder ins Bewußtsein, und aus den Reihen der unwillkürlichen Association entwickelt sich allmählich das bewußte Denken, das, von der bunten Vielheit der Erscheinungen ausgehend, durch fortwährendes Subtrahieren alles Qualitativen und Quantitativen endlich bei dem Begriff der Einheit des Alls und des reinen Seins anlangte.

Lassen wir die Körperwelt und alle ihre Herrlichkeiten in Nichts versinken, so erlischt auch die unendliche Welt des Gedankens mit ihrem ganzen Gestaltenreichtum; Wahrheit, Tugend und Schönheit verschwinden vom Schauplatz des Seins, und das Bewußtsein selbst kann ohne jeglichen Inhalt ebensowenig gedacht werden, wie das Vibrieren einer Saite ohne die Saite selber. Nicht mit einem unbeschriebenen Papierblatt darf das empfindende Element des Lebens verglichen werden; denn das Blatt ist da, auch wenn niemand darauf schreibt, ein Empfinden und Denken aber ist unmöglich ohne Etwas, das empfunden und gedacht wird. Aber hüten wir uns, der Objektivität deshalb eine höhere Wirklichkeit zuzuschreiben, als dem empfindendem Bewußtsein. Und das thun wir, wenn wir durch bloße Abstraktion, ohne jede Erfahrungsthatsache, ihr eine von jedem subjektiven Empfindungsleben unabhängige Existenz zuerkennen. Nirgends stellt sich uns eine solche Wirklichkeit dar. Überall wo wir ein Sein mit unseren Sinnesorganen wahrnehmen, tritt es uns eben als Zustand eines Bewußtseins entgegen. Ja, es ist uns schlechterdings unmöglich, ein Sein auch nur zu denken, das nicht das subjektive Element des Gedachtwerdens in sich schlösse.

Man verstehe mich nicht falsch! Ich meine damit nicht etwa die sinnliche Wahrnehmung von Tönen und Farben, die wir auf die Außenwelt zurückprojicieren. Nein, selbst die Luft- und Ätherschwingungen, die uns die Wissenschaft als den objektiven Bewegungsvorgang für unsere subjektiven Ton- und Farbenempfindungen erkennen lehrt, existieren ausschließlich als Inhalt eines Bewußtseins. Nie und nirgends können wir, und wäre es in der abstrakten Form der Naturkraft, ein Sein nachweisen, das sich dieses subjektiven Elementes entschlagen hätte. Die „Dinge an sich" können wir nicht nur nicht erkennen; nein, wir haben gar kein Recht, zu behaupten, daß sie existieren! Denn die Erfahrung giebt uns kein Sein, das nicht in die Gestalt des Bewußtseins eingetreten wäre, so wenig als wir ein Ich, d. h. ein Subjekt denken können, ohne mit ihm zugleich ein Nicht-Ich, d. h. ein Objekt zu setzen. Wollen wir auf dem Boden der Erfahrung bleiben und uns nicht in den Nebel moderner Traumphilosophen verlieren, so haben wir uns bei dem gegebenen Ausgangspunkt aller Erkenntnis zu bescheiden.

Nehmen wir das Bewußtsein aus dem Sein, so versinkt die ganze strahlende und klingende Welt um uns, die Gestirne verschwinden, und die Kräfte, die sie nach ewigen Gesetzen leiten, sind nicht mehr; ja, der unermeßliche Raum selbst, in dem sie wandeln, schrumpft in Nichts zusammen! Denn die Wirklichkeit der Außenwelt existiert nur in der Form des Bewußtseins, und das Bewußtsein weist seinerseits auf die Außenwelt als seine Existenzbedingung zurück.

Das ist der Boden, auf dem sich das philosophische Gebäude der Gegenwart aufbaut. In diesem ruhigen Sichbescheiden mit dem thatsächlich Gegebenen beruht der streng wissenschaftliche Charakter der neueren Philosophie, durch den sie sich von den phantastischen Willkürlichkeiten der nachkantischen Systeme streng absondert. In dem universellen Grundgedanken aber, mit dem sie die beiden Seiten des Lebens einheitlich umfaßt, hat sie sich auch jenen erhöhten Standpunkt wieder erobert, der sie über die Forschungsgebiete der Einzelwissenschaften erhebt und ihr eine grundsätzlich verschiedene, klar erkennbare Aufgabe vorzeichnet.

Haben es die Einzelwissenschaften stets mit dem Objektiven zu thun, so hat die Philosophie die so gewonnenen Resultate von jenem höheren Gesichtspunkte aus, unter dem sich auch das Objektive als ein Ineinander von Subjekt und Objekt darstellt, zu messen, zu beurteilen und für ihre Zwecke zu verwerten. Sie wird so mit jenen den Boden der Erfahrung niemals ganz verlassen, wohl aber alle Erfahrungen jener durch die erste Erfahrungsthatsache des Bewußtseins beständig ergänzen und kontrolieren. Und damit, daß sie das Verhalten des Subjektiven dem Objektiven gegenüber zum Gegenstand ihrer Untersuchung macht, hat sie ihr eigenstes Forschungsgebiet fest abgegrenzt und sich eine Aufgabe gestellt, die mit den Zielen der exaktesten Wissenschaften die Einheitlichkeit eines bestimmten Prinzips teilt, an universeller Bedeutung für das Menschenleben aber einzig und unvergleichbar dasteht.

Die Aufgabe der Philosophie ist daher, der Natur ihres Gegenstandes entsprechend, eine dreifache. Denn das menschliche Bewußtsein, das den Höhepunkt des subjektiven Lebenselementes bezeichnet, bethätigt sich der Objektivität gegenüber in dreifacher Weise: der Mensch sucht die Welt zu erkennen vermöge der Wissenschaft; er sucht sie umzugestalten vermöge der That, und er sucht sie zu reproduzieren vermöge der Kunst. Die Verwirklichung des Wahren, Guten und Schönen ist das Ziel aller menschlichen Bestrebungen, und die Erforschung der Gesetze, nach denen sich diese Verwirklichung vollzieht, der erste und letzte Zweck aller Philosophie.

Sofern letztere einfach zu erkennen sucht, wie Erkennen, Handeln und Nachgestaltung der Wirklichkeit überhaupt möglich sind, sofern sie also mit den Voraussetzungen und Bedingungen des allgemeinsten thatsächlichen Verlaufes beschäftigt, ist ihre Aufgabe so wenig teilbar als das Bewußtsein, dessen natürliche Gesetze sie nachzuweisen hat. Die Psychologie bildet daher die einheitliche Grundlage aller philosophischen Teilwissenschaften. Sofern die Philosophie aber aus jenen natürlichen Gesetzen bestimmte Normen ableitet, nach denen sich das Bewußtsein zu richten hat, wenn es das Wahre, Gute und Schöne verwirklichen will, so spaltet sich auch ihre Gesamtheit in die drei dem sachlichen Zusammenhang entsprechenden Wissenschaften der Logik, Ethik und Ästhetik, d. h. der Theorie der wissenschaftlichen Erkenntnis, des sittlichen Handelns und der künstlerischen Reproduktion.

Halten wir an dem oben dargelegten Grundgedanken fest, daß alles Sein sich uns als ein Neben-, Mit- und Ineinander von Subjekt und Objekt darstellt, so werden wir ohne Mühe erkennen, daß die Verschiedenheit der drei großen menschlichen Aufgaben auf der Verschiedenheit der eigentümlichen Verhältnisse beruht, unter denen sich unser Ich der Außenwelt gegenüber bethätigt. Die Wissenschaft, d. h. die Summe alles Erkennens, verlegt ihren Nachdruck auf das Objekt, dessen eigenthümliche Erscheinungsweisen sie zu erfassen sucht. Die That, d. h. das Handeln in all seinen Beziehungen, hat sein Centrum im Subjekt, das ja eben als solches gestaltend in die Wirklichkeit eingreift. Die künstlerische Reproduktion der Wirklichkeit aber muß letztere in ihrer Totalität und vollen Unmittelbarkeit als subjektiv-objektive Einheit erfassen.

Alles Wissen verliert sich im Objekt, und auch die Philosophie, indem sie, den Einzelwissenschaften gegenüber, das Verhältnis zwischen Bewußtsein und Außenwelt zu erforschen sucht, kann dieser aller Wissenschaft anhängenden Beschränkung nicht entrinnen: das Subjektiv-Objektive wird eben zum Objekt der Philosophie! Der Einheitlichkeit des Zusammenhanges, der Gesetzmäßigkeit des Lebensverlaufes, der Allgemeinheit der Gestaltungen, mit einem Wort: der wissenschaftlichen Wahrheit muß die Unmittelbarkeit des individuellen Lebens, der zufälligen Umstände, der einzelnen Erscheinung, kurz die lebensvolle Wirklichkeit zum Opfer fallen.

Dagegen ist alles Handeln subjektiv und trägt damit den Fluch des Augenblicklichen und Vergänglichen an sich: dem einzelnen Fall fehlt das Gesetzmäßige, der einzelnen Figur die Allgemeinheit, den zufälligen Umständen die Notwendigkeit und der sittlichen Wertschätzung die Gewähr absoluter Wahrheit.

Erst in der Kunst wiederholt sich das wundersame Widerspiel zwischen Objekt und Subjekt, Bewußtsein und Außenwelt, das wir oben als das eigentliche Geheimnis des Seins bezeichnen mußten. Erst hier gelingt es, die beiden Lebensseiten nicht einseitig getrennt und darum unwirklich und tot, sondern als unzertrennliche Einheit lebendig nachzugestalten. Hier erscheint genau so wie im Leben die Vielheit als Einheit, der einzelne Fall als Allgemeinheit, das Zufällige als Gesetzmäßigkeit, und auf der höchsten Stufe aller Kunst, in der dramatischen Dichtung, wird der letzte Rest jenes Zwiespalts, der Gegensatz zwischen Dichter und Dichtung, endgültig vernichtet, und die wissenschaftliche Wahrheit, das Endziel alles Erkennens, paart sich mit der sittlichen Wertschätzung, dem Ausgangspunkt alles Handelns.

So wird die Kunst das vollkommene Abbild des lebendigen Seins. Rezeptiv, wie die Wissenschaft, erfaßt sie die ganze Gesetzmäßigkeit der objektiven und subjektiven Erscheinungswelt, aber sie erfüllt das dürre Knochengerippe mit Fleisch und Blut und der ganzen Unmittelbarkeit des Wirklichen. Aktiv, wie das Handeln, greift sie gestaltend in das zufällige Dasein, aber sie folgt dabei nicht den Gesetzen ihres subjektiven Einzelwillens, sondern den dem Stoff innewohnenden Lebensbedingungen und erhebt so das Zufällige durch strenge Beobachtung der Causalität in das Bereich der Notwendigkeit. Ja, man könnte geradezu sagen, daß sie als rezeptives Wissen die subjektive Verfahrungsart des Handelnden, als aktives Handeln aber das objektive Verhalten des wissenschaftlichen Beobachters sich angeeignet habe.

Die göttliche Weltschöpfung gilt längst als ein Märchen aus alten Zeiten, an das niemand mehr glaubt. Der aber das Märchen erfunden, war ein Dichter: er mußte sich des eigenen Lebensgeheimnisses, das wie ein Alp auf seiner Seele lastete, entäußern, und nach seinem Bilde schuf er den gütigen Urheber aller Dinge. Und wohl uns, daß auch hinter diesem Mythus eine höhere, reinere Wahrheit steckt, und daß beglückte Geister wahre Schöpferwonnen genießen werden, so lange die Welt steht!

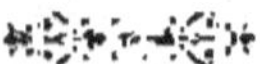

Adam Müller-Guttenbrunn.

Eine litterarische Studie von Ernst Wechsler.

(Berlin.)

In meinen „Wiener Autoren" findet sich (S. 200) folgende Stelle: „Wohl den schlagendsten Beweis für meine obige Behauptung (daß dichterische Talente in Wien einen schweren Stand haben), bildet Adam Müller-Guttenbrunn. Von niemand geringerem als Heinrich Laube in die Litteratur eingeführt, trat er mit einigen vielversprechenden Leistungen auf, die in ihrer geschickten Anlage und kraftvollen Ausführung ein wirklich berufenes dramatisches Talent zeigten. Ich bin überzeugt, wäre Müller-Guttenbrunn anderswo aufgetreten, er hätte einen ihn vollends befriedigenden Wirkungskreis erlangt, d. h. er hätte stets Bühnen gefunden, die seine Stücke aufführten. Ich kann mir nicht denken, daß der Journalismus, dem er sich in die Arme warf, ihm Ersatz bieten wird für die aufgegebene dramatische Thätigkeit." In diesen dürren, knappen Worten liegt ein trauriges Kapitel der Geschichte des modernen geistigen Wiens und der Mittelpunkt dieses Kapitels ist eben Adam Müller-Guttenbrunn. Er gehört zu den warmblütigsten dramatischen Talenten der Gegenwart — und ist gegenwärtig Berufsjournalist. Ob aber Müller-Guttenbrunn Journalist geworden wäre, wenn er von Berlin aus seine dramatischen Erstlinge in die Welt gesendet hätte, das bezweifle ich sehr und er selber wird mich wohl kaum Lügen strafen. Wien ist eine wunderschöne Circe, die alle ihr sich nahenden und huldigenden Dichter in Journalisten verzaubert, und in dieser Gestalt müssen sie nun ihre glühenden epischen, lyrischen und dramatischen Träume feuilletonistisch bespötteln und begraben. Mit Müller-Guttenbrunn ist es aber der wunderschönen Circe recht übel ergangen, sie hat allerdings auch an ihm die Macht ihrer Hexerei erprobt, aber der in einen Journalisten verzauberte Dichter Müller-Guttenbrunn sagt ihr die größten Grobheiten ins Gesicht, daß sie zornbebend aufschreit; mit bewunderungswürdiger Unerschrockenheit wirft er ihr alle ihre Laster und Untugenden vor, so unwiderleglich, so einwandslos, daß die wunderschöne Dame sich in manchen Stücken zu bessern versprach und sich auch teilweise gebessert hat. Liegt es daher im Interesse Wiens, daß die Stadt einen so streitbaren Journalisten, wie Müller-Guttenbrunn, der eigentlich gar nichts mit den glänzenden, bestrickenden Schattenseiten der vielgerühmten dortigen Feuilletonistik gemeinsam hat, aufweisen kann, so bleibt es doch immer zu beklagen, daß die moderne dramatische Litteratur ihn für immer zu verlieren Gefahr läuft, wenn seinem weiteren Schaffen nicht ein günstiger Stern leuchtet.

Adam Müller-Guttenbrunn ist verhältnismäßig noch ein junger Mann und die Anzahl seiner bisherigen Schriften ist keine große; trotzdem gehört er zu den markantesten Charakterköpfen der modernen österreichischen Litteratur. Er hat bis jetzt kaum ein halb Dutzend Dramen geschrieben, aber seine dramatische Individualität steht bereits scharf umrissen vor uns; die Anzahl seiner Streitschriften ist noch geringer, aber seine journalistische Eigenart spricht aus ihnen erstaunlich fest und deutlich. In dem tropisch glänzenden und schwülen Treiben und Weben der Wiener Journalistik bildet er ein frisches, belebendes und reinigendes Element. Er verhält sich zu seinen Kollegen wie der ernste, entschlossene, kernige Protestant zu dem reicheren, schlafferen, in Farben und Tönen schwärmenden Katholiken. Er hat eigentlich wenig vom Süddeutschen, speziell Wienerischen an sich und liebt doch innig die Stadt, in der seine Muse nicht Wurzel fassen kann. In der Stadt, wo graziöse Oberflächlichkeit, leichtsinnige Gemütlichkeit, laxe Auffassung der Lebenspflichten, Rassen- und Nationalitätenhaß zu Hause sind, verteidigt er das Deutschtum, kämpft gegen die Korruption . . . fürwahr, ein „unbequemer" Herr, der da gegen den Strom schwimmt, ein Mensch, der sich statt mit Choristinnen und Balletteusen zu amüsieren, sich auffällig oft und sogar an öffentlichen Orten mit zwei häßlichen, widerwärtigen Frauenzimmern zeigt, der Wahrheit an einem und der Gerechtigkeit am anderen Arm, und das in Wien, der Stadt der Schönheit und Anmut! Ein „unangenehmer" Herr, der Müller aus Guttenbrunn, — ein Charakter . . .

Adam Müller-Guttenbrunn ist trotz dieser Eigenschaften ein eminent wienerischer Schriftsteller. Er übt auf die Verhältnisse Wiens einen Einfluß aus, wie sich dessen nur wenige seiner Kollegen rühmen können, und er hat wie wenige das Recht, nicht allein von seiner Feder, sondern auch von der Wirkung derselben zu sprechen. Er gleicht da einem Schützen, der stets ins Schwarze trifft. Seine Broschüre: „Wien war eine Theaterstadt" brachte die Bewegung für ein deutsches Volkstheater in Fluß; ein solches erstand thatsächlich und wird in der nächsten Spielzeit eröffnet. Seine Schrift „Die Lektüre des Volkes" beschäftigte das österreichische Parlament mit dieser Frage und rief die ganze Volksbewegung hervor, die sich seit einigen Jahren in Wien bemerkbar machte, und in der Errichtung zahlreicher öffentlicher Freibibliotheken ihren Ausklang fand. Die Regierung schränkte auf grund jener Schrift den Prämienschwindel in dem Kolportagewesen zum Teil ein. Müllers Feuilleton in der „Deutschen Zeitung" über „Jugendlektüre" gipfelte in der Forderung eines Preisausschreibens für gute Jugendschriften. Acht Tage später erließ der Unterrichtsminister dieses Preisausschreiben. Seine Artikel in der „Münchener Allgemeinen Zeitung" über „die magyarische Mißwirtschaft im Banat", seiner Heimat, machten in Ungarn einen solchen Eindruck, daß alsbald ein neues Weinzehentablösungsgesetz zustande kam. In seinem Drama „Gräfin Judith" wird übrigens diese Mißwirtschaft von einem jungen Priester verdammt. Auf seine Anregung hin bildete sich in Wien eine Art litterarischer Vehme, eine Gesellschaft von Gelehrten und Litteraten, die unter dem Titel: „Gegen den Strom" von Zeit zu Zeit Broschüren über und gegen öffentliche Zustände in Wien herausgiebt. Über dieses originelle und thatkräftige Unternehmen werde ich mich einmal an anderer Stelle näher aussprechen. Es ins Leben gerufen zu haben, bildet eines der schönsten Verdienste Müller-Guttenbrunns.

Ich habe hier nur in kurzen Strichen die Thätigkeit des Journalisten Müller-Guttenbrunn entworfen und man muß wahrhaftig erstaunen, welch' tiefgreifenden, ja die Massen des Publikums aufwühlenden Erfolg dieselbe hatte. Unser Autor versteht es wie selten einer, Thatsachen richtig und wirkungsvoll zu gruppieren, zur geeigneten Zeit zu sprechen und seinem glühenden Wirklichkeitssinne die Zügel schießen zu lassen. Das Geheimnis seines Erfolges liegt eben darin, Fragen, die so zu sagen in der Luft liegen, auszusprechen; mit der Spürkraft eines tüchtigen, praktischen Menschen, mit der Rücksichtslosigkeit des ehrlichen, thatkräftigen Journalisten Schäden aufzudecken und sie zu allgemeinster Überraschung grell zu beleuchten. Auch die Methode seiner Darstellung ist für ihn charakteristisch. Er läßt Daten und nichts als Daten sprechen, aber gerade die Daten, die er vorbringt, reden mit hundert Zungen, und erst dann, wenn der Leser unter der Gewalt dieser

Thatsachen steht, erhebt Müller seine Stimme und das Resultat ist, daß ihm der Leser bedingungslos Recht giebt. Diese Art vorzutragen ist ebenso künstlerisch wie wirkungsvoll und, wenn sie polemischer Natur wird, für den Gegner gefährlich. Ich begreife es vollkommen, daß der Minister einige Tage nach dem Erscheinen eines Müllerschen Feuilletons die Forderung derselben erfüllt; ich begreife es ferner, daß das Parlament sich mit seinen Broschüren beschäftigte. Wenn wir uns dieselben etwas näher ansehen, wird vor allem das, was ich im allgemeinen über deren Wesen sprach, auch in den Details seine volle Bestätigung finden. Müllers Broschüre „Wien war eine Theaterstadt" erschien als zweite Flugschrift jener litterarisch künstlerischen Gesellschaft: „Gegen den Strom" und entschied durch das maßlose Aufsehen, das sie machte, das Schicksal des Unternehmens: es besteht noch heute und sein Einfluß wächst von Heft zu Heft. Müllers Broschüre ist bereits in 4000 Exemplaren verbreitet und der Titel derselben zum geflügelten Wort sowohl in Österreich wie in Deutschland geworden. Die ganze Entrüstung des an seinen ehrlichen und gerechten Interessen geschädigten Dramatikers entlädt sich in ihr, aber er spricht durchaus nicht pro domo, sondern objektiv, und was er vorbringt, ist nicht allein seine eigene, sondern auch die Sache sämtlicher österreichischer Dramatiker, die unter der jämmerlichen Misère der Wiener Theater schmachten und ihr Talent verrosten lassen müssen. Müller giebt eine Charakteristik der Theater Wiens, vergleicht ihre Leistungen miteinander und thut dar, daß alle Kunstinstitute in ihrer Sucht, sich gegenseitig zu übertrumpfen, sich Stücke und Schauspiele einander abzujagen, zu grunde gehen müssen. Dieser erbitterte Konkurrenzneid zeitigte die jämmerlichsten Zustände: kein Theater hat ein ausgesprochenes System, eine künstlerische Richtung, ein Repertoir und ein Ensemble und schließlich auch ein Stammpublikum, ohne welchen unentbehrlichen Halt auf die Dauer eine wahre Stätte dramatischer Kunst nicht denkbar ist. In diesen unwürdigen Streit der Privatinstitute wurden auch die kaiserlichen Theater, die Oper und die Burg hineingezogen, und so muß jeder Kunstfreund, jeder Patriot mit Trauer sehen, wie allmählich, aber sicher Wien um seinen Ruhm, die erste Theaterstadt der Welt zu sein, sich selber bringt und seine beiden ersten Theater, die Zierden deutscher Kunst, künstlerisch entwertet. Auch auf die soziale Stellung der ausübenden Künstler, sowohl in ihrer Stellung zum Direktor, wie zum Publikum selbst, kommt Müller zu sprechen und erzählt uns ein dunkles Kapitel der Wiener Sittengeschichte. Interessant ist, was er über den Einfluß der Künstlerinnen auf das Schaffen der Autoren sagt: „Die Wiener dramatische Produktion von vielen Jahrzehnten trägt den Stempel dieser Frauenherrschaft. In Frankreich zuerst wurde das Weib fast Alleinherrscherin im Drama, und wir in Österreich haben uns am tiefsten vor dieser Mode gebeugt. Unter den Händen eines Franzosen wurde selbst aus dem deutschen Faust eine „Margarethe," und ein Dramatiker der Wiener Schule verarbeitete den gewaltigen Nibelungenstoff zu einer „Kriemhild"-Rolle. An der Entmannung dieser Stoffe ist hier wie dort eine große Künstlerin, ein Weib, schuld, und der überwältigende Einfluß des Weiblichen in der Wiener Luft ist es, der auch Grillparzers Dichten beherrschte. Oder glaubt man, es sei ein Zufall, daß seine Stücke „Sappho", „Medea", „Esther", „Libussa", „Hero" und „Jüdin von Toledo" heißen? Oder daß Mosenthal in Wien eine „Deborah", „Pietra", „Isabella Orsini", „Parisina", „Madeleine Morel" und eine „Sirene" schrieb? Und im sogenannten Wiener Volksstück sieht es womöglich noch weiblicher aus!"

Wie recht hat Müller-Guttenbrunn mit diesen Worten, aber es ist bezeichnend, daß sie aus dem Munde des Autors der „Gräfin Judith", „Irma", „Frau Dornröschen" kommen! Er ringt eben selber mit den Wiener Einflüssen ... Die Stellung der Wiener Kritik zum Theater unterwirft er im Verlaufe seiner Schrift einer scharfen, aber gerechten Besprechung. Nachdem nun der Verfasser seinen Gegenstand von allen Seiten beleuchtet und sattsam dargethan, daß die Theaterstadt Wien bedenklich herabgekommen, — schließt er durchaus nicht seine denkwürdige Schrift, wie man eben annehmen sollte. Es ist zwar Art Wiener Kritiker, „herabzureißen" und dann mit einem brillanten Apercu zu schließen. Das thut Müller gar nicht und nachdem er das gegenwärtige morsche Gebäude des Wiener Theaterwesens „herabgerissen" hat, giebt er einen Plan, wie man ein neues, haltbares zu erbauen hätte. Und das verleiht eben Müllers Streitschriften einen bedeutenden ethischen Wert, daß sie alle nicht mit einem negativen, sondern mit einem positiven Resultat schließen. Da verrät sich der komponierende, schaffende Künstler, der zugleich ehrlich beratender Kritiker ist. Müller giebt in dieser Broschüre Anregung zur Gründung eines Volkstheaters, und wie fruchtbar diese Anregung gewesen, beweist die Thatsache, daß kurze Zeit nach Erscheinen dieser Schrift in nächster Nähe des neuen Burgtheaters sich ein schmuckes Gebäude erhebt, in dem echte Kunst eine würdige Heimstätte finden soll.

Vor wenigen Jahren las ich in der leider eingegangenen vortrefflichen Wiener „Deutschen Wochenschrift" ein Feuilleton von Müller, in dem er einen Kolportage-Romanschriftsteller zeichnet. Ich weiß nicht, in welcher inneren Beziehung dieses Feuilleton zu seiner Broschüre „Die Lektüre des Volkes" (Wien, Carl Gerold, Heft 9 von „Gegen den Strom", 3. Tausend) steht, aber es muß als ein Vorläufer zu ihr bezeichnet werden. „Die Lektüre des Volkes“ ist vielleicht das Wirksamste, was Müller geschrieben, diese kleine Broschüre ist ein bedeutendes Buch, ja noch mehr als das, eine bedeutende That. Die Wirkung, die sie an manchen Stellen auf mich machte, ähnelte dem Eindruck, den ich von „Raskolnikow“ empfing: Ich glaubte, einen wüsten, schweren Traum zu träumen, aus dem ich erwachen müßte, und doch ist alles bittere, furchtbare Wahrheit, was Müller vorbringt. Es ist ein ungeheurer Vergiftungsprozeß, seit Jahren mit allem Raffinement betrieben, ungescheut, unter den Augen des Gesetzes, den Müller-Guttenbrunn schildert, der das Herz unseres Volkes vernichtet, und dabei den Seckel einiger gewissenloser Buchfabrikanten bis an den Rand füllt, ja sie zu Millionären macht. Wie ist dies nur möglich, fragt sich der erschrockene Leser, daß so etwas geduldet wird? Er richtet diese Frage, empört bis in den tiefsten Grund seiner Seele, und denkt nicht daran, daß er selber in seinem Hause die Kolporteure ungestört aus- und eingehen, und wenn nicht seine eigene Frau, so doch wenigstens sein Gesinde, die Köchin oder das Stubenmädchen oder den Diener auf die Romane, das Heft zu einem Nickel, abonnieren läßt. Müller läßt uns einen genauen Blick thun in das Gewebe des Kolportagehandels, wie die „Romane“ fabriziert und dann vertrieben werden, so daß sie in die äußersten Schichten des Volkes gelangen. Er deckt den aussaugenden, lächerlichen Prämienschwindel auf, der den Arbeiter oft um seinen letzten Nickel bringt. Und nun entwirft er eine Charakteristik der geistigen Nahrung, die in unglaublich kolossalen Massen dem Volke zugeführt wird: es ist das Gemeinste, Roheste, die niedrigen Gelüste Aufreizendste, das man sich überhaupt denken kann. Es treibt einem die Schamröte auf die Wangen, wenn man liest, welch' erbärmlicher, ja in seiner Niedertracht gefährlicher Schund dem Volke um teures Geld geboten wird. Warum das Volk ihn kauft und liest? Es dürstet nach geistiger Zerstreuung und nimmt das, da ihm die Fähigkeit der selbständigen Wahl natürlich fehlt, was ihm geboten wird, namentlich mit dem Zusatz der Prämie, ohne daß es infolge der kleinen Ratenzahlungen den Schwindel merkt. Wer erschrickt nicht, wenn er vernimmt, heißt es in der Broschüre, daß der Roman: „Der Sträfling oder unschuldig verurteilt“, dessen blutrünstiges Inhaltsverzeichnis ich eben mitgeteilt habe, daß dieser Roman nach einer prahlerischen Versicherung des Verlegers weit über eine Million Abnehmer fand. Selbst wenn wir annehmen, daß die Hälfte erlogen ist, bleibt noch immer die ungeheuerliche Zahl von mehr als 500000 Exemplaren übrig, d. h. dieser Schundroman wurde in einem Jahre in mehr Exemplaren verbreitet, als die sämtlichen Werke Scheffels oder Freytags in zwanzig Jahren. Von solchen erschreckenden Daten wimmelt die Schrift, die einem gehörig die Augen öffnet über diese immense Schmach, die dem Volke jahraus, jahrein zugefügt wird und die wir alle in thörichter Verblendung gar nicht erkannt haben. Aber welche Gefahr in dieser Schmach für den Staat selber liegt, wird wohl jeder Verständige ermessen können. Und erschüttert wird jedermann folgende Sätze aus dieser Schrift lesen: „Wer mit mir nun zurückblickt auf die trostlose Geisteswüste, die ich durchwandern mußte, um meine Behauptung zu erhärten, daß von den 50 Millionen Deutschen in Österreich und Deutschland der weitaus größere Teil schlechte Schriften liest, dem wird vielleicht der Mut entsinken und die Hoffnung auf eine bessere Zukunft; aber eines wird ihm bleiben: ein milder Maßstab zur Beurteilung all' der traurigen Erscheinungen unseres Volkslebens. Er wird sich über nichts mehr wundern dürfen, denn er wird alles begreifen. Von allen Seiten dringt Rohheit, Schmutz und Unvernunft auf das Volk ein, die Sudelpresse erhitzt sein Gemüt mit den Schandthaten des ganzen Erdkreises, die Kolportageromane, die ihm schmeicheln, schildern alle anderen Kreise als verlottert und faul und geben ihm ein fratzenhaftes Bild von der Welt, und die religiösen Schriften erfüllen sein Herz mit dem blödsinnigsten Aberglauben. Und all' diese Attentate auf seinen gesunden Sinn, seine Gutmütigkeit und Vernunft muß das Volk überdies teuer bezahlen, denn alle, die sich an dasselbe herandrängen, beuten es aus. Und der Staat schützt es in keiner Weise davor. Er bietet die Polizei auf und erläßt Verbote, wenn ein Mitglied des Bürgertheaters öffentlich eine allen Gebildeten längst bekannte Novelle vorlesen will, in der ein Pfaffe nicht gar glimpflich behandelt wird; er übt erbarmungslose Zensur an jenen Bühnenwerken, die überhaupt nur die oberen Zehntausend verstehen; kurz, er bevormundet und beschützt ein blasiertes Publikum, das nichts glaubt und überhaupt durch gar nichts zu irritieren ist, das bei den gewagtesten und unheiligsten Dingen höchstens einen angenehmen Kitzel empfindet, vor jedem scharfen, geistigen Luftzuge; das Volk aber, die Millionen, die alles glauben, was sie gedruckt sehen, die giebt es schutzlos den niedrigsten Einflüssen eines schlechten Schrifttums preis, eines Schrifttums, das überdies mit der Nebenabsicht der Volksbewucherung kolportiert wird!“

Zu dieser herrlichen Stelle berührt Müller-Guttenbrunn die religiösen Schriften, denen er den zweiten Teil seiner Broschüre widmet. Wenn nicht Zitate angeführt wären und überhaupt nur Thatsachen in diesem Teile ständen, man könnte es sonst für unmöglich halten, mit welch verwerflichen Mitteln der Klerus in Österreich den Journalismus betreibt. Da ist eine

Zeitschrift: „Der Sendbote des göttlichen Herzens Jesu", in dem es von Albernheiten, abergläubischen Geschichten, Erzählungen der sonderbarsten Wunder geradezu strotzt. Diese Zeitschrift erscheint in mehr als 20000 Exemplaren und gelangt auch in die Hände der Schulkinder. Das Gift, das in solchen „religiösen" Schriften enthalten ist, übt vielleicht noch eine furchtbarere Wirkung aus als der schauderhafte Kolportage-Roman, denn er wird als göttliche Medizin verabreicht und umso gläubiger zu sich genommen. Ich müßte beinahe eine selbständige Broschüre über Müllers Broschüre schreiben, wenn ich all das sagen wollte, was man über diese inhaltsreiche Schrift sagen müßte. Aber auch diese schließt mit einem positiven Resultat: Müller schlägt vor, das geschickte entworfene System des Kolportage-Handels, das bisher so schlechten Dingen sich widmete, in den Dienst einer guten Sache zu stellen, und auf dieselbe Art, mit der man bisher Millionen elender Romane ins Volk schleuderte, von nun an ebenso viele nützliche und gute Werke zu verbreiten. Was er da vorschlägt, ist in seiner Art wahrhaft bedeutend, nicht allein theoretisch, sondern auch praktisch, denn seine Vorschläge lassen sich alle durchführen. Und wie seine Theaterbroschüre die neue Volksbühne ins Leben rief, so hat auch die „Lektüre des Volkes" nicht vergeblich ans Gewissen der maßgebenden Behörden gepocht: Der Kolportage-Handel wurde einer Reform unterzogen und die Zahl der Volksbibliotheken um ein Bedeutendes vergrößert.

Ein Seitenstück zur „Lektüre des Volkes" bildet die Broschüre „Pikante Lektüre". (17. Heft von „Gegen den Strom", Wien, C. Gerold, 2. Aufl.) Ich kann mich bei dieser Schrift leider nicht mehr lange aufhalten, sonst müßte ich den Raum, der Müllers poetischer Produktion gewidmet ist, bereits in Anspruch nehmen. Auch hier hat Müller ein wichtiges Thema zum Gegenstand einer brennenden Frage gemacht. Er giebt eine Schilderung des Betriebes unzüchtiger Schriften, schildert deren Schädlichkeit und führt aus, auf welche Weise diesem unsauberen Handwerk, diesen gemeinen Spekulationen auf die Sinnlichkeit ein Ende gemacht werden kann. Ich glaube nicht zu viel zu sagen, wenn ich behaupte, daß Müller mit diesen drei Broschüren eine tiefe, nachhaltende, befruchtende Wirkung ausgeübt hat, wie wohl selten ein Wiener Journalist in den letzten Jahren; daß der strenge, sittliche Ernst, mit dem er seine journalistische Mission erfüllt, eine Läuterung, einen Umschwung zum Besseren in so mancher Hinsicht in den Zuständen Wiens und Österreichs überhaupt herbeigeführt.*)

---

*) Die zahlreichen kritischen und ethnographischen Journal-Artikel Müller-Guttenbrunns erwähne ich an dieser Stelle, ohne sie einer näheren Betrachtung zu unterziehen, da sie in einer Buchausgabe dem Publikum noch nicht vorliegen.

Dasselbe Feuer, denselben Ernst beweist er auch in seinen poetischen Arbeiten, aber er ist ein Wiener Dichter, und so ist es natürlich, daß sein dichterisches Talent nicht die schöne Entwickelung gewinnen konnte, die es versprach, und allgemach in die journalistische Strömung hineingetrieben wurde. Die Leistungen, mit denen er bis jetzt als Dichter hervorgetreten, zeigen ihn in erster Linie als Dramatiker, und als solcher wurde er auch am meisten im Publikum bekannt. Sein dramatischer Erstling ist die „Gräfin Judith", ein vieraktiges Schauspiel, das er später in eine gleichnamige Novelle umarbeitete, wie sein Drama „Frau Dornröschen" in einen Wiener Roman gleichen Titels. Diese „Gräfin Judith", das Werk eines dreiundzwanzigjährigen Jünglings, muß als eine erstaunliche Talentprobe bezeichnet werden. Der junge Dichter bewies, daß er komponieren, Menschen zeichnen konnte und einen merkwürdig scharfen Blick für die dramatische Wirkung besaß. Hier prägte sich bereits die Vorliebe des Autors für seelische Konflikte aus, die nicht zwei Menschen unter sich, sondern zu dreien oder gar zu vieren schlichten mußten. Die Liebe gleicht bei Müller-Guttenbrunn einer platzenden Kartätsche, die mehrere Menschen auf einmal verwundet. Gewöhnlich ein Ehepaar, dessen Frieden durch die Liebe eines der Ehegatten zu einem dritten Wesen gefährdet oder gar vernichtet wird. Also sehr schwüle Probleme, die aber doch des Autors gesunden Sinn nicht verläugnen, denn er läßt recht oft die Heldin ein uneheliches Kind bekommen, und das ist ganz richtig. Wenn zwei einander herzhaft lieben, kommt gewöhnlich ein Kindchen heraus. Die „Gräfin Judith", verkündet auch noch in anderer Beziehung das Programm des Autors: leidenschaftliches Eintreten fürs Volk. Das nächste Stück „Im Banne der Pflicht" (Leipzig, Reclam) bedeutete einen außerordentlichen Fortschritt; ich halte es überhaupt für ein tüchtiges, in jeder Hinsicht wirksames Stück. Es spielt zur Zeit der großen französischen Revolution und behandelt die Ehe des Grafen Duvernoy, dessen Gattin den Grafen Clermont liebt, den die junge Valerie liebt — wie man sieht, das Problem zu dreien. Daß sich aus solchen Konflikten große Szenen ergeben und dem Verfasser sich ein weiter Spielraum eröffnet, die ganze Skala der menschlichen Gefühle anzuschlagen und das Publikum dramatisch zu erschüttern, ist erklärlich. Aber Müller-Guttenbrunn ist ein Künstler, er arbeitet nicht mit Schablonen-Effekten und sucht den Gang des Dramas folgerichtig aus dem Charakter der Personen zu gestalten. Mit großer Anschaulichkeit und packender Kraft verkörpert der Dichter die eheliche Treue in der ernst-lieblichen Camilla, deren Herz zwischen Liebe und Pflicht hin- und herschwankt, bis sie den rechten Weg findet und ihr aus Pflicht Liebe wird. Der Backfisch Valeria ist allerliebst, bei Müller-Guttenbrunn tummeln sich noch mehrere solcher lieben Werke („Frau Dornröschen“, „Irma“) herum, die auf der Bühne einen ungemein günstigen Eindruck machen müßten. Müllers drittes Drama „Des Hauses Fourchambault Ende“ (Breslau, Schottlaender, mit einem Vorwort von Heinrich Laube) erzielte einen großen Erfolg und machte den Namen des Verfassers allgemein bekannt. Er bedeutete in Müllers litterarischer Carrière einen Wendepunkt, denn es führte ihn mit Laube zusammen, der sich von nun an, allerdings ohne ihm viel praktisch nützen zu können, warm für den Dichter interessierte und ihm seine Freundschaft schenkte. Die beiden haben auch ein Stück: „Schauspielerei“ gemeinschaftlich geschrieben, auf das ich aber nicht näher eingehe, da mir Müllers Anteil daran unbekannt ist. „Des Hauses Fourchambault Ende“ ist ein kühnes, geistreiches Wagnis, das dem Verfasser wundersam glückte. Aus den nicht geschlossenen Fäden eines Stückes die Handlung zu einem neuen, großen Drama mit reicher Handlung zu spinnen, diesen Gedanken kann nur ein scharfer Kopf fassen und ein treibendes dramatisches Talent ausführen. Wenn mich jemand fragte, welches Stück ich für besser halte, das von Augier oder das von Müller-Guttenbrunn, ich würde in Verlegenheit geraten, denn eins erscheint mir so wertvoll als das andere. War schon in der „Gräfin Judith“ und „Im Bann der Pflicht“ der Dialog in seinem warmen Fluß, in seinem natürlichen Geistreichtum, in seinen echt dichterischen Blitzern und Blenden, eine Hauptstärke Müller-Guttenbrunns, so entfaltet sich hier diese Hauptstärke zu solcher Fülle, zu solchem Glanz, zu solcher Kraft, daß man sich sagen muß: Hier ist ein großes dramatisches Talent der deutschen Bühne erstanden! — Aber dieses große, dramatische Talent lebt in Wien und deshalb hat es bis heute nicht das geleistet, was es sich und der Litteratur schuldig ist! Nun könnte mir Müller darauf entgegnen, daß sein nächstes Stück: „Frau Dornröschen“ nicht aufgeführt wurde, so daß er gezwungen war, es in Romanform dem Publikum vorzulegen . . . Ich kenne „Frau Dornröschen“ in seiner dramatischen Fassung nicht, wohl aber seine letzte Bühnen-Dichtung: „Irma“. Diese zeigt allerdings den berufenen Dramatiker, aber sie hat mich im Großen und Ganzen kühl gelassen. Der Charakter der sehr interessanten Heldin hat viele tote Punkte, d. h. man versteht dessen Entwickelung an vielen Stellen des Dramas nicht und so rückt Irma einem nicht nahe genug ans Herz heran, daß man für sie echte Teilnahme empfinden könnte. Auch der Maler war mir nie ganz klar, desto mehr die kupplerische Baronin Bergen und der köstliche Bankdirektor Freyland. Vielleicht die lieblichste Gestalt, die Müller geschaffen, ist der Backfisch Eva in seiner rührenden Naivität und Unschuld. Das Stück erweckt den Eindruck des Interessanten, man spürt, daß der Autor überall wirklich etwas zu sagen hat, aber zum Schluß ist man trotz des Geistes, des Witzes, der poetischen Empfindung und Gestaltungskraft, die der Autor zeigte, nicht vollkommen befriedigt und aufgeklärt.

Hier ist die dramatische Produktion Müller-Guttenbrunns zu Ende. Er beginnt mit der talent- und kraftstrotzenden „Gräfin Judith" und schließt mit einem unverständlichen, wenn auch noch so interessanten, modernen Frauen-Charakter. Die „Gräfin Judith" ist ein merksames Aufzeichen für den Kritiker, „Irma" ein doppeltes Fragezeichen. Oder soll wirklich das dramatische Talent des Autors in seiner Entwickelung stecken geblieben sein? — Ich kann's nicht glauben.

Einen eigentümlichen Eindruck macht der Roman „Frau Dornröschen" (Berlin, Otto Janke, 3. Aufl.). Im Herzen der beiden Helden vollzieht sich ein komplizierter seelischer Prozeß, den Müller in zahlreichen feinen novellistischen Zügen und dramatischen Eruptionen zutage treten ließ. Die Gestalten des Buches sind ungemein lebhaft und scharf gezeichnet, die Technik ist eine originelle, allerdings eine unfreiwillige — man lese nur die Entstehungsgeschichte des Buches als Vorwort — aber sie wirkt auf den Leser. Der Roman besteht aus fünf Kapitel-Akten, jeder schließt mit einem prächtigen Bühneneffekt. Ohne es zu wollen, hat da Müller-Guttenbrunn der schon dem Erstarren nahen Novellentechnik ein erfrischendes Element zugeführt. Mitten in epische Ausführungen und episodische Ranken stellt er die Szenen seines Dramas, diese Szenen bilden sozusagen die Höhepunkte der Handlung, was zwischen ihnen liegt, ist der begleitende, erläuternde, vermittelnde Text. Der Dialog erweist sich schlagkräftig, geistvoll, dialektisch glänzend. Über die Heldin ein Wort zu sagen, ist nicht leicht. Es liegt etwas Exaltirt-Mystisches, Ibsenhaft-Unausgesprochenes, durch das Dornröschenmotiv märchenhaft Anmutendes im Seelenleben Huldas. Auch ihr Geliebter Wildungen ist eine krankhaft überreizte, phantastische Natur, und rührend, oft ergreifend hat Müller die überschwengliche Liebe der beiden zu einander in den Mittelpunkt einer reichen Handlung gestellt. Der philisterhaft-anständige Ehemann Huldas, der am Schluß die Beiden an Edelmut übertrumpft, macht Müllers Gestaltungstalent alle Ehre, nicht minder der Backfisch Helene. Daß übrigens der Autor die Liebe Wildungens zu Hulda durch die Neigung Fräulein Berthas zu Wildungen komplizierter gestaltet, brauche ich nicht eigens zu erwähnen: Müller liebt eben die Liebe zu dreien oder vieren. Und noch ein Wort über den fünften Akt: Was da vorgeht, ist eine Komödie in der Komödie, an und für sich kühn und originell erdacht, aber nur auf der Bühne möglich, und nicht in einem Buche. Hier prüft der Leser, dort wird der Hörer von den interessanten Vorgängen überrumpelt. Der Verfasser nennt „Frau Dornröschen“ einen Wiener Roman. Ich habe nichts spezifisch Wienerisches drin finden können, höchstens die sogenannte Vertuschelungsmanier in der Familie Meyern, aber so etwas findet man auch in norddeutschen Häusern. Und die Charaktere Huldas wie Hermanns sind mir zu tief, zu leidenschaftslodernd, zu beständig in ihrem Schmerz, ihrer Liebe, als daß sie dem Boden Wiens hätten entsprossen können.

Auch als Novellist ist Müller-Guttenbrunn vor das Publikum getreten mit der Sammlung: „Gescheiterte Liebe“ (Leipzig, Wilhelm Friedrich). Das Buch wird unbedingt ein großes Publikum finden, denn eine jede Novelle fesselt und spannt den Leser durch den interessanten Inhalt und die gewählte Darstellungsart. Aber eine neue Phase in der Entwickelung des Dichters bedeutet das Buch nicht. „Das Kind seiner Frau“, die erste Piece, hat inbezug auf das schwüle, ibsenhaft-lakonische Problem eine gewisse Ähnlichkeit mit „Frau Dornröschen“. Die Novelle enthält eine gelungene Mischung pathologischer und erotischer Elemente. Müller giebt hier ein Beispiel von der geistigen Befruchtung einer Frau, welche bewirkt, daß deren eheliches Kind die Züge jenes Mannes trägt, den sie liebte, aber streng platonisch. Ein sehr heikles Problem, aber echt poetisch und voll feinster Seelenmalerei. Die „Gräfin Judith“ ist das novellisierte Jugenddrama des Autors: eine junge Gräfin wird aus Eitelkeit, Ehrgeiz und Eifersucht zur Mörderin: ihr Gewissen aber hält sie davon ab, ein wegen dieser That zum Tode verurteiltes Mädchen hinrichten zu lassen, sie reinigt das Mädchen vom falschen Verdacht und stirbt. „Mutter und Sohn“, ein soziales Schattenbild, und „Die Frau Hofrätin“ ein an Storm anklingendes Idyll, sind Leistungen einer feinen Erzählungskunst. Zu dem allerliebsten „Seemärchen“, in dem das romantische Abenteuer eines jungen Dichters mit einer Prinzessin geschildert wird, steht das düstere, ergreifende Genrebild „Nickelchen Wurdt“ in eigenartigem Gegensatz. Auf breiterem Grund ist das „Christkind“ angelegt, die Geschichte der Liebe eines Schauspielers zu einer Aristokratin, das Kind dieses Liebesbundes begründet später das eheliche Glück des Schauspielers mit einer Kollegin. Wie man sieht, lauter Probleme und Stoffe, die Müllers Individualität in festen, deutlichen Linien erscheinen lassen. Alle diese Novellen haben aber mehr oder weniger einen dramatischen Keim, besonders das „Christkind“ und verraten überall, daß Müller-Guttenbrunns Muse eigentlich sich nur auf der Bühne heimisch fühlt.

Wenn ich noch erwähne, daß er auch lyrische Gedichte schrieb und im Verein mit Pawikowski bei Liebeskind in Leipzig das „Trost- und Trutzbüchlein der Deutschen in Österreich“, eine äußerst zeitgemäße und treffliche Anthologie lyrisch-politischer Gedichte herausgab, bin ich mit der Aufzählung der Werke unseres Autors zu Ende.

Was mir noch zu sagen übrig bleibt, ist folgendes: Ich habe mich bemüht, in dieser Skizze objektiv und gerecht das Bild eines Schriftstellers zu entwerfen, der als ein großes dramatisches Talent begonnen und — als erfolgreicher Journalist binnen wenigen Jahren in das vierte Decennium seines Lebens tritt. Es wäre also wirklich Zeit, daß er diejenigen Werke schreibt, zu denen ihn sein Talent verpflichtet, — Talent ist Pflicht. Die Verhältnisse in Wien sind allerdings traurig, aber ein Talent muß Hindernisse überwinden; sind aber dermalen die schlechten Wiener Zustände stärker als ein großes Talent, nun dann zieht man eben fort.

Goethes Wahlverwandtschaften im Lichte moderner Naturwissenschaft.

Von Wilhelm Bölsche.

(Berlin.)

I.

Es ist eine alte, auch heute noch nicht ganz überwundene Neigung in uns Deutschen, unsere Größe auf fremde Wurzeln zurückzuführen und mit scheinbarer Objektivität anderen Nationen den Löwenanteil an unsern eigensten Errungenschaften zuzugestehen. Zumal in der Litteraturgeschichte wuchert das Unkraut solcher Liebhabereien oft noch in erstaunlicher Üppigkeit. Da belehrte uns der Eine, unsere ganze goldene Litteraturperiode von Schiller und Goethe verdankten wir lediglich dem Wiederaufleben des klassischen Altertums, das doch bloß eine — nicht einmal immer fördernde — Begleiterscheinung war; der Andere fabelt viele Seiten hindurch vom Einfluß Byrons auf die deutsche Poesie und übersieht vollkommen, daß wir ein so durch und durch originales Genie besessen haben, wie Heinrich Heine, der dem Britten wahrhaftig ebenbürtig gegenüberstand.

Nun ist in unsern Tagen auf dem Gebiete des Romans eine starke Schwenkung eingetreten. Ich will hier nicht von grobem Naturalismus reden, sondern von jener gesunden Neigung zu einer schärferen Betonung des Wirklichen, zu einem feinen Realismus, der für die Fortentwickelung der

Poesie bloß förderlich ist und durch seine strengeren Gesetze dem bedeutenden Dichter kein Hemmnis auferlegt, vielmehr ihn in seiner Arbeit stählt und über sich selbst hinauswachsen läßt. Man findet kaum noch einen besseren Roman des Tages, in dem jene Bewegung sich nicht mehr oder minder geltend machte. Kein Mensch wird bestreiten wollen, daß, ehe die neue Richtung bei uns in Deutschland entscheidend durchschlug, in Frankreich und in England schon weit mehr Lärm davon gemacht worden war. Ich will bloß an die Namen Balzac und Eliot erinnern. Unverzüglich aber hat man darauf den Schluß gebaut, auch in diesem Falle seien wir Deutschen wieder bloß fremdem Antriebe gefolgt und zumal Balzac sei, wie für die ganze Linie von Flaubert bis auf Zola in seinem Vaterlande, so auch für uns der Vater des neueren realistischen Romanes. Man wird in der Litteratur den engherzigen Patriotismus gewiß nicht so weit treiben wollen, daß man, wenn dem wirklich so wäre, etwas Bedauernswertes darin finden könnte. Schüler von Balzac oder Eliot zu heißen, ist kein so sehr großes Unglück bei dem anerkannten Glanze dieser Namen. Aber ich glaube, man wird von allem Patriotismus ganz abgesehen rein aus Forderung der litterarischen Ehrlichkeit sich bald darein finden müssen, das Prioritätsrecht des eigentlichsten realistischen Romans im vollen Sinne einem noch viel Bedeutenderen zuerkennen zu müssen, nämlich dem Altmeister Goethe in seinen Wahlverwandtschaften. Ja noch mehr: die Wahlverwandtschaften geben bereits einen vollkommenen Spiegel ab für den von Zola so getauften „Experimentalroman“, und man kann im Einzelnen bei sorgfältiger Analyse alle Vorzüge und alle Gefahren dieser ins Gebiet der Naturwissenschaft hinübergreifenden exakt psychologischen Dichtungsart an dem alten Buche so genau aufweisen, als gehöre es zeitlich zu den neuesten Erzeugnissen des Büchermarktes. Meines Wissens ist es noch nicht versucht worden, das eingehend darzulegen, was doch ein um so interessanteres Unternehmen dadurch werden muß, daß es uns unsern Goethe nicht als eine einsame Gestalt in verlorener Ferne, sondern als jugendfrischen Mitkämpfer und ersten Pionier in einem heißen litterarischen Kampfe der Gegenwart zeigt. Die kritische Betrachtung der Wahlverwandtschaften im Laufe der Zeiten weist so viele verschiedene Phasen auf, daß schon ihre Geschichte allein die Hoffnung wecken kann, es möchte immer noch Neues aus dem merkwürdigen Buche herauszulesen sein. Daß die Dichtung etwas absolut Neues, vorerst ganz Isoliertes bedeutete, als sie erschien, das zeigte sich sofort an den bei keinem früheren Goetheschen Werke so lebhaft ausgesprochenen Bedenken der gewöhnlichen Leser gegen die Moral derselben. Wilhelm Meister enthält in einzelnen Situationen weit Gewagteres auf dem erotischen Gebiete als der Roman der Wahlverwandtschaften, aber

Wilhelm Meister war trotz alledem noch durch und durch ein Roman von der alten Schule, eine im letzten Ziel vollkommen moralische, ja geradezu didaktische Bildungsgeschichte, die von unten nach oben führte und streng genommen den Satz predigte: Der gute Mensch beißt sich schon durch in der Welt, wie kraus auch die Dinge liegen, — es giebt eine dunkle Vorsehung, die uns leitet und hilft. Von dieser zwangsweisen, lehrhaften Moral zeigte der neue Roman keine Spur. Er war gebaut wie ein Rechenexempel, in dem nichts herrscht als eiserne Logik. Unfähig, diese Art von Dichtung zu begreifen, hängte man sich an ein paar Einzelheiten, die aber eine so verschiedene Auslegung zuließen, daß die Kritiker sich genau in zwei entgegengesetzte Parteien spalteten: die Einen fanden das Buch bar aller Moral, sie nannten es den Triumph der Unsittlichkeit; die Anderen klagten über allzu rigorose Moral, die in ein Gorgonenhaupt verwandelt sei. Wir heute — mit dem großen biographischen Material über Goethe — sind leicht im Stande zu verfolgen, was der gewaltige Denker eigentlich gethan, um plötzlich auf diesem ganz veränderten Boden sich zu zeigen. Goethe war mehr und mehr Naturforscher geworden. Mochte er im praktischen Streben auch seine seltsamen Irrwege gewandelt sein: mit dem mächtigen Hellblick seines harmonisch geschulten Auges hatte er den innersten Kern der Theorie erfaßt, die unser ganzes Jahrhundert beherrscht; die Metaphysik, in die seine Zeitgenossen aus der Philosophie sich hoffnungslos verbohrten, weit von sich werfend war er in die lichte Halle der wirklichen Physik eingetreten, hatte er darin sogar den meisten Naturforschern seiner Zeit voraus, erkannt, daß auch das Menschliche den mechanischen Gewalten, dem Physikalischen unterworfen sei, — Ideen, die später erst Darwin und seine Schüler ausbauen sollten, waren in ihm aufgestiegen, in einsamer Größe war er in gewissem Sinne vielen Jahrzehnten vorausgewandelt. Dann aber — im Vollbesitz aller dieser Wissensfülle — hatte er, weil er zugleich Dichter war, sich auch als Erster die Frage vorgelegt, ob es nicht möglich, ja geradezu ehrliche Pflicht für den Dichter sei, in seinen Gestalten dem neuen Zuge der Zeit, der physikalischen Weltanschauung, Rechnung zu tragen, und aus diesem Ideenkreise heraus hatte er die Wahlverwandtschaften geschaffen, wenn nicht sein poetisch bestes, so doch dem Gedanken nach sein tiefstes Werk, in dem er die Größe seiner Weltanschauung unendlich abgeklärter und konzentrierter niederlegte, als in den mystischen Versspielen des zweiten Teiles von Faust. Daß von den Zeitgenossen kaum einer den Riesenschritt mit thun konnte, den Goethe hier ausgeführt, liegt klar vor Augen.

II.

Der Fundamentalsatz, den Goethe aus der Naturwissenschaft entnahm, lautete: Der Urgrund der Dinge ist uns absolut verschlossen; wir stehen als empfindende Menschen dem Geschehen in der Welt rein passiv gegenüber; die Notwendigkeit dieses Geschehens folgt zwar einer innern Gesetzmäßigkeit, die wir in jedem Einzelfalle durchfühlen, aber sie nimmt keine Rücksicht auf unsere engere Moral, unser individuelles Wünschen, sie schafft Konflikte und löst sie, ohne daß wir etwas daran ändern oder begreifen können, warum es letztgültig geschieht. Im Munde des Naturforschers enthält dieser Satz weder ein materialistisches noch ein idealistisches Bekenntnis, er besagt bloß als Fazit kalter Beobachtung: menschliches Wünschen und natürliches Geschehen decken sich nicht, letzteres geht seinen vorgeschriebenen Weg und ersteres ist machtlos dagegen, weil der Mensch in den Mechanismus des letzteren eingeteilt ist. So lange aber Menschen dichten und denken können in der Welt, haben Religion und Poesie sich bemüht, die Härte des Satzes zu mildern, zu verschleiern, ihn umzudeuten und wenigstens auf dem Papier ganz wegzuleugnen. Die sämtlichen populären Religionen haben überhaupt keinen anderen Zweck gehabt, so weit sie dogmatisch waren, und die Poesie ist zwar in ihren bedeutendsten Vertretern gelegentlich hart am Eingeständnis der Wahrheit hingestreift, hat sich aber immer wieder durch ihr mächtiges Empfindungselement nach der Seite zurückziehen lassen, die dem Wunsche Erfüllung verhieß und die absolute Notwendigkeit und Undurchdringlichkeit des natürlichen Laufes der Dinge mit allerlei Mitteln wegdisputierte. Noch ein so klarer und freier Kopf wie Schiller hatte wenigstens einen allegorischen Schein in dieser Hinsicht wahren zu müssen geglaubt. Goethe riß dagegen den ganzen vielfach sehr morschen Plunder der alten, aus tausend Phrasen gewebten Vorhänge herunter und stellte sich mit Bewußtsein auf den Satz des Naturforschers. Sofort aber zeigte sich in der Dichtung ein gefährliches Phänomen. Anstatt daß die Romanfiguren, wie es bisher geschehen, als lustige Puppen in einem künstlichen Lichte an Drähten schwebten, erschienen sie jetzt frei über dem nebelschweren, unbekannten Abgrunde des wahren Geschehens und das Warum der Handlungen, das keine schöne Phrase mehr deckte, trat in seiner vollen Unbegreiflichkeit vor den Zuschauer hin. Die Forderung war erfüllt, daß die Dichtung sich anschließen sollte an die Naturwissenschaft; aber es zeigte sich sogleich mit unbehaglicher Deutlichkeit, daß die Naturwissenschaft nur eine registrierende, aber keine erklärende Wissenschaft ist. Vollends da die Handlung tragisch endet, ist das Peinliche des Nichtverstehens sehr stark, bei fröhlichem Schlusse würde man weniger danach fragen. Heutzutage weiß Jedermann, wie unerträglich dasselbe Gefühl im

Leser oder Zuschauer sich vielfach steigert vor den Theaterstücken von Ibsen, vor den Romanen von Daudet und Zola: man wird sich leicht an die unbefriedigende Wirkung von Eliots Mühle am Floß erinnern, und so sind die Beispiele massenhaft in der ganzen realistischen Litteratur zerstreut.

Wenn aber Goethe in diesem Punkte als Erster sofort auch die größte Gefahr, die in der Verwertung der naturwissenschaftlichen Weltanschauung für die Dichtung liegt, scharf markiert hat, so hat er andrerseits auch wenigstens angedeutet, wie bis zu gewissen Grenzen das notwendige Übel gemildert werden kann. Gleich zu Beginn hat er durch den ganzen Aufbau und die Form des Romans, durch das unablässige Betonen des gewaltigen Schicksalshintergrundes im Leser mit vollkommenster Meisterschaft das Gefühl eines, wenn auch unerkannten, so doch ahnend empfundenen Weltzusammenhangs, das Gefühl von einem erhabenen Mysterium im Schoße der Dinge erweckt. Anstatt uns mit der kleinen Juristenmoral von Gut und Schlecht, Strafe und Lohn zu kommen, führt er uns dann mehr und mehr, allerdings unter allen Schauern des Übergewaltigen, auf eine freie Höhe, von der aus wir zwar absolut nicht erkennen, was alle diesem Wirrsal zugrunde liegt, die aber hoch genug über allem steht, um jedem Beschauer von selbst den Schluß in den Mund zu legen: die letzte Entscheidung, das eigentliche Wesen der Dinge kann dieses Wirrsal selbst nicht sein, es muß einfach noch etwas hinter diesem vollkommen unverständlichen Spiel zwingender Gewalten liegen, wenn wir auch nicht wissen, was. Diese versöhnende Spitze herauszukehren, ist eben gerade die schwerste, aber auch bedeutendste Aufgabe des Dichters. Sie scheint mir in den Wahlverwandtschaften in einer geradezu unübertrefflichen Weise gelöst. Aus ihr heraus versteht sich besonders auch der außer dem Zusammenhang schwer begreifliche Schlußsatz der ganzen Tragödie, wo es von den Liebenden im Grabe heißt: „Welch' ein freundlicher Augenblick wird es sein, wenn sie dereinst wieder zusammen erwachen." Wenn ich mich recht erinnere, so ist es David Strauß gewesen, der es Goethe hier sehr verübelt hat, daß er aus seiner streng durchgeführten naturwissenschaftlichen Weltanschauung doch zu guterletzt noch herausfalle und dem religiösen Unsterblichkeitsglauben eine Concession mache. Ich finde keineswegs, daß der Satz das Recht des Dichters auch bei freiester Auffassung überschreitet. Er faßt lediglich die bis dahin nicht ausgesprochene, aber im Ganzen enthaltene Tendenz epigrammatisch zusammen, die Tendenz: diese verworrene Tragödie des Menschlichen ist nur Stückwerk, nur ein Mysterium, hinter dem unbedingt noch etwas stecken muß. Der strengste Naturforscher wird diesen Glauben nicht abweisen können, und wenn er sich vielleicht scheut, ihm eine symbolische Form unter dem Bilde individueller

Auferstehung zu geben, so tritt eben hier das Plus in Kraft, das der Dichter sich an entscheidender Stelle erlauben darf.

III.

Hat Goethe so im Großen dargethan, wie das scheinbar hoffnungslose und Unlust Weckende der naturwissenschaftlichen Weltanschauung in der Dichtung zu mildern und durch die Schauer des unfaßbar Erhabenen in Lustempfindung zu verwandeln ist, so scheint er mir in der Vermeidung der kleineren Klippen, die aus seiner neuen Methode erwuchsen, minder glücklich gewesen zu sein.

Auf den ersten Blick auffälliger noch als die zugrunde liegende Gesamtauffassung des Menschlichen tritt dem Leser der Wahlverwandtschaften das Verwerten bestimmter, dem zeitgemäßen Stande der psychologischen Wissenschaft entnommener Hypothesen und Beobachtungen innerhalb der Einzelhandlung entgegen. Goethe folgte auch hier einem logisch korrekten Gedanken. Er sagte sich, wenn die Dichtung sich auf dem Boden der großen Lebensfragen vollkommen mit dem Naturforscher versöhnt zeige, so sei nicht einzusehen, warum nicht auch auf engerem Gebiete ein fördernder Anschluß gesucht werden könne. Das exakte Wissensmaterial der Psycho-Physiologie bei Durchführung der Charaktere zu verwerten, mußte ganz unbedingt neue Erfolge für die Dichtung anbahnen helfen. Heute, wo in unsern Dramen und Romanen die Erblichkeit eine so hervorragende Rolle spielt, sind wir bereits ganz gewöhnt an solche Beutezüge der Poeten in das exakte Gebiet. Goethe mußte sich auch hier seinen Weg als einsamer Pionier suchen. Aber während heute die Wissenschaft bereits ein ziemliches Arsenal kostbarer Waffen für jeden, der suchen und auswählen kann, bietet, mußte Goethe die Erfahrung machen, daß es in der damaligen Psychologie mehr Ballast und grobe Irrtümer gab, als gute Bausteine. Wahrscheinlich wird auch von der ganzen Vererbungslehre und ähnlichen Wissensrequisiten, die uns heute nur allzu reichlich aufgetischt werden, noch manches mit der Zeit sich als hinfällig erweisen: sicher ist jetzt schon, daß von dem Material, das Goethe zu Gebote stand, wesentliche Stücke bloß Pseudowissenschaft und haltlose Irrtümer waren. Zum Glück besaß Goethe selbst einen schier unerschöpflichen Schatz von unverfälschtem Golde aus eigenster Beobachtung. Die Wahlverwandtschaften sind in verschwenderischer Fülle davon durchsetzt. Die sämtlichen Figuren des Romans sind in einer für alle Zeiten maßgebenden Weise psychologisch durchgebildet und mit dem Stempel greifbarster Wahrheit versehen. Aber das einfache Copieren des Geschehenen war diesem eminent tief schauenden Forscher noch nicht genug. Er hätte so gern dauernde Gesetze herausgeschält, hätte sich eingebohrt in den Kern der Phänomene. Sein Leben lang hatte er die wunderbaren Erscheinungen der Sympathie und Antipathie zwischen Mann und Weib beobachtet, ohne sich darüber klar zu werden, wo die anziehende und abstoßende Kraft liege und warum sie sich bald so und bald anders äußere. Als er jenes prächtige Gespräch zwischen Charlotte, Eduard und dem Hauptmann schrieb, von dem die ganze Dichtung den Namen erhalten hat, war er sich vollkommen bewußt, daß der Vergleich zwischen dem wechselnden Spiel der chemischen Elemente und dem Lieben und Hassen der lebendigen Wesen im Grunde nicht viel mehr bedeute, als eine geistvolle Parallele, keine Erklärung enthalte. Dann aber unterlag er doch der Lust, in den Charakteren von Eduard und Ottilie wenigstens andeutungsweise die wirklichen Vermutungen über magnetische Kräfte im Menschen, denen man damals in der Wissenschaft gern Raum gab, Gestalt gewinnen zu lassen. Und auch sonst geriet er ein paar Mal etwas über die Grenze des sicher Begründeten. Ich will die streitigen Punkte der Reihe nach kurz berühren, wie sie sich im Verlaufe der Lektüre geben. Ottilie leidet an Kopfschmerzen auf der linken Seite, die in Verbindung stehen mit einem heftigen, einseitigen Erröten der linken Wange bei plötzlicher Aufregung. Die Darstellung ist soweit korrekt. Man hat heute eine ziemlich sichere Erklärung für diese Migräne, die in der Hauptsache darauf hinausläuft, daß das einseitige Erröten hervorgerufen wird durch vorübergehende Lähmung des sympathischen Nervensystems auf der betreffenden Seite, die eine verstärkte Thätigkeit der Schlagadern, erhöhten Glanz des Auges, Rötung und meßbare Erwärmung im Gefolge hat. Eduard aber, so hören wir, leidet an denselben Kopfschmerzen auf der rechten Seite, und da nun beide bald durch lebhafteste Neigung aneinander gefesselt werden, liegt die Andeutung nahe, daß etwas elektrisches, ein Plus und Minus, die sich vereinigen wollen, im Spiele sei. Goethe ist vorsichtig genug, den Lesern zwischen den Zeilen lesen und seine Schlüsse selbst ziehen zu lassen. Aber man kann, wie man sich auch stelle, mit dem Ganzen nichts anfangen. Elektrizität spielt innerhalb des menschlichen Organismus, im Nervensystem eine gewisse Rolle, deren Bedeutung aber vorläufig für uns noch sehr problematisch ist und die nicht einmal im groben Umriß so erforscht ist, wie es in populären Dilettantenwerken mit Eifer verfochten wird. Eine elektrische Wirkung von Gehirn zu Gehirn ist reiner Unsinn, wenn man die einfachsten physikalischen Bedingungen in Betracht zieht. Ganz neue, unbekannte Kräfte aber hier zu erfinden, liegt nicht der mindeste Grund vor. Es wird in Laienkreisen ohnehin Unfug genug mit sogenannter

„psychischer Kraft" getrieben, die man sich ganz munter als aus dem Nichts entsprungen denkt und die nach den Ansichten der neuesten Telepathiker auch durch das absolute Nichts weiterläuft, um gelegentlich wieder bei einem zweiten Gehirn den Saltomortale aus der Metaphysik in die Physik zu machen und mechanisch zu wirken. Ist also der Goethesche Gedanke in dieser Fassung nicht brauchbar, so fragt man sich unwillkürlich, wie wohl ein Forscher in unsern Tagen eine so auffällige Neigung zweier Seelen, wie die Eduards und Ottiliens, exakt erklären würde. Man wird zunächst einwenden können, daß es überhaupt keiner neuen Hypothesen über tiefe physikalisch-psychologische Wirkungen dabei bedürfe, da Ottilie schön und jung ist, also Eduard ihr gradezu selbstverständlich den Vorzug vor Charlotte geben muß, andererseits Eduard selbst für Ottilie einfach der erste liebenswerte und sie umwerbende Mann ist, an den sie ohne alle Mystik ihr Herz verlieren kann. Will man aber durchaus tiefer gehen, so mag auf die Jägerschen Ausführungen vom sympathischen und unsympathischen Individualduft hingewiesen sein. Eine Reihe teils selbstverschuldeter, teils in Verkettung mißlicher Dinge begründeter Umstände hat den Theorien von Gustav Jäger in den Augen Vieler so sehr geschadet, daß man fast mit einer gewissen Reserve davon zu reden gezwungen ist. Und doch enthält der rein wissenschaftliche Teil seines größern Buches eine Fülle lichtvoller Einzelexkurse, die Jeder, der sich für die Verkettung von Physiologie und Psychologie interessiert, eifrig studieren sollte. Eine gewisse litterarische Prüderie, die es für vollkommen salonfähig hält, von Magnetismus und unmöglichen psychischen Kräften zu fabeln, sich dagegen scheu verkriecht, wenn die unleugbar sehr große Wirkung sympathischer und unsympathischer Gerüche auf das Nervensystem in die Diskussion gezogen wird, sträubt sich in diesen Dingen, wo sie kann, aber man wird auch hier, wie an tausend anderen Punkten, über sie weggehen. Ich will hier indessen nicht näher in die Erörterung über den Wert der Jägerschen Ideen speziell für das erotische Problem der gegenseitigen Neigung eintreten, weil ich noch nirgendwo ganz festen Boden in dem Ganzen sehe. Wahrscheinlich bewegen wir uns durchweg hier noch in starken Übertreibungen und dem unvermeidlichen Anfängerfehler, alles auf ein Prinzip zurückleiten zu wollen. Aber man kann so viel sagen, daß Goethe, wenn er heute schriebe, dem Zuge der Zeit folgend wohl ebenso unbekümmert um das Geschrei der Unkundigen sich der Jägerschen Dufthypothese bemächtigen würde, wie er damals die elektrische Hypothese aufgriff. Und man wird noch stärker daran gemahnt, wenn man das weitere mystische Phänomen ins Auge faßt, das mit Ottiliens Kopfschmerzen zusammenhängt.

Es giebt einen Pfad im Park, unter dem wahrscheinlich ein Lager von Steinkohlen sich befindet. So oft Ottilie ihn betritt, fühlt sie einen geheimnisvollen Schauder und wird gleich darauf von ihrer linksseitigen Migräne befallen. Die Sache wird ganz nebensächlich erzählt und enthält im Grunde nichts eigentlich aus dem Bereiche des schlechthin Möglichen Herausfallendes. Ähnliche Fälle von wunderbaren Gaben einzelner nervöser Personen zum Quellfinden, zum Ausspüren verborgener Schätze u. s. f. werden massenhaft erzählt, obwohl sie strenggenommen noch nie ernstlich beglaubigt worden sind. Außer Frage steht, daß verschiedene Formen von Überreizung besonders beim weiblichen Geschlecht das Nervensystem in einen Zustand bringen, der die Sinnesempfindung hochgradig verschärft. Das Ohr hört Schritte auf entfernter Straße, die kein normal Angelegter mehr bei schärfstem Hinhorchen vernehmen kann. Ottilie ist durchweg in einem solchen überreizten nervösen Zustande, sie neigt zu einem seltsamen Starrkrampf, der vollkommen einer ähnlichen Natur entspricht. Man würde, jene zweifelhaften Fälle zugestanden, auch hier wieder unschwer auf die Jägerschen Hypothesen zurückgreifen können und sagen, die minimale, Andern gar nicht wahrnehmbare Ausdünstung des Steinkohlenberges sei imstande, einer solchen sensitiven Natur Kopfschmerz zu erregen. Indessen scheint es mir gut, die Erklärung zurückzuhalten, so lange die Gewähr fehlt, ob solche Phänomene in Wahrheit vorkommen und ob nicht Goethe hier bloß Quellen nacherzählt, deren Glaubwürdigkeit keineswegs erwiesen ist. Die Möglichkeit des Irrtums und der Selbsttäuschung ist in solchen Dingen allzu groß, wie die berühmte Pseudo-Entdeckung des Reichenbachschen Od bewiesen hat, die ja durchaus dahin gehörte und so grundfalsch war, wie nur je irgend ein physikalischer Unsinn. Der letzte Punkt, bei dem eine Kritik der naturwissenschaftlichen Thatsachen in dem Einzelverlauf des Romanes anzusetzen hat, ist die Ähnlichkeit des Kindes, das Charlotte dem Eduard schenkt, mit Ottilie und dem Hauptmann. Dichterisch wie exakt psychologisch ist die Nachtscene, welche die Existenz des Kindes bedingt, unvergleichlich gut ausgeführt. Dennoch wird der Physiologie von einem Zusammenhang zwischen den Gedanken der Liebenden (Charlotte denkt an den Hauptmann, Eduard an Ottilie) und den wirklichen Zügen des Kindes nichts wissen wollen. Zugeben muß man, daß bei unserer absoluten Unkenntnis von den inneren Vorgängen der Vererbung und der Individualisierung im Embryo eigentlich alles möglich ist, was man nur haben will. Aber in dem Wenigen, was wir wissen, ist nicht der Schatten einer Brücke grade zu dem Vorgange, der hier geschildert wird. Die Physiologie hat bereits stark aufgeräumt mit dem gewöhnlicheren Plunder der Legenden vom „Versehen“. Der

Goethesche Fall liegt nun zwar mit einem wahren Raffinement grade so, daß die Argumente gegen das spätere Versehen nicht anwendbar sind. Gleichwohl scheint mir die Linie des Erlaubten überschritten. Das Bedürfnis nach einem poetischen Effekt hat auf einen Moment den Naturforscher leichtsinnig gemacht, und die Differenz zerstört dem einsichtigen Leser nun unerbittlich den Effekt.

Kein Wort zu verlieren brauche ich über die Wunderheilung des herabgestürzten Mädchens an Ottiliens Sarg: sie ist von Goethe selbst mit so feiner Ironie erzählt und durch Schlaglichter auf den Charakter der angeblich Geheilten vorbereitet, daß Jedermann die Absicht merkt und ohne Skepsis gegen den Dichter darüber weglieſt.

IV.

Überblickt man die ganze Reihe der Kleinigkeiten, in denen Goethe wahrscheinlich oder sicher gefehlt hat, so muß man bei aller Entschiedenheit der Kritik doch Eins zugeben: Goethe ist stets außerordentlich vorsichtig zu Werke gegangen. Gewiß, er hat es nicht lassen können, etwas an dem Schleier des Unerforschten zu zerren. Aber er hat es mit einer Reserve und einer Bescheidenheit gethan, die bewunderungswürdig sind. Jede der kleinen Extravaganzen, die wir gerügt haben, könnte fehlen, ohne daß der große Prachtbau des Romans litte. Niemals liegt der Schwerpunkt der Entwickelung auf dem Problematischen. Der köstliche Charakter Ottiliens bleibt derselbe, auch wenn man die Kopfschmerzen und das Steinkohlenlager streicht. Fast stets erscheint das Mystische nur in der Erzählung von Personen, so daß noch der letzte Halt bliebe, diese könnten geirrt haben und bloß vorgefaßten Meinungen der Zeit Wort gegeben haben. Man lese als Beispiel noch die folgende Stelle, die ich oben absichtlich nicht erwähnt habe, da sie bloß einen wohl begreiflichen Geisteszustand ausdrückt, nicht aber wirklichem telepathischen und spiritistischen Unsinn entgegen kommt.

„Wenn sie (Ottilie) sich abends zur Ruhe gelegt und im süßen Gefühl noch zwischen Schlaf und Wachen schwebte, schien es ihr, als wenn sie in einen ganz hellen, doch mild erleuchteten Raum hineinblickte. In diesem sah sie Eduarden ganz deutlich, und zwar nicht gekleidet, wie sie ihn sonst gesehen, sondern im kriegerischen Anzug, jedesmal in einer andern Stellung, die aber vollkommen natürlich war und nichts Phantastisches an sich hatte, stehend, gehend, liegend, reitend. Die Gestalt, bis aufs Kleinste ausgemalt, bewegte sich willig vor ihr, ohne daß sie das Mindeste dazu that, ohne daß sie wollte oder die Einbildungskraft anstrengte. Manchmal sah sie ihn auch umgeben, besonders von etwas Beweglichem, das dunkler war als der helle Grund; aber sie unterschied kaum Schattenbilder, die ihr zuweilen als Menschen, als Pferde, als Bäume und Gebirge vorkommen konnten. Gewöhnlich schlief sie über der Erscheinung ein, und wenn sie nach einer ruhigen Nacht Morgens wieder erwachte, so war sie erquickt, getröstet; sie fühlte sich überzeugt, Eduard lebe noch, sie stehe mit ihm noch in dem innigsten Verhältnis."

Hier ist jedes Wort mit Fleiß so gesetzt, daß der Mystiker wie der Rationalist sich ihre Lesart selbst machen können. Nichts deutet an, daß ein übernatürlicher Seelenkontakt stattfinde, alles bleibt subjektives Empfinden Ottiliens. Der poetische Zauber ist dabei doch ein vollkommener.

Vielleicht ist diese Studie, die im engen Raum das Beste des Stoffes nur streifen konnte, geeignet, ein Vorurteil gegen die Wahlverwandtschaften beseitigen zu helfen, das grade in unserm jüngeren Geschlecht sich jetzt oft breit macht. Man meint, diese älteren Bücher seien nicht mehr geeignet, dem Geiste der Zeit Nahrung zu bieten. Bei Goethe, so scheint mir, kann von Veralten keine Rede sein. Wir haben heute eine andere Technik im Roman, unsere Sprache ist schillernder und reicher geworden. In diesem Punkte darf man von den Wahlverwandtschaften nicht mehr das Höchste verlangen. Aber im Psychologischen, grade in dem, was der neue Realismus so stürmisch betont, stehen sie unerreicht. Die paar kleinen Ausstellungen können daran nicht rütteln. Ihnen zum Trotz möchte ich auch heute noch Jedem, der fragt, wo denn in der Praxis einmal von unbestrittener Meisterhand die Forderung vom Anschluß der Poesie an die Naturwissenschaft durchgeführt sei, antworten: in Goethes Wahlverwandtschaften.

Tagebuch eines Realisten.

Von Johannes Normann.

(Berlin.)

II.

Juli.

Dieser Tage war ich 'mal wieder mit einem alten Achtundvierziger zusammen. Ich gestand, früher in einigen Punkten seiner Meinung gewesen zu sein, jetzt aber anders darüber zu denken. „Ich weiß, ich weiß!" sagte der, „Sie sind auch einer von den Abtrünnigen, den Wankelmütigen.

Sehen Sie, ich kann mit Stolz sagen, ich bin der alten Fahne treu geblieben, ich habe meine Überzeugung nie gewechselt und denke über alle politischen Fragen noch genau so wie vor Achtundvierzig."

Armseliger Thor! Also das ist dein höchster Stolz, mit sechzig Jahren noch genau so borniert zu sein, einen genau so engen Horizont zu haben wie mit achtzehn? Das rechnest du dir zum Verdienst an, keine Belehrung anzunehmen, sondern alle Dinge im Voraus besser wissen zu wollen, statt jede deiner Überzeugungen jeden Tag wieder und immer wieder zu prüfen? Und wenn du dich siebzigmal von der Richtigkeit deiner Meinung überzeugt hast und es kommt ein Ereignis, das ihr zu widersprechen scheint, so sollst du nicht die Achseln zucken, sondern dein Hirn zum einundsiebzigsten Male prüfen! Bist du allwissend? bringst du die Kenntnisse, die zur Beurteilung auch nur eines einzigen kleinen Gebiets ausreichen, mit auf die Welt? Hat deine Mutter den Macchiavelli verschluckt, saß deinem Vater der Montesquieu in der Lende, daß dir die Geheimnisse der Staatskunst an der Nabelschnur klar geworden sind? Ändert die Welt sich nicht von Tag zu Tag? Spielen in unserer sich immer mehr verfeinernden und differenzierenden Welt nicht tausend oft kaum wäg- und sichtbare Gründe mit, welche die Entwicklung der Geschichte bestimmen? Throne stürzen, Völker verschwinden, eine neue Kultur steigt herauf — du lächelst erhaben; was kümmert es dich? Was können Natur, Geschichte, Philosophie dir Neues sagen? Du hast den Grund aller Weisheit schon in den Windeln besessen, und er reicht aus bis an dein Lebensende.

Kein elenderer geistiger Bettelstolz, als der Stolz, seinen Grundsätzen treu geblieben zu sein. Prinzipientreue! Was ist sie anders als die Mischung von Trägheit und Größenwahn? Der Stolz, geistige Arbeit und Vertiefung gescheut zu haben?

Der Stolz des wahrhaft freien Mannes ist zu lernen, zu lernen bis zu seinem letzten Lebenshauche, zu ringen, zu streben, sein Wissen Tag für Tag von Neuem zu prüfen, zu erweitern. Mein Stolz ist, meine Anschauungen schon mehr als einmal gewechselt zu haben: denn damit bezeuge ich mein unablässiges, rastloses, selbstloses Ringen nach der Wahrheit. Wie kann ich so toll sein zu glauben, ich besäße alle Weisheit und Wahrheit schon jetzt? Wie kann ich wissen, welche Überzeugung ich morgen haben werde? Wie kann ich wissen, welche Thatsachen morgen werden festgestellt sein, die den Ungrund meiner bisherigen Anschauung klar erweisen? Ist es eine Schande, zu bekennen, daß man geirrt hat? Dafür sind wir Menschen, daß wir irren so lange wir streben, und unsere Aufgabe ist nur das Suchen nach der Wahrheit. Man beweise mir mit stichhaltigen Gründen, daß meine jetzigen Anschauungen nicht zutreffen, und mit Freude werde ich sie gegen besser begründete eintauschen, ich werde es aller Welt zujubeln, daß ich Gelegenheit hatte, meine Überzeugung zu wechseln. Nie war ich im Leben auf etwas anderes stolz, als daß meine Überzeugung eben jederzeit meine beste Überzeugung war, daß Gewinnsucht, Ehrgeiz nicht daran rüttelten, daß sie keinem anderen, niedrigerem Beweggrunde entsprang, als dem Streben nach Wahrheit. Darum sage ich: nieder mit dem Absoluten! nieder mit allen Prinzipien! Und den Fluch der Lächerlichkeit auf alle Prinzipientreue, auf die denkfaulen Biedermänner von Achtundvierzig!

* * *

Man nennt unser Zeitalter das des Nationalitätsbewußtseins. Das Recht der Nationalität ist noch niemals so als leitender Grundgedanke der Politik aufgestellt und durchgeführt worden wie in unseren Tagen. Und das in der Zeit der Eisenbahnen, Dampfschiffe, Telephone, Telegraphen, der kombinierten Rundreisebillete, der Extrazüge, der Weltausstellungen, der Zeit, in der so viel gereist wird, wie nie, die Völker in so unablässige enge Berührung kommen, wie nie, die Beziehungen, der Austausch zwischen den einzelnen Kulturländern immer enger werden! Man sollte gerade die umgekehrte Wirkung erwarten. Das Zeitalter der Postkutsche gebärt den Kosmopolitismus, das Zeitalter der Eisenbahn das Nationalgefühl. Man sieht, es muß also mit diesem doch mehr sein, als ein bloßer Schwindel, es ist keine leere Phrase, denn sonst könnte es sich nicht so lange halten vor der nackten Gewalt der Thatsachen, der Wirklichkeit, sonst würde es mit dem ersten Orientexpreßzug zusammengebrochen sein. Nein, gerade die innige Berührung der Völker mit einander (im Bunde mit der modernen Anthropologie und Ethnologie) hat den Völkern bewiesen, daß die Gleichheit der Menschen eine Phrase ist, daß die Menschen nicht gleich sind, sondern verschieden, daß der Orientale ein anderer ist, als der Europäer, der Slave von einem anderen Wesen, als der Germane, daß nie und nimmer durch bloßen Beschluß einer gelehrten Akademie der Gallier zum Germanen werden kann, und umgekehrt, sondern daß die nationalen Unterschiede der Völker natürliche, ursprüngliche oder mindestens auf natürlichem Wege, durch Anpassung an klimatische Verhältnisse, Kampf ums Dasein, Zuchtwahl erworbene und vererbte sind, die sich nicht von heut auf morgen beseitigen lassen. Den Kosmopolitismus, die Ausgeburt des hohlsten, trostlosesten Doktrinarismus, der Alles nach apriorischem Schema beurteilt, konnte man den Völkern einreden, so lange diese einander nicht kannten, nicht Gelegenheit hatten, seine Lehren selbst zu prüfen, so lange die Wissenschaft noch glaubte, daß die Menschheit von einem einzigen Urpaar abstamme. Diese Dummheiten sind jetzt gründlich zerstört, der Germane ist ein anderer als der Romane und er wird es mindestens noch auf Jahrhunderte bleiben. Wohl gemerkt: ich sage ein andrer, nicht ein bessrer — da liegt der Hase im Pfeffer, da ist die Grenze, wo sich der wohlberechtigte Nationalismus und der unberechtigte, thörichte und verderbliche Chauvinismus trennen. Der Chauvinismus, der nichts ist als gemeine Ichsucht, sagt: „Meine Art ist besser als alle andern, nur weil sie meine Art ist." Das ist empörend. Der Nationalist sagt: „Das ist meine Art und das ist deine, beide sind gleich natürlich entstanden, beide sind gleich berechtigt — wahre du deine, ich wahre meine." Der Chauvinist will seine Art aller Welt aufdrängen, und verstößt damit gegen dasselbe Gesetz wie der Kosmopolit: der Nationalist wahrt seine Art und achtet die fremde, studiert die fremde, bemüht sich, sie zu verstehen, ihre Ursachen zu begreifen, und nimmt aus derselben an, was ihm als Vorzug erscheint und das Wesen seiner eigenen Art nicht verletzt.

* * *

Eine ebenso große Albernheit ist die Forderung der sozialen Gleichheit. Die Menschen sind eben nicht gleich von Natur, das lehrt die moderne Physiologie und Psychophysik. Der eine hat ein so gebautes, der andere ein solches Gehirn. Niemand kann etwas für die Größe und Tiefe seiner Hirnwindungen, aber darum ist ein Mensch mit der Stirn eines Plato, der Schädelhöhle eines Byron nicht einem flachköpfigen Neger gleich. Eine soziale Ordnung kann aber nicht Bestand haben, wenn sie der Natur widerspricht, sondern nur, wenn sie ihr entspricht, sich auf ihren Gesetzen aufbaut. Es ist daher kindisch, zu verlangen, den Menschen mit dem hochentwickelten Schädel in sozialer Hinsicht dem mit dem unentwickelten gleich zu stellen, jenem nicht höhere Rechte, Stellungen, Wirkungskreise einräumen zu wollen als diesem. Eine solche Lehre ist nur möglich, weil der Sozialismus noch eine Weltanschauung in den Windeln ist, erst im Anfang seiner Entwicklung und Ausbildung steht. Berechtigt ist allein die Forderung, jeder natürlichen Anlage freie Bahn zur Entwicklung zu geben, ihr zu ermöglichen, daß sie an den sozialen Platz gelangt, an dem sie sich im ganzen Maß ihres Vermögens zum Nutzen der Menschheit entfalten kann. Wir fordern nicht Gleichheit, sondern Gleichberechtigung, die Niederreißung aller Vorrechte der Dummheit, des Eigennutzes, der Schwäche — der Privilegien des Adels und anderer Klassen, Stände, Bekenntnisse auf Stellungen u. s. w. —

wir verlangen das Recht für jede Kraft, sich zu bethätigen: Bewegungsfreiheit. Die Vorrechte des Adels im Heere, die Ausschließung der Juden vom Offiziers- und höhern Beamtenstande, das sind verwerfliche und niederträchtige Schranken des brutalsten Egoismus, welche niedergerissen werden müssen. Jedes gesetzlich erlaubte Mittel muß angewendet werden sie zu beseitigen. Nichts darf gelten als das Recht der Fähigkeit. Allerdings würde dieses Recht ohne Schranken zur Unterdrückung der Schwächeren führen. Die Fähigkeit ist ein Geschenk der Natur, Niemand hat das Recht darob übermütig zu sein, und die Schwäche ist auch ein Ergebnis der natürlichen Anlage. (Vom Einfluß der Energie und des Fleißes will ich hier nicht reden, beide gleichen viele klaffende Unterschiede in den Fähigkeiten aus). Da also der Starke nichts für seine Stärke, der Schwache nichts für seine Schwäche kann, so wäre es wider alles Naturrecht, den Schwachen dem Starken einfach auszuliefern. Es ist die Aufgabe der sozialen Einrichtungen, das natürliche Mißverhältnis, die Grausamkeit der Natur, auszugleichen und Ordnungen zu schaffen, welche dem Fähigen zwar gestatten, einen entsprechenden Lohn seiner Thätigkeit zu ernten, ihn aber verhindern, den Schwachen auszubeuten, ihn vielmehr nöthigen, den Überschuß seiner Fähigkeit, der nach Erreichung seines persönlichen Höchstlohnes übrig bleibt, zum Nutzen der Gesamtheit zu verwenden. Indem der Fähige persönlichen Erfolgen zustrebt, muß er zugleich Stufe um Stufe gezwungen sein, das Gesamtwohl zu fördern, wie der Dampf, wenn er sich befreien will, gezwungen ist, den Eisenbahnzug vorwärts zu treiben. Wenn der Schwache fehlt, aus natürlicher Schwäche, nicht aus bösem Willen, so muß man ihn verhindern noch einmal so zu fehlen, aber man darf ihn um dieses Fehles willen nicht bestrafen, denn die Natur hat gefehlt, nicht der einzelne Mensch.

* * *

In Rothenburg a. d. Tauber wird dies Jahr wieder das berüchtigte Festspiel aufgeführt. Tausende von Deutschen strömen dahin, um begeistert die Verherrlichung des Saufens zu schauen. Das ist das Höchste, was der Deutsche kennt. Das nenne ich eine Heldenthat, sein Vaterland zu retten durch die Fähigkeit zu saufen! Was sind gegen diesen Süffel von Bürgermeister Achill, Leonidas, Cäsar, Nettelbeck, Schill und all die Hunderte, die für ihr Vaterland kämpften und starben. Kämpften und starben — die Thoren — hätten sie lieber für ihr Vaterland gesoffen, wie ganz anders würden sie im Herzen des deutschen Volkes leben! Ich kenne nichts Beschämenderes für das Deutschland des neunzehnten Jahrhunderts als dieses

Rothenburger Festspiel, diese Verherrlichung des Saufens. Was sind dagegen der Antisemitismus und der Spuk von Resau? Sie erscheinen ja als wahre Kulturthaten. Keine französische oder italienische Stadt würde je eine solche Verherrlichung der brutalsten und widerlichsten aller Eigenschaften gewagt haben. Nur in Deutschland ist das möglich. Wie tief stecken wir doch noch im Mittelalter!

Kritik.

Romane und Novellen.

Jeschua von Nazara, Roman von **Paul Ador**. München, Bassermann.

Im Rußland verboten! rühmt der Verleger von dem Werk. Das will nun zwar noch nicht viel heißen in Rußland; aber in der That, das Buch ist solcher Ehrbezeugung, wie man sie auffälligeren emanzipatorischen Symptomen entgegenzubringen pflegt, nicht ganz unwert. Es ist ein realistisches Buch, sofern der Verfasser redlich bemüht ist, auch die letzte Spur eines Heiligenscheins von dem Haupt Jeschuas von Nazara abzuthun. Charakteristisch sind gleich die ersten Szenen im Zimmermannshaus zu Nazara; Jeschua ist schon als Knabe die träumerische einseitig aufs Ideale gerichtete Natur, höchst lernbegierig, aber ungeschickt und nachlässig im Handwerk seines Vaters, dabei verschüchtert durch die unzarte Behandlung von seiten dieses etwas ungeschlachten Biedermanns, dem denn auch eines Tags nach einem heftigen Auftritt sein Söhnchen in der Verzweiflung entflieht. Eine seltsame Ouvertüre, der man aber Lebensfülle und Originalität nicht absprechen kann, wenn man sie mit dem sanften Himmelblau der gewöhnlichen Vorstellungen vergleicht. Es gelingt dann Jeschua, in die Priesterschule zu Jerusalem aufgenommen zu werden, die er jedoch wieder verlassen muß, als er sich dem Hohenpriester Hannas bei einer Schurkerei desselben nicht willfährig zeigt; er wird hierauf Essener, versucht es weiter beim Täufer Johanan, ohne aber Befriedigung zu finden, bis endlich seine eigenen Ideen gereift sind, ihn zum öffentlichen Auftreten und bald zu dem bekannten Ende führen. Die Erzählung enthält eine Anzahl trefflicher Charaktere; Hannas, Herodes und Herodias, Pilatus, der Täufer, während hingegen aus Maria, der Mutter des genialen Sohnes und aus dem Verräter Judas doch wohl noch mehr zu machen gewesen wäre. Leider gilt dasselbe auch von der Hauptfigur Jeschua, welche psychologisch tiefer sein müßte. Überhaupt ist das Psychologische weniger die Stärke des Verfassers als vielmehr erzählende Schilderungen; und auf solche, z. B. auf die letzten Stunden Jeschuas am Kreuz, möchte ich den, der das Buch prüfend zur Hand nimmt, verweisen; sie werden ihn sicherlich reizen das Ganze zu lesen, das freilich nicht überall auf derselben Höhe steht. Manchmal haben den Dichter die sichtlich gründlichen Studien, die er machte, zur Ehrenhaftigkeit verführt, z. B. im 8. Kapitel, wo eine 9 Seiten lange Beschreibung der Gebräuche beim Passahmahl gegeben wird, die in ihrer unbelebten Trockenheit besser in eine Archäologie als in einen Roman paßt. Doch sind derartige Dinge mehr vereinzelte Ungeschicklichkeiten, die den Anfänger zu verraten scheinen, als eine für den Dichter charakteristische Manier. Im ganzen ist dieser Roman, so weit meine Kenntnis reicht, — und ich verfolge die dichterische Behandlung des Christusstoffes mit Aufmerksamkeit, — die beste Darstellung des interessanten Gegenstandes.

Christaller.

Über Gottfried Keller.

Das Leben ist keinen Schuß Pulver wert, wenn es nicht heldenhaft gelebt werden kann in Kampf und Sieg. Der Mensch steht von Natur aufrecht auf der Erde und trägt sein Antlitz der Sonne, seine Brust dem Sturme entgegen. Die Bedeutung und Schönheit des Einzelnen ist sein freies und stolzes Einzigsein. Die Kultur des Menschen als Herdentier ist bezähmte Bestialität; erst der freie Hochwuchs des Einzelnen in reicher, edler Entfaltung seiner Individualität ist Menschlichkeit und führt zur Menschheit. Keine Menschlichkeit ohne Heldenhaftigkeit. Das heroische Zeitalter in Kunst und Dichtung kündigt sich nicht durch die Menge von Kriegsliedern und Schlachtenbildern und militärisch-uniformierten Spektakel an, sondern durch die Fülle innerlich starker und freier Naturen, die in schöpferischer Bethätigung den Kampf ihrer Eigenart gegen die Herde kämpfen. Gottfried Keller ist ein solcher Helden-Typus in der Dichtung, unbeschadet des Umstandes, daß seine spezifische Eigenart in der Wahl und Ausgestaltung seiner Stoffe vornehmlich auf das Idyllische geht. Seine Kunst ist nicht weniger heroische Kunst, weil sie sich von dem Tageskampf der bezähmten Bestialität abseits hält, sie ist nicht weniger große und tiefe Kunst, weil sie mit Humor über den Dingen und Menschen schwebt, weil sie sich nicht in der Richtung des doktrinären und problemgrüblerischen, sondern des phantasievollen, frei fabulierenden Realismus bewegt. Man kann nicht in die Welt der Kellerschen Dichtung treten, ohne den Eindruck zu empfinden: auch hier, in diesem Reiche des gegenwartsfremden Idyllikers und Humoristen, waltet ein starker Charakter, weht der Atem einer großen, freien Menschenseele. Und was an Keller, dem Mann, nicht ungerühmt bleiben darf: er hatte nie etwas gemein mit der Sippe Schleicher und Genossen, so schweifwedelnd diese sich an ihn herandrängen mochte; seine Seele und seine Hände sind reingeblieben sein Lebenlang. Der kleine, dicke Mann ist jeder Zoll ein Gentleman, eine ritterliche, heldenhafte Natur, ein wahrhafter Mensch, keine übertünchte, poetisierende Bestie im Kulturfrack. Über seine Schriften mögen im Wechsel der ästhetischen Systeme die Meinungen über kurz oder lang weit auseinander gehen — unser Mitarbeiter Alberti eröffnet bereits in der nachfolgenden Besprechung den Reigen der Ketzer-Kritiken mit einem regelrechten Sturmlauf gegen das Dogma der borniertenorthodoxen „Keller-Gemeinde“ — über den Schriftsteller werden alle Ehrlichdenkenden einig bleiben: ein ganzer Mann in Kampf und Sieg.

Dies ist auch die Auffassung seiner schweizer Landsleute, die sich an seinem siebzigsten Geburtstag sicher mehr an dem Schriftsteller, als an dessen Schriften begeistert haben. Sein in der Schweiz berühmtes Lied ist bekanntlich, litterarisch betrachtet, eins seiner schwächsten Lieder; seine große Volkstümlichkeit ist hauptsächlich aus dem tapferen Charakter des Patrioten und feurigen Volksmannes geflossen. Die „Keller-Gemeinde“ im Sinne des Dresdner Kunstwart-Avenarius dürfte in der Schweiz keine große Anhängerzahl besitzen. Kellers Schriften haben mit dem Umwege über Deutschland in der Schweiz erst in den letzten Jahren bessere Schätzung und Verbreitung erfahren. Wir

Arnold Böcklin wurde auch Gottfried Keller zunächst durch die „Dütsche Chaib“ berühmt gemacht.

Getreu unserem Grundsatze unbeschränkter Meinungsfreiheit, geben wir Herrn Conrad Alberti das Wort mit dem Bemerken, daß wir seine Anschauung von der Bedeutung der Kellerschen Werke in wesentlichen Punkten so wenig teilen, als die tendenziösen Übertreibungen der „Keller-Gemeinde“. M. G. Conrad.

Von Gottfried Kellers Gesammelten Werken erscheint soeben im Verlage von Wilhelm Hertz in Berlin eine Gesamtausgabe, vermutlich anläßlich des kürzlich begangenen 70. Geburtstags des Dichters. Ich befinde mich bei einer Beurteilung Kellers in eigentümlicher Lage. Rund heraus erklärt: ich verstehe ihn nicht. Ich maße mir an, Goethe, Shakespeare, Dante, die Nibelungen, Aeschylos, Homer so gut und vollständig zu verstehen wie nur irgend ein angestellter und bezahlter Professor einer deutschen Universität. Aber Keller . . . da steht mein Verstand am Berge, da kann ich nur einfach die Achseln zucken. Ich würde sagen: er ist der langweiligste, trockenste, ödeste Philister, seine Novellen sind Dutzendgeschichten, wie sie in jedem Kalender zu finden sind — wenn ich nicht gute Bekannte hätte, geistvolle, vernünftige Menschen, die bei dem Namen Keller in eine Extase geraten und die Augen zum Himmel schlagen, wie ein hysterisches Weib bei Wagnerscher Musik. Ich sage mir: alle diese Leute, haben mindestens soviel Verstand und Urteil wie du: sie werden doch nicht, unabhängig von einander, aus bloßer Laune einen geist- und talentlosen Schmierer für ein Genie halten! Warum verstehst du also nicht, wo die Schönheit und Bedeutung verhüllt liegt; du, der du doch dem Faust und Hamlet bis in ihre letzten Tiefen nachgespürt zu haben glaubst? Ich gestehe ganz offen, daß diese Frage mir schon unruhige Stunden gemacht — solche Stunden, wie sie wohl im Leben jedes Menschen vorkommen, Stunden, da man sich frägt: „O mein Gott, was ist das, bist du verrückt oder ist's die ganze übrige Welt?“ In meiner Gehirneinrichtung muß da eben eine Lücke sein, es muß unbedingt ein spezielles Gottfried Keller-Organ geben, das mir durch irgend einen pathomorphischen Zufall nicht angeboren ist. Es ist nur merkwürdig, daß, wenn man diese Herrschaften bittet, einem doch zu erklären, worin denn die Bedeutung Kellers beruht, was ihn so besonders auszeichnet, man nichts zur Antwort erhält, als stummes Achselzucken und inhaltslose Ausflüchte: „Ja, wenn Sie das nicht begreifen, so kann man's Ihnen auch nicht erklären . . .“ u. s. w. Ich habe diese Erfahrung schon ein paar Dutzend Male gemacht. Unlängst stand in der „Kölnischen Zeitung“ ein Aufsatz über Keller, ich griff begierig danach, in der Hoffnung, mich nun 'mal zu belehren. Aber selbst der sonst so scharfe und klare Baron Perfall erging sich hier in langen Ausrufen der Bewunderung — doch was Keller von dem ersten besten Dutzenderzähler auszeichnet, hat er mir auch nicht klar gemacht. Giebt es eine ödere litterarische Sahara als den „Grünen Heinrich?“ Vier Bände mit langweiligen Beschreibungen von Kostümfesten, Wanderungen u. s. w. — ich schlafe dabei ein. Zwei, drei hübsche Episoden machen doch noch keinen Roman. „Romeo und Julia auf dem Dorfe“ — zugegeben, eine hübsche Novelle, namentlich der Anfang ist recht stimmungsvoll. Aber mein Gott, wenn das die ganze Ausbeute eines 70jährigen Lebens sein soll —! Eine Schwalbe macht keinen Sommer, eine Novelle keinen Dichter; wer hat nicht schon eine gute Novelle geschrieben! Auerbach hat unter seinem vielen Kram auch eine gute Novelle verfaßt, den Diethelm von Buchenberg: wird er darum ein großer Dichter? Denn das übrige Kellersche Zeug . . .! Heyse hat Keller den „Shakespeare der Novelle" genannt. Mein Himmel, wo ist da etwas von dem „großen gewaltigen Schicksal, welches den Menschen erhebt, wenn es den Menschen zermalmt?" Wo etwas von dem ehernen Gange der Weltgeschichte, von der furchtbar gährenden Leidenschaft, die alle Schranken niederreißt und ihr Toben nicht eher endet, als bis sie sich selbst verzehrt hat? Man zeige mir nun einmal die leiseste Spur davon bei Keller! Nichts als die ödesten Vorgänge aus dem Leben der traurigsten Alltagsphilister und Spießbürger! Was geht das mich an, ob ein hungriger Schneider seiner verschnürten Jacke wegen für einen polnischen Grafen gehalten wird? Ob ein paar Schuster zum Schützenfest ausziehen und der eine durch sein Maulwerk sich die Tochter des andern zur Frau gewinnt? Ob ein paar Handwerksburschen sich auf dem Wege aus der Stadt überkugeln? Für dieses öde Pack soll ich mich erwärmen, diese Gevatter Schneider und Handschuhmacher ohne Leidenschaft, ohne Kraft, ohne Geist, ohne Mut, ohne jedes Streben und Ringen nach höheren Zielen, die nichts kennen, als den Frohndienst ihrer pflugstiermäßigen Brotarbeit, des Abends ein Tanzvergnügen, heiraten ohne Liebe, Kinder zeugen, und höchstens alljährlich ein Schützenfest! Das ist eine Welt? Da soll ich's nur eine Stunde aushalten ohne zu gähnen? Dahin führt uns ein Dichter? Das ist der Kreis des modernen Shakespeare? Nein, wahrhaftig, da ist mir der alte denn doch lieber, und ich ziehe mir Bleibtreus Genies, die sich im Rinnstein wälzen, denn doch diesen gräulichen Philistern an der Hobelbank und am Werktisch vor. „Aber," wird man mir entgegnen, „du selbst stellst ja in deinen Novellen mit Vorliebe kleinbürgerliches Leben dar?" — Ja, das ist denn doch ganz was anderes. Ich stelle es dar, nicht aus Behagen an demselben, nicht um bloß die Schicksale des Schneiders Soundso zu berichten, sondern um zu zeigen, wie die großen Gesetze, welche das Leben der Nationen, den Wandel der Planeten, den Gang der Weltgeschichte beherrschen, ewig und allherrschend sind, und in dem kleinsten Vorgang, den Schicksalen der bescheidensten Einzelexistenz ganz ebenso gelten und ihre Wahrheit erweisen. Meine Geschichten aus dem Volke sind ein Ausfluß meiner pantheistischen Weltanschauung, insofern das Naturgesetz für mich die höchste Erscheinungsform ist, in der der Mensch das Göttliche zu erkennen vermag. Ich versuche (ob mit Erfolg, das ist eine andere Frage, die hiermit nichts zu thun hat) das Göttliche im Alltäglichsten darzustellen. In diesem Sinne fasse ich auch nur die sozialen Schöpfungen Kretzers, Ibsens, Dostojewskijs, Zolas auf. Bei Keller ist aber (Romeo und Julia vielleicht ausgenommen) davon nichts zu spüren, ihn treibt das bloße Behagen am alltäglich-philiströsen zum Schaffen. Meister Timpe, die Wildente, Raskolnikow, Pot-Bouille: das lasse ich mir gefallen, Hut ab! Aber die „Vertauschten Liebesbriefe" — zum Wurstmacher damit!

Auch in der Darstellung hat nach meiner Meinung Keller nichts, was ihn über die platteste Trivialität erhöbe. Sie ist von einer greisenhaften Farblosigkeit, Nüchternheit, Eintönigkeit, wie in den schlechtesten Schriften des alten Goethe. Nicht ein ursprünglicher, packender Naturlaut, nicht ein Funke zündender Rhetorik: Alles grau in grau, ohne Wärme, Farbe, Klang. Die Sprache entweder nüchtern, platt, zeitungsmäßig, oder erkünstelt und erdrechselt, nichts freies, ganzes, volles; angelernte Leidenschaft und ausgeklügelter Witz; Wendungen, deren Satzbau, deren Wortverbindungen abstoßend wirken, weil man ihnen die einstudierte Absicht anmerkt, naiv zu erscheinen.

Und alles dies das Werk eines Dichters, der in Zürich lebt, am Busen der großartigsten, gewaltigsten, ergreifendsten Natur! Wie merkwürdig! Diese Natur, so erhaben und weihevoll wie an wenigen Orten der Welt, spricht mit keinem Wehen zu Keller, sie ist nicht für ihn — er kennt nur die spießbürgerlichen, albernen Philister, die hinter den grünen Fensterläden der engen Gassen wohnen. Von dem poetischen Hauptmotiv Zürichs, einem unerschöpflichen Motive: dem Gegensatze der gewaltigen Natur, wie sie von der Limmatbrücke oder dem Ütli sich darstellt, und der kleinen Menschen darin, ahnt Keller nicht einmal etwas. Ein Schriftsteller aber, für den die Natur tot ist, kann nie und nimmer ein Dichter sein!

Oder soll ich die Lyrik Kellers bewundern? Da giebt es ein Gedicht, in dem ein Scheintoter, den man begraben, in dem engen Kasten unter der Erde erwacht. Und was thut er nun in dieser fürchterlichsten aller Situationen, die überhaupt einem Menschen begegnen können? Er amüsiert sich so, daß er zu lachen anfängt! Das bewundern die Kellerianer nun als den Höhepunkt aller Poesie. Aber Herr des Himmels, das ist doch einfach Blödsinn, der abgeschmackteste Blödsinn, der ausgeheckt werden kann! Die Lagen der Körper, die Verzerrungen der Züge ausgegrabener Leichen beweisen — was jeder vernünftige Mensch sich selbst sagen kann — welch grauenvolle seelische Leiden solch Unglückliche in den wenigen Minuten des Atmens ausstanden! Der Schmerz eines Armensünders, der zur Hinrichtung geführt wird, ist Freude dagegen. Ich möchte den kennen lernen, der fähig wäre in solcher Lage zu lachen! ... Noch einmal: wo das Philistertum und der Blödsinn anfangen, da hört für mich die Poesie auf. Nun — ich verstehe das eben nicht, ich bin nicht „kellerreif“. Aber ich weiß, was ich thue. Hat heute jedes Winkelblättchen sein Preisausschreiben — warum soll ich als einzelner Schriftsteller mir die Reklame nicht leisten? Ich setze nächstens ein Preisausschreiben aus auf die klarste Behandlung der Frage: „Worin besteht Gottfried Kellers litterarische Bedeutung?“ Vielleicht findet sich doch irgendwo ein strebsamer Kritiker, der versteht, es mir klar zu machen.

C. A—i.

Josef Huschaks gesammelte Schriften. Heft 1 und 2. Verlag von G. Bibus in St. Johann. —

Ein älterer Wiener Schriftsteller, der namentlich als Dialektdichter Anerkennenswertes leistete, sammelt seine Werke, um gewissermaßen eine Übersicht über sein Schaffen und Wirken zu geben. Wir hoffen allerdings, daß diese Gesamtausgabe nicht auch den Abschluß der Thätigkeit Huschaks bedeutet, sondern daß er uns vielmehr noch zahlreiche Proben seiner gemütsvollen dichterischen Anlage geben wird. Im Bändchen 1 finden wir kleine Skizzen: 1. „Unser Vater“. 2. „Meereszauber“. 3. „Sonderbare Flugrichtung eines Papageis“. 4. „Vöglein war schuld“. 5. Miramar“. 6. „Ein dankbarer Freund“. Lauter niedliche, nette, wohlabgerundete, gut stilisierte Aufsätze. Das zweite Bändchen enthält: „Aus der Wandermappe des Lebens“. Ein- und Ausfälle. Das sind meist kurze Aphorismen, in denen sich manche Kalauer und andere Nichtigkeiten finden, aber im ganzen zeigt sich ein dem Guten und Wahren zugeneigter, poetisch empfindender Geist, der viel gesehen, erlebt und nachgedacht hat. Auch scharf, bitter und heftig kann der gemütliche Huschak werden, das bezeugen so manche seiner Aphorismen. Die Freunde der Huschakschen Muse werden an den beiden Bändchen Gefallen finden, und auch dem weiteren Lesepublikum seien sie ans Herz gelegt. Was wir aber an den Bändchen gar nicht gefallen hat, das ist die abscheuliche Ausstattung: Löschpapier, unsauberer Druck! So elend ausstatten darf man schließlich Shakespeare, oder Goethe, oder Cervantes, aber ein moderner Schriftsteller verträgt ein solch' schnödes Gewand nicht. „Kleider machen Leute“ – auch in der Litteratur. Josef Huschak wird zwar in dieser dürftigen Ausstattung seinen Freunden noch immer willkommen sein, aber das große Publikum wird, fürchte ich, die Nachlässigkeit des Verlegers nicht verzeihen. W.

Walloth, Der Dämon des Neides. Moderner Roman. (Leipzig, Wilhelm Friedrich.)

Der Titel stimmt nicht ganz. Das Werk schildert, namentlich in der 2. Hälfte, fast mehr die Nervosität, die zu Verbrechen und Selbstmord führt, als den Neid. Es scheint fast, das Schielen nach den Lorbeeren des Raskolnikowdichters hat den Verfasser von seinem vorgezeichneten Weg etwas abgelenkt. Überhaupt ist das Dasein des Dostojewskyschen Romans wohl ein Unglück für den Wallothschen, sofern urteilsarme Menschen zwischen Nachahmung und selbständiger Behandlung eines ähnlichen Themas oft nicht zu unterscheiden wissen. Thatsächlich schmälert jener frühere Roman das Verdienst des vorliegenden nicht im mindesten; von Nachahmung ist trotz einiger Ähnlichkeit keine Spur; jeder der das bisherige Schaffen Walloths einigermaßen verfolgt hat, weiß auch, daß ein derartiger Gegenstand der Darstellung ganz auf dem ureignen Wegen desselben liegt und seinem Geschmack sowohl als seiner Begabung ganz besonders entspricht, wie denn auch die Ausgestaltung des deutschen Dichters von der des russischen sehr verschieden ist. Gemeinsam ist beiden die scharf zergliedernde psychologische Methode, die dem Dichtwerk einen fast wissenschaftlich kalten Charakter verleiht; bei Walloth jedoch ist dieser Eindruck weniger auffallend, vermöge des ihm unvergleichlich eignen Stimmungsreichtums. Bildlich könnte man sagen: Walloth zeichnet ebenso fein und scharf, aber seine Farbe ist dabei wärmer als bei Dostojewsky, wogegen freilich zu Ungunsten des Ersteren wieder der Umstand ins Gewicht fällt, daß er noch heute bei seinem siebenten Roman keine völlige technische Sicherheit erlangt hat und neben den höchsten und vollkommensten Szenen fast anfängerhaft anmutende Stellen haben kann. Aber im Ganzen darf man auf den Erfolg dieses neuesten Romans gespannt sein; er ist unstreitig etwas Außerordentliches, das wird niemand verkennen, welcher Partei und welches Geschmacks er auch sei, mag er sagen: außerordentlich scheußlich oder außerordentlich großartig. Wir haben da wieder einmal ein rechtes Fahnenwerk der realistischen Richtung, das man immer unter ihren hervorragendsten Erscheinungen wird mitnennen müssen; Walloth war auch früher noch nie so vollständig im Fahrwasser des Realismus wie mit diesem Werk. Zwar breite realistische Gesellschaftsbilder nach Art von Conrad und Alberti, welche als Sittenmaler große Ausschnitte des modernen Lebens mit weitem Blick überschauen und wiedergeben, darf man von Walloth nicht verlangen; er ist mehr Psychologiker, zeichnet einzelne Menschen, statt, wie jene, ganze Gesellschaftsschichten; sein Sehfeld ist also enger, aber um so heller und penetranter durchleuchtet sein Dichtergeist das ganze Wesen seiner Gestalten. Nehmen wir als Beispiel den Studenten Alfred Wiegand; nur eine Nebenfigur, aber wie erbarmungslos grell ist dieser leider nur zu häufige Typus beleuchtet! Ich denke, einem solchen Kerl müßte es förmlich schwindeln beim Lesen, wenn er so von einem überlegenen Geist diese gymnasialer überfirnißte Herzensrohheit und Ch-

des Verstandes hin präpariert findet. „Alfred war so recht das Kind des Jahrhunderts. Man sah es seiner sogenannten ‚eleganten Erscheinung‘ schon von weitem an, wie er unter koulanten Manieren und den Phrasen, die er sich aus seiner Lieblingszeitung angeeignet, eine völlige innere Leere und ein sehr gesteigertes Selbstbewußtsein verbarg. Im Ganzen hatte er nur Sinn für möglichst triviale Wirtshausunterhaltung, Zoten, Naturwissenschaften und Mathematik; da er aber infolge der Gymnasialbildung eine Ahnung davon hatte, was Geist sei, geriet er oft in die Lage, sich tiefer und gehaltvoller zeigen zu müssen, als in seinen Kräften stand. So stand er jetzt im Atelier neben Emilie, jede Bewegung der Hand atmete Wohlgefallen mit sich selbst — —.“ Dann später; er „beugte sich zu Emilie herab und forderte sie zum Tanz auf, wobei Rudolf über die ritterliche, an Hochachtung streifende Zurückhaltung, mit der dieser öde Genußmensch dem Mädchen den Arm bot, lächeln mußte. Sonderbar, dachte er, wie diese flachen Burschen es fertig bringen, den Weibern, über die sie im Wirtshaus die gemeinsten Zoten reißen und die sie in Wahrheit weniger als ihre Hunde achten, Ehrfurcht zu heucheln.“ Treffliche Reflexionen, die aber nur gleichsam die Umrißlinien feststellen, in welche sich dann die Fülle des Charakters künstlerisch, d. h. durch unmittelbare Thaten und Reden einzeichnet; z. B. durch die sehr verfängliche, aber großartige, nächtliche Szene nach dem Ball. Ich mußte am Ende dieses Kapitels im Lesen ein Weilchen innehalten, um meiner Bewunderung für diese ganz eminente Seelenkenntnis und Darstellungskraft Raum zu geben. Und das Meiste in dem ganzen Buch steht auf ähnlicher Höhe; nur könnten manche Abschnitte, besonders die, welche die Seelenkämpfe des Helden schildern, durch größere Kürze und Knappheit gewinnen. Es bleibt ja immer eine notwendige Unvollkommenheit dichterischer Darstellung, daß das was im lebendigen Bewußtsein mit Gedankenschnelle sich drängt, nur ungleich breiter wiedergegeben werden kann und jeder Leser läßt da instinktiv die nötige Nachsicht walten; es ist aber doch Pflicht des Dichters, solche Inkongruenz, welche immer die Kraft der Darstellung beeinträchtigt, wenigstens möglichst zu beschränken.

Walloth, Der Gladiator. Roman aus der Zeit Kaligulas. (Leipzig, Wilhelm Friedrich.)

Was diesem vorneuesten Roman Walloths seinem neuesten gegenüber fehlt, das ist eine Idee. Das Werk ist zu ausschließlich Liebesgeschichte. Es wäre zwar boshaft aber nicht so ganz unzutreffend, wenn man lakonisch seinen Inhalt dahin zusammenfassen wollte: Voralis verführt den Marcus, Marcus die Marcella. Irene ist eine angehende Matrone, Marcus ein echt Wallothscher Jüngling, geistig vornehm, ideal gesinnt, aber schwach bis zur Haltlosigkeit, schwärmerisch sinnlich und melancholisch, Marcella ein reizend leichtfertiges Weib, das mehr durch eigne Sinnlichkeit als durch Liebe zu Marcus diesem zu eigen wird, um gleich darauf mit Einem derberen Kalibers durchzubrennen. Daß der Dichter das alles höchst originell und unversteckt, mit der ihm eigenen Feinheit und Grazie durchgeführt hat, bedarf gewiß keiner großen Versicherung. Dabei enthält noch der Roman eine neue Nummer der Wallothschen Galerie wahnsinniger Cäsaren, den Caligula, wieder eine der großartigen Figuren, die ihm kaum jemand nachmacht, ein wahrer Leckerbissen. **Christaller.**

Gräfin Langeweile. Von **Hanns von Spielberg.** (Berlin, Verlag von Rudolf Mückenberger). Der sehr elegant ausgestattete Band enthält zwei Novellen, deren erste dem Buche den Titel gegeben hat. Hanns v. Spielberg hat sich auf schönwissenschaftlichem Gebiete rasch einen klangvollen Namen erworben — es giebt wohl kaum eine bedeutendere Zeitschrift, in der uns dies Pseudonym noch nicht aufgestoßen wäre. Auch der vorliegende Novellenband legt Zeugnis von dem hervorragenden Erzählungstalent des Verfassers ab. Seine Novellen geben sich nicht als Alltagslektüre, nicht als Zeitvertreib für eine müßige Stunde, sie gewähren vielmehr einen Genuß, der stark und nachhaltig wirkt.

Dichtungen.

1. Gedichte von Isolde Kurz; Frauenfeld, Huber 1889. 208 S.

2. Moderne Klänge. Dichtungen von Bogumil Curtius. Berlin, Latte. 1888. 121 S.

Nach den glänzenden Besprechungen, welche die Gedichtsammlung 1 von Isolde Kurz in den Bl. f. litt. Unt., im dtsch. Litteraturblatt, in den Grenzboten u. s. f. gefunden hatte, ging ich mit hohen Erwartungen an die Lektüre derselben. Sie wurden nicht getäuscht. Ein mächtiges, voll reifes Talent, ein geläuterter Geist voll Klärung tritt uns hier entgegen, ein Talent, das die Sprache völlig in der Gewalt hat und die schwierigsten Formen mit Geschicklichkeit handhabt. Deutlich gewahrt man zwei Seelen in dieser Dichterin. Die eine ist abgewendet von der Gegenwart und der deutschen Heimat, wandelt zwischen den mächtigen Ruinen Italiens umher, baut sich in sehnsüchtiger Erinnerung an die antike Götter- und Heldenwelt eine Welt von Träumen für sich und beschwört mit Wort und Phantasie die versunkenen Herrlichkeiten wieder herauf. So besingt sie in Rhythmen voll sprachlichen Wohllauts und Formenglätte Rom und Hellas. (S. 121.)

Mein Hellas! Jugendland! Mein holder Wahn,
Wie dich im Sehnsuchtstraume Dichter sahn,
Nein, als verwachsen mit lebend'gem Banden…

Aber in Italien regt sich bei ihr die zweite Seele, die Sehnsucht nach dem deutschen Himmel, das Heimatsgefühl. Und diese Seele zeigt eine viel reichere Skala von Empfindungen als jene. Dann erfüllt ein tiefes Naturgefühl sie, daß sie sich auflösen möchte mit sehnsüchtigem Pantheismus in das All (S. 1), dann träumt sie von dem Lindenbaume, von deutschem flimmernden Schnee, dann machen ihr die „deutschen Gespenster" (S. 58) einen Tagesbesuch, und wo sie noch eben griechisch gedacht und gefühlt, lehnt sie nun das Haupt ans Fenster und weint deutsch. Auch den uralten Menschheitsfragen schaut sie tapfer ins Sphinxenantlitz, entweder mit bangem Zweifel ausweichend (S. 165), oder sie mit heiterer Ironie lösend wie S. 148, wo der abscheulich komische Reim vorkommt:

Zuletzt kam auch der Satan
Und sah die große That an.

Während sich das Geschlecht der Verfasserin hin und wieder in der echt weiblichen Beschreibung von Männerschönheit zeigt und in der häufigen Anwendung von Gleichnissen aus dem Leben der Kinderwelt, ist sie ganz Weib in dem schönsten Teil des Buches, in den Klagen um den früh verlornen Gatten (S. 161 ff.). Niemand wird sie lesen können, ohne in tiefster Seele bewegt zu sein. Nur einige Verse, die formell einfachsten und darum schönsten seien hier angefügt:

Die erste Nacht.

Jetzt kommt die Nacht, die erste Nacht im Grab.
O, wo ist aller Glanz, der dich umgab?
In kalter Erde ist dein Bett gemacht,
Wie wirst du schlummern diese Nacht?

Vom letzten Regen ist dein Kissen feucht,
Nachtvögel schrei'n, vom Wind emporgescheucht,
Kein Lämpchen brennt dir mehr, nur kalt und fahl
Spielt auf der Schlummerstatt der Mondenstrahl.

Die Stunden schleichen – schläfst du bis zum Tag?
Horchst du wie ich auf jeden Glockenschlag?
Wie kann ich ruhn und schlummern kurze Frist,
Wenn du, mein Lieb, so schlecht gebettet bist?

Wer die versunkene hellenische Welt so liebt und erwecken will wie Isolde Kurz, wessen Herz ebenso ewig klagt um den verlorenen Einen, der hat in seiner Brust keinen Raum mehr für die blutvoll drängende Gegenwart. Und darum sieht sie mit weltabgewandtem Gesicht in unserer Zeit und schleudert den Fortschritten der Wissenschaften einen so boshaften Vierzeiler entgegen, wie den S. 206. Und hierin liegt der große Fehler ihrer Gedichtsammlung. Wir suchen unsere Ideale in der Zukunft, während Sie, gnädige Frau, mit trüben Augen in die rauchenden Trümmer vergangener Jahrhunderte zurückblicken und da Ihre Ideale ausgraben. Aber dieser Gegensatz wird uns nie hindern, gegen Ihre Gesinnungsgenossen gerecht zu sein, wenn sie uns entgegentreten mit derselben Begabung und demselben künstlerischen Ernst wie Isolde Kurz.

B. Curtius' Dichtungen (Nr. II) verraten zum Teil eine hübsche Begabung, verdienen aber den Titel „Moderne Klänge" durchaus nicht. Ist das modern, daß C. den Pessimismus haßt und nur Freude hat am „prickelnden Humor?" Doch wohl nicht! Hier sehn wir wieder die alte Verwechslung von Humor und Witz, denn nur letzteren zeigt Curtius, nicht Humor. Sein Witz ist die bekannte Spielart des jüdischen Wortwitzes, wie ihn Heine ein wenig, vielmehr noch Saphir vertritt. Und dieser Witz ist so wenig poetisch. Es ist ein schlimmes Zeichen, wenn ein junger Poet, der seinen Heine in- und auswendig kennt, als Witzbold beginnt, denn wie sollte seine Entwicklung sich dann gestalten? Wohl aber ist es zu verstehen und sogar zu bewundern, wenn ein anfangs thränengetrübter Poet nach jahrelangem Herumschlagen mit Problemen zu einer humoristischen Weltbetrachtung sich durchringt. Als Probe für Curtius' Witz sei eine Parodie auf das bekannte Heinesche Gedicht „Der Asra" angeführt.

Der Richter (S. 87).

Täglich ging der sehr gestrenge
Landgerichtsrat auf und nieder
Um die Mittagszeit am Hause,
Wo das heilige Recht verbrecht wird.

Täglich stand da ein Assessor
Um die Mittagszeit am Hause,
Wo das heilige Recht verbrecht wird;
Täglich ward er alt — und älter.

Eines Tags trat der Gerichtsrat
Auf ihn zu mit raschen Worten:
„Ihren Namen will ich wissen,
Ihre Heimat, Ihre Sippschaft."

Und der Elende sprach: „Ich heiße
Moritz Cohnheim, bin aus Wollstein
Und gehör' zum Stamme der Richter,
Welche sterben — eh' sie's werden."

Vor Jahrzehnten hatten die jungen Mädchen die Sitte, die Gedichte, die ihnen gefielen, sich in ein dickes Heft eigenhändig einzutragen, und so schuf jede sich eine selbständige Anthologie. Die Zeit ist nun vorbei. Jetzt liegen Anthologien oft in prächtigster Ausstattung in jedem Buchladen und die große Anzahl derselben und die vielen Auflagen, die sie fast durchgängig erleben, zeigt den Parallelismus von Angebot und Nachfrage. Die Vorliebe für Anthologieen ist auch ein kleiner Beitrag zur Zeitpsychologie. Die Gegenwart ist die Zeit der Zeitlosigkeit. Sie verschmäht es, Gedichtbücher zu kaufen, noch mehr sie zu lesen. Wohl aber ist sie in ihrem abwechslungssüchtigen Sinn bereit, das Beste aus demselben oberflächlich zu genießen. Und diesen Gedichtextrakt bieten die Anthologieen. Für die Zusammenstellung solcher können meiner Meinung nach drei Gesichtspunkte maßgebend sein. Der erste, der ästhetische, stellt nur „schöne" Lieder zusammen und ist der niedrigste, weil er nur einen Mann von Geschmack und Empfindung verlangt. Die meisten Anthologieen sind von dieser Art, und fast durchweg — wertlos. Der zweite wertvollere ist der chronologische, der die Gedichte und Dichter einer Kulturepoche zusammenfaßt, um ein annähernd vollständiges Bild ihrer geistigen Bewegungen zu geben. Der dritte und höchste leitende Gesichtspunkt zur Zusammenstellung einer Anthologie ist der völkerpsychologische, der in einem Rahmen alles vereinigt, was ein Volk psychologisch Eigenartiges hat und es mächtig abhebt von den übrigen. Zur ersten Art gehören die Anthologieen von E. Polko, K. Zettel u. a., zur zweiten die von Avenarius, Arent, Siegemund, zur dritten die „Zionsharfe“ herausg. v. G. Karpeles (Leipzig, Roßberg, 1889, 8. 359). — Letztere bildet entschieden eine berechtigte Ergänzung unsrer überreichen Anthologieenlitteratur, indem sie zuerst einen Zweig der Weltlitteratur, die neuhebräische Poesie, in deutschen Übersetzungen, dem Publikum näher bringt. Viele Übersetzungen, namentlich die von A. Geiger, lesen sich ausgezeichnet, wie Originale. In einer trefflichen Einleitung entwirft der Herausgeber mit großen Zügen die Entwicklung dieses eigenartigen Poesiezweiges, dieser „Sybille“ unter den europäischen Litteraturen. Fast immer ist die neuhebräische Poesie, die Karpeles von 800 an datiert, eine Tochter der Religion und daher in sich gekehrt, zu tiefen frommen Betrachtungen geneigt. Sie preist mit tausend Zungen die Allmacht des Herrn, die Weihen der Festtage in Bußgebeten, Morgenandachten, in feierlichen Hymnen. Diese kontemplative Neigung der hebräischen Poesie lenkt die Augen immer nach innen, oder nach oben. Erst in der Blütezeit lernt sie sich umschauen in der drangvoll webenden und quellenden Natur. Dann gewinnt sie mehr Leben und Farbe, dann besingt sie, freilich etwas ungelenk, den Wald, die Jugend, das Glück, den Herbst; in launigen Weisheitssprüchen warnt sie vor verwässertem Wein, singt auch vom Frühling, von der Liebe Leid und Lust, kurz sie gewinnt einen Hauch von Realismus, indem sie sehen lernt. Dann gebraucht sie (Salomo über Gabirol S. 37) das Gleichnis von dem Leben, das eine Rebe, und dem Tode, der ein Schnitter sei, oder sie (Jehuda Halevi, der bedeutendste S. 64) malt einen Jüngling reizend und plastisch realistisch:

> O, schüttle ab die Welt, gleichwie das Vöglein
> Den Nachttau, den sein Fittig eingesogen!

Aber diese Keime von Naturgefühl und Realismus sind noch in den ersten Anfängen. Viel tiefer sind die Klagen um das zerstörte Zion, dessen Refrain immer wehmütig lautet: Wenn ich Dein vergäße, Jerusalem! ergreifend oft die Sehnsucht nach dem Messias.

Den Entwickelungsgang der neuhebräischen Poesie hier zu verfolgen, konnte nicht meine Absicht sein. Wohl aber wollte ich ernste Leser auf diese Anthologie aufmerksam machen. Die „Stillen im Lande“, nicht die Kämpfenden werden ihre Leser sein. Die modernen Juden aber werden nach der Lektüre derselben alte graue Gespenster an den Wänden vorbeihuschen sehen und sonderbare Empfindungen werden sie durchzittern. Ob es Heimweh ist?

Berlin. Ludwig Jacobowski.

Ganz unrealistisch, im Ton an die alten Klassiker u. Klopstock anklingend, ist:

Judas Ischarioth, Dichtung von Arthur Drews. Hamburg, Verlagsanstalt. Drews ist ein sehr souveräner Dichter, der die Geschichte frei kommandiert. Wollte er vielleicht einwenden: nicht die Geschichte, nur die Sage! — einerlei, es ist immer mißlich, feststehenden Vorstellungen, wenn sie so allgemein bekannt sind, zu widersprechen. Daß Ischarioth statt des bloßen Geizhalses der Evangelisten bei Drews ein glühender Patriot ist, der den Meister nur wegen Nichterfüllung seiner politischen Hoffnungen verrät, soll nicht getadelt werden, denn so wird die Sage gehaltvoller; daß er aber, statt sich zu erhenken, sich „zum Weiterleben verurteilt“ als zur schärfsten Strafe, das ist keine glückliche Änderung. Ferner ist der Dichter mit Maria Magdalena, die er nicht ungeschickt mit der „großen Sünderin“ und der Ehebrecherin, zugleich aber auch allzu gewaltthätig mit der ganz anders gearteten Maria von Bethanien identifiziert, doch gar zu romanhaft umgesprungen. Sie ist die Geliebte des Pilatus und des Ischarioth; ersterer schleicht sich nächtlicherweile in ihre schlechte Hütte und will sie sogar heiraten u. s. w. Immerhin ist der Dichter entschieden talentvoll; ein gewisser großer, pathetischer Ton, der doch nicht ins Unnatürliche fällt und eine philosophische Färbung des Ganzen kennzeichnen denselben. Die Hexameter wären sehr gut, wenn sie nicht eine ganz sonderbare Art von Daktylen enthielten, wie: „vom ihrem“ „für deinen“, was wirklich bei dem sonst guten Versbau unbegreiflich ist. Christaller.

Eine Wiener Komödie.

Heimg'funden! Wiener Weihnachtskomödie in 3 Akten von L. Anzengruber. Dresden, E. Pierson. — Alles, was in dieser dramatischen, realistisch-symbolischen Weihnachtsgeschichte unmittelbar auf das Wiener Volkstum zurückgeht; was inmitten der kleinen Leute Wiens spielt, ist mit unendlicher Natürlichkeit wiedergegeben — mit einer Natürlichkeit, die um so bezwingender einschlägt, je einfachere, schlichtere Verhältnisse sie berührt. Den Advokaten Hammer, den allerdings sehr passiven „Helden“ des Stücks, hat der Dichter schon in der Phantasie als amorphes Jammergeschöpf getragen — so kommt er denn auch in die poetische Zeitlichkeit und Räumlichkeit hinein, ohne im geringsten individualisiert zu sein. Nicht viel günstiger ist's mit allen Personen des Dramas beschaffen, die der „besseren“ Ständen angehören. Schatten, Schemen, vor allem auch die Hermine, Hammers Frau, die sich bei dem Verschwundensein ihres Gatten (3. Akt), ganz unmöglich aufführt. Fähslein, Hammers erster Bureaubeamter, leitet zu den Wiener Kleinen hinüber — und tritt schon ganz anders heraus — Donnerwetter! seine Auseinandersetzung mit seinem Chef im ersten Akt: diese Szene mit ihrer packenden, massiven Entschiedenheit, mit ihrer unheimlichen Tragikomik, sie konnte nur ein Dramatiker allererster Bedeutung schreiben — und das ist wohl Anzengruber, wenn er auch am größten als Charakteristiker ist und vorzüglich dann, wenn er das Volk, die Bauern, das Wiener Proletariat schildert. Frau Hammer in ihrer Dreiheit als Mutter, Geschäftsfrau, Hausfrau, da, wo sich ihr Sohn Arthur zu ihr „heimfindet“: mit welcher Schärfe des Auges ist das beobachtet; mit welcher Psychologie des Gehirnes ist das erfaßt, unterschieden, zusammengefügt; mit welcher verstehenden Wärme des Herzens nachgefühlt: mit welcher selbstverständlichen Kraft der Darstellung nachgebildet! Und dann diese heiratswütige Frau Landl und der Bruder Thomas, dessen tölpelhafte Gutmütigkeit, dessen Fatalismus der Selbstlosigkeit vielleicht aber doch ein ganz klein wenig auf die Abwege der Karrikatur geraten sind. Mit einem eigentlichen Konflikte, insofern er vom „Helden“ des Dramas erkannt, gefühlt, getragen, dargestellt würde, spielt Anzengruber in dieser „Komödie“ nur — Hammer ist ein zu philiströser, seine Verhältnisse fast nur physiologisch, nur mit ganz schwachen seelischen Reaktionen, erlebender Mensch, der den Kern, der in seinem Parvenütum steckt, eigentlich nie recht begreift; der viel zu schwach, formlos, zu pollos ist, um sich ernstlich, auf die eine oder andere Weise, mit seinem Verhängnisse abzufinden. Ich habe immer das Gefühl gehabt: es ist diesem Herrn höchst egal, ob er jetzt eine saure Gurke ißt, oder gerade die Untreue seiner Frau oder die Unvermeidlichkeit seines finanziellen Ruins erfährt. Indessen, um der Gestalt der alten Frau Hammer willen sei dem Dichter der Mangel einer wirklich dramatischen Psychologie — das Stück enthält nur Situationen, Genrebilder, improvisierte Charakterstudien — verziehen. — H. C.

Litterarische Schriften.

Der moderne Realismus in der deutschen Litteratur und die Grenzen seiner Berechtigung. Vortrag, gehalten im deutschen Litteraturverein zu Leipzig, von **Conrad Alberti** (Heft 52 der deutschen Zeit- und Streitfragen) Hamburg, Verlagsanstalt.

Es ist wieder unser ebenso unerschrockener als weltkluger Alberti, immer auf dem qui vive, wo sich eine Bresche bietet, dem die Bewegung eine praktische Förderung zu verdanken hat. Nachdem er bereits durch den Vortrag selbst gewirkt, läßt er jetzt die Broschüre, 36 Seiten stark, erscheinen. Albertis Schrift zeichnet sich durch maßvollen Ton und prägnante Formgebung aus. Als Quellen des kritischen „Realismus" nennt er: „Bleibtreus „Geschichte der Englischen Litteratur" und „Revolution der Litteratur", ferner Bölsches Schriftchen und Steigers „Kampf um die neue Dichtung".

Es sei mir vergönnt, an Albertis Ausführungen anknüpfend, auch meinerseits nochmals ein Scherflein zur Klarlegung dieser Fragen beizutragen. Als Motto der ganzen Bewegung möchte ich das Citat empfehlen: „Wahrhaftig steckt die Kunst in der Natur; wer sie herausreißen kann, der hat sie!" Also dachte Albrecht Dürer, jener universale Geist, dem wir sogar die Keimzelle der modernen Befestigungskunst verdanken. Diese Definition erschöpft das innerste Wesen der Kunst. „Natur" ist Alles! Die Welt, aber auch mein intimstes Innere. Ein Einsichtiger kann nicht begreifen, warum zünftige Kritik „Subjektivität" zu einem Vorwurf stempelt. Subjektivität als charakteristisches Allein-Betonen des Ich ist gerade eine moderne Errungenschaft, eine natürliche Folge der revolutionären Bewegung, von Rousseau bis Goethes „Werther" und Schillers „Räuber" bis zu Byron und sämtlichen Weltschmerzpoeten. „Objektivität," an sich eine Phrase, kann überhaupt nur durch eine riesenhafte Subjektivität ermöglicht werden, wie diejenige Shakespeares, der selber Weltgeist wurde, indem er in allen Dingen aufging. — Sehr richtig wies Brandes in einer Studie darauf hin, daß auch Zola ein Symboliker sei, der alles mit subjektiver Erotik färbe, wie denn Byron und Zola keineswegs als Gegensätze aufgefaßt werden müssen, wie es Herr Neumann-Hofer in einem sonst ziemlich vernünftigen Artikel beim Byron-Jubiläum behaupten wollte. Das Säkular-Jubiläum Byrons, auch Schopenhauers, im Januar 1888 sollte uns eindrücklich erinnern, daß dies ganze dem Ende nahende Jahrhundert, also auch die neue realistische Bewegung, vom revolutionären Pessimismus ausging. Die Entwicklung vom akademischen Idealismus bis zum Naturalismus im „Don Juan" scheint vorbildlich lehrreich. Für einen Analytiker müssen die frostigen Primanerverse der „Stunden der Muße", auf welche der junge Anfänger größte Sorgfalt verwandte, ebenso wichtig sein, wie die späteren Ewigkeitswerke — um zu sehen, in welchem Geisteszustand sich mit 19 Jahren ein Genie befand, das später den „Kain" gebären sollte. Wie und warum entfaltete sich die Weltschmerzpoesie immer gewaltiger in dem jungen Lord, warum stellte sich gerade in diesen lahmen, nervenschwachen verwaisten und bankerotten Aristokraten das Wachstum des revolutionären Gedankens in Europa dar? Das sind Fragen und Geheimnisse, welche zu guter letzt allein noch den industriösen Litteratur-Psychologen beschäftigen können. Und ebenso wichtig scheint das Warum für die Thatsache, daß dieser letzte große Dichter trotz unerhört günstiger Erfolg-Bedingungen stets ein Genie-Krüppel blieb und dies auch selber fühlte. Daher sein Aufschrei der Bewunderung über Shakespeares Kleopatra (im Teary) und sein Neid auf Scotts leichtflüssiges Fabuliertalent. Ewig blieb Byron ein Schilderer und sonorer Dithyriker, dem die menschliche Phänomenalerscheinung selbst gleichgültig blieb. Doch für unsern kleinen Menschenverstand schrumpft das All allemal in den Menschen selber ein. Jeder lebende handelnde Mensch stellt das Weltgeheimnis tiefsinniger dar, als hochfliegendste Reflexion. Daher wahres Gestalten schafft immer das Höchste, was der Dichter erreichen kann. Mehr Tiefe steckt in „Macbeth“ als in Byrons „Kain“. Der großartigsten Reflexionsdichtung aller Zeiten. — Dennoch aber sei am Beispiel Byrons selber betont, gegenüber der ästhetisierenden Einseitigkeit der realistischen wie der idealistischen Doktrin, daß keineswegs allein das Maß der „künstlerischen“ Begabung die Bedeutung bei der Nachwelt verbürgt. Schwift, dämonisch genial, bildet nur eine Episode der Litteraturgeschichte, Voltaire, nur ein nüchterner Kopf, bleibt unsterblich, weil sein zielbewußtes Schaffen die Bastille des Ancien Regime zerstörte. Huttens Talent ging wohl kaum über ein gewisses Mittelmaß weg und doch setzen wir ihm Denkmäler. Reinhold Lenz besaß mehr ursprüngliches Dichtertum als Schiller, aber das geistige Gesamtbild Schillers verdunkelt alle andern, außer Goethe, auch den Kleist. Scott wunderte sich über die Verehrung Byrons für Rousseau, heut wundern sich unreife Köpfe über Goethes Begeisterung für Byron. Man vergißt, daß nicht die Werke allein, sondern auch die historische Bedeutung mitgewogen werden müssen. — Jede Bewegung tritt stürmisch, rücksichtslos auf. Da verstehen die Anhänger des Alten immer vortrefflich, auf den ungebändigten Ton der „Stürmer“ hinzuweisen und selbst die Maske maßvoller Objektivität vorzubinden. Die tollsten Entstellungen werden hierbei nicht gescheut. Hierüber sagt Alberti einige zündende Worte.

„Die Welt kennt weder noch anerkennt sie den Anstand der Gesinnung, statt dessen verehrt sie brünstig den Anstand der Form.“ Sie nennt das „vornehm.“ Ja, seien wir vornehm, würdig, vorsichtig, nennen wir niemals Namen und vor allem nie die Dinge beim rechten Namen! Über geniale Unvorsichtigkeit entrüstet sich jeder Biedermann, dessen Manneswürde jugendliche Gimpel leimt. Und ist nicht auch das Urteil in künstlerischen Dingen von einem höchst fragwürdigen und beschränkten Wert? so weit, auch Shakespeare zur „epischen Dramatik“ zu rechnen, die nur noch kulturgeschichtlichen Wert beanspruchen dürfe! Nur immer hübsch ins Blaue hinein docieren, nur immer alles Lebendige und Lebenzeugende mit feierlichem Kopfschütteln wegschwadronieren. Damit kommt man am weitesten in dieser Welt des Humbugs. Erhaben über das Geschwabbele solcher Pappe-Ästhetik schreitet der schaffende Künstler seine Bahn und lehrt durch Werke. Alberti bittet sehr richtig, das Urteil gefälligst „der Nachwelt“ zu überlassen. Den Klassikern wurde einst die Antike als derselbe kanonische Popanz vorgehalten, wie uns heute jene selbst zu Klassikern Avancierten. Die selbstherrliche Kunst wechselt ihre Formen, die Ästhetik, dies dürre Gerippe hinkt mit ihrer Altweiberkrücke hüstelnd nach.

Am Schluß zählt Alberti die Hauptkämpen des Realismus auf, zu denen er diesmal zu meiner Genugthuung Kretzer rechnet, den er früher in der Vorrede zu „Plebs" überging. Das Durchdringen Kretzers, den früher alle Welt verfehmte, rechne ich mir zur persönlichen Ehrensache, ob aber Alberti nicht jetzt ins entgegengesetzte Extrem verfällt, wenn er den meisterhaften, aber neben den früheren wildbewegten Sittengemälden großen Stils doch nur klein-episodischen Roman „Meister Timpe" als reifstes und bedeutendstes Produkt der Neuzeit preist, dies sei dahingestellt. Verwundert hat es mich, Walloth nur nebenbei erwähnt zu finden. Hat doch Walloth durch seinen neuesten, pathologischen Roman „Der Dämon des Neides" trotz starker stilistischer Flüchtigkeiten ein Meisterstück der Seelenmalerei geliefert und sich in die Reihe der echten Realisten gestellt. Möchte er sich bald aus dem Jambenepigonendrama aufraffen und auch auf diesem Gebiete mit gleichem Fortschritt sich erweisen. — Von Kirchbach meldet Alberti nur, daß er einige Novellen geschrieben hat." Dies stimmt nicht ganz. Er schrieb auch noch ein immerhin beachtenswertes Drama und merkwürdige Gedichte. Von ihm wie von den Harts muß ich aufrecht erhalten, daß sie „ungewöhnliches Talent besitzen, da man meine diesbezügliche Äußerung im Maiheft beanstandete; denn wenn auch ihr Können ebenso beschränkt als ihre Anmaßung groß ist, so muß man doch das große Wollen berücksichtigen. Warum Alberti den Namen Liliencron diesmal ganz übergeht, verstehe ich nicht. Erfreut hat es mich, daß er Heibergs beste Leistung, die Novelle „Ulrike Behrens" erwähnt. Befremden muß es, daß Conradi nur als Lyriker genannt wurde. Es zeigt sich eben, wie schwer es fällt, Allen gerecht zu werden. In dem gegenwärtigen Streit der Meinungen zeigt sich aber Alberti auch hier als berufener Anwalt und Verteidiger der realistischen Strebungen.

Die patriotischen Schwänzler. Ein dämonischer Maskenscherz von Alexander Bulkanus. (Zürich, Schabelitz.) In diesem aristophanischen Satirspiel tritt ein neuer Kämpfer (Name unbekannt) in die Arena. Uneingedenk des Sprichworts: „Es ist ein schlechter Vogel, der sein eigenes Nest beschmutzt", leihen die Schriftsteller ihrer allertiefsten Verachtung ihres Standes beredten Ausdruck. Es mag ja sein, daß sie, die über „Verleumdung" von „Ehrenmännern" toben, selbst ehrlose Burschen und niedrige Ehrabschneider sind. Aber ach, man täuscht sich, wenn man wähnt, durch Selbst-Plaidoyers und Pochen auf ideales Recht irgendwas zu erreichen. Ein englischer Autor sagt: „Bewußte Redlichkeit hat eine seltsame pathetische Unkenntnis ihrer eigenen Ohnmacht, andere zu überzeugen". Die Litteraten erschweren sich ihr hartes Handwerk durch gegenseitiges Befehden. Wer jeder Selbstkritik entbehrt, wirft andern diesen Mangel vor. Auch ein dem Getriebe Fernstehender merkt mit Unwillen, wie jeder im Geheimen ausschließlichen Ich-Kultus treibt und höchstens aus Nützlichkeitsgründen den Genossen anwedelt. Die Heuchelei der Welt übertrifft jede Vorstellung. Sie wurde so zur andern Natur, daß sie gar nicht mehr weiß, wenn sie sündigt, und ganz unbewußt die Wahrheit fälscht. Da wirft man den „Stürmern" ihre Rücksichtslosigkeit vor, wenn man sie durch eigene Rücksichtslosigkeit, sei es durch höhnisches Totschweigen, sei es durch aggressive Gemeinheit, verschuldet. Der Wolf, dem das Lamm das Wasser trübt! Ehrlose Lumpe werfen sich in die Brust und erkünsteln den bekannten Brustton der Überzeugung, der unvorsichtige Ehrenmann steht mit den Anklagen der Wahrheit als Verleumder da! Anrüchige

Geistern werden als edle Vorbilder geläuterter Mannesjugend gepriesen, sittlich Makellose der Immoralität bezüchtigt! Die Übervorteilten und Geschädigten heißen komische Zänker, und was der Scherze mehr sind. Was ist das ewige Gerede von der Unreife Gründeutschlands von jener Seite? Der Maulwurf, der behäbig sein unterirdisches Geschäftchen treibt, bedauert die Unreife des Löwen, der brüllend in Netze und Graben rennt! — Alles in der Welt baut sich auf Kontrast und Harmonie auf, d. h. Streben, die Kontraste aufzulösen. Daher scheint es natürlich, wenn der Künstler in maßlose nervöse Erregung gerät, weil seine ideale Harmonie dem Kontrast der tausend materiellen Hemmnisse ausgesetzt wird. Das Genie ist zartbesaitig, ein Doppelmensch, ein geistiger Hermaphrodit, ein Adam, ehe ihm die Eva aus der Rippe geschnitten. Ohnehin bleibt der materielle Erfolg der litterarischen Produktion in Deutschland so überaus gering, daß nur der ideelle Erfolg einigen Ersatz bieten kann. So wird es erklärlich, daß ein großer Geist wie Gutzkow in seinem Schaffen völlig gebrochen und zum Irrsinn hingedrängt wurde durch eine Kritik, die sich unablässig seit Julian Schmidts berühmter Vermöbelung Gutzkows, im gleichen Stil erborgter und von Hand zu Hand fertig bezogener Entstellungen fortwälzte. Siehe darüber einen Artikel von Amely Bölte im „Berl. Tagebl.", worin betont, daß in Deutschland oft eine gehässige Kritik hinreicht, um den Dichter zugrunde zu richten! — Professor Wundt warnt daher mit Recht in seiner Broschüre „zur Moral der Kritik", daß sich im Publikum immer mehr die üble Gewohnheit festsetze, „Denjenigen, der sich gegen Übergriffe der Kritik wendet, mit Mißtrauen anzusehen". Nur die Formen der Tyrannei wechseln: Der Unterschied zwischen den Bourbonischen lettres de cachet und den Verdammungsdekreten der Mittelmäßigkeit ist gering. Übrigens sitzt heut der Kern alles Übels noch tiefer. Der Mangel an jeder Ehrfurcht vor der Kunst zeigt sich in dem widerlichen Hineinzerren politischer Motive. So wurde der Kultusminister v. Goßler von konservativen Blättern angefochten, weil er dem „liberalen" Spielhagen zu seinem 60. Geburtstag gratulierte. Man prüft sogar die „gute Gesinnung" des Künstlers. Wer patriotisch malt oder dichtet, muß mindestens konservativ sein. Wer ein gutes Portrait Bismarcks malt oder ein Jubiläumsgedicht auf die historische Größe des Mannes losläßt, darf beileibe nicht privatim unfreundliche Äußerungen über Eigenheiten desselben thun. Aber Michel Angelo, der doch gewiß als ein „Charakter" gilt, meißelte am Grabmal Lorenzo Medicis, während er auf den Schanzen gegen die Mediceer focht, und sympathisierte mit den Bolognesen, die seine Bildsäule des Papstes zertrümmerten. — Diese Zustände hätte Alexander Bulkanus mit berücksichtigen sollen, als er seine Keulenschläge auf die „Patriotischen Schwätzer" niedersausen ließ. Im übrigen dürfte der Geist dieser scharfen und schwungvollen Satire sich am besten kennzeichnen in Worten wie: „Wer vergleicht eines Vulkanes nächtlichen Ausbruch mit einer Talgkerze winzigem Dämmerlicht? Da schwellen die plumpen Gesellen einher, auf ihrer Zunge den Namen der Klassicität, aber die Stirne mit Blödigkeit gehörnt." (S. 74.) „Noch einmal wirst Du Dich erheben und Dein Odem wird sein wie ein Flammenhauch, der durch die Wolke schlägt, und wie ein Feuerstrom wirst Du den Mist hinwegzehren." (S. 110.)

Karl Bleibtreu.

Litteraturbriefe an einen deutschen Marine-Offizier in Ostafrika. Neue Litterarische Volkshefte Nr. 3: Die sozialen Kämpfe im Spiegel der Poesie (Berlin, Richard Eckstein

Nachfolger). — Es ist ja an sich gewiß löblich, wenn sich ein in Ostafrika stationierter deutscher Marine-Offizier fortlaufend über die deutsche Litteratur berichten läßt, um dadurch einigermaßen in Fühlung mit dem litterarischen Leben der Heimat zu bleiben; um diesen Zweck zu erreichen, muß er allerdings besser beraten werden, als der imaginäre ostafrikanische Seeheld, an den die Briefe in den Litter. Volksheften gerichtet sind. Der Herr ist recht unvorsichtig in der Wahl seines Korrespondenten gewesen: bei dieser Art von Berichterstattung wird er im Leben kein auch nur annähernd richtiges Bild des litterarischen Lebens der Gegenwart erhalten. In diesem dritten Brief verbreitet sich der anonyme, briefschreibende Litteraturhistoriker in seiner gewohnten schneidigen Weise über die „Sozialen Kämpfe im Spiegel der Poesie" und muß gleich mit dem beschämenden Bekenntnis beginnen: „eine eigene soziale Dichtung haben wir gegenwärtig in Deutschland nicht." Es giebt nur einige erbärmliche Nachahmungen und sentimentale Verwässerungen der Franzosen und Norweger, daneben noch „einige tapfere, aber vorwiegend unreife Versuche junger Leute", c'est tout. In der ersten Kategorie werden Paul Lindau und Richard Voß ausführlich behandelt, in der zweiten, den „Jüngsten" oder doch „Jüngeren", sind Wolfg. Kirchbach, Julius Hart und Max Kretzer kurz angeführt. Andere von den „Jüngsten" namentlich aufzuführen unterläßt der litteraturkundige Briefschreiber, weil selbige „nur mit großen Worten zu zahlen pflegen": Gewiß, eine erschöpfende, gewissenhafte und kompetente Berichterstattung! Der brave Offizier in Ostafrika kann von Glück sagen, daß er solche sachkundige Belehrungen erhält, die es ihm ermöglichen, sich ohne Leihbibliothek ein Urteil zu bilden. Ist es nicht geradezu haarsträubend, daß ein Mensch sich hinsetzt, um über die „Sozialen Kämpfe im Spiegel der Gegenwart" zu schreiben, ohne das Bedürfnis zu fühlen, gerade bei dieser Materie die Namen M. G. Conrad, Conrad Alberti, Karl Bleibtreu in erster Linie zu nennen? Das Beste dabei ist aber, daß der Schreiber dieser für Ostafrika bestimmten Litteraturbriefe die Obengenannten gar nicht zu kennen scheint, denn daß er Schriftsteller ihrer Bedeutung, von denen sich jeder einzelne bereits durch eine Reihe von maßgebenden Schriften bestens bekannt gemacht hat, der Gruppe von denen zuzähle, „die nur mit großen Worten zu zahlen pflegen" ist doch nicht wohl anzunehmen; bleibt also als Fazit ein Ignorant, der über Dinge redet, die er nicht versteht. Und solche Leute begnügen sich nicht damit, auf der Bierbank über litterarische Dinge zu kannegießern, nein, sie nehmen sich sogar heraus, Litteraturbriefe zu schreiben, um dadurch Andere auf einem Felde zu orientieren, das ihnen selbst terra incognita ist! A. G.

Französische Litteratur.

L'Immortel, Modellroman von Alfonse Daudet (Paris, Lemerre). Dieser Roman erregte bekanntlich unliebsames Aufsehen durch seine beispiellose Geißelung der „Akademie" und pamphletartige Porträtierung ihrer Hauptmitglieder, denen die erbärmlichsten Schmarotzerhandlungen nachgesagt werden. Natürlich hat keiner der Betroffenen die Hilfe des „Tribunals der Seine" angeschrieen, aber man fiel sonstwie weidlich über Daudets Indiskretion her. Bekanntlich wissen die im Glashaus Sitzenden stets ihren Abscheu vor dem Hineinziehen des „Persönlichen" auszudrücken. O ihr Kinder oder ihr Heuchler! Das persönliche Verhältnis bestimmt heut alles. Und wie soll man die „persönliche" Bosheit oder Händewaschung einer Kritik anders aufdecken, als eben durch Kaiwendung des „Persönlichen“! In ihrer Blindheit unterscheidet die Welt hier eben nicht zwischen dem Allgemein-Persönlichen und Litterarisch-Persönlichen. Das Erstere hat unbedingt nichts mit der Litteratur zu schaffen und ein Benennen desselben ist streng zu verpönen. Ob X. silberne Löffel stahl oder Y. an einem Laster leidet, kümmert Niemanden bei Beurteilung seiner sonstigen Bedeutung. Aber ob X. den Y. vermöbelte, weil ihm Y. zu viel oder zu wenig „pumpte“, oder X. den Y. aus ähnlichen Gründen lobhudelt, das zu berühren sei in besonders schweren Fällen Niemanden versagt. — Der neuesten Justizpflege blieb es vorbehalten, das natürliche Modellrecht des Künstlers dem Urteil eines laienhaften Schöffengerichts zu unterwerfen. Siehe über die Frage selbst: Schopenhauer, S. 473 Parerga und Paralipomena, 2. Kap. XIX, § 232. Seit den ältesten Anfängen der Kunst hat dies Recht gegolten. Schon Aristofanes brachte Männern von solcher Bedeutung wie Sokrates und Euripides in boshaftester Persiflage auf die Bühne. In neuerer Zeit griff Molière in jeder seiner Komödien nicht nur ganze Stände in pleno an, sondern zeichnete solche Typen nach bestimmten Mustern derart, daß der König mit Petitionen bestürmt wurde, den Dichter auf die Bastille zu schicken und seine Stücke zu unterdrücken. Besonders beim „Tartuffe“, diesem ewigen Musterbild eines Moralheuchlers, meldete sich ein bestimmtes „Urbild“ in hoher Stellung, worauf bekanntlich Gutzkow seine Komödie „Das Urbild des Tartuffe“ gründete. Der Roi-Soleil dachte aber nicht kleinlich und buchstabenängstlich und hielt jeden Eingriff des Gerichts für unerlaubte Beeinträchtigung der dichterischen Freiheit. Wären die vielen Klagen wegen „verleumderischer Beleidigung“ von Erfolg gekrönt gewesen, so würden jene unsterblichen Komödien uns fehlen. Ebenso verteidigte Dickens oft sein gutes Recht der Modellbenutzung, worauf sich einmal Kreber zu seiner Entschuldigung berief. In Lindaus Stücken finden sich die persönlichsten Anspielungen auf seine mißliebigen Zeitgenossen und Zollings Roman „Klatsch“, der im „Berliner Tageblatt“ erschien, strotzte von Modell-Beleidigungen. Horace Vernet porträtierte den Finanzminister Fould direkt als schäbigen Schacherjuden; Byron, Heine, Goethe verfuhren höchst ungeniert in dieser Beziehung. — Wird die menschliche Eitelkeit verletzt, da werden Engel zu Hyänen. Hätte die „Akademie“ eine Kollektivklage gegen Daudet eingeleitet, was dann? Die Wurzeln eines solchen Konflikts liegen meist so tief und sind so ineinander verflochten, daß man sehr weit ausholen müßte, um den Kern bloßzulegen. Sachverständige und juristische Psychologen könnten da nur entscheiden. „Die Lüge sitzt zu Gericht und beurteilt die komplizierteste aller Maschinen, das Menschenherz, nach dem dürren Paragraphengerippe altrömischer Schulmeister.“ (Steiger, „Kampf um die neue Dichtung“.) Der formelle Identitätsbeweis ist aber fast nie genau zu erbringen. Man bewegt sich da meist in einem circulus vitiosus, indem entweder alles als fiktives Phantasiegebilde oder alles als Faktum gelten muß. Auch die Ähnlichkeit des etwa für die Romanfigur gewählten Namens ist kein formeller Beweis. Denn bei ganz fernklingenden Namen und verschieden geschildertem Äußern würden die bewußten hilfsbereiten Kollegen (das Publikum erkennt dergleichen nie, zumal wenn der sich getroffen Fühlende nur in seiner eignen Einbildung eine Berühmtheit genießt) dennoch auf ihren Eid nehmen, daß sie ihn erkannten, sobald nur die übrigen Identitätsbeweise dieselben blieben. Das Gericht kann nur dem weitesten Spielraum bei einem solchen Prozeß-Urteil Rechnung tragen. Stellt es sich auf strikt formellen und zugleich künstlerischen Standpunkt, erfolgt unbedingte Freisprechung — wie denn in einem gewissen Prozeß der Kläger zuerst ohne Hauptverhandlung abgewiesen und in die Kosten verurteilt wurde. Es kann ferner auf Geldstrafe erkennen, indem es § 185, einfache Beleidigung, annimmt, weil nimmermehr durch eine Dichtung eine direkte Verleumdung verübt werden kann. Es kann sich aber der Fall auch finden, daß Kompensation eintritt, indem oftmalige gerechte Gereiztheit des Beleidigers — vielleicht sogar durch ihn hinterbrachte persönliche Schimpfereien — erwiesen wird, was wohl auch bei Daudet zutreffen dürfte. Doch wäre ja auch möglich, daß die Biedermänner der „Akademie" in corpore ihrer edlen Beredsamkeit im Termin freien Lauf lassen würden, um den Elenden zu strafen, der sich vermißt, Heuchler und Narren zu entlarven. Hier würde sich dann zeigen, wie so sehr der deutsche Schriftstellerverband Recht hatte, ein spezielles Ehrengericht einzurichten, dem nach § 40 der Statuten jedes Mitglied seine Beschwerden dieser Art, bei Strafe der Ausschließung, vorzulegen hat. Nun muß man aber bei einer „Verleumdung" verschiedene Fälle unterscheiden, wobei es dann, laut dem Diktum des englischen Prinz-Gemahls Albert, die Pflicht eines Gentleman bleibt, im Fall der Unwahrheit öffentlich Abbitte zu leisten: 1) die objektive und subjektive d. h. wissentliche Verleumdung, 2) die bloß objektive Verleumdung d. h. das subjektiv bona fide begangene Behaupten nachweislicher Unwahrheiten, 3) die objektiv und subjektiv gerechtfertigte Anklage. Die erste dieser Handlungen ist gemein, die zweite leichtsinnig, die dritte höchstens fahrlässig, falls nicht ethische Motive z. B. Entlarvung eines Heuchlers damit verbunden sind. Bezüchtige ich z. B. einen Menschen der Unredlichkeit oder des Betrugs, so kann dies an sich gehässig und unchristlich sein. Ganz anders aber liegt die Sache, sobald der Schuldige stets die Biederkeit unnützlich im Munde führt. Eine Dirne ist nur mitleidswürdig: wird sie aber frömmelnde Betschwester, so wird sie ekelhaft. Sobald z. B. das Gemeinste andere moralischere Leute noch gar mit dem Popanz der „Moral" haranguieren, verdient dies eine exemplarische Ohrfeige. Die Welt aber und unser jetziges unpsychologisches rein formelles Gerichtsverfahren nimmt sich nicht die Mühe, diese psychologisch allein entscheidende Drei-Frage zu erörtern, sondern wirft die so gänzlich verschiedenen Verleumdungsumstände wirr durcheinander. Dies der Grund, warum jeder Kundige den Antritt des sogenannten Wahrheitsbeweises scheut, den das Gericht lediglich wie eine Selbst-Schlinge dem Beklagten zuschiebt, statt umgekehrt den Kläger zur thatsächlichen Widerlegung der Beschuldigung aufzufordern. Sind die Parteien sich z. B. persönlich ganz unbekannt und muß der Kläger selbst lediglich die Verbreitung „zugetragenen Klatsches" dem Gegner zuschieben, so sollte letzterer ganz einfach die Personen öffentlich nennen, die ihm jene „Verleumdungen" als Thatsachen mitteilten, zumal wenn dies vertrauenswürdige Namen von gutem Klang und womöglich Freunde des Klägers. Denn diese sind dann die wahren Schuldigen, der Weiterverbreiter nur das Opfer solcher Affaire. — Ob Alfonse Daudet, wie man ihn beschuldigte, durch persönliche Rachemotive zu seinem Modellroman bewogen, weiß ich nicht. Ich weiß nur, daß solche Vorfälle zu allen Zeiten und bei allen Völkern und allen Parteien nicht neu sind. Hat doch auch Spielhagen, wie man sagt als Wiedervergeltung für eine abfällige Rezension, die Romanfigur eines Dr. Gännlich geschaffen, einen

Claudeu, den er Kritiker der „Grenzboten“ nennt. Das Blatt benahm sich damals sehr würdig und dachte nicht daran, vor Gericht zu laufen. Irren wir aber nicht, so hat derselbe Spielhagen öffentlich über den Porträt-Unfug der Realisten geschimpft. Ja Bauer, das ist etwas ganz anderes!

Autour d'un clocher. Roman von Fèvre-Desprez (Brüssel, Kistemaekers, 3. Auflage). Dieses vortreffliche, obschon etwas outrierte, Genrebild hat meines Erachtens den inneren Anstoß zu Zolas „La Terre“ gegeben. Der Meister selbst äußert sich in längerem Briefe höchst günstig über das Buch. Dies aber hat nicht hindern können, daß die allerdings etwas gepfefferten Naturalismen des Buches die französische Staatsanwaltschaft mobil machen und daß das Tribunal der Seine den armen kranken Verfasser darob zu vier Wochen Gefängnis verurteilte, deren Folgen sein zartes Nervensystem nicht ertrug. Er starb daran. Einen solchen Vorgang nennt man kurz und drastisch Justizmord. Ein Aufschrei der Entrüstung antwortete in Frankreich, diesem hochgebildeten Kulturland. Der schwergeprüfte Märtyrer verschmähte es zu appellieren, er bewies sein Mißtrauen in die Justiz und rief ihr nur verächtlich in der Vorrede zu: „Vous avez la haine de la litterature.“ Was würden ein Franzose, ein Italiener, ein Engländer da freilich erst dem deutschen Philister zurufen! Dennoch glauben wir, daß die Rechtlichkeit, welche man dem schwerfälligen deutschen Charakter naturgemäß zuschreiben muß, solche Verurteilungen in Deutschland unmöglich machen würde. Nach den unablässigen Angriffen auf die deutsche Justiz, welche die „Grenzboten“, gewiß reichstreue konservative Blätter, schleudern, nach der donnernden Philippika des sächsischen Generalstaatsanwalts Held gegen die ungerechten Staatsanwälte wird Einem freilich angst und bange. Doch sollten die Ketzerverbrennungen à la Giordano Bruno wirklich wiederkehren? Das heißt nur Märtyrer und spätere „Heilige“ machen. Das heißt die dumpfe Erbitterung steigern.

Karl Bleibtreu.

Dänische Novitäten.

Johannes Paludan-Müller publizierte soeben eine interessante Untersuchung über Lessings „religiöse Lebensanschauungen“.*) Er will in diesem Buche nicht Lessings öffentlich ausgesprochene theologische Ansichten darlegen und erörtern, sondern seine Herzensstellung zum Höchsten, das Verhältnis dieses „kritischen Genies“ zum Christentum prüfen und dabei erweisen, wie ein Verstandesmensch κατ' ἐξοχήν sich zu Glaubenslehre und Leben verhalten soll. Er unterscheidet bei Lessing drei Perioden: 1. Lessing nimmt eine unentschlossene Stellung zur Kirchenlehre ein; 2. er verwirft dieselbe entschieden; 3. seine theologische Polemik.

In der ersten Periode wollte Lessing auf rationellem Wege die höchste Wahrheit erforschen; daher käme bei ihm die scharfe Betonung des Rationellen, er irre aber, da er „völlig Gottes Selbstoffenbarung in Wort und Schrift überspringe“. Übersprungen hat diese Lessing wohl nicht, aber er hat naturgemäß sehr starke Zweifel in die Thatsache dieser Offenbarung gesetzt.

In der zweiten Periode gelangt Lessing zur absoluten Verwerfung des Christentums, verhält sich der Kirche gegenüber aber sehr friedlich. Herr Paludan-Müller meint, in dieser Zeit offenbare sich ein großer Unterschied zwischen Lessings Herzensmeinung und seinen offen

*) „G. E. Lessings religiøse Livsanskuelser. En Undersøgelse af Johannes Paludan-Müller, Sognepræst i Snesere. Kjøbenhavn. Andr. Schous Forlag. 2 Kr.“

ausgesprochenen Ansichten. Er sucht nachzuweisen, daß Lessing mit sich selbst in Widerspruch gerät, indem er einerseits das religiöse Glaubensgefühl anerkenne, sowie, daß gegen dasselbe mit Verstandesgründen nicht anzukämpfen sei, andererseits aber doch mit reinen Verstandesgründen überzeugen wolle. Wieso soll darin ein Widerspruch sein? Es giebt eben zweierlei Menschen, Gefühls- und Verstandesmenschen. Wenn jene „gläubig“ sind, sind sie nicht vom Gegenteil zu überzeugen, und ihre Zuversicht hat freilich für den Verstandesmenschen etwas rührend Komisches, sodaß er sie „achselzuckend“ bei ihrer Überzeugung lassen kann; mit seinen Gründen wendet Lessing sich aber an die Verstandesmenschen und an die zweifelnden Gefühlsmenschen, die nicht ganz abgeneigt sind, Gründe auf sich wirken zu lassen.

Auch in der polemischen Periode sucht Lessing sich zur Kirche wohlwollend zu verhalten, und der Verfasser sucht den Beweis zu erbringen, daß Lessing Goeze gegenüber, aus reiner Freude an der Polemik und in dem Bestreben, über den Gegner in logischer Beziehung einen Vorteil davonzutragen, sich in moralischer Beziehung einer Unredlichkeit schuldig mache. — Sollte Lessing denn zugeben, er sei kein Christ, nur weil Herr Goeze eine andere Anschauung vom Christentum hatte, als er selbst? Lessing legt den Wert auf das Ethische und hält sich daher für berechtigt, sich einen Christen zu nennen. („Ich fühle mich rein u. s. w.) Nathans: „Was mich Euch zum Christen macht, das macht Euch mir zum Juden“ enthält in der Richtung Lessings eigenes Glaubensbekenntnis. Daß er im übrigen gut wußte, was vom rein theologischen Standpunkt unter Christentum verstanden wird, ist selbstredend, also warum sollte er es nicht sagen? Freilich war er nicht ganz offen, aber auch vor Gericht ist niemand verpflichtet, mehr zu sagen, als er gefragt wird, um wie viel mehr ist es also im Meinungskampfe berechtigt.

Mit Recht sieht Herr Paludan-Müller als Grundzug des Lessingschen Wesens den Zweifel, das Forschen nach Wahrheit an. Freilich meint er, dieser Weg könne nie zum Ziele führen, Lessing sei so weit gekommen, wie man überhaupt auf diesem Wege kommen könne, nämlich dahin, daß der Verstandesmensch schließlich selbst an der absoluten Richtigkeit des logischen Denkens zu zweifeln beginnt: „Es ist nicht wahr, daß die kürzeste Linie immer die gerade ist“. Sein Endurteil über Lessing lautet: „er sei ein Kritiker, der sich in seiner Kritik zutote gearbeitet hat“.

Jedenfalls ist es erstaunlich, daß ein Mann, wie Herr Pfarrer Paludan-Müller, der selbstredend auf absolut christlichem Standpunkte steht, imstande ist, einem so entschiedenen Gegner seiner Anschauungen, wie es Lessing ist, in so hohem Grade gerecht zu werden. Der Verfasser bezeugt überall eine Wahrheitsliebe, ein Eingehen auf die Gedanken und Absichten des Gegners, eine Gründlichkeit des Studiums Lessingscher Schriften, daß seine Arbeit schon deshalb allseitige Beachtung verdient. Besonders interessant wird sie aber gerade durch die Einseitigkeit der persönlichen Anschauungen des Verfassers, die der absolut orthodoxen Richtung angehören.

Unter dem Titel „Musikens Historie fra de aeltste Tider til vore Dage. Populaert fremstillet“ ist im Verlage von Bergmann in Kopenhagen eine Musikgeschichte erschienen, die eine kurze, aber größtenteils genügende geschichtliche Übersicht über diese Kunst bei den Kulturvölkern von den ältesten Zeiten bis auf die Gegenwart bietet. Es ist dem Verfasser wohl gelungen, das ungeheure Gebiet in klare und übersichtliche form zu bringen und jedem die ihm gebührende Beachtung zu widmen. Namentlich werden die hervorragendsten deutschen Komponisten sehr gründlich behandelt, abgesehen von Wagner, der ein wenig kurz abgethan wird, ohne daß der Verfasser sich jedoch der Anerkennung seiner eminenten Bedeutung verschließt. Wie der Autor dieser Musikgeschichte sich selbst nicht nennt, so bietet er im Allgemeinen wohl auch keine eigenen Urteile, sondern baut sozusagen durchweg auf anderen Autoritäten auf und hat es lobenswerter Weise verstanden, die Klippe der Einseitigkeit zu meiden und einer Parteirichtung in die Arme zu treiben.

Was dem Werke besonderen Wert und ein höheres Interesse verleiht, ist, daß hier zum erstenmale versucht wurde, eine Übersicht über die Musikgeschichte der drei skandinavischen Reiche zu geben. Und zwar nicht nur der Komponisten und ihrer Werke, sondern auch der Operntheater und Konzerte, der Musikvereine und ausübenden Künstler. Bedauerlich ist dabei nur, daß hier mehr eine Aufzählung von Namen, Titeln und Zahlen geboten wird, als eine Analysierung der Werke und eine Charakteristik der einzelnen Meister. Gerade das Letztere würde für Deutschland gegenwärtig von besonderem Interesse sein, da ja demnächst der Versuch gemacht werden soll, der skandinavischen Oper bei uns Eingang zu verschaffen, wie es die skandinavische dramatische Poesie seit langem hat.

Da dem Buche ein sehr ausführliches und sorgfältig gearbeitetes Register angehängt ist, kann es zugleich trefflich als Nachschlagebuch für musikgeschichtliche Fragen dienen. E. Brausewetter.

Zum Herbst wird bei Emil Bergmann in Kopenhagen eine neue Zeitschrift für Geschichte, Reisebeschreibung und populäre Naturwissenschaft, redigiert von cand. phil. Carl Braun, Kapitän zur See A. P. Hovgaard und Kapitän bei der Infanterie J. F. Rist herausgegeben werden.

Schwedische Novitäten.

Amanda Kerfstedt gehört zu den nicht naturalistischen Schriftstellerinnen Schwedens. Der am meisten in die Augen springende Punkt ihrer Ideenwelt ist eine tief religiöse Anschauung. Auch in ihrem neuesten Roman: „Eva“*) zeigt sich wieder diese Richtung der Verfasserin, in dem sie einen jener Charaktere zeichnet, die sich durch die unverschuldete Last einer schmachvollen Herkunft (ihre Mutter ist eine Dirne) gedrückt fühlen und sich gegen dies Gefühl durch Stolz und Kälte der Welt gegenüber verschanzen wollen. So verfallen sie in den Fehler der Herzlosigkeit und erst die Prüfungen des Lebens können sie zur Erkenntnis bringen, daß sie unrecht gehandelt, und daß auch unter der Hülle des Lasters sich Gottes Ebenbild verbergen kann, daß es oft nur Zufälle sind, die einen hindern, der Versuchung der Welt zu erliegen, nicht eigene Kraft. Eva ist von ihrem Vater erzogen und ausgebildet worden, ohne zu wissen, daß sie nur seine uneheliche Tochter ist. Ein Zufall hat es ihr dann aber enthüllt, und nun beschließt sie, sich mit ihrer Schande in der Einsamkeit zu vergraben. Sie nimmt eine Lehrerinnenstelle auf dem Lande an. So sehr sie ihr Beruf auch befriedigt, so sehr schreckt sie der Gedanke, ihr ganzes Leben in solcher Einsamkeit zuzubringen. Da gelingt es dem Lensagronomen Eckermann, die tiefen Saiten ihrer Seele anzuschlagen, namentlich ihren Geist in religiöse Bahnen zu lenken, und bald ist sie ihm in inniger Liebe zugethan. Als er aber um sie wirbt, läßt es ihr unbändiger Stolz nicht zu, ihm ihre Herkunft zu enthüllen, da sie von ihm weiß,

*) Stockholm, Haeggströms Förlag. 3 Kr.

daß seine Mutter nur das Kind ehrlicher Leute anerkennen würde, und sie will ihn um ihretwillen in keinen Konflikt stürzen. So weist sie ihn, ohne ihre Gründe zu sagen, zurück, was ihn veranlaßt, sie für eine gewöhnliche Kokette anzusehen.

Als ihr dann ihre Mutter krank, elend und hilfebedürftig gegenübertritt, hindert sie ihr Stolz und Hochmut, derselben ein freundliches Wort zu geben und ihr Hilfe zu leisten, vielmehr bürdet sie dies Fremden auf. Allein der Tag der Selbsterkenntnis naht. Auch an sie tritt die Versuchung heran. Der schneidige Baron Sixten Ulfstjo, zu dem sie sich durch eine Art Wesensverwandtschaft hingezogen fühlt, wirbt um ihre Hand, obwohl er ihre Herkunft kennt, und es fehlt nicht viel, so hätte sie sich für Schönheit, Rang, Reichtum und dies Gefühl der Zuneigung verkauft, obgleich sie einen Andern im Herzen trägt. Nur ein kleiner Zwischenfall, der ihr Gespräch beendet, wird ihre Rettung. Da wird sie sich klar darüber, daß man über die der Versuchung Erlegenen nicht so sehr hart urteilen dürfe, und daß sie ihrer Mutter zu viel gethan. So gewinnt sie es denn über sich, wenigstens der Sterbenden einige Liebesdienste zu erweisen und lernt von ihr, „daß die Liebe nicht nur erhebe, sondern auch herabziehe“. Und als Eva nun zufällig mit Eckermanns Mutter zusammentrifft, hindert sie ihr Stolz nicht mehr, dieser ihre Herkunft zu enthüllen, was schließlich, nachdem diese Frau die Gediegenheit von Evas Charakter erkannt hat, die Vereinigung der Liebenden herbeiführt.

Die Charakteristik in Eva, Eckermann und dem schneidigen Sixten ist überaus gut durchgeführt, auch einzelne der Nebenpersonen, wie der Probst, das Liebespaar Emma und John, Evas alte Haushälterin und Andere sind gut gezeichnet. Der Handlung wäre eine etwas schnellere Entwicklung zu wünschen, auch leidet die Voraussetzung an mehreren Unwahrscheinlichkeiten, auf die ich hier nicht näher eingehen kann. Die christliche Tendenz, die die Verfasserin in allen ihren Büchern verfolgt, ist auch hier wieder stark vorherrschend, insofern freilich nicht zu gewaltsam hereingebracht, als es ja die religiösen Gedanken sind, die Eva und Eckermann einander näher bringen. Die vielfachen Dialogstellen zeichnen sich durch ihre Natürlichkeit aus, aber die Verfasserin möge bedenken, daß man in einem Roman nur das in Dialogform bringen darf, was einen besonders wichtigen Moment in der Handlung oder Charakteristik bilden soll. Ein liebenswürdiges Geplauder, welches uns wieder und wieder nur dieselbe Seite des Charakters enthüllt und für die Handlung bedeutungslos ist, wiederholt wörtlich wiederzugeben, ermüdet, da uns nur das interessiert, was einen Fortschritt in sich birgt, sei es für die Handlung oder die Charakteristik, ein Stehenbleiben aber auch unser Interesse zum Stocken bringt.

„Eva“ ist ein „Familienroman“, aber die lebensvolle, realistische Charakteristik und die geschickte Herausarbeitung eines sympathischen Gedankens macht ihn zu einer ganz gediegenen Lektüre.

Östlich von Stockholm längs der Meeresküste, die selbst wild zerklüftet und durchfurcht ist, lagern sich eine zahllose Menge größerer und kleinerer Inseln. Dieses ganze Gebiet nennt man die „Schären“. Die Natur der Landschaft dieser Gegend hat etwas Wechselreiches, bald ist sie wild, romantisch und düster in Folge der Zerklüftungen der Gestade und der die Höhen bedeckenden dunkeln Tannenwälder, bald aber auch freundlich und anheimelnd, da wir saftige Wiesen und wogende Felder erblicken. Das Klima ist im Sommer sehr angenehm, aber im Winter in Folge der Nähe des Meeres durch Stürme und Unwetter äußerst rauh. Tage und Wochen lang ist durch Eis und Schnee jede Verbindung mit dem Festlande und zwischen den einzelnen Inseln unterbrochen. Überhaupt führt man dort ein ziemlich einsiedlerisches Leben, da es eine regelmäßige Verbindung mit den größeren Verkehrszentren nicht giebt und man bis zur Schule, Kirche und dem Gerichtshof einen weiten Weg hat. Städtische Kultur lernen die Bewohner dieser Gegenden nur durch die Badegäste kennen, also nur unter dem Anblick der Muße und des Vergnügens, nicht dem der Thätigkeit. Es ist selbstredend, daß eine derartige Umgebung und ein solches Leben einen großen Einfluß auf die Charaktere und die Denkweise der Schärenbewohner ausübt. Sie werden Phantasten und leicht der Raub ihrer subjektiven Empfindungen, wenn sie auch in ihrem täglichen Thun noch so vernünftig und klarsehend sind, sie sind abergläubisch und ihre Auffassung des Rechts erinnert stark an Urzustände. Daher sind düstere Verbrechen durchaus nicht selten, ja dieselben sind häufig jedermann kund und offenbar, außer dem Gerichtsbeamten; aber dieser kann nicht einschreiten, da er keine Beweise hat.

Welch' reicher Stoff liegt hier für einen Dichter, der die Eigenart des Wesens und Lebens dieser Leute zu studieren unternimmt und zu erfassen vermag; aber wohl wenige waren wie August Strindberg geeignet, dort ihre Modelle zu holen. Strindbergs Stärke liegt in der psychologischen Analyse. Wie wenige vermag er es, das innere Wesen eines Menschen aus den Einzelheiten seines äußeren Thuns und Benehmens und die Gründe zu denselben zu erkennen und darzustellen. Seine, bei Dichtern ganz ungewöhnlichen, naturwissenschaftlichen, psychologischen und physiologischen, selbst medizinischen Kenntnisse ermöglichen es ihm, Charakterstudien von förmlich wissenschaftlicher Gründlichkeit zu liefern.

So mußten denn seine Darstellungen aus dem Leben der Schärenbewohner wahrhaft aufsehenerregende Erscheinungen werden, und in erster Reihe möchte ich die Erzählung „Hemsöborna"*) (die Bewohner der Hemsö (ö-Insel) als eine der besten Bauerngeschichten charakterisieren, die irgendsonst bisher geschrieben. Es ist die Geschichte eines Sohnes des Binnenlandes (Wermland), der auf diese Insel als Knecht zu einer Witwe kommt, sich durch seine Findigkeit, Geschicklichkeit und seine Fähigkeiten erst zum Inspektor und schließlich zum Gatten der durch seine Thätigkeit wohlhabend gewordenen Bäuerin emporschwingt, dann aber deren Zuneigung durch seine Untreue verliert, sodaß sie ein bereits zu seinen Gunsten gemachtes Testament vernichtet, und der schließlich bei einem Eisgang auf dem Meere zugrunde geht, nachdem er in gewissem Sinne den Tod seiner Frau verschuldet hat.

Nicht nur, daß die Charakteristik von ganz seltener Lebensfülle ist, so daß wir diesen schlauen Emporkömmling Carlsson, den verkommenen, aber gutmütigen und im Notfalle hilfreichen Pastor Nordström, den Jäger und Fischer Gusten vor uns zu sehen glauben, sondern der Dichter macht uns auch mit der Landschaft, den Naturereignissen, dem Leben und Treiben der dortigen Bewohner in so anschaulicher Weise bekannt, daß man nach der Lektüre dieses Buches förmlich glaubt, selbst dort gewesen zu sein. Es finden sich Szenen von erschütternd komischer wie tragischer Wirkung darin. In die erstere Reihe rechne ich jene, wenn die Trauung Carlssons durch das Aufplatzen in der Sonne liegender Bierflaschen gestört wird, und alle Trauzeugen hinausrennen, um den köstlichen Gerstensaft zu retten, der Pfarrer aber mit den Worten der Zu-

*) Skärgårdsberättelse. Stockholm, Alb. Bonniers Förlag. 2 Kr. 75 Öre. Eine autorisierte deutsche Ausgabe beabsichtigt der Unterzeichnete herauszugeben.

sammengebung solange wartet. In die zweite Kategorie gehört das Gebet über dem im Meere versunkenen Sarge von Carlsons Frau. Nur ein großer Dichter kann so kurz, so anschaulich und zugleich so ergreifend schildern. — Wünschenswert wäre ein etwas innigerer Zusammenhang der Schlußkatastrophe mit Carlsons Thun. Dieselbe erscheint durchaus als ein unglücklicher Zufall, was ihr die Tragik benimmt; sie müßte mehr eine Folge seines durch seinen Charakter bedingten Handelns sein. Dann wäre auch in dieser Beziehung eine vollendete künstlerische Wirkung erreicht.

Der zweite Band „Skärkarlslif"*) („Leben der Schärenbewohner") leidet bisweilen an einer gewissen Unklarheit. Der Dichter zieht nicht den letzten Schleier von seinen Gestalten ab, die innersten Gründe ihres Thuns werden uns nicht enthüllt, und das Ganze nimmt zuweilen eine fast sagen- oder traumhafte Gestalt an, so namentlich in „En brottsling" („Ein Verbrechen") und in „Sjönödslöftet" („Das Seenot-Gelübde"). Dieser Band enthält eine Reihe einzelner Charakterskizzen, die eine treffliche Ergänzung zu dem in den Hemsöborna Gebotenen bilden, da sie uns noch tiefer in die Denkweise und Wesenseigentümlichkeiten dieser so eigenartigen Leute einführen. Strindberg hat mit diesen beiden Bänden nicht nur seiner Heimat einen großen Dienst geleistet, sondern auch dem Auslande, da dieselben einen wesentlichen Beitrag zur Kenntnis des skandinavischen Volkslebens bieten. Hoffen wir, daß er auch noch den verheißenen dritten Band folgen läßt. E. Brausewetter.

Italienische Litteratur.

Margherita Royn. Una storia d'amore, von „Cola" (Pseudonyme einer Dame aus der hohen Gesellschaft). Der Inhalt des Romans ist folgender: Die anmutige 18jährige Tochter des Florentiner Grafen Royn ist herzkrank, wie ihre gute Mutter, welche in freudloser Ehe neben ihrem finsteren Gatten lebt, dem sie außer dieser braven Tochter noch einen bösen Sohn Leo geboren hat. Die Familie wohnt, der Gesundheit der Damen wegen, seit 3 Jahren in Neapel.

Hier hat Margherita den Maler Riccardo Olivieri kennen und lieben gelernt, welche Leidenschaft ihr krankes Herz mit mehrfacher Pein erfüllt, erstens mit körperlichem Schmerz ihres örtlichen Leidens wegen, zweitens mit Gram, weil sie auf Zustimmung ihrer männlichen Verwandten zur Verbindung mit dem Geliebten nicht hoffen darf, wozu sich drittens wilde Eifersucht gesellt, da sie zweifeln muß, ob ihr Angebeteter eigentlich sie selbst, oder nicht etwa ihre falsche Freundin, Eva Gerli liebt. Riccardo beruhigt sie indes über den letzten Punkt und schwört ihr ewige Treue.

Nach dem plötzlichen Tode der Mutter, die einem Herzkrampf erlegen ist, verlegt der Graf Royn den Wohnsitz seiner Familie nach Florenz zurück, in der ausgesprochenen Absicht, das Liebespaar für immer zu trennen. Eine Zeit lang setzt letzteres seinen heimlichen Briefwechsel in umfassendster Weise fort, mit der Zeit jedoch weicht Margherita dem tagtäglichen Druck der häuslichen Verhältnisse, schreibt ihrem heißgeliebten Riccardo ab und reicht dem hartnäckigsten ihrer sonstigen Bewerber, dem Marchese Sanremo ihre Hand. Außer dem Mangel an Liebe ihrerseits tritt noch ein Schatten zwischen die Eheleute. Das ist die — ebenfalls am Herzkrampf — verschiedene Tänzerin Ester. Ganz Florenz, so auch Margherita, hatte von dem Verhältnis des jungen liebenswürdigen Lebemanns mit jener bekannten Dame Kenntnis. Vergebens beschwör

*) Stockholm, Alb. Bonniers Förlag. 3 Kr. Einige Skizzen daraus werde ich demnächst in deutschen Zeitschriften publizieren.

der junge Ehemann seiner Gattin, daß sein Herz jenem sonst so ungemein liebenswerten Geschöpf nie gehört, daß er stets nur nach ihrer Gegenliebe gelechzt und aus Verzweiflung in die ausgebreiteten Arme der Anderen gesunken sei. Vergebens wird diese Aussage durch einen nachgelassenen Brief der armen Ester an ihre glückliche Nebenbuhlerin bestätigt. Wirksamer war vielleicht die Beobachtung, daß der verschmähte Gatte in die Netze der plötzlich in Florenz auftretenden Eva Gerll zu geraten schien. Dem sei, wie ihm wolle, nach einem ihrer häufigen Anfälle, während dessen ihr besorgter Gatte liebevoll um sie bemüht gewesen war, entzieht sie sich nicht mehr ihren ehelichen Pflichten. Das Verhältnis der jungen Leute wird nunmehr ein ganz leidliches, bis das überraschende Erscheinen des inzwischen berühmt gewordenen Malers Riccardo Olivieri, mit einer bildschönen, liebenswürdigen Gattin, in der Florentiner Gesellschaft, neue Aufregung in das kaum beruhigte Leben der kranken Frau bringt. Bei dem sich jetzt entwickelnden freundschaftlichen Verkehr beider jungen Ehepaare, werden sich Riccardo und Margherita völlig klar darüber, daß sie sich noch immer gegenseitig lieben, was sie sich auch einander gestehen, aber mit dem edelmütigem Entschluß, ihren entsprechenden Ehehälften, von deren heißer Liebe zu ihnen sie überzeugt sind, keinen Grund zur Klage zu geben. Weder die Welt noch die nächst Beteiligten erfahren mithin, wie es um das Herz der Liebenden steht. Die Verhältnisse rufen das Ehepaar Olivieri wieder nach Neapel zurück, von wo aus nach einiger Zeit noch die Bitte um Patenschaft bei Santremos eingeht. Mit gemischten Gefühlen nimmt Margherita die Patenstelle an, für den Fall, daß es ihre Gesundheit erlaubt. Das thut diese aber nicht, sondern verschlimmert sich zusehends, so daß sie zum schleunigen Ende führt. In ihren letzten Fieberphantasieen verwechselt die Kranke den um sie weilenden trostlosen Gatten mit dem fernen Geliebten, und ersterer, dem außerdem der Inhalt des offenen Schreibtisches seiner Frau, während deren Todeskampfe, völlige Aufklärung über ihr Verhältnis zu Riccardo verschafft hat, giebt sich während des Verscheidens seiner Gattin in einem Anfalle von Wut und Verzweiflung selbst den Tod.

Es hat stets etwas Bedenkliches, eine todkranke Person zum Helden einer Erzählung zu machen, da die von vorn herein bestehende Gewißheit eines traurigen Ausgangs den Leser um einen guten Teil der wünschenswerten Spannung bringt. In vorliegender Liebesgeschichte tritt noch als erschwerender Umstand hinzu, daß reichlich viel weibliche Wesen, Margherita, deren Mutter, Ester, vielleicht auch die rätselhafte „Wohlthäterin" derselben an der gleichen Herzkrankheit leiden und sterben.

Gegen den sentimentalen Ton, der das Ganze beherrscht, läßt sich nicht viel einwenden, nur möchte der talentvollen Verfasserin zu dem gewiß glückenden Versuch zu raten sein, in künftige Schriften ähnlicher Art etwas Humor einklingen zu lassen, von dem in diesem Werke keine Spur zu finden ist, um die Eintönigkeit zu unterbrechen und durch Kontrast desto sicherer zu wirken.

Jede Zeile läßt übrigens erkennen, daß der Pseudonyme „Evia" eine edeldenkende und feinfühlende Dame birgt, welche tagtägliche Ereignisse zu vertiefen und zu idealisieren versteht, im Sinne des milden Ausspruchs der Frau von Staël: „tout comprendre c'est tout pardonner". Die uns vorgeführten Mitglieder der guten italienischen Gesellschaft denken und handeln folgerichtig und glaubwürdig auf Grund der ihnen zugeschriebenen durchaus menschlichen Tugenden und Schwächen.

Der Roman ist in leichtem flüssigen Italienisch geschrieben. Eine Verdeutschung desselben soll im Werke sein.

E. G.

Entgegnung.

Im Juliheft der „Gesellschaft“ veröffentlicht Hermann Conradi eine Kritik meiner Neuedition der „Hetärengespräche Lucians“ (Leipzig, C. Minde), welche ersichtlich nur ein Racheakt ist für meine frühere Zerpflückung seines sogenannten (auch in der „Gesellschaft“ s. Z. verurteilten) Romans „Phrasen“ in den „Grenzboten“ („Ein jungdeutscher Phrasenheld“. Nr. 28 vom 7. Juli 1887). Ich habe den noch sehr jugendlichen Skribenten freilich selbst erst zu dieser „Kritik“ verleitet, denn, weidlich ergötzt durch das mir im Märzheft der „Gesellschaft“ wegen meiner vielen bekannten Reclam-Übersetzungen von ihm erteilte drollige Epitheton „Schwarten-Breyer“, schickte ich ihm mein neuestes Opusculum auf diesem Gebiete mit Widmung zu, worauf er mir in der ihm eigenen Überhebung schrieb: „. . . Es lag Ihnen wohl an einer ‚Anzeige‘? Lieber nicht! Wollens bei einer Kritik bewenden lassen . . .“ Für diesen Fall hatte ich mich — ich muß es offen gestehen — „tartüffemäßig“ auf den Reinfall des Herrn Conradi gefreut und die über zweispaltige deliriumhafte „Kritik“ meines harmlosen Heftchens zeigt ja, daß meine Spekulation glänzend gelungen ist . . . Wie zu erwarten war, stürmt dieser unterrichtete Kritikus mit der Wut eines spanischen Stieres auf die arme „Einleitung“ los und zerfleischt ihr jämmerlich die Eingeweide . . . Es giebt nicht Schimpfwörter genug für den Autor! Dieser erbärmliche Kerl hat „die beispiellose Frechheit eine Apologie Lucians zu versuchen!“ . . . Einen solchen Stil „schreibt nur ein mit der Stilpomade des Schacherjargons dressierter und frisierter Kaufmannsschniepel — jeder Quartaner erntete eine Tracht Ohrfeigen für diese stilistische Lotterei!“ . . . Endlich „einen solchen epileptisch-idiotisch stolpernden Stotter- und Stelzenstil schreibt ungefähr ein Kellner, aber kein Schriftsteller“ . . . Und das alles wird natürlich nur gesagt in dem guten Glauben, daß die Einleitung von mir sei — aber leider ist das nicht der Fall! Ich gäbe ja etwas darum, wenn ich solche Gedanken in solcher Form produzieren könnte . . . Die „Einleitung“ ist aber — und auf diese „thatsächliche Berichtigung“ kommt es mir hier hauptsächlich an — vollständig von Wieland, und alles in jener genügend gekennzeichneten „Kritik“ Gesagte richtet sich deshalb nicht gegen mich, sondern gegen diesen unsern Klassiker! . . . Das konnte freilich ein so belesener und reifer junger Mann wie Herr Conradi nicht wissen! . . . Meister Wieland aber gegen Herrn Conradi in Schutz nehmen zu wollen — was wäre thörichter?! . . . Der Kritiker Conradi, welcher in seinen Büchern über Gott und alle Welt in leichtfertiger Weise urteilt, thäte aber doch in Zukunft wohl daran, sich etwas mehr in der Litteratur umzusehen; denn blinder Eifer schadet, wie figura zeigt, ihm nur . . .

Leipzig, Anfang Juli.

Dr. Max Oberbreyer.

Nachschrift der Redaktion. Es ist selbstverständlich, daß wir die mit dem vollen Namen des Kritikers unterzeichnete Besprechung des fraglichen Werkes auf Treue und Glauben aufgenommen haben. Nachdem Herr Dr. Oberbreyer uns darauf aufmerksam gemacht, daß wir getäuscht worden seien, erklären wir, daß wir auf den nachgewiesenen Mißbrauch der Kritik zu persönlichen Zwecken Ausschluß aus der „Gesellschaft“ gesetzt haben. Der betreffende, des Unrechts überführte Kritiker hätte aufgehört, Mitarbeiter unserer

Zeitschrift zu sein. — Wir geben Herrn Conradi das Wort zur Erwiderung. Die Leser mögen entscheiden, wer im Rechte: Herr Oberbreyer oder sein Kritiker.

Dr. M. G. Conrad.

Erwiderung. Ich habe Herrn Dr. Max Oberbreyer auf obige „thatsächliche Berichtigung" Folgendes zu entgegnen. Dabei muß ich auch den Teig, in welchen sotane „thatsächliche Berichtigung" eingebacken ist, berühren. Es bleibt mir also nichts weiter übrig, als zunächst ein wenig „persönlich" zu sein.

Herr Dr. Max Oberbreyer behauptet, meine im Juliheft der „Gesellschaft" erschienene Kritik seiner neuen Ausgabe von Wielands Übersetzung der Luzianschen Hetärengespräche sei „ersichtlich ein Racheakt für seine 1887 in den ‚Grenzboten' vorgenommene Zerpflückung meiner ‚Phrasen'."

In der That, eine ebenso kühne wie — komische Behauptung! Ich vermute, daß Sie, verehrter Herr Dr. Oberbreyer, bis zwei zählen können, mithin wissen, daß von 1887—1889 nunmehro zwei Jahre verflossen sind! Und ich sollte in diesen zwei Jahren, wo ich hunderte von Artikeln für die verschiedensten Zeitungen und mehrere Bücher geschrieben habe, nicht früher Gelegenheit gehabt haben, mich für die p. p. „Zerpflückung" an Ihnen zu „rächen", wenn ich dazu Lust verspürt hätte, wenn ich mich mit Ihnen näher hätte einlassen wollen —?

Die Sache liegt vielmehr so: jene in den „Grenzboten" von Ihnen veröffentlichte „Zerpflückung" meiner „Phrasen" war „ersichtlich", um in Ihrer Zunge zu reden, ein Racheakt Ihrerseits an mir! Und wofür? Und warum? Nun, in meinem Buche kommt eine Gestalt vor, der man vielfach nachsagte, daß sie von stark persönlichem Interesse für Sie wäre. Ich selbst, als der Schöpfer dieser Figur bin nicht kompetent genug, um entscheiden zu können, ob jene „Stimmen", so sich in dem bewußten Sinne „vernehmen" ließen, psychologisch Recht oder Unrecht haben. Ich weiß nur soviel, daß ich, als ich meinen Dr. Emil Schieferdecker schuf, von einem guten, alten, künstlerischen Rechte Gebrauch machte: ein „Modell" zu nehmen, wo ich es finde und aus ihm zu machen, was ich für gut erachte. In Dr. Max Schieferdecker habe ich in puncto meiner künstlerischen Absichten und Bedürfnisse weiter nichts als einen ganz bestimmten Menschentypus auf die Beine und auf die Bühne meines Buches gebracht — das war mir genug. Herr Dr. Max Oberbreyer war zu kurzsichtig, zu befangen, um in der genannten Figur einen Typus zu erkennen — er witterte nur ein „Modell" und beschloß —: zum ersten und zum letztenmale „Mitarbeiter" an den „Grenzboten" zu werden. Das ist ihm denn also auch gelungen. (Nota bene; vorher hatte er sich noch in besonders höflichen Ausdrücken ein Rez.-Exempl. von meinem Herrn Verleger ausgebeten!!) Im Grunde rührte mich die Oberbreyersche „Kritik" gar nicht. Sie war trivial, steril, zudem schlecht und lotterig geschrieben — wenn auch nicht ganz so schlecht, wie die Einleitung zu der neuen Ausgabe der „Hetärengespräche" geschrieben ist — zu dieser Einleitung, die selbstverständlich Herr Dr. Max Oberbreyer, wenigstens zu vier Fünfteln auf seinem Gewissen hat — was nachher zu beweisen sein wird. (Mit dem fünften Fünftel verhält es sich, im voraus bemerkt, übrigens auch merkwürdig genug: wie ebenfalls dargethan werden wird!) Also die Oberbreyersche „Zerpflückung" ließ mich kalt. Der hämisch-impotente Zug, der durch sie ging — mein Gott! ich war geneigt, ihn beinahe mehr auf das Konto der „Grenzboten" selber zu setzen, die gerade damals ganz regelmäßig auf uns „Jüngere" und „Jüngste" einherzufahren unbeinzuhauen für gut befanden. Indessen, es machten sich mehrere Umstände geltend, die mich doch veranlaßten, die Oberbreyersche Offenbarung nicht der Vergessenheit anheim fallen zu lassen, bevor ich sie nicht persönlich signiert hatte. Einmal: die „Grenzboten" gelten als halboffiziöses Organ — und Oberbreyer hatte meine „Lieder eines Sünders" direkt als „revolutionär" denunziert! Das war weiter nichts als eine Fälschung und diese Fälschung aufzudecken, war meine Pflicht! Sodann: das Exemplar der „Grenzboten", welches mir die Oberbreyersche „Festnagelung" zu Gesicht brachte, fand ich in der „Akademischen Lesehalle" zu Leipzig, der ich damals angehörte. Dieses Exemplar war über und über mit Randbemerkungen, welche zum teil für Oberbreyer, zum größeren Teil für mich Partei nahmen, versehen. Hieraus hatte ich das Recht zu schließen, daß man die Geschichte allgemein wichtiger nahm, ernster und sympathischer auffaßte, als ich ursprünglich geneigt gewesen war. Hui! dachte ich nun, die Geister sind in Bewegung: — da kann ja noch etwas Interessantes herausspringen — und einer litterarischen Fehde bin ich allerdings noch niemals aus dem Wege gegangen. Und ein drittes Moment trat hinzu: ich erfuhr, daß Herr Oberbreyer seine „Kritik" anonym verschickte (so erhielt z. B. mein Vater ein anonym zugesandtes Exemplar). Da hatte ich denn in der That genug. Ich setzte mich also hin und schrieb eine „Gegenkritik". Die Leitung der „Grenzboten" verweigerte ihre Aufnahme. Ich hatte den Mut, auf den bewußten § 11 zu verzichten, kraft dessen ich die verehrliche Redaktion der „Grenzboten" bekanntermaßen hätte zwingen können, eine Entgegnung von mir aufzunehmen, zum allermindesten die Erklärung, die sich mühelos durch litterarische Schiedsrichter hätte erhärten lassen, daß meine „Lieder eines Sünders" keinen „revolutionären" Inhalt besäßen. Ich suchte Herrn Grunow, den Leiter der „Grenzboten", persönlich auf — und erhielt als Ergebnis unserer Unterredung folgende Erklärungen, die mir als Satisfaktion vollständig genügten. Herr Grunow bemerkte mir also — und ich stehe für die Korrektheit meiner Inhaltswiedergabe mit meinem Worte ein — daß er eigentlich selbst nicht wüßte, wie die so erbärmlich schlecht geschriebene „Kritik" Oberbreyers in die „Grenzboten" gekommen wäre — es sei das ganz gegen seinen Willen geschehen — jedenfalls bedeute die Aufnahme des Oberbreyerschen Artikels für ihn und die „Grenzboten" einen Reinfall!! (Nota bene: den Stiltadel sowie die Wendung „Reinfall bedeuten" gebe ich wörtlich wieder). Für mich war damit die Sache erledigt. Ich ließ den Herrn Oberbreyer einen guten Mann sein — und lebte mein Leben nach meiner Façon weiter. Im Spätherbst vorigen Jahres kam ich aus München zurück nach Leipzig — und schrieb bald darauf meinen (im Märzheft der „Gesellschaft" veröffentlichten) „Brief aus der Verbannung" . . . die Leser der „Gesellschaft" erinnern sich vielleicht, daß ich bei Erwähnung der „litterarischen Größen", von welchen sich zur Zeit Leipzig ausstaffieren läßt, in ganz behaglichem Nebenbei auch Herrn Oberbreyers gedachte, von dem ich noch schalkhaft zu vermelden wußte, daß er im deutschen Gymnasiasten-Jargon ob seiner Reclam-Übersetzungen „Schwarten-Breyer" benamset sei. Der Mann war mir ganz zufällig 'mal wieder eingefallen — und eine Charakterfigur unter den Leipziger „Journalisten und Schriftstellern" stellt sich ja doch nun einmal in ihm dar. Da komme ich eines Abends nach Hause — und finde auf meinem Tische zu meinem allergrößten Erstaunen ein Exemplar der von Herrn Oberbreyer neu herausgegebenen Wielandschen Übersetzung der Luzian'schen „Hetärenge-

[illegible]“ ... Sogar eine Widmung enthielt das Heftlein ... Nun, gelegentlich nahm ich das Dingelchen von Buch 'mal zur Hand — und machte an seiner Einleitung sowie an seinen Anmerkungen eben die Erfahrungen, die ich ihrer typisch-psychologischen Bedeutung halber nicht für mich allein behalten zu dürfen glaubte: ich legte sie alle in der Kritik nieder, welche im Juliheft der „Gesellschaft“ veröffentlicht wurde; welche so viel Anerkennung und Zustimmung erfuhr — und welche heute von Herrn Dr. Max Oberbreyer beanstandet wird! Ja, meine Kritik ist äußerst persönlich gehalten. Aber darüber freue ich mich nur, darauf bin ich nur stolz! Es ist nicht ein Atom von Selbsttäuschung oder Herzensunlauterkeit in mir, wenn ich sage, daß jener stark persönliche Ausdruck meiner Kritik nur ein Ergebnis der namenlosen Entrüstung gewesen ist, die in mir beim Lesen des Oberbreyerschen Machwerkes explodierte und mir den litterarischen Typus, den ein Oberbreyer zu vertreten hat, in den schärfsten Formen objektivierte. Ich halte es für überflüssig, auf meine langjährige, nur ehrenhafte kritische Thätigkeit, welche den Beifall aller wirklich Wahrheitsliebenden gefunden hat, hinzuweisen. Ich erkläre den einfach für einen litterarischen Heuchler, der über die Oberbreyersche Schmiererei nachsichtiger und milder urteilt, als ich es gethan, wenn anders er gerecht über sie urteilen will. Von Herrn Oberbreyer selber einen höheren, prinzipiellen Standpunkt der Kritik gegenüber zu verlangen: das dünkt mich allerdings eine Vermessenheit. Und nun will ich dem Herrn auch noch sachlich antworten — wenn der Leser am Schlusse das Fazit aus meinen Entgegenstellungen zieht, wird er mir wohl zugeben, daß man dem Herrn Oberbreyer nicht zu viel zumuten darf! Am allerwenigsten eine moralische Auffassung derselben, ein moralisches Verhältnis zu ihr!

Es kommt mir zunächst vor allem darauf an, die litterarisch-philologische Taktik Herrn Oberbreyers in ihrer ganzen Herrlichkeit hervortreten zu lassen.

Herr Oberbreyer behauptet oben, die betreffende „Einleitung“ (die Neuausgabe sagt in der That „Einleitung“!) sei „vollständig von Wieland“. Das ist einfach eine Lüge, von der sich jeder überzeugen kann, da die Wielandsche Übersetzung (Ausgabe 1788—91, Leipzig, Weidmann*) mit der Neuausgabe Oberbreyers konfrontiert. Wieland hat an der Stelle seiner Übersetzung (Bd. III. S. 311), wo er die „Hetärengespräche“ bringt, überhaupt keine „Einleitung“, vielmehr nur eine längere Fußnote! Die Oberbreyersche „Einleitung“ umfaßt fünf Seiten Text — von genau vier Seiten derselben findet sich aber auch kein einziges Wort in der Wielandschen Randbemerkung! Will man nun nicht zur Erklärung dieses wundersamen Zwiespalts mit spiritistischen Batterien heranrücken, bleibt einem nichts weiter übrig, als der Schluß: diese vier Seiten stammen aus dem Geiste, zum mindesten aus der Feder Herrn Oberbreyers! Nicht? Der Schluß ist korrekt genug — ich habe überdies die beiden Ausgaben einer Reihe von Zeugen vorgelegt: das Resultat war immer wieder dasselbe ... Diese vier Seiten Oberbreyerscher „Original-Einleitung“ enthalten aber nun mit Ausnahme einer einzigen alle Stellen, die ich in meiner bewußten Kritik hinsichtlich ihres Stiles wie ihres Inhalts „festgenagelt“! Mein Urteil über diese Stellen bleibt somit in seiner ganzen vernichtenden Schärfe bestehen. Der fünfte Teil der Ober-

* Die Grundlage der Oberbreyerschen Neuedition nach einer [illegible] — übrigens stimmt hiermit die [illegible] in Wien erschienene zweite Ausgabe [illegible]ständig überein!

breyerschen „Einleitung“ ist nun allerdings von Wieland, wie ich mich überzeugt habe — und damit fällt eine Stelle, die ich in meiner Kritik Herrn Oberbreyer insinuiert, um seinen „Geist“ zu kennzeichnen, auf Wieland zurück. Den Tadel, den ich diesem Passus (es ist der letzte, den ich zitiere) angeheftet, nehme ich natürlich ebensowenig zurück — ob sie nun von Wieland oder von Oberbreyer herrührt! Nur das Eine ist zu bedenken: der gesamten künstlerischen Persönlichkeit Wielands ist damit kein Deut ihres Wertes, ihrer Größe, ihrer „virtuosen Feingeistigkeit“ abgesprochen oder genommen! Wieland hat noch tausend andere schwache, sogar faule Punkte — oh! ich weiß das recht gut! Indessen, Wieland hat, sintemalen er als Dichter und Schriftsteller Ungeheueres geleistet, das immanente Recht, daß man ihn als Ganzes, als künstlerische Gesamtpersönlichkeit betrachtet — und was will, was soll ihm da ein Lapsus oder ein Kompromiß, der bei einem Niedrigeren, Geringeren, allerdings einen anderen Werts- und Beurteilungskoëffizient besitzt!?! Nun hat es aber noch gerade mit diesem fünften Teile der Oberbreyerschen „Einleitung“, die also von Wieland stammt, eine ganz besondere Bewandtnis! Wieland schiebt in den Text folgende Klammer ein —: „über welchen (bezieht sich auf die vorher gebrauchten Worte ‚schriftstellerischer Plan‘) ich mich schon anderswo erklärt habe —“. Wieland läßt es in seiner Ausgabe vollständig offen, wo das geschehen sei! Oberbreyer fügt, indem er an „anderswo“ ein Sternchen anhängt, eine Fußnote bei, die auf eine von ihm selber herrührende, jedenfalls mit seinem vollen Namen gezeichnete Einleitung zu einer früheren Neuausgabe der Wielandschen Übersetzungen ausgewählter Luzian'scher Schriften (Reclams Univers. Bibl. Nr. 1017) hinweist! Oberbreyer identifiziert also das Wielandsche „ich“ mit seinem eigenen!! Diese auffallende Manipulation kann nur einen Zweck haben: — er will bei seinen Lesern den Eindruck erwecken, der Passus der Einleitung, auf den er sich in seiner Fußnote bezieht, sei von ihm! Ja, da muß man sich denn entscheiden: ist das litterarisch-philologische Hehlerei und Unredlichkeit — oder nur Leichtfertigkeit und Bequemlichkeit? Ich überlasse dem Leser das Urteil.*) Wir haben einen Blick in die Werkstätte der Oberbreyerschen „Schriftstellerei“ gethan — ich kann es leider bei dem einen noch nicht bewenden lassen. Die Wielandsche Fußbemerkung geht nämlich noch weiter! U. a. bemerkt der alte Herr in seiner, von Herrn Oberbreyer in der „Einleitung“ ignorierten Fortsetzung, daß von den fünfzehn „hetärischen Gesprächen“ nur ein einziges — [O. nennt es in seiner Ausgabe „das Mannweib“] — „keine Übersetzung in irgend eine lebende Sprache gestattet“. Ich kann hier wegen Raummangels den langen Passus nicht wiedergeben und muß daher den Leser auf die Wielandsche Ausgabe (Bd. 6, S. 343 u. f.) verweisen. Nun, jedenfalls liegt die Sache so, daß Wieland die Unmöglichkeit der Übersetzung des betreffenden (5.) Hetärengespräches nicht auf die Luzian'sche Behandlungsweise, sondern auf die Natur des „Sujets“ zurückführt! Diese Begründung Wielands setzt nun Oberbreyer als in seiner Art begründende Erklärung und Erläuterung in Gestalt einer Fußnote unter seine Übersetzung des p. p. Dialoges!!! Selbst-

*) Jedenfalls ist es ein amüsantes Zusammentreffen, daß O. gerade den Absatz als von ihm herstammend offiziell in Anspruch nimmt, der Wieland angehört, während die vorhergehenden Absätze, deren Vaterschaft er ableugnet, von ihm allein herrühren!! Ja, ja! Wer Anderen eine Grube gräbt — u. s. w.

verständlich ohne jede Angabe der Quelle, ohne jede Analyse eines etwaigen psychologischen Zusammenhanges!! Ein neues Verfahren — was? Und dann wagt es dieser scha—lkhafte Herr noch, in seinem „Vorwort" zu sagen: er hätte an der Wielandschen Übersetzung „etwa Bedenkliches beseitigt, wie eine Vergleichung dieser Edition mit jener Übertragung aus dem Original klar beweisen dürfte"!!*) Ich überlasse es wiederum dem Leser, die weiteren Schlußfolgerungen zu ziehen. Natürlich giebt die Aufnahme des fünften Hetärengespräches dem Herrn Oberbreyer noch Gelegenheit zu einer Reihe von Randbemerkungen eben jener Sorte, wie ich sie in meiner Kritik charakterisiert habe. Diese Kritik der bodenlos gemeinen Ingredienzien, welche jene Anmerkungen und Erläuterungen enthalten: — sie bleibt selbstverständlich ebenso noch wie vor als gerecht und entsprechend unangetastet und unantastbar bestehen! Jetzt nur noch ein Wort über die Praktik, so Herr Oberbreyer bei der Fabrikation seiner Anmerkungen anwendet.

Dieselben teilen sich zunächst in Oberbreyersche Original-Anmerkungen (28 Stück, dazu 4 zum „Mannweib", von 8 kleinen Hinweisen auf andere Anm. ist abzusehen) und in 20 von Wieland übernommene Anmerkungen. Die ersteren: — sie eben sind Kinder jenes Geistes, also veranschaulichte Darsteller jenes Geistes, der mir schon damals, wie eben meine Kritik bezeugte, nicht gefallen wollte — und der mir auch heute noch nicht gefallen will. Die letzteren —: sie sind mit einer einzigen Ausnahme (S. 29) ohne Quellenangabe unter den Text gesetzt. Warum die einmalige Ausnahme gemacht sein mag?... Das ist ja eben das Prinzip dieses ebenso famosen wie amüsanten Herausgebers: sich den Rücken zu decken, um damit Respekt für die Front zu erschwindeln! Sodann enthält das Heft noch 8 verstümmelte (S. z. B. S. 23, 30 f.) und 4 kombinierte Anmerkungen. Die letzteren sind eigentlich die besten. O. befolgt bei ihnen nämlich die Taktik, die er oben beim fünften Fünftel seiner „Einleitung" angewendet. Er hängt an eine, also ohne Quellenangabe benutzte Wielandsche „Erläuterung" ganz einfach ohne weitere Zwischenbemerkung einen Hinweis auf z. B. seine „neue illustrierte Ausgabe von Moritz, Götterlehre der Griechen und Römer" (cf. S. 68: „Vgl. meine „neue" u. s. w., nachdem die unmittelbar vorhergegangenen Worte gestohlenes Wielandsches Eigentum!!) Daß übrigens O. diese Spielart litterarisch-kritischer Manipulationen im Handgelenke hat, beweist auch seine Einleitung zum 2. Bändchen seiner Neuherausgabe Wielandscher Übersetzungen von ausgewählten Schriften Luzians (Reclam, Nr. 1188). Da macht er sich denselben Spaß. Er reproduziert ohne Quellenangabe und Anführungsstriche die Wielandsche Einleitung zu den „Göttergesprächen" und fährt dann im Schlußabsatze, ohne die geringste Andeutung zu geben, daß bisher Wieland gesprochen h[illegible] und daß nun er zu sprechen an[illegible] fort: „Für das Verständnis der [illegible]genden Göttergespräche ist eine Ken[illegible] der Genealogie der griechischen [illegible]ötter erwünscht, welche man am [illegible]führlichsten findet in meiner neuen" [illegible] s. w. „Aus-

*) Noch ein kleines Supplement hierzu: Kurz vorher sagt O. im Vorwort, daß er, „um ja nicht Anstoß zu erregen, an nicht wenigen Stellen den Ausdruck gemildert" habe — und versteht darunter vermutlich z. B. auch, daß er die einfachen Überschriften Wielands, der nur die auftretenden Personen nennt, in die abgeschmacktesten, lüsternsten Titel verwandelt!! Auf eine solche „Milderung" [illegible] für die man allerdings kein Publikum, d. h. die Kolportagelitteratur-[illegible] besonders dankbar sein werden!

gabe von Moritz" u. s. w. Ich habe jetzt nun noch eine Erklärung —: Herr Oberbreyer glaubt an die Seelenwanderung — und hält sich für den wiedergeborenen Wieland . . . denn sonst könnte er unmöglich das Wielandsche „Objekt" und sein — „Subjekt" so wahllos und zwanglos durcheinander werfen . . .

Und nun, auf daß die Charakteristik Herrn Oberbreyers die gehörige Abrundung erfahre, zu guterletzt noch ein tüchtig Schlußstücklein! Während der Zusammenstellung der vorliegenden Abfertigung rumorte es mir im Schädel herum: — Donnerwetter! da muß doch mit diesem Herrn schon 'mal so 'was ähnliches passiert sein — vor sieben, acht Jahren — seiner Zeit in Magdeburg — was war das nur?! Aber mir fielen nur die Stichworte „Plagiat", „Herrigsche Meininger-Broschüre" u. a. wieder ein. Ich wollte der Sache auf den Grund kommen und wandte mich deshalb mit einer Anfrage an den Verleger der Herrigschen Broschüre, Herrn von Grumbkow in Dresden. Dieser Herr hatte die Güte, mir kürzlich folgendes zu antworten: „Auf Ihre gefl. Anfrage von gestern teile ich Ihnen hierdurch ergebenst mit, daß Dr. Max Oberbreyer, z. Z. in Magdeburg, sich allerdings vor Jahren des Plagiates schuldig gemacht, indem er die in meinem Verlage erschienene Schrift Hans Herrigs „Die Meininger" von Anfang bis Ende wörtlich*) abschrieb und, mit einem Vorwort versehen, unter seinem Namen veröffentlichte. Ich ließ selbe damals von der Magdeburger Staatsanwaltschaft mit Beschlag belegen und hätte den Plagiator gerichtlich belangt, wenn letzterer nicht einen Fürsprecher in der Meiningenschen Intendanz gehabt hatte, mit welcher ich es, als Verleger der Meiningerschen Theatertexte, nicht verderben konnte und wollte. Dr. O. leistete Abbitte, willigte in die Vernichtung der Vorräte seiner Schrift und zahlte für einen milden*) Zweck eine ganz unbedeutende**) Summe, womit die Angelegenheit für mich erledigt war." —

Nachdem der Leser dieses Bericht zu sich genommen, bitte ich ihn nur noch um eines: er sei gerecht gegen Herrn Dr. Max Oberbreyer! Ein Mann, der einer solchen geradezu komischen Handlung fähig ist — nein! er ist kein litterarischer Fälscher, Betrüger oder Plagiator — er ist einfach unzurechnungsfähig! Und als solch' armer, bemitleidenswerter Mensch: — quiescat in pace! Ich wenigstens bin fertig mit ihm — und ich glaube, die Leser der „Gesellschaft" sind fürder auch keinen Augenblick mehr über diesen „Schriftsteller" im Unklaren. —

z. Z. Würzburg. Herm. Conradi.

Druckfehler-Verbesserung.

In dem Gedichte „Neros goldenes Haus" von Smolsky-Beschier im Augustheste sind folgende Druckfehler zu verbessern:

9. Strophe	3. Z.:	Colisäum statt Elysäum —
13. „	1. „	Denn morgen statt deswegen —
14. „	4. „	Stumm auf statt und auf —
16. „	2. „	Hesperiens statt Hispaniens —
18. „	4. „	Triumphator statt Triumphaltor —
21. „	3. „	Schulte statt Schreine.
22. „	4. „	Der Genius statt den Genius —
23. „	2. „	Erschauert die Mitra statt Erscheint die Marter.

In dem nämlichen Hefte ist auf S. 1194, 1. Spalte, 19. Zeile H. C., statt Heinz, zu setzen.

*) Im Briefe unterstrichen!

*) Ebenfalls im Briefe unterstrichen!

**) Ebenso!

Verantwortliche Leitung: Dr. M. G. Conrad in München.
Verlag von Wilhelm Friedrich. Druck von C. G. Röder in Leipzig.

www.ingramcontent.com/pod-product-compliance
Lightning Source LLC
Chambersburg PA
CBHW022113300426
44117CB00007B/696

* 9 7 8 3 7 4 1 1 6 8 1 6 1 *